독교사 1

경구

섬삼

김지혜

지디자인 | 김경석

영커뮤니케이션

발행 | 2018년 6월 15일

992년 3월 1일 제 2-1349호

018 서울시 마포구 동교로 55 2층(망원동, 남양빌딩)

2)766-8931

2)766-8934

| www.jeyoung.com

78-89-8350-992-5 (세트)

78-89-8350-993-2 (94910)

000원

서의 국립중앙도서관 출판예정도서목록(CIP)은 서지정보유통지원시스템 홈페이지

://seoji.nl.go.kr)와 국가자료공동목록시스템(http://www.nl.go.kr/kolis-

에서 이용하실 수 있습니다.(CIP제어번호: CIP2018016061)

모든 인간은 하나님의 형상을 닮은 존귀한 존재입니다. 사람은 인종, 민족, 피
부색, 문화, 언어에 관계없이 모두 다 존귀합니다. 예영커뮤니케이션은 이러한
에 근거해 모든 인간이 존귀한 삶을 사는 데 필요한 지식과 문화를 예수 그리스도의
으로 보급함으로써 우리가 속한 사회에 기여하고자 합니다.

한국 기독교

한국 기

지은이 | 김
펴낸이 | 원
책임편집 |
본문 및 표
펴낸곳 | 예
초판 1쇄 발
등록일 | 1
주소 | 04
전화 | (02
팩스 | (0
홈페이지
ISBN 9
9

이 도
(http
net)

정산
사랑

복음주의자의 시각으로 보는
한국의 기독교 역사

한국 기독교사 1
-1945년까지

김명구 지음

예영커뮤니케이션

발문—하나님의, 하나님과 함께한, 하나님을 위한 한국 교회

> 사랑을 추구하며 신령한 것들을 사모하되 특별히 예언을 하려
> 고 하라(고전 14:1).

김명구 교수의 『한국 기독교사 1』이 세상에 나오게 됨을 기뻐합니다. 이미 그의 가치는 1년 전에 출판된 『복음, 성령, 교회 – 재한선교사들 연구』를 통해 입증된 바, 이 책은 많은 사람의 칭찬을 받았고, 또 한국 기독교 출판문학상 신학부문에서 우수상을 받았습니다. 그는 이제 다시 1년 만에 새로운 책을 저술한 바, 이 책은 놀라움을 자아내는 내용들을 담고 있습니다. 이 책을 읽어 가며, 진실로 하나님은 이 시대를 위해 준비된 "의로움의 병기"를 준비해 주셨다는 고백을 하지 않을 수 없습니다. 앞으로 이 책은 교파를 초월하여 전체 한국 교회와 한국 사회, 특별히 한국 정치 영역에 선한 영향력을 끼치게 될 것을 확신합니다.

김명구 교수는 하나님을 사랑하는 학자입니다. 그는 교회사 학자로서 하나님의 사랑의 대상인 한국 교회와 한국 민족을 사랑하며, 하나님이 어떻게 나라와 민족 그리고 교회를 사랑하셨는지를 밝히려고 노력했습니다. 하나님의 구속의 역사를 추구한 것입니다. 하나님의 보편적 사랑의 복음을 사모하는 그는 당연히 교파적인 방향성이나 연고에 치

우지지 아니하고 한국 교회와 한국 역사 전체를 보려고 노력했으며, 바울사도의 권고대로 '예언'을 하려고 노력했습니다. 예언을 통해 교회에 덕을 세우고, 모두를 유익하게 하는 성령의 인도함을 받은 것입니다. 훌륭한 학자는 학문의 본질에 충실할 것입니다. 성서학자는 성서 연구를 통해 하나님을 밝혀야 합니다. 조직신학자는 시대의 사조에 대한 하나님의 섭리를 증거해야 합니다. 교회사 학자는 교회의 역사 가운데 섭리하신 하나님의 손길을 밝히고, 그것을 대리했던 자들의 공과를 설명해 진실로 하나님이 원하는 미래의 길을 밝혀야 할 것입니다. 오늘의 신학의 조류는 이런 본류를 많이 벗어나 있었는데, 본질에 충실한 김명구 교수의 이번 집필 『한국 기독교사 1』은 하나님을 기뻐하게 하실 것이며, 또한 진리를 사모하는 갈급한 심령들에게 가뭄 중에 소낙비와 같이 큰 위로와 기쁨을 주리라 믿습니다.

본 저서 『한국 기독교사 1』은 기존의 것에 비해 다음과 같은 장점을 가지고 있습니다

첫째, 교파적이지 않습니다. 교파적 관점에서 저술된 책들은 자신의 교파에 불리하거나 부끄러운 것은 간단히 다루거나 생략하며, 경쟁적 교파의 약점은 크게 부각시키는 경향이 있습니다. 김명구 박사는 사실에 충실하여 객관적으로 그리고 복음주의적 입장, 즉 하나님이 주재하시는 역사의 관점에서 집필했습니다.

둘째, 복음주의적 관점에서 역사를 본 결과, 초기 내한 선교사들의 신앙과 신학의 방향을 매우 정확히 파악할 수 있었습니다. 초기 내한 선교사 대부분은 복음주의 영향을 받은 분들이며, 따라서 한국 교회를 교파를 초월한 단일 교회로 형성하려고 시도했었습니다. 교파의 이기심이 극심함으로 연합이 어려운 이때 선교사들의 공통분모로서 복음주의를 밝히고 강조한 것이 본 저서에서 돋보입니다. 어떤 교회사가들이 선교사들을 "민중 선교" 혹은 "교육의료 선교" 중심으로만 해석하고,

편벽되이 바라보려고 했을 때, 그것은 선교사들의 신앙과 신학을 충분히 설명하지 못했습니다. 그러나 김명구 교수는 복음주의와 교육의료선교, 즉 사회운동 간의 인과 관계를 잘 설명해 주고 있습니다.

셋째, 그동안 교회사에서는 "부흥운동"과 부흥사들에 대해 냉소적이었고, 그것을 낮게 평가했었습니다. 그러나 본 저서는 그것이 얼마나 잘못된 것인지를 밝히고 있습니다. 특별히 1903년 하디로부터 시작된 1907년 평양대부흥운동이 얼마나 한국정치사에 긍정적으로 공헌했는지 밝히고 있습니다.

넷째, 한국 교회가 일본 제국주의의 천황 종교와 공산당 종교로부터 얼마나 심하게 박해받았으며, 어떻게 대응했는지를 밝히고 있습니다. 그 대응의 과정에서 많은 교회의 지도자들이 신앙적으로 실패한 사례들도 담담하게 밝히고 있습니다. 반면에 민초들의 단순한 신앙을 통해 하나님은 참으로 놀랍게 교회의 역사를 진행하게 했습니다. 이것은 역사 진행의 패러독스입니다. 오늘날 공산당이 지배하는 북한에 교회는 박해받았고, 쫓겨났고, 멸절되었습니다. 일본 제국주의도 역시 선교사들을 쫓아냈고, 교회를 박해했고, 교회는 쪼그라들었습니다. 아마 조금만 더 일본 통치가 지속되었다면 교회는 오늘의 북한처럼 멸절되거나 천황종교의 한 분파 교회로 전락되었을 것입니다. 이런 어둠과 절망의 시대에 놀랍게도 하나님은 한국 교회를 부흥의 길로 인도했음을 본 저서는 밝힙니다. 인간의 관점으로는 모든 소망이 끊어졌는데, 하나님은 새롭게 구원의 문을 열어 가는 것을 보는 역사의 패러독스! 이것을 성서는 "구원 역사 Heilsgeschichte"라고 말합니다. 김명구 교수는 구원 역사의 관점에서 한국교회사를 기술하고 있습니다.

다섯째, 또한 한국 기독교가 초기 내한 선교사들로부터 독립하면서 시작된 교파 분열과 신학의 분화를 다루고, 이런 기독교계의 분화와 갈등이 일본의 정치 공산당과 사회주의, 그리고 민족주의 등과 어떤 관계성을 가지며 발전했는지 방대한 자료를 통해 설명하고 있습니다.

　동북아시아의 정치 현실 측면에서 작금의 한국 사회의 어려운 형편은 본 저서에서 1920년대를 기술하는 역사적 상황과 아주 흡사하다는 생각입니다. 아마도 본 저서를 통한 과거의 공부는 오늘로부터 시작하여 하나님이 허락하신 미래의 길을 가는데 훌륭한 동반자가 될 것임을 믿어 의심치 않습니다. 오늘 우리는 밝은 길을 가기 위해 하나님의 얼굴과 그 은혜를 사모하면서, 어둠 가운데 빛을 밝히는 "하나님이 주재하시는 구원 역사"에 관심을 가져야 합니다. 본 저서는 한국 교회를 사랑하시는 하나님께서 오늘 우리 시대의 난제를 해결하도록 허락하신 선물입니다.

　김명구 교수는 이 선물을 준비하느라 산고의 고통을 가졌습니다. 우리는 그에게 감사하고, 그 감사의 방법은 본 저서를 읽고 그와 함께 하나님이 주재하시는 역사의 길을 걷는 것입니다.

　주님! 복음주의의 길을 이 땅과 거민들에게 다시 활짝 열어 주시옵소서. 우리로 하여금 하나님의 사랑을 추구하고, 하나님의 선물을 사모하며, 특별히 이 시대를 밝히고 교회에 덕을 세우는 예언과 설교의 능력을 허락하시옵소서.

인천제일교회

이규학 감독

저자 서문

이 책은 초기 내한 선교사들의 신앙과 신학, 곧 19세기 영미 복음주의적 관점에서 역사를 보려 했던 결과물이다. 동시에 신앙고백서이기도 하다. 기독교 복음이 한국에 들어와서 어떻게 진행되고 무슨 이유로 갈라졌으며, 어떤 역할을 하고 어떻게 현상화되었는지 보고 싶었다. 분명한 것은, 기독교가 한국 역사에 지울 수 없는 영향을 끼쳤고 어떤 그룹과 비교할 수 없는 공적을 남겼다는 것을 다시 확인했고 "역사라는 것이 하나님의 세계 통치라는 것"을 확신하게 되었다. 복음이 가지고 있는 에너지와 세계성이 한국 민족의 명제였던 독립을 이루게 했고 한국 역사를 견인했음을 거듭 확인했고, 동시에 기독교회사를 모르면 한국 역사를 제대로 해석하지 못하고 올바로 밝혀낼 수 없다는 것을 확인하게 되었다. 일반사와 기독교사가 구별되지 않는다는, 스승 민경배 선생님의 말씀이 옳았음도 확인했다. 기독교 복음이 기독교인들의 신앙고백으로만 제한된 것이 아니라, 세계사와 한국 역사를 직결시킨 실체라는 것, 신앙과 역사가 동떨어져 분리되지 않았음을 확인한 것이다.

1920년대 백낙준의 박사논문 *The History of Protestant Missions in Korea*(1832–1910)가 발표된 후, 한국 기독교회 역사에 대한 연구가 시작되었다. 이외에도 재한선교사들에 의해 선교사적 접근의 저술물들이 발간되었다. 곧 곽안련(C. A. Clark) 등이 발간한 『장로교회사전휘집』(長老

敎會史典彙集)과 영문판 *Digest of Presbyterian Church in Korea*, 남감리회 왓슨(Alfred W. Wasson)의 *Church Growth in Korea*, 미북장로회 소속의 로즈(Harry A. Rhodes)의 *History of the Korea Mission*, *Presbyterian Church* (U.S.A. 1884-1934), 조선예수교서회에서 간행된『조선기독교회약사』등 이다.

일제 강점기, 한국인들이 집필한 기독교 역사서들도 있는데, 이능화(李能和)의『조선기독교급외교사』가 1928년에 발간되었고, 1928년과 1930년에『조선예수교장로회사기』상·하, 1929년 이명직(李明稙)의『조선야소교동양선교회 성결교회약사』, 1930년 양주삼의『조선남감리교회삼십년기념보』, 1934년 정인과(鄭仁果)가 펴낸『조선예수교장로회 50년사 일별』과 장정심의『조선기독교오십년사화』, 1941년 조선기독교회 전도부가 펴낸 채필근의『조선기독교회소사』가 그것이다.

광복 이후, 한국기독교회사에 대한 연구는 활발했다. 김양선이 가장 먼저 시작했는데, 1956년에 펴낸『한국 기독교 해방십년사』, 1962년과 1970년에 펴낸『간추린 한국 교회사』,『한국기독교사(2)-개신교사』가 발간되었다. 그의 책들은 모두 수용사적 입장에서 저술되었다. 이밖에 1959년에 변종호가『한국 기독교사 개요』를 발간했다.

한국기독교회사의 가장 큰 족적을 남긴 학자는 민경배이다. 그가 1970년에 발간한『한국의 기독교회사』와 이를 보완하고 증보해서 1972년에 재차 발간한『한국기독교회사』는 명실상부한 최고의 기독교 통사라 할 수 있다. 그는 매우 구체적으로 한국 교회와 기독교인들의 구체적인 증언, 그리고 방대한 자료를 바탕으로 이 책을 집필했다. 그리고 한국 교회를 중심으로, 교회와 민족이 한 운명체요 공동체라는 공통분모를 내세워, '민족 교회론'이라는 독특한 사관과 '내연(內燃)과 외연(外延)'이라는 독특한 역사방법론으로 이 책을 기술해 나갔다. 따라서 그의 책에는 한국 교회의 역할과 민족적 사명감이 분리되어 있지 않다. 특별히 민경배는 한국 교회에 대한 역사가 정립되지 않았던 당시 상황에서, 어느 누구도 이의를 제기하지 못할, 커다란 공헌을 한 것이다. 이후 1977년에 채기은, 1978년에 이영헌이 통사를 발표했고, 이후, 1978년 전택부의 『한국 교회발전사』, 송길섭(宋吉燮)의 『한국신학사상사』, 이만열의 『한국기독교문화운동사』가 발간되었다.

한편 1979년 주재용은 민중신학적 입장에서 "한국기독교백년사—민중사관의 입장에서의 분석과 비판"이라는 논문을 발표했는데, 이 논문은 한국 교회가 얼마나 민중계급의 입장에 있었나를 비판적으로 고찰했다. 그렇지만 논문의 형태였지 책으로 발간되지는 못했다. 이만열도 탁월한 업적을 남겼는데, 1982년 그를 중심으로 이덕주 등 소장 학자들이 함께한 "한국기독교역사연구회"가 발족되었고, 이후 공동 연구를 통해 『한국 기독교의 역사』 1, 2, 3이 차례로 출간되었다. 이만열 등은 이른바 실증주의적 연구의 확립을 주장했는데, 이들은 자료를 실증적이고 과학적으로 취급하려고 노력했다. 따라서 원본을 발굴하려고 무단히 노력했다. 이들이 발간한 『한국 기독교의 역사』는 이러한 노력의 산물이라 할 수 있다. 그런데 이만열 등도, 민경배와 마찬가지로, '민족'을 축으로 해서 교회사를 집필했다. 그러나 민경배와 달리 수용사적 입장에서 이를 기술했다. 항일민족주의 인식을 바탕으로 기독교 교회가 민족을 위해 얼마나 큰 역할을 했는지, 곧 교회의 민족적 공헌도를 그 척도로 삼으려 했던 것이다.

2004년부터 발간이 시작된, 박용규의 『한국기독교회사』는 2018년에 이르러 제3권이 출간되었다. 14년 동안의 노고 끝에 그의 집필이 완성된 것이다. 그는 복음주의 신학적 관점(그의 복음주의 신학 개념은 저자와 일정한 거리를 가지고 있지만)에서 역사를 보려 했다. 수많은 자료를 섭렵했고, 미세한 자료도 찾아내어 기술했다. 학자로서 그의 노고와 성실함에 갈채를 보내지 않을 수 없다.

얼핏 보면 저자의 『한국 기독교사 1』은 민경배 교수의 민족 교회론의 연장선에 있는 것으로 보인다. 그것은 그의 역사철학인 내연(內燃)과 외연(外延)의 도식, 역사의 이중구조, 역설의 논리가 담겨 있기 때문이다. 그렇지만 이 책은 교회와 민족을 등식으로 보려하지 않는다. 교회나 '민족'을 축으로 하지 않고 '복음'을 우선 앞세우기 때문이다. 교회가 복음을 담고 있고, 교회를 통해 복음이 실천되고 실현되었지만, 한국에 전해진 기독교의 복음은 교회를 통해서만 활동하지 않았고 교회 내부에만 머물지도 않았다. 복음은 보다 큰 개념인 것이다. 그런 이유로 교회 내부에 집중해서 역사를 보려하지 않았다.

민경배 이외의 거의 모든 저술들도 거의 모두 교회 내부에 중점을 두었거나, 아니면 교회의 역할, 특별히 복음의 역할을 민족 혹은 민중 내부로 제한해 해석하려 했다. 모두 교회를 축으로 민족의 역사를 보려했던 것이다. 그러나 기독교의 역사를 교회 내부에 집중해서는 한국사회의 지지와 이해를 이끌어 낼 수 없고, 복음을 민족이나 민주의 도구로 제한하게 되면, 복음의 진수를 외면하게 되어 있다.

한국 역사에서 기독교의 복음은 이 땅과 이 땅의 거민들을 사랑하고, 커다란 민족적 공헌과 족적을 남겼지만, 교회 내부에만 국한해서 활동하지 않았다. 또한 한국이나 민족을 위한 도구도 제한되지도 않았다. 이런 역사적 사실에 근거해, 기독교가 이 땅에 끼친 공헌을 애써 외면하는 시대에 이르러, 교과서에서조차 이를 외면하려는 시대 속에서, 복음의 역할을 교회 내부나 민족을 위한 일방적 도구로 제한해 들여다 볼 수 없었다. 역사학도로서의 이러한 고민을 해결하기 위해서는, 복음 그 자체의 진행을 진솔하게 전개해 나가는 것이 옳다고 보았다.

저자는 스스로를 복음주의자로 믿고 있다. 저자가 신봉하는 19세기 영미복음주의는 '구원,' '성령,' '교회'의 삼각 축을 가지고 있다. 복음은 성령의 도움을 받아, 그리고 교회를 통해 복음의 목적, 곧 구원이 실현되기 때문이다. 그런데, 기독교 복음은 한국 내부의 시각으로만 이해할 수 없는 것이다. 기독교의 복음은 그 범위를 넘어서기 때문이다. 그래야 한국 기독교의 역사가 온전히 보일 것이다. 이것은 저자의 신념이기도 하다.

『한국 기독교사 1』은 신학도들과 목회자들, 교회지도자들 뿐만 아니라 인문사회학을 공부하는 학도들에게도 초점을 맞추었다. 기독교의 역사를 제대로 알아야 시대 요구의 메커니즘을 이해할 수 있고, 기독교 복음의 진수를 이해해야 한국 교회를 향한 몰이해적 비판도 멈출 수 있다고 보았다. 따라서 민족주의자들의 정치사상과 경제사상, 각 계보 간의 역학 등에도 관심을 기울였다. 기독교의 복음이 어떻게 분화되고 그 에너지가 어떻게 발휘되었는지도 밝히고자 했다. 이를 위해, 한계를 절감했지만, 국내의 교회 내부 자료뿐만 아니라 미국 대통령과 그 주변자료, 미국 기독교 자료, 이승만을 비롯해서 미국에서 활동하던 독립운동가들의 자료, 중국에서 활동하던 인물들의 자료, 공산주의 관계 자료, 일본 총독부 자료 등도 아울러 보려고 애를 썼다.

이 책을 집필하면서, 저자가 연세대학교를 통해 배운 신앙고백적 역사관과 스승의 판단이 옳았다는 것을 확인할 수 있었다. 예를 들어, 비정치를 선언하고 내세웠던 '1907년의 영적 대각성' 운동이 커다란 저항 에너지가 되어 세계를 움직였고, 한국의 독립과 연결되었음을 확인했다. 내적인 힘이 외적인 힘으로 전환되어 발휘되었고 시대의 거센 조류와 시대적 사조를 극복했음을 확인했다. 개인의 회심과 신앙고백이 역사변혁의 에너지가 되어 냉철한 국제정치의 역학을 넘어섰음도 볼 수 있었다. 구체적 사료를 통해, 복음주의에서 말하는 복음이 개인영혼 구원의 역할 뿐만 아니라 통전적 구원과 더 나아가 한국 구원으로 연결되었음을 확인한 것이다.

책을 집필하고 나면 언제나, 정확한 관찰과 분석, 표현력의 한계, 구성의 미진함이 드러난다. 그렇지만 이것은 어쩔 수 없는 일이다. 완전한 역사서란 본래 없는 것이고, 흠이 있고 부족하다고 느껴야 보다 완성된 역사서가 만들어질 것이다. 후일 기회가 주어진다면, 증보를 통해 보완할 것이다.

이 책은 한국감리교회 중부연회 감독과 임시감독회장을 역임하셨던, 이규학 감독이 이사장으로 계신 한국영성연합의 프로젝트로 집필되었다. 곧 재한선교사들의 헌신을 다룬 저술과 복음주의 관점에서 기독교통사를 집필해 달라는 요청에 의해 진행된 것이다. 특별히 감리교 중부연회는 출판비를 지원해 주셨다. 집필에 몰두할 수 있도록, 이러한 아낌없는 물질과 적극적인 기도의 후원, 학문의 영역에 대한 존중, 여기에 스스로를 복음주의자라고 자인하고 있어서 겁 없이(?) 달려들었다. 그 결과 2017년에 발간된 『성령, 복음, 교회 – 재한선교사들 연구』에 이어 일제강점기까지 다룬 『한국 기독교사 1』이 발간된 것이다. 2권은 2019년 출간을 목표로 집필할 것이다.

책을 쓰면서 여러 배려를 해 주신 연세대학교 당국, 늘 학문적 조언과 지원을 아끼지 않으셨던 연세대학교 이승만연구원장 김명섭 교수님, 연구원의 오영섭 교수님과 스태프들에게 감사드린다. 출판비를 지원해 주신 중부연회의 윤보한 감독님, 날카로운 지적과 신앙적 격려를 아끼지 않으신 강화 문산감리교회의 하관철 목사님과 그 우정에 남다른 감사를 드린다. 보다 정확한 집필을 위해 두 권의 저술을 제공해 주신 윤보선민주주의연구원의 김학준 원장님, 학문적 토론에 적극 참여해 준 김정회 박사와 김석수 박사를 비롯한 서울장신대 한국교회사 아카데미 제자들에게도 감사드린다. 이 책이 나오기까지 적극 출간에 나서 주신 예영커뮤니케이션의 원성삼 사장님과 꼼꼼히 살펴 주신 김지혜 선생님께도 감사드린다. 끝으로 집필을 이유로 계속해서 휴가를 포기하고 크게 격려해 준 아내 이경선과 사랑하는 아이들에게도 고마움을 표한다.

2018년 5월,
연세대학교 부암동 연구실에서
정우(丁于) 김명구

차례

선교의 시대

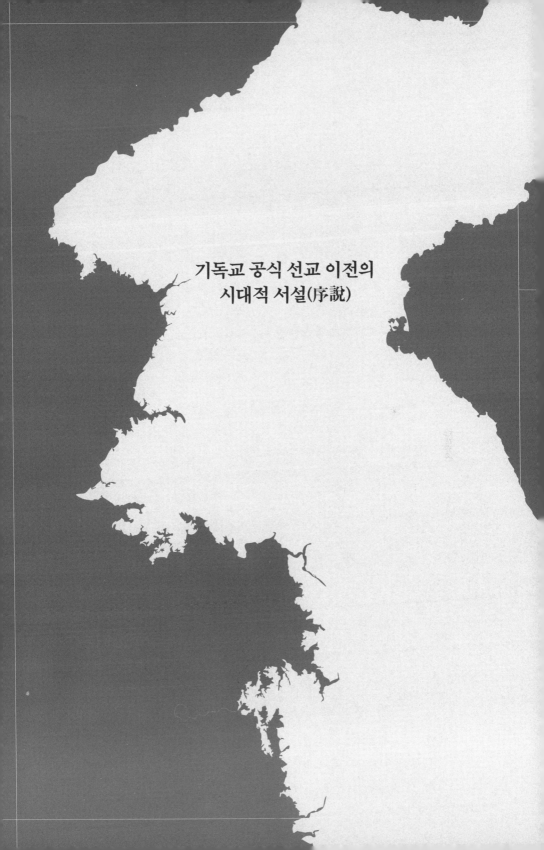

기독교 공식 선교 이전의
시대적 서설(序說)

1부

근대와의 충돌

1장.
조선과 로마 가톨릭교회와의 충돌

18세기 말부터 서양 선박이 빈번히 조선 해안에 나타나 통상을 요구했지만 조선 정부는 이를 거절하고 쇄국(鎖國)을 고집했다. 그러나 1866년 프랑스 해군이 강화도를 침공하고, 제너럴셔먼호 사건과 신미양요(辛未洋擾) 등, 이어지는 외부의 공격에 기존의 정책들을 바꿔야 했다.

1875년에 일어난, 일명 '운양호 사건'이 조선의 문을 열었다. 그때 일본은 강화도 초지진에 침입해 영종진에 포격을 가하며 방화와 살육, 약탈을 자행했고, 조선은 속수무책으로 당해야 했다. 일본의 사죄 요구에 이의를 제기할 수 없었고 오히려 조선 영해의 자유항행과 강화 부근에 개항 등을 약속해야 했다. 세계 근대문명의 물결은 그렇게, 역사의 필연으로 밀려들어 오고 있었다.

조선 정부가 서양과의 교류를 거부했던 가장 큰 이유는 사교(邪敎)로 각인된 천주교를 염려했기 때문이다. 서양은 통상을 이유로 닫혀 있는 문을 열려고 했지만 조선은 사상적 오염이 두려워 이를 피하려 했던 것이다. 조선은 애초부터 성리학적 실천을 다짐하며 세워진 나라였고, 따라서 이데올로기의 훼손은 필연적으로 기존 정치체제의 붕괴로 이어지게 되어 있었다.

가톨릭교회는 자신들의 신학과 전통을 그대로 전파하려 했고, 그래서 전교(傳敎)의 과정에서도 교황의 수위권, 곧 울트라몬타니즘 전통을 고집했다.[1] 가톨릭교회와 조선 정부, 양자 모두 이데올로기와 정치 권력을 함께 고수하려 했기 때문에 그 충돌은 불가피했다.

1. 이데올로기의 충돌

소현세자 이후, 해서(海西)와 관동(關東)의 민간인 사이에 가톨릭이 퍼져 나갔다. 그러나 영조 임금과 조선의 조정은 촌맹(村氓) 야파(野婆)[2]의 무지한 소치로 보고 대수롭지 않게 여겼다. 하류 계급의 민간신앙 정도로 보았고, 조선의 체제와 성리학적 전통을 훼손할 만큼의 교리적 요소(이론적 체계)도 발견되지 않았기 때문이다. 그러나 정조 시대에 이르렀을 때 가톨릭의 영향력은 달라져 있었다. 정조 12년인 1788년 8월 2일 사간원(司諫院)의 정언(正言) 이경명(李景溟)은 다음과 같은 상소(上疏)를 올렸다.

오늘날 세속에는 이른바 서학(西學)이란 것이 진실로 하나의 큰 변괴입니다. 근년에 성상의 전교에 분명히 게시(揭示)했고 처분이 엄정하셨으나, 시일이 조금 오래되자 그 단서가 점점 성하여 서울에서부터 먼 시골에 이르기까지 돌려가며 서로 속이고

---

1 울트라몬타니즘(Ultramontanism)은 로마 교황의 권위가 국민적 주교단(主敎團)이나 세속 국가 권력보다 높다는 것을 강조하는 것으로, 울트라몬탄이란 "산 너머 저편," 즉 알프스 산맥 너머의 로마 교황청을 말한다. 이 말은 17세기 프랑스 혁명에 대한 반동에서 생긴 것이다. 프랑스혁명이 기존 질서를 파괴하고 종교와 전통을 적대시하는 것으로 보고, 고대와 중세의 전통을 예찬하는 새로운 반작용에 의해 생겨났다. 이러한 움직임은 정치계에서는 국가주의로 나타나고, 종교계에서는 울트라몬타니즘이 되었다. 영국에서는 옥스퍼드운동으로 표출되기도 했다.

2 國朝寶鑑, 英祖, 三十四年 戊寅條(1758), 민경배, 『한국기독교회사』(서울:연세대학교출판부, 1998), p.61에서 인용.

유혹하여 어리석은 농부와 무지한 촌부(村夫)까지도 그 책을 언
문으로 베껴 신명(神明)처럼 받들면서 죽는다 해도 후회하지 않
으니, 이렇게 계속된다면 요망한 학설로 인한 종당의 화가 어
느 지경에 이를지 모르겠습니다. 그러니 조정에서 여러 도의
방백(方伯)과 수령들에게 엄히 신칙하여 다시 성해지는 폐단이
없게 하소서.[3]

이경명은 서학(西學, 천주교)이 사학(邪學)이고, 국법으로 처단해야 한
다고 주장했다.[4] 정조 임금이 "우리 도(道)와 정학(正學)을 크게 천명한다
면 이런 사설(邪說)은 일어났다가도 저절로 없어질 것으로 본다"[5]는 논
리로 이를 물리쳤지만, 가톨릭교회의 극심한 핍박은 예고되어 있었다.

정조 시대에 접어들면서, 실학자 성호(星湖) 이익(李瀷)은 마테오 릿치
(Matteo Ricci)의『천주실의』발문을 쓰고 천주교회의 신학적 윤리를 담은
칠극(七克)을 소개한 바 있다.[6] 그의 우호적 태도에 따라 권일신, 이용휴
와 그의 아들 이가환 그리고 정약용, 체제공 등의 신서파(信西派)가 만
들어졌고, 성리학의 계급적 세계관을 극복해야 한다는 새로운 주장이
나왔다.[7] 천주교회의 교리와 신학은 이들의 바람, 곧 수평적 세계관의
이론이 되었다.[8]

---

3   조선왕조실록, 정조12년 8월 2일(양력) 원문은 다음과 같다. 今俗所謂西學, 誠一大變怪. 頃
     年聖敎昭揭, 處分嚴正, 而日月稍久, 其端漸熾, 自都下以至遐鄕, 轉相誑誘, 雖至愚田氓,
     沒知村夫, 諺謄其書, 奉如神明, 雖死靡悔. 若此不已, 則妖學末流之禍, 不知至於何境. 請
     自朝家, 嚴飭諸路方伯, 守宰, 俾無更熾之弊.
4   상소에는 서학을 신봉하는 남인계 신서파(信西派)로 몰아 제거하려는 정치적 의도가 숨어 있
     었다.
5   정조실록 12년 8월 3일자, 원문은 다음과 같다. 予意則使吾道大明, 正學丕闡, 則如此邪說.
6   고전번역원,『星湖僿說』제11권, 人事門 참조.
7   고전번역원,『다산시문집』제15권, 정헌(貞軒) 이가환의 묘지명(墓誌銘) 참조.
8   星湖僿說類選, 卷三 下 君臣門一年兩秋, 김영달, "星湖 李瀷의 哲學과 爲民思想硏究,"『국
     사연구』, 조선대 국사연구소, 1979, p.12. 참조. 그러나 이익은 원죄설, 천당지옥설, 처녀잉
     태설, 강림설, 부활설 등, 신앙의 영역에 이르렀을 때 비로소 이해할 수 있는 교리에 대해서
     는 외면했다. 신후담이나 안정복, 이병휴 등의 제자들은 스승의 견해를 근거로 가톨릭 자체
     에 대해 가차 없이 비판했다.

그러나 '진산사건,' 곧 윤지충과 권상연의 폐사사건[9]으로 인해 가톨릭은 전통적 질서체계와 충(忠)·효(孝)의 이데올로기를 위협하는 것으로 비춰졌다. 천주교인들 사이에서, 조선 임금의 권위는 추락했고 효(孝)의 상징처럼 자리하고 있던 조상 제사는 우상숭배로 전환되었다. 임금의 자리는 교황으로 대체되었고 죽은 조상을 섬기는 것보다는 '절대자와 인간' 관계를 더 소중히 여기게 되었다. 새로운 이데올로기를 기대했던 유학 지식군, 곧 남인계 성호학파는 점차 천주교회를 떠났고 그 자리는 신앙적 동기로 입교했던 중인(中人)들과 여성들이 차지하게 되었다.

천주교 선교사들이 들어오고 사회적 영향력이 증대되고 있을 때에, 조선 성리학 지식군들의 연구와 분석도 치밀해졌다. 천주교의 신학과 역사, 기독교 제국 간의 정치 역학 등에 대해 비교적 소상히 파악하게 되었고 당나라 시대부터 등장했던 중국 기독교 역사까지 알게 되었다.[10] 천주교가 정(程)·주(朱)를 헐뜯는다고 비판했고 예수교(耶蘇敎)가 임금과 아비를 원수처럼 여긴다는 비난도 했다. 또한 천당이니 지옥이니 하는 말로 어리석은 백성을 미혹시키고, 영세(領洗)라는 방법으로 흉악한 무리들을 불러 모았다며 거침없이 분노를 쏟아냈다.[11] 조선의 전통에서는 용납되기 어려운 이데올로기였다.

1799년 체제공(蔡濟恭)이 죽고 이듬해 정조 임금까지 승하하자, 천주교회의 박해는 수렴청정하게 된 정순왕후 김 씨 지휘 아래 무섭게 진행

---

9 전라도 진산의 윤치충은 1791년 5월(음) 어머니 권씨(權氏)의 상(喪)을 당하자 이해 8월(음) 그믐에 제사를 폐하고, 위패와 신주를 불태워 땅에 묻었다. 윤지충의 외종사촌 권상연도 죽은 고모의 신주를 불태워 윤지충과 뜻을 같이 했다. 이 사건으로 천주교회의 신해박해 사건이 일어났다.

10 고전번역원, 李圭景, 五洲衍文長箋散稿, 經史篇 3 - 釋典類 3, 斥邪敎辨證說 참조. 벨기에의 예수회 신부 페르비스트(P. Ferdinandus Verbiest, 南懷仁)가 저술한 『도학가전(道學家傳)』, 『고해원의(告解原義)』, 『적도남북성도(赤道南北星圖)』, 『곤여외기(坤輿外記)』, 『서방요기(西方要記)』 등 수많은 천주교 서적들이 수집되었고, 이규경(李圭景) 등은 이렇게 채집된 천주교에 대한 지식과 정보들을 조선 사회에 소개했다.

11 Loc.cit 참조. 위 내용 중 판서 극옹(屐翁) 이만수(李晩秀)가 문형(文衡)으로서 주문(奏文)한 것.

되었다. 이른바 '신유박해(辛酉迫害)'로 인해 중인 출신의 천주교 지도자 최필공이 체포되어 이승훈, 정약종 등과 함께 참수되었다. 권철신은 옥사 당했고 은언군(恩彦君)은 부인과 며느리가 사사(賜死)되었다. 그의 부인 송 씨와 며느리 신 씨도 사약을 받았다. 자수한 주문모 신부는 효시되었고 배교를 선언한 정약용 등은 유배를 보냈다. 순교한 자가 1백여 명에 달했고 유배된 자가 4백여 명에 이르렀다. 교인들은 살기 위해 지하로 숨어야 했고 이를 색출하기 위해 '오가작통법(五家作統法)'이 실시되었다. 그렇지만 천주교 박해하는 것에 대해, 조선 사회 내부에 어떠한 반발이나 민심의 이반은 없었다.[12]

죽음을 맞는 순교자의 최후 태도도 심각한 체제 도전으로 비춰졌다. "다시는 사교를 믿지 않겠다는 굳은 맹세만 한다면 반드시 벌을 주지 않겠다고 해도 차라리 칼을 받고 죽어서 속히 천주당(天主堂)에 돌아가기를 원한다"고 했고, "속히 천당에 가는 것을 지극한 즐거움으로 생각하고, 형벌을 받아 죽는 것을 지극한 영예로 여겼다." "서양의 사교(邪敎)를 믿는 자들은 엄하게 신문해도 전혀 두려워함이 없고 죽는 것을 즐거운 곳에 가는 것처럼 여겼다. 매에 견디기를 목석(木石)과 같이 해서 그 독하기가 양(羊)이 죽음을 두려워하지 않는 것과 다름 없었다."[13] 일반 백성들이 보기에도, 천주교도들은 나라를 원망하는 반역의 무리(怨國失之輩)이고 서양 오랑캐(外邪)를 끌어들이는 범죄 집단(內壞異圖)이었으며, 사신우귀(蛇神牛鬼)였다. 반드시 제거하고 박멸해야 할 대상이었던 것이다.

임금이 바뀌어도 이러한 인식에는 어떠한 변화가 없었고 천주교의 태도나 선교 방식도 달라지지 않았다. 1839년(헌종 5년)에 있은 기해

---

12 고전번역원, 다산시문집 제15권, 정헌(貞軒) 이가환의 묘지명(墓誌銘) 참조.
13 고전번역원, 李圭景, 五洲衍文長箋散稿, 經史篇 3 - 釋典類 3, 斥邪敎辨證說 참조.

기독교 공식 선교 이전의 시대적 서설(序說)

년 박해(己亥迫害)[14]도 천주교도들이 "무부무군(無父無君)하는 역적"이라는 주장에서 비롯되었고, 1866년 초의 '병인교난'도 천주교가 조선의 중추 이데올로기에 심각하게 도전하고 있다는 이유로 일어났다. 더욱이 1868년에 독일인 에른스트 오페르트(Ernst Oppert), 프랑스 신부 페롱(Feron), 조선인 천주교도들이 저지른 남연군묘 도굴 사건은 천주교의 탄압을 가중시켰다. 대원군의 '쇄국양이정책'은 더욱 강화되었고 그 탄압은 더욱 거세어졌다.[15]

2. 정치권력 집단 간의 충돌

병인년 박해 때에 프랑스 외방전교회 선교사 12명 중 9명이 처형되었고 남종삼(南鍾三), 정의배(鄭義培)를 비롯한 8,000여 명의 교인들이 순교를 당했다. 살아남았던 리델(Felix Clair Ridel)은 중국으로 탈출해 프랑스 극동함대 사령관 로즈(Pierre Gustave Roze)에게 이 사실을 알렸다. 로즈는 베이징의 프랑스 공사 벨로네(H. D. Bellonett)에게 이를 보고하고 보복 공격을 요청했다. 이에 벨로네는 조선 공격을 명령했다. 교회 박해가 군사적 충돌로 이어진 것이다. 강화도를 점령한 프랑스 군인들은 살육과 강간, 약탈, 방화를 저질렀고, 이 사건은 천주교회가 정치권력과 연결되었다는 것을 확실히 보여 주었다.

1548년 1월 30일에 베스트팔렌조약(Peace of Westfalen)이 조인되었을

---

14 『헌종실록』에 따르면, 배교하여 석방된 자가 48명, 옥사한 자 1명, 사형된 자가 118명이었다.
15 독일인 오페르트(E. J. Oppert)는 프랑스 신부 페롱(Feron)과 두 명의 조선인 천주교도, 자금을 전담했던 미국인 젠킨스(F. Jenkins), 선장 묄러(Moeller)와 유럽, 필리핀, 중국선원 등 총 140명으로 도굴단을 구성해 흥선대원군의 아버지인 남연군 구(球)의 묘를 발굴하려 했다. 이들은 시체와 부장품을 이용해 대원군과 통상문제를 흥정하고자 했다. 이 사건으로 대원군은 천주교 탄압령을 내리고 대외강경책을 더욱 고수했다.

때, 참담한 상흔이 유럽 곳곳에 가득했다. 가톨릭교회는 개신교회에 절반의 자리를 내주어야 했다. 이후 소속집단, 거주지역 등에 의해 교회 선택이 가능해졌지만, 일반의 신앙은 약화되었고 유럽을 이끌어 왔던 기독교적 삶의 양식은 흔들렸다. 교황과 교회의 권위는 사라지는 듯 했고 교회와 정치가 분리되는 듯 했다. 그렇지만 천 년 이상을 내려왔던, 교회와 정치권력과의 합치(合致)는 이미 속성화되어 있었다.

가톨릭교회의 정치적 영향력은 사라지지 않았다. 예수회(Jesuit)의 이른바 '역 종교개혁'은 가톨릭이 정치권력 의지를 포기하지 않았다는 것을 말해 준다. 아시아 선교에서 발휘되었던 권력층 지향의 '적응주의' 정책은 천주교회의 이러한 속성을 드러낸다.[16] 그러한 정치 지향의 속성은 1801년의 일명 '황사영 백서사건(黃嗣永帛書事件)'[17]이나 1901년의 '신축민란'에서도 여실히 드러났다.

> 만약 그럴 수만 있다면 전선 수백 척과 정병 5,6만을 얻어 대포 등 날카로운 무기를 많이 싣고 겸하여 글 잘하고 사리에 밝은 중국 선비 서너 명을 데리고 바로 이 나라 해변에 이르러 국왕에게 글을 보내어 말하기를 "우리는 서양의 전교하는 배요, 자녀나 재물 때문에 온 것이 아니라 교황의 명령을 받아 이 지역의 생령을 구원하려는 것이다.
>
> (중략)
>
> 왕은 한 사람의 선교사를 받아들여 온 나라에 내리는 벌을 면하고자 하겠는가? 아니면 나라 전체를 잃더라도 한 사람을 받아

---

16 적응주의를 내세웠지만, 예수회는 최상위 정치권력층을 지향했다. 이것은 정치·사회적 관점에서 보면, 정치권력을 지향했던 천주교회의 전통적 속성의 표출이라 볼 수 있다.

17 순조(純祖) 1년인 1801년, 황사영(黃嗣永)은 신유년의 박해 상황을 베이징에 있는 프랑스 출신 구베아 주교에게 알리고, 신앙과 포교의 자유를 가질 수 있도록 서양 군대를 동원시켜 달라는 서한을 보내려다 발각되었다.

들이지 아니하고자 하겠는가? 어느 하나를 택하시기 바라노라. 천주님의 성교는 충효와 자애를 가장 힘쓰는 일로 삼고 있으므로 온 나라가 흠모하고 공경하면 실로 이 왕국의 무한한 복이 될 것이지 우리에게는 아무런 이익이 없다. 청컨대 왕은 "의심치 말라"고 하십시오."[18]

황사영은 로마 가톨릭교회 베이징 교구장 구베아(Alexander de Gouvea)에게 이런 편지를 보내려 했다. 교회가 압력을 가해 청나라 황제의 황지(皇旨)를 얻고, 서양 제국 수백 척의 군함에 정병(精兵) 5–6만 명과 각종 무기를 싣고 와서 조선을 위협하라는 내용이었다. 힘으로 눌러야 신앙과 포교가 자유로울 수 있다고 믿은 것이다.[19]

1886년 6월 4일, 조선 정부전권대신 김만식(金晩植)과 베이징주재 프랑스 공사 코고르당(F. G. Cogordan) 사이에 한불수호통상조약을 맺을 때, 프랑스는 의고(擬稿)에 가톨릭교회의 자유로운 전교를 주장했지만 조선은 이를 완강히 반대했다. 대신 제4조에 조선 정부가 발행하는 호조(護照)만 있으면 자유롭게 여행할 수 있는 내용과 제9조 2항에 "學習或敎誨 語音文字格致律例技藝者 均得保護"[20] 라는 표현이 삽입되었다.

'교회(敎誨)'라는 표현에 대해 조선은 인정하지 않았지만, 프랑스는 종교적으로 가르치고 깨우치는 천주교 신앙을 고루 보호한다(均得保護)

---

18 원문은 다음과 같다. "得海舶數百 精兵五六萬 多載大砲等利害之兵器 兼帶能文解事之中士三四人 直抵海濱 致書國王曰 吾等卽西洋傳敎舶也 非爲子女玉帛而來 受命于敎宗 要救此一方生"…. "王欲納一人 而免全國之罰乎 抑欲喪全國 而不納一人乎 王請擇之 天主聖敎 以忠孝慈愛爲工務 通國欽崇 則實王國無疆之福 吾無利焉 王請勿疑"

19 천주교도들을 대대적으로 탄압한 뒤, 그해 12월 22일에는 "토역반교문(討逆頒敎文)"을 반포해 천주교도 처벌의 정당성을 역설하고, 관련자들의 혐의 내용을 널리 알리게 했다. 이후 남인과 시파는 정치권에서 대거 축출되고, 벽파가 정권을 잡으면서 일당 독재로 들어가게 된다. 천주교에 대한 박해도 더욱 가혹해졌다.

20 프랑스 사람이 "말과 글, 사물의 이치, 율례와 기예를 배우거나 가르치는 사람이 있을 때는 모두 보호하고 도와준다"는 뜻이다.

는 것으로 해석했다. 이후, 조선 천주교인들은 가톨릭교회를 프랑스와 동일시했다. 천주교회를 치외법권의 영역으로 간주했고, 막강한 정치권력기관임을 과시했다. 교회의 영역과 국가의 영역이 다르다는 구분의식도 없었다. 조선 사회가 이에 반발한 것은 자연스러운 일이었다. 1888년 원산에서 있었던 드게트(Deguette)신부 축출소동을 시작으로 수차례의 사건이 있었고,[21] 교인과 일반 백성간의 분쟁에 프랑스 신부가 가세하면서 심각한 사건이 발발했다. 집단적으로 폭력을 주고받았던 1900년의 해서교안(海西敎案)도 3년이 지나 겨우 해결되었다.[22]

광무 5년(1901년)에 일어났던 일명 '신축민란'도 당시 천주교회의 이러한 생리를 확인해 준다. 1886년 조선과 프랑스 사이에 통상수호조약이 체결된 후, 신앙의 자유를 얻게 된 제주도의 천주교회는 강력한 권력 집단이 되었다. 천주교를 모독했다고 여기면 온갖 횡포를 저질렀다.[23] 이에 반발한 이재수가 민란을 일으키고 309명의 천주교도들이 죽었을 때, 프랑스 해군은 천주교도를 제외한 모든 제주 도민을 죽이겠다고 공언했다. 2개월 만에, 장두 이재수가 민군 1만 명을 해산시키고 자수하면서 끝이 났지만[24] 천주교회 스스로 정치권력 집단임을 자인한 사건이었다.

처음부터 천주교회는 종교권력인 동시에 정치권력으로 다가왔다. 교황이 임금보다 앞선다는 인식을 주었고, 가톨릭교회가 세상을 주도한다는 인상을 주었다. 조선의 전통에서는 쉽게 받아들일 수 없는 것들이었고, 따라서 조선과 가톨릭교회는 충돌할 수밖에 없었다.

---

21 1890년 전주에서의 보드네(Baudenet) 신부 축출 소동, 안변(安邊)에서의 마라발(Maraval) 신부 축출소동, 1892년 수원에서의 빌렘(Wilhelm) 신부에 대한 폭행 사건, 그 밖에 여러 곳에서 일어난 선교사 축출소동이 있었다.
22 1900년의 해서교안은 이 지역 토호였던 안중근의 집안과 밀접히 연결되어 있었다.
23 金允植,「續陰晴史」光武 5년(1905년) 3월 18일자 참조.
24 이재수는 1901년 10월 9일에 한성 감옥에서 교수형에 처해졌다.

기독교 공식 선교 이전의 시대적 서설(序說)

2장.

근대문명과의 충돌
-제너럴셔먼호 사건, 신미양요

1. 제너럴셔먼호 사건

1866년 7월 6일, 평양감영은 용강현 다미면 주영포에 서양 거함(巨艦)이 중선(中船) 3척과 소선(小船) 2척을 거느리고 나타났다는 보고를 받았다.[25] 그 보고를 받은 감사 박규수(朴珪壽)는 이양선의 내한 목적을 탐문하라는 지시를 내렸다.[26] 용강 현령과 황주 목사는 이 배의 목적지가 평양이며, 통상이 목적이라고 보고했다. 동시에 이들이 천주교를 핍박하고 프랑스 신부들을 죽인 것에 항의했다고 덧붙였다.[27]

교역을 허락할 수 없다고 거듭 밝혔지만 이양선은 관포리, 평양 외곽수비대가 진을 치고 있던 보산진(保山鎭)을 통과해 대동강 하구까지 올라왔다. 그리고 만경대 아래 두로도(頭老島)에 정박했다. 이 배에 탄

---

25 平安監營啓錄, 병인(丙寅) 7월 10일 장계(狀啓). 소선 2척이 함께 있다는 보고는 착오였고 3척의 중선은 삼화(三和)방면으로 내려가 바다로 떠나갔고 대선(大船) 한척은 급수문(急水門) 쪽으로 거슬러 들어와 황주 지계(地界)에 닻을 내렸다.

26 3개월 전, 평양에 부임했던 박규수는 산동성(山東省) 지부(옌타이)에서 감초를 싣고, 일본 오키나와를 향해 출항했다가 평안도 철산부 선사포(宣沙浦)에 표도(漂倒)했던 미국 상선 서프라이즈(Surprise)호 선원들의 신변을 보호하고 음식과 물을 제공한 바 있었다.

27 Ibid., 병인 7월 9일자 장계(狀啓). 당시 조선 조정은 프랑스가 합대를 보낼 것이라는 첩보가 중국으로부터 전해져 있어 국경과 연안의 수비를 엄중히 하고 있었다.

백인은 선주였던 무역상 프레스톤(W. B. Preston)이었고, 선장 페이지(Page), 항해사 윌슨(Wilson), 화물 감독 호가드(Hogarth) 그리고 선교사로 통역을 맡았던 토마스(Robert Jermain Thomas)였다. 여기에는 토마스의 중국인 조수 조능봉(趙凌奉)과 말레이시아 선원 등도 타고 있었다.[28]

제너럴셔먼호는 80톤의 증기선으로, 상선임에도 대포 2문을 갖추었고 선원들은 완전 무장하고 있었다. 통역을 맡은 토마스도 권총을 차고 있었다. 그는 프랑스 신부를 학살한 것에 대한 보복으로 프랑스 함대가 쳐들어올 것이라고 위협하면서 통상과 교역을 강요했다.

수차례의 회선 요구를 거부했고 제너럴셔먼호 탑승자들은 난동을 부렸다. 총을 쏘았고 중군(中軍) 이현익과 그의 배를 인질로 억류했다. 인질 석방을 거부했고 지나가는 조선 상선을 약탈했다. 마구 총을 쏘아대는 바람에 조선 군인 2명, 민간인 7명이 피살되고 5명이 부상당했다.[29] 박규수는 철산부사(鐵山府事) 백낙연(白樂淵)에게 화공(火攻)으로 제너럴셔먼호를 공격하게 했다. 토마스와 그의 중국인 조수 조능봉은 생포되어 강 언덕으로 끌려갔고, 분노를 이기지 못한 수많은 군민들에 의해 죽임을 당했다. 제너럴셔먼호는 불에 탔고 그 안에 타고 있는 모든 사람들도 죽었다.[30]

이양선을 격파했다는 승전보를 접한 대원군은 크게 기뻐하며 박규수 등의 노고를 크게 치하했다. 그렇지만, 무장을 했다고는 하지만, 상선 한 척과 20여 명을 상대하는 데 평양성의 모든 전력을 투입했고 이를 물리치는 데 3일이나 걸렸다. 당시 조선의 능력으로 서양배 한 척을 상

---

28 승선한 사람은 24명이었다는 설이 가장 많이 알려져 있다. 5명의 백인과 토마스의 조수 중국인 1명, 2명의 흑인과 나머지는 말레이시아 사람으로 구성되었다는 설이다. 선주와 선장과 항해사 윌슨은 미국인이었고, 화물감독 호가드와 토마스는 영국인이었다.
29 『同文彙考』原編, "洋舶情形, 국사편찬위원회 편 제3책, p.246.
30 평안감영계록, 병인 7월 24일, 장계

대한 것은 성곽을 공격하는 것과 다름이 없었다.[31]

2. 신미양요(辛未洋擾)

프랑스의 로즈 제독이 천진으로 돌아왔을 때, 로즈 함대에 동승했던 리델(Felix Clair Ridel)은 제너럴셔먼호에 대한 소식을 영국 메도우즈 상사(Meadows and Company)에 알렸다.[32] 메도우즈 상사는 천진주재 영국 영사와 베이징 미국 공사관의 윌리엄스(Samuel Wells William) 대리 공사에게 이 사실을 보고하면서 응분의 조치를 취할 것을 강력히 요청했다.

미국 공사로부터 진상조사의 훈령을 받은 슈펠트(Robert W. Shufeldt)는 함정 와추세트(Wachusett)호를 타고 1867년 1월 23일, 황해도 장연현(長淵縣) 오차진(吾叉鎭) 월내도(月乃島)에 도착했다. 섬 주민 김대청(金大淸)을 통해 조선 조정의 편지를 전달하며 진상 조사를 요구했으나 이에 대한 공식 답변은 없었다. 여러 일련의 과정을 통해 미국 정부는 제너럴셔먼호 승무원들이 모두 살해되었고, 그 원인이 미국 배의 불법적 행동 때문이었다는 것을 알게 되었다.[33]

먼로(James Monroe) 대통령 이후, 미국은 이른바 "먼로 독트린(Monroe Doctrine)"[34]을 천명해 왔다. 그러나 제1차 아편전쟁 전후, 유럽 열강의 중국 침략이 본격적으로 벌어지면서부터, 아시아에서 영향력 확보를

---

31 박규수, 『瓛齋集』卷 六, 辭特加正憲疏, 丈 二十.
32 리델은 조선인 천주교 신자 송운오(宋雲五)로부터 이양선 소각사건을 들었다. 프레스톤은 텐진(天津)에 기항 중, 그곳에 주재하던 영국 메도스상사(Meadows and Company)와 용선계약을 체결했다. 제너럴셔먼호는 1866년 8월 9일 지푸(芝芣)를 출항했다.
33 슈펠트는 탐문의 과정에서 제너럴셔먼호의 불법행위를 확인했다. 그런데 동행했던 중국 상인 우문태를 통해 평양아문 내에 서양인 2명을 포함하여 모두 4명이 생존해 있다는 소문을 들었다. 조선은 청나라에 셔먼호 선원 생존설이 전혀 근거가 없음을 알렸고 1868년 4월, 아시아함대의 세난도호를 조선으로 보냈던 미국은 이를 확인했다.
34 유럽 열강으로부터의 아메리카 대륙에 대한 간섭배제를 천명한 정책을 말한다.

위해 '통상팽창정책'을 채택했다.[35] 그 결과로 1844년에 중국과 '왕사조약(望廈條約)'을 체결하게 되었고, 통상의 범위를 일본과 조선까지 확대하려 했다.[36] 조선이 중간 기착지(寄着地)와 구조지(救助地)가 될 수 있다고 판단했기 때문이다. 중국과 일본과의 통상이 활발해질수록 연료 보충을 위해 중간 기착지가 필요했고 증가하는 해상사고를 대비해 적당한 구호 장소가 필요했던 것이다.[37] 그러나 조선 개항은 쉽지 않았다. 중국이나 일본을 통해 조선과의 교섭을 시도해 보려 했으나 여의치 않았고, 따라서 군사적 행동을 통해 직접 조선 개항을 시도하려 했다.

"제너럴셔먼호 사건"은 좋은 명분이 되었다. 미국 정부는 1870년 베이징 주재 미국 공사로 부임한 프레드릭 로우(Fredrick Low)에게 조선 침공의 전권을 부여했다.[38] 페리(Matthew C. Perry) 제독이 일본에 가나가와 조약(Convention of Kanagawa, 美日和親條約)을 이끌었던 것처럼 조선도 문을 열 것이라 믿었다.

로우는 청나라의 총리아문을 통해 1871년 음력 1월 17일자로(3월 7일) 조선에 친서를 보냈다. 내용은 제너럴셔먼호 사건의 재발 방지와 미국 선박에 대한 안전 보장, 통상조약의 체결이었다. 이를 거절하면 무력을 사용하겠다는 협박을 덧붙였다.[39] 조선 조정은 선박과 선원의 구호는 조선의 전통이고, 이 사건은 불법적인 무단침범으로 인해서 일어났으며, 중국에 사대(事大)를 하는 입장에서 독자적으로 통상 요구를 결

---

35 Tyler Dennett, Seward's Far Eastern Policy, *American Historical Review* 28, 1922, Oxford University Press, American Historical Association, pp.45-62.

36 濱屋雅軏,「黑船と 幕府」, (東京:高文堂出版社, 1987), p.36.

37 신효승, "1871년 미군의 강화도 침공과 전황 분석," 「역사와 경계」 93, 2014년 12월호, pp.36-39 참조.

38 로우는 아시아 함대 사령관 로저스(John Rodgers)와 원정 계획을 수립했고, 이듬해 5월을 원정 시기로 잡았다.

39 김명호, 「초기 한미관계의 재조명: 제너럴 셔먼호 사건에서 신미양요까지」(서울:역사비평사, 2005년), pp.279-282.

정할 수 없다는 답변을 보냈다.[40]

1871년 5월 미국은 곧바로 로저스(John Rodgers)를 사령관으로 임명해, 콜로라도(Colorado)호와 알래스카(Alaska)호, 모노크래시(Monocracy)호, 베네시아(Benicia)호, 팔로스(Palos)호를 파견했다. 함포 78문, 야포 7문이 적재되었고 병력은 1,300여 명이었다. 상륙 병력은 651명으로 편성했고, 화력지원을 위해 포병대를 포함해서 총 9개 보병중대와 보병대, 의무대, 해병대 1개 중대 등으로 구성했다.[41] 침공을 위해 프랑스군이 작성한 지도를 참고했다.[42]

미 함대는 손돌목에 있던 조선군의 방어행위를 빌미로 6월 1일부터 손돌목 포격을 시작했다. 그리고 6월 10일 초지진, 그 다음날 덕진진, 마지막 공략지점인 광성보를 향해 수륙양면의 공격을 감행했다. 조선군이 백병전을 벌이며 저항하는 바람에 예상시간보다 2배 가까운 시간이 걸렸지만 어렵지 않게 함락되었다.

미국은 전사자 3명, 부상자 10명의 피해를 본 반면,[43] 조선군은 광성보에서만 중군 어재연을 비롯해 350여 명이 전사하고 100여 명이 익사했다. 그리고 20여 명이 포로가 되었다. 광성보 조선군 진지에 걸려 있던 '수자기'를 빼앗겼고 강화도에 보관되어 있던 서적 등이 약탈되었다. 초지진, 덕진진, 광성보 등 조선군 방어시설들도 파괴되었다.[44]

그런데 조선은 전쟁에서 승리했다고 자찬했다.[45] 대원군은 조선의 힘

---

40 박규수, 瓛齋集 권 7, 美國封函轉遞咨 참조.

41 김명호, *op.cit.*, p.41.

42 미국 함대는 일본 나가사키에 집결해서 약 15일 동안 해상 기동훈련을 실시한 후 5월 16일 출발했다.

43 James P. Finley, *The US Military Experience in Korea, 1871-1982: In the Vanguard of ROK-US Relations* (San Francisco: Command Historian's Office, Secretary Joint Staff, Hps., USFK/EUSA, 1983, p.2.

44 W. E. 그리피스, 『은자의 나라 한국』, 신복룡 역(서울:집문당, 1999), p.140.

45 『高宗實錄』, 券8, 고종 8년 5월 17일자. 『고종실록』은 이날 전투의 사상자를 전사 53명, 부상

만으로도 서양 세력을 물리칠 수 있었다며 전국에 척화비를 세우고 쇄
국 정책을 더욱 강화했다. 미국도 일방적인 힘을 통해 조선과 통상조약
을 체결한다는 것이 불가능하다는 것을 확인했다.

24명으로 기록하고 있다.

2부

기독교 선교의 필연적인 조건과 그 시작

1장.
근대국가 구축의 이데올로기

1. 북학사상과 개화파의 대두

1876년(고종 13년), 조선 정부는 일본의 군사력에 일방적으로 밀려, 강압적으로 조일통상조약을 맺게 되었다. 인천과 원산이 개방되었고, 쇄국정책을 개방정책으로 바꿔야 했다. 그러나 개방정책이 곧바로 수용과 수긍으로 연결된 것은 아니다. 시대가 개국(開國)을 요구했지만 조선의 전통 지식 사회가 이를 외면했던 것이다.

전통 지식그룹이 '위정척사(衛正斥邪)'와 '존화양이(尊華洋夷)'를 내세우며 강하게 반발했을 때, 고종 임금을 지원하며 개국(開國)의 이론과 당위성을 제공한 그룹이 박규수의 제자들, 곧 개화파였다.[1] 이들은 중국 중심의, 동아시아의 전통적인 질서가 무너지고 있다는 것을 감지하고 있었고, 서구에 의해 동북아 질서가 새롭게 형성될 것이라는 것도 예지하고 있었다. 박규수는 할아버지 연암 박지원(燕巖 朴趾源)의 북학사상을 기초로 하여 고종 임금의 정책을 뒷받침하려 했다.[2] 북학사상을 개

---

[1] 박규수는 일본과의 강화도조약(江華島條約)(1876년)이 체결된 다음해인 1877년 2월에 별세(別世)했다.
[2] 연암의 북학사상은 기본적으로 중국 중심의 세계관이 폐쇄적이라는 생각에서 시작하고 있

화사상으로 연계시켰고, 젊은 개화지식인들을 양성했다.

　박규수는 1861년에 열하부사(熱河副使)로 처음 청나라를 방문했을 때, 서구 제국들에 의해 세계 질서가 바뀌는 것을 목격한 바 있었다. 1866년의 제너럴셔먼호 사건을 직접 지휘하면서 서양 근대문명의 거대한 힘도 체험했다. 그런 이유로 조선이 전략적으로 개항(開港) 혹은 개화(開化)해야 살아남을 수 있다고 확신했다. 그런 신념 아래 김옥균, 박영효, 김윤식 등 젊은 유가의 사대부들을 가르쳤고 자신의 이론을 문중 조카뻘인 박정양에게도 이식했다.

　박규수의 적극적인 지도에 따라, 젊은 개화파들은 미국의 법학자 휘튼(Henry Wheaton)의 국제법 저서인『만국공법(萬國公法)』[3]을 읽었고, 청나라의 위원(魏源)이 쓴 해국도지(海國圖志), 1850년 서계여(徐繼畬)에 의해 간행된 영환지략(瀛環志略)을 읽었다. 청나라 정관응(鄭觀應)이, 서양의 정치·제도·국방·경제 등을 소개하기 위해 1880년에 간행한『이언』(易言)도 이들 개화파들의 필독서였다.[4]

　개화파들의 도움을 받은 고종 임금은 구미제국과 연달아 국교를 맺고 통교(通交)를 맺을 수 있었다.[5] 조선이 개혁 조치를 진행시킬 수 있었던 것은, 고종 임금의 의지와 개혁을 열망하는 젊은 개화파들의 적극 가세가 있어 가능했다.

다. 연암이 중심이 되었던 북학파들은 조선의 체제와 전통적인 신분 질서를 바꿔야 한다고 믿고 있었다.

3　만국공법은 재중 미국인 선교사 윌리엄 마틴(William A. P. Martin)이 중국 정부의 요청으로 미국 법학자 휘튼(Henry Wheaton)의 국제법 저서『국제법 원리, 국제법학사 개요 첨부』(*Elements of intenational law with a Sketch of the History of the Science*)를 한역하여 1864년 출간하며 붙인 이름이다.

4　이광린, "易言과 韓國의 開化思想,"『韓國開化史研究』(서울:일조각, 1969) 참조.『承政院日記』, 고종 19년 12월 22일, 윤선학의 상소에 보면 자신은『이언(易言)』을 접하고 나서야 비로소 세계정세가 진·한·당·송(秦韓唐宋)의 세상이 아니라는 사실을 알게 되었으며『이언(易言)』의 발문에서 왕도(王韜)가 언급한 도기론(道器論)에 입각한 서기(西器)의 수용이 필요하다는 것을 강조했다.

5　조항래, "黃遵憲의 朝鮮策略에 對한 檢討,"「한국근현대사논문선집 1」(서울:삼귀문화사, 1999), pp.4-5 참조.

2. 근대체제의 지향—탈(脫)중국과 미국식 체제의 도입 희망

1880년, 수신사(修信使)로 일본에 가게 된 김홍집은 청국 공관에서 청국의 참찬관(參贊官) 황준헌으로부터 『사의조선책략(私擬朝鮮策略)』을 헌의(獻議)받았다. 러시아가 아시아의 요충인 조선을 침략할 것인데, 이를 위해서 청국과 친밀해야 하고(親中國), 일본과는 결맹해야 하며(結日本), 미국과는 연결점을 가져야 한다(聯美國)는 주장이었다.[6] 조선 정부는 이 주장에 귀를 기울였고 중국, 일본, 미국 세 나라의 근대체제를 확인하는 작업을 시작했다. 중국의 양무(洋務) 자강(自强)의 모델을 알아보기 위해 어윤중을 파견했고, 명치일본(明治日本)의 근대체제를 파악하기 위해 조사시찰단(朝士視察團)을 일본에 파견했다.

1881년 4월, 64명의 조사시찰단(朝士視察團)을 꾸려 일본으로 파견하였다. 이들에게는 약 4개월의 기간이 주어졌다. 중국에 보낸 조사단과 비교되지 않을 만큼 대규모였고 기간도 길었다.[7] 이들은 도쿄, 오사카를 중심으로 인접 지방까지 가서 문교, 내무, 농상, 외무, 대장, 군부 등 각 성(省)의 시설과 세관, 조폐 등의 중요 부분을 조사했다. 제사(製絲), 잠업(蠶業) 등 일본의 근대 농업도 조사했다.

조사(朝事)들을 통해 삼권분립사상에 입각한 정치·행정 제도, 서구 법사상에 기초한 근대적 사법 제도, 근대적 군사 제도, 재정·예산·조세 등 경제 제도, 실리 위주의 외교·통상 제도, 실용주의적 근대 교육 제도, 산업진흥정책 등이 비교적 소상히 파악되었다.[8]

6　『개방과 예속』, 송병기 편역, 「대미수교관련 수신사 기록(1880)」 (서울: 단국대학교출판부, 2000년), p.148.

7　박정양·엄세영(嚴世永)·조병직(趙秉稷)·민종묵·조준영(趙準永)·심상학(沈相學)·어윤중·홍영식·이원회(李元會)·이헌영·김옥균을 조사(朝士)로 이상재, 윤치호, 유길준 등을 수원(隨員) 이외에 통사(通事)와 종인(從人)으로 꾸며졌다. 이들에게는 일본에 개화관료들을 보낸다는 것에 부담을 느껴 조사들에게 "동래부 암행어사(東萊府暗行御史)"라는 호칭이 주어졌다.

8　허동현, 『근대한일관계사연구』(서울: 국학자료원, 2000), pp.4~7. 참조.

그러나 일본 정부의 기대와는 달리,[9] 어윤중을 제외한 조사(朝士) 대부분은 일본식 방식에 대해 비판적으로 보고했다. 외형적인 성장은 인정했지만, 짧은 시간에 급격한 변화를 꾀하다 보니 방대하게 차관도입을 해야 했고, 재정의 압박이 심하다고 판단한 것이다. 여기에 서구 문명을 무분별 수용했다는 비판도 있었다.[10]

이미 박규수 그룹은 미국을 개화 모델로 생각하고 있었다. 김윤식은 스승이었던 박규수의 미국관에 대해 다음과 같이 전하고 있다.

> 내가 듣건대 미국은 지구상의 여러 나라 중에서 가장 공평하다고 일컬어지고 난리(亂離)의 배제(排除)나 분쟁의 해결을 잘하며, 또 6주(州)에서 가장 부유하고 영토를 확장(擴張)하려는 욕심도 없다고 하니 저쪽에서는 비록 말이 없다고 하나 우리는 마땅히 먼저 수교를 맺기를 힘써 굳은 맹약을 체결한다면 고립되는 우환은 면할 것이다. 그런데도 도리어 밀쳐서 물리친다면 어찌 나라를 도모하는 길이겠는가[11]

제너럴셔먼호 사건 중심에 있었음에도 박규수는 미국 근대문명에 대해 호의적이었고 미국의 것을 도입하길 희망했다.[12] 그의 대미 인식은 고종 임금에게도 적지 않은 영향을 끼쳤다. 박규수 그룹의 조언에 따라 조선 정부는, 1882년의 미국과 조미조약(朝美條約)을 계기로, 1883년 민영익을 정사(正使)로 하고 홍영식을 부사(副使)로 하여 미국에 보빙사(報聘使)를 파견했고, 아더(Chester A. Arthur) 대통령에게 국서를 보냈

---

9 「日本外交文書」14권(문서번호 123), 1883.2.28.

10 허동현, "1881년 朝鮮 朝士 日本視察團에 관한 一研究," 『韓國史研究』52, 1986 참조.

11 吾聞 美國在地球諸國中 最號公平 善排難解紛 且富甲六州 無啓覇之慾 彼雖無言 我當先事 結交締固盟約 庶免孤立之患 『文集』卷7, 咨文 26頁, 〈美國兵船滋優咨〉, 金允植謹按.

12 후일 박규수의 후예는 친미개화파로 분류가 된다.

다.[13]

　근대 방식을 선택해야 하는 기로에서, 고종 임금은 탈(脫)중국과 독
립국가로의 이행을 결심했고[14] 조선의 조정은 미국과 일본의 방식을 비
교하고 저울질했다. 조선의 근대화와 독립을 도울 수 있는 국가여야 했
고, 조선을 억압하는 모든 것을 견제해 줄 수 있어야 했다. 한국 기독교
선교는 그 갈림길에서 시작되었다. 기독교와 독립국가의 지향, 근대화
의 관계는 그때부터 엮여 있었다.

13　한철호, 『親美開化派硏究』(서울: 국학자료원, 1998), pp.30-32 참조.

14　일본 도쿄에서 발행된 1882년 10월 2일자 『時事新報』는 당시 일본을 방문한 박영효 수신사
　　일행과 기자 회견을 통해 태극기가 고종이 직접 도안을 하고 색깔까지 지정한 것으로 보도했
　　다. 박영효는 고종 임금의 지시로 단순히 그림만 그리는 역할을 했을 뿐이라고 전하고 있다.
　　고종 임금은 조선의 독립을 기대하고 있었던 것이다.

2장.
새로운 근대사상 정립의 시도
–신앙 영역에 대한 거부

1. 개화 방식의 분화

근대문명의 도입을 위해 문호를 개방해야 한다는 데에는 개화지식인들의 생각이 같았다. 적극적으로 근대문명을 받아들이기를 열망했고, 그래서 강병과 부국의 꿈을 이루고자 했다. 그렇지만 이들의 개화방식에는 뚜렷한 차이가 있었다.

김옥균과 박영효를 중심으로 했던 그룹은, 중국으로부터 전수되었던, 조선의 체제를 근본부터 부정했다. 도기론(道器論)[15]을 바탕으로 할 때, 이미 중국으로부터 전래된 군사 기기나 기술 등(器)은 열악하기 짝이 없는 것이고, 이것은 그 이데올로기(道)가 저급하다는 것과 한계를 입증하는 것이었다. 중국의 문명, 즉 동양의 문명이 기력을 다했다고 보았고 과감히 떨쳐 내야 한다고 믿었다. 적극적이고 신속히 근대문명을 도입하려 했고 적극적으로 서구식 근대체제로 대체해야 한다고 주

15　주역(周易)의 계사상전(繫辭上傳)에는 형이상(形以上)의 것은 도(道), 형이하(形以下)의 것은 기(器)라고 서술되어 있다. 곧 도(道)는 형상(形象)을 초월한 원리나 규범을 말하고, 기(器)는 형상을 갖춘 사물을 가리킨다. 성리학에서는 도(道)와 기(器)의 관계에 대한 도기론(道器論)을 발전시켰다. 주자학에서 도(道)는 이(理)이고 기(器)는 기(氣)라고 하며 이것을 체용(體用)의 관계로 보았다.

장했다. 기독교 유입에도 적극적이었다.

그러나 미국과의 연계를 강력히 희망했지만, 기대와 달리 전개되었기 때문에 일본으로 방향을 돌렸다. 그런 이유로 1884년 12월, 일본의 힘을 빌려 갑신정변을 일으켰다. 그렇지만 이들의 최종 목표는 서구적 근대체계의 도입이었다.[16]

반면 김윤식을 중심으로 하는, 이른바 동도서기론(東道西器論)을 주장했던 그룹은 김옥균의 방식을 거부했다. 전통적인 사상과 그 정통성을 잃지 않는 조건에서 서양의 근대 문물을 수용하고자 했다. 이들에게 중국의 문명은 여전히 불변자(不變者)였다. 따라서 서양의 근대 기술문명(西器)만을 받아들이자고 주장했다.[17] 서양 기술을 수용하는 것은 단지 동양의 이데올로기를 유지하고 강화시키는 차원이었다. 이들에게 기독교(西道)는 여전히 받아들일 수 없는 사학(邪學)이었다.

고종 임금은 양분된 주장 사이에 있었다. 개화파 등장 이후, 임금은 중국을 사대(事大)해야 한다는 생각을 버렸다. 중국이 일방적으로 서구에 당하는 것을 보면서 중국 중심의 세계관이 수정되었고 유학(儒學)이 불변(不變)한다는 생각도 버렸다. 오히려 개화를 통해 청국의 속방체제(屬邦體制)로부터 벗어날 수 있을 것이라는 정치적 기대감을 갖게 되었다. 임금 중심의 체제가 강화되어야 한다는 조건 아래 적극적으로 근대화를 진행시키려 했다. 그렇지만 기독교를 사학(邪學)으로 여기지 않았지만, 서양 종교의 수용을 허락하지는 않았다. 가톨릭교회의 예처럼, 모든 서양 종교가 서구의 정치권력과 연결되어 있다고 믿었기 때문이

---

16 당시 일본의 근대화 논리는 일본의 정신을 보존하고 계승하되 서양의 제도나 과학기술을 적극 수용한다는 '화혼양재(和魂洋才)'의 논리에 입각해 있었다. 김옥균 등은 이 구조에 동의하지 않았다.

17 전통 문화의 우월성을 전제로 하여 서양 문물의 선택적인 수용을 주장하는 동도서기론은 청(淸)의 양무운동(洋務運動)에서 나타난 중체서용론(中體西用論)이나 일본에서 나타난 화혼양재론(和魂洋才論)과 유사한 성격을 지닌다.

다.[18] 이러한 의구심을 풀어야 기독교의 선교가 시작될 수 있었다.

2. 조선 지식사회의 기독교 거부

2.1. 위정척사파의 거부

황준헌의 『사의조선책략(私擬朝鮮策略)』의 핵심은 청국, 일본, 미국과 연대해[19] 동북아에서 러시아의 남하를 막자는 것이었다. 그런데 조선과 미국이 연대하기 위해서는 그 선결 조건이 서양 종교 문제 해결이었다. 서양 종교에 대한 조선의 적대 감정을 잘 알고 있던 청나라는 미국인들이 신봉하는 야소교(耶蘇教)가 프랑스의 천주교와 다르다는 것을 강조해야 했다. 그러나 근원이 같지만 파(派)가 다르다고 설명했지만 조선 사회는 일방적으로 받아들이지 않았다.

고종 임금과 조선 조정이 미국과의 수교에 관심을 갖게 되었을 때, 조선의 전통 지식사회는 '존화양이(尊華洋夷)'와 '위정척사(衛正斥邪)'를 부르짖으며 맹렬히 반대했다. 특히 안동과 영주를 중심으로 한 유학 지식인들이 거세게 항의했다.[20] 기독교와 천주교를 굳이 구별하려 하지 않았고 국제 정치와 기독교 신앙을 분리하겠다는 의지도 없었다. 이들에게 서양 종교는 사학(邪學)이었다. 서양 종교가 전파되는 것은 "성리학의 세계가 무너지는 것이고 아울러 국내 신자들의 호응으로 외국이 침략"하는 것을 의미했다.[21] 서구와의 통상은 서구 이데올로기의 침입이었고 서구 제국의 침범이었다. 동시에 전통적 세계관의 파손과 국가 파괴를 의미

---

18 1882년 미국과의 조미통상조약 체결 때에, 조선 정부가 "불립교당(不立教堂)"을 강력히 주장했던 것은 그런 이유에서였다.
19 "防俄在 親中國, 結日本, 聯美國, 以圖自强."
20 이들은 임금에게 「영남만인소(嶺南萬人疏)」를 올리며 항의했다.
21 『承政院日記』, 高宗 13年 1月 23日 條.

했다.[22]

2.2. 개화 지식사회의 기독교 인식

1876년 이후, 조선의 지식사회는 기존의 사상과 전통을 고수해야 한다는 위정척사파(衛正斥邪派)와 힘과 문명으로서의 서양을 인정하고 그 문화를 수용해야만 한다는 개화파로 나뉘어졌다. 양 그룹은 서로 팽팽히 대립했다. 그러나 김윤식뿐만 아니라 김옥균 등도 복음 자체, 곧 신앙의 영역에 대해서는 긍정적이지 않았고 관심도 없었다. 기독교는 오직 부국강병의 목표를 이루기 위한 도구요 통로였고 미국이 부강하게 된 근거였을 뿐이다. 급박한 국제형세 속에서, 힘을 가질 수 있고 부강하게 된다면 기독교가 아니더라도 상관이 없었다.

조선 지식사회는 이규경(李圭景)의 『오주연문장전산고』(五洲衍文長箋散稿) 등을 통해 서구의 지식사회와 천주교에 대한 정보를 얻고 있었다.[23] 이 책도 가장 약하고 남달리 빈곤한 나라의 상태에서 벗어나기 위해 그리고 나라의 부강발전을 위해, 개국과 통상을 주장했다. 그렇지만 서양 제국들이 신봉하는 종교를 받아들여서는 안 된다는 입장을 강하게 피력했다.[24]

서양 종교에 대한 부정적 인식은, 조선 조정이 개화정책을 선언한 이후에도 여전했다. 위정척사파는 물론이고 대부분의 개화 지식사회도 기독교의 신앙 영역에 대해서는 냉소적이었다. 이런 상황 속에서 기독

---

22 1882년 임오군란 이후 고종은 「개화윤음」을 반포하여 문호개방에 의한 개국통상을 공식화했다. 그리고 정부의 모든 정책은 개국지향적인 것으로 개진되었다. 그러나 그럼에도 전통 주자학을 주장하는 위정척사파들은 당시 조선 지식사회의 주류였다.

23 실학자 이규경은 60권 60책에 이르는 방대한 백과 사건(百科事典)인 『오주연문장전산고(五洲衍文長箋散稿)』를 편찬했다. 천문, 의학, 역사, 지리, 농업, 서학, 병법, 광물, 초목, 음악 등의 방대한 설명을 1,417개 항목으로 나누어 설명했다. 1,417항목 가운데 약 80개 항목은 서학, 즉 서양 학문에 관련된 것이다.

24 이규경은 천주교의 신학과 역사 등에 대해 소상히 설명하며 역대의 탄압정책을 적극적으로 찬동했다. 그렇지만 기독교의 존재는 알지 못했다.

교의 선교가 시작되었고, 따라서 초기의 선교 방식은 이미 결정된 것이나 다름이 없었다. 기독교 본래의 복음을 확대시키고 보존해야 했지만, 동시에 기독교회가 독립과 근대문명의 통로와 이데올로기가 될 수 있다는 것을 확인시켜야 했다. 또한 가톨릭교회와 다르다는 것도 보여 주어야 했다. 사상적 충돌이나 정치적 충돌이 용납될 수 없었고 선교 정책도 조선 정부와 조선 사회가 정한 범위를 벗어날 수 없었던 것이다.

3장.
이수정에 대한 배척

1. 미국 북장로교 선교부에 파송 간청

우리나라 안에는 아직도 수많은 백성들이 참 하나님의 길을 모르고 이방인으로 살고 있습니다. 그들은 아직도 주님 은혜의 복음을 받아들이지 않고 있습니다. 복음 선교의 시대에, 불행하게도 우리나라는 세계의 한쪽 구석에 위치하고 있고, 이곳에서는 아직도 기독교의 축복을 누리지 못하고 있습니다. … 우리에게 여러분의 나라는 기독교 국가로 잘 알려져 있습니다. 그러나 만일 여러분이 우리에게 복음을 전하지 않는다면, 다른 나라 사람들이 교사들을 보내게 되지 않을까 걱정이 됩니다. 나는 비록 영향력이 없는 사람이지만, 여러분이 보내는 선교사를 최선을 다해 도우려 할 것입니다.[25]

1883년 요코하마에 기거하고 있던 이수정은 미국 북장로교 선교부

---

25 "Rijutei to the Christians of America, Greeting," *The Missionary Review of the World*, Mar. 1884, pp.145-146.

에 선교사를 보내 달라는 간절한 편지를 보냈다. 조선이라는 낯선 나라의, 이름 없는 한 회심자가 보낸 편지를 소개한 선교지 편집자도 "어떤 그리스도인이라도 하나님께 감사하고 기쁨으로 다가설 수 있는, 그리스도와 귀한 영혼을 위해 일할 수 있는 기회"가 왔다며 조선에 선교사를 보내야 한다고 피력했다.[26]

"한국의 마게도니아 사람(A Macedonian from Corea)"이라 불리었던 이수정의 편지는 조선 선교에 대한 열정을 불러일으켰다. 중국과 인도, 일본으로 향해 있던 젊은 선교사들의 방향을 돌려놓았던 것이다.[27] 특별히 미국의 기업인으로, 뉴욕 브루클린 소재 라파이에트(Lafayette) 장로교회 교인이고 북장로교회 해외 선교부의 부원이었던 맥윌리암스(David W. McWilliams)를 감동시켰다. 맥윌리암스는 자신이 관리하고 있던 선교 헌금 5,000불을 쾌척했고, 이 헌금은 조선 선교의 발판이 되었다.[28] 그의 헌금을 계기로 미국 북장로교회는 크게 고무되었고, 구체적으로 조선 선교에 대한 계획을 세울 수 있었다. 산둥성 선교사로 결정했던 의료선교사 알렌(Horace Newton Allen)을 조선으로 보냈고 테네시 대학 출신의 젊고 출중한 의사 헤론(John H. Heron)을 재한선교사로 임명할 수 있었던 것이다.

26 *Ibid.*, pp.146–147.
27 오윤태, 『韓日基督敎交流史』(서울: 혜선문화사, 1980), pp.92–93 참조.
28 D. W. McWilliams, Letter to the Board of Foreign Missions of Presbyterian Church of the USA, Feb. 1, 1884. 당시 맥윌리암스(David W. McWilliams)는 프레드릭 마르콴드(Frederick Marquand) 재단의 중역이었고, 그는 엘린우드(Frank F. Ellinood)에게 문의를 했고, 엘린우드는 즉각 선교해야 한다고 주장했다. 이에 맥윌리암스는 세 차례에 걸쳐 5,000불을 선교부에 헌금하면서 한국 선교에 사용해 달라고 요청했다.

2. 이수정의 회심과 신앙 유형

전라도 옥과(지금의 곡성) 출생인 이수정은, 친척 가운데 한 사람이 천주교 신자란 이유로 죽임을 당했지만,[29] 임오군란 당시 왕후 민 씨를 충주까지 무사히 피신시킨 공로로 왕실의 두터운 신임을 받았다. 그리고 임금의 후원으로 1882년 일본 유학을 갈 수 있었다.[30]

1882년 9월 29일, 수신사 박영효가 이끄는 사절단과 함께 요코하마에 도착한 이수정은 이틀 후 도쿄에 있는 농학자 쯔다센(津田仙)의 집을 찾았다. 일본의 근대 농업과 근대 체제의 운영방식을 알고 싶다는 바람이 그만큼 컸기 때문이다. 쯔다센의 집에서 이수정은 한문으로 된 산상수훈 족자를 보았다. 쯔다센은 자신을 찾아온 조선 유학생에게 기독교의 교리를 설명하며 한문 성경을 건넸다. 그리고 쯔키츠교회(築地敎會)의 야스카와토오루(安川亨) 목사를 소개했다. 이후, 이 교회 성경공부에 참여한 이수정은 기독교와 불교의 차이를 알게 되었다.

1882년 크리스마스 예배에 우연히 참석한 이수정은 회심 체험을 했고 회중들 앞에서 신앙을 고백하게 되었다.[31] 그리고, 일본에 건너간 지 9개월 만이었던 1883년 4월 29일 40세의 나이로, 도쿄 로게츠쵸교회(露月町敎會)에서 재일 미국 선교사 조지 낙스(George W. Knox)에게 세례를 받았다. 그것은 생명을 건 결단이었다.[32]

1883년 5월 8일부터 도쿄에서 제3회 "전국기독교도 대친목회"가 열

---

29   Henry Loomis, "The First Korean Protestant in Japan," *Korea Mission Field* Vol. 33, July, 1937, p.140 참조.
30   이수정이 일본 유학을 간절히 원했던 것은, 1881년 조사시찰단의 조사 조병직(趙秉稷)의 수원(隨員)이었던, 안종수(安宗洙)의 권유 때문이었다. 당시 안종수는 일본의 농학자 쯔다센(津田仙)으로부터 근대농법을 전수받아 갑신정변 직후인 1885년에 『농정신편(農政新編)』을 편찬했었다.
31   『七一雜報』 8권, 19호, 1883년 5월 11일자, 김태준, "이수정, 동포의 영혼의 구제를 위한 염원," 『한림일본학』 2권, 1997, pp.10–11참조. 한림대학교 일본학 연구소편 참조.
32   Henry Loomis, *op.cit.*, p.140.

렸을 때, 이 자리에 참석했던 무교회주의자 우찌무라 간조(內村鑑三)는 다음과 같이 진술하고 있다.

> 출석자 중에는 한 사람의 한국 사람도 있었는데 그는 이 은둔
> 적인 국민을 대표하는 명문 출신으로, 일주일 전에 세례를 받
> 고, 자기 나라의 복장으로 몸차림을 하고, 기품이 넘치어 우리
> 들 사이에 끼였다. 그도 또한 자기나라 말로 기도를 했다. 우리
> 는 그 마지막의 아멘 이외에는 알아듣지 못했지만, 그것은 힘
> 있는 것이었다. 그가 출석하고 있는 것, 그의 말을 우리가 이해
> 하지 못하는 것이 이 자리의 광경을 한층 더 펜테코스테답게 한
> 것이다. 이것을 완전한 펜테코스테로 하려면, 다만 현실의 불
> 길의 혀만이 필요했는데 우리는 그것을 우리의 상상력으로 보
> 충했다. 우리들 가운데 그 어떤 기적적인 놀라운 사실이 일어
> 나고 있음을 일동은 직감했다. 우리는 태양이 이제도 머리 위
> 에 빛나고 있는 것조차도 이상히 여기었다.[33]

그때 이수정은 원로 성서학자 오쿠노 마사즈나(奧野正綱)의 요청으로 조선어로 공중기도를 드렸다. 일본인 기독교도들은 기도의 내용을 알 수 없었음에도 근저로부터 솟아오르는 열정적 신앙에 놀라워했다. 복음이 언어를 뛰어넘는 것이라는 것을 확인했고 오순절의 감동을 체험했다. 이수정은 성령의 은총을 고백했고 기독교가, 스스로 성불(成佛)할 수 있다는, 불교와 다르다는 것을 간증했다. 그리고 간절히 구해야 복음을 얻을 수 있음도 피력했다.[34] 하나님 존재에 대한 확신과 구원, 은

---

33 우찌무라 간조, 『內村鑑三 全集 2』(서울:크리스찬서적, 2000), pp.83~84.
34 『七一雜報』 1885년 5월 25일자, 『六合雜誌』 1883년 5월 30일자 참조.

총, 성령 등, 구령(救靈)의 신학을 고백한 것이다.

이수정에 대한 소식은 일본 기독교계에 곧바로 전해졌다. 특별히 이수정이 미국 성서공회 총무 헨리 루미스(Henry Loomis)가 조선어 성경 번역 요청에 적극 응했다는 소식이 알려지자 더 큰 관심과 주목을 받게 되었다.[35] 여러 교회와 복음주의 단체들이 그를 초청했고, 그가 가는 곳마다 조선 선교에 대한 뜨거운 열기가 나타났다.

세례를 받은 지 한 달이 채 되지 않아 이수정은 자신의 신앙고백서를 일본 기독교계에 발표했다. 1883년 6월에는, 한문 신약성서에 토를 달았던, 『현토 한한 신약성서』(懸吐 漢韓 新約聖書)를 완성했다. 그리고 로마 가톨릭교회의 조선 선교 과정을 그린 『천주교입조선사실』(天主敎入朝鮮事實)을 썼다. 1884년부터는 국한문 혼용체로 『신약마가복음셔언히』를 번역하고 다음해 2월, 일본 요코하마에서 미국 성서공회를 통해서 간행했다. 마가복음서를 쓰는 와중에 조선의 지리, 민속, 제도 등을 소개한 『조선일본선린호화』(朝鮮日本善隣互話) 저술에도 참여했다. 이어서, 간행을 하지는 못했지만, 누가복음을 번역했고 재일 미 북감리교회 선교사인 맥클래이(R. S. McClay)의 요청으로 『감리교교리문답서』(監理敎敎理問答書)를 번역했다.

시간이 흐르면서 이수정은 유창하게 일본어를 구사했고 설교도 했다. 한문으로 지은 그의 시는 일본의 주요 신문에서 큰 호평을 받았다.[36] 학문성은 뛰어났고 문장 실력과 어학 실력도 탁월했다. 선교사들도 이수정의 학문적 자질에 놀라워했고 복음에 대한 그의 열정에 탄복했다. 도쿄국립대학의 동료 조선어 선생이 "만약 이수정이 기독교 때문

---

35 일본 최초의 기독교 잡지인 『七一雜報』나 신학잡지 『六合雜誌』에 이수정에 대한 소개와 그의 신앙고백이 잇달아 실리고 있다. 이수정은 1883년 8월부터, 손붕구(孫鵬九)의 뒤를 이어, 도쿄외국어학교 조선어 교수로 재직할 수 있었다.

36 Henry Loomis, *op.cit.*, p.140.

에 죽는다면 나 역시 죽을 각오가 되어 있다"고 말할 정도로, 이수정은 열정적으로 복음을 전했다.

이수정은 기독교 복음의 정수가 구원에 있다는 것을 알았고, 성령의 역할과 인간의 역할을 구분할 줄 알았다. 복음의 영역을 개인 구원에 그치지 않고 '동포,' 곧 민족구령(民族救靈)까지 확대시켰다. 민족의 영혼 속에 복음이 자리를 잡는 것이 우선이었고 "철도나 전신기나 기선(機船)보다" 더 소중하다고 믿었다. 한국 역사에서 가장 먼저 신앙의 경지에 도달했고, 그런 위치에서 선교사 파송 간청 편지를 보낸 것이다.[37]

3. 이수정의 사라짐

1884년 갑신정변이 실패하고 김옥균 등이 일본으로 망명한 이후, 조선과 일본의 관계는 급격히 악화되었다. 정변의 주동자들이 도쿄의 조선 유학생들과 자주 접촉을 가진다는 소문에 조선 조정은 안종수 등을 쇄환사(刷還使)로 파견했고 유학생들의 귀국을 종용했다. 이수정은 다른 유학생 5명과 함께 1886년 5월 28일 귀국했고, 그때 죽임을 당한 것으로 알려졌다.[38]

당시 조선 조정은 이수정이 김옥균 일파와 직접적인 상관이 없다는 것을 파악하고 있었다. 실제로 이수정은 갑신정변을 비판했고, 그런 이유로 망명객들과 거리를 두고 있었다. 김옥균, 박영효 등이 일본 정객들과 결탁해서 조선으로 침입할 것이라는 소문이 떠돌았을 때, 이런 내

---

37 *Loc.cit.*, 이수정은 1884년 3월과 12월 31일에 *The Missionary Review of the World*에 선교사 요청의 글을 보냈고, 같은 해 9월에는 *The Foreign Missionary*에 미국 교회가 선교사를 파송해야 한다는 간청의 글을 기고했다.

38 몇몇의 학자들은 이에 대한 근거가 확실치 않다고 주장한다.

용을 조선 조정에 보고하기도 했다.[39] 조선 조정 내부에서도 김윤식이
나 박정양 등의 개화파들이 여전히 존재했고, 고종 임금 자신도 개화
계획을 포기하지 않고 있었다. 따라서 이수정과 같은 인물이 필요했
다.[40] 만약 이수정이 죽임을 당했다면, 그것은 기독교 신앙 때문이었을
것이다.

갑신정변이 실패로 끝났을 때, 조선 조정은 이를 수습하기 위해 서상
우(徐相雨)를 정사로 하고 묄렌도르프(Paul George von Möllendorf)를 부사,
박대양(朴戴陽)을 종사관(從事官)으로 해서 일본에 수신사를 파견했다.
1885년 1월 5일, 수신사 일행이 도쿄에 도착했을 때, 친청파(親淸派) 수
신사들은, 단발했던 이수정을 만났다. 이들은 그가 서구 사상에 오염되
었다며 분노를 표시했다.[41] 또한 일본 기독교인들의 총화를 받고 있다
는 것에 격노했다.

조선 조정 입장에서 보면 이수정은 김옥균 일파보다 더 위험할 수 있
었다. 금서(禁書)인 성서를 번역했고, 더구나 한글로 번역을 했기 때문
에 조선 민초들을 움직일 수 있었다. 여기에 단발을 실행하는 등 전통
적 의식을 철저히 거부했다. 조선 조정의 완고함을 모르지 않았기 때문
에 이수정 자신도 "만약 내가 나의 조국에 있었더라면 나는 어느 때든
지 살해되었을 것이다"라는 말을 남긴 바 있었다.[42]

미국 성서공회 루미스(Henry Loomis)는 이수정에게 개화파들의 정치

39 김태준, *op.cit.*, p.26. 후키자와 유기지(福澤諭吉)는 당시 도쿄에 떠돌고 있던 이런 소문을
조선 조정에 알린 인물이 이수정이라고 기록하고 있다. 이를 알게 된 김옥균은 자객을 보내
어 그를 죽이려 했다.

40 오히려 개화파 안종수는 갑신정변 후인 1885년에 근대농법을 기록한 『농정신편』(農政新編)
을 출간할 수 있었다. 안정수가 김옥균의 잔당으로 몰려 충청도 해미의 마도(馬島)에 유배되
었던 것은 1886년의 일이다.

41 박대양, 『東槎漫錄』, 1885년 1월 5일자 기록 참조, 민족문화추진회 발간, 『국역 해행총재』(海
行摠載) 11(파주:한국학술정보, 2008) 박대양은 이수정이 중국 기독교인 장자방과 같이 왔
고, 수신사 일행은 청국 공사관을 통해 장자방이 "서교에 감염된 자"라는 말을 들었다고 기록
하고 있다.

42 Henry Loomis, *op.cit.*, p.140.

모임에 참여하느라 성경 번역이나 한국 선교를 위한 준비에 철저하지 못하다고 비판했다.[43] 이에 이수정은 곧바로 자신을 자책했다. 이런 모습을 보고 루미스는 "앞으로 그가 선교 사업에 매우 유용할 것"이라는 말을 남겼다. 조선 조정이 이수정을 죽일 것이라는 예상을 못했고, 오히려 그의 귀국에 큰 기대감을 가지고 있었던 것이다.[44]

1886년 귀국 이후, 역사에서 이수정의 활동이나 족적은 더 이상 찾을 수 없었다. 이를 두고 북장로회 선교부의 파슨(Ellen C. Parson)은 이수정이 "한국인 첫 사도가 될 수 있는 기회의 문을 박찼다"며 안타까워했다.[45] 이수정은 살려 줄 것이라는 바람 때문에 배교를 선언했을지 모른다.[46] 그러나 조선 정부는 그를 살려 둘 수 없었을 것이다. 이미 이수정은 단발까지 했던 개화파로, 서양 종교에 오염되어 있다고 각인되어 있었다.

이수정이 귀국했을 때, 이미 몇몇의 선교사들이 들어와 활동하고 있었지만 신앙의 영역까지 허락된 것은 아니었다. 조선 정부와 조선 사회는 서양 종교를 그만큼 냉소적으로 바라보고 있었다. 기독교 선교는 그처럼 혐악한 상황에서 진행된 것이고, 선교사의 활동도 교육과 의료로 한계가 그어져 있었다.

그러나 감리교나 장로교, 성서공회 할 것 없이 모든 기독교 그룹의 선교는 이수정의 의견대로 실행되었다. 일본 교회가 아닌 미국 교회가

---

43 Henry Loomis' Letter to Dr. Gilmasn, 1866년 5월 14일자; 이만열, 『대한성서공회사 I』(서울: 대한성서공회, 1993), p.171에서 참조.

44 Henry Loomis' Letter to Dr. Gilmasn, 1886년 7월 12일자; 박용규, 『한국기독교회사 1』(서울: 생명의 말씀사, 2004), pp.331-332 참조.

45 Ellen C. Parsons, *Fifteen Years in the Korea Mission*, Publisher New York: Board of Foreign Missions of the Presbyterian Church in the U.S.A. 1900. p.7 참조. 미국 장로교회의 한국 선교 역사에 대해 1884년에 쓰인 이 책 7쪽의 내용은(모두 26쪽) 이수정이 배교했다는 증거로 사용되기도 했다.

46 백낙준과 민경배는 이수정이 배교했다고 본다. 그리고 이만열은 이수정이 사라진 것은 죽임을 당해서가 아니라 김옥균이 보낸 자객으로부터 받은 상처 때문에, 그 상처를 치료하기 위해 조용히 조야에 묻혀 살았기 때문이라 본다. 그러나 1886년 그의 친구 안종수가 김옥균 잔당으로 유배를 간 것을 보면, 이수정도 여기에 연루되어 죽임을 당했다고 본다.

주도해야 한다는 주장,[47] 학교와 병원을 통해 접촉점을 마련해야 한다는 제안, 성서를 통한 복음의 확대, 개인 구령을 넘어선 민족 영혼의 구원 지향, 기독교 복음을 통한 근대국가로의 발전 등 기독교 선교 과정에 대한 계획은 모두 이수정으로부터 나온 것이다.

---

47 이수정의 이 같은 제안은 그리피스(William E. Griffis)의 주장을 정면으로 거부하는 것이다. 그리피스는 1882년 10월에 발간한 그의 책 *Corea, The Hermit Nation*에서, 조선에서 미신과 전제왕권을 몰아내고 서구문명과 기독교 도입의 역할을 담당할 수 있는 주체로 일본을 들었다. 또한 동아시아는 일본에 의해 근대화되어야 한다고 주장하고 있다.

기독교 공식 선교 이전의 시대적 서설(序說)

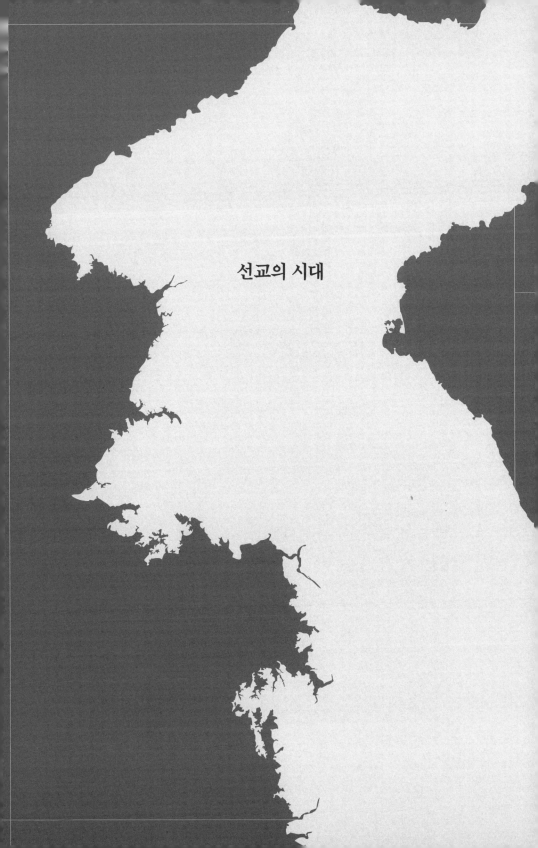

선교의 시대

1부

기독교 선교의 호기(好期)
―합법적 선교의 시작

1장.
미국 북감리교회의 조선 선교 시작

1883년 9월, 미국 오하이오주 레베나교회(Revenna Church)에서 감리교 해외여선교사회(The Woman's Foreign Missionary Society of the Methodist Episcopal Church) 지방선교회가 열렸을 때, 조선 여성을 위한 헌금이 드려졌다.[1] 이날 회의의 주된 관심은 인도와 일본 여성을 위한 선교 사업이었는데, 선교회원 중 한 사람인 볼드윈 부인(L. B. Baldwin)이 한국을 위해 특별선교헌금을 드렸던 것이다. 그녀는 기독교 선교 잡지 *Heathen Woman's Friend* 에 실린 그레이시 부인(J. T. Gracey)의 "조선의 여성(The Women of Korea)"이라는 글을 읽고 그 처지에 가슴 아파했다.[2] 이 헌금은 조선 여성들을 위한 선교 사업의 단초가 되었다. 아직 선교 요청이 없던 때였고, 이름조차 생소했던 '조선'은 미국 교회의 관심 대상이 아니었다.

---

[1] 1869년 3월에 조직된 감리교 해외 여선교사회는 1879년에 이르러 미국 전역에 8개 지부로 확장되었고, 매년 8만 불 규모의 선교비를 헌금해 해외 여선교사들을 지원하고 있었다. 불합리한 풍습과 풍속에 얽매여 있는 이교국 여성들을 위한 다양한 선교 사업도 지원했다. 초기에는 인도와 중국에 집중되었으나 점차 일본과 동남아시아의 나라들, 불가리아와 이탈리아까지 그 영역을 넓히고 있었다.
[2] 이 글은 1882년 뉴욕에서 출판되어 11만 부가 판매된 그리피스(W. E. Griffis)의 『은자의 나라 조선』(*Corea: The Hermit Nation*)의 일부분을 요약한 것이다. 이 책에는 조선 여성들이 이름조차 갖지 못하는 비참한 존재로 묘사되어 있다.

시간을 좀 내어서 조선으로 가시고, 땅을 물색해서 선교부를 설치할 수 있을지 알아보시겠습니까? 그렇게 된다면 우리(감리교회)는 그 이방인 땅에 들어가는 첫 번째 기독교회가 될 것입니다. 이 일이 성사된다면, 이것은 일본 교회로서도 명예가 되겠지만, 우리 교회를 위해 이룩해 놓으신 업적 위에 또 새로운 업적을 남기는 것이 될 것입니다.[3]

미 북감리교회의 거물 가우처(John Franklin Goucher)는 펜실베니아의 디킨슨대학(Dickinson College) 20년 후배이고 도쿄 영화학교(Anglo-Japanese College, 東京一致英和學校)의 책임을 맡고 있던, 재일선교사 맥클래이(Robert S. Maclay)에게 조선을 답사하라는 편지를 보냈다. 편지에는 "하나님의 섭리"와 조선 선교의 때가 도래했음을 감지한 그의 예지와 이 기회를 놓쳐서는 안 된다는 조급함이 들어 있었다.[4]

조미수호조약 체결 후, 초대 주한 미국특명전권공사로 임명된 푸트(Lucius Harwood Foote)가 1883년 5월, 서울에 도착하여 신임장을 봉정(奉呈)하자 고종 임금은 답례로 그해 7월에 민영익을 전권대사로 하는, 모두 11명으로 구성된 견미사절단(遣美使節團)을 보냈다.[5] 묘하게 샌프란시스코에서 워싱턴으로 가는 열차에서 사절단 일행은 미 북감리교회의 목사요 선교의 열정자였던 가우처(John Franklin Goucher)를 만났다. 3일

3 R. S. Maclay, "Korea's Permit to Christianity," *Missionary Review of the World*, Apr., 1896, p.287. 가우처의 편지는 1884년 1월 31일에 보낸 것으로 되어 있다.
4 가우처는 해외 선교에 남다른 관심을 가져, 북인도에 60여 개의 학교를 세운 인물이었다. 맥클레이가 중국 푸조우(복주)에 학교를 세우고 선교활동을 할 때 적극적으로 도왔고, 1879년에 아오야마카쿠인 대학(青山學院大學)의 모체가 되는 미카이신학교를 세울 때도 15,000불 건축비 전액을 부담한 바 있었다.
5 조미조약 제2조의 "양국 수도에 전권공사를 파견 주재한다"는 상호주의 원칙에 따라 이루어졌다. 구성원은 전권대신 민영익(閔泳翊), 부대신 홍영식(洪英植), 종사관 서광범(徐光範), 수원 유길준(兪吉濬), 고영철(高永喆), 변수(邊燧), 현흥택(玄興澤), 최경석(崔景錫) 등과 중국인 통역 우리탕(吳禮堂), 일본인 통역 미야오카(宮岡恒次郞), 미국인 참찬관 로웰(Percival Lowell) 이었다. 서광범은 보빙사 일행의 행정 실무를 맡았고, 유길준과 변수는 일본어 통역, 고영철은 중국어 통역, 최경석과 현흥택은 경호 역할을 맡았다.

동안 함께한 여행에서 서로 많은 이야기를 나눌 수 있었다.[6]

가우처는 낯선 복장을 한 동양인들이 은둔국 조선의 외교사절단이라는 것, 일행의 지도자인 민영익으로부터 교육 분야에서 미국의 도움을 받고 싶다는 바람, 더구나 종사관 서광범이 맥클래이 부인으로부터 영어를 배웠다는 사실에 흥분하지 않을 수 없었을 것이다.

은둔국 조선에 선교의 때가 도래했음을 확신한 가우처는 사절단 일행을 자신의 집으로 초청하며 적극적인 관심을 보였다. 그리고 미 감리교 해외선교부에 2,000불을 약속하며 조선 선교를 촉구하는 편지를 보냈다. "감리교 일본 선교부의 관리 아래 선교를 일으키는 일"에 재일선교사들이 지장이 없다고 하면 "은둔국 한국"으로 선교사역을 확장해 달라는 내용도 덧붙였다.[7] 미국 북감리교 해외 선교부 선교기관지에 조선 선교의 필요성을 호소하는 글을 싣는 한편 에드버킷신문(The Advocate Times) 주필로 있던 버클리(James M. Buckley)를 통해 15회에 걸쳐 조선에 관한 기사를 올렸다. 오하이오 주에 사는 슬로콤(J. Slocam)이 1,000불을 보냈고, 9살짜리 캘리포니아 소녀가 조선 선교를 위해 써 달라며 9불을 헌금하기도 했다.[8] 각지에서 헌금을 보낸 것이다.

한편 가우처의 편지를 받았을 때 맥클래이도 흥분하지 않을 수 없었다. 오랫동안 간직했던 숙원이 이루어지는 것이고, 하나님이 자신을 "신성한 사명자"로 사용하신다는 것을 직감했기 때문이다.[9] 동북아 선교의 개척자였던 그는 1848년, 우연히 푸젠성(복건성) 푸조우(복주) 거리에서 난파되어 구출되었다가 고국으로 돌아가는 조선인 어부를 만난

---

6 조선 정부로부터 참찬관(參贊官) 서기관(Foreign Secretary and General Counsellor)으로 임명받았던, 하버드대학(Harvard University) 출신의 로엘(Percival Lowell)의 능란한 통역이 있었기 때문에 가능했다.

7 유동식, 『한국 감리교회의 역사 I』(서울:도서출판대한감리회유지재단, 1994), p.35.

8 *Annual Report of the Missionary Society of the Methodist Episcopal Chruch*, 1884, pp.20f, p.29.

9 R.S. Maclay, "Korea's Permit to Christianity," *op.cit.*, p.288.

적이 있었다. 1871년 미국 극동함대가 강화도를 무력 침공하고 돌아왔을 때, 미 감리회 선교부에 "군대 대신 선교사를, 무기 대신 복음을 전파해야 한다"고 호소한 바 있었다.

　가우처가 적극적으로 선교요청을 했을 때 뉴욕의 해외선교부를 이끌고 있던 감독 파울러(C. H. Fowler)도 이를 적극 검토했다. 1883년 미국감리회 총회(General Missionary Committee)는 조선 선교를 결의했고 맥클래이에게 조선 답사를 추진하라는 훈령을 보냈다. 중국에 선교사를 보낸 지 40년 가까운 시간이 흘렀을 때였고 일본보다도 10년이나 늦은 결정이었다.

2장.
미국 북장로교회의 조선 선교 시작

한국 수도에는 영국 출생의 중국인 몇 사람을 교사로 초빙해서 영어학교를 설립했는데, 벌써 학생이 70명이나 되었다고 합니다. 그들은 가까운 시일 내에 미국인이나 영국인 교사들을 초빙하려 하고 있습니다. 한국 사람들이 서양 학문의 중요성을 깨닫고 있는 것은 사실입니다.

(중략)

한국에 와서 이 방면을 개척할 사람이 없습니까? 기독교 계통의 학교를 세운다면 아마 대단한 성공을 거둘 겁니다. 처음에는 두 사람 정도의 교사와 한 사람의 의사를 보내어 시작을 하면 충분할 것입니다. 한국은 의술을 모르는 나라로 그 혜택을 받고 싶어 하는 사람들이 많습니다. 당장의 할 일은 한국의 서울에 학교를 설립하는 것이라 생각합니다. 만일 서울이 가능하지 않다면 약 20마일 떨어진 개항지에다 설립해도 괜찮습니다. 우리 교회가 이런 일을 할 세 사람을 보낼 형편이 못된단 말입니까? 만일 그렇다면 다른 교회에서 이 일을 할 수 있지 않겠습니까?[10]

---

10 *The Foreign Missionary,* January, 1884, p.335, L. George Paik, *The History of Protestant Mis-*

1883년, 일본 주재 미국 북장로교 선교사 낙스(George W. Knox)는 뉴욕선교부에 편지를 보내며 조선 선교를 재촉했다. 선교할 수 있는 기회가 드디어 찾아왔다며 이렇게 호소했던 것이다. 이수정(李樹廷)의 회심이 선교 호기의 증거라는 주장도 함께 피력했다.

1882년 그리피스(William E. Griffis)가 『은둔의 나라 한국』(Corea, The Hermit Nation)을 발간하기 이전까지만 해도 미국 사회나 미국 교회에 조선은 거의 알려지지 않았다. 조선의 강력한 쇄국정책 때문에 접촉할 기회도 없었던 것이다. 그렇지만 조미수호조약이 체결되고, 1883년에 제물포항이 개항되고, 젊은 개화지식인들이 일본으로 유학을 오게 되면서 조선에 대한 정보를 얻을 수 있게 되었다. 특별히 이수정의 회심사건과 북장로교 뉴욕선교부로 보낸 편지는, 세계 선교 열풍 속에 있었던 미국 교회를 흥분시키기에 충분했다.

낙스가 이수정의 회심 체험과 선교요청을 뉴욕의 선교부에 알렸을 때, 미국 장로교 선교잡지 The Foreign Missionary는 "한국의 마게도니아인"이라 소개하면서 6월호에 다음과 같은 호소문을 기재했다.

> 이 신사는 한국에 기독교 선교회가 개설되어야 한다고 간절히 소원했습니다. 그는 자신의 힘이 미치는 한 모든 수단을 다해서 선교회를 보고하고 지원하겠다고 약속했습니다. 그의 동료들이 여전히 정권을 잡고 있기 때문에 그의 영향력은 지대할 것입니다.[11]

낙스는 이수정이 민영익의 최측근 중 하나이기 때문에, 영향력을 발

sions in Korea, 1832-1910, pp.75-76에서 재인용.

11 G. W. Knox, Affairs in Corea, Foreign Missionary 17, June, 1883, p.17.

휘할 것이라 믿고 있었다. 그러나 선교사의 바람과 달리 미국 교회는 신속하게 움직이지 않았다. 미 북장로교회가 적극적으로 바뀌게 된 것은 엘린우드(F. N. Ellinwood)가 선교부 총무가 되면서부터이다. 엘린우드는 전임 총무와 달리, 이수정에 관한 글을 "한국에서 선교를 시작하라는 하나님의 명령"으로 받아들였다.

엘린우드는 일본이 아닌, 중국 산둥성에서 활동하고 있던 선교사들을 조선 선교의 연결고리로 생각했다. 그것은 산둥성이 정치적으로나 역사적으로 중국과 밀접했고 조선의 상류계급이 한문을 사용하기 때문이었다. 접근성에 대한 고려도 있었고,[12] 경비와 시간을 단축할 수 있는 이점도 있었다.

엘린우드는 중국 산둥성에서 활동하고 있던 네비우스(John L. Nevius)에게 편지를 보내 재중선교사들의 적극적인 관심과 중지를 모아 줄 것을 요청했다.[13] 그러나 산둥성 선교사들의 초기 반응은 그렇게 적극적이지 않았다. 그런데 1883년 12월에 열린 베이징 및 산둥선교부 정례회의가 있을 때 분위기가 달라져 있었다. 산둥성 지난(濟南)에서 활동하고 있던 의료선교사 헌터(S. A. D. Hunter)와 지푸(芝罘)의 레이드(G. Reid)가 조선 선교사를 자원하고 나선 것이다. 특히 레이드는 "서울 혹은 그 근처의 개항장에서 의료사업과 교육 사업을 위한 거점을 확보하는 것이 가능할 것"이라는 의견을 보내면서 적극적인 의사를 표했다.[14]

알렌(Horace Newton Allen)은 산둥성 선교사로 임명받아 중국에 왔다. 미국 북장로교가 그를 중국에 보낸 것은 의료선교사 헌터(Stephen A. Hunter)가 조선에 가겠다며 사임 의사를 밝혔기 때문이다. 이에 뉴욕 해

---

12 W. M. Hayse, Letter to Frank F. Ellinwood, Dec. 22 1883, 박형우 외, "19세기 말 미국 북장로회의 한국 선교 추진 과정에 대한 연구," 「東方學志」 제157집, p.289.

13 Frank F. Ellinwood, Letter to John L. Nevius, May 21, 1883, *Ibid.*, p.286, Frank F. Ellinwood to Hunter Corbett, August 14 1883, *Ibids*, pp.287-288 참조.

14 *The Foreign Missionary* Aug. 1884, pp.131-132.

외선교부는 의사인 헌터를 선택하려 했지만 산둥성 선교사들이 이를 말렸다. 이미 중국어에 능통한 헌터가 다시 조선어를 배워야 하는 것이 낭비라고 본 것이다. 이에 헌터는 생각을 바꾸었고 엘린우드는 상하이에 머물고 있던, 신임 의료선교사 알렌을 대신 보내기로 결정했다.[15] 그러나 북장로교회가 결정했다고 해서 조선 입국이 곧바로 이루어질 수는 없었다.

한편 베이징 및 산둥선교부 정례회의가 열리기 전, 산둥선교사들의 의견이 잘 모아지지 않자 뉴욕선교부는 미국 내에서 조선 선교사를 선발하려 했다. 맥윌리암스(David W. McWilliams)가 관리하고 있던 선교기금 5,000불을 쾌척한 상태였고 교인들의 선교기금도 답지하고 있었기 때문이다. 더구나 감리교가 부지런히 조선 선교사 파송을 준비하고 있어 조바심을 냈다. 그런 이유로 물색에 나섰고, 1884년 4월 28일에 테네시대학 의대를 우수한 성적으로 졸업한 존 헤론(John W. Heron)을, 7월 28일에는 언더우드(Horace G. Underwood)를 조선 선교사로 임명했다.[16] 그러나 이들이 조선에 들어가는 것은 알렌 이후였다.

엘린우드는 재일선교사 낙스에게 조선을 답사하도록 훈령을 내렸다. 임명한 선교사들의 조선 입국이 가능한지를 확인하기 위해서였다. 그러나 낙스는 가지 못했고 대신, 1883년 7월부터 9월까지 쓰다센을 비롯한 일본인 기독자 2명이 조선을 탐방했다. 그렇지만 쓰다센 등의 보고는 긍정적이지 않았다. 엘린우드는 미국전권공사 푸트(Lucius H. Foote)와 접촉해 선교사들의 입국 가능 여부를 확인했지만, 푸트는 선교

---

15 미국 북장로교 해외선교부가 알렌을 산둥성 선교사로 임명한 것은 의료선교사 헌터(Stephen A. Hunter)가 한국 선교사로 조선에 가겠다며 사임의사를 밝혔기 때문이다. 그런데 알렌이 상하이로 출발한 이후, 자신의 의사를 번복했다. 미국 북장로교 해외선교부로는 한 지역에 두 명의 의사를 활동하게 할 수 없다고 판단했다.

16 맥윌리엄스가 헌금한 5,000불은 선교사 2명의 2년 연봉이었다. 이에 헤론과 언더우드를 선발한 것이다. 당시 알렌은 중국 산둥성 선교사로 임명받은 상태였다. 공식적으로 알렌은 1884년 9월 8일자로 조선 선교사로 임명받았다.

사의 내한이 늦춰져야 한다며 강하게 말렸다.[17] 외교상 문제를 일으킬
수 있었기 때문이다.

조선 조정의 단호한 입장이 바뀌어야 선교사를 보낼 수 있는 것이고
그래야 선교를 시작할 수 있었다. 이 과제는 감리교 재일선교사 맥클래
이(Robert S. Maclay)에 의해 해결되었다. 이후 기독교 선교사들은 조선
왕실과 조정의 비호 아래 합법적으로 입국할 수 있었다.

---

17 Frank F. Ellinwood, Letter to Shantung and Peking Station, January 4, 1884.

3장.
선구자 맥클래이(Robert S. Maclay)

북감리교 해외선교부의 확인과 훈령에 따라 맥클래이는 조선 입국을 추진했다. 그때 그는 주일 미국 공사 빙햄(John A. Bingham)을 통해 주(駐)조선공사 푸트(Lucius H. Foote)와 접촉하는 방식을 택했다. 푸트와 직접 교섭을 벌였던 엘린우드와 다른 접근이었다.

펜실베니아 출신으로 독실했던 빙햄은 조선 개화관료들과도 친분을 갖고 있었고 로엘(Percival Lowell)을 미국으로 파송되는 보빙사 일행으로 추천했던 인물이다. 당시 조선 정부는 로엘의 활약에 찬사를 보냈고 빙햄의 평판도 덩달아 높아지고 있었다. 더구나 미국으로부터의 차관을 원했고 주요 교섭 대상이어서 주일 미국 공사의 지원과 보증은 적지 않은 힘을 발휘했다. 1884년 6월 19일, 맥클래이는 요코하마를 출발해 6월 23일 제물포에 도착했다. 은퇴를 3년 앞둔 시점에, 그는 합법적이고 공개적으로 들어가는 첫 기독교 선교사가 되었다. 그렇지만 조선은 수많은 순교자들을 낳았던 곳이었다. 악명이 높았던 기독교 거부국이요 금단의 땅이었다.

제물포에 도착한 맥클래이 내외는 일본 영사 고바야시(小林)의 도움을 받아 가마를 구할 수 있었고 푸트 내외의 따뜻한 영접을 받았다. 푸트의 도움으로 영국 영사 에스턴(W. G. Aston)과 일본 대리공사와도 면

담할 수 있었다.[18]

일본에서 우리 내외와 친밀한 친분이 있었던 조선인 관리 김옥
균이 현 정부 외교부의 일원이며 서울에 거주하고 있다. 문제
는 해결되었다. 우리의 활동 계획은 쉽게 풀렸다. … 나는 그
탄원이 가납되었을 것으로 느꼈고, 기도하는 가운데 기대와 밝
은 생각을 가지고 결과를 기다렸다. 김옥균이 우리를 돕기 위
해 최선을 다할 것이라 믿었다. 그가 임금과 가까운 관계에 있
다는 것을 알고 있었다. 나는 7월 3일, 그를 방문했을 때, 매우
친절히 나를 맞아 주었다. 그는 전날 밤에 임금이 그 편지를 신
중하게 검토했으며 내 요청에 따라 우리 선교회가 조선에서 병
원과 학교 사업을 시작할 수 있도록 허락하기로 결정했음을 알
려 주었다.[19]

맥클래이가 조선 조정과 직접 접촉하지 않고 김옥균을 선택한 것은
현명한 판단이었다. 짧은 시간이었지만, 조선의 동향을 살핀 그는 자신
의 조선인 통역이 반개화파 인물이라는 것, 조선의 조정에 수구파와 개
화파가 적대적으로 대립하고 있다는 것, 그 후견인을 자처하는 중국과
일본이 서로 팽팽하게 견제하고 있음을 파악했다. 자신과 친분이 있던
김옥균이 외위문(外衛門) 주사로 일하고 있고, 임금의 총애를 받고 있음
도 확인했다.[20] 맥클래이는 김옥균을 통해 고종 임금에게, 교육사업과

---

18 정치적 영향력이 남달랐던 외위문(the Corea Foreign Office)과 해관(海關)의 고문인 묄렌도
르프(Paul G. von Möllendorf)를 방문했으나 만나지 못했다.

19 R. S. Maclay, "Korea's Permit to Christianity," *Missionary Review of the World*, Apr., 1896,
pp.288-290.

20 맥클래이는 조선의 개화지식인과 연결되어 있었다. 1882년 8월, 김옥균 등이 차관 교섭을
위해 일본에 왔을 때, 교분을 쌓았다. 특히 그의 부인은 일행 몇몇에게 영어를 가르치기도 했
다.

병원사업의 윤허를 요청하는, 일본어로 쓴 편지를 올렸다.

1884년 7월 3일, 서울에 도착한지 9일째 되는 날 밤, 김옥균을 찾아간 맥클래이는 천주교가 아니어야 한다는 조건으로 임금의 윤허가 내렸음을 확인했다. "왕의 마음이 주님의 손에 달려 있었던 것"이다.[21]

노련했던 맥클래이는 "선교를 위한 정보를 수집하고," 선교기지를 세울 수 있는 장소를 물색하기 위해 며칠 더 서울에 머물렀다. 그리고 자신이 머물렀던 집을 구입하기로 푸트 공사와 합의했다.[22] 감사와 부푼 가슴으로 일본으로 돌아갈 수 있었던 것이다.

맥클래이는 뉴욕 해외선교부에 보고했고 가우처에게도 이 소식을 알렸다. 그리고 훈령에 따라 선교 개시에 필요한 준비 작업에 착수했다. 1884년 7월 도쿄에서 개최된 미 감리회 일본연회에 참석해 일본연회 안에 "조선선교위원회"를 조직하도록 했고, 이수정에게 일본어 "감리교 교리문답" 번역을 요청해 1,000권을 준비해 놓았다.[23]

미 북감리교 뉴욕 선교부도 본격적인 준비에 착수했다. 조선 선교를 호소하는 글들을 감리교 선교지 *The Gospel in All Lands*에 싣는 한편 선교 책임 감독으로 파울러(Randolf S. Fouler)를 임명했다. 그리고 의료와 교육 선교사를 선정하는 일에 힘을 기울였다.

1884년 12월 4일 뉴욕의과대학(현재의 콜롬비아 의과대학)출신의 젊고 유능한 의사 스크랜튼(William Benton Scranton)에게 서둘러 목사(elder) 안수를 주어 선교사로 임명했고 여성선교를 위해, 감리교해외여선교사회 (The Woman's Foreign Missionary Society of the Methodist Episcopal Church)에

---

21 *Loc.cit.*
22 푸트는 중명전 옆(현재 정동 1–11일대)에 부지와 임오군란 때 살해 된 사람이 살던 집으로 흉가라 하여 비어 있던 주택을 제공했다. 그런데 미 공사관 가까이에 서양 의사를 두고 싶어 이 땅과 집을 장로교회의 알렌에게 팔았다.
23 R.S. Maclay, "Commencement of the Korea Methodist Episcopal Mission," p.501, 박용규, 『한국기독교회사1』, p.347에서 재참조.

서 선출된 메리 스크랜튼(Mary Fletcher Scranton)을[24] 그리고 12월 20일, 짧지만 교사 경험을 갖고 있던 아펜젤러(H. G. Appenzeller)를 재(在) 조선 선교사로 임명했다.

---

24   메리 스크랜튼은 1884년 11월 5일부터 10일까지 볼티모어에서 개최된 감리회해외여선교사회 중앙실행위원회 제15회 총회에서 조선의 첫 여성 선교사로 결정되었다.

4장.
만주의 스코틀랜드 선교사들을 통한 복음 전파

매킨타이어는 글을 아는 4명의 조선사람들에게 세례를 베풀었습니다. 이들은 놀라운 추수를 약속하는 첫 열매입니다. 비록 지금 조선은 서양 국가들과의 접촉을 철저히 막고 있지만 쇄국은 곧 무너질 것입니다. 또 조선인은 중국인보다 천성적으로 꾸미지 않고 종교성이 많습니다. 그들에게 기독교가 전파되면 신속하게 퍼져 나갈 것입니다. … 작년에 글을 아는 4명의 조선인이 세례를 받았고, 기독교의 본질과 교리를 탐구하는 11명이 더 있습니다. 같은 수의 다른 사람들이 자기 민족을 위해 성경과 기독교 서적을 준비하는 문서사업을 위해 7~8일이나 걸리는 우리 선교지부까지 올 것으로 기대됩니다. 여기에 기독교회를 향해 열려 있는 새 민족, 새 나라, 새 언어가 있습니다.[25]

산둥성에 파송되어 활동하던 스코틀랜드 연합장로교회(U.P.C.) 선교사 로스(John Ross)는 1879년에 이르러 4명의 조선인들이 세례를 받았다

25　John Ross, "Manchuria Mission," *United Presbyterian Mission Report,* Oct. 1, 1880, pp. 333–334.

며 이렇게 보고했다.[26] 가우처나 미국의 재일선교사들의 선교 제안 이전에 이미 조선 선교가 시작되었고 그 결실을 거두고 있었던 것이다.

만주에는 선구자적 스코틀랜드 선교사들이 있었다. 허드슨 테일러(James Hudson Taylor)가 영적 스승이라 일컫던 윌리엄 번즈(William Chalmers Burns)가 있었고, 토마스(R. J. Thomas) 선교사에게 조선 선교를 권유하며 남다른 열정을 심어 주었던 알렉산더 윌리암슨(Alexander Williamson)이 있었다.

1870년, 윌리암슨은 자신의 만주여행 경험을 담은 두 권의 책을 발간했다. 그중 하나가 *Journeys in North China, Manchuria, and Eastern Mongolia; with Some Account of Corea* 였다. 이 책을 보면, 그가 얼마나 조선 선교를 갈망했는지를 알 수 있다.[27] 토마스 선교사에게 조선 선교를 권한 것도 그 열정 때문이었다. 윌리암슨의 저술은 영국과 스코틀랜드교회의 관심을 불러 일으켰고, 스코틀랜드 연합장로교회가 존 로스와 존 매킨타이어(John McIntyre)를 파송하는 데에 큰 역할을 했다.

1876년 봄, 조선이 일본과 강화도 조약을 체결해야 했던 때, 로스는 조선어를 가르쳐 줄 어학선생을 찾기 위해 매킨타이어(John McIntire)와 함께 두 번째로 고려문을 찾았다.[28] 의주 상인 이응찬을 만났고 그에게 조선어를 배웠다. 그리고 1877년에 기초 한글교재인 *Corean Primer*를 간행할 수 있었다. 1878년 봄에는 요한복음과 마가복음 번역 작업을 했고 1881년에 『예수셩교문답』과 『예수셩교요령』을 출간했다. 1882년에는 『예수셩교 누가복음젼셔』와 『예수셩교요안내복음젼셔』를 출간했

---

26 김양선은 매킨타이어에게 세례 받은 사람이 김진기, 백홍준, 이응찬, 이성하라고 말한다.

27 Alexander Williamson, *Journeys in North China, Manchuria, and Eastern Mongolia; with Some Account of Corea*, Vol. II (London: Smith, Elder & Co., 1870) 23.

28 그때 로스는 1875년 겨울에 만주로 파송 받은 존 매킨타이어(John McIntire)와 동행했다. 만주로 갈 때 로스보다 네 살 위의 총각이었는데 후일 매킨타이어는 로스의 여동생 캐더린(Catherine Ross)과 결혼했다.

다. 로스가 안식년으로 영국으로 귀국한 동안에도 성경 번역 사업은 매킨타이어에 의해서 계속되었고, 이때 번역된 것이 로마서와 히브리서였다. 그리고 1886년 가을에 신약성경 『예수셩교젼서』가 완역되었다.

1882년, 스코틀랜드 성서공회는 『예수셩교 누가복음젼셔』와 『예수셩교요안내복음젼셔』를 일본 요코하마 주재 스코틀랜드 성서공회 총무인 톰슨(J. Austin Thomson)에 보내고 이를 조선에 반포하도록 지시했다.[29] 톰슨은 일본인 권서인 나가사카(長坂)를 부산으로 보내 이를 보급하도록 했다. 1884년에는 톰슨 내외가 일본 감리교인인 스가노(管野) 부부, 미우라(三浦) 등을 대동하고 부산으로 건너와 성서보급소를 설립하고 1886년까지 활동했다. 그러나 기대만큼의 결과를 얻지는 못했다.[30] 활동 지역이 일본인 거류지인 초량으로 제한되었기 때문이다.[31]

스코틀랜드 성서공회는 1883년 10월, 의료선교사 다우스웨이트(Arthur W. Douthwaite)를 북중국지부 임시총무 겸 권서로 임명하고 서울로 보냈다. 1883년 제물포가 개항되면서, 부산, 원산, 제물포, 서울까지 서구인들의 여행이 가능했기 때문이다. 물론 선교사로 온 것이 아니고 개인자격이었다.

6주 동안 한국을 탐사한 다우스웨스트는 조선에 서구적 개념의 종교가 없다는 것, 국가 종교(state religion)로 불릴 수 있는 유교가 있지만 이를 종교로 볼 수 없다는 것, "중국 성현의 가르침이 관료와 유식 계층들에게 이론적 지지를 받고 있지만 대다수 사람들의 심성에는 거의 아무런 영향력도 미치지 못하고 있다"는 것, 성경반포가 국법에 의해 금지되어 있고 그래서 한문성경이나 외국 서적은 받지 않으려 한다는 것,

---

29 Annual Report of the National Bible Society of Scotland for 1887, p.39, 백낙준, 『한국개신교회사 1832~1910』(서울:연세대학교 출판부, 2001), P.160에서 재인용.

30 1886년, 호주장로교회 마틴이 부산을 방문했을 때, 기독교에 관심을 가진 50여 명의 사람들을 발견했다고 보고를 하지만 선교의 열매를 발견하지는 못했다.

31 당시 조선 정부는 부산에서의 일본인 활동 범위를 초량에 한정했다.

청나라 군인이 서울에서 성서 반포를 시도하다가 조선 정부에 발각되어 감옥에 갇힌 일이 있었다는 것, 청나라 군인들에게 한문성경을 반포하려 했지만 이것도 실패했다는 것 등을 보고했다. 부정적인 상황을 확인하고 돌아갔을 뿐이다.[32] 쯔다센 등의 일본 기독교도들이 보았던 것처럼, 서울의 상황은 달라진 것이 없었다.

한편 1883년 가을, 스코틀랜드 성서공회는 서상륜을 권서로 임명하고 조선에 파견했다. 그는 의주를 거쳐 서울까지 성서를 팔며 전도했고 1884년에만 70여 명의 세례 지원자를 얻었다. 고향 솔내에 동생 서경조와 함께 신앙공동체를 세웠고 주일예배도 드렸다. 그 성과가 남달랐다.[33]

1884년 11월, 로스가 동료선교사 제임스 웹스터(James Webster)와 옛 고구려의 수도가 위치해 있던 서간도 즙안현(집안)의 한인촌에 도착했을 때, 조선인들로부터 극진한 영접과 환대를 받았다. 즙안에는 식자공으로 성서출판에 참여했던 김청송이 로스의 첫 전도인(조사 助事)으로 와 있었다. 두 사람은 서간도 4개의 한인촌에서 75명에게 세례를 베풀었고,[34] 다음 해 5월 재차 방문했을 때, 중국인들의 박해로 많은 조선인들이 마을을 떠났던 상황이었지만, 14명의 남자들에게 세례를 베풀 수 있었다.[35]

32 A. W. Douthwaite, "Notes on Corea," (Shanghai: Shanghai Mercury Office, 1884), pp. 47–57.

33 John Ross, "The Christian dawn in Korea," *The Missionary Review of the World,* 1890, p.243. 백홍준 등도 의주에서 전도하면서 1884년에 예배처를 열었다. 성서 번역에 참여했던 보부상들도 회심하여 세례를 받았고, 식자공으로 성서출판에 참여했던 김청송도 세례를 받고 서간도 한인촌의 첫 전도인(조사 助事)이 되었다.

34 John Ross, "The Christian dawn in Korea," *The Missionary Review of the World,* 1890, p.243. J Webster, "Journey to the Corean Valleys: Religious Awakening, Numerous Baptisms," *Missionary Report of the United Presbyterian Church for 1885,* pp.321–26. 당시 즙안(집안)의 한인촌에는 약 3,000명의 한인이 살고 있었다. 로스는 여기에서 세례 자격을 갖추기 위해 대기하고 있는 600명의 남자 예비 신자(believers)가 있음을 확인했다.

35 *Missionary Report of the United Presbyterian Church for 1885-1886,* p.101, 白樂濬, 『韓國改新敎史, 1832–1910』(서울: 연세대학교출판부, 1973), p.100.

선교의 시대

로스의 영향력은 서울까지 미쳤고 정동장로교회(새문안교회) 창설에 결정적 공헌을 했다. 그의 노력으로, 조선의 전통과 체제 중심에서 소외되었던 민초들은 자신들의 언어로 번역 된 성서를 읽을 수 있었다. 그리고 교회를 세울 수 있었다. 그의 선교방법은 미국 북장로교의 네비우스 선교정책(Nevius Mission Plan)에 적지 않은 영향을 끼쳤다. 로스의 선교방식은 지적이고 이데올로기적인 동의를 받아내고자 했던 천주교의 것과도 확연히 달랐고, 무모하게 금단의 땅에 뛰어들었던 토마스와도 다른 방식이었다.

5장.

기독교 선교사들의 입국

1. 갑신정변, 알렌, 정치 역학속의 기독교

1884년 9월 20일, 재일주재 선교사 맥클래이가 돌아간 뒤, 두 달이 조금 지났을 때, 상하이에서 출발 나가사키를 거쳤던 난징호가 제물포 항으로 들어왔다. 이 배를 타고 산동 선교를 위해 파송되었다가 조선으로 임지가 바뀐, 미국 북장로교회 소속의 26살의 젊은 의료선교사 알렌(Horace N. Allen)이 들어왔다.

알렌이 기독교 최초의 재(在)조선선교사라는 영예를 얻을 수 있었던 것은 미 북장로교 산둥성 선교지부의 상황 변화, 알렌 자신의 간청 그리고 조선 선교에 대한 엘린우드의 열정 때문이었다. 그렇지만 "미국인들이 병원과 학교 사업을 시작할 수 있다"는 고종 임금의 공식 입장을 얻어 낸 맥클래이 덕분에 가능했다.

알렌은 선교사로 파송되었지만 공식적으로는 미국 공사관 공의(公醫) 신분으로 들어왔다. 고종 임금도 이를 분명히 했다.[36] 따라서 그의 활동은 의료사업으로 제한되었다. 물론 의료 활동이 확실하게 자리 잡으면

---

36   김명구, 『복음, 성령, 교회: 재한선교사들 연구』(서울:예영커뮤니케이션, 2017), p.105 참조.

다른 여러 선교활동도 방해 없이 잘 진행될 것이라는 기대감이 없지 않았다.[37]

유일한 서양의사였기 때문에 알렌은 대단한 환영을 받았다. 미국 공사관의 무급 의사로 임명받았지만, 묄렌도르프(Paul George von Möllendorf)와 스트리플링(A. B. Stripling)이 이끄는 세관과 주(駐)조선 공사관의 외국인들, 서양인 거류민 등 서양식 치료를 갈망했던 사람들 때문에 수입은 걱정하지 않아도 되었다.[38] 일본과 미국, 프랑스, 영국, 독일, 이탈리아, 러시아 등과 조약을 체결하면서 부산과 인천 그리고 서울에 외교관과 상인들까지 거주할 수 있게 되었다. 특별히 경운궁 옆 정동은 미국과 영국, 러시아 공사관들이 들어서고 외교관들이 상주하면서 치외법권 지역이 되어가고 있었다. 알렌은 푸트의 배려로 정동에 자리 잡을 수 있었다.[39]

알렌의 활동은 의료로 국한되어 있었고 직접적인 전도활동은 불가능했다. 더구나 그의 활동 반경은 서울과 제물포로 제한되어 있었다. 그렇지만 외교관 신분이었기 때문에 안전하게 활동할 수 있었다. 또한 조선 조정의 내부 사정, 조선 사회의 실상, 조선을 둘러싸고 벌어지는 국제정세에 대해서도 비교적 소상히 파악할 수 있었다. 필요한 정보를 빠르게 접할 수 있었고 새로운 인맥도 형성해 나갈 수 있었다.

> 이날 사태로 인해 큰 시련이 전개되었고, 피땀을 흘려야 했습니다. 그러나 그 일 때문에 나는 궁전에 들어가서 다닐 수 있게

---

37 Allen이 Ellinwood에게 보낸 편지, 1884년 10월 8일자.
38 공사 푸트(Lucius H. Foote)가 맥클래이에게 매매하기로 한 약속을 파기하고 약 1에이커의 땅을 양도해 준 이유도 자기 거주지 가까운 곳에 서양 의사가 있으면 하는 바람 때문이었다.
39 당시 푸트가 조선 정부 외무대신 민영목과 조약을 맺을 때, 용산에 일반 미국인들의 거주지를 배당받았다. 당시 고종 임금은 미국과 영국, 러시아에 대해 호감을 갖고 있었고, 그런 까닭에 이들 나라는 경운경 옆에 공사관을 마련할 수 있었다. 왕실의 호의 아래 푸트는 1883년 6월 정동에 미국 공사관건물을 마련하고 업무를 시작할 수 있었다.

되었고, 나에게는 남다른 현직을 누릴 수 있게 했습니다. 이 일은 다른 방법으로는 도저히 얻을 수 없는 것들입니다. 이제 사람들 모두가 나를 알아보며, 따라서 우리 사업은 이 일 때문에 아무 어려움도 받지 않게 된 것이 확실합니다.[40]

1884년 12월 4일, 우정국이 개국하여 홍영식이 수뇌로 취임하던 날 저녁에 김옥균, 박영효 등 갑신개화파들이 정변을 일으켰다. 이들 과격파들은 친청파 거물들을 우정국으로 초청하고 죽이려 했다. 자신들의 개화 방식에 반대하는 인물들을 제거한 다음, 신속하게 정치 목적을 달성하겠다는 일종의 친왕(親王) 쿠데타를 계획했다. 이들은 민영목, 조영하, 민태호(민영익의 아버지)를 죽이고 이들을 후원하던 환관 유재현도 죽였다. 박규수의 출중한 제자로 동도서기 방식의 개화를 주장하던 친청파 이조연(李祖淵)도 죽였다.[41]

친청파 개화주의자로 분류되던 민영익[42]도 머리와 몸에 일곱 군데에 이르는 자상을 입었다. 정변이 진행되고 있던 와중에 묄렌도르프가 목숨이 경각에 이른 민영익을 가마에 태워 자기 집에 옮겨 놓았다. 매우 위험했던 상황이었고 혼자 처리할 수 없다고 판단했다. 알렌은 일본인 외과의사 우미세 토시유키(海瀨敏行)와 제물포에 머물고 있는 영국인 외과 의사 휠러(Wheeler)에게 도움을 요청했다. 서울에 있던 거의 모든 외국인들이 피신하고 있었고, 만일 치료에 성공하지 못한다면 죽임을 당할 수도 있었다. 그런 상황임에도 치료를 계속했다. 의사라는 사명감을

40 알렌이 엘린우드에게 보내는 편지, 1884년 12월 8일자.
41 黃玹 저, 金濬 역, 『完譯 梅泉野錄』(서울:교문사, 1994년), p.131, 160~161참조.
42 Percival Lawrence Lowell, "A Korean Coup d'Etat," *The Atlantic Monthly*, Volume 58, Issue p.349, 1886 참조. 로웰은 "처음 개화파로 분류되던 그가 조선으로 돌아와 서양의 실질적인 기술만 받아들이려 했고, 외국에 문호를 개방할 의사가 없었다"고 진술하고 있다. 그의 개화 방식이 동도서기 방식으로 돌아서고 있음을 확인하고 있다.

포기하지 않았기 때문이다.[43]

알렌의 서양식 치료는 큰 효과를 보았고 3개월 후 민영익은 완쾌되었다. 왕실과 조선 조정으로부터 "하늘이 보낸 특별한 사람"으로 각인되었고, 왕실 시의(侍醫)로 임명될 수 있었다. 왕실의 특별한 총애를 얻었고 조선 정부가 줄 수 있는 '모든 명예와 보상'이 주어졌다. 원세개의 군사들을 치료했던 탓에 청국으로부터도 영웅 대접을 받았다.[44]

알렌의 소식은 미국 정계와 교계로 퍼져 나갔다. 조선 선교에 조심스럽게 접근하던 미국 교회들은 안정적인 선교 사업을 기대하게 되었다. 그동안 중국과 러시아 그리고 일본에게 밀려 있던 미국도 영향력을 높일 수 있었다. 그런데 그 공헌은 여기에 그친 것이 아니었다. 알렌이 아니었다면 일본을 통하는 기독교 유입 통로 자체가 막힐 수 있었다는 것이다.

김옥균의 배후에는 일본이 있었다. 갑신정변은 외상 이노우에 가오루(井上馨)와 일본공사 다케조에(竹添進一郞)의 지원 아래 시행된 것이다. 일본 차관도입의 실패로 그 입지가 크게 좁아진 갑신개화파들이 일본을 등에 업고 쿠데타를 일으켰던 것이다.[45] 이것은 임오군란 이후 조선에서의 열세를 만회하기 위한 일본의 이해와도 일치되는 것이었다.

그러나 정변은 3일 만에 실패로 끝이 났다. 김옥균, 박영효, 서광범, 서재필 등의 주동자들은 일본으로 도망가야 했고 피신하지 못한 홍영식, 박영교 등은 죽임을 당해야 했다. 정변에 참여하지 않았음에도 갑신개화파와 가깝다는 이유로 윤웅렬 등에게 유배형이 내려졌고 윤치호도 상하이로 도망쳐야 했다.

---

43 H. N. 알렌 저, 김원모 역, 『알렌의 일기』(서울:단국대출판부, 1991), pp.36~37.
44 알렌은 영국인 의사 휠러의 도움을 받아, 12월 8일부터 청국 군사들을 치료했다.
45 이들은 미국 푸트 공사와 영국의 애스턴(WilliamG. Aston) 영사에게 지원을 요청했으나 거절당했다.

외교가에서 김옥균 일파는 일본 추종세력으로 분류되고 있었다.[46] 일본을 조선 근대화의 모델로 삼았고, 갑신개화파들 중 상당수가 일본에서 교육을 받았다. "일본의 영향력에 대한 전폭적인 옹호자"로 인식되어 있었고,[47] "일본 외교관들의 강력한 지지를 받고 있다"는 평가를 받고 있었다.[48]

> 한국인들은 일본 사람이라면 노인이나 여자나 어린아이를 가릴 것 없이 마구 학살했다. 그 학살의 과정에서 무지몽매한 성격의 소유자인 토착민들은 이러한 잔학한 행위를 아무 거리낌 없이 자행했다.[49]

하늘 전체를 붉게 물들일 정도로 새로 지은 일본 공사관과 서울 곳곳에 있는 개화파의 저택들이 불에 탔다. 백성들은 폭도가 되어 무기고를 급습했고, 일본인들과 관련된 서양인들에 대해서도 적개심을 드러냈다.[50] 일본과 가깝다고 여기는 외국 사람들에 대해서도 증오심과 배타심을 감추지 않았다. 미국 공사 푸트와 영국 영사 애스톤, 심지어 묄렌도르프까지도 가족들을 데리고 서울을 떠나야 할 정도였다.[51] 김옥균 일파와 관계된 것과 조금이라도 관련된 사람들은 제거되었다. 그 여파는 2년여 동안 계속되었다. 아펜젤러(Henry G. Appenzeller) 선교사 부부가 서울로

---

46 제이콥 로버트 무스, 문무홍 역, 『1900, 조선에 살다』(서울:푸른역사, 2008), p.53.
47 제노네 볼피첼리, 유영분 역, 『구한말 러시아 외교관의 눈으로 본 청일 전쟁』(서울:살림, 2009), p.69.
48 카르네프 지음, A. 이르계바예브.김정화 역, 『내가 본 조선, 조선인─러시아 장교 조선 여행기』(서울:가야넷, 2003), p.216.
49 끌라르 보티에, 이뽀리트 프랑뎅 저, 김상희, 김성언 역, 『프랑스 외교관이 본 개화기 조선』(서울:태학사, 2002), p.70.
50 메리 V. 팅글리 로렌스, 손나경, 김대륜 역, 『미 외교관 부인이 만난 명성황후, 영국선원 앨런의 청일전쟁 비방록』(서울:살림, 2009), p.63.
51 H. N. 알렌 저, 김원모 역, 『알렌의 일기』(서울:단국대학교출판부, 1991), pp.36~37. 알렌의 일기는 단국대학교 김원모 교수가 번역했다. 이 책에는 번역본과 함께 영문판 일기 전문이 실려 있다. 본 저술에서는 이를 함께 활용하여 인용할 것이다.

들어오지 못하고 일본으로 되돌아가야 했던 것도 이런 이유였다.

개화파들 중에서 기독교에 대해 가장 적극적인 친밀감을 드러냈던 그룹이 갑신개화파였고 재일선교사 맥클래이를 연결한 당사자가 김옥균이었다. 그런데 김옥균 일파는 수구파만을 대상으로 하지 않았고, 개화파라 하더라도 친청파로 분류되면 제거 대상으로 삼았다. 그런 이유로 개화 진행을 주도하고 있던 이조연 같은 인물을 죽였다. 고종의 개화 진행 의지가 여전해서 이조연의 후계인 김가진 같은 인물이 중용되었지만,[52] 미국에 친화력을 갖고 있던 갑신개화파 인맥은 외면되거나 차단될 수 있었다. 미국인과 미국 기독교에 대해서도 부정적인 인식이 퍼져 나갈 수 있었다. 따라서 미국 지향의 개화 방식도 외면 받을 수 있었다.

알렌은 이런 역사의 역류를 막았다. 오히려 서양 의학과 근대 교육에 대한 필요성을 더욱 높게 각인시켰다. 미국에 대한 조선왕실과 조선 사회의 신뢰감이 깊어졌고 미국 문명과 의술, 미국인들에 대해 기대감이 높아졌다. 더 나아가 서양인에 대한 적개심은 존경심으로, 배타심은 친밀감을 넘어 의존감으로 바뀌었다. 알렌의 의견에 따라 광혜원이 설립되었고 선교의 안전한 통로가 만들어졌다. 조선 정부의 보장 아래 미국 선교사들이 들어올 수 있게 된 것이다.

한편 알렌의 중용은 정치에 직접적 참여에 둔감했던 복음주의 영향 아래 있던 선교사들이 처음부터 조선 정치와 국제 정치 역학 속에서 행동해야 했다는 것을 의미한다. 또한 선교사들의 사역이 정치권으로 부터 세세한 주시를 받게 되었다는 것도 말해 준다. 덧붙여 기독교 복음이 근대 이데올로기와 신앙의 영역으로 나뉘어서 전개될 것이라는 것

---

[52] 오영섭, "東農 金嘉鎭의 開化思想과 開化活動," 『韓國思想史學 제20輯』, 2003, pp.245–254 참조.

도 알게 해 준다. 기독교 선교의 공식적 시작은 처음부터 그렇게 진행되었다.

2. 선교사들의 도착과 선교 개시 정황

1885년 3월 5일 오후 1시, 일본 주재 미 북감리회 선교사 맥클래이는 도쿄 아오야마 자택 서재에서 '조선 선교를 위한 첫 모임(The First Meeting of the Missionaries to Korea)'을 주재했다. 참석자는 맥클래이를 비롯하여 아펜젤러(Henry Gerhard Appenzeller) 부부, 스크랜턴(William Benton Scranton) 부부, 감리교해외여선교사회(The Woman's Foreign Missionary Society of the Methodist Episcopal Church)가 파송한 스크랜튼의 어머니 메리(Mary Fletcher Scranton)였다.[53] 맥클래이는 주일 미국 공사 빙햄(John A. Bingham)과 갑신정변의 망명객 김옥균, 박영효, 서재필, 서광범 등을 만났고, 이들로부터 조선의 정세를 들었다. 분산해서 조선에 입국하는 전략을 세웠고, 아펜젤러 부부를 먼저 보내기로 결정했다.

맥클래이의 결정에 따라, 아펜젤러 부부는 나고야마루(名護屋丸)에 올랐다.[54] 이 배에는 갑신정변 당시 일본에 입힌 피해를 사과하기 위해 국서를 가지고 일본 정부에 다녀갔던 조선사절단 서상우와 묄렌도르프가 타고 있었다. 중국 선교를 활발히 하고 있던 미국공리회(ABCFM) 일본 선교회의 스커더(Scudder) 박사와 테일러(Taylor) 박사가 조선 선교를

---

53 맥클래이는 파울러(C. H. Fowler)감독으로부터 조선 선교회의 공식 감리사로 임명받았다. 아펜젤러는 부감리사, 스크랜턴은 회계로 임명받았다. 미 감리회는 조선 선교의 실질적 책임을 아펜젤러에게 맡겼다.
54 1875년 요코하마와 상하이를 오갔던 미쓰비시(三菱) 우편 기선회사는 1885년 9월 일본우선회사(日本郵船會社)로 발전했고, 1883년 제물포가 개항된 후 한 달에 한 번씩 요코하마–고베–나가사키–부산–제물포를 오가는 정기 노선을 운행하고 있었다.

타진하기 위해 타고 있었고, 미 북장로교 선교사 언더우드(H. G. Under-wood)도 고베(神戸)에서 배를 탔다.[55]

1885년 4월 5일 오후 3시, 춥고 비가 내리는 날씨 속에 선교사들은 제물포에 도착했다.[56] 일행은 4시경에야 해변에 상륙할 수 있었다. 그 때 언더우드는 이수정이 번역한 마가복음을 손에 들고 있었다.[57] 조선 과 중국, 일본의 일꾼들이 짐을 내리기 시작했을 때 이들은 제물포항 근처에 있던 일본인 해운업자 호리 히사타로(堀久太郎)가 운영하는 일본 식 호텔 다이부쯔(大佛)로 안내되었다. 세면대가 하나밖에 없는 초라한 곳이었다.

미국 대리공사 포크(George Foulk)는 신변 안전을 보장하지 못한다는 전문을 일본의 맥클래이에게 보냈다. 자국민 보호를 위해 제물포에 정 박하고 있던 미국 군함 오씨피(Ossipee)호의 선장 맥글렌지(McGlenzie)는 그 내용을 입국한 선교사들에게 전했다. 갑신정변의 여진이 계속되고 있었던 것이다. 요코하마에서 만났던 푸트(Lucius H. Foote) 내외도 급변 한 정세 불안을 내세워 선교사들의 조선 입국을 반대한 바 있었다.

생명을 보장할 수 없다는 맥글렌지와 포크의 말에 선교사들은 불안 했다. 결국 아펜젤러 부부는 짐을 호텔에 맡긴 채 일본으로 돌아가기로 했다. 남자들은 서울에 들어갈 수 있다는 오씨피(Ossipee)호 선장의 의 견에 언더우드, 스커더, 테일러는 서울로 향했다. 외교적 판단과 복음 적 열정, 현실적 상황이 선교 초기부터 부딪치고 있었다.

아펜젤러 부부가 일본으로 되돌아와야 했을 때, 30살의 젊은 의사 스크랜튼은 나가사키를 떠나 5월 3일에 제물포에 도착했다. 알렌이 반

---

55 언더우드는 3개월 동안 미 북장로교 재일선교사인 의사 헵번(I. C. Hepburn)집에 기거하면 서 이수정에게 한글을 배웠고, 정변에 실패해 일본에 망명해 있던 김옥균과 박영효 등 개화 파 인사들도 만나는 등 조선 입국 준비를 하고 있었다.

56 *Annual Report of the Board Foreign Missions of the Methodist Episcopal Church* 1885. p.237.

57 Lillias H. Underwood, *Underwood of Korea*, Fleming H. Revell Company, 1918, pp.37~38.

갑게 맞이했고, 다음날 아침 7시 제물포를 떠난 이들은 오후 3시에 서
울에 도착할 수 있었다. 이후 아펜젤러 부부와 스크랜튼의 가족들, 미
국 북장로교 의료선교사 헤론 부부는 함께 나가사키를 출발해 6월 20
일 제물포항에 도착할 수 있었다.[58] 기독교의 선교가 본격적으로 시작
된 것이다.

언더우드와 스크랜튼 모두 의료인의 신분으로 조선에 들어왔다. 그
런 이유로 이들은 제중원에 발이 묶였다. 언더우드는 조선에 입국한지
사흘째부터 제중원 진료실에서 일을 시작했고 하루 대여섯 차례나 수
술을 한 알렌을 도와야 했다.[59] 아펜젤러와 메리 스크랜튼은 교육사업
가로 들어왔다. 선교사들 모두 조선 조정이 정한 영역을 벗어나지 않아
야 보호를 받을 수 있었다.

---

58 입경이 늦은 이유에 대해서는 김명구, 『복음, 성령, 교회:재한선교사들 연구』, p.132 참조. 서
    울에 기거할 곳이 마련되지 않아 아펜젤러 부부는 일행보다 늦은 7월 29일에 서울에 들어올
    수 있었다.
59 엘린우드에게 보내는 언더우드의 편지, 1885년 4월 26일자.

6장.
의료와 교육 선교
―복음 전파의 교두보

1881년 일본에 파견한 조사시찰단(朝士視察團)의 복명(復命) 이후, 조선 정부는 서양식 근대 병원과 학교 설립을 모색하고 있었다. 그것은 고종 임금의 탈(脫) 중국 의지와 그에 따른 자강정책의 일환이었다. 그런 이유로, 1883년 보빙사를 파견했을 때, 미국에 정치와 군사 고문과 더불어 근대학교 교사 파견을 요청했다. 더구나 보빙사의 일원이었던 홍영식이 "만약 미국의 교육제도를 본받아 인재를 양성해서 백방으로 대응한다면, 아마도 어려움이 없을 것"[60]이라고 보고했을 때, 미국과 미국 방식에 대한 기대감은 더욱 커질 수밖에 없었다. 고종 임금이 맥클래이에게 교육과 의료사업을 허락했던 것도 그 염원의 일환이었다.

갑신정변으로 잠시 중단되었지만, 미국에 교사 파견을 다시 요청했고, 1886년 6월 3일(음), 왕립 육영공원(育英公院, Royal English School, Royal College)이 세워졌다. 헐버트(Homer Bezaleel Hulbert), 길모어(George William Gilmore), 벙커(Dalziel A. Bunker)는 육영공원 교사로 입국할 수 있었다.

알렌은 고종 임금의 공식적 승인과 조선 왕실의 신뢰를 기회로 1885

---

60   "遣美使節 洪英植復命問答記," 김원모 역, 『史學志』15, 1981, p.216.

년 1월 27일, 서양병원 설립 신청을 했다. 그때 그는 조선 정부가 최소한의 예산만 집행하고 인건비를 포함한 기타 경비 등은 미국의 공제조합을 통해 원조를 받겠다고 제안했다. 조선 정부는 이를 받아들였다.[61] 광혜원(廣惠院, 이후 제중원으로 개칭)의 설립과 공식적 선교는 그렇게 시작되었다.

미 북감리회 선교부 총무 리드(J. M. Reid)도 이런 상황을 파악하고 아펜젤러에게 다음과 같은 편지를 보냈다.

> 당신은 기독교가 공식적으로 허용되지 않은 나라에 파송된다는 점을 명심해야 합니다. 바로 얼마 전까지 기독교는 법으로 엄금되어 있었습니다. 그러나 우리는 의료 사업과 교육 사업은 조선인들에게 아주 잘 수용될 것이라는 확신을 가지고 있습니다. 따라서 의심할 여지없이 이것이 당신의 첫 사역이 될 것입니다. 적절한 건물을 구입할 시점까지 학교를 감독할 수 있는 언어에 대한 충분한 지식을 획득하고 가르칠 학생들도 찾기를 희망합니다. …[62]

아펜젤러나 언더우드 등 선교사들은 직접 전도를 통해 신속히 복음 전하기를 원했지만, 기독교를 전하는 것이 불법이었고 의료사업과 교육 사업만 허락받았을 뿐이다. 이들이 할 수 있는 것과 해야 할 일은 교육과 의료 사업을 통해 선교의 접촉점과 교두보를 확보하는 것이었다.

---

61 安連의 病院 建設案, 舊韓國外交文書, 第十卷, 美案, I, 1885년 1월 27일자, pp.112–113. 알렌이 언급했던 공제조합은 미국 북장로교회였고, 병원을 위해 고용될 의사들은 의료선교사들이었다.
62 아펜젤러에게 보내는 리드(J.M. Reid)의 편지, 1885년 1월 15일자.

조선 왕실과 조정은 입국하는 미국인들이 선교사들이라는 것을 모르지 않았다. 그러나 근대문명을 조속히 도입하고 강한 근대 독립 국가를 만들어야 한다는 절박함이 있었다. 또한 미국식 근대 교육이 쇠(衰)하여 가는 조선을 일으킬 것이라 기대하고 있었다. 기독교가 유입되는 것은 여전히 경계했고, 그래서 그 활동을 교육과 의료사업에 한정한 것이다. 그렇지만 두 사업은 복음 전파의 중요한 접촉점이요 교두보였다. 선교사들도 그렇게 믿고 있었다.

7장.
기독교 병원
–선교신학의 분리

1. 제중원과 그 진행

1885년 1월 27일 알렌의 병원 설립 안은 주미 대리공사 포크(George C. Folk)를 통해 통리교섭통상사무아문(統理交涉通商事務衙門, 外衙門)에 제출되었다.[63] 그런데 독일영사관 부영사 부들러(Hermann Budler)는 이 병원이 "분쟁의 온상지(hotbed of trouble)"가 되고 "개종책략(proselytizing scheme)"의 본거지가 될 것이라고 폭로했다. 그리고 조선 정부를 자극할 수 있는 악평을 노골적으로 했다.[64] 그러나 묄렌도르프가 명성왕후 척족의 지지를 받고 있었지만, 알렌에 대한 왕실의 신뢰는 그 이상이었다.[65] 여기에 민영익의 도움도 적지 않았다.

1885년 4월 14일(음력2월 29일), 광혜원(House of Extended Grace)이 설립될 수 있었다.[66] 2주 만에, "높낮이를 가리지 않고 모든 백성에게 골

---

63 포크는 이를 통해 미국의 영향력 확대를 기대했다.

64 김원모 역, 『알렌의 일기』, pp.74–75. 독일인들이 제기한 이 문제로 인해, 알렌은 '북장로교 선교부' 대신 '공제조합'이라는 표현을 사용했다. 그리고 조선에 거주하는 서양인을 포함한 모든 외국인들을 진료할 것이라는 말로 반발을 무마했다.

65 고종 임금은 어가 행렬 도중 알렌을 발견하게 되면 가마를 멈추고 내려서 인사할 정도로 알렌에게 호의적 태도를 보였다.

66 광혜원은 갑신정변에 가담되어 처형되었던 홍영식(洪英植)의 집(재동 헌법재판소 자리)을

고루 혜택을 준다"는 의미의 제중원(濟衆院: House of Universal Helpfulness)
으로 이름이 바뀌었다.[67] 병원 수리비로 600-1,000불이 들었다. 병원
운영권, 입원 규정, 진료비 지불 방법 등 병원 규칙은 통리교섭통상사
무아문이 마련했다. 조선인 직원은 20명에 달했고 규모는 작았지만 종
합병원의 형태를 갖추었다.[68]

조선 정부는 병원의 건물과 제반 설비, 관리운영의 경상비를 책임지
기로 했고 외아문 독판 김윤식에게 제중원의 개원과 운영에 대한 감독
이 맡겨졌다. 그렇지만 미국 북장로교 해외선교부가 실질적으로 병원
운영을 했다.[69] 조선 정부와 미국 북장로교 선교부가 공동으로 운영하
는 협동의료기관의 성격을 띠었던 것이다. 조선 왕실은 왕립병원으로
여겨 왕실의 권위 확장을 모색하려 한 반면, 미국 공사관은 미합중국의
영향력을 확대하려 했다.[70] 그러나 제중원은 설립 목적이 선교였고 선
교의 전초 기지였다.

알렌의 명성은 날로 높아졌고, 첫 1년 동안 10,460명의 환자를 진료
했다. 하루에 최고 260여 명의 환자를 보게 된 때도 있었다.[71] 재동의

사용했다.

67 알렌의 일기에서는 광혜원이 1885년 4월 9일에 정식으로 개원되어 진료를 시작했다고 되어
있다. 그런데 『조선왕조실록』에는 1885년 4월 14일(음력 2월 29일)에 고종이 혜민서(惠民署)
와 활인서(活人署)를 대신할 의료기관의 설립이 필요하다는 의정부의 건의를 받아 설치를
허락했다고 기록되어 있다. 광혜원(廣惠院, Widespread Relief House)의 명칭은 설립을 추진
하는 과정에서 제중원(濟衆院)으로 바뀌었다. 『조선왕조실록』에는 4월 26일(음력 3월 12일)
에 광혜원을 제중원으로 개칭했다고 통리교섭통상사무아문(統理交涉通商事務衙門)이 보고
했으며, 5월 4일(음력 3월 20일)에는 예전 혜민서와 활인서에 주던 비용을 새로 설치된 제중
원으로 옮겨 배정하자는 통리교섭통상사무아문의 건의를 고종이 승인했다고 되어 있다.

68 『알렌의 일기』, pp.76-77.

69 조선 정부는 외아문 독판 김윤식에게 제중원의 개원과 운영을 감독하도록 했다.

70 Horace Newton Allen, *Horace Newton Allen's Diary*(Seoul: Dankook University Press, 1991),
p.428, 1885년 1월 22일자. 이후 *Allen's Diary*로 표기.

71 H. N. Allen, "Medical Work in Korea," *The Foreign Missionary*, Oct. 1886, pp.216-216,
1886년 알렌과 헤론이 미국 북장로회 해외선교 본부에 제출하기 위해 작성한 *First Annual
Report of the Korean Government Hospital* (조선 정부병원 제1차년도 보고서)에 따르면, 제중
원은 개원 이래 첫 1년 동안 10,460명의 환자를 진료했다. 이중 부녀자가 800여 명이었고 외
과환자가 넘쳐 내과환자를 받을 수 없을 정도였다. 1886년 봄에만 5,000명의 환자가 찾아왔

병원이 비좁아 몰려드는 환자를 감당할 수 없었고, 1887년 초에 조선 정부는 알렌의 요청을 받아들여 넓고 쾌적한 구리개[72]로 병원을 이전시켰다.

제중원은 1885년 5월부터 언더우드, 5월에 미국 북감리교 의료선교사 스크랜튼(William B. Scranton)이 일했고, 6월부터 북장로교 의료선교사 헤론(John W. Heron)이 일을 했다. 1886년 7월에는 북장로교 의료선교사 앨러스(Elless, A. J.)가 파견되면서 부인부(婦人部)가 신설되었다.[73] 기독교 공인 이전 선교사들은 누구나 할 것 없이 알렌의 도움이나 제중원과 함께 하지 않고는 조선에 들어 올 수 없었고 활동할 수 없었다.

1887년 가을, 고종 임금은 박정양을 초대 주미공사로 임명하면서 알렌을 주미 조선공사관 참찬관에 임명했다. 박정양 일행을 안내하는 역할이었다. 이 일을 위해 알렌은 선교사직을 사직해야 했고 11월 2일 서울을 떠나야 했다.[74] 헤론이 제중원장직을 맡았지만 전염성 이질에 걸려 원장직을 수행하지 못하게 되었을 때, 미국에서 돌아와 있던 알렌이 재임명되었다.[75] 그러나 1890년 7월 9일, 알렌이 주(駐)조선 미국 공사관 서기관으로 임명되는 바람에 제중원장직과 선교사직을 다시 사임해야 했다. 북장로교회는 캐나다 독립선교사(independent missionary)인 하

다. 265명의 수술 입원환자들이 있었는데, 6명을 제외하고는 모두 쾌차해서 퇴원했다. 양반층은 주로 왕진을 요청했으며, 지방에서 진료를 받으러 오는 환자들도 적지 않았다.

72 구리개는 중구 을지로2가, 명동1가, 명동2가, 충무로1가, 남대문로2가에 걸쳐 있었다.

73 앨러스는 명성 왕후의 시의(侍醫)로 임명받아 왕후의 첫 진찰(1886년 9월 14일) 때 청진기를 사용했다. 왕후의 몸에 직접 손을 대는 것이 불가능했던 때였고 파격적인 진료방식이었지만, 왕실은 그것을 수용했다. 1888년 앨러스가 감리교 선교사 벙커(D. A. Bunker)와 결혼하는 바람에 사임을 하게 되자 후일 언더우드와 결혼하게 되는 릴리아스 호튼(Lillias Horton)이 파견되었다.

74 박정양 일행은 일본과 하와이를 거쳐 1888년 1월 미국에 상륙해 1월 15일 클리블랜드(Grover Cleveland)대통령에게 국서를 봉정하고 공사관을 개설했다. 박정양은 데이비스(Robert H. Davis)를 필라델피아영사로 임명하고 차관을 얻어내려고 노력했지만 목적을 이루지 못했다. 중국이 제시했던 영약삼단을 이행하지 않기 때문에, 결국 그해 11월에 박정양은 귀국해야 했다.

75 미국으로 건너간 알렌은 미국 북장로교로부터 선교사로 재임명 받고, 1889년 6월 조선으로 돌아왔다. 해외선교부는 알렌에게 부산에 선교 스테이션을 개척하라는 임무를 부여했다.

선교의 시대

디(Robert Alexander Hardie)를 거쳐 북장로교의 빈턴(C. C. Vinton)을 제중원장에 임명했다. 빈턴이 사임하게 되자 1893년 10월 17일, 북장로교 의료선교사로 부산을 거쳐 서울에 들어와 있던, 캐나다 감리교회 출신의 애비슨(Oliver R. Avison)을 제중원장에 임명했다.[76]

제중원은 처음 목적과 기능, 지원 등 모든 면에서 약화되어 있었다. 조선 정부가 약속했던 재정 지원을 하지 못하자, 개원 3개월이 지날 때부터 경영난을 겪고 있었다. 환자들의 급식을 중단하고 6명의 하인들마저 철수해야 했다. 석탄이나 땔감 등을 구입하기 어려울 정도여서 난방도 어려울 정도였다.[77] 독립적 운영과 일부의 병원 운영비 지원을 약속받았지만 조선 정부는 이를 이행하지도 않았다.[78]

애비슨은 천재적 능력으로 위기를 극복했다. 만연되어 있던 부패된 관행을 쇄신하고 약화된 제중원을 활성화시켰다. 조선 정부와의 여러 차례의 갈등도 극복했다. 제중원의 의료 인력을 대폭 보강했고 병원에서 예배드리는 허락을 받아 냄으로 전임 원장 빈턴의 협력도 이끌어 냈다. 왕실주치의로 왕실의 신임을 받았고 조선 정부로부터 병원 운영권도 넘겨 받았다.

제중원은 미국인 실업가 세브란스(Louis H. Severance)의 재정지원으로 1904년에 남대문 밖 복숭아골에 병원을 지으면서 세브란스병원(Severance Memorial Hospital)으로 계승되었다.[79] 묘했던 것은 이때부터 선교신학이 분리되기 시작했다. 애비슨이 제중원이나 세브란스 병원의 의료행위 그 자체를 선교로 보았기 때문이다. 의료 선교를 복음전도의 도구로 보았던 복음주의 선교사들과 달랐던 것이다.

---

76 Frank F. Ellinwood, Letter to Cadwallader C. Vinton, Oct. 12, 1893. 박형우, "제중원의 선교부 이관에 대한 연구," 『한국 기독교 신학논총』, 2013, p.97에서 참조.
77 *Allen's Diary*, p. 446, 477, 1885년 2월 20일자, 7월 29일자 참조.
78 C. C. Vinton, letter to F.F. Ellinwood, Apr. 10, 1891.
79 세브란스 병원은 1904년 11월 16일 개원식을 거행했다.

2. 스크랜튼의 병원 사업

스크랜튼(William B. Scranton)은 제중원의 정체성과 진료 정책에 문제를 제기했다. 알렌은 왕실과 고위관료들을 우대하는 정책을 채택했고, 영국과 청국 공사관의 의사를 겸직해서 적지 않은 돈을 벌었다. 일본 공사관과도 500불의 연봉을 계약해서 일본 공사관 의사로 겸직 근무했다.[80] 일본공사관으로부터 필요한 의약품을 제공받아 이를 제중원에 공급한다고 했지만 이런 일련의 일들을 못마땅하게 생각했다. 결국 스크랜튼은 알렌과 결별했고 1885년 9월 10일, 정동의 자기 집에 작은 진료소를 개설했다. 매우 빈약하고 초라했지만 조선 정부의 직접적인 도움을 받지 않았기 때문에 독립적으로 운영할 수 있었다. 따라서 환자에만 집중할 수 있었다. 아주 적은 비용인데다 양약의 효과가 "한국인들에게 일대 선풍을 일으키고 있어" 환자들이 몰려들었다.[81] 시료소는 곧 병원으로 발전되었다.

미국 공사관의 주선으로 정동(현재 정동 34–1번지) 일대에 독립가옥 두 채가 딸린 약 1,800평의 선교 부지를 구입한 바 있던 스크랜튼은 1886년 6월 15일, 동쪽에 인접한 주택을 개조해 병원으로 만들었고 '정동병원'이라 불렀다. 병원은 5개의 병실과 수술실과 환자 대기실, 사무실, 약제실을 갖추었다.

스크랜튼의 병원은 왕립 제중원과 다른 정책을 썼다. 제중원에 접근할 수 없던 "가장 불쌍한 계급이었고 심지어 버림받은 사람들"을 주 대상으로 정했던 것이다. 많은 돈은 아니었지만 부자들이 치료비를 좀 더 내도록 했고, 그 혜택을 가난한 사람들에게 돌렸다. 덕분에 무료로

---

80 *Allen's Diary,* p.475, 1885년 6월 28일자.

81 *Annual Report of the Board Foreign Missions of the Methodist Episcopal Church,* 1886, pp.268–269, 이후 *ARMC*로 표기함.

치료받는 혜택을 받는 민초들이 적지 않았다.[82] 그렇지만 스크랜튼에게 진료는 복음을 전하는 도구이고 환자들은 전도의 대상이었다. 그리고 병원은 복음전도의 접촉점이요 선교기지였다. 알렌과 다른 선교관이었다.

1887년 6월 15일, 고종 임금은 스크랜튼의 병원에 "시병원(施病院)"이라는 이름을 내렸다. 스크랜튼은 이를 'Universal Hospital'이라 번역했다. 그리고 "온갖 은덕을 베풀라, 모든 환자를 치료하라, 가난하고 병든 자를 먹이고 입히라"는 뜻으로 해석했다.[83] 그것은 복음주의자들의 중요한 선교 방식에서 비롯된 것이고 신학적 신념에서 나온 것이다. 복음주의 세계관에는 신부적(神賦的) 인간관과 소외된 인간에 대한 남다른 애모(愛慕) 의식이 강하기 때문이다.

1886년 11월 1일, 미 감리회 해외선교부는 의사 한 사람을 더 보내주고 임시 진료소 개설 비용을 보내 달라는 스크랜튼의 요청을 수락했다. "이미 수백 명을 도와주었으나 수천 명이 더 우리의 도움을 기다리고" 있다는 호소[84]와 의사 한 사람을 보내 주면 자신은 지방을 돌며 순회 진료를 하겠다는 포부를 받아들인 것이다. 조선 정부가 외국인들이 지방 여행을 금지하고 있던 상황에서 순회 진료는 합법적인 통행증이 될 수 있었다. 내륙의 백성들과 접촉할 수 있고, 따라서 임시 진료소나 순회 진료소는 선교의 거점(mission station)이 될 수 있었다.[85]

선교사로 조선에 오겠다는 의사를 쉽게 구할 수 없었고 천주교회의 성당 건축, 일명 '영아소동(the Baby Riot)'[86]이 일어나는 바람에 스크랜튼

---

82 *Loc.cit.*
83 스크랜튼이 북감리교 해외선교부 총무 리드(J. M. Reid)에게 보낸 1887년 4월 21일자 편지.
84 *ARMC,* 1886, pp.268–269.
85 조선 정부가 기독교의 선교를 공식적으로 허락한 것은 그로부터 10년의 세월이 흐른 뒤였지만, 임금의 현판은 치외법권적 권위를 상징하는 것으로 사실상 그의 활동이 보다 자유로워진 것을 의미한다.
86 서양인들이 아이들을 납치하고, 잡아먹고, 아이들의 염통과 눈을 도려내서 약으로 쓰거나 사

의 바람은 곧바로 이루어지지 않았지만 1888년 12월에, 서대문 밖 사형장 가는 길, 곧 양화진으로 가는 길목에 있는 애오개(지금의 아현동)에 시약소(dispensary)를 개설할 수 있었다. 연이어 숭례문 옆 상동, 상인들과 노동자들의 통행이 빈번한 곳에도 시약소를 세울 수 있었다. 1889년 8월에는 흥인지문 성벽 바로 안쪽에 위치한 곳에 시약소 부지를 사들였다. 중하류층을 대상으로 했던, 자신의 신학적 이상을 실천하려 했던 것이지만 선교를 확대하기 위한 전략이기도 했다.

3. 보구여관(保救女館)─신부적(神賦的) 인간으로서의 여성상 각인

조선에서 여자가 남자 의사로부터 수술이나 시료를 받는 것은 생각조차 할 수 없었다. 근대화의 흐름이 거세게 불어 왔어도 수백 년간의 관습을 쉽게 떨쳐 낼 수 없었고, 따라서 여성 의사가 절실했다. 제중원은 미국 북장로교의 여의학도 앨러스(A. J. Elless)가 입국하면서 부인부(婦人部)를 신설할 수 있었다. 후일 언더우드와 결혼하게 되는 여의사 릴리아스 호튼(Lillias Horton)이 온 것도 바로 이런 이유였다.

스크랜튼의 요청에 의해 미 북감리회는 1887년 10월 31일, 노스웨스턴 대학교 의과대학을 졸업한 메타 하워드(Meta Howard)를 보냈다. 여의사 하워드는 시병원에서 여성 환자 진료를 시작했다가 1888년 4월부터 메리 스크랜튼의 이화학당 구내의 한옥을 개조해 병원으로 꾸몄다. 여성만을 위한 병원이 생기자 여성들은 대부분 이곳으로 와서 치료

진기 렌즈로 쓰고 어린아이를 훔쳐 오는 조선인들에게 돈을 준다는 유언비어가 파다히 퍼져 나갔다. 군중들은 폭도가 되어 선교사 집에 돌을 던졌고, 이화학당 수위 가족을 죽였으며, 기독교 학교와 병원을 공격했다. 결국 인천에 와 있던 미국 해병대가 공사관들을 지키려고 올라왔고, 영국과 러시아 함대 군인들이 서울로 들어왔다. 조선 정부도 적극 해명하고 나서면서 이 소동은 일단락되었다.

를 받았다. 처음 10개월 동안 하워드는 1,137명을 치료했고, 다음 해에는 1,423명의 환자를 돌보았다. 그녀는 질병이 귀신의 저주라는 샤머니즘 의식을 바꾸었고 여성에게도 신부적(神賦的) 인간 권리가 있음을 알렸다. 인간으로서의 목표가 있다는 것을 확인해 주었고, 동시에 책임과 사명이 있음도 전한 것이다. 명성왕후는 메타 하워드의 출중한 성실함과 헌신을 확인했다.[87] 그래서 '보구여관(保救女館)'이라는 이름을 내렸다.[88] 여기에는 기독교가 여성을 보호하고 구원했고, 보잘 것 없다며 억압받던 여성들을 해방시켰다는 상징성이 있다. 왕후의 여성관에도 변화를 준 것이다.

여의사 선교사들의 헌신적 활동은 계속 이어져 1890년 10월 메타의 후임으로 로제타 셔우드(Rosetta Sherwood)가 내한했다. 그녀는 처음 10개월 동안에 무려 2,350명의 여자 환자를 치료했고, 82명을 왕진했다. 그리고 35명을 입원시켜 치료했다. 로제타 셔우드 선교사는 1891년 12월에 의료선교사로 내한한 약혼자, 곧 뉴욕 빈민가에서 함께 의료 봉사를 했고 퀸즈의과대학출신으로 YMCA에서 청년 운동을 하던, 홀(William James Hall)을 다시 만났다. 그리고 다음 해 6월 서울에서 결혼했다. 로제타는 1894년 남편이 평양에 병원을 설립해서 옮겨갈 때까지 보구여관을 이끌었다.

한편 1892년에 동대문 쪽에 보구여관 동대문 분원이 설치되었다. 이때 볼드윈 여사(L. B. Baldwin)를 기념하여 이름을 '볼드윈 시약소(Baldwin Dispensary)'라 했다. 이 병원은 이화여자대학교 의과대학 병원으로 발전되었다.

---

87 헤론이 북장로교 해외선교부 총무 엘린우드에게 보낸 1887년 11월 13일자 편지.
88 *ARMC*, 1888, pp.340-341.

8장.
기독교 학교
–복음적 목표와의 괴리 확인

1. 배재학당

조선을 근대 문명국가로 바꾸겠다는 목적으로 미국 교회가 교육 사업에 뛰어든 것은 아니다. 복음을 전해 영혼을 구원시킨다는, 개인 구령적 목적으로 시작한 것이다. 그렇지만 선교사들은 근대문명 속에서 태어나고 자란 사람들이다. 이들에게 시대를 거스른다는 생각은 없었다. 그렇지만 근대문명론의 편견과 일방성에 묵인하지 않았고 침묵하지 않았다.

서울에 도착한 아펜젤러는 곧바로 근대학교 개설을 준비를 하며, 조선어 공부를 시작했다. 그런데 도착 5일째 되던 8월 3일 영어를 배우러 찾아온 제중원 직원인 고영필과 이겸라를 만났다. 스크랜튼이 서양식 의술을 배우고 싶어 했던 이들에게 먼저 영어부터 배우라며 아펜젤러에게 보낸 것이다. 아펜젤러의 교육활동은 이렇게 시작되었고, 영어 교육의 현장은 배재학당의 출발점이 되었다.

아펜젤러는 미국 대리공사 포크(Foulk)를 통해 여러 차례 영어학교의 설립을 요청했고, 조선 정부의 허락을 받아 1886년 6월 8일 정식으로 개교할 수 있었다. 이미 고종 임금의 허락을 받은 일로 진행에 어려움은 없었다.

> 첫 학기는 6월 8일에 시작하여 7월 2일이 끝났습니다. 등록한 학생은 6명이었는데, 한 사람은 "시골에 볼 일 있어서" 나갔고, 또 다른 학생은 새 언어를 배우기에 날씨가 덥다고 떠났습니다. 또 다른 학생은 초상이 나서 등교할 수 없다고 했습니다. 9월 1일에 시작한 두 번째 학기는 단 1명이 등교한 상태에서 문을 열었습니다. 빈자리는 자원하여 오겠다는 학생들로 일부가 채워졌습니다. 10월 6일 현재, 20명 재적에 18명이 출석하고 있으며 거의 매일 입학 신청을 하는 학생들이 끊이지 않습니다. 최소한 연말까지는 학교가 붐빌 것이라고 믿을 만한 충분한 이유가 있습니다.[89]

아펜젤러의 예상대로 첫 학기의 빈자리는 곧 채워졌다. 10월 6일, 두 번째 학기가 진행되고 있을 때 20명 재적에 18명의 학생이 출석했다. 영어를 배울 수 있다는 소문이 번져 나갔고, 매일 입학 신청을 하는 학생들이 끊이지 않았다. 연말이 되면 학교가 붐빌 것이라는 예상이 틀리지 않았다. 영어 통역이 절실했던 조선 정부도 환영할 만한 일이었다.

서구와의 교류에 가장 큰 장애가 언어의 문제였다. 일본에 갔던 조사 시찰단이나 미국에 갔던 보빙사 일행도 언어 불통이 가장 큰 장애였다고 토로한 바 있었다.[90] 서구와의 교섭이 진행될 때도 조선의 외교 관리들은 한 마디 말도 못하고 멍하니 앉아 있는 형편이었다. 여기에 국제

---

89 *ARMC*, 1886, p.267.
90 「박정양전집」4, p.329, 遣美使節 洪英植復命問答記, p.216.

법, 관세법 등의 지식을 갖추지 못하고 있어 정치적·경제적 불이익도 감수해야 했다.[91] 따라서 조선 조정의 영어 습득에 대한 바람은 간절했다. 학생들 대부분도 영어를 배우기 위해 배재에 입학했다. 영어에 대한 "약간의 지식만 있어도 높은 자리에 올라가는 디딤돌"이 되었고, "왜 영어를 배우려 하냐"고 물으면 거의 모두가 "벼슬을 얻기 위해서"라고 대답을 했다.[92]

1887년 2월 21일, 고종 임금은 기대감을 갖고 '배재학당(培材學堂, The Hall for the Trainning to Useful Men)'이라는 이름을 내렸다.[93] 외아무 독판 김윤식이 고종 임금이 내린 학교 현판을 가져다주었다. 조선 왕실과 조정의 근대학교에 거는 기대가 컸던 이유도 있었고 그 결과가 기대 이상이었기 때문이다. 왕실의 기대와 조선 조정의 비호 아래, 1887년 9월 17일 오후 3시, 새롭게 건축한 배재학당의 개관식이 열렸다.

영어부, 한문부, 신학부가 개설되었고, 1887년 당시 등록 학생은 109명, 재학생 63명, 평균 최고 출석 수 40명이었다. 학당 안에는 예배실이 갖춰졌다. 강의실과 도서실 이외에 지하에 산업부를 위한 방도 마련되어 있었다. 육체노동의 숭고함을 고취시키기 위함이었다.[94] 그러나 공식적으로는 종교의 자유가 주어지지 않았다.

서양의 근대 교육은 학생들을 신진 엘리트로 만들어 줄 수 있는 도구였다. 고종 임금이 '배재학당'이란 '사액현판(賜額懸板)'을 내린 이후, 졸업생들을 전신국 관료로 임명하면서 배재학당은 정부 관리가 되는 등용문이 되었다. 따라서 관료로 출세하고 싶은 학생들이 대거 배재학당

---

91 "育英公院規則序,"「育英公院謄錄」
92 *ARMC*, 1886, p.267.
93 아펜젤러 일기, 1887년 2월 21일자. "오늘 폐하께서 미션 스쿨인 우리 학교에 이름을 내리시며 외부대신을 나에게 보내셨다. '배재학당'이라 하는데 '유능한 인재를 가르치는 집'이라는 뜻이다."
94 *ARMS*, 1887, pp.313–314.

으로 몰려들었다.[95]

학생들은 대부분 개화파나 몰락한 양반 가문, 중인 그룹이었고 여기에 소수의 중국인과 일본인도 있었다. 배재학당은 미국인 선교사들이 직접 영어를 가르쳤고 고종 임금이 권위를 인정했기 때문에 탄탄한 진로가 보장될 수 있었다. 영어를 배우고 서양식 근대문명을 전수 받으려는 것은 출세의 수단이었고, 영어를 구사한다는 것은 사회적 신분의 상승을 의미했다. 이들에게 '헌신'과 '희생'이라는 단어는 낮은 자리로 내려가 소외된 자들과 함께 겪는다는 의미가 아니라 지도자가 되어 사회를 이끈다는 의미였다. 설립부터 괴리가 있었던 것이다.[96]

그렇지만 배재학당 학생들은 서양 근대학문과 서양인 교사와의 접촉을 통해 국제성을 갖게 되었다. 개인의식, 평등의식, 노동의 존엄 의식을 습득했고 기독교 이데올로기의 진수가 무엇인지 알게 되었다. 신부적(神賦的) 인권관과 만민평등의 가치관, 민주주의 국가관이 자연스럽게 각인되었고 의식화되었다. 이런 사상은 민주적인 근대독립국가 수립 주장으로 연결되었다. 이승만을 비롯한 배재 출신이 적극적으로 독립사상과 민주주의 사상을 주장했던 것은 배재학당 교육의 결과였다.

> 지난 한 해 동안 2명의 학생이 기독교로 개종했고, 현재 우리 교회 예비교인으로 있다. 이들은 내가 최초로 세례를 준 조선인들이다. 나는 또한 우리 학교에 다니는 일본인 학생들 가운데서 한 명에게 세례를 주었다. 이처럼 개교 첫 해 동안에 하나님의 성령께서 학생들 가운데서 구원사업을 시작하셨다. 하나님께 모든 찬양을! "유용한 인재"는 갈보리에서 돌아가신 주의

---

95 H. G. *Appenzeller's Diary*, Jun. 25, 1887 참조. 이덕주, "이승만의 기독교 신앙과 국가건설론" 『한국 기독교와 역사』 제30호, 2009년 3월, p.40.
96 김명구, op.cit., pp.142-143.

피로써 구원받지 않고는 "양육"될 수 없다. 다른 학생들은 길을 묻고 있는 중이다. 우리의 기도와 심령의 소원은 이 학교를 특별한 영적인 힘이 넘치는 학교로 만드는 것이다[97]

후일 배재학당 교장이 되는 존스(George Heber Jones)는 기독교 교육이 한국 근대화에 기여할 수 있도록 해야 한다는 입장을 표하기도 했다.[98] 그러나 아펜젤러를 비롯한 선교사들은 미션스쿨인 이 학교가 영적 기관이 되어야 한다고 기대했고 그렇게 믿고 있었다.

선교사들이 원했던 만큼의 영적 영역은 자리하지 못했다. 오히려 학생들 일부는 복음을 전수하려는 선교사들에게 반발하기도 했다. 기독교를 받아들였다 하더라도 대부분은 단지 근대문명의 이데올로기나 서구 문화의 통로로 이해하는 데 그쳤다. 종교와 신앙문제에 대해 관심을 기울이지 않았던 조선의 관습대로, 학생들은 배재학당을 선교학교로 여기지 않았다. 근대 의식을 가진 인물들을 양성하는 곳으로 제한해 이해하려 했다. 근저로부터의 회심, 곧 영적이고 신앙적인 차원의 심층적 체험에는 상대적으로 어눌했던 것이다.

2. 광혜원학교(제중원의학교)

광혜원(제중원) 설립을 신청할 때, 조선 정부는 조선인 의사 양성에도 합의했다. 고종 임금도 의학교 설립에 적극적인 관심을 표명했다. 이

97 *ARMC*, 1887, p.314.
98 George Heber Jones, *Education in Korea: A Supreme opportunity for the Christian Church*(New York: Korea Quarter-Centennial Commission Board of Foreign Mission of the Methodist Episcopal Church, 1910), pp.7-9.

에 알렌은, '공립의원 규칙' 제1조에 명기한 대로, 병원 한편에 간호원 등 의료인들과 직원들을 위한 교실을 개설했다. 근대 교육사에서 '광혜원 학교'로 명명된 미션스쿨의 시작이었다. 알렌을 비롯한 헤론(John W. Heron), 언더우드(Horace Grant Underwood)가 교사였다.[99] 알렌과 헤론은 약 제조법 등 실용의술을 가르쳤다. 언더우드는 물리와 화학을 강의했고, 이의식, 김진성, 우제익, 이겸래 등 12명이 교육을 받았다.[100] 광혜원 의학교는 1886년 3월 29일, 제중원 의학교(Medical and Scientific School)의 이름으로, 정식으로 개교되었다.[101] 그렇지만 재정 등의 문제와 알렌이 제중원을 떠나고 헤론이 세상을 떠나는 등 일련의 문제가 겹쳐 학교가 운영되지 못했다.

한편 알렌은 1885년 8월 5일부터 기생(Dancing Girl) 5명을 입학시켜 의술을 가르치고 간호직을 수행하게 했다.[102] 간호사가 절실했기 때문이다. 그러나 갑신정변 이후, 주차조선총리교섭통상사의(駐箚朝鮮總理交涉通商事宜)로 임명된 위안스카이(袁世凱)가 이들 중 세 명의 간호사들을 청국 공사관으로 차출해 갔다.[103] 알렌일지라도 이들을 구해낼 수 없었다. 청(靑)의 위세가 그만큼 높았기 때문이다.[104] 따라서 간호사 양성은 계속될 수 없었다.

제중원 학교는 기독교의 공식적 선교가 시작된지 10년이 가까웠던 1893년에 이르러, 애비슨(Oliver R. Avison)이 "혼자서라도 한 과정씩 가

99 *Allen's Diary*, p.502, 1886년 3월 29일자.
100 이만열, 『한국 기독교 의료사』(서울:아카넷, 2002), pp.46-47.
101 1886년 3월 29일자 알렌의 일기에서는 제중원 부속의학교가 알렌 헤론 언더우드를 교수로 개교되었다고 쓰여 있다(뒷날 편찬한 연표에는 4월 10일 '관립의학교'가 개설됐다고 썼다).
102 *Allen's Diary*, p.478, 1885년 8월 5일자.
103 *Ibid.*, p.494, 1885년 12월 1일자.
104 1886년 한러밀약사건을 계기로, 청나라의 주차조선총리교섭상사의(駐箚朝鮮總理交涉通商事宜)로 임명된 위안스카이(袁世凱)는 대원군과 협력하여 고종을 폐위시키고 이준용을 임금으로 옹립하려고 시도할 정도로 막강한 영향력을 행사했다.

르쳐 의학교의 기초를 세우기로 결심"하면서 다시 시작했다.[105] 조선인 의료조수의 도움을 받았지만 보다 체계적이고 전문적인 의료인이 필요했다. 폭발적으로 환자가 늘어나는 것에 비해 선교사로 오겠다는 의사는 별로 없었다. 의사가 부족하면서 치사율도 덩달아 늘어났다.[106] 이 상황을 타개하기 위해 "조선인 조수들을 다리고 의학서적을 조선말로 번역"했고, 1901년부터는 "일곱 명 의학생으로 의학공부를 시작"했다. 의학전문학교가 시작된 것이다.[107]

한편 여성 간호사가 절실했고 따라서 간호학교 설립도 필수적이었다. 선교사 부인들에게 간호교육을 시키기도 했지만, 한계가 있었다.[108] 애비슨의 요청으로 1895년 미 북장로교 해외선교부는 안나 제이콥슨 (Anna P. Jacobson) 선교사를 파송했다. 그러나 2년이 채 못되어서 "아메바성 이질과 간 농양"으로 세상을 떠났다.[109] 재차 에스더 쉴즈(Esther Lucas Shields)를 파송했으나 건강이 급속히 나빠져 곧바로 간호학교를 설립할 수 없었다.[110] 결국 보구여관(保救女館)에서 이미 간호사 양성을 하고 있던, 미 북감리교회의 마가레트(Margaret J. Edmunds) 선교사의 도움을 받고서야 그 바람을 이룰 수 있었다. 쉴즈와 마가레트와 함께 1906년 세브란스 병원 안에 간호학교를 창설할 수 있었던 것이다. 세브란스 간호학교는 1908년 6월에 가관식을 거행했고 1910년에 가서야 김배세(Bessie Kim) 등 졸업생을 배출할 수 있었다.[111]

105 올리버 R. 에비슨 저, 박형우 편역, 『올리버 R. 에비슨이 지켜본 근대한국 42년, 1893-1935』 상(서울:청년의사, 2010), pp.308-309.
106 Allen Degray Clark, *Avison of Korea: The Life of Olivier R. Avison, M.D,* Yonsei University Press, 1978, p.283,
107 R. A. Hardie, "에비슨 박사의 귀국,"『基督申報』, 1931년 5월 6일자.
108 Allen Degray Clark, *op.cit.,* p.290.
109 Oliver R. Avison, *Memories of Life in Korea,* Manuscript, 1940, pp.186-187.
110 *Ibids.,* pp.187-189.
111 "Nurse's Association," *Korea Mission Field,* Dec., 1911, pp.362-363.

3. 고아원 학교

> 매일 아침 아이들 서너 명이 찾아옵니다. 저는 그들에게 영어
> 를 가르쳐 주려고 애를 쓰고 있습니다. 학교로 사용할 수 있는
> 건물만 있다면 지금이라도 당장 시작해도 상당수 학생들을 불
> 러 모을 수 있을 것입니다. 아직은 내 존재가 그다지 큰 호응을
> 받지 못하고 있지만 그중에 열두 명 정도 사내아이들을 뽑아 가
> 르친다면 제가 어학을 배우는 데 실천적인 도움을 줄 수 있는
> 인재들을 키우는 동시에 조선어를 직접 공부하는 데 소비되는
> 시간도 보충할 수 있지 않을까 여겨집니다.[112]

조선 왕실과 조선 조정의 기대와 맞물려 미국 선호 현상이 가득했고,
그래서 영어를 배우고 싶어 한 이들이 많았다. 이런 분위기에 따라 언더
우드는 1885년 7월부터 찾아오는 아이들에게 영어를 가르칠 수 있었다.
전도활동이 불가능했던 상황에서, 접촉점을 확대할 수 있는 방법이 될
수 있었던 것이다. 그렇지만 언더우드의 구상은 아펜젤러의 배재학당
처럼 이어지지 못했고, 조선 정부나 미국 선교부의 지지도 받지 못했다.
교육 선교사로 조선에 온 것이 아니어서 미국 선교 본부의 지원 결정이
그만큼 늦었고, 따라서 조선 정부가 요구하는 근대학교 수준도 맞출 수
없었다. 이런 상황에서 언더우드는 제중원 내에 주일학교(Sunday School)
를 시작했고, 그 아이들과 몇 차례 만나면서 고아원 학교를 구상했다.[113]

1886년 2월, 언더우드는 외무아문독판(外務衙門督辦) 김윤식을 통해
교육사업 허가 통보를 받았고 5월 11일에 기숙사형의 정동고아원 학교

---

112 엘린우드에게 보내는 언더우드의 편지, 1885년 7월 6일자.
113 G. W. Gilmore, *Korea from Its Capital*, Presbyterian Board of Publication and Sab-
bath-School Work, 1892, p.297.

를 개원할 수 있었다. 복음을 전하는 것이 금지되어 있던 상황에서 그가 할 수 있던 돌파구였다. 서울 정동에 있던 자신의 집 사랑채에 개설했고 전액 무료로 공부하고 생활할 수 있도록 했다.

> 그 아이가 몹시 아픈데도 아무도 돌보아주지 않는다는 소식을 들은 언더우드는 자기 몸 역시 좋지 않은 데도 분유와 약을 들고 가마를 타고서 아이가 있는 곳을 찾아갔다. 그 아이는 너무 굶주려서 먹을 것을 달라고 울부짖으며 벽지를 뜯어내어 삼키려고까지 했다.[114]

언더우드의 아내 릴리아스(Lillias Horton Underwood)는, 후일 한국 정치의 거두로 성장하는 6살 김규식의 모습을 이렇게 묘사하고 있다. 숙부 밑에서 자라나고 있던 김규식을 입학시킨 것이다. 김규식은 주변을 놀라게 할 정도로 매우 탁월하게 영어를 구사했고, 자연스럽게 근대 교육을 받을 수 있었다. 이후 서재필의「독립신문」발행에 참여했고 17세가 되던 1897년, 언더우드의 추천으로 미국 버지니아 주 로노크대학 (Roanoke College)[115] 예과에 입학할 수 있었다. 그는 2등으로 졸업할 정도로 우수했다.[116]

1888년의 6월에 일어난, 일명 '영아 소동'으로 위기가 닥쳤으나 학교는 계속되었다.[117] 그러나 시간이 흐를수록 학교의 재정은 더욱더 부족

---

114 L. H. Underwood, 이만열 역, 『언더우드-한국에 온 첫 선교사』(서울:기독교문사, 1990), pp.55-56.
115 당시 로노크대학에는 의친왕 이강 등 30여 명의 조선인들이 유학하고 있었다.
116 1904년 미국에서 돌아온 김규식은 새문안교회와 경신학교의 역사 교수, YMCA학교 학감으로 활동하다가 해외로 망명하지만, 양아버지라 할 수 있는 언더우드와 밀접한 관계를 가졌다.
117 시간이 흐르면서 언더우드의 고아원 학교는 부모가 있는 아이들도 학교에 입학하게 되었고 40여 명까지 불어났다.

해졌고, 학교를 계속하기 위해서는 이 문제를 먼저 해결해야 했다.

이 고아원에는 약 25명의 남자 아이들이 수용되어 있습니다. 그들은 방을 치우기도 하고 자기 먹을 음식을 마련하기도 하면서, 학교 운영에 필요한 일들을 많이 하고 있습니다. 그들은 새벽 3시 반에 일어나서 몸차림과 방을 잘 정돈해 놓고, 8시까지 한문을 공부하고, 외국인 선생들과 같이 아침 예배를 보고 나서 아침 식사를 합니다. 식사 후에 영어공부를 조금하고, 또 성경공부를 했습니다. 이러한 수업시간 사이에 쉬는 시간을 넣었고, 오후에는 놀기만 하고 복습도 하고 한문 공부도 조금 하게 되었는데 한문공부는 조선인 교육에 요긴한 과목입니다. 선교본부에서는 이 학교에 대한 예산을 대폭 삭감할 수밖에 없게 되어 학교를 유지하는 것이 가장 큰 문제가 되었습니다.[118]

그런데 아펜젤러의 배재학당이 서양의 근대 교육 전수를 주요 목표라 했다면 고아원 학교는, 언더우드 부인의 말처럼 이 학교의 수업은 예배, 영어공부, 성경공부, 기초적인 한문공부 등 초등교육 수준으로 제한되었다. 그렇지만 비교적 자유롭게 성경을 가르칠 수 있었고 복음을 전파할 수 있었다.

배재학당과 달리 신분 상승과 출세 수단의 도장이 아니었지만 언더우드의 이 학교는 조선 사회에 적지 않은 사회적 충격을 주었다. 조선 민초들의 자제나 특별히 갈 곳 없거나 버려진 아이들을 보호하고 교육 대상으로 삼았기 때문이다. 당시 조선은 이해상관이 없는 낯선 타인에

---

118 H. H. Underwood, *Modern Education in Korea,* International Press, New York,, 1926, pp. 18-21.

대한 존중의식이 없었다.

고아원 학교는 기숙생들에게도 새로운 세계관을 각인시켰다. 근대정신과 복음이 나뉘지 않는다는 것을 알려 주었고, 기독교 복음의 역할과 사명을 습득시켰다. 16세의 도산 안창호가 이 학교에 들어와 성경과 근대 교육을 받은 후, 탈바꿈되었던 것에서 그 역할이 얼마나 지대했는지 알 수 있다.[119]

한편 1890년 이 학교를 마펫(S. A. Moffet)이 맡게 되었을 때, 이름을 '예수교학당'으로 바꾸었다. 그는 영어수업을 제외했고 신앙 전달에만 전념했다. 그리고 학교 목표를 "그들의 고향인 시골사람들에게 진리를 전하는 설교자와 교사로 준비시키는 것"으로 정했다.[120] 그런데 북장로교선교사회는 "자력이나 또는 부모들의 힘으로 학비를 일부분이라도 부담할 수 있는 아이들에 한하여 입사(入舍)시킬 것과 1년 동안 계속 재교(在校)하지 않고 방학 동안에는 집으로 돌려보낼 것"을 결의했다. 선교사 밀러(F. S. Miller)가 맡게 되면서 "민노아학당" 등으로 개명되었지만 1897년 10월부터 폐교가 되었다. 재정적 문제 때문이었다.[121]

선교사들은 1901년에 종로 연못골에 '구세학당'이라는 이름으로 재건했고 게일(J. S. Gale)을 교장으로 세웠다. 그리고 1905년에 중등교육 과정의 '경신학교'로 재 개교했다. 1910년 이후, 기독교 선교사들에 의해 설립된 학교들이 재정적 어려움과 일본의 압박 등에 의해 급격히 쇠

---

119 안창호는 16세 되던 1894년부터 3년간, 북장로교 선교사 밀러(Frederick S. Miller)가 이 학교를 운영할 때, 입학해 수학했고, 반년간 조교로 근무했다. 입학한지 10일 만에 기독교에 입교한 그는 기숙사 생활을 하면서 한글과 서양 학문과 성경을 배웠다. 교육자의 꿈을 갖고 있던 안창호는 밀러 선교사의 주선으로 미국 유학을 하게 되었으며, 출국 전날 밀러 선교사의 주례로 결혼식을 올렸다. 서북을 기반으로 했음에도 안창호는 평양에서 활동했던 마펫보다 언더우드와 절친했고, 언더우드는 안창호의 도미(渡美)와 미국에서의 유학을 위해 적지 않은 도움을 주었다.

120 Harry A. Rhodes, *History of the Korea Mission Presbyterian Church U.S.A. Vol.I, 1884-1934*, (Seoul: The Presbyterian Church of Korea Department of Education, 1934), p.112.

121 해외선교부 총무 스피어(Robert E. Speer)는 복음전도 사역이 우선이고, 한국 기독교인들에게 고등교육이 필요하지 않고, 학교의 평판이 그렇게 좋지 않고, 선교사들 중에 교육전문가가 부족하다는 이유를 들었다.

퇴한 가운데에서도 경신학교는 계속 이어졌다. 그리고 1915년 조선총독부가 '개정사립학교법'을 공포했을 때, 경신학교 대학부, 곧 조선기독교대학(Chosen Christian College)으로 인가받았다. 언더우드의 고아원 학교가 연희전문대학으로 이어진 것이다.

4. 이화학당과 정동여학당–그 차이점

4.1. 이화학당

> 여성의 완전 격리와 다른 방면에서 조선인들의 아주 독특한 관습 때문에 여학교를 개설하는 것은 매우 어려울 것입니다. 그러나 스크랜턴 여사의 도움을 받으면 이것도 성취될 수 있다고 의심하지 않습니다. 따라서 당신의 아내도 최선을 다해 협력할 분야를 발견하게 될 것입니다.[122]

선교사들을 조선에 보낼 때, 미 북감리회 선교부 총무 리드(J. M. Reid)는 조선의 여성들이 열등한 존재로 취급되고 사회적 편견도 극에 달해 있다는 진단을 했다. 그렇지만 메리 스크랜튼은 이를 극복하고 여학교를 개설할 수 있을 것이라고 판단했다. 그 말은 예지가 되었다.

조선 사회에서 여성들은 열등한 존재였다. 남자들에게 일방적으로 복종하고 순종해야 했고 양반집 아이들도 예닐곱 때부터 별채에 격리되어 지내야 했다. 선교사들은 그런 관습이 도덕성 결여와 조혼풍습에서 나왔다고 보았다. 실제로, 당시 조선 사회는 모르는 사람과 더구나

---

122 아펜젤러에게 보내는 리드(J.M. Reid)의 편지, 1885년 1월 15일자.

아이들끼리 결혼을 시켰다. 자기보다 훨씬 나이가 많거나 심지어는 처첩과 자녀를 둔 남자들과도 결혼을 시켰다. 여성의 애정 표현은 금기였고 친정과의 연도 완전히 끊어야 했다. 고된 일을 쉬지 않고 해야 했고 남편이 버리면 언제든 쫓겨나야 했다. 상민의 경우, 여자아이에게는 이름을 지어 주지도 않았다. 열등의 멍에가 운명처럼 지어져 있어도 관습을 깨야 한다는 생각을 할 수 없었다. 복종을 거부하거나 추문을 일으키면 심한 매질을 당했고 죽임을 당하기도 했다. 여기에 어떤 이의를 제기할 수 없었다. 신분이 낮을수록 이런 악질적 대우를 더 심하게 받았다. 그 멍에를 줄일 수 있는 방법은 어디에도 없어 보였다.[123]

메리 스크랜튼이 여학교를 개설했을 때, 학생을 구할 수 없었다. 1886년 5월 31일 밤에 찾아 온 한 사람의 여성, 그렇지만 근 1년 동안 기다리던 첫 학생도 병이 났다며 3개월 후에 그만두었다.[124] 6월 말에 온 두 번째 학생은 어머니 손에 이끌려 온 10살쯤 된 "꽃님이"라는 아이였다. 이 아이도 학교를 그만두려 했다.[125] 세 번째 학생은 스크랜튼 의사가 구한, 서대문 성벽 근처에서 어머니와 함께 버려져 있던 "별단이"라는 아이였다.

1886년 11월, 건평 약 200평 규모로 35명 정도의 학생을 수용할 수 있는 교실과 숙소를 갖춘 한식 기와집을 완공했다. 1887년, 학생이 7명으로 늘어났을 때, 왕후는 '이화학당'이라는 교명을 지어 주고 외무독변 김윤식을 통해 편액(扁額)을 보내와 그 앞날을 격려했다.

그러나 왕후가 그 이름을 지어 주었어도 메리 스크랜튼의 여학교 학

---

123 캐서린 안, 김성웅 역, 『조선의 어둠을 밝힌 여성들』(서울: 포에미아, 2012), pp.116-119, Geo. W. Gilmore, "Social Phrases in Korea," *Heathen Woman's Friend*, 22, no. 1 July 1890 pp.35 참조, Mrs. Ella Appenzeller, "Korean Girls," *Heathen Woman's Friend*, 20, no. 2 August 1888, pp, 4748 참조.
124 김 씨 부인으로 알려진 첫 학생은 고관의 소실로 영어를 배워 왕후의 통역관을 희망했다.
125 이 아이의 어머니는 선교사들이 미국으로 데려갈지 모른다는 이웃의 우려와 비난에 자기 딸을 데리고 가려 했다. 이에 스크랜튼 여사는 서약서를 써 주고 간신히 학생의 자퇴를 막았다.

생은 수 명에 불과했다.[126] 학생들도 부모 없는 아이, 과부들이 양육하기 어려워 보내는 아이 혹은 거지 아이들이었다. 여기에 조혼을 했다가 과부가 된 사람 또는 시집을 살지 못하고 온 여성들도 있었다. 그런데 1890년에 이르러 급속히 학생들이 늘어났다. 서양인들을 의심해서 자녀를 보내지 않았는데 달라진 것이다.

> 정답고 친절하기 이를 데 없었다. 수업료도 받지 않고 책값도 받지 않을뿐더러 기숙사도 청결히 꾸며 놓았다. 시골 아이들을 많이 수용한 뒤로 아이들을 많이 보내기 시작해 학생 수는 점점 늘어났다.[127]

한국 사회는 이화학당의 평가를 이렇게 했다. 박영효(朴泳孝)의 딸이 학당에 와서 메리 스크랜튼집에 기거하며 공부했을 정도로 학교는 초기의 이미지를 벗어났다.

> 우리의 목표는 소녀들이 우리 외국인들의 생활양식, 의복, 환경에 맞추고 바꾸는 것이 아니다. 단지 한국인이 좀 더 나은 한국인이 되도록 하는 것에 만족한다. 우리는 한국인이 한국적인 것에 대해 긍지를 가지기를 바라며, 나아가 그리스도와 그의 가르침을 통해 완전한 한국인이 될 것을 바란다.[128]

메리 스크랜튼은 이화학당의 목적을 이렇게 정했다. "보다 나은 한

---

126 이화학당은 1888년 학생 수가 18명으로, 다시 1893년에 30명으로 늘어났다.
127 이덕주, 『한국 교회 처음 여성들』(서울:홍성사, 2007), p.57.
128 M. F. Scranton, Notes from Korea, *The Gospel in All Lands,* 1888.8, p.373, 이화여자대학교, 『이화100년사』(서울:이화여자대학교출판부, 1994), p.78 재인용.

국인"을 설정하고 "'한국인이 한국적인 것에 대해 긍지를 갖게 되는 것" 을 교육 목표로 삼은 것이다. 그런 이유로 언문, 한문, 영어 이외에 태도, 청결, 정돈 등의 기본 예절을 가르쳤다.[129] 그런데 여성의 권리를 일순간 남성 수준으로 높인다는 생각은 없었다.

영혼 구원이라는 절실함이 약했던 것이 사실이다. 그러나 선교 초기였고, 조선의 관습과 전통에 정면으로 도전한다는 인상을 갖게 할 수는 없었다. 그렇지만 여성도 똑같은 신부적(神賦的) 인간권리를 갖고 있다는 의식, 여성도 인간 본연의 책임의식을 갖고 있다는 인식, 기독교 정신을 갖춘 여성상을 만들겠다는 목표는 달성했다. 새로운 여성상은 세웠지만, 감리교 선교사들의 애초의 의도와는 일정한 거리가 있었다.

4.2. 정동여학당─이화학당과 다른 행보

1886년, 애니 앨러스는(Annie. J. Elless)는 육영공원 교사로 채용된 헐버트(Homer B. Hulbert), 길모어(George W. Gilmore), 벙커(D. A. Bunker)와 함께 제물포에 내렸다. 페르시아 선교를 꿈꾸었던, 보스톤 의과대학에 재학 중인 애니 앨러스가(Annie. J. Elless) 조선에 온 것은 알렌의 간청 때문이었다. 북장로교회 선교부는 관습이 엄격해 왕후를 비롯한 여성들을 진료할 수 없다는 알렌의 요청에 따라, 마지막 학기를 남겨 두었던 그녀를 간곡히 설득했던 것이다.[130]

선교사들은 앨러스의 의료 활동이 느슨해졌을 때, 육영공원 교사 벙커와의 신혼생활 때문이라고 추측했다. 그런데 고아학교에 더 많은 시간을 할애했기 때문이다. 1888년 이후, 앨러스는 릴리아스 호튼(Lillias Horton)에게 의료 선교 부분을 모두 넘기고 학교 사역에 전력을 다했다.

---

129 김플린, 『한국 기독교 교육의 역사』(서울:대한기독교서회, 1992), p.77.

130 Annie Ellers Bunker, "Personal Recollections of Early Days," in *Within the Gate*, ed. Charles A. Sauer, Seoul: Korean Methodist News Service, 1934, p.57.

정동여학당은 1887년 6월부터 앨러스가 고종 임금에게 받은 정동 28번지 주택에 교사를 마련하고, '정례'라는 다섯 살 난 고아를 데려다가 재우고 먹이고 가르치면서 시작되었다. 조선인 보모를 고용해 뒷바라지를 했고 아이는 자신이 직접 가르쳤다. 앨러스의 여학교도 쉽게 아이들을 모집하기 어려웠다. 그래서 한동안 고아학교로 유지해야 했지만 1888년부터 학생 수가 7명으로 늘어났다. 아이들이 보모도 2명으로 늘어났고 1889년 12월에는 뉴욕 선교부의 지원으로 정동여학당 교사가 건축될 수 있었다.

앨러스가 정한 교육목표는 "하나님을 믿자, 바르게 살자, 이웃을 사랑하자"였다. 영적 구원이라는 목표가 우선이었고 장차 한국 교회에 이바지할 여성 지도자를 양육한다는 생각은 부차적인 것이었다. 일반 한국인들보다 뛰어나게 높은, 근대 고등교육으로 연결시킨다는 생각도 없었다. 배재나 이화학당과 다른 접근이었다. 아이들은 아침 6시에 기상해 아침기도회로 하루를 시작했다. 규율을 엄격히 지키도록 했고 신앙을 실천하도록 했다. 성경과 성경 암송, 국문과 한문, 셈수를 가르쳤다. 수업은 엄했고 철저했으며 신앙과 도덕성이 강조되었다.

앨러스의 고아원 학교는 헤이든(M. E. Hayden)을 거쳐, 1890년 도티(Susan A. Doty)가 3대 교장으로 임명되면서부터 학교 형태를 갖추기 시작했다. 그리고 1895년 10월 20일 연못골(연동)으로 이전하면서 '연동여학교'로 교명을 바꿨다. 학생 수는 10여 명에 불과했지만 본격적인 근대 여학교로 탈바꿈할 수 있었다. 1903년에 이르러 도티의 연동여학교는 정식 여자중학교가 되었다. 1908년에 사립학교령이 공표되자 다음해에 정부인가를 신청했고 교명을 정신여학교(貞信女學校)로 개명했다.[131]

---

131 김광현, 정신100주년기념사회 간행, 『정신백년사』(상), 1989, p.170.

9장.
의료·교육 선교의 확장
-Pros와 Cons

1. 의료·교육 선교의 특성

주자학 전통의 사회에서, 배움의 기회는 모든 사람에게 주어지지 않았다. 또한 민초들을 찾아가 물질적 대가없이 병을 치료해 준다는 봉사의식은 박약했다. 모든 인간의 생명이 존엄하다는 의식도 없었다. '임금의 백성'과 '동포'가 강조되었지만, 공동체라는 개념은 아니었다. 그런데 기독교의 의료와 교육 선교는 변화와 변혁적 변동을 가져다주었다. 이 땅 안의 거민 누구나 '하나님의 백성'이라는 의식이 전해지면서 '민족공동체' 인식이 생겨났다.[132] 여기에 인권과 민주주의 의식이 고양되었다. 그런데 이것은 복음의 자연스러운 결과이지 선교사들의 본래의도는 아니었다.

선교사들은 의료 선교를 접촉점으로 해서 기독교회와 연결시키려 했다. 또한 기독교 학교를 통해 교회지도자들을 양성하려 했다. 병원과 학교는 복음을 전하고 교회를 세우기 위한 전 단계였고, 복음 전파의

---

132 Weir of Chemulpo, "The Student christian Association," *Korea Mission Field*, 1910, Vol. VI, p.221.

최종 중심지는 교회였다. 그런데 병원과 학교 사역은 그런 기대와 달리 전개되었다. 병원은 '은혜를 베푸는 곳'이 틀림없었지만 영적 영역이 기대만큼 확대되지 못했다. 학교는 근대 지식을 습득하는 곳이었고 학생들은 복음에 대한 관심이 크지 않았다.

그럼에도 선교사들은 의료와 교육사업에 열정을 다했다. 여전히 복음 전파의 중요한 수단이고 효과적인 접촉점이었기 때문이다.[133] 또한 사회에 대한 공적 책임과 신분계급의 구분 없이 민초들을 배려한다는 것은, 선교사들의 신학에 중요한 축이기도 했다. 이런 이유로 의료와 교육 선교에 대한 선교사들의 열의는 계속되었다.

1907년에 이르러 한국의료선교사협의회(The Korea Medical Missionary Society)가 조직되었다. 그만큼 많은 의사가 선교를 위해 왔다.[134] 알렌과 스크랜튼 이후, 1910년까지 선교를 위해 세운 주요 병원을 보면 다음과 같다.

병원명	설립자	설립연도	지역	교파
성누가병원	E. B. Landis	1890	인천	성공회
전킨기념병원	Hugh M. Brown	1891	부산	북장로교
성베드로병원	Cooke, Headcoth	1892	서울	성공회
원산구세병원	W. B. McGill	1893	원산	북감리회[135]
광주기독병원	J. W. Nolan	1893	광주	남장로교
성마태병원	Wiles	1893	서울	성공회
광혜여원	R. S. Hall	1894	평양	북감리회
군산야소병원	A. D. Drew	1895	군산	남장로교
캐롤라인에이래드병원[136]	Caroline A. Ladd	1895	평양	북장로교

---

133 W. M. Baird, "Educational Mission Problems," *Korea Mission Field*, 1914, Vol.X, p.296.
134 노치준, "한말의 근대화와 기독교," 「역사비평」 1994년 가을호, p.309. 이때에 이르러 전국에 선교사들이 세운 병원이나 진료소가 23개였고, 의사는 34명이었으며 연간 진료환자 수는 약 6만 7천에 이르고 있다.
135 1901년 남감리회 로스(J. B. Ross)와 함께 운영하다 1903년 이후 남감리회 단독 운영했다.

병원명	설립자	설립연도	지역	교파
평양제중병원	J. H. Wells	1896	평양	북장로교
홀기념병원[137]	북감리회	1897	평양	북감리회
대구제중원[138]	W. O. Johnson	1898	대구	북장로교
함흥제혜병원	K. McMillan	1905	함흥	캐나다장로교
미동병원	A. M. Sharrocks	1901	선천	북장로교
재령병원	H. C. Whiting	1906	재령	북장로교
배돈병원	Hueh Currell	1906	진주	호주장로교
데이비드한치과진료소	David E. Hahn	1906	서울	북감리교
던컨병원	M. M. Null	1907	청주	북장로교
순안병원	Riley Russel	1908	순안	안식교
계례지병원	R. G. Mills	1909	강계	북장로교
안동성소병원	A. G. Flether	1909	안동	북장로교
상애원[139]	C. H. Irvin	1909	부산	북장로교
해주구세병원[140]	Edwin W. Kent	1909	해주	북감리회
개성남성병원	Wightman T. Reid	1910	개성	남감리회

도표에 나타나듯이 병원을 세우는 데 교파 구분은 없었다. 선교사들
은 선교 거점(mission station)이 되는 지역에는 예외 없이 병원을 세웠다.
선교사들은 교회가 있는 곳이면 예외 없이 학교나 부설 남녀학교를 설
립했다.[141]

---

136 평양 캐롤라인 에이 래드 병원(Pyengyang Caroline A. Ladd Hospital)은 웰즈의 평양제중병
원과 연합하여 함께 운영되었고, 1923년 미 감리회 선교부에서 운영하던 홀기념병원(The
Hall Memorial Hospital)과 미 감리회 여선교회에서 운영하던 광혜여원(Pyengyang Women's
Hospital of Extended Grace)과 함께 연합하여 평양연합기독병원으로 발전했다.

137 홀기념병원은 1893년부터 평양에서 의료 선교 활동을 하다가 과로와 전염병으로 1894년 11
월에 사망한 미 감리회 의료선교사 홀(W. J. Hall)을 기념하여 1897년 2월에 세운 병원으로
포웰(Douglas Fowell)이 초대 원장을 맡았다.

138 대구 동산병원으로 발전했다.

139 나병원으로 1909년 미 북장로교 의료선교사 어빈(C. H. Irvin)은 부산 감만동에 병원을 마련
하여 12명을 입원시킨 후 1910년 영국 구라회(British Leprosy Mission)의 지원을 받아 정식
으로 개원했다.

140 1928년 윌리암 홀의 아들 셔우드 홀(Sherwood Hall)에 의해 결핵전문 해주구세요양원이 설
립되었다.

141 교회, 학교, 병원이 함께 설립되는 것을 가리켜 애비슨은 트라이앵글 메소드(Triangle Meth-
od)라 칭했다.

청일전쟁 이후, 전쟁 공포로 국민들은 동요했고 조선 정부의 통치력은 더욱 약화되었다. 국정은 더 문란해졌고 관료들의 횡포는 한층 기승을 부렸다. 이런 시대적 상황 아래, 기독교 선교사들에 대한 의뢰와 근대 교육에 대한 요구와 필요성은 더욱더 높아졌다. 미국에 대한 기대감도 더 높아졌다. 서구식 근대 교육이 갖고 있는 힘이 입증되었기 때문에 기독교 학교가 국권수호의 첨병들을 만들어 줄 것이라 믿었다. "인민의 기상을 회복시켜 줄 계책"[142]이라는 인식이 광범위하게 퍼져 나갔고, 기독교 학교야말로 국민들을 교화시킬 수 있는 보루라는 의식이 확산되었다. 기독교 근대 교육이 문명진보를 가져온다는 생각에 누구나 공감했고[143] 기독교 학교를 졸업하면 사회적 위치가 보장된다는 기대도 만연했다. 더구나 1895년 고종 임금이 '교육입국에 관한 조서'를 발표하면서 "교육이란 참으로 국가를 보존하는 근본"이라고 말했을 때,[144] 근대 학교의 위상은 더 말할 나위가 없었다.

고종 임금이 언급한 근대학교는 기독교 학교라 해도 과언이 아니었다. 후일 일본이 '사립학교 개정령'을 반포해야만 했을 정도로 기독교는 근대 교육계를 장악했다. 1909년까지 기독교회 각 교파가 세운 학교들을 발췌해 보면 다음과 같다.

학교명	설립연도	지역	교파	학교명	설립연도	지역	교파
광혜원학교	1886	서울	북장로교	정명여학교	1903	목포	남장로교
배재학당	1886	서울	북감리회	덕명학교	1904	원산	남감리교
이화학당	1886	서울	북감리회	진성여학교	1904	원산	캐나다 장로교
경신학교	1886	서울	북장로교	호수돈여학교	1904	개성	남감리회

---

142 『윤치호 일기』 1889년 4월 29일자.
143 "논설," 『독립신문』 1899년 9월 20일자.
144 최규진, 『근대를 보는 창』 20 (서울:서해문집, 2007), p.29.

학교명	설립연도	지역	교파	학교명	설립연도	지역	교파
정신여학교	1887	서울	북장로교	의창학교	1904	해주	북감리회
광성학교	1894	평양	북감리회	영명학교	1905	공주	북감리회
숭덕학교	1894	평양	북감리회	계성학교	1906	대구	북장로교
정의여학교	1894	평양	북감리회	신성학교	1906	선천	북장로교
일신여학교	1895	부산	호주장로교	보성여학교	1906	선천	북장로교
정진학교	1896	평양	북감리회	의명학교	1906	순안	안식교
공옥학교	1896	서울	북감리회	한영서원	1906	개성	남감리회
숭실학교	1897	평양	북장로교	미리흠학교	1906	개성	남감리회
신군학교	1897	서울	북감리회	수피아여학교	1907	광주	남장로회
영화여학교	1897	인천	북감리회	신명여학교	1907	대구	북장로교
배화여학교	1898	서울	남감리회	기전여학교	1907	전주	남장로교
맹아학교	1898	평양	북감리회	매향여학교	1907	수원	북감리회
명신학교	1898	재령	북장로교	신흥학교	1908	전주	남장로교
평양신학교	1900	평양	장로교	영실학교	1908	강계	북장로교
숭의여학교	1903	평양	북장로교	창신학교	1908	마산	호주장로교
루씨여학교	1903	원산	북감리회	의정학교	1909	해주	북감리회

한국 역사에 '교육 혁명'이라고 평가할 수 있을 만큼[145] 기독교 학교의 설립과 그 증가는 폭발적이었다. 1909년에 이르렀을 때, 장로교에서 운영하는 학교는 719교에 학생 수가 17,231명이었고,[146] 감리교는 200교에 6,423명의 학생들을 가르쳤다.[147] 당시 한국 정부에서 운영하는 학교는 60여 개에 불과했다. 한국의 근대 의식이 기독교를 통해 발흥되었다고 해도 틀린 말이 아닌 것이다.

---

145 Samuel Hugh Moffett, The Christians of Korea, p.146, 박용규, 『한국기독교회사』I, p.553에서 재인용.
146 1909년 장로교 독노회 보고, 별표, p.31.: 민경배, 『한국기독교회사』(서울: 연세대학교출판사, 2007) p.269에서 재인용.
147 1909년 감리교대회 보고 참조.

2. 의료·교육 선교의 Pros와 Cons

2.1. Pros

이데올로기는 개인과 집단이 살아가는 데 필요한 삶의 매개체가 된다. 인간은 이데올로기를 통해 삶의 방향과 행동 목적, 처해 있는 위치를 확인하고 삶의 의미를 부여한다. 더 나아가 객관적인 규범과 체계를 갖는다. 인간사회와 밀접한 관계를 맺고 생존하는 데에 종교나 교회도 예외 없이 이데올로기를 사용한다.[148]

기독교 이데올로기는 절대자 야웨 하나님 아래 누구나 수평적 존재라는 의식에서 출발한다. 이것을 바탕으로 인간의 인습과 제도, 인간관과 사회관을 검토하고 심판하며, 소속 교인들의 삶과 행동을 규제하고 훈련시킨다. 모든 문화적 전통과 사회 구조, 신분관계, 관습과 제도 등도 검증한다. 그리고 신부적(神賦的) 인간의식으로 귀결시킨다. 경건과 신실, 공평한 처리, 인내, 친절, 책임감 등을 지향하게 되고 이를 저해하는 것에 대해서는 저항하게 된다. 기독교 선교사들의 의도와 상관없이, 미션스쿨 학생들은 이렇게 의식화되어 있었다.

> 우리 조선 일꾼들, 본래는 흰옷인데 그것이 때와 더러움으로 검어진 옷을 입은 모습, 땅보다 높다 할 것이 없는 누옥 같은 집들, 중국에선 아주 지저분해 보이던 집들이, 조선의 움막 같은 시골 초가집과 비교해 보니 오히려 궁궐 같구나. 쌓여 있는 오물에서 풍기는 역겨운 악취, 차마 볼 수 없는 가난, 무지, 멍청한 사람들, 헐벗은 산야(山野)들, 이 모두가 다 지켜 줄 이 없는 조선사람의 애국심을 병들게 하기에 충분하구나. 절망스런 탄

---

148 고재식, "이데올로기와 신앙," 『기독교 사상』 16, 1983년 6월호, p.20.

식 말고는 웃음도 나오지 않는구나.[149]

　망명길에 오른지 10년 만에 돌아왔을 때, 윤치호는 여전히 빈곤에
시달리고 있는 조국의 모습에 이렇게 가슴 아파했다. 그때 그가 바라보
았던 조선은 심각한 위기에 봉착해 있었다. 조정의 통솔력이 약화되면
서 삼정(三政)은 더욱 문란했고, 유학의 이데올로기가 약화되면서 관리
임용의 엄정성도 상실되어 있었다. 개항이라는 엄청난 시대적 충격을
극복하지 못해 모든 체계가 붕괴되어가고 있었다.

　국가 기강이 해이(解弛)해지면서 신분 질서의 붕괴는 가속되었고 양
반들의 수가 급격히 증가했다. 무관세 무역이 강제되면서 수공업에 의
존했던 국내 경제 기반이 무너졌다. 외국 상인들은 서울과 개항장에 몰
려 들어와 상업권을 점령해 나갔다. 일본 화폐의 유입을 대대적으로 허
용하고 무분별하게 동화(銅貨)를 찍어내면서 인플레이션이 유발되었다.
정부의 재정 위기는 날이 갈수록 가중되었고, 월급을 받지 못하는 지방
관리들의 조세 수탈은 더욱 기승을 부렸다.[150] 이에 대부분의 백성들이
나 농민들은 더욱 가난해졌다.[151] 여기에 중국, 러시아, 일본이 조선을
놓고 치열하게 각축을 벌이고 있었고, 보수와 개화파 간의 정치적 대립
도 수그러들지 않았다. 조선의 뼈대는 흔들렸고 그 앞날은 더욱더 혼미
해지고 있었다. 이런 시대적 상황에서, 기독교는 새로운 질서와 정당성
그리고 새로운 근대 이데올로기로 등장했다. 의료와 교육 선교가 그런
의식을 제공한 것이다.

---

149 『윤치호 일기』, 1895년 2월 12일자.
150 조선 관리들 중 일정한 봉급을 받으며 사는 건 상급 관리에 불과했고, 따라서 하급 관리이나
　　지방 관리는 수단과 방법을 가리지 않고 조세 포탈하고 축재를 했다.
151 이호철, "개화기 한국경제의 구조와 전개," 한국농업경제학회, 『농업경제 연구』 Vol.23,
　　1982, PP.147-150 참조.

몬져 계일 목ᄉ가 학도들을 권면ᄒ야 말ᄉᆞᆷᄒ되 내가 대한에 나
아와셔 여러 해 동안을 ᇖ혀본즉 대한 사름의 재죠가 셔양 사름
과 비교ᄒ면 조곰도 부죡흔 것이 업시되 다만 ᄆᆞᆷ이 영악지 못
ᄒ야 만약 어려온 일을 당ᄒ면 뜻이 풀니여 감히 경영치 못ᄒ니
크게 개탄흘 곳이라 우리 셔양 사름은 그럿지 아니 ᄒ야 어려온
일이면 재미가 더 나고 힘이 더 잇는 것은 그 리치가 다 셩경에
셔 나옴이니.[152]

선교사 게일(James Scarth Gale)은 배재학생들에게 이렇게 훈시했다.
어려운 일이 있을 때, 그것을 극복하려는 태도가 없다는 것을 비판했고
돈을 벌거나 생업을 가지지 않고 놀고먹으려는 한국인의 게으른 태도
를 지적했다.

특별히 복음주의 신학에서, 게으르다는 것과 생활력이 결여되었다
는 것은 죄악이나 다름없다.[153] 청결과 위생이 중요했고 과학적 사고
도 강했다. 건강한 노동과 엄격한 윤리 의식은 가장 기초적인 규범이었
다. 일하지 않고 노는 데만 몰두하고 있는 것, 술과 담배, 노름 등에 빠
져 있는 것을 묵과하지 않았다.[154] 자립하지 않은 상태에서 이뤄지는 조
혼(早婚), 부정부패와 무고한 세금을 걷는 무명잡세 등도 비판과 극복의
대상이었다.[155] 특별히 축첩은 성서가 금지하는 죄악이었다.[156] 남녀가
평등함은 하나님이 인간을 창조한 뜻이고 '남녀를 같은 학문으로써 교

152 "배재학당 하계방학," 「대한그리스도인회보」, 1900년 7월 4일자.
153 "열 가지 조심할 일," 「대한그리스도인회보」, 1899년, 2월 1일자.
154 "술이 무서운 짐승보다 더 함," 「대한그리스도인회보」, 1899년 2월 8일자. 술이나 도박, 이방
    종교, 축첩 등의 문제는 19세기 말 미국 선교사들이 사회악으로 간주한 문제들이었지만, 담
    배는 한국에서 특수하게 더 추가된 사회악이었다.
155 "혼인론," 「대한그리스도인회보」, 1899년 4월 19일자, "교우 노병선 씨 열람한 일, 이폭연속,"
    「대한그리스도인회보」, 1898년, 10월 5일자.
156 1901년에 이르러, 장로회공의회는 한국의 풍속 중에 고쳐야 할 다섯 가지를 조혼, 재가금지
    법, 불신자와의 혼인, 혼인시의 지참금, 부녀를 압제하는 일 등 다섯 가지로 규정했다.

육하며 동등권을 주는 것'은 당연했다.[157]

유학의 이념과 전통 체제가 붕괴되어 그 공백을 메울 수 있는 이념이 필요하던 때였다. 국제 정치의 역학을 이해하고 그 위기를 극복해 나갈 수 있는 인재가 절실하던 때였고 서구와 공유할 수 있는 이데올로기가 강하게 요구되던 때였다. 이런 시대적 상황에서 선교사들은 의료와 교육 선교를 통해 성서의 세계관과 기독교 가치관을 전달했다.

의료·교육 선교는, 주자학 세계관이 갖고 있는 부정적 전통, 곧 신분 차별 의식, 노동의 천시, 기술 천시, 과도한 형식주의, 여성에 대한 비하 의식, 축첩제도와 조혼 제도, 조상숭배 의식 등을 극복할 수 있는 중요한 도구가 되었다. 인간 생명의 존엄과 엄중함을 각인시켰고 모든 세상 사람이 한 근원이라는 공동체 의식을 심어 주었다. 근대 국민국가를 담당할 사회적 주체를 만들어 냈고 근대 문화의 선구자들을 길러냈다.

기독교, 특히 복음주의 신학에서 가장 중점을 두고 있는 것은 개인 구원의 문제이다. 그렇지만 복음주의 신학과 그 이념은 기독교회 내부에만 머무는 것이 아니다. 성서적 가치와 그 이데올로기를 신봉하고 전파하는 것이 사명이고 의무이기 때문이다. 선교사들은 의료 선교와 근대 교육을 통해 '인간 평등 의식'과 타인에 대한 존엄성을 각인시켰다. 모든 인간에게 신부적(神賦的) 권리가 있다는 것도 확인시켰다.[158] 그리고 자연스럽게 '민주주의'라는 새로운 이념을 전했고 의식화시켰다. 기독교의 복음이 한국 역사에 새 규칙과 새 가치를 가져다 준 것이다.

기독교 학교에서 공부한 사람들은 "교육 받은" 사회 세력 집단을 형

---

157 "녀학교론,"「대한그리스도인회보」1898년 8월 3일자,「독립신문」, 1898년 1월 4일자 논설.

158 실제로 1920년대 연희전문에서 교육학을 가르치던 남감리교 선교사 피셔(J. E. Fisher)는 학생들에게 민주주의(Democracy)에 대해 교육시켰다. 콜롬비아 대학(Columbia University)에서 교육학을 전공했던 피셔는 기독교의 가치와 민주주의 가치가 일치한다는 입장을 견지했다. 그는 선교교육도 민주주의적 관점에서 진행되어야 한다는 주장을 서슴지 않았다. James Earnest Fisher, *Democracy and Mission Education in Korea*(New York: Columbia University, 1928), p.53 참조.

성했고, 곳곳에 조직망을 이루었다. 그리고 가장 영향력 있는 민족적 사회세력으로 자리 잡았다.[159] 기독교계 인사들은 개인의 자유와 '평등' 부분을 자신들의 신념으로 여겼고, 이런 의식 아래 3·1운동을 주도했다. 또한 상해임시정부와 대한민국이 '민주공화제'를 채택하는 데에 중요한 영향력을 행사했다. 하나님이 애초부터 모든 인간에게 동일한 권리를 주셨다는 의식과 이데올로기는 일본의 황도정신(皇道精神)과 억압적 체제에 대한 저항 이론이 되었다.

2.2. Cons

> 우리가 위협받고 있는 또 다른 곤경은 프로테스탄트 목사들의 내한입니다. … 그들은 말(言語)공부에 전념하고 있으며 목사라는 신분도 감추고 있습니다. … 서울 거리의 수많은 미국 목사들은 불행히도 3개의 학교를 운영하고 있습니다. … 직접적이고 공식적인 전도는 미국 정부에 의해 금지되어 있으므로 이들 학교에서는 영어와 서양 학문만을 가르치고 있습니다. … 우리를 약간 안심시켜 주는 것은 이 목사들이 선전만 일삼고 일하는 것이 없으며 지금까지 그들을 따르는 신자들의 수도 극소수라는 점입니다.[160]

기독교 선교사들이 들어오고 근대학교를 운영하게 되었을 때, 천주교 신부들은 이렇게 우려했다. 그런데 이들은, 선교사들이 운영하는 학교였음에도 학생들에게 영어와 서구학문을 가르치지만 복음을 전하지

159 박영신, "기독교와 사회발전," 『기독교 사상』 28, 1984. 5월호, pp.152–153.
160 "1885년도 보고서," "1887년도 보고서," 『서울교구년보1:1878~1903』, 명동천주교회, 1984, pp.44–63.

못했음을 확인하고 있다.

배재학당 개관식을 할 때, 아펜젤러는 이 학교가 영적 기관이 되어야 하고 그렇게 만들겠다고 결심했다.[161] 그러나 감리교 선교사회 내부에서 "복음 사업에 치중하는 선교부는 수천에 달하는 신도들을 헤아릴 수 있는데 반해 기관 사업에 치중하는 선교부는 겨우 수백의 신도만을 헤아릴 수 있을 뿐"이라며 노골적인 비판이 나왔다.[162] 기독교 학교임에도, 기대만큼 영적이고 복음적인 결과가 나오지 않았기 때문이다. 배재학당의 경우, 1889년에 이르러서야 정규 기도회를 가질 수가 있을 정도였다.[163] 재학생과 학부모들은 성경교육과 정규 기도회에 거부반응을 보였고 이 문제 때문에 동맹휴학을 전개하기도 했다.[164]

의료 선교의 결실도 선교사들의 기대와 거리가 있었다. 스크랜튼(W. B. Scranton)의 시약소와 병원 그리고 보구여관은 7년 동안 5만 여 명을 치료했다. 조선 조정과 민초들의 신뢰를 얻는 데 큰 역할을 했지만 기대한 만큼 선교 결실이 맺히지 않았다. 특히 애오개 시약소는 환자들이 급감했고 얼마 되지 않아 폐쇄되었다. 중국에서 16년간 선교사로 사역하다가 한국 선교사로 온 올링거(Franklin Ohlinger)와 신혼의 노블(William A. Noble) 부부가 이곳에서 목회를 했지만, 예수를 구주로 고백하는 사람은 수년째 2명뿐이었고, 정기적인 예배도 드려지지 않았다. 1896년 8월 19일 개최된 미 감리회 한국 선교회 12차 연례회의에서 스크랜튼은 애오개 상황에 대해 다음과 같이 보고하고 있다.

---

161 *ARMC*, 1887, p.314.
162 *Ibid.*,1897, p.28. 기독교 선교사들에게 미션스쿨에 대한 기대는 나누어진다. 육영공원 교사로 왔다가 다시 조선 선교사로 파송을 받았던 헐버트 등은 일반 복음주의 선교사들의 생각과 달랐다.
163 김세한, 『培材八十年史』(서울:培材學堂, 1965), pp. 134-136.
164 1903년 9월, 학부모들은 교수과목에서 성경을 빼지 않으면 "전 당학생이 퇴당하겠다"며 학당장 하운셀(C. G. Hounshell)에게 항의하기도 했다. *Ibids.*, pp. 310-311.

지금까지 애오개 당회(Aogi Charge)는 파송되었던 모든 사역자들이 충성을 다했던 곳이라 할 수 있습니다. 그럼에도 불구하고, 무슨 이유가 있든 없든, 이곳 사업이 성공했다고 볼 수 없습니다. 이곳을 파송 구역으로 남겨두기 보다는 선교를 중단하고 부지를 팔아서 더 좋은 용도로 사용하는 것이 나을 것 같습니다. 6-7년 동안 사업을 해 보았으나 돌아오는 것이 전혀 없습니다. 이제 이곳에 미련을 둘 필요는 없다고 봅니다. 같은 노력을 기울이면 훨씬 더 좋은 결과를 얻을 수 있는 곳이 여러 곳 있습니다.[165]

의료와 교육 선교는 서양 종교와 서양 제국에 대한 적개심과 의구심을 풀어 주는 역할을 했다. 기독교에 대한 신뢰를 높여 주었고, 마음 놓고 선교할 수 있도록 했다. 그러나 의료와 교육 선교의 성과는 선교사들의 기대와 달랐고, 미국 선교사회 내부에서는 "세속적 수단을 위해 영적 수단을 포기하는 것"[166]이라는 비판이 나왔다. 특별히 평양지역 선교사들이 애비슨의 병원건립과 의학교 설립을 반대했던 것도 그런 이유였다.[167] 북장로교의 베어드(W. M. Baird)는 다음과 같이 주장하고 나섰다.

많은 학교를 기독교의 땅이라고 부르지만, 학교는 더 이상 진정한 의미에서 기독교가 아니다. 그런 학교의 학생들은 예수의 증인이 아닐 뿐 아니라 진정한 기독교인들의 적대자로 훈련받

---

165 *Official Minutes of Korea Mission of the Methodist Episcopal Church*, 1896, p.28.
166 Allen Degray Clark, *Avison of Korea-the life of Oliver R. Avison*, Yonsei University Press, 1978, p.279.
167 "漁丕信博士 小傳,"「基督申報」, 1932년 9월 28일자.

았다. … 선교학교는 단지 교회의 일부분이며 교회에 적용되는 것과 같은, 법과 원리에 의해 적용되어야 한다.[168]

미션스쿨이 교회를 세우는 도구가 되어야 하고, "교육적 책임은 우선해야 할 일이 아니라 두 번째 측면"이라고 주장한 것이다. 영적 삶을 만들어 내지 못하고 있다는 비판이었다.[169]

1885년 일본에서 박영효는 조선으로 들어오는 감리교 선교사들, 곧 스크랜튼(William B. Scranton) 등과 만난 자리에서 자신의 기독교관을 이렇게 피력했다.

> 우리 백성이 지금 필요로 하는 것은 교육과 기독교화입니다. 선교사들과 그들이 세운 학교를 통하여 우리 백성을 교육하고 향상시켜 주어야 합니다. … 우리의 재래의 종교는 지금 기운을 다했습니다. 기독교로 개종할 수 있는 길은 환히 열려 있습니다. 기독교 교사와 사업가의 일단은 우리나라 어느 구석에나 필요합니다. 우리가 합법적인 개종에 앞서 우리 백성은 먼저 교육을 받아야하며 기독교화해야 합니다.[170]

그때 박영효는 기독교를 근대문명 원천이요 동서양이 소통할 수 있는 근대 이데올로기로 믿고 있었다.[171] 그의 이런 생각은 조선 개화파 조정의 생각과 다름없었다. "미국과 우리나라는 교(敎)가 본래 같지 않

---

168 W. M. Baird, "Educational Mission Problems, *The Korea Mission Field*, 1914, Vol.X, p.296.

169 J. E. Adams, "Christian Education for Christians, *The Korea Mission Field*, 1910, Vol.VI, p.224.

170 F. A. Mckenzie, *The tragedy of Korea* (Seoul: Reprinted by Yonsei University Press, 1969), pp.54–55.

171 『朝野新聞』, 1886. 3. 31, 유영익, 『갑오경장연구』(서울: 일조각, 1990), p.88.에서 재인용.

기 때문에 사사로이 교회(敎誨)하는 것을 바라지 않는다"[172]는 조선 조정의 선언에서 알 수 있듯이, 조선 정치와 조선 사회는 신앙의 영역이 아니라 근대 이데올로기를 얻기 위해 선교사를 허용한 것이다. 언더우드의 말처럼, "한국인들은 학교가 개설되기는 바라지만 기독교를 가르치는 것은 원하지 않았다."[173]

학생들도 서양의 근대 교육을 출세의 수단으로 여겼다. 설사 기독교를 받아들였다 하더라도 서구 근대화나 국가 이데올로기로 이해하려 했고, 영적 영역까지 받아들이지 않았다. 이들에게 기독교는 근대의 근원과 규칙이었고 사회를 혁신할 수 있는 동력이었다. 또한 쇠잔해진 국권 회복의 도구였고 서구 세계와의 통로였을 뿐이다. 죄에 대한 심각한 고백, 회심, 심판, 속죄의 은총, 성령의 역사, 개인 구령적 신앙 의식에 대한 관심이 없었다. 기독교의 복음을 근대 규범과 윤리로 이해하려 했고, 민족 영도(領導)의 도구로 인식했다. 복음의 내적 영역이 상대적으로 약했고, 복음의 역할을 정치나 민족 계도의 영역으로 제한했다. 양반과 평민의 간극 타파, 남녀의 성적 차별을 뛰어넘는 평등주의, 노동의 존엄성, 강연회나 토론회를 통한 인격 개발, 이웃에 봉사하는 새로운 차원의 사회도덕으로 여긴 반면, 단독자로서 하나님 앞에 선다는 의식은 빈약했다. 복음은 민족을 위한 도구가 되어야 했고 기독교회는 민족 과제를 해결해야 하는 기관이 되어야 했다.

2.3. 선교사들 신학과 그 괴리

조선에 온지 1년 되었을 때, 아펜젤러는 이런 고백을 했다.

---

172 『舊韓國外交文書』 제10권 I, 1889년 9월 18일부, pp.456~457.
173 H. G. Underwood's letter to Dr. Ellinwood, 1886년 1월 22일자.

우리가 지금 필요로 하는 것은 죄를 깨닫게 하고 회심시키는 능력을 가진 강력한 성령의 세례이다. 나는 조선의 죄인들이 그들의 죄로 인해 경악하는 것을 보기 원한다. … 마귀는 여기서도 모든 흉계를 쓰고 있다. 하나님께서 우리를 구원하기 위해 오셔야만 한다. … 다른 어떤 방법도 이 은자의 나라를 결코 구원할 수 없다.[174]

그리고 리드 총무에게 다음과 같은 편지를 보냈다.

주님께서는 우리가 교육 사업에만 전념하길 원하지 않으시고 성전을 세우는 데 힘을 다할 수 있도록 도와주십니다. … 우리 선교부는 영혼을 구원하기 위해 이곳에 왔고 우리는 그것을 위해 최선을 다해 일하고 있습니다. '새벽 빛'이 급속히 퍼져 나가 이 조용한 아침의 나라를 깨울 것입니다.[175] … 우리의 가장 중요하고 우선적인 일은 영혼을 구원하는 것이기에 우리의 전도 사업이 확장되어야 한다고 믿습니다. 우리는 가능한 한 빨리 그리고 훌륭하게 이 일을 해야만 합니다.[176]

아펜젤러는 구원 사역이 강력하게 일어나길 원했던 것이다. 일기에서도 배재학당을 언급하면서 "나는 이 백성들이 다양한 이유로 이 학교에 입학하기를 바라고 있다. 하나님께서 강력히 그들의 죄를 깨닫게 하시고 속히 그들을 그들의 죄로부터 구원하셔서 영광 받으시길 기도"한

---

174 유니온 신학교 도서관 문서보관서에 보관된 아펜젤러의 노트철#7; 박대인, "한국감리교의 개척자 헨리 G. 아펜젤러—그의 생애와 사상에 관한 예비적 보고"『神學과 世界』第7號, 1981.10, p.209 재인용.
175 H. G. Appenzeller's letter to J. M. Reid, 11 April 1886.
176 H. G. Appenzeller's letter to J. M. Reid, 13 July 1886.

다며[177] 영혼 구원을 위해 조선에 왔음을 분명히 했다.[178]

헐버트나 애비슨 등을 제외하고 기독교 선교사들은 교육과 의료 선교를 개인 구령의 도구요 "복음전도의 시녀"[179]로 보았다. 이들이 19세기 영미복음주의 신학 안에 있었기 때문이다.[180] 미국 선교사들 거의 대부분은 독자적인 신앙 체험을 겪은 복음주의자들로,[181] 이들은 "이 세대가 끝나기 전에 전 인류의 복음화"라는 선교적 열망으로 조선에 왔다.[182]

루터로부터 촉발된 16세기 종교개혁 시대의 복음주의(Evangelism)는 기독교(Protestant)로 불렸고, 이것은 반(反) 가톨릭이 된다는 것을 의미했다. 기독교 역사에서 한동안 뜸했던 이 단어는 존 웨슬리(John Wesley)의 대각성운동기인 18세기 중엽에 다시 일어났다. 종교개혁가들이 칭의를 보다 강조한 반면, 웨슬리 시대에 이르러 '회심,' '영적 각성,' 성화와 성령의 체험을 부르짖었다. 이후 복음주의 신학은 감리교도들뿐만 아니라 영국과 웨일즈, 스코틀랜드, 미국에서 일어난 대각성운동에 지대한 영향을 끼쳤다.[183]

복음주의자들은 믿는 이들이 함께 모이는 시간이 귀중하다고 여겼

---

177 *H. G. Appenzeller's Diary*, May 12, 1887.

178 안식년으로 미국에 잠시 돌아왔던 아펜젤러는, 1901년 1월 21일 필라델피아(Philadelphia) 전도자 모임의 강연에서, "학교는 직접적인 복음 전파자가 되어야 하며 이러한 신념에는 추호도 변함이 없다"고 피력한 바 있다. 그의 발언은 미션스쿨을 통한 직접적인 복음 전파의 효과가 크지 않다는 것을 반증한다.

179 H. B. Hulbert, The Educational Needs of Korea, *The Korea Review* 4, 1904, p.444.

180 1886년 6월 3일(음), 왕립 육영공원(育英公院, Royal English School, Royal College)이 세워졌고 미국에서 헐버트(Homer Bezaleel Hulbert), 길모어(George William Gilmore), 벙커(Dalziel A. Bunker)가 교사로 입국하게 된 것이다. 유니온신학교 출신인 이들은, 미국 청교도들이 가졌던, 원주민 세계에 대한 종교적, 문화적 사명감이 강했다.

181 아펜젤러, 스크랜튼, 언더우드, 마펫, 게일 등 선교사를 결심했던 인물들은 거의 대부분 독특한 신앙 체험을 거쳤다. 이들은 독자적인 회심 체험 아래 선교사를 꿈꾸었다.

182 영미 기독교 선교사들은 거의 대부분 세대주의적 전천년주의자들로 분류된다.

183 미국의 해외 선교운동의 바람은 영국 복음주의 부흥운동의 여파였다. 영국을 중심으로 전개된 국제적인 선교운동과 선교단체들의 활동, 곧 런던선교회(LMS, London Mission Society), 영국국교회 선교협의회(CMS, Church Mission Society)와 영국감리교선교회(WMMS, Wesleyan Methodists Missionary Society) 등이 미국 교회에 영향을 준 것이다.

고,[184] 그래서 "캠프집회(tent meeting)"의 효시가 되는, 부흥집회가 자리 잡게 되었다.[185] 성령세례를 통해 성화와 성결이 가능하다고 믿었고,[186] 성서의 말씀을 실천하는 것이 의무가 되었다.[187] 성서공회, 주일학교연합회 등 자발적인 선교단체들은 교인들의 의무를 실천하는 도장이 되었고, 이곳에서의 역동적인 활동은 미국 민주주의로 연결되었다.[188]

복음주의자들은 마음의 근저로부터 오는 죄의 자복, 곧 회심을 거쳐 구원의 확신에 이르고 자발적 전도로 이어지는 것을 선교로 이해했다. 전도를 받은 사람들이 회심 체험을 통해 구원을 확신하고, 교회를 세우고 이끌어 가는 전 과정을 선교의 목적이라고 보았다. 교회로 수많은 사람들이 몰려들어도 그것이 신앙으로 이어지고 선교의식으로 연결되지 않으면 성공했다고 보지 않았다. 의료나 교육은 복음의 실천 방편이지 그 자체가 선교는 아니었다. 그런 생각에 북장로교의 탁월한 의사 헤론도 다음과 같이 고백하고 있다.

> 나는 위대하신 예수님에 대하여 말하는 것이 나의 사명이요 선교란 것을 잊을 수 없다. 내가 의술을 베푸는 것 자체가 선교가 아니다. 나는 우리 구세주께서 이 많은 백성들을 위하여 돌아가신 말을 하고 그 구원의 길을 선포하고 싶다. 진리와 구원의 소식을 외치고 싶다.[189]

---

184 김석수, 『1930년 이전 한국 장로교회 복음주의 신학 연구—미국 북장로교 한국 선교 중심으로』(서울장신대학교 박사학위 논문, 2015), pp.159-164.
185 Mark A. Noll, 박세혁 역 『복음주의 지성의 스캔들』(서울: IVP, 2010), p.20.
186 감리교 평신도 여성 피비 팔머(Phoebe Palmer) 이후, 19세기 미국 기독교계에서는 성화를 성령세례로 이해하는 흐름이 강하게 퍼져 나갔다.
187 Thomas A. Askew, "A Response to David Wells," A Time to Speak: *The Evangelical-Jewish Encounter*, ed. Rudin and Wilson (Grand Rapids: Eerdmans, 1987), pp.41-42.
188 윈스롭 허드슨 & 존 코리건, 배덕만 역, 『미국의 종교』(서울:성광문화사, 2008), pp.247-253.
189 헤론이 미국 북장로교회로 보낸 편지, 1885년 6월 26일자.

한편 스코틀랜드장로교회는 개혁교회(The Reformed Churdh) 전통과 스코틀랜드 상식철학[190] 전통 아래 있었다. 특히 스코틀랜드 상식철학은 지적 합리성을 강조하고 세상의 상식선에 타협하는 경향이 있어 영적 영역에 대해서 일정한 거리가 있었다.[191] 그런데 그것을 극복하고 영적 차원까지 끌어올렸던 것이 '스코틀랜드 복음주의'이다. 존 로스를 비롯한 스코틀랜드의 만주선교사들이 사용한 순회전도와 노방 설교, 하나님 앞에 인간은 모두 같다는 신부적(神賦的) 인간의식, 성경이 하나님의 말씀이라는 의식, 십자가에 대한 강조, 거듭남의 회심 의식, 뜨거운 가슴을 가지고 복음을 실천하려 했던 것도 모두 스코틀랜드 복음주의에서 나온 것이다. 중하류계급을 선교 대상으로 삼고 선교지의 문화를 존중했던 것, 그리고 자급, 자립의 정신이 자유를 갖게 한다는 의식, 복음이 인간의 가치를 성취하게 해 준다는 신념 모두 복음주의 선교신학에서 비롯되었다.[192]

의료와 교육을 중심으로 한 기독교의 선교전략은 조선에 근대문명의 방편으로 각인되었지만 선교사들의 신학적 목표와 괴리가 있었다. 여성과 어린이, 가난한 민초들에 대한 지향과 배려, 민주주의 의식의 각인, 근대 기독 엘리트들을 배출하는 성과는 컸지만, 선교사들의 기대만큼 인간 내면의 근저를 뒤흔드는 영적 개심자들을 크게 얻지는 못했다.

---

190 스코틀랜드 교회는 '상식'을 가장 중하게 생각했고 여기에서 일반적 상식을 철학적 차원으로 끌어올렸던 '스코틀랜드 상식철학'이 발생했다. 인간은 하나님의 피조물로 각자의 권리를 갖고 태어났다는 '신부적(神賦的) 인간' 의식이 상식으로 자리 잡았고 부(富)와 권력, 명성은 사회에 대한 책임과 함께 해야 한다는 의식이 '관행'이 되었다. 그리고 '신부적(神賦的) 인간화'로 무장한 강력한 기독교도(Muscular Christianity)가 되는 것이 영국 기독교 사회의 기본 의식이 되었다.

191 김명구, *op.cit.*, p.88 참조.

192 *Ibid.*, pp.89~90 참조.

10장.
교회의 공식적 시작
–서울유니온교회, 벧엘교회, 정동장로교회의 출발

1. 서울유니온교회–연합사역의 첫 실험

> 작은 선구자 그룹 언더우드, 아펜젤러 부부, 스크랜튼 의사부
> 부, 스크랜튼 여사는 1885년 2월 1일에 샌프란시스코에서 한
> 국을 향해 출발했다. 따라서 선교사간의 친밀한 관계가 형성되
> 기 시작했고, 그 관계는 연합과 협력의 정신에서 영구화되었
> 다.[193]

선교사들은 군중 폭동이 언제라도 일어날 수 있는 사회적 상황, 낯선
미지에서의 건강에 대한 위협, 본국과 격리가 되었다는 고독을 견뎌야
했다. 그런데 이들을 더욱 힘들게 한 것은 복음을 마음껏 전파하지 못
하는 환경이었다.

1885년 6월 21일, 스크랜튼 가족과 헤론 부부가 서울에 도착했던 주
일 저녁 8시, 알렌의 집에서 알렌 부부, 헤론 부부, 스크랜튼 의사와 그

---

193 G. H. 존스, 옥성득 편역, 『한국 교회형성사』(서울:홍성사, 2013), p.117.

가족들이 함께 모여 첫 공식 연합 주일예배를 드렸다.[194] 조선 정부가 외국인들의 예배는 막지 않았기 때문에 공개적인 첫 공식 예배가 가능했다. 아펜젤러 부부가 합류하면서 이 예배는 외국인과 선교사를 위한 서울유니온교회(Union Church)로 발전했다.

서울유니온교회의 첫 성찬식은 아펜젤러 집에서 있었다. 10월 11일 주일 오후 요코하마에서 활동하고 있는 일본성서협회 총무 헨리 루미스(H. Loomis)가 집례했다. 이날 그는 "오직 예수"라는 제목의 설교를 했고, 아펜젤러와 언더우드가 성찬을 분급했다. 참석자는 설교를 맡은 헨리 루미스, 아펜젤러 부부, 스크랜튼 부부와 자녀, 메리 스크랜튼, 언더우드 부부, 알렌 부인, 제물포에 입항해 있던 미국 선박 마리온(Marion)호의 함장 밀러(M. Miller)와 회계 트레일리치(Trailich) 등이었다.[195]

1886년 4월 25일, 아펜젤러의 딸 앨리스(Alice Rebecca Appenzeller)[196]와 스크랜튼의 딸 마리온(Marion Fitch Scranton)이 유아세례를 받았고, 주일 오후 예배 때에 아펜젤러가 전도한 일본 공사관의 하야카와(Hayakawa Tetzya)가 세례를 받았다. 11월, 서울유니온교회는 예배 장소를 미국 공사관으로 옮겼고 첫 담임 목사로 아펜젤러를 세웠다.[197]

> 우리 기독교파 사이에 필요한 것은 연합이지 획일성이 아니라는 말을 듣고 있습니다. 저는 우리가 지금 바울이 말하는 연합의 기준에 거의 도달했다고 믿습니다.
> 주도 하나이요 믿음도 하나이요 세례도 하나이요 하나님도 하나이시니 곧 만유의 아버지시라 만유 위에 계시고 만유를 통일

---

194 『알렌의 일기』, 1885년 6월 21일자.
195 H. G. Appenzeller's letter to J. M. Reid, 13 Oct. 1885. 알렌의 기록에는 12명이 예배에 참석한 것으로 되어 있고, 아펜젤러는 편지에서 11명이라고 밝혔다.
196 후에 이화여대 초대학장을 역임했다.
197 정동제일감리교회는 1885년 10월 11일을 교회 시작의 날로 정했다.

하시고 만유 가운데 계시도다. 그에게 세세토록 영광이 있을지어다.[198]

1888년 3월, 서울유니온교회 담임 목사의 자격으로 아펜젤러는 이렇게 설교했다. 이 교회는 "한국 땅에서 조직된 복음주의 신앙을 가진 최초의 교회였고,[199] 그 신학과 연합정신은 한국 감리교회와 한국 장로교회의 원류가 되었다. 그리고 한국인 최초의 공교회가 된 벧엘교회(정동감리교회)와 정동장로교회(새문안교회)로 이어졌다. 선교사들 의식 속에, 감리교회와 장로교회의 교파 이식이 선교 목표라는 생각은 없었다.

2. 벧엘교회의 설립과 정착 과정

아펜젤러는 정동 자신의 집 방 하나를 "우리의 첫 한국인 지성소(first Korean Sanctuary)"로 구별해 예배처로 정했다. 그리고 이 방에서 기도회(prayer meeting)를 열고 성경을 가르쳤다. 1887년 7월 24일에는 배재학생 박중상에게 첫 세례를 베풀었다.[200] 조선에 들어온 지 2년이 지났을 때 비로소 감리교회 첫 세례자가 나온 것이다. 이날, 아펜젤러는 일기에 다음과 같이 적고 있다.

> 우리로서는 그 의식이 매우 긴장되고 진지할 수밖에 없었다. 그 사람은 한국인들의 분노를 사게 될 매우 큰 위험에 처하게 되기 때문이다. 그렇지만 우리는 그를 새로운 삶으로 이끄신

---

198 Appenzeller's sermon at the Union Church, Seoul, March 4, 1888
199 G. H. 존스, *op.cit.*, p.127.
200 Sunday, July 24, Seoul. Appenzeller Papers : diaries

분께서 그를 지키시기를 기도한다.[201]

한국인이 세례를 받는다는 것은 생명을 걸어야 될 일이었다. 국법을 거스르는 것이었고 발각이 된다는 것은 배척과 죽음을 의미했다. 조선 정부가 이를 엄격히 다스렸지만 조선 사회도 용납하지 않았다. 세례는 목숨을 걸어야 비로소 소유할 수 있는 것이었다.

기도회(prayer-meeting)에 참석하는 사람과 성경을 배우겠다는(studies the bible) 사람이 늘어났다. 아펜젤러는 "스크랜튼 대부인(Mary Fletcher Scranton) 소유인 달성 주택 뒷문"[202] 근처에 별도의 작은 공간을 마련해 성경공부반을 개설했다. 1887년 10월 9일 주일 오후에 이곳에서 최초의 감리교만의 예배를 드렸다. 네 명의 조선인, 곧 만주에서 온 매서인 "최 씨와 장 씨, 강 씨, 진리 구도자이자 믿음이 있는 최 씨 부인"과 일본인 하야가야와 스기바시 등이 참석했다. 사방 8피트의 좁은 방이었고 조선식으로 앉아서 예배를 드렸다. 이곳에서 한국 감리교회가 시작된 것이다.[203] 아펜젤러는 이 집의 이름을 "벧엘예배당(Bethel a Chapel)"이라 붙였다.

한 주가 지난, 10월 16일, 복음의 진리를 깨달았던 매서인 최성균의 아내 장점화가 세례를 간청해서 받았다. 10월 23일 주일에는 감리교 최초로 조선인들, 곧 최성균과 그의 아내 장점화, 강 씨, 한용경을 대상으로 성찬식이 거행되었다.[204] 여기에 남녀에 대한 차별 의식은 없었다. 11월 9일부터는 조선인들을 상대로 공중 예배를 시작했다. 추수감사절에 이르렀을 때 조선인들로 좁은 예배당이 가득 찼다. 12월에는 보다

---

201 H. G. *Appenzeller's Diary*, July 24, 1886.
202 H. G. Appenzeller, "The First Methodist Episcopal Church, Seoul, Korea, read at the Dedication," 26 Dec. 1897.
203 H. G. *Appenzeller's Diary*, October, 11, 1887.
204 H. G. *Appenzeller's Diary*, October, 31, 1887.

큰 공간으로 예배 처소를 옮겨야 했다. 1887년 성탄 예배는 감리교 예식에 따라 진행되었고, 여기에서 김명옥이 세례를 받았다. 이날 아펜젤러는 처음으로 한국어로 "이름을 예수라 하라(마 1:21)"라는 제목의 설교를 했다. 다음 해 1월 13일에는 스크랜튼의 조선어 교사인 박승면과 배재학생 문세익에게 세례를 베풀었다. 3월에는 한 주간동안 기도회를 개최했고, 3월 11일에는 주일학교를 시작했다. 그렇게 '벧엘예배당'은 교회로서의 면모를 갖추어 나갔다.[205]

비공식적이고 비합법적이기는 했지만 공중 예배를 드리고, 비밀리 거행해야 했지만 세례까지 베풀 수 있게 되자 아펜젤러는 전도인 양성까지 생각했다. 그러나 이듬해인 1888년 4월 28일에 내린 조선 정부의 '전교(傳敎) 금지령'에 따라 예배는 중단되었다.[206]

이런 상황에서, 일명 "영아소동(the Baby Riot)"이 일어났다. 서양인들이 아이들을 납치하고, 잡아먹고, 아이들의 염통과 눈을 도려내서 약으로 쓰거나 사진기 렌즈로 쓴다는 유언비어가 서울을 휩쓸었다. 어린 아이를 예배 처소에 데려오는 조선인들에게 돈을 준다는 소문도 파다히 퍼져 나갔다. 조선의 전통 지식그룹은, 중국의 반기독교서적 『벽사기실』(辟邪紀實)을 배포하며, 기독교인들을 때리고 죽이며 기독교 서적들을 불태워야 한다고 선동했다. 그러나 이 소동은 오래가지 않았다. '전도 금지령'이 끝났을 때, 1888년 12월, 서문밖 애오개교회(아현감리교회)와 상동교회가 설립되었고, 1889년에 지방회가 조직되었다. 1890년 가을에 이르러서는 동대문교회와 중앙교회가 설립되었다. 사대문 밖으로 나갈 수 있게 조선 정부의 허락이 떨어졌고, 따라서 선교 지경이 넓

---

205 김명구, *op.cit.*, p.145.
206 '전교금지령'은 천주교회가 성당을 건축하면서 발단이 되었다. 천주교회는 경복궁이 내려다 보이는 남산 자락의 명례방(지금의 명동성당)에 고집스럽게 성당을 세웠다. 건축을 강행하자 고종 임금과 조선 정부는 1888년 5월부터 모든 종교 활동을 금지한다는 명령을 내렸다.

어졌다.

한편, 공개적 예배가 중단되는 동안에도 남자들은 1891년까지 아펜젤러와 존스(George Heber Jones)의 사택, 배재학당 예배실에서 예배를 드렸고, 여자들은 이화학당과 보구여관 예배실에서 예배를 드렸다. 이런 어려운 과정을 거쳐 1895년 9월 9일, 성대한 벧엘예배당 정초식이 거행되었다. 1897년 5월 9일, 공사가 진행되는 와중에 첫 예배를 드렸고 10월 3일에 봉헌예배를 드렸다.

건축비는 미국 감리교 본부, 아펜젤러의 모교회인 랑카스터 제일감리교회와 드루신학교 친구들, 조선에 있는 외국인들이 대부분을 헌금했지만 한국 교인들도 열심히 참여했다.[207] 선교 초기부터 자조정책을 도입했지만[208] 외부 도움 없이 가능한 작업이 아니었다. 건축 입교인 총 수는 98명이었고 학습인 총 수는 146명이었다. 완전하지는 않았지만, 선교 20년이 지났을 때야 비로소 핍박과 위협의 요소가 사라지고 아펜젤러의 바람이 이루어졌다.

3. 정동장로교회(새문안교회)

1886년 어느 날, 만주의 존 로스(John Ross)로부터 세례를 받고 영국 성서공회의 매서인이 되어 복음을 전하고 있던 서상륜이 언더우드를 찾아왔다. 이때 그는 황해도 솔내의 예배 공동체 사람들에게 세례 주기를 요청했다.[209] 그렇지만 외국인의 지방 여행이 자유롭지 못하던 때였고, 세례를 받는다는 것은 목숨을 거는 일이었다. 따라서 그들은 몰래

---

207 오영교, 『정동제일교회 125년사』(서울:정동제일교회 역사편찬위원회, 2011), p.138.
208 *ARMC*, 1886, p.267.
209 H. G. Underwood, Today From Korea, *The Missionary Review*, Nov.1893, p.816.

서울로 와야 했고 세례식도 극비리에 진행되어야 했다.

1887년 1월, 솔내로부터 서상륜, 서경조, 정공빈, 최명오가 서울로 왔다. 그들은 "근본적인 기독교의 구원 교리를 잘 알고 있었고" 명백하게 진술했다. "왕이 우리를 처형한다 해도 하나님께서 우리를 구원해 주셨으니 모든 것이 잘될 것입니다. 하나님께 복종한다는 이유로 왕이 내 목을 베어도 상관없습니다"라는 각오도 밝혔다.[210] 1886년 7월 18일 자신의 조선어 선생이었던 노춘경에게 비밀리에 첫 세례를 준 이래로 [211] 언더우드는 다음 해 6월까지 모두 9명에게 몰래 세례를 주었다. 알렌 등이 강하게 문제제기를 했지만, 그리고 종교 박해를 촉발시킬 이유가 될 수 있었지만,[212] 이들의 세례 강청(強請)을 외면할 수 없었다.

1887년 9월 27일 화요일 밤, 언더우드 자택에서 정동장로교회(새문안교회)가 창립되었다. 여기에 만주선교사 로스가 초대되었고 의주의 백홍준과 이성하, 김진기, 솔내의 서상륜과 서경조, 최명오, 주공삼, 서울의 노춘경(노도사) 등 14명의 세례교인이 참석했다.[213] 노춘경을 제외하고 거의 모두 존 로스의 결실이었다. 이날, 일주일 전에 장로로 피택된 두 사람이 안수를 받았다. 비로소 당회가 구성되었고 최초의 장로교회가 출범한 것이다. 언더우드는 뉴욕선교부에 이렇게 보고하고 있다.

우리가 예상했던 것보다 여기 사업은 훨씬 빠르게 진행되고 있습니다. 지난 화요일 저녁에, 조선 땅에서는 최초로, 교인 14명으로 그리스도 교회 조직을 완료했고, 지난 주일에는 한 사람이 더 늘었다는 것을 첨부해야 하겠습니다. 조선 교인들이 한

---

210 엘린우드에게 보내는 언더우드의 편지, 1887년 1월 22일자.
211 아펜젤러 일기, 1885. 7. 24일자. 이만열 편, 『아펜젤러—한국에 온 첫 선교사』(서울:연세대 출판부, 1985), p.287.
212 H. N. Allen에게 보내는 언더우드의 편지, 1887년 1월 27일자.
213 John Ross, "Christian Dawn in Korea," *The Missionary Review*, Apr. 1890, p.247.

사람 한 사람씩 꾸준하게 늘고 있고 사업도 날로 번창해 가고 있습니다. 가능하다면 순수한 기독교 사업에 모든 시간을 드렸으면 좋겠습니다. (중략) 나에게 와서, 세례를 간청하는 사람들에게 문답과 세례를 베풀어 달라고, 동쪽, 서쪽, 북쪽, 남쪽에서 원하고 있습니다.[214]

1888년 가을이 왔을 때, 언더우드 자택에서 드렸던 정동장로교회의 "주일예배는 매주 앉을 자리가 모자랄 정도로 넘치고, 본토인의 주중 기도회는 정기적으로 약 30명이 참석"했다.[215] 10월에는 여성교인 4명에게 세례가 집례되었다. 교회는 "언제나 1시간 이상씩 엄숙하고 진지하게 예배드리는 사람들로 가득 찼다."[216]

그런데 1890년 3월, 언더우드가 성서 인쇄를 위해 일본 요코하마에 가 있는 동안, 정동장로교회를 대신 치리하고 있던 헤론과 기퍼드(D. L. Gifford) 선교사가 장로 한 명을 출교시키고 나머지 한 명도 장로직을 박탈했다. 도덕성과 기독교 윤리의식에 어긋났기 때문이다. 언더우드도 이 같은 조치를 당연한 것으로 보고 이를 인정했다.[217]

이 사건 이후, 정동장로교회는 강력한 권징과 치리로 교인들을 훈련시켰고 세례문답을 까다롭고 엄격하게 했다. 세례를 받기에는 미흡하지만 교인으로서 인정할 만한 사람을 원입인으로, 교회는 출석하지만 아직 신앙이 없는 사람을 고대인(대기인)으로 정했다. 세례 받은 기독교인이 되기 위해서는 선교사들뿐만 아니라 한국인 지도자들로부터도 신앙과 도덕성을 인정받아야 했다. 등록 교인 중 상당수의 배교인(back-

---

214 엘린우드에게 보내는 언더우드의 편지, 1887년 9월 30일자.
215 엘린우드에게 보내는 언더우드의 편지, 1889년 1월 7일자.
216 언더우드가 A. T. 피어선에게 보낸 편지 1888년 12월 23일자, *The Mission Review of World*(April, 1889), p.289.
217 엘린우드에게 보내는 언더우드의 편지, 1890년 3월 2일자.

sliders)이 나타났고 무심자(indifferents)들도 적지 않았다.[218] 그렇지만 선교사들은 개의치 않았고 아주 엄격히 교회를 만들어갔다.

정동장로교회(새문안교회)는 1891년 9월부터 주일학교를 시작할 수 있었고, 1895년에는 교인들의 헌금 1천5백91냥과 고종 임금의 헌금으로, 경희궁 맞은편에 4칸의 한옥을 구입했다. 그리고 새 예배당을 건축하게 되었다. 제직회와 청년회가 조직되는 1898년에 이르러 교인은 531명이 되었고 학생은 215명에 이르렀다. 1904년에 송순명이 장로가 되면서 정식으로 당회를 재시작할 수 있었다.[219]

---

218 S. A. Moffett to Dr. Ellinwood, "Report of Church Session," Feb, 1891.

219 차재명, 『朝鮮예수敎長老會史記』 上, 조선예수교장로회 총회, 1928, pp.109-110.

11장.
내륙(內陸)으로의 선교지 확보 모색

아펜젤러나 언더우드 등 조선에 처음 발을 디뎠던 선교사들은, 조선 정부의 엄격한 통제에 따라, 2년여 동안을 서울과 제물포 안에서만 활동했다. 프랑스 신부들은 공개적으로 이런 규제를 무시했다. 반면 미국 선교사들은 조선 정부의 정책을 지켰다. 선교사들은 때때로 조선 정부의 허락이 나오면, 지방을 여행하면서 선교 영역의 확대를 꾀하려 했다.[220] 당시 재경선교사들이 가장 중요하게 생각한 선교 루트는 서울에서 평양을 거쳐 의주까지 이르는 길이었다. 그것은 로스(John Ross)의 결실들을 염두에 두었기 때문이고, 선교의 효율을 기대했기 때문이다.

1. 1887년의 순회전도여행

1887년 4월, 아펜젤러는 주미공사 딘스모아(H. A. Dinsmore)를 통해, 고양과 송도 등을 거쳐 평양을 다녀오는 26일간의 순회전도여행을 다녀올 수 있는 호조(護照)를 받았다. 1886년의 조불통상수호조약에 따

---

220 M. N. Trollope, "The Island of Kang-hoa," 朝鮮 *The Morning Calm*, 1894년 11월호.

라 프랑스 신부들에게 여행권과 포교권을 인정했던 터라 조선 정부로서도 거절할 명분이 없었다. 본래 북장로교 의료선교사 헤론과 함께 동행하기로 했으나 제중원을 비울 수 없어 제물포 세관의 헌트(Leigh S. J. Hunt)와 함께 답사 여행을 시작했다.[221]

아펜젤러 일행은 4월 13일에 서울을 출발, 고양, 파주, 임진, 송도, 금천, 통천, 평산, 서흥, 봉상, 황주 등을 거쳐 23일에 평양에 도착했다. 그들은 평안감사 남정철(南廷哲)의 영접을 받았고 10일간 머물면서 평양을 살펴볼 수 있었다. 제너럴셔먼호의 진상과 로스(John Ross)와 매킨타이어(John McIntyre)의 열매를 확인하고 싶었지만 바람대로 되지 못했다.[222] 조선의 두 번째 도시도 엄격히 금교 정책을 시행하고 있었기 때문이다.

> 인간적인 관점에서 볼 때 이 백성의 도덕 상태는 절망적인 것으로 보이지만, 나는 인간을 구원하시고 인간을 고양시키시는 하나님의 은혜를 믿는다. 그들의 심령에 쏟아 부으신 그리스도의 피가 아니고서는 아무 것도 그들을 죄에서 구원해 낼 수 없다. 그들은 그들의 세속적인 상황에 눈뜨고 있지만, 동시에 그들의 눈이 영적인 필요에 눈뜨게 되기를 바란다. 주님, 그날을 속히 허락하소서. 이곳에 당신의 제자들을 두고, 그들과 만나고, 가르쳐 달라고 요청받고, 그들이 다시 친구들을 불러오고 하는, 이 모든 것은 즐거운 일이다. 지금은 씨 뿌릴 시기, 좋은 씨가

---

221 알렌이 조선 왕실의 요청으로 미국특파 전권대사 박정양(朴定陽)의 수행원으로 가는 바람에 헤론은 제중원을 비울 수 없었다.
222 H. G. Appenzeller's Diary, April, 28, 1887. 아펜젤러는 일기에서 평양 사람들은 제너럴셔먼호 사건을 알고 있었지만 배 한척이 몇 년 전에 여기에 왔다는 말만 할 뿐 더 이상 자세한 이야기를 하지 않았다고 기술하고 있다.

싹이 나고 뒷날 풍성한 추수를 할 수 있게 하소서.[223]

아펜젤러가 본 평양의 도덕성은 절망적이었고, 세속적 쾌락을 추구하는 곳이었다. 그러나 선교사의 영혼 구원의 의지는 더욱 강해졌다. 그의 말대로 그때는 "씨 뿌릴 시기"였던 것이다. 아펜젤러는 그것을 확인하고 돌아왔다.

1887년 10월, 조선 정부는 주미공사 딘스모아(H. A. Dinsmore)의 요청을 받아들여, 언더우드에게도 호조(護照)를 발행해 주었다. 개성과 솔내, 평양을 거쳐서 의주까지 다녀오는 4주간의 여행은 선교 거점(mission station)의 취득과 확보를 위한 것이었다.[224] 그때 그는 조불조약(朝佛修好通商條約)에 의거, 호조를 소지하면 조선 어느 곳이든 부동산을 소유하고 거주할 권리를 가질 수 있다고 착각했다. 조선 각 지역에 병원과 학교 등 선교 거점을 마련할 수 있다고 오해했던 것이다.[225]

언더우드는 세례를 기다리던 솔내교회 교인 4명에게 세례를 주었고 4주간의 여행을 통해 모두 20명 이상에게 세례를 베풀 수 있었다. 그는 엘린우드에게, "서울 한 복판에 나가 공개적으로 전도하지만 않는다면, 즉 보수파들의 적대감을 불러일으키는 방식만 아니라면, 조선 정부가 선교를 방해하지 않을 것이며 선교 사업을 지속할 수 있을 것"이라는 편지를 보냈다. "선교사들을 더 보내 주면 주요 도시마다 선교 지부를 세우겠다"는 의지도 표명했다.[226] "씨를 뿌리는 동시에 뿌려진 씨의 열매를 거두는 시기"라고 확신했던 것이다.[227] 의주와 솔내에서 상당수의

223 H. G. *Appenzeller's Diary*, May, 1, 1887.
224 H. G. Underwood, *The Call of Korea*, (Fleming H. Revell Company, 1908, London and Edinburgh), p.137.
225 H. G. Underwood, " A Powerful Appeal from Korea, *Missionary Review of the World* March, 1888, pp.209-210.
226 엘린우드에게 보내는 언더우드의 편지, 1887년 11월 27일자.
227 H. G. Underwood, *The Call of Korea*, Fleming H. Revell Company, London, 1908, p.136.

세례 지원자들을 만날 수 있었기 때문에 그런 자신감이 들었던 것이 사실이다.[228] 그러나 그의 기대나 자신감만큼, 선교 거점을 확보할 수 있던 상황은 아니었다.

2. 1888년의 순회전도여행

1888년, 아펜젤러는 언더우드와 함께, 북쪽으로의 두 번째 순회전도 여행을 시도했다. 평양 여행을 마치고 돌아온 직후, 매킨타이어(J. McIntyre)로부터 세례를 받았던, 의주 출신의 매서인 최성균이 아펜젤러를 방문한 것이 계기가 되었다. 최성균은 평양에 세례를 기다리는 많은 교인들이 있다는 것과 교회가 세워지기만 기다리고 있다는 소식을 전했다.[229] 선교사 두 사람 모두 평양에 선교 거점(mission station)이 세워지기를 기대했다. 두 사람은 의주를 넘어 만주까지 가려 했다.

주미공사 딘스모아(H. A. Dinsmore)는 조선 정부가 발행한 호조를 넘겨줄 때, 전도활동이나 세례 주는 일을 해서는 안 된다고 강하게 요구했다. 천주교 선교사들이 지역 관리들과 충돌하는 사건들이 발생하고 있었기 때문이다. 그렇지만 언더우드는, 미국인들이 선교 목적으로 지방을 다닌다고 알려져 있는 상황에서, 굳이 숨길 필요가 없다는 입장이었다.[230]

이들이 개성을 거쳐 평양에 이르렀을 때 미국 공사관으로부터 긴급 귀경 통보를 받았다. 천주교가 조선 정부의 허락 없이 명례방(명동)성당

---

228 L. H. Underwood, *Underwood of Korea*, New York: Fleming H. Revell Co., 1918, pp.62–63.

229 *ARMC*, 1887, p.314.

230 엘린우드에게 보내는 언더우드의 편지, 1887년 12월 14일자. 언더우드는 궁궐의 내시들에게도 선교여행에 대해 주저 없이 말하고 있다.

건축을 강행했고, 그로 인해 조선 정부로부터 '전교(傳敎) 금지령'이 발동되었기 때문이다. 이들이 급하게 돌아왔을 때, 달포 가량 계속된 이른바 '영아소동'과 선교사 배척 운동이 일어나고 있었다. 이후 외국인들의 선교활동뿐만 아니라 지방으로의 순회전도여행도 금지되었다. 조선 정부가 갖고 있던 적개심은 프랑스 예수회를 향한 것이었지만, 기독교 선교사들에게도 영향을 미쳤다.[231]

선교사들의 북부지방 여행이 막히자, 1888년 11월 25일, 미 감리회 한국 선교회는 조선인 매서인 두 사람을 북부 지역으로 파송했다. 그중 한 명은 평양에 들어가 살면서, 작은 규모이지만, 정기적으로 집회를 인도했고 주변 마을로 다니면서 성경을 팔고 복음을 전했다.[232] 조선인 매서인들은 열심과 활동도 선교사들 못지 않았고, 선교 거점의 기반을 확보하는 데 적지 않은 역할을 했다.

3. 1889년의 순회전도여행

왕후 민 씨의 시의(侍醫) 호튼(Lillias Horton)과 결혼한 언더우드는 신혼여행을 겸해 세 번째 순회전도 여행을 계획했다. 1889년 3월 14일, 송도, 솔내, 평양, 강계를 거쳐 압록강변의 마을을 두루 다니고, 의주에 들렀다가 서울로 돌아오는 여정이었다. 이 여행에서 세례를 받고 싶어 하는 100여 명의 의주 사람들을 만났다. 언더우드는 1889년 4월 27일

231 L. H. Underwood, "No Call for timidity in Korea," Church at Home and Abroad, August, 1892, pp.144-145.

232 *Annual Report of the board of Foreign Missions of the Methodist Episcopal Church*, 1889, p.291. 조선 정부의 통제와 기독교에 대한 분노가 수그러 들고 있을 때인, 1888년 8월, 아펜젤러는 존스(G. H. Jones)와 함께 원주와 대구, 부산으로 이르는, 15일간의 여정으로 순회여행을 다녀왔지만, 이것은 선교지 파악을 위한 답사의 성격이 강했다.

세례문답을 거친 지원자 33명을 배에 태우고 압록강을 건너 중국령에 이르렀을 때 세례의식을 거행했다. 절대로 가르치지 말고 세례도 주지 않아야 한다는 딘스모아의 경고에 기지를 발휘한 것이었다. 여행을 떠나기 전부터 계획된 행동이었다.[233]

1889년 10월 아펜젤러는 스크랜튼과 평양을 방문할 수 있었다. 파송 매서인들의 활동과 선교 거점이 가능한지를 확인하는 작업이었다. 1890년 8월에는 이를 위해 아펜젤러가 다시 북쪽 지방을 순회했다. 솔내를 포함한 황해도 지역과 평양을 거쳐 의주에 이르는 긴 여정이었다. 이때 육영공원 교사를 맡고 있던 헐버트(Homer Hulbert)와 조선 선교사로 막 입국한 북장로교회의 마펫(Samuel Austin Moffet)이 동행했다.[234]

아펜젤러와 마찬가지로 마펫은 선교 거점 가능 여부를 확인하려 했고, 헐버트는 일본으로부터 들여오던 석탄을 조선 내부에서 공급받을 수 있는지 알아보려 했다. 아펜젤러는 이틀 동안 평양에 머문 뒤 의주로 떠났고, 평양에서 석탄을 공급받을 수 없다는 것을 확인한 헐버트도 곧바로 서울로 돌아갔다. 마펫은 약 2주간 평양에 더 머문 뒤 서울로 돌아갔다.[235] 이때 마펫은 자신의 활동 거점으로 평양을 마음에 두었다.[236]

---

233 엘린우드에게 보내는 언더우드의 편지, 1889년 5월 26일자. 딘스모아와 조선 정부는 이를 문제삼았지만, 두 사람의 결혼 선물로 100만 전을 하사했던 명성황후는 신혼여행에서 돌아온 언더우드 부인에게 금팔찌와 진주반지를 하사했다.
234 1889년 4월 15일 조선 선교사로 임명되었고, 1890년 1월 서울에 도착했다.
235 Graham Lee, Letter to Ellinwood, December 22, 1892.
236 엘린우드 후임으로 북장로교 선교부 총무가 된 로버트 스피어(Robert E. Speer)는 "평양은 조선 내에서 가장 어려운 선교지역 중의 하나"라고 생각하여 평양에 선교 거점을 마련하는 일에 소극적이었다. 언더우드는 전략적 차원에서 평양을 가장 중요한 선교 거점지(mission station)로 판단하여, 이미 1887년 3월부터 평양에 선교지부를 개설해야 한다고 해외선교부를 설득하고 있었다. 물론 서울에서의 역할 때문에 허락되지 않았고, 결국 마펫이 평양으로 가게 된 것이다.

4. 1891년 이후의 순회전도여행과 평양에 선교 거점 마련

1891년 2월 말, 마펫은 순회전도여행을 다시 시작했다. 서북 지역과 의주 그리고 센양(瀋陽)까지의 여정이었다.[237] 3개월 정도 걸린 이 여행에 게일(James Scarth Gale), 요리사 최윤화, 어학선생 서상륜, 조사 백홍준이 동행했다. "전도, 조선어 연습, 지리 답사, 조선인에 관한 연구 및 의주와 만주 지역에서의 선교 사업 진행상황의 답사"를 내세웠지만, 평양에 선교 거점을 마련하기 위한 정탐 여행이었다.[238] 이 여행에서 마펫은 센양에서 만주 선교의 대부요 조선 선교의 선구자인 존 로스(John Ross)를 만났고 그의 사역을 직접 볼 수 있었다. 그는 후일 장로교 선교의 방법, 곧 네비우스 선교방법(Nevius Method)으로 일컬어지는, 엄격한 자립(自立), 자조(自助), 자선(自宣)의 선교 방식의 도입을 구상했다. 여행을 마치고 돌아온 마펫은 이렇게 진술했다.

> 이번 3개월간에 걸친 여행에서, 우리는 수천 명에게 복음의 씨앗을 뿌렸습니다. 동시에 조선에 대한 그동안의 내 생각을 수정하게 되었습니다. 우리는 이 기간 동안 어떤 난처한 일이나 불쾌한 봉변을 당하지 않았습니다. 단지 외국인에 대한 의심에서 오는 약간의 반발은 당했습니다. 그렇지만 복음 진리에 대한 반대도 찾아보지 못했습니다.[239]

---

237 마펫은 개성을 거쳐 평양에 당도했고, 안주와 박천을 지나 용천과 의주에서 잠시 머물렀다. 압록강을 건너 만주까지 갔고 돌아오는 길에는 강계를 거쳐 함흥과 원산을 지나 철원을 거쳐 서울로 돌아오는 긴 여정이었다.

238 S. A. Moffett, "Evangelistic Tour in the North of Korea," *The Church at Home and Abroad for October, 1891*, (Philadelphia : Presbyterian Board of Publication Sabbath School Work), pp.329-331.

239 *Loc. cit.*

마펫(Samuel Austin Moffet)은 수차례에 걸쳐 서북지방과 평양을 탐색했다. 선교 거점을 확보하는 것은 확인에 확인을 거듭해야 할 일이었다. 치외법권 지역을 벗어나는 것은 생명을 걸어야 하는 일이기 때문이다. 외교 관리들이 상주하고 있는 곳에서는 언제든 도움을 요청할 수 있지만 그 외의 지역은 선교사들을 적극적으로 보호해 줄 기관이 없었다. 때로 권총을 휴대하지 않으면 안 될 정도로 안전하지 않았다. 그만큼 서울을 떠나는 일은 신중해야 했다.

1891년 가을 마펫은 북장로교의 브라운(Hugh Brown)과 1892년에는 빈턴(C. C. Vinton)과 조사 한석진, 1893년 2월에는 그래함 리(Graham Lee)와 북감리교 의료선교사 윌리엄 홀(William J. Hall), 노블(W. A. Noble) 등과, 1893년 3월에는 북장로교의 스왈렌(William L. Swallen)과 함께 평양을 찾았다. 1892년에만 여섯 차례에 걸쳐 서북 지역을 지속적으로 탐색했다. 1893년 11월에는 평양으로 이주해 선교를 시작했다. 평양 주재 첫 개신교 선교사라는 명예는 그렇게 얻어진 것이다.

한편 1891년 4월 북감리회의 존스(George Heber Jones)도 별도로 평양을 방문했다. 학습상태에 머물고 있는 세례지원자가 5명이 있다는 것을 확인한 그는 평양에 주재 선교사를 파송해야 한다고 강하게 요청했다.[240] 1892년 3월 윌리엄 홀과 재차 평양을 방문해서, "의료선교사라면 평양이든 의주든 거주하는 데 아무런 방해도 없을 것"이라는 보고서를 냈다.[241] 이때 동행했던 홀은 자신의 선교지를 평양으로 정했고, 이후 수차례 서울과 평양을 왕복하며 이주 준비를 했다. 1893년 2월 로제타(Rosetta Sherwood Hall)와의 신혼여행에서 돌아온 뒤, 홀은 노블, 마펫 등과 다시 평양을 찾았고, 교회, 학교, 병원사역을 위해 평양 서문(정해

---

240 *ARMC*, 1891, p.272.
241 *Ibid.*, 1892, p.292.

문)안 서문통(대찰리)에 엽전 5천 5백 냥을 주고 가옥을 구입했다.[242] 그리고 1894년 2월 자신의 조사(Helper) 김창식과 평양으로 이주했다.[243] 그렇지만 서양 종교에 대한 의구심과 배타심이 여전히 극심했다는 것이 이 과정에서 선명하게 드러났다.

당시 선교사들에게는 평양의 부동산을 살 권리가 주어지지 않았다. 홀은 김창식의 명의로, 마펫은 한석진의 명의로 가옥을 구입했다. 일본인들과 성공회 선교사들이 부동산을 구입해 거주하고 있어, 큰 문제가 없을 것이라고 판단했다. 그러나 외국인이 가옥을 매입했다는 소문이 퍼졌고, 1894년 5월 10일, 평양관찰사 민병석은 체포령을 내려 김창식과 한석진 그리고 집을 판 집주인 등을 체포했다.

관찰사는 고문하고 배교를 강요했다. 듣지 않자 이들에게 사형명령을 내렸다. 홀이 급하게 서울의 스크랜튼에게 전보를 보내고, 스크랜튼이 영국 공사와 미국 영사에게, 두 외교관이 위안스카이를 통해 고종 임금에게 진언했다. 구금된 사람들은, "구타당해 죽기 직전의 상태로" 겨우 석방될 수 있었다.[244] 평양 감영에서 사형선교를 받고 목숨을 건진 경우는 이들이 처음이었다.[245]

1887년부터 1894년까지 기독교 선교사들은 50여 차례에 달하는 탐색을 겸한 순회전도여행을 했다. 북장로교회의 스왈렌(W. L. Swallen)과 게일, 북감리교의 맥길(William McGill) 등은 원산, 철원 등 동부 지역을 탐색하며 선교지 확보에 나섰다. 1892년 가을에 올링거(F. Ohlinger)가 원산을 순회전도여행을 했고, 미국 남장로회에서도 1892년부터 호남

---

242 *Ibid.*, 1893, p.250. 홀은 구입한 한옥에서 교회, 의료, 교육사업을 동시에 시작했다. 교회는 남산현교회로, 격물학당은 광성소학교(광성중·고등학교)로, 병원은 평양기독병원으로 발전했다.
243 배재 졸업생 노병선이 통역으로 와서 홀을 도왔고 홀 부인이 6개월 된 아이와 이화학당 졸업생 박에스더를 데리고 5월에 합류했다.
244 셔우드 홀, 김동열 역, 『닥터 홀의 조선회상』(서울:좋은씨앗, 2003), p.127 이하.
245 *Ibids.*, pp.406-407.

지역을 탐색했다. 레이놀즈(W. D Reynolds)가 공주를 방문했고, 1893년에는 젼킨(W. B. Junkin)과 테이트(Mattie S. Tate)가 전주 지방에서 노방전도를 하며 선교 거점 마련에 힘을 썼다. 1894년에는 레이놀드와 드루(A. D. Drew)가 전라도 전역을 다니며 전도활동을 하면서 선교 거점 마련을 위해 온 힘을 다했다.

조선에 온 선교사들은 심한 박해를 무릅쓰고 참담할 정도로 주거 환경이 열악했던 조선의 내륙 곳곳으로 들어가 선교 거점을 마련했다. 복음이 조선 곳곳으로 퍼져 나갈 수 있었던 이유이다.

12장.

여러 교파의 조선 선교

1884년, 알렌을 시작으로 기독교 선교사들이 입국했지만 1888년까지도 본격적인 선교활동이 진행되지 못했다. 조선 정부의 엄격한 통제가 있었고, 1888년 4월 28일 고종의 전도금지령, 5월의 '영아소동'도 있었다. 그런데 고종이 금교령을 내린 것에는 조선 지식사회의 거센 반발이 한 원인이 되었다. 12월 이후, 이러한 반발이 수그러들었고, 1889년 들어서면서 금교령은 거의 사문화되었다. 정치적 상황에 의해, 기독교 선교사들에 대한 왕실의 대우는 최상에 이르렀다.[246] 정부의 통제가 완화되고 선교의 환경이 나아지자 여러 교파들의 조선 선교가 본격적으로 시작되었다.

1. 성공회의 선교

전술한 대로, 1882년, 스코틀랜드 성서공회는 일본 요코하마에 주

---

246 E. M. Cable, "Beginning of Methodism in Korea" *Within the Gate,* ed. Charles A. Sauer, Seoul: The Korea Methodist News Service, 1934, p.14.

재하고 있던 선교사 톰슨(J. Austin Thomson)에게 만주의 로스가 번역한 조선어 성서를 반포하도록 지시했었다. [247] 이에 일본인 권서인 나가사카(長坂)를 부산으로 보내 1886년, 그가 세상을 떠날 때까지 성경을 반포하도록 했다. 1884년에는 톰슨 내외가 일본 감리교인인 스가노(管野) 부부, 미우라(三浦) 등과 부산으로 건너와 성서보급소를 설립해 1886년까지 활동했다. 물론 활동범위가 일본인 거류지인 초량에 제한되었기 때문에, 성서가 활발히 보급되지 않았고 복음도 전해지지 않았다. [248]

1887년 영국성공회 해외선교부(Society for the Propagation of the Gospel in Foreign Parts, SPG) 소속이었던, 북중국 푸조우에서 활동하던 스콧(C. P. Scott) 주교와 일본 선교사로 있던 비커스테스(E. Bickersteth) 주교가 부산에 도착해서 조선 선교의 가능성을 타진하면서 영국의 조선 선교가 시작되었다. 이들의 요청에 캔터베리 대주교는, 북중국에서 군종사제로 활동하고 있던, 영국 해군 군종신부 출신의 코르프(Charles John Corfe)를 조선 선교사로 임명했다. 코르프는 1889년 11월 1일, 웨스트민스터 대성당에서 주교로 축성되었고, 다음 해 9월 29일, 두 명의 의료인이었던 와일스(J. Wiles)와 랜디스(E. B. Landis)와 함께 제물포에 도착했다.

코르프는 영국성공회 해외선교부(SPG)를 통해 동역자를 구했고, 이에 트롤로프(M. N. Trollope) 신부를 비롯해 스몰(R. Small), 워너(L. O. Warner), 포우널(J. H. Pownall), 데이비스(M. W. Davies)가 조선 선교를 자청했다. 해군군종 시절의 동료들은 "해군병원기금(The Hospital Naval Fund)"과 "한국을 위한 선교기도후원단체(Association of Prayer and Work for Korea)"를 설립해 그를 도왔다. 여기에 해외선교부는 성공회 본부 교

---

247 Annual Report of the National Bible Society of Scotland for 1887; p.39, 백낙준, 『한국개신교회사 1832-1910』, p.160 에서 재인용.
248 당시 조선 정부는 부산에서의 일본인 활동 범위를 초량에 한정했다.

육기금(The Education Fund)과 어린이기금(The Children's Fund) 등을 통해 적극적으로 지원했다.[249]

성공회도 예외 없이 의료 선교부터 시작했다. 코르프가 '해군병원기금(The Hospital Naval Fund)'을 받을 수 있었던 이유는, 조선 정부의 방침에 따라 의료사업을 통해 선교를 시작했기 때문이다. 조선 정부의 규제가 약화되면서, 코르프는 서울을 포함 인천, 수원, 강화도 등으로 선교지를 확장했다. 성공회는 의료, 고아원 등 사회복지 선교나 인쇄소를 통한 문서선교를 주된 사업으로 펼쳐 나갔다. 서울과 제물포에 약국과 병원을 개원했던 것은 그런 선교 정책의 결과였다.[250]

1892년 12월 고종 임금은 영국총영사에게 해군교관 파견을 요청하고 1893년 3월에는 해군학교 설치령을 반포했다. 그리고 근대식 해군의 창설과 장교를 양성하기 위해, 강화도에 수사해방학당(水師海防學堂)을 설치했다.[251] 성공회의 강화도 선교는 조선 정부의 이러한 정책과 맞물려 있었다.

1893년 봄, 강화도를 방문한 코프(C.J. Corfe) 주교는 그해 7월 워너(L.O. Warner) 신부를 강화에 파견했고 강화 선교를 시작하도록 했다. 해군 교관 콜웰 (Callwell)과 그의 부관 커티스(Curtis)가 영어를 가르쳤기 때문에 주민들과 쉽게 접촉할 수 있었다. 성공회 선교사들은 강화를 "선교활동 최적지"로 판단하고 본격적인 선교활동에 들어갔다. 강화유수가 수사해방학당 당장이었기 때문에 성공회의 강화선교는 거침이 없었다.[252]

1893년 7월, 강화 갑곶이에 조그만 집 하나를 월 6불에 세를 내고,

---

249 朝鮮 *The Morning Calm,* July 1890.
250 M. N. Trollope, "The Church of England Mission in Korea and the Province of Shinking in Manchuria," *Korean Repository*, 1898, 12월, p.474.
251 강화유수 민응식이 학당장에 임명되었다.
252 미 감리회는 강화유수로부터 입도를 거부당했다.

워너(Leonard Warner)가 살면서 선교활동을 시작했다. 1897년 2월에 이곳을 성 니콜라 회당으로 명명하고 교회로서의 모습을 갖추어 나가기 시작했다. 1897년 6월 25일에는 강화읍에 고가(古家) 하나를 구입해 강화읍성당을 축성했다.

워너 신부가 건강상 이유로 강화도를 떠나자, 코프는 트롤로프를 단장으로 5명의 선교사를 파송했다. 1900년 강화 난저골에 4년제 "진명학교"를 설립했고, 트롤로프는 1906년 온수리에 동서 절충식 강당형의 성당을 설립했다. 1908년에는 온수리에 "성모마리아 여학교"를 설립했다.

성공회는 영국국교회라는 혜택을 갖고 선교를 시작했다. 영국 정부의 적극적인 보호와 지원 그리고 지시에 따라 움직였던 것이다. 성공회 교인들은 치외법권적인 권리를 누릴 수 있었다. 그렇지만 그런 이유로 영일동맹이라는 한계를 극복하기 어려웠다.[253] 국가의 목표와 교회의 목표가 동일했고 한국인들뿐만 아니라 한국 내의 영국인과 일본인들을 선교 대상으로 삼았기 때문에, 상대적으로 한국인들의 열심을 이끌어내지 못했다. 또한 자립, 자조(自助), 자선(自宣)의 방식을 도입할 수 없었기 때문에 적극적이고 자발적인 선교로 이어지지 못했다.

2. 러시아정교회

러시아정교회도 국가의 목표와 교회의 목표를 동일시했다. 16세기 이후, 정교회 세례를 받게 하는 것은 러시아 황제에게 충성하도록 한다

---

253 1902년에 영국성공회는 일본과 맺은 영일동맹의 혜택을 누리게 된다. 영국과 일본과의 외교 관계에 따라 영향을 받기는 하지만, 최소한 일본이 만주사변을 일으키기 전까지 치외법권적인 혜택을 누렸다.

는 것과 동일시되었고, 러시아 사회 질서를 수용하겠다는 의미였다.[254]

러시아정교회의 조선 선교는 1884년의 조아통상조약(朝俄通商條約)이 수립된 이후 16년이 지난 1900년 2월 17일, 서울 선교부(Seoul Mission)를 세운 이후부터 공식화되었다. 결정적인 계기는 1889년 4월 1일, 조선 주재 러시아 공사관 서기 니콜라이 슈이스키(Nikolain Shuiskii)가 작성한 상황 보고서에서 비롯되었다. 그는 "한국에서 정치적 영향력을 행사하기 위해" 그리고 천주교회와 기독교의 전도 사업을 막기 위해 정교회를 세워야 한다고 강조했다.[255]

1897년 7월, 러시아정교회 신성종무원(Holy Synod)은 서울에 선교부 설립을 결정하고 선교부 책임자로 암브로시 구드코(Amvrosii Gudko)를 임명했다.[256] 러시아 황제 니콜라이 2세(Nikolay II)는 건축비 2만 5천 루블과 교회 유지와 근무자들의 급료를 위해 연 5천 루블을 지출하도록 했다.[257] 그러나 고종 임금이 아관파천을 끝내고 경운궁으로 환궁한 상태였고 독립협회가 반(反) 러시아 운동을 펼쳐지던 때여서 그 진행이 순조롭지 못했다.[258]

한국 정부와 러시아의 관계가 호전되면서 수사 부제 니콜라이 알렉세에프(Nikolai Alekseev)는 1899년 중반 서울에 도착할 수 있었다. 이어서 서울 선교부의 책임자로 임명된 수사 신부 흐라산프 쉐트콥스키(Khrisanf Shchetkovskii)와 시낭송자로 결정된 요나 레브첸코(Iona Levtsen-

---

254 남정우, "러시아 제국 시대 국가와 교회의 관계성 그리고 선교에 대한 연구," 『선교와 신학』, Vol.23, 2009, pp.56-57.

255 Pak Chong Hio, "Ocherk sozdaniia russloi praboslavnoe tsekvi v Koree," Moskva, 1996, pp.1-2참조.

256 여기에는 공관 외교관들 외에 150여 명의 정교도인이 있음에도 사제와 교회가 없다는 러시아 공사관의 폴랴노프스키(Z. M. Polyanovskii)의 보고서도 중요한 역할을 했다.

257 Pak Chong Hio, op.cit., p.3.

258 블라디보스토크를 떠나 서울로 입국하려 했던 러시아 사제단 일행은, 신임 주(駐)조선 대리공사 마튜닌(N. G. Matiunin)의 지시에 따라, 블라디보스토크로 되돌아가야 했다. 이때 러시아 정부는 조선 정부가 정교회 사제단의 입국에 반대한 것을 문제 삼아 서울에 주재했던 러시아 재정고문과 군사교관 그리고 러시아은행의 모든 임원들을 일방적으로 철수시켰다.

ko)가 합류했다. 그리고 1900년 2월 17일 러시아정교회 성당이 축성되면서 선교활동이 시작되었다.[259]

1904년까지 영세 교인이 전체 14명에 불과할 정도로 러시아정교회의 선교 결과는 미미했다. 그것은 러시아정교회가 러시아 정부의 집행자라는 인상 때문이었다. 대한제국 정부와 러시아 간의 외교 문제로까지 비화되었던, 심각한 교폐문제 때문이기도 했다.[260]

노일 전쟁이 발발했을 때, 일본군의 추방령에 따라 러시아정교회 서울선교부는 철수해야 했다. 1906년에 다시 돌아와 활동했지만, 1917년의 볼셰비키 혁명이 발발하자 또다시 철수해야 했다. 국가 종교가 가지고 있던 한계를 극복하지 못했던 것이다.

3. 호주 빅토리아주 장로교회의 선교

1859년에 형성된 호주 빅토리아주 장로교회(The Presbyterian Church of Victoria)는 곧바로 노회 등 교회 정치조직을 구체화하면서 해외선교위원회(Foreign Mission Committee)를 조직했다.[261] 그렇지만 그 대상은 호주 원주민, 중국 이민자, 뉴헤브리데스 주민들에게 기울어져 있었다.[262] 따라서 빅토리아 장로교회의 조선 선교는 조셉 데이비스(Joseph Henry Davies)의 개인적인 결단에 의해 시작된 것이다.

---

259 이날 제물포에 들어와 있던 러시아 해군들이 성가를 불렀고, 파블로프 공사와 한국에 거주하는 러시아인들, 대한제국 황실사절, 주한 외교사절단 등 많은 인사들이 참석했다.
260 1901년에 일어난, 일명 '정길당 사건'은 러시아 국적의 조선인 여자가 한국인들에게 위세를 부리고 한인들을 잡아다가 사형(私刑)을 가한 사건이다.
261 호주 빅토리아주 장로교회는 1859년 4월 7일 빅토리아대회(Synod of Victoria), 빅토리아 자유장로교회(Free Presbyterian Church of Victoria), 빅토리아연합장로교회(United Presbyterian Church of Victoria) 등 장로교파들의 연합을 통해 설립되었다.
262 Frandk Paton, "The Home Base," *Korea Mission Field,* February 1921, p.23.

1885년 중국 푸조우(福州)의 영국성공회 교회선교회(Anglican Church Mission Society, CMS)는 중국인 선교사 두 명을 부산에 파송해서 선교 가능성을 확인했다. 푸조우의 울프(John R. Wolfe) 부주교는, 1887년 부산을 방문한 뒤, 캔터베리 대주교에게 즉시 선교사를 파송해 줄 것을 요청했다.[263] 그러나 그 요청이 곧바로 받아들여지지 않았다.

부산 방문기와 조선 선교를 간청하는 울프의 호소는 호주 멜버른의 매카트니목사(H. B. Macartney)에게 보내졌다. 이 편지를 받은 메카트니는 이 글을 자신이 발간하는 선교잡지 *The Missionary at Home and Abroad*에 "News from China"라는 제목으로 게재했다.

32세의 데이비스는 호주 영국성공회 교회선교회(Anglican Church Missionary Society, CMS)의 파송으로, 1876년 20세 나이로 대학 재학 중에 인도에서 사역했다. 열병에 걸려 2년 만에 돌아와야 했지만 인도선교에 대한 꿈을 접지는 않았다.[264] 그런데 월프(John R. Wolfe)의 글을 읽은 후 조선 선교로 마음을 바꿨다. 이를 위해 빅토리아주 장로교회로 이적했고, 멜버른 노회는 조건부로 그의 제안을 수용했다. 곧 에딘버러에서 6개월 간의 신학 교육을 마치고 시험에 합격한 후 목사 안수 받는 것이었다.[265] 묘하게 에딘버러 뉴칼리지에서 공부할 때, 데이비스는 안식년으로 돌아와 있던 존 로스(John Ross)를 만났다.[266] 이런 일련의 과정을 거쳐, 1889년 10월 4일, 누나 메리(Mary Davies)와 함께 제물포에 도착

---

263 M. N. Trollope, "The Church of Korea, London," A. R. Mowbray & Co. LTD, 1915, pp.28-29. 울프의 요청과 1887년 영국성공회 해외선교부(Society for th Propagation of the Gospel in Foreign Parts, SPG) 소속의 스콧(C. P. Scott) 주교, 주일본 성공회선교사로 있던 비커스테스(E. Bickersteth) 주교의 요청으로 영국성공회의 조선 선교가 시작되었다.

264 멜버른으로 돌아온 뒤, 데이비스는 멜버른대학에 등록하여 헬라어와 라틴어를 공부했고, 제2학년 과정을 마칠 때는 고전어 부분 특별상(Classical Exhibition)을 받기도 했다. 문학사를 받고 졸업했을 때, 그의 학적 능력을 인정하여 멜버른대학교 트리니티칼리지의 리퍼(Leeper) 박사가 그를 강사(Tutorship)로 요청하기도 했다.

265 데이비스는 에딘버러대학의 자유(장로)교회(Free Church of Scotland)의 신학교였던 뉴칼리지(New College)에서 공부했다.

266 *Davies Diary*, 1889년 2월 16일자.

했다. 호주 교회의 조선 선교는 이렇게 시작되었다.

5개월간의 언어 공부 기간, 언더우드의 도움으로, 서상륜 등과 과천, 수원, 용인 등 서울을 비롯한 인접 지역을 답사했다. 그런 탐색 과정을 거치면서 부산을 선교지로 정했다. 1890년 3월 14일 서울을 출발한 그는 부산까지 이르는 길을, 20일 동안 걸어서 갔다. 그것이 무리가 되어, 천연두에 감염되었고 폐렴이 겹쳤다. 그리고 4월 5일, 선교사 게일과 게일의 어학선생 이창직이 지켜보는 가운데 세상을 떠나고 말았다. 조선에 들어온 지 6개월이 막 지났을 때였다.[267]

데이비스의 죽음이 계기가 되어 호주 교회는 조선에 관심을 기울이게 되었다. 데이비스를 파송했던 청년연합회(Young Men's Sabbath Morning Fellowship Union)는 1891년에 존 맥카이(J. H. Mackay) 부부, 1894년에 앤드류 아담슨(Andrew Adamson) 부부, 1902년에 커렐 의사(H. Currell) 등을 파송했다. 그리고 멜버른으로 되돌아온 메리 데이비스와 데이비스 가족들의 제안이 동기가 되어, 1890년 8월 25일 호주 장로교 여전도회연합회(Presbyterian Womens Missionary Union)가 조직되었다. 이곳을 통해 1891년 세 명의 미혼 여선교사, 벨레 멘지스(Belle Menzies), 진 페리(Jean Perry), 메리 파우셋(Mary Fawcett)이 선교사로 파송되었다. 이후 약 40여 명의 여 선교사들이 파송되었다.

4. 미국 남장로교회의 선교

1891년 3월, 언더우드는 아내 릴리아스 호튼의 관절염이 악화되자

---

267 이상규, "J. H. Davies— The First Australian Presbyterian Missionary in Korea," 『고려신학보』 20집, 1991. 3, pp.22-38.

미국에서 안식년을 가졌다. 그 해 10월에 내쉬빌(Nashville)에서 열린 전미국신학교해외선교대회(Inter-Seminary Alliance for Foreign Missions)에 참가했을 때, 그는 조선 선교를 호소했다. 밴더빌트대학(Vanderbilt University)에 유학 중이던 윤치호도 강사로 참석해 그 열기는 더욱 뜨거웠다. 이 강연을 계기로 남장로교의 테이트(Lewis Boyd Tate), 존슨(Cameron Johnson), 레이놀즈(William David Reynolds) 부부, 전킨(William McCleary Junkin) 부부가 조선 선교를 결정했다. 그리고 오빠의 조선 선교 결정에 지지를 표했던 마티 테이트(Mattie S. Tate)와 여의사 린네 데이비스(Linnie F. Davis)도 동행을 결심했다.[268] 언더우드와 형 존 언더우드(John T. Underwood)가 각각 2,000불과 500불을 지원했고[269] 이들의 조선행을 거절했던 미국 남장로교회 해외선교부도 그 요청을 수락했다.

1892년 11월에 제물포에 도착한 이들은 북장로교 선교사들의 도움을 받았고, 미국 남장로교 선교회를 조직했다. 1893년 1월 28일 북장로교 선교사 빈튼(C. C. Vinton)의 집에서, '장로교 정치를 쓰는 미션 공의회(The Council of Missions Holding the Presbyterian Form of Goverment)'가 조직되었을 때, 남장로교의 레이놀즈(W. D. Reynolds)가 회장으로 선출되었다. 여기에서 남장로교회는 충청도 남부지역과 제주도, 전라도를 선교 구역으로 배정받았다. 레이놀즈는 도착한 그 해 연말 크리스마스가 지났을 때, 미국 북장로회의 마펫(Samuel A. Moffett)의 안내로 공주지방을 여행하면서 선교 기지로서의 여부를 타진한 바 있었다. 그 이듬해에는 전킨과 테이트가 함께 전주를 돌아보았다.

1898년 6월 10일, 조선 정부는 북장로교회의 스왈렌(William Swallen)에게 인전교사(因傳敎事)의 이름으로 호조(護照)를 발행했다.[270] 그것은

268 선교를 결심했던 존슨(Cameron Johnson)은 조선 선교를 포기했다.
269 이만열, 『한국 기독교 수용사 연구』(서울:두레시대, 1998), p.330.
270 "同上護照의 發給," 『구한국외교문서』, 제11권, 美案, p.364 참조.

선교를 해도 좋다는 조선 정부의 공식 입장이었다. 그런데 이미 남장로교회 선교사들이 활동을 시작하던 1893년, 조선 정부는 선교사들의 활동을 사실상 묵인하고 있었다.

동학운동과 청일전쟁의 여파로 남장로교의 선교는 1895년 12월부터 본격적으로 시작되었다. 선교사들은 비교적 수월하게 전주를 시작으로 군산, 나주, 목포, 광주, 순천, 제주도에 선교 거점(mission station)을 마련했다. 북장로교회의 평양 선교부(mission station)가 이들의 모델이 되었다.[271] 전라도의 지역적 성향이 남장로교회의 독특한 정서와 잘 맞았고, 따라서 그 속도와 결과는 기대 이상으로 나타났다.

5. 맥켄지와 캐나다장로교회의 선교

캐나다 장로교회가 교단 차원에서 공식적으로 조선 선교를 시작한 것은 1898년, 로버트 그리어슨(Robert G. Grierson)부부, 푸트(W. R. Foote), 맥래이(D. M. Macrae)가 입국하면서부터였다.[272] 그런데 그 동기를 부여한 인물은, 1893년 12월 12일 독립 선교사로 입국했던, 스코틀랜드계(系) 맥켄지(William J. McKenzie)였다.

맥켄지는 1861년 7월 15일 캐나다 노바 스코샤주의 동쪽 끝에 위치하고 있는 케이프 브레튼 섬에서 출생했다. 댈하우지 대학(Dalhousie College)과 장로교 대학에서 교육을 받았다. 그는 대학 시절에 18개월

---

271 차종순, "호남과 서북 지역 기독교 특성 비교 연구," 『한국교회사학회지』 제15집, 2004, pp.236-241.
272 캐나다인 게일(James Scarth Gale)과 말콤 펜윅(Malcom C. Fenwick)이 있었지만 이들은 독립선교사로 들어왔고, 이후 미국 북장로교와 미국 침례교 목사의 신분으로 재입국해 선교했다.

동안 라브라도(Labrador)에서 개척 전도를 했다.[273] 라브라도로 목회를 떠나는 뱃길에서 조선에 대한 책을 읽고 조선 선교에 대한 열정을 갖게 되었다.

1893년 12월 15일에 제물포에 도착한 맥켄지는 1894년 2월 3일부터 황해도 장연군 솔내 마을에 머물렀다.[274] 평소의 신념대로, 조선 오지 사람들과 똑같이 먹고 마시고 농사지으면서 복음을 전했다. 그러다가 1895년 6월 27일, 솔내의 초라한 초가집에서 열병 끝에 삶을 마감했다.

조선의 흰옷을 입었고 멍석 위에서 살았으며 "감자와 우유, 버터" 등 일체의 서양 음식을 끊었다. 솔내 사람들과 똑같이 딱딱한 목침과 흙으로 된 방바닥에 멍석을 깔고 지냈다. 밤이면 극성으로 덤비는 빈대로 인해서 잠을 잘 이룰 수가 없어도 결코 후회하지 않았다. 언더우드 부인이 보낸 빵과 건포도, 케이크며 차와 설탕도 먹게 되면 다시는 조선의 음식을 먹지 못할 것이라고 마을사람들에게 나누어 주었다. 그는 솔내 교회를 건축하고 학교를 개설했으며, 하나님의 메시지를 전하기 위해 그가 할 수 모든 것을 사용했다.[275]

1894년, 동학농민운동이 전국적으로 확산되었을 때, 솔내도 예외 없이 그 바람에 휩쓸렸다. 동학도들은 장연읍성을 공격했고, 군기를 탈취했으며 방백들과 군수를 사로잡았다. 그리고 수많은 남자들을 동학당으로 끌어들였다. 이런 가운데, 동학도들이 기독교 신자인 서경조와 맥켄지를 죽일 것이라는 소문이 무성하게 퍼졌다. 서양 선교사는 오히려

---

273 목사가 된 후에는 로우어스테윅(Lowerstewiack)에서 2년 동안 목회를 했다.
274 서경조에 의하면, 맥켄지는 평양에 있던 마펫(Samuel Austin Moffet)의 추천서를 가지고 와서 서경조에게 언어공부를 요청했다고 한다.
275 E. A. McCully, *A Corn of Wheat, or the Life of Rev. W. J. McKenzie of Korea*, Toronto: The Westminster Co., 1903, pp.149-153.

죽기로 작정이나 한 듯이, 두려움 없이 담대히 복음을 전했다.[276]

주민들은 성 조지 깃발을 달기 위해 많은 수고를 했다. 그 나무는 상당히 먼 산에서 베어 온 것이다. 부락민들은 이 기를 세우는 데 자발적으로 봉사했다. 주민들과 동학교도들은 땅을 팠고 줄을 잡아당겼으며, 곧 깃발이 올라갔다. 성 조지 기가 하늘 높이 올라가는 순간, 모인 사람들은 "주 예수 이름 높이어 다 찬양하여라"라는 찬송을 불렀다. 참석한 모든 사람들은 둘러서서 찬송가를 부르면서 즐거워했다. 이 깃발이 조선의 구석구석, 마을과 마을에 나부낄 날이 언제나 올까?

(중략)

이 깃발은 멀리서도 볼 수가 있었다. 주민들은 이 기가 무엇을 의미하는가에 대하여 많은 호기심을 가지고 있었다. 이 기는 순결과 타인을 위한 고통이라는 십자가의 의미를 나타내 주는 실물적인 교훈을 주는 역할을 하고 있다. 이 무지한 나라 사람들은 알지 못할지 모르나 그것은 온 세계가 다 알고 있는 사실이다.[277]

1894년 12월 12일 수요일 맥켄지는 솔내교회에 성 조지(St. George)의 십자가 깃발을 높이 세웠다.[278] 이 깃발을 보고 동학군들과 동학의 접주들이 찾아왔을 때, 맥켄지는 이들을 피하지 않았고 깃발을 세운 이유를 설명했다. 그리고 기독교의 복음과 구원에 대해 설명했다. 동학도

276　徐景祚, "徐景祚의 傳道와 松川敎會 設立歷史," 『신학지남』 제7권 4집, 1925년 10월호, 통권 28 호, pp.95–96.
277　E. A. McCully, op.cit., p.184.
278　Loc.cit.

들은 구원 문제에 대해 상담했고 자문을 구하기 위해 계속해서 그를 찾아왔다.[279] 이후, 동학도들의 깃발에서 척왜(斥倭)만 남았고 척양(斥洋)은 사라졌다.[280] 솔내교회에는 동학도들까지 모여들었고, "매 주일 89명 정도가 예배를 드린 극락세계"가 되었다.[281]

> …잠을 잘 수도 없고 밖으로 나갈 수도 없다. 너무 약해졌기 때문이다. 오늘 오후에는 전신이 추워지는 것을 느꼈다. 옷과 더운 물주머니가 있어야겠다. 땀을 내야겠다. 조금은 나은 듯하다. 죽음이 아니기를 바란다. 내가 한국인들과 같은 방식으로 살았기 때문에 이렇게 되었다고 말하게 될 많은 사람들을 위해서이다. 내가 조심하지 않았기 때문일 것이다. 낮에는 뜨거운 햇볕 아래서 전도하고 밤이면 공기가 추워질 때까지 앉아 있었기 때문이다.… 내 마음은 평안하며 예수님은 나의 유일한 소망이시다. 하나님은 모든 것을 이루신다. 몸이 심히 고통스러워 글을 쓰기가 너무 힘이 든다.[282]

맥켄지는 질병과 싸우며 일기의 마지막 장에 이런 글을 남겨 놓았다. 조선사람들과 똑같이 생활하던 그의 몸은 날로 쇠약해졌고 고열과 구토에 잠을 이루지 못했다. 이러한 와중에도 환자들을 치료했으며 자신이 먹을 키니네를 열이 심한 거지에게 나누어 주었다. 아직 완공되지 못한 예배당 부속실에 거처하면서, 5일간 고열에 시달렸고 급기야 정신착란 상태에까지 이르게 되었다. 손의 힘이 약해져 거의 읽어 볼 수

---

279 *Loc.cit.*
280 민경배, 『한국기독교회사: 한국민족 교회형성사』(서울:연세대학교출판부, 2007), p.162.
281 徐景祚, "徐景祚의 傳道와 松川敎會 設立歷史," p.99.
282 E. A. McCully, *op.cit.*, p.221.

없을 정도로 흐려져 있는 마지막 일기 속에는, 자신의 죽음으로 인해 조선 선교에 누를 끼치지는 않을까하는 걱정이 가득했다. 결국 1895년 6월 24일 그는 지상에서의 사역에 끝을 맺었다.[283] 낯선 땅, 벽촌 오지에서 복음을 전한 그의 헌신은 더 이상 볼 수 없게 되었다.

> 우리 솔내마을은 축복이 없는 곳이었습니다. 그러나 지금은 많은 사람들이 맥켄지 선교사의 삶을 따르려고 노력하는 곳이 되었습니다. 그러나 그의 육신은 이제 우리 곁에 없고 우리는 기도 가운데 우리를 향하신 하나님의 뜻을 알기를 소망하고 있습니다. 하나님께 간구하기는, 캐나다의 믿음의 형제들이 우리를 위한 기도를 멈추지 않기를 바라오며 또한 맥켄지와 같은 분을 우리에게 다시 보내 주시기를 소망합니다.
>
> 1895년 12월 26일 주님의 이름으로 솔내에 있는 기독교인들 올림[284]

서경조의 편지는 캐나다 장로회 총회를 움직였다. 1895년 6월 캐나다 장로교 제9회 총회는 "한국에서의 선교사역의 제안을 해외선교위원회 동양선교부에 이첩하여 연구 후 다음 총회에 보고할 것"을 만장일치로 결의했다. 1896년 4월 28일 헬리팩스에서 열린 해외선교위원회 (Foreign Mission Committee)는 2,259.26불의 맥켄지 선교사 추모기금이 있는 것을 확인했다.[285] 1897년 10월 5일에 열린 캐나다장로회의 매리

---

283 L. H. Underwood, 이만열 역, 『언더우드 한국의 첫 선교사』, p.139. 서경조는 맥켄지가 극심한 고통 속에 정신착란을 일으켰고, 결국 자살했다고 증언했다. 徐景祚, "徐景祚의 傳道와 松川敎會 設立歷史," p.100.
284 I. B. Bishop, *Korea and Her Neighbours, Vol.II*, pp.159-160, 민경배, 『한국기독교회사-한국민족 교회형성사』, p.163 참조.
285 Presbyterian Church in Canada, *Minutes of Foreign Mission Committee No. 27*, Halifax, April 28, 1896, p.2.

타임대회(Maritime Synod)에서 조선 선교를 결의했고, 1898년 2월 15일에 윌리암 푸트 부부, 로버트 그리어슨 부부 그리고 던컨 맥래이가 재한선교사로 임명되었다.

캐나다 선교사들은 1898년 7월 20일에 핼리팩스를 떠나 9월 7일 제물포에 도착했다. 환영 나온 애비슨(O. R. Avison)과 함께 하루를 지낸 후, 다음 날 정오에 서울에 도착했다. 그리고 정동장로교회에 출석해 첫 주일 예배를 드렸다. 9월 22일, 이들은 서울에서 공식적인 회합을 갖고 회장 푸트, 회계 맥래이 그리고 서기 그리어슨으로 캐나다장로교 선교회를 조직했다. 한국 선교공의회(Council of Missions in Korea)로 부터 함경도와 강원도 지방을 배정받았고 본격적으로 조선 선교를 시작했다. 만주, 시베리아, 간도 지방까지 선교 영역을 확대했고 1912년에는 용정 등에 선교지부를 설치했다.

6. 대한기독교회(침례교회)의 선교

대한기독교회(침례교회)의 선교는 북침례교 목사 고든(Adoniram J. Gordon)이 자신의 교회 내에 설립하고 훈련시킨, 보스턴선교사훈련학교(Boston Missionary Training Institute)의 제자들을 파송함으로써 시작되었다.

23세 되던 1886년에 캐나다 토론토에서 회심을 체험한 펜윅(Malcolm C. Fenwick)은 독립선교사로 조선에 왔다. 1889년부터 1893년까지 황해도 솔내에 자리 잡은 뒤, 서경조로부터 조선어를 배우며 선교활동을 했던 그는 1893년 미국으로 갔다. 그리고 3년 동안 고든(A. J. Gorden)으로부터 신학과 선교 훈련을 받았다. 1894년 4월에는 고든과 아더 피어슨 목사(Arthur T. Pierson)의 주례로 목사 안수를 받았다. 클라렌돈가(街)

침례교회의 집사이자 성공한 사업가인 사무엘 씽(Samuel B. Thing)에게 조선을 소개했고, 씽은 일찍 죽은 외동딸 엘라를 기념해서 설립한 엘라 씽기념선교회(Ella Thing Memorial Mission)를 통해 조선 선교를 추진했다.

1894년 11월, 고든의 제자 에드워드 폴링(Edward C. Pauling)은 선교 가능성을 확인하기 위해 잠시 조선에 왔다가, 다음 해 2월 말(혹은 3월 초) 아내 마벨 발렌타인 홀(Marbel Valentine Hall), 선교사 아만다 가덜라인(Amanda Gardeline)과 조선에 다시 입국했다.[286]

서울에 온 폴링 일행은 곧바로 서울의 북서쪽에 약 1,000평에 달하는 선교기지를 마련했다. 기지가 확보된 이듬 해 엘라씽선교회는 스테드맨(Fredrick W. Steadman)과 엘머(Arma Ellemr), 액클스(Sadie Ackles)를 파송했다.[287] 1895년 봄부터 이들은 전도를 시작했다. 기존 선교사들의 모범을 좇아 기독교 서적을 팔고 노방 전도, 노방 설교를 했다. 노골적인 선교를 해도 아무런 제재를 가하지 않았던 때였기에 가능했다.[288] 여러 사람들이 원했지만, 폴링은 온전히 회심한 것으로 보이는 한 사람에게만 침례를 베풀었다.[289] 그것은 엘라씽선교회가 철저함과 엄격성을 강조했던 '나이아가라 사경회(Niagara Bible Conference)'의 신학을 기반으로 했기 때문이다.[290]

---

286 고든은 폴링과 마벨, 아만다 가덜라인을 엘라씽 선교회 조선 선교사로 파송했다. 이들은 1894년 5월에 일본으로 향하는 배를 탔고, 일본을 거쳐 한국에 와서 상황을 확인하고 다시 일본으로 돌아갔다. 그 사이 폴링은 1895년 2월 14일, 약혼녀 마벨 발렌타인 홀(Marbel Valentine Hall)과 요코하마에서 결혼했다. 펜실베니아 엘림스포트(Elimsport)출신인 폴링은 루이스버그 소재 버크넬대학(Bucknell University) 시절부터 부흥회 강사로 활동할 정도로 열정적인 인물이었다.

287 "The Ella Thing Memorial Mission," The Korean Repository, July, 1896, pp.299–300. 지금의 종로구 내자동 201번지로 서울지방경찰청 자리이다. 이 부지는 몇 년 뒤 남감리교 여선교부가 매입해 사용했다.

288 Daniel L. Gifford, Every Day Life in Korea, Chicago: Student Missionary Campaign Library, 1898, p.152 참조.

289 "The Ella Thing Memorial Mission," p.300. 그 사람은 서울과 군산, 강경을 오가며 포목장사를 하던 지병석이었다.

290 나이아가라사경회는 1883년부터 캐나다 토론토에서 쉴라이에르 마허의 자유주의 신학, 다윈의 진화론, 라우센 부쉬의 사회복음에 반발하며 시작되었다. 미국 전역에 흩어져 있는 이단과 자유주의 신학의 확산 방지를 위해 성경을 아는 것이 최고의 무기라는 인식에서 비롯된

침례교회 선교가 시작되었을 때, 이미 감리교와 장로교간의 '교계예양(敎界禮讓)'이 진행되고 있던 시점이었다.[291] 이런 상황에서 엘리씽선교회는 충청도를 선교지로 선택했다. 전라도와 함께 충청도를 배정받았던 남장로교 선교부가 인력과 재정 부족으로 충청도를 포기했기 때문이다. 이에 폴링은 강경을 처음 방문하고 1896년 3월 9일부터 이곳에서 예배를 드렸다. 그리고 선교 거점을 마련했다. 2년 후인 1898년에는 서울 선교기지 매매 대금으로 옥녀봉 근처에 4,000여 평의 선교기지(mission station)를 마련했다.

1899년 말, 폴링이 미국으로 돌아가고 공주에서 활동하던 스테드맨(F. W Steadman)이 강경으로 왔다. 그때 배재학당에서 아펜젤러에게 세례를 받았던 오긍선이 그를 도왔다. 1901년, 재정적 어려움으로 엘라씽선교회는 한국에서 철수했고 재산권과 모든 권한을 펜윅(Malcolm C. Fenwick)에게 넘겼다.[292] 1906년, 교인들과 교회가 늘어났을 때 펜윅은 강경에서 전 사역자를 소집하여 대회를 열고 대한기독교회를 조직했다. 여기에서 당회가 구성되었고 펜윅은 감독이 되었다. 이후 침례교회의 선교가 계속 이어지고 확대되었다.

7. 윤치호와 미국 남감리교회의 선교

1880년 윤웅렬은 수신사 김홍집을 따라 일본에 건너갔고, 메이지유신 이후 근대화된 일본의 모습에 충격을 받았다. 이를 계기로, 전통 질

것이다. 아도니람 저드슨 고든(Adoniram J. Gordon)은 나이아가라 사경회를 주도한 인물 중에 한 사람이었다. 대부분의 학자들은 나이아가라 사경회를 1920년대부터 불기 시작한 "미국 근본주의 운동의 효시"로 보고 있다.
291 '교계예양'은 1892년 이후부터 조금씩 진행되어 1909년 일단 마무리되었다.
292 김용해, 『대한기독교침례교회사』(대한기독교침례회총회, 1964), p.14.

서 체계에 대해 의구심을 갖게 되었다. 다음 해 아들 윤치호를 일본으로 유학 보내고,[293] 그가 김옥균 일파의 일원이 되었던 이유다.[294]

조선 개화파의 젊은 지성이었던 윤치호는 아버지 윤웅렬과 함께 갑신정변에 연루되었다는 의심을 받았다. 결국 윤웅렬은 능주로 귀양을 가야했고, 윤치호는 일본을 거쳐 상하이로 망명해야 했다. 그런데 이를 계기로 미국 남감리교회가 운영하던 중서서원(中西書院) 중등과에 입학했다.[295]

신변과 장래에 대한 불안에 고통을 받았던 윤치호를 기독교의 복음이 건져냈다. 회심을 체험했고, 1887년 4월 3일 신앙고백서 원봉진교서(願奉眞教書)를 제출했다. 그리고 중서서원 교수인 본넬(W. B. Bonnel) 목사에게 세례를 받았다. 조선 최초의 남감리교 세례자가 된 것이다. 그의 말대로 "일생에 있어 제일 큰 날"이었다.[296]

1888년 10월, 중서서원을 졸업한 윤치호는 중서학원 교장 알렌(Young. J. Allen)과 본넬의 권고와 추천으로, 남감리교회에서 운영하던 밴더빌트대학(Vanderbilt University) 신학과 별과생으로 입학했다.[297] 1890년 9월에는 조지아주(State of Georgia)에 있는 에모리대학(Emory University)에 들어가 인문과 사회분야를 공부했다.

윤치호는 미국과 서양의 문명의 결실들에 찬탄해 마지않았다. "도로나 가옥들의 거대하고 물질의 화려함이 지금까지 꿈에도 보지 못한 것"

---

293 윤치호는 일본 개화 사상가요 기독교인인 나카무라 마사나오(中村正直)가 설립한 도진샤(同人社)에 입학해 공부했다.

294 무인(武人)이었던 윤웅렬이 아들을 유학시키고 개화사상을 습득하게 한 것은 자신이 당하고 있던 현실적 아픔도 한 원인이었다. 조선 말기, 정치 주도층의 60.7%가 문과 출신이었다. 무과 출신들이 정치의 중심에 들어올 수 있었던 것은 갑오개혁에 이르러서였다. 그렇지만 무과 출신의 한계는 여전했다.

295 주(駐)조선공사 푸트(Lucius Harwood Foote)와 상하이 총영사 스탈(G. Stahl)이 추천해 주었다.

296 「윤치호 일기」 1887년 4월 3일자.

297 남감리교회는 1893년부터, 밴더빌트대학 이사회와의 반목이 심해져, 이 대학에서 손을 떼고 애틀랜타의 에모리대학을 확장하기로 결정한다.

이었다. 사회의 최하층민들까지 높은 경제적 삶을 누리고 있었다.[298] 기독교의 복음이 인디언들의 사냥터요 미개한 종족의 마을인 내쉬빌을 '남부의 아테네(Athens of the South)'로 탈바꿈했다고 믿었다. 여기에 기독교와 훌륭한 정부, 개화된 사람들이 있었음을 확인했다.[299] 미국이 기독교의 원리를 쫓았기 때문에 세계 최고가 되었다고 믿었다.[300] 이러한 일이 한국에서도 일어날 수 있다고 확신했다. 기독교의 복음이 개인 구령에만 머무는 것이 아니라 한국도 개조시킬 수 있다고 판단한 것이다. 에모리 대학 학장 캔들러(W.R. Candler) 박사에게 수중에 있던 200불을 맡기며 교육 선교를 위해 써 달라고 부탁했던 이유이다.[301]

상하이 중서학원 교수로 재직하고 있던 윤치호는 1885년 3월 13일, 김홍집 내각이 본격적으로 활동하게 되면서 귀국할 수 있었다. 그는 곧바로 학부 참의로 참여하게 되었다. 요직에 있으면서도 감리교인으로서 적극적으로 활동했고, 선교사 파송을 위해 적지 않은 노력을 기울였다. 에모리의 캔들러(W. A. Candler) 총장과 상하이 중서서원 원장 알렌 등에게 조선 선교 상황을 알렸고 남감리교회의 선교를 계속해서 강청했다. 결국 남감리교회는 선교사 파송을 결정했다. 윤치호가 미국 교회를 움직였던 것이다.[302]

1895년 10월 13일, 미국 남감리회 아시아 선교감독 헨드릭스(Eugene R. Hendrix)가 중국에서 17년 동안 활동하고 있던 리드(C.F. Reid)와 함께 조선에 오면서 남감리교회의 선교가 시작되었다.[303] 1896년 5월 28일, 다시 내한한 리드는, 명성황후 시해 사건으로 인해 조선 정국이 불

---

298 『윤치호 일기』 1892년 12월 11일자.
299 『윤치호 일기』 1890년 3월 7일자.
300 『윤치호 일기』 1893년 4월 15일자.
301 『윤치호 일기』 1893년 3월 6일자, 3월 11일자, 9월 7일자 참조. 윤치호는 미국을 떠날 때 30 불을 더 맡겼다.
302 W. B. Bonnell, "Yun Tchi Ho," *The Methodist Review of Missions*, May 1896, p.627 참조.
303 그는 서울 유니온교회에서 리드의 보좌를 받으며, 윤치호의 딸 로라에게 세례를 베풀었다.

안했던 때였음에도, 남대문 안쪽 남송현에 "대단히 전망 좋은 선교부지"를 확보했다.[304] 리드에 이어서 콜리어(C. T. Collyer), 캠벨(Josephine P. Cambell) 등이 들어왔고, 1897년 5월 2일에 고양읍에 첫 남감리교회를 설립했다.[305] 다음 달인 6월 21일에 서울의 선교사 리드 집에서 드려진 공중 예배는 광희문교회 설립으로 연결되었다.[306]

1897년 11월에 콜리어(C. T. Collyer)는 개성 선교에 착수했다. 삼포막, 곧 송도 송악산 기슭 산지현(山芝峴)의 허름한 인삼 창고를 사들이고 개조해 예배당 겸 사택으로 사용했다. 이듬해인 1898년 5월에 첫 예배를 드렸다. 1898년 10월, 콜리어의 후임인 선교사 하디(Robert A. Hardie)도 이곳에서 병원을 시작했다.

교회와 병원, 선교사의 사택으로 사용했던 인삼 창고는 송도 북부 예배당이 되었고 윤치호가 설립한 한영서원(Anglo-Korean School)과 "개성 남성병원"의 모체가 되었다. 남감리회는 경기 북부 지역인 파주, 적성, 연천, 강원도 철원으로 선교 지역을 넓혔고[307] 1901년에는 북감리회로부터 원산을 이양받았다.

남감리회의 가장 큰 공헌은 토론토 의과대학 출신의 하디를 통해 일으킨, '1903년의 원산 대부흥운동'이다. 이 운동은 세계 기독교 선교역사에서 가장 그 이름을 드높였던, 1907년의 평양대각성운동으로 연결되었다. 묘했던 것은, 남감리교 내부에 실질적 힘을 발휘해 국가개조를 기대한 윤치호의 신앙 유형과 하디로 대변되는 내적 신앙 추구의 유형이 동일한 위치에서 공존했다는 것이다.

---

304 C. F. Reid, "Superintendent's Report," *Minutes of the Annual Meeting of the Korea Mission of the Methodist Episcopal Church, South,* 1897. p.5. 남송현은 지금의 한국은행 본점 자리이다.
305 미 감리회 상동교회 담임자 스크랜튼(W. B. Scranton)은 교회 청년 김주현과 김흥순을 리드 목사에게 보내어 돕도록 했다. 리드는 그들을 매서인으로 서울 근교에 복음을 전했고, 그 결실로 장년 24명과 유년 3명에게 세례를 베풀고 교회를 조직할 수 있었다.
306 이날의 설교는 윤치호가 했다.
307 *Minutes of the Annual Meeting of the Korea Mission of the Methodist Episcopal Church, South,* 1897, pp.6-9.

13장.

선고지 분할과 예양의 문제

19세기, 영미 기독교회 내부에는 교파주의(denominationalism) 의식이 치열했다. 따라서 이들 교회는 자신들의 교파 이식을 선교의 중요한 목표로 삼았다.[308] 한국 선교를 둘러싼 미국 북감리교회와 북장로교 간의 경쟁도 이런 영향 아래 있었다. 그러나 교단본부나 본국 선교부의 의지와 상관없이, 물론 경쟁이 없지는 않았지만, 정작 한국 내부에서는 적극적인 협력을 우선시 했다. 교파의 차별성을 고집하지 않았고, 오히려 초교파적 단일 교회를 지향했던 일치주의자들이 적지 않았다. 조선만큼 "각 교파 선교사들 사이에 협력과 조화가 잘 이루어진 선교지는 없었다".[309]

북감리교의 맥클래이로 인해 알렌이 합법적으로 입국할 수 있었고, 알렌의 광혜원(제중원)은 감리교와 장로교 선교사들의 거점이 되었다. 유니온 교회에서 선교사들은 함께 예배를 드렸으며, 신약성서 번역 사업도 함께 추진했다.[310] 언더우드는 영어를 배우겠다며 찾아온 조선 아

---

308 변창욱, "초기 내한 장로교·감리교 선교사간 초교파 협력의 이중적 성격−연합과 협력 vs. 경쟁과 갈등" 『선교와 신학』제14집, 2004년 12월, p.72 참조.
309 H. G. Underwood, "Division of the Field," *Korea Mission Field* 5, December 1909, p.211.
310 H. G. Appenzeller's letter to J. M. Reid, 13 October 1885.

이들을 감리교 선교부로 보내 주었고,[311] 늘 교파적 분쟁을 경계했다.[312]

언더우드가 노춘경(노도사)에게 세례식을 베풀 때 아펜젤러가 보좌했다. 1903년, 한성감옥에 갇혀 있던 이상재를 비롯한 독립협회원들에게 세례식을 베풀 때도 북감리교회의 벙커(D. A. Bunker)가 집례 했고 언더우드가 보좌를 했다.[313] 언더우드가 1887년 봄에 솔내에서 온 서경조를 비롯한 세 사람에게 세례를 줄 때도 문 밖에서 망을 보았던 사람이 감리교의 헐버트(Homer B. Hulbert)였다.[314]

선교지 분할과 교파 간의 예양정책은 선교기간의 합의에 의해 진행되었다. 한국의 전 국토를 합리적으로 분할해 그 경계를 서로 지킨다는 신사적 원칙이 있었다. 에너지를 낭비하지 않고 효율적으로 대처한다는 전략도 있었다. 치외법권지역을 벗어나 배정된 선교지를 복음화 시키겠다는 생명을 건 의지와 책임 그리고 선교적 사명의식도 있었다. 이 정책은 후일, 일본의 한국 침투라는 현실 속에서 한국 땅이 천황이 다스리는 땅이 아니라 하나님의 통치 지역이라는 인상을 갖게 했다. 자연스럽게 상실한 국토를 교회가 보존하고 책임진다는 민족적 사명의식으로 연결되었다.

---

311 언더우드가 엘린우드에게 쓴 편지, 1887년 1월 22일자.
312 언더우드가 요코하마의 북장로교 의료선교사 헵번 부인(Mrs. J. C. Hepburn)에게 보낸 편지, 1888년 2월 6일자.
313 1902년, 정권을 장악하고 있던 친러내각(親露內閣)은 독립협회 관계자들과 반대파들을 체포하여 한성감옥에 수감시켰다. 감옥에는 이승만이 수감되어 있었고, 이상재 부자와 유성준(兪星濬) 등이 있었다.
314 1903년 언더우드가 미국에 1년 반 동안 가 있을 때 새문안교회는 감리교의 헐버트와 장로교의 샤프(C. E. Sharp)가 번갈아 가며 예배를 인도했다.

1. 장로교선교연합공의회(The United Council of Presbyterian Missions)의 결성과 발전

언더우드는 복음주의자였지만 동시에 일치주의자였다. 자신이 조선에 온 것이 장로교를 이식하러 온 것이 아니고 복음을 이식하러 왔다고 외쳤다. 그리고 자기의 생전에 장로교와 감리교라는 교파의 분열을 타파하고[315] 단일 교회의 창설을 보고 가겠다는 생각을 밝혔다. 그런 이유로 미국에 안식년으로 가 있을 때, 감리교 헐버트와 장로교 샤프(C. E. Sharp)가 번갈아 가며 정동장로교회 예배를 인도하도록 했다. 언더우드는 확고한 신념과 결심으로 장로교 선교사회 내부를 설득했다. 그리고 남북감리교회의 선교지 분할과 예양을 이끌어 내는 데 결정적 공헌을 했다.

1889년 데이비스(Joseph Henry Davies) 남매가 입국하던 해에, 미국 북장로교선교회와 호주 빅토리아장로교회 간에 '미국 장로회 미션 및 빅토리아 미션 연합공의회'를 결성했다. 그리고 미국 남장로교 선교사들이 들어온 이후 그 이름을 바꿔, 미국 북장로교회, 호주장로교회와 함께 "장로교 정치를 쓰는 미션 공의회(The Council of Missions Holding the Presbyterian Form of Government)"가 조직되었다.[316] 여기에서 조선에서의 기독교(Protestant)의 신경(信經)을 제정하는 것과 교회는 각 선교회가 각기 세우되 연합해 하나의 장로교회(조선예수교장로교회)로 설립한다는 결정을 했다. 소속 선교회에 대해 치리권은 없도록 했고 권고만 있게 했다. 이 조직은 조선장로교회와 노회(老會)가 조직될 때까지는 전국 교회에 대해 치리 업무를 담당하는 기구가 되었다.

---

315 『神學世界』, 協成神學校, vol. I, No.3, 1916년 8월호, p.158.
316 여기에서 남장로교회의 레이놀즈(W. D. Reynolds)가 회장으로 선출되었다.

초대 회장이 된 레이놀즈(W. D. Reynolds)는 선교지구 분할을 제안했고 모든 선교회는 이를 수락했다. 곧 교계 예양협정(敎界 禮讓協定, Commity Agreements)이 채택되었다. 에너지는 모으되 지역은 나누는 방식이었다. 이런 결정 아래, 1898년 캐나다 장로교회가 공식적으로 조선 선교를 시작했을 때 동일한 조건으로 참여할 수 있도록 배려했다. 불필요한 경쟁을 피했고 사역과 지역을 분담해 극대치를 가져 올 수 있게 했다. 협력과 연합은 있으되 각 선교회가 자율적으로 치리하고 활동할 수 있게 한 것이다.

미국 북장로교회는 서울 일대와 서북 지역(황해도, 평안도)을 선교 지역으로 정했다. 그리고 경북지역, 곧 대구와 안동에 선교 거점(mission station)도 확보했다. 호주 장로교회는 데이비스의 순교지인 부산에 선교 거점을 정하고 마산과 진주 등 경남 일대를 자신들의 선교 구역으로 선택했다. 남장로교회는 전라도와 충청도 지방, 캐나다 선교회는 원산과 함흥, 성진에 선교 거점을 확보하고 회령과 서간도 및 블라디보스토크까지 관할 구역을 정했다. 장로교회의 선교 거점의 설립연도와 설립교회 그 곳을 책임 맡았던 선교사들을 보면 다음과 같다.

선교 거점	설립 연도	설립 교회	주도한 선교사
서울	1885	북장로교	언더우드(H. G. Underwood), 알렌(H. N. Allen), 헤론(H. H. Heron)
부산	1891	북장로교	베어드(W. M. Baird), 휴(Hugh Brown)
부산	1891	호주	멕케이(J. H. Mackay), 맨지(B. Manzie) 등
부산진	1892	호주	맨지(B. Manzie), 페리(J. Perry)
원산	1892	북장로교	게일(J. S. Gale)
평양	1893	북장로교	마펫(S. A. Moffett), 리(Graham Lee) 등
초량	1894	호주	아담손(A. Adamson)
전주	1895	남장로교	레이놀즈(W. D. Reynolds), 테이트(L. B. Tate) 등

선교의 시대

선교 거점	설립 연도	설립 교회	주도한 선교사
군산	1896	남장로교	전킨(W.M. Munkin), 두루(A. D. Drew) 등
대구	1897	북장로교	아담스(J. E. Adams), 존슨(W. O. Johnson)
원산	1898	캐나다	푸트(W. R. Foote), 그리어슨(R. Grierson) 등
목포	1898	남장로교	벨(Eugene Bell), 오웬(C. C. Owen)
성진	1901	캐나다	그리어손(R. Grierson)
선천	1901	북장로교	샤록스(A. M. Sharrocks), 휘트모아(N. C. Whittermore) 등
함흥	1903	캐나다	맥레이(D.M.McRae)
광주	1904	남장로교	벨(Eugene Bell), 오웬(C. C. Owen)
진주	1905	호주	커넬(H. Curnell)
재령	1906	북장로교	헌트(W.B. Hunt), 샤프(C. E. Sharp) 등
청주	1907	북장로교	밀러(F. S. Miller), 눌(M. M. Null) 등
강계	1908	북장로교	로드스(Hary Rhodes), 블레어(H. E. Blair) 등
안동	1909	북장로교	웰본(A. G. Welbon)
마산	1911	호주	아담슨(A. Adamson), 왓슨(R. D. Watson)
순천	1912	남장로교	프레스톤(J.F.Preston), 코이트(R. T. Coit) 등
회령	1912	캐나다	바커(A. H. Barker), 맨스필드(T. D. Mansfield)

각 선교부의 활동에는 한국인이 주도하는 한국 장로교회가 설립되기 전까지라는 단서가 붙어 있었다. 그런데 활동지역의 각기 다른 풍토를 만나면서 특유의 신앙적 성향을 만들어 냈다. 신앙적 강조점이 달라졌고, 후일 장로교 분열에도 영향을 끼쳤다.

1901년 9월 20일 선교공의회 소속 장로교 선교사 25명은 3명의 한국인 장로와 6명의 조사(助事)들과 함께 "조선예수교장로회공의회"를 결성했다. 그리고 1907년 9월, "조선예수교장로회 대한로회(일명 '독노회)"가 조직되었다. 독노회 산하에 경충(경기 충청 京忠), 평북, 평남, 황해, 전라, 경상, 함경의 7개 대리회(代理會)를 조직했다. 이 체제는 5년 동안 지속되었다. 1911년 9월에 개최된 제5회 노회에서 총회를 조직할 것과 7개의 대리회를 각각 노회로 승격시킬 것을 결의했고, 1912년 9월 평양신학교 강당에서 '조선예수교장로회 총회'를 발족시켰다.

2. 감리교와 장로교 간의 선교지 분할과 교계예양의 문제

장로교 선교사들은 선교지 분할에만 그치지 않고 감리교와의 교계예양(敎界禮讓, comity arrangement)을 결정했다. 효율적인 복음 전파를 위해 선교 지역을 분할해 선교하자는 제안을 수락했던 것이었다. 선교 지역 분할은 시간의 경제에서나 재정의 관리 그리고 새 선교 단체의 활동 개시 때에 제기되는 갈등을 극소화 시킬 수 있는 방안이었다.[317]

1888년에 접어들면서, 북감리교와 북장로교 선교사들은 빈번하게 회합을 가졌다. '영아소동'을 비롯해 선교사 배척 운동이 일어나면서 공동 대처가 절실했기 때문이다. 이 회합에서 선교 구역 조정 문제가 자연스럽게 제기되었고, 선교지 분할 문제가 정식으로 다루어지기 시작했다. 경쟁과 충돌보다는 연합과 협력이 더 중요하다는 것을 확인했던 것이다.

1888년 3월, 북감리교 선교부를 대표했던 아펜젤러는 언더우드에게 선교지 분할에 대한 기본적 원칙을 제시했다. 각 선교부가 부락을 나누어서 선교 사역을 하되, 이미 상대 선교부가 선교를 시작한 곳에 대한 선점권을 인정하자는 것이었다. 단 그 지역의 교인들이 요청하면 이를 예외로 하기로 했다. 이 제안에 대해 언더우드는 부락 별로 나누지 말고 "도(道)와 도시를 중심으로 해서, 선교 구역을 나누자"고 수정제

---

317 N. C. Whittemore, *Fifty Years of Comity and Co-operation in Korea, The Fiftieth Anniversary Papers,* 1934, p.102.

안을 했다.[318] 한순간에 의견 일치를 보기 어려웠던 난제였으나, "한국의 교인들에게 두 개의 교회가 있다는 것을 소개하는 것 자체가 무익한 일"[319]이라는 데는 양 선교부 모두 공감했다.

두 번째 회합에서 아펜젤러는 서로가 '적'이 아니고 '경쟁자'도 아니며 '하나님의 영광스런 복음'을 위해 일하는 동역자임을 피력했다. '독특한 교리와 교회정치 방식(doctrines and forms of government)'를 갖고 있지만, '만유의 주재이신 한 분 하나님, 한 분이신 주님, 하나의 세례'를 믿고 고백한다면 한 마음으로 협력할 수 있다고 믿었다. 대도시에 들어가 함께 학교와 병원, 문서선교를 할 수 있음도 강조했다. 언더우드의 주장을 받아들여 한국 전역을 대상으로 할 수 있다는 의견도 내놓았다.[320]

그런데 1889년부터 기존 선교 구도에 변화가 나타났다. 호주 빅토리아장로교회, 남장로교회, 캐나다 장로교회, 남감리교회 등이 연달아 선교사들을 파송했기 때문이다.[321] 따라서 두 선교부는 연합과 협력이라는 기본 정신을 유지하면서 보다 세밀한 작업을 모색해야 했다. 올링거(Franklin Ohlinger)의 제안에 따라 규칙제정위원회(Committee for Rules of Comity)가 만들어졌고, 1892년 5월에 이르러 선교 구역 분할 협정의 기본 안이 마련되었다.

인구 5,000명 이상의 대도시와 개항장은 각 선교부가 공동으로 선교할 수 있게 했다. 5,000명 미만 도시의 경우, 1년에 2회 이상 선교사가 직접 방문하는 준선교기지(Sub-Station)를 설정해 운영하고 있는 교파에 선점권을 인정하기로 했다. 이 기본 안은 미국 선교본부와의 토

---

318 언더우드가 엘린우드에게 보내는 편지, 1888년 3월 12일자.
319 유니온교회에서의 길모어(George W. Gilmore)의 설교, 언더우드가 엘린우드에게 보내는 편지, 1888년 3월 18일자.
320 Appenzeller's Address, "Presbyterian and Methodist Missions in Korea," Paper Read at th Missionary Conference of Seoul, March n.d.23, 1888; 변창욱, "초기 내한 장로교 감리교 선교사간 초교파 협력의 이중적 성격," pp.93~94에서 재인용.
321 영국성공회와 침례교회도 선교사들을 파송했으나 분할협정에 참여하지 않았다.

의, 여러 차례의 수정 제안, 현실적 선교 상황의 변화 등을 극복하면서, 1909년 9월 17일 최종 결정되었다. 선교회별 선교지역은 다음과 같다.

선교회명	도	도시 및 지방
북감리회	경기	서울 인천 수원 안산 남양 교동 강화 부평 여주 광주 이천 음죽 양근 양천
	충북	진천 음성 충주 제천 청풍 영춘 단양 괴산
	강원	원주 횡성 평창 영월 정선 강릉 삼척 울진 평해
	황해	옹진 강녕 해주 연안 배천 평산 신계 봉산 수안 서흥
	평남	평양 양덕 함종 삼화 맹산 성천 개천 은산 순천 강서 증산 강동 용강
	평북	태천 운산 회천 연변
남감리회	경기	서울 송도
	강원	춘천 철원 양구 이천 지경대
	함남	원산 회양 안변 용동
북장로회	경기	서울 고양 파주 교하 양근 광주 과천 용인 양지 진위 양성 안성 시흥 김포 죽산 통진 지평 양주
	충북	연풍 청주 문의 영동 회인 청산 보은 청안 옥천 황간 괴산
	경북	대구 안동 경주 등 전 지역
	황해	봉산 수안 곡산 황주 은율 문화 장연 신천 송화 풍천 안악 재령 평산 서흥
	평남	평양 안주 숙천 영유 순안 강동 자산 삼등 중화 상원 영원 덕천 개천 순천 은산 맹산 성천 강서 증산 용강
	평북	의주 용천 철산 선천 곽산 정주 초산 위원 강계 자성 후창
남장로회	충남	대전 부여 목천
	전북	전 역
	전남	전 역
	제주	전 역
호주장로회	경남	전 역
캐나다장로회	함남	원산 성진 문천 등 북부 지역
	함북	전 역

각 교파들은 교인이 다른 교파로 교적을 옮기려 할 경우, 다니고 있던 교회 담임자의 추천을 받도록 했다. 또한 한국인 조사(助事)나 교사 등이 다른 교파로부터 중복 지원을 받을 수 없도록 했다. 질서의 문제

였지만, 선교지에서 필연적으로 일어날 수 있는 불필요한 잡음과 반목을 막는 방안이기도 했다. 각 교파는 오랫동안 이 협정을 존중했고 하나의 관례처럼 실천했다.

모든 재한선교사들에게 영혼 구원의 문제는 지상 명제였고, 교파 이식이 선교라는 의식은 없었다. 이런 이유로, 복음을 위해서라면 교파의 장벽을 극복할 수 있다는 의식과 전통이 생겨났다. 그렇지만 선교지 분할과 교계 예양의 문제를 결정하는 데에 10년 이상의 시간이 걸렸다. 복음주의 단일 교회 설립으로 연결되지도 못했다. 선교의 이상과 현실 사이의 괴리감을 말끔히 제거할 수 없었기 때문이다.

14장.
선교방식
–복음 전도의 선교방식

1. 순회전도 여행과 노방 설교

4–5명의 사역자들이 한 그룹을 이루어 시장이 서는 곳에 가서, 작은 무리가 모일 수 있는 적당한 곳에 서서, 간단한 복음성가를 부르기 시작한다. 금방, 무슨 일이 일어났는지 보려고 사람들이 모여든다. 그러면 성경구절을 몇 구절 읽고 짧은 설교를 한다. 쪽 복음서들을 팔고 전도지를 나누어 준 후에 개인적으로 전도한다. 순회 여행 동안 대부분의 밤은 여관에서 보낸다. 그리고 저녁은 여행길에서 만난 이들에게 복음을 전하고 전도지를 나누어 주고 복음서를 파는 좋은 기회로 이용한다. 초기에도 이러한 사역의 결과는 상당했다. 훗날에 기독교인이 된 많은 사람들이 시장에서나 길가 여관의 객사에서 처음으로 복음을 들었다고 했다.”[322]

---

[322] M. B. Stokes, "Methodist Evangelist," *Within the Gate*, Edited by C. A. Sauer, (Seoul: Korea Methodist New Service, 1934), p.106.

'백만인구령운동'을 선도했던 남감리회 선교사 스톡스(M. B. Stokes)는 감리교회 사역자들이 순회전도와 노방 설교, 쪽복음서 판매 방식을 통해 복음을 전했다고 피력한 있다.

순회전도, 노방 전도, 현지 평신도 지도자 활용, 대중 지향의 선교방식은 감리교회에 국한 된 것은 아니었다. 장로교를 포함한 모든 복음주의 선교사의 방식이었다. 선교사들은 대중들이 모여 있는 곳이면 기차에서, 길가에서, 들판에서, 부인들이 빨래하는 냇가에서 그리고 이 집에서 저 집을 찾아 복음을 전했다.[323] 특별히 장터는 많은 사람들을 만날 수 있어 가장 좋은 장소였고 복음을 전하기에 안성맞춤이었다.[324]이런 방식을 통해 유능한 지도자가 될 인물을 만날 수 있었고 사람들에게 세례를 베풀 수 있었다. 기독교인의 숫자는 급격히 증가했고 선교 거점도 마련될 수 있었다. 복음 전파(evangelistic)의 사명뿐만 아니라 목회적(pastoral) 역할도 할 수 있었다.

개항지 제물포와 같이 예외의 장소도 있었다. 그렇지만 대부분의 선교사들은 순회전도와 노방 설교를 통해 복음을 전했다. 조선 정부의 통제력이 약화되었기 때문에 가능했다. 선교사들의 신학적 생리와 잘 맞는 것이었고 선교적 열망을 채워 주는 것이어서 남다른 성취감을 가질 수 있었다.

제2차 대각성 운동 이후, 미국 교회는 괄목할만한 성장과 부흥을 했다. 이때 미국 교회는 영국 복음주의의 모범을 따랐고 순회전도와 노방설교 방식을 도입했다. 적극적으로 대중들이 모인 곳을 찾아다니며 복음을 외쳤다. 회심의 고백이 넘쳤고, 경건이 실천되었으며 교회는 부흥을 이루었다. 복음의 숭고성이 대중적 선포와 가르침으로 표현되었고

---

323 *Ibid.*, p.110.
324 윌리엄 블레어, 부르스 헌트 공저, 김태곤 역, 『한국의 오순절과 그 후의 박해』(서울:생명의말씀사, 1995), p.52.

그래서 교회 부흥을 이룰 수 있었다.[325] 영혼을 구원하는 데에 가장 효과적인 방식이라는 데에 이의를 제기하는 사람이 없었고, 영국과 미국 복음주의자들의 선교방식으로 자리 잡았다.

만주 선교의 선구자 번즈(William Chalmers Burns)의 후예였던 존 로스(Jhon Ross)도 이 방법을 사용했다.[326] 아펜젤러도 1888년 한 해 동안에만 1,830마일의 순회 전도여행을 했고, 언더우드는 북부 지역만 세 차례에 걸쳐 순회전도여행을 했다. 마펫은 순회전도여행을 통해 복음을 전했고, 평원군 한천에 한천교회, 황해도 재령에 신환포교회를 설립할 수 있었다.[327] "복음이 아직 미치지 못한 지역에 이르러 교회를 세우고, 선교 본부의 지역에 속한 도시와 촌락들의 신자들을 방문하는 순회 전도자들의 선교" 때문에 급속히 교회들이 세워졌다.[328]

게일(James Scarth Gale)도 8년 동안(1889-1897) "한반도를 서로 다른 길로 서로 다른 계절에 12번 횡단"했으며 1915년에는 조랑말로 25번 횡단했다.[329] 부산의 베어드(William M. Baird)도 통상 일 년에 7개월은 집을 떠나 있었다.[330] 경안권역의 웰본(A. G. Welborn)도, 1910년에만 500마일 이상을 다니며 안동과 영주를 비롯한 14개 지역을 순회 전도했다. 1914년에서 1916년까지는 약 70만 명의 사람들을 만나 복음을

---

325 김명구, "왜 감리교인가?," 기독교타임즈, 2005년 03월 10일자 참조.
326 *United Presbyterian Missionary Record, China*, J. Ross, 1875년 5월 1일자, pp.471-472 참조.
327 1909년까지 마펫이 세운 교회를 대강 보면 다음과 같다. 모동교회(1894, 봉산군), 와성창교회(1894), 지덕교회(1895, 평원군), 신시교회(1895, 구성군), 삼관교회(1896, 평원군 관성리), 숙천군 읍교회(1896), 중화군 읍내교회(1897), 강진교회(강진군, 1897), 장천교회(대동군, 1897), 통호리교회(1897), 덕지교회(1897), 열파교회(1898, 강동군 고천면), 남궁리교회(1900), 현좌동교회(1900), 양포교회(1900), 팔동교회(1900, 평원군 영유면), 안주 성내교회(1900), 문창리교회(1901), 영유읍교회(1903), 이천리교회(1904), 입석교회(1905), 황촌리교회(대동군, 1907), 서문회 교회(1909, 장대현교회에서 분립); 한국기독교역사연구소 편, 『조선예수교장로회 사기 상권』(서울:한국기독교역사연구소, 2000) 참조.
328 *Report of the Quarter-Centennial Celebration of the Northern Presbyterian Mission*, 1909, p.16.
329 *Korea Mission Field*, December, 1915, p.337.
330 Harry A. Rhodes, *A History of The Korea Mission Presbyterian Church U.S.A.*, pp.129-130, 김석수, 『1930년 이전 한국 장로교회 복음주의 신학 연구: 미국 북장로교 한국 선교 중심으로』, p.169.

전했다.[331]

장로교의 탁월한 선교 방법, 곧 네비우스방법(Nevius Method)도 "새로운 사역을 개시할 경우에는 지상명령과 사도들의 본보기가 시사해 주듯이 무엇보다 먼저 두루 순회하도록 하라. 순회하는 동안에는 가능한 한, 어디서든지 호기심을 보이는 군중들을 찾아 그들과 접촉을 가지라. 전도지를 자유롭게 뿌려 메시지를 심어 주라"[332]며 순회전도와 노방 설교를 강조했다. 재한선교사들은 순회전도와 노방 설교 방식으로 한국 전역을 찾아다녔고, 측량하듯 상세한 복음의 지도를 그려나갔다.[333]

2. 한국인 평신도 지도력의 활용

1890년대에 들어서면서 조선 정부는 사실상 선교를 묵인하는 듯했다. 그렇지만 1894년 평양에서 있었던 홀(William J. Hall)과 김창식의 사건에서 드러났듯이, 서양 종교와 선교사에 대한 조선 관료사회의 태도는 우호적이지 않았다. 서울과 떨어진, 선교 거점 지역으로 선정한 내륙은 더욱 보수적이었고 강경했다. 이러한 상황을 극복할 수 있었던 방안이 조선인 평신도 지도자의 활용이었다.

선교사들은 각 선교 거점마다 조선인 평신도 지도자를 임명했고, 이들은 선교사들의 지시 아래 예배 공동체와 지역 교회 지도자를 세워 나갔다. 그리고 세워진 교회와 지역 교회 지도자를 돌보았다. 감리교회는 "순행 전도사(혹은 조사, Helper)"와 "본처 전도사(本處傳道師 local preacher)"

---

331 김명구, 『복음, 성령, 교회-재한선교사들 연구』, pp.349-350.
332 곽안련, *The Korean Church and the Nevius Method*, pp.27-30, 김석수, *Ibid*, p.169이하.
333 E.M. Cable, "Beginning of Methodism," *Within the Gate*, 1934, p.14.

로 구분했는데,[334] 순행 전도사는 선교사를 대행해 여러 교회를 순회하며 치리했고, 본처 전도인은 지역 교회를 이끌었다. 장로교회는 이를 조사(助事, Helper)와 영수(領袖, Leader)라 이름 붙였다.

조사 혹은 순행 전도사들은 선교사들의 손과 발이었다. 이들은 선교사들의 위임을 받아 치리권을 행사하기도 했다. 선교사들의 지시 아래, 지역 교회의 지도자인 영수 혹은 본처 전도사를 임명했고 교회를 운영하도록 했다. 안수를 받지는 않았지만 목회자의 역할을 하도록 했던 것이다.[335] 한국인 평신도 지도자들은, 선교사들이 접근하기 힘들어 했던 농촌이나 오지(奧地)도 마다하지 않았다. 선교사가 부족했던 상황에서 이 방법은 매우 효율적이었고, 언어에 한계를 갖고 있던 선교사들에게 효과적이었다.

마펫(Samuel A. Maffett)은 "항상 복음이 아직 미치지 못한 지역에 이르러 교회를 세우고, 선교 본부의 지역에 속한 도시와 촌락들의 신자들을 방문하는 한국인 순회 전도자들의 선교" 때문에 한국 교회가 부흥할 수 있었다고 피력했다.[336] 그는 한석진, 김관근 등의 도움을 받았다.

언더우드는 조사(助事) 서상륜, 김흥경, 신화순, 도정희의 도움으로 황해도 곡산과 장연군, 고양군, 김포군, 파주군, 시흥군, 괴산군, 안산읍 등에 교회를 설립했다. 최병헌, 한용검, 유치겸, 노병선 등은 정동감리교회의 본처 전도사였고 평양삼화교회 김창식과 김기범은 홀과 존스의 순행 전도사였다.

존스는 본처 전도사 김상임과 이승환의 도움으로 강화도에 복음을

---

334 당시 감리교회에서는 안수를 받은 목사의 성품(聖品)은 기능에 따라 '집사목사(deacon)'와 '장로목사(elder)'로 구분했는데 장로목사는 성례를 집행할 수 있지만 집사목사는 성례 집전이 불가능했다. 이런 장정규칙에 따라 1901년 목사 안수를 받은 토착 전도인의 목사 성품은 '본처 집사목사(local deacon)'가 되었다.

335 Charles A. Clark, *The Korean Church and the Nevius Methods*, p.116.

336 *Report of the Quarter-Centennial Celebration of the Northern Presbyterian Mission*, 1909, p.16.

전할 수 있었고 제물포교회 이명숙을 순행 전도인으로 파송해 강화도 여성 전도를 전담시켰다. 배재학당 출신으로, 후일 조병옥의 장인이 되는 노병선은 1897년부터 정동교회 본처 전도사로 선임되었고 1901년에는 아펜젤러의 순행전도사로 동대문교회의 설교자로도 활동했다. 1903년부터는 스크랜튼의 순행전도사로 남부지역을 다니며 전도활동에 참여했다.[337] 선교사들을 도왔던 한국인들은 한국 교회 초기의 지도자들이었다. 그리고 장로와 목사 등 한국 교회의 지도력이 되었다.[338]

3. 매서인(권서인)의 활용

1883년 가을, 스코틀랜드 성서공회는 로스(John Ross)역 성경을 전파하기 위해 서상륜을 조선에 파견했다. 그때 서상륜은 1884년에만 70여 명의 세례 지원자를 얻었다. 성서공회는 로스 역 번역 당시 식자공이었던 김청송과 성서 번역을 도왔던 백홍준과 이응찬 등을 매서인으로 채용했다. 이 방식은 기대 이상의 성과를 거두었다. 이후 재한선교사들은 매서인들을 통해 성서와 기독교 서적들을 팔았다.

북장로교의 바렡(H. M. Barret)은 1903년에만 두 차례에 걸쳐 안동을 방문하여, 매서인들을 통해 50여 일 동안에 약 1,000권의 책과 쪽복음서를 팔았다. 경안지역 선교사 웰본(Arthur G. Welbon)도 무급 매서인들을 통해 4년 동안 5만 권 이상의 성경을 팔았다.[339] 조선예수교서회의

---

337 노병선은 1898년에 이승만, 정교, 주시경, 오긍선, 신흥우 등과 함께 배재학당을 졸업했고, 배재학당 영어교사를 겸직했다. 협성회 부회장과 엡윗청년회를 주도적으로 이끌었다.

338 대개 조사와 영수는 곧 장로로 피택되어 안수를 받았고, 적지 않은 수의 장로가 신학 교육을 마친 후 목사 안수를 받았다.

339 Harry A. Rhodes, *History of the Korean Mission Presbyterian Church 1884-1934, (Chosen Mission Presbyterian Church U.S.A.),* p.356. 로즈에 따르면, 1910년 이후, 경안지역은 한 사람의 매서인이 2년 9개월 동안 12,000권을 팔았고, 성서공회에 200불 이상을 결재할 수 있었다.

매서인 정인호는 1915년 경기도 전역을 다니면서 3개월 동안 822권의 성서와 기독교 서적을 팔았다. 염재로, 박화연, 김성삼, 남기원 등도 선교사 맥래(F. J. L. Macrae), 맥콜리(H. D. McCallie), 앤더슨(W. J. Anderson), 본윅(G. Bonwick)의 통솔 아래 마산, 목포, 안동, 경기도에서 매서 활동을 했다.[340] 1908년에서 1940년까지 영국성서공회에서 보급된 성경의 82.6%가 남녀 매서인들에 의해 판매가 이루어질 정도로 이들의 역할은 매우 컸다.[341]

19세기 영미 복음주의 신학의 영향으로 성경 말씀에 대한 교육과 실천이 보다 증대되었고, 하나님의 말씀을 보급해야 한다는 열정적 의무감이 강하게 대두되었다. 이를 위해 성서공회 등 자발적 선교단체들이 등장하게 되었다. 이들 단체들은 선교지 사람들을 매서인으로 발탁해 성서나 기독교 서적들을 보급했는데, 조선에 파송된 선교사들도 예외 없이 이 방식을 채용했다. 이들에게 성서는 반드시 전파되어야 할 복음 자체나 다름 없었다.

한국인 매서인들은 적극적으로 나섰고 자발적으로 이 일을 했다. 장터, 길거리, 주막, 잔칫집 등 마다하지 않고 사람들이 많은 곳이면 어디든 찾아 다녔다. 조선 정부가 금서로 지정했던 시기에는 생명을 걸어야하는 일이었다. 그럼에도 이들은 등짐을 지기도 했고, 나귀를 이용해성서를 전했다. 때로 사람들의 조롱을 참아 내야 했지만 이 일을 등한히 하지 않았다. 사명감이 있었고 남다른 성취감을 가지고 이 일을 감당하였다.[342]

어느 영수(領袖)는 성경을 복사해 60부 이상 팔았고 현금 대신에 곡물로 받기도 했다. 한 조사(助事)는 주일 설교를 위해 매서인 10명을 통해 600권의 책을 팔았다.

340 *Annual Report of the Korean Religious Book and Tract Society*, 1915-1916, p.18, 1916-1917, p.18:, 이만열, "초기 매서인의 역할과 문서선교 100년," 『기독교 사상』 34, 대한기독교서회, 1990년 6월, p.57에서 재 참조.

341 이만열, *Ibid.*, p.63.

342 H. Miller, "Scripture Distribution," *Korea Mission Field*, Oct., 1911, p.283.

4. 자립과 자조 정책

장로교회의 네비우스 선교정책은 중국 산둥성(山東省) 지푸(芝罘)에서 활동하던 북장로교 선교사 존 리빙스톤 네비우스(John Livingston Nevius)에게서 유래되었다. 이후 장로교회는 탁월한 선교 정책으로 알려진 '네비우스 선교방법(Nevius Method)'을 사용했다. 재한장로교 선교사들은 누구나 할 것 없이 이 방법을 철저히 지키면서 선교를 이어 나갔다.[343]

1890년 6월, 네비우스 부부는 북장로교 선교사들의 초청으로 서울로 왔다. 2주간 머물면서 몇 가지 중요한 선교의 핵심 정책을 제안했다.[344] 그 원칙을 발췌하면 다음과 같다.

1. 선교사 개개인이 널리 순회하며 전도한다.
2. 선교 사역의 모든 분야에는 성경이 중심이 되어야 한다.
3. 자전(自傳: Self-propagation): 모든 신자는 다른 사람들을 가르치는 자가 되게 한다. 동시에 자기보다 나은, 다른 사람으로부터 배우도록 한다.
4. 자치(自治: Self-government): 모든 그룹은 선임된 무보수 영수(領袖)의 관할 아래 둔다. 순회 지역은 후일 목사가 될 유급 조사들의 관할 아래 둔다.
5. 자급(自給: Self-support): 신자들이 스스로 마련한 예배당을 소유한다.
6. 모든 신자는 그룹 영수와 순회 조사 아래서 조직적인 성경 공부를 한다. 그리고 모든 영수와 조사(助事)는 성경연구모

343 Samuel H. Moffett, The Chirstians of Korea (New York's Friendship Press, 1962), p.60.
344 Harry A. Rhodes, *History of the Korea Mission, Presbyterian Mission, U.S.A., 1884-1934*, p.38.

임을 통해 조직적으로 성경을 공부한다.

7. 성경적 교훈에 따라 엄격하게 치리한다.

8. 다른 선교 단체와 협력하고 연합한다. 아니면 최소한 영역이라도 분리한다.

9. 법정 소송 사건이나 그와 유사한 문제에 대해서 간섭하지 않는다.

10. 그러나 주민들의 경제 문제에는 언제나 도울 자세를 갖추어야 한다.[345]

네비우스의 이러한 제안을 바탕으로 '장로교 정치를 쓰는 미션 공의회'(The Council of Missions Holding the Presbyterian Form of Government)는 다음과 같은 정책을 채택했다. 그 내용을 보면 다음과 같다.

· 선교의 목표를 상류층보다는 근로자 계급에 두는 것이 좋다.

· 부녀자에게 전도하고, 소녀들을 교육하는 데에 주력해야 할 것이다. 제2세대의 교육에는 부인들이 큰 영향을 미치기 때문이다.

· 시골에 초등학교를 세우면 교회 교육의 효과가 크기에 남학교에서 청년들을 교육시켜 이들 학교의 교사로 파견한다.

· 장차 한국의 목사들도 이런 학교에서 배출될 것이므로 이 점에 더욱 유의해야 한다.

· 사람을 회개시키는 것은 하나님의 말씀이다. 그러므로 좋은 성경 번역을 내어 놓는 것이 중요하고 시급한 과제이다.

---

345 C. A. Clark, *The Korean Church and the Nevius Method*, New York: Fleming H. Revell. 1930, pp.446-450. 이 내용은 클락이 네비우스의 강연을 이해한 것으로 그의 박사학위 제출 논문에 정리되었다.

· 모든 기독교 서적이나 출판물을 한문으로 쓰지 않고 한글로 쓰도록 한다.

· 교회가 생명 있는 교회가 되려면 자립적 교회가 되어야 하며 교인 각자가 더 많은 헌금을 하여 의존하는 정신을 가진 교인 의 수가 줄고 자립하려는 교인의 수가 늘게 해야 한다.

· 한국의 일반 민초들은 한국인들에 의해 그리스도에게로 인도 되어야 하므로 선교사들이 앞에 나서서 설교하는 것보다 소 수의 한국인 교역자를 철저하게 훈련시킨다.

· 의료 봉사는 환자들을 병원이나 환자의 가정에서 치료해 주 는 것이 효과적이다. 왜냐하면 그렇게 하는 중에 그들에게 복 음을 전하고 깊은 인상을 줄 수 있기 때문이다.

· 치료받을 기회를 놓친 시골 환자는 환자의 집을 찾아가서 치 료해 줌으로써 그들에게 전도할 기회를 많게 한다.[346]

네비우스 선교정책의 핵심은 자립(Self-Support), 자치(Self-Govern-ment), 자전(Self- Propagation)이다.[347] 곧 "자력전도, 자치제도, 자급운영 의 세 가지로 요약이 되며 거기에는 선교지 교회가 '자립하는 교회"로 독립되어야 한다는 바람이 담겨 있다. 1860년대 영국 선교사였던 헨리 벤(Henry Venn)으로부터 유래되었다.

네비우스의 제안, 곧 자립(Self-Support), 자치(Self-Government), 자전 (Self- Propagation) 의 정신과 복음주의 선교신학의 세 축, 곧 복음, 교회, 성령의 삼각 축이 합치된 방식이었다. 여기에 대중성 지향, 선교지 평 신도 지도력 활용, 순회전도와 같은 영미복음주의 선교 방식이 동원되

346 C. C. Vinton, "Presbyterian Mission Work in Korea," *The Missionary Review of the World*, vol, 6, Sept, 1893, 671.
347 「長老會神學大學 70年史」(서울: 장로회 신학대학 출판부, 1971), pp.17-18.

었다.

그런데 '자립하는 교회'를 추구했던 것은 장로교 선교에만 국한된 것이 아니었다. 북감리교회 선교사들도 선교 초기부터 자립과 자조 정책을 도입했다.

> 우리는 시작 초기부터 가능한 자조(self-support) 정책을 도입하려고 합니다. 그러나 처음에는 약간의 외부적인 도움을 주지 않을 수 없습니다. 자조 정책의 목적은 생도들로 하여금 대가를 낼 줄 모르는 자에게 도움이 주어지지 않는다는 사실을 깨닫게 하려는 것입니다. 그가 계약을 다 이행하지 못할 경우에는 그에게 주어지는 도움을 즉시 중단합니다.[348]

감리교회의 경우, 감독교회라는 교회 전통으로 인해 자치(Self-Government)는 허락되지 않았다. 그런데 특별한 경우를 제외하고 한국인들 스스로 교회를 세우고 자급으로 운영하도록 했다. 무지내교회 예배당도 대부분 한국 교인들의 헌금으로 건축했고, 시흥의 삼막골교회도 교인들이 세웠다. 평양교회, 제물포교회, 창천교회 예배당도 교인들 자급으로 세우고 건축했다.[349] 강화 교항교회와 홍의교회도 교인들이 예배당을 마련했고 전도인의 생활비를 충당했다. 계삭회를 이용해 예배당을 구입했고 교회운영과 매일학교를 자력으로 운영했다.[350] 병원이나 학교, 대형 예배당을 짓는 경우에 선교비를 후원했지만, 가능한 자립적으로 교회를 운영하도록 했다. 재한선교사들은 교파를 가리지 않고 철저히 자립과 자조정책을 사용하려 했던 것이다.

---

348 *ARMC*, 1886, p.267.
349 윤춘병, 『한국감리교 교회성장사』(서울:감리교출판사, 1997), pp.244-245.
350 김명구, 『복음, 성령, 교회』, p.282.

15장.
기독교 선교사들과 정치와의 관계

조선 정부와 개화 지식사회는 실제적 힘을 발휘할 수 있는 서구의 근대문명 체제를 원했다. 기독교의 신앙 영역은 제거가 가능하다고 보았고 서구 근대 이데올로기만 가져올 수 있다고 믿었다. 고종 임금이 동도서기의 개화방식을 채택했던 것도 그와 같은 이유이다. 그러나 점차 조선 정부는 이러한 분리가 불가능하다는 것을 깨닫게 되었다. 국제정치의 역학 속에, 조선의 입지와 운신의 폭이 더욱 좁아졌을 때, 오히려 기독교 선교사들을 정치적인 우호세력으로 여기게 되었다. 청일전쟁이 일본의 승리로 끝났을 때, 그 의존감은 더욱 커졌다.

선교사들에 대한 의존감은 왕실이나 개화 지식사회에만 머물지 않았다. 청일전쟁 이후, 일본 주도의 갑오, 을미개혁, 을미사변, 아관파천 등으로 인해 국권과 통치권이 흔들리게 되자 조선의 일반인들도 선교사들에게 생명과 재산의 보호를 기대하게 되었다. 통치력의 이완, 전쟁에 대한 공포, 통제되지 않는 관료들의 전횡 등, 이런 상황으로 백성들은 기독교 선교사들과 교회를 보호의 수단으로 삼으려 했다. 황성신문은 관료들의 탐학을 견딜 수 없어 교회를 피난처 삼아 찾아가고 있는 당시의 분위기에 대해 다음과 같이 피력하고 있다.

東西各國宗敎源流 基督敎…自通商以來로 敎禁이 始弛ᄒ야 頃
年 領洗之數가 至四五萬ᄒ야 年加而月增ᄒ니 盖愚民이 苦於
官吏之貪虐ᄒ야 相率入敎ᄒ야 視敎堂爲逋逃依賴之地故로 敎
徒之逐年添加者가 以此也니…[351]

선교사들은 조선 정부가 정하는 영역 안에서 활동해야 했고 왕실의
신뢰와 비호도 적지 않았다. 영혼구원을 위해 조선에 왔고 그것을 더
긴요하게 생각했지만, 그런 환경은 선교사들을 정치로 이끌어 냈다. 국
제관계를 둘러싸고 벌어지는 격변의 상황에서 선교사들은 조선을 도와
야 했고, 왕실이나 조선 조정도 선교사들을 활용하려 했다.

미국 정부는 조선의 근대화 노력에 호의적이고 동정적이었으나 중국
이나 일본과 연관된 사건에 대해서는 불간섭 원칙을 고수했다. 그런데
청일전쟁 이후, 미국은 일본으로 급선회했다. 국제정치의 역학과 그 변
화를 감지 못했던 고종 임금은 여전히 미국의 도움을 기대했다. 임금은
기독교 선교사들이 중요한 방편이 된다고 믿었다. 신뢰가 깊어질수록
그 기대감은 더욱 높아져 갔다.

1. 선교사와 을미사변

1895년 10월 8일, 일본이 명성왕후를 시해했던 일명 을미사변(乙未
事變)은 미국 선교사들을 정치의 소용돌이로 밀어 넣었다.

새벽 5시 경, 추성문으로 들어온 일본군대와 60여 명의 일본자객들
은 5시 30분 건청궁의 곤령합을 장악했다. 그리고 왕비를 찾아내기 위

---

351 "東西各國宗敎源流," 『皇城新聞』 光武 6년 8월 16일 論說.

해서 필사적으로 움직였다. 이들은 「한성신보」 사장 아다치 겐조(安達謙藏)를 비롯해 편집장과 기자들 그리고 구마모토 출신들, 도쿄대학교 출신의 극우 엘리트 학생들이었다. 당시 왕, 왕비, 왕세자, 왕세자비는 모두 현장에 있었다. 고종 임금은 전 군부고문 오카모토 류노스케(岡本柳之助), 오카모토의 통역 스즈키 준켄(鈴木順見), 영사관 순사 와타나베 다카지로(渡邊鷹次郎)가 칼을 들고 곤령합 마루로 올라오는 것을 목격했다. 그들은 곤령합의 방에 침입했고,[352] 결국 왕후를 칼로 죽였다. 그때 일본 군대는 궁궐을 에워싸고 외부의 접근을 막았다.

당시 외교가에서는 청일전쟁 이후, 고종 임금 내외가 러시아를 끌어들여 일본을 견제하려다가 이런 사건이 일어났다고 믿었다. 특별히 왕후의 성향이 반일적인 것 때문에 살해되었다고 본 것이다.[353] 미국에서도 "일본 낭인배들이 새벽에 습격을 결행했고, 이들이 만행을 저지르는 동안 일본 군대가 궁궐 밖을 지키며 방관했다"는 비판 기사가 나왔다.[354] 사건의 배경에 "일본의 두 번째 공사"요 "일본의 가장 유능한 정치인이자 내무대신 출신 이노우에 백작[355]"이 있다는 고발 기사도 나왔다. "왕비가 일본에 대해 극도의 반감"을 갖고 있었고, "왕비가 살았다면 일본은 아무런 희망이 없었을 것"이라고 분석 기사도 있었다.[356] 특별히 애비슨(Oliver R. Avison)의 요청으로 1895년 미 북장로교 해외선교부가 파송했던 안나 제이콥슨(Anna P. Jacobson)은 일본 정부가 왕후 살해의 배경이라는 의견을 뉴욕 타임즈에 기고했다. 일본의 만행을 고발

<hr>

352 이 내용은 고종 임금이 자신의 고문인 통역관 러젠드르(Лежандр)를 통해서 웨베르, 알렌, 힐리어 등에게 알린 것이다(F.O. 405.Part Ⅵ. Inclosure in 10 No.111 p.91).

353 명성황후는 갑오개혁 이후 출범한 김홍집 내각과 정치적으로 대립했다. 『高宗實錄』 고종 34년 11월 22일자에 의하면, 명성황후는 일본지향의 김홍집 내각에 관해서 "여러 역적들이 이미 하늘과 귀신에게 죄를 지었으니 죄가 크다"고 평가했고, "흉악한 무리들의 악한 행동이 이미 차고 넘쳤다"며 '역적'과 '흉악'이라는 극단적인 용어까지 사용했다.

354 "Seoul's Turbulent Affairs," *New York Herald*, 1895년 10월 12일자.

355 이노우에 가오루(井上角五郎)를 말한다.

356 *Evening Star*, 1895년 10월 14일자.

했고 반일 여론을 이끌어 냈던 것이다.[357]

조선 지식사회의 평가가 나뉘고 있었지만, 왕후 민 씨[358]는 적극적으로 개화정책을 지향하고 있었다.[359] 특별히 미국 선교사들에 대해 적극적이고 친밀한 태도를 보였다. 왕후의 시의(侍醫) 호튼(Lillias Horton Underwood)이 결혼을 할 때 결혼선물로 현금 100만 냥이라는 거액을 하사했고, 왕후를 알현하고 돌아가는 길에 갑자기 소나기가 쏟아졌을 때 왕궁 가까이까지 가마를 불러오도록 배려했다.[360] "늘 조선도 미국처럼 자유롭고 힘이 있고 행복했으면 좋겠다"는 희망을 피력했고 미국과의 친교를 적극적으로 모색했다.[361] 1882년 조미수호통상 조약을 체결할 때에도 조약체결에 열의를 보였고, 그로 인해 개화파로 분류되기도 했다.[362] 고종 임금이 개화군주로 불리고, 당대 개화지식인들에게 해외지식과 문물을 익히게 하고, 서양문물을 적극적으로 도입하려 하고, 개화정책 추진기구인 통리기무아문(統理機務衙門)을 설치했던 배경에 왕후의 적극적인 지원과 참여가 있었다.

게일(James Scarth Gale)은 명성왕후를 잃고 망연자실하는 고종 임금에 대해 이렇게 진술하고 있다.

임금의 처참한 모습은 보기에도 딱했다. 그는 흐느껴 울면서 곤전을 일본이 학살했다고 호소했다. 누가 이 비참한 곤경에서

357 *New York Times* 1895년 11월 20일자. 애비슨의 요청으로 1895년 미 북장로교 해외선교부가 파송했던 안나 제이콥슨(Anna P. Jacobson)은 당시 상황을 뉴욕타임즈에 이 같은 내용으로 기고했다.
358 1897년 1월 6일, 고종은 죽은 왕후 민 씨에게 문성황후라는 시호를 내리고, 능호를 홍릉으로 고쳤다. 3월 2일에는 '문성(文成)'이란 시호가 정조 임금과 같다 하여 '명성황후(明成皇后)'로 바꾸었다.
359 『尹致昊日記』 1885년 2월 14일자 참조.
360 Lillias H. Underwood, *Fifteen Years among the Top-Knots or Life in Korea*, American Tract Society 1904, p.61, p.120.
361 *Ibid.*, p.147.
362 William E. Griffis, *Corea, The Hermit Nation*, Charles Scribner's Sons 1882, pp.567–571.

자기를 구해 주고 국모 참살의 원수를 갚아 주는 사람에게 자신의 머리를 깎아 신발을 만들어 주겠노라 되풀이하여 말하고 있었다.[363]

고종 임금은 미국 선교사들과 몇몇의 친미 개화파 이외에는 아무도 믿으려 하지 않았다. 선교사들은 비통해 하며 시독(施毒)을 두려워하는 임금의 모습에 침통해 했고 애처로운 마음으로 바라보았다.[364] 선교사들이 가져오는 식사 외엔 먹지 않았기 때문에, 임금을 위해 언더우드의 집에서 음식을 만들어 가져갔다. 선교사들은 매일 밤, 두 명씩 조를 짜서 왕을 지켰다.[365] 특별히 언더우드는 왕자를 지켰다.[366]

일본은 동북아 선교의 중요 선교기지였고, 조선으로 오는 경유지였다. 주(駐)조선 미국 선교사들은 나름 일본을 경험했기 때문에 거의 대부분 일본에 대해 우호적이었다. 그들이 본 일본은 이타주의와 도덕성을 갖춘 문명국이었다. 선교사들은 조선이 탈 중국 하는 데에 일본이 적지 않은 역할을 할 것이라 믿고 있었다. 이런 이유에서 "조일수호조약"을 반겼다. 헐버트조차도 일본이 조선을 근대문명국가로 지도해 주고 인도해 줄 수 있는 나라라고 확신하고 있었다.[367] 선교사들의 이런 생각은 여느 개화파와 다르지 않았다.[368] 그러나 을미사변으로 인해 적지 않은 선교사들이 기존의 생각을 바꾸었고 반일로 돌아섰다.

---

363 J. S. Gale, *Korean Sketches*, Edinburgh: Oliphant Anderson & Ferrior, 1898, p.206.
364 F. A. McKenzie, *The Tragedy of Korea*, Hodder and Stoughton, London 1904, p.71.
365 L. H. 언더우드 지음, 이만열 역, 『언더우드─한국에 온 첫 선교사』(서울:기독교문사, 1990), p.158. 헐버트(Homer B. Hulbert)를 비롯하여 존스(G. H. Jones), 게일(J. S. Gale), 언더우드(H. G. Underwood), 애비슨(O. R. Avison) 등이 교대로 약 7주 동안 매일 저녁 임금의 집무실인 집옥재(集玉齋) 옆 건물에서 당번을 섰다.
366 *New York Times* 1895년 11월 20일자.
367 H. B. Hullbert, "What Korea owes to Japan," *The Korea Review*, Vol. 4, 1904. 8, p.355.
368 거의 모든 개화파가 명치유신의 결실에 긍정적 시선을 보내고 있던 터였고 일본이 우방이라는 신뢰가 있었다. 을미사변(乙未事變) 이전까지 한국조야에서 일본에 대한 인식은 부정적이지 않았다. 일단의 개화파들은 청일전쟁에서 일본이 중국에 승리한 사실에 놀라움을 금치 못했다. 이들은 이를 계기로 조선이 명실상부한 독립국이 될 수 있다고 생각했다.

그런데 미국 정부의 반응과 태도는 달랐다. 이노우에 가오루(井上角五郎)의 증언과 일본 히로시마 법정의 판결문을 기초로 '공식 변명문'이 공표되었을 때 이를 지지하고 나선 것이다. 사건 초기, 주(駐)조선 미국 임시 대리공사였던 알렌과 공사 실(Jhon M. B. Sill)은 일본을 강력히 비판했다. 그리고 서울에 있는 각국의 외교기관의 협조와 동의를 구하며, 조선 왕실을 돕자고 제안했다. 특별히 알렌은 일본이 만행을 저질렀다며 강력히 규탄하고 나섰다.[369]

미국 국무성 국무장관 올니(Richard Olney)는 공사 실에게 "한국의 정치적 사건에 개입하는 것은 당신이 해야 할 일이 아니며, 외교 지시에 의하여 금지되어 있다"는 암호 전문을 보냈다. 한국이 내정간섭을 하지 말라는 엄격한 훈령이었다. 이 훈령을 철저히 따르지 않자 재차 전문을 보냈다. "당신의 일은 미국 시민과 권익을 보호하는 데에만 엄격히 제한되어 있다. 당신의 행동은 (조선의) 내정과 아무런 관계가 없다. 다른 지시가 없는 한, 다른 나라 외교관들과 달리, 독자적으로 행동하라"며 강한 어조로 질책했던 것이다.[370]

1895년 11월 28일 국왕 이어(移御)미수사건인 "춘생문 사건"[371]이 일어났다. 친미, 친러파가 주도해 국왕을 궁궐 밖으로 모시려 했던 사건이다. 일본 정부는 미국 정부에 주(駐)조선 미국 선교사들이 개입되었다고 강하게 항의했다. 그러나 선교사들은 고종 임금 곁을 떠나지 않았다. 임금은 헐버트(Homer B. Hulbert) 등을 시켜, 자신의 밀지를 친미적

---

369 민경배, 『한국기독교회사』, p.226, *The Japan Daily Mail* 1896. 2월 1일자 참조. 알렌은 이노우에가 주(駐) 조선공사로 부임하기 전에, 왕후 민 씨를 알현할 수 있도록 주선했고 이노우에를 신뢰할 수 있다며 추천했었다.

370 "Report on the Mission in Korea of the Presbyterian Board of Foreign Missions, by Robert E. Speer, Secretary, The Board of Foreign Missions of the Presbyterian Church in the U. S. A., 1897," 『한국 기독교와 역사』제15호, 2001년 8월, pp.213-271.

371 춘생문 사건에 언더우드, 애비슨, 헐버트 등 미국 선교사, 또 미국 공사 알렌과 러시아공사 웨베르 등도 직, 간접적으로 관여했다. 또한 경무사 윤웅렬 등도 여기에 협조했다.

이었던 정동개화파들에게 보내기도 했다.[372] 미국 정부의 입장이나 자신들의 신학적 소신을 무시하면서까지, 선교사들은 정치에 간여했던 것이다.

조선의 정치계는 미국 선교사들에 대한 임금의 무한 신뢰와 밀착관계를 확인했다. 선교사들은 이후에 전개되었던 아관파천,[373] 대한제국 건립, 독립협회의 창설과 해산 과정, 박영효 역모사건 등에도 간여하게 되었다. 이런 일련의 과정에서 조선 사회는 미국 기독교 선교사들을 충군애국(忠君愛國)의 실행자요 고종 임금의 충실한 보호자로 인식하게 되었다. 1895년까지 72명 정도밖에 되지 않았던 세례교인의 수는 아홉 배 가까이 급증했다.[374] 정치인들도 몰려들었다. 고종 임금의 신뢰가 커 갈수록 그 수는 더욱 불어났다.

그렇지만 선교사들이 고종 황제를 보위하는 데 유난히 힘쓴 것은 개인적 신뢰관계와 인간적 측은함 때문이었다. 선교지 상황과 시대적 요청에 따라 어쩔 수 없이 정치에 휘말리게 되어 있었지만, 선교사들은 복음 전하기 위해 조선에 왔을 뿐이다. 이런 이유에서 기독교를 국교로 삼고 싶다는 고종 황제의 제안도 사양했다. 선교사들은 개인적 차원에서 왕실이나 개화관료들과의 친분을 유지하길 바랐다.[375]

---

372 O. R. 애비슨, 기념사업회 역, 『舊韓末秘錄』上 (대구:대구대학교출판부, 1986), p.44. ; L. H. Underwood, *Fifteern Years among the Top-Konts*, p.155.; L. H. Underood, *Underwood of Korea*, 1918, pp.147-148.
373 1896년 2월 11일에 국왕의 거처를 궁궐로부터 정동(貞洞)에 있는 러시아 공사관으로 옮겼다. 그리고 이범진, 이완용 등을 중심으로 하는 친러내각을 조직했다.
374 서명원(Roy E. Shearer), 이승익 역, 『한국 교회 성장사』(*Church Growth in Korea*) (서울:기독교서회, 1994), pp.284-285 참조.
375 L. H. Underwood, *Underwood of Korea*, pp.204-205. 1901년 9월, 언더우드는 "장로교선교공의회"를 열어 정치적인 문제에 대한 정교분리 원칙을 천명하고 자신이 발행하는 『그리스도신문』1901년 10월 3일자에 이를 게재했다.

2. 기독교 선교사와 독립협회와의 관계

고종 임금이 러시아 공사관으로 조선의 조정을 옮겼던 일명 '아관파천' 시기인 1896년 7월 2일, 독립문과 독립공원의 조성을 위해 독립협회가 결성되었다. 여기에는 중국의 속국에서 벗어나, 자주권과 독립권을 동시에 가져야 한다는 상징성이 있었다. 또한 어떠한 외세의 억압도 허락하지 않겠다는 고종 임금의 의지도 있었다.

> 우리나라 풍속이 이상ᄒ야 자고 이래로 내 나라 ᄉ긔와 내 님군 영광은 ᄀ른치지 안코 다만 즁원 ᄉ긔와 즁원 영광을 ᄀ른치는 고로 내 나라 ᄉ랑 ᄒᄂᆫ ᄆ음이 업서 진과 한과 당과 송과 명과 청의 력대 됴흔 일은 알아도 우리나라의 영 고아되는 일과 날을 모로니 한심하도다[376]

독립관 보수가 끝나자 1897년 5월 23일에 현판식을 가졌다. 이날, 기독교 지도자들은 더 이상 조선이 중국의 영향력에 있지 않음을 주장했다. 백성이 중국의 것이 아니라 "내 나라 역사"와 "내 임금의 영광"을 드러내야 한다며 이렇게 피력한 것이다. 서재필과 윤치호는 이런 여세를 몰아 독립협회의 성격을 기독교 계몽단체로 바꾸려했다. 그러나 이상재 등이 "민족이 요구하는 것은 기독교가 아니라 개인의 권리"라며, 이를 반대해 결국 불발되었다.[377]

독립협회는 갑오경장 때 관료층인 건양협회(建陽協會), 박정양 등 미국과 친밀한 관계를 갖고 있던 정동구락부 그룹, 그리고 개별적으로 독

---

376 "기원절일," 조선그리스도인회보, 1897년 8월 10일자.
377 F. M. Brockman, "Mr. YI SANG CHAI," *Korea Mission Field*, Vol VII, 1911년 8월호, pp.217-218.

립개화를 지지하던 관료세력들이 주축이었다. 이중 정동구락부 그룹은 기독교계와 독립협회를 연결해 주는 다리 역할을 했다.[378] 따라서 초기 독립협회는 선교사들과 긴밀한 관계를 갖고 있었다.

그런데 독립협회는 정치 단체로 바뀌고 있었다. 러시아의 내정 개입에 반발했고 격렬한 반러운동을 일으켰다. 관민간의 대화를 통해 내정 개혁을 해야 한다는 온건한 주장들을 비판하고 나섰다. 1898년 여름부터는, 새로운 정치세력을 꿈꾸며 안경수, 정교 등이 정부 불만 세력들을 독립협회로 집결시키려 했다. 그리고 1898년 7월 11일경 황태자 대리청정과 내각 교체를 기도했다.[379] 고종 황제는 독립협회가 공화정체 수립을 모의하고 있다고 의심했다. 1898년 11월 5일 독립협회 간부들에 대한 체포령을 내렸고, 경무청은 독립협회 간부 중 17명을 체포했다. 12월 23일에는 군대를 동원해 만민공동회를 해산시켰다.[380] 12월 25일에는 독립협회와 만민공동회를 불법 단체로 규정했다.

알렌은, 독립협회 초기에는 대체로 긍정적인 입장을 가지고 있었다. 그렇지만 관민공동회가 만민공동회로 발전되면서 부정적으로 돌아섰다.[381] 관민공동회의 의장인 윤치호의 경우에는 황제에 대한 존중의 규칙을 고수했다. 그렇지만 안경수는 그렇지 않았다. 배재 학생들도 만민공동회에 깊숙이 간여하고 있었다. 알렌도 이를 파악하고 있었고 아펜젤러도 이를 모르지 않았다. 알렌은 아펜젤러에게 다음과 같은 편지를 썼다.

---

378 노치준, 『일제하 한국 기독교 민족운동 연구』(서울:한국기독교역사연구소, 1993), p.43. 여기에 속한 인물이 서재필, 윤치호, 이상재, 언더우드, 아펜젤러 등이다.
379 이 쿠데타 사건에는 박영효가 관련되어 있었고, 안경수는 만민공동회를 이용해서 내각중심의 입헌군주제를 수립하려 했다.
380 고종 황제는 처음 길영수, 이기동 등 보부상을 이용해 독립협회를 해산시키려 했으나, 반발이 거세어 그 뜻을 이루지 못했다.
381 알렌은 독립협회 의장인 윤치호의 지도하에 진행된 집회에 대해서는 긍정적으로 본 반면, 만민공동회에 대해서는 독립협회의 통제를 넘어섰다고 판단해 부정적으로 평가했다.

나는 방금 외부의 외교국장의 방문을 받고, 당신의 학교인 배재와 당신의 여러 교회들과 관련되어 있는 어떤 사람들의 모임을 막아 달라고 하는 중재요청을 부탁받았습니다. 그 모임은 당신의 배재인(Pai Chai Men) 가운데 한 사람인 송기용에 의해 소집되었다고 하며, 그 목적은 보부상의 어떤 대표가 당신에게 보낸 편지를 토론하는 것이었다고 합니다. … 우리 선교부의 기독교 신자들이 이 도시를 몹시도 괴롭히고 있는 정치운동에 현저하게 참가해야 한다는 것은 매우 불행한 일이며, 다른 선교부에 대해서는 불만이 없는 반면 유독 당신(감리교)의 선교부 추종자들, 특히 당신의 배재학교와 관련된 사람들에 대해서 계속 정부의 불평을 듣는 것이 유감입니다. 이것은 틀림없이 선교부 사업에도 해로울 것입니다. 만일 당신이 당신 학교 사람들을 통제할 수 없다면 한국 정부와 현재 맺고 있는 협정이 파기될 것이라는 말을 오늘 아침에 방문한 관리가 내게 암시해 주었습니다.

나는 당신이 당신 학교나 교회 출신의 사람들을 통제할 힘이 전혀 없다는 것을 그 관리에게 보여 주려고 평소처럼 애썼지만, 만일 당신이 여러 가지 선동과 함께 동정하는 방법으로 큰 도움을 주지 않는다면 그들이 그렇게 대담할 수 없다는 그 관리의 주장에 수긍이 갔습니다.[382]

만민공동회 이후, 대한제국 정부는 이에 적극 가담한 배재학생들을 찾아내기 위해 혈안이 되었다. 배재학당은 이들의 도피처요 회합 장소

---

382 알렌이 아펜젤러에게 보낸 편지 1898년 12월 8일자. 이만열 편역, 『아펜젤러-한국에 온 첫 선교사』, pp.408-409.

가 되었다. 알렌은 이를 지적하고 나섰다. 선교사들의 입장을 우선한다고 늘 주장했지만, 외교관이었기 때문에 그 행동에는 한계가 있었다.

독립협회 초기, 서재필이나 윤치호 등이 독립협회를 기독교 기관으로 만들려 한다는 것을 알았기 때문에 거의 모든 기독교 선교사들은 큰 기대를 갖고 있었다. 특히 감리교 선교사들, 특히 아펜젤러는 배재나 협성회 등 출신들이 독립협회의 청년 조직의 일원으로 활동하는 것에 크게 고무되어 있었다.

> 아모 나라이든지 개명이 되랴ᄒ면 백성이 몬져 열닌후에야 그 나라이 놈의게 슈모를 밧지 안ᄂ법이라 근래에 대한국 즁에 협성회와 독립 토론회와 청년회와 광무 협회라 ᄒᄂ회가 ᄎᄎ 생긴후에 본국 ᄉ정과 외국 형편을 서로 강론ᄒ더니 백성의 문견이 대단이 열닌지라.[383]

「대한그리스도인회보」는 배재학당 협성회 출신들이 근대문명으로 의식화되어 있음을 밝혔다. 1896년 5월 21일부터 시작된 서재필의 특강 이후, 이승만을 비롯한 배재 학생들은 민주주의와 국제 정세에 대한 눈을 떴다. 이후 협성회를 조직했고 정치, 경제, 종교적 문제에 대해 토론회를 열며 시야를 넓혔다.[384] 개인의 자유, 인권, 민주주의와 의회주의에 대해 알게 되었고 의식화되어갔다.[385] 이들, 곧 이승만, 문경호, 현공렴, 홍정후 등에게 독립협회는 정치운동의 돌파구였다. 특별히 만민공동회는 자신들의 신념을 펼칠 수 있는 최고의 장(場)이었다.[386]

---

383 "의사 제손 씨가 환국함," 「대한그리스도인회보」, 1898년 5월 18일.
384 「독립신문」, 1989년 5월 23일자 참조.
385 「신한민보」, 1919년 9월 20일자 참조.
386 1897년 7월 배재학당을 졸업한 이승만은 다음 해 3월 독립협회가 종로에서 개최한 제1회 만민공동회 연사로 참여했다.

아펜젤러는 배재에서 가르친 것들이 독립협회 운동으로 이어지는 것에 대해 크게 주목했다. 학생들이 근대 지식을 바탕으로, 고질적 부패에 대해 문제제기를 하는 것에 고무되었다. 진보와 계몽을 부르짖는 단체와 하나가 된 것에도 자부심을 가졌다.[387] 그때까지만 하더라도, 배재 출신들이 중국으로부터 완전 독립하는 데 일조하고 조선 근대 지식사회를 기독교화로 이끈다고 믿었다. 그러나 독립협회 내부의 권력 다툼이나 쿠데타로 연결되어 의심받고 있다는 것에 대해서는 제대로 파악하지 못했다.

본래 아펜젤러를 비롯한 미국인 교사들은 미국 민주주의 체제에서 살았던 사람들이다. 이들은 학생들의 주장 속에서 민주주의 의식을 발견했고, 이들의 외침이 틀리지 않음을 인정했다. 알렌의 주장에 대해, 아펜젤러의 초기 답변이 소극적이었던 것도 이런 까닭이다. 그런 이유로 아펜젤러는 조선 정부로부터 학생들을 선동을 한다는 의심을 받기도 했다. 그렇지만 시간이 흐르면서, 감리교 선교부 내부에서 독립협회가 과격해지는 것에 우려와 경계를 보냈다. 헐버트까지도 이를 비판했다.[388] 존스도 독립협회가 한국의 장래에 생산적이지 못하다고 비판을 했다.[389] 언더우드도 서재필이 과격하다고 비판했다.[390] 시간이 지나고 상황이 파악이 되었을 때, 아펜젤러는 독립신문과의 인쇄 계약을 후회했다. 학생들이 통제할 수 없는 지경에 이르렀음도 걱정했다.[391]

미국 기독교 선교사들은 모두 민주주의 체제에서 살았던, 민주주의를 당연한 것으로 알았던 사람들이다. 그럼에도 반(反)존왕(尊王)의 공화

---

387 "Pai Chai College," *Official Minutes of the Korea Mission of the Methodist Episcopal Church*, 1899, pp.37-38 참조.

388 H. B. Hulbert, Modern Korea, Korean History. *The Korean Review*, 1904, 8월, p.382.

389 The Independent Club, *The Korean Repository*, 1898, 8월, p. 287.

390 L. H Underwood, *Fifteen Years among the Top-knots*, New York, American Tract Society, 1904, p.208.

391 *ARMC*, 1898, p.266.

정을 지지하지는 않았다. 정치에 휘말리지 않아야 하고 선교지의 체제를 존중해야 한다는 것을 알았기 때문이다. 더구나 복음주의 선교신학에 혁명적 방법으로 세상을 바꾼다는 정책이나 목표는 애초에 존재하지 않는다. 본능적으로, 선교지와 그 땅의 거민들을 사랑할 뿐이다. 선교사들은 조선이 중국이나 외세로부터 벗어나 명실상부한 근대독립국가로 살아가게 되길 기원했을 뿐이다. 그들이 온 목적은 오직 구원의 문제였다.

3. 교육 선교의 정치학–민주주의와 저항 에너지의 발현

1887년 초대 주미공사로 임명되어 워싱턴에 머물고 있던 박정양은 미국을 가리켜, "해국(該國)은 합중신성(合衆心成)의 권리가 민주(民主)에 있는 나라"[392]라고 피력했다. 그리고 미국 민주주의 체제의 사상적 중심에 기독교가 있다고 생각했다.[393] 기독교가 미국 사회의 중심축임을 확인했던 것이다. 여느 개화파나 당시 해외 유학생들과도 이런 생각을 갖고 있었다. 이들은 기독교를 "민주주의의 기초"[394]로 보았고 미국을 '민주공화국의 개조(開祖)'로 알고 있었다.[395] 한국의 근대 지식사회는 미국, 민주주의, 기독교가 하나의 범주라고 믿었다.

윤치호는 에모리대학 학장 캔들러(W. R. Candler)에게 남감리교회 선교사들을 조선에 파송해 줄 것과, 조선에 기독교 학교를 개설해 달라고

---

392 박정양, "美俗拾遺," 『박정양 전집』 6(서울: 아세아출판사, 1984), p.639 "該國 即合衆心成 之權 在民主者也"
393 박정양, "美俗拾遺," 『朴定陽全集』 6, pp.611–612.
394 『윤치호 일기』 1890년 3월 7일자.
395 대한유학생회, 논설 "국가의 주동력," 『대한유학생회학보』 제2호

요청한 바 있다. 이를 위해 수중에 있던 200불을 헌금했다.[396] 미국인들이 누리는 풍요로움과 자유, 사회 개선과 사회정의, 민주주의 체제가 기독교에서 비롯되었고, 기독교 학교를 통해 퍼지게 되었다고 믿었기 때문이다.[397] 복음주의 선교사들의 기대와 다르게 전개되었지만, 교육 선교의 성과는 기대 이상으로 나타났고, 한국 민주주의로 연결되었다.

본래 기독교회는 민주주의 방식으로 운영되는 조직이다. 감독교회 전통 아래에 있었음에도 감리교회는 상향식(bottom-up)으로 운영되어 왔다. 장로교회도 장로제라는 대의(代議)제도를 통해 교회 일을 운영해 왔다. 감리회의 공회는 『대강령과 규측』(1910) 혹은 『교리와 장정』을 기본법으로 해서 운영되었고, 장로교회도 만들어진 규칙과 헌법에 의해 운영했다. 따라서 교회에 들어온 교인들은 자동적으로 민주주의 태도, 곧 법의 준수, 평등한 참여, 자유롭고 합리적인 토론, 민주적 합의에 대해 배울 수 있었다. 민주주의의 이념과 그 지향점, 실천력을 구체적으로 알리고 배양한 곳이 기독교 학교였다.

윤치호가 민영환과 니콜라이 2세의 대관식에 참석하기 위해 한국을 떠나게 되자, 1886년 5월 21일부터 윤치호의 뒤를 이어 서재필이 배재에서 특별 강의를 하게 되었다. 서재필은 만국지리, 역사, 의회제도와 민주주의, 서구문화와 세계정세를 피력했다.[398] 학생들은 매주 토요일 오후마다 회의 진행법과 절차, 토론과 연설 방법에 대한 체계적인 훈련도 받을 수 있었다. 특별히 이승만은 관심 있게 서재필의 강의를 들었다. 학생들은 평등한 참여, 자유롭고 합리적인 토론, 민주적 합의, 진정성의 의미를 습득했다. 이후 이승만의 주도 아래 11월 30일, 배재학당

396 『윤치호 일기』, 1893년 3월 6일자, 3월 11일자, 9월 7일자 참조.
397 그런 이유에서 윤치호는 개성에 한영서원을 설립하고 1906년에 한영서원의 교장이 되었다. 아산 운봉면 보통학교, 송도고등보통학교, 이화여자전문학교, 세브란스의학전문학교 등에 막대한 재정적 지원을 했다. 모두 그의 이상을 실현하기 위한 것이었다.
398 잡보, 「독립신문」, 1896년 5월 23일자.

내에 협성회가 만들어졌다.

협성회를 통해 '질서정연한 학생의 모습, 회의규칙의 엄격한 적용, 성실하게 토론에 임하는 자세, 전 회원의 열정적인 참여, 자기주장을 표현하는 용감한 태도'가 길러졌다. 민주주의가 지향하는 "자유, 질서, 공적 정의"도 교육되었다.[399] 그리고 논리적이고 합리적 주장을 펼치는 방법도 체득되었다. 학생들은 의회설립을 주장했고, 주간 「협성회보」, 일간 「미일신문」을 발간해 자신들의 주장을 펼쳤다.[400] 만민공동회의 만여 명 앞에서 가두연설을 하고 시국 토론을 펼칠 수 있던 것도 협성회 교육 덕분이었다.[401] 이들은 민주주의가 한국을 바꿀 수 있는 유일한 힘과 가치의 근원이라는 것을 확인했다. 조선을 미국과 같은 민주주의의 국가로 만들겠다는 의지도 표명했다. 도덕성과 사회정의의 표출이 자신들의 역할이라는 신념도 갖게 되었다.

학생들은 협성회의 설립 목적을 "충군애국지심의 함양, 회원 간의 친목 도모, 학습과 선행 실천, 전국 동포의 계몽"으로 정했다.[402] 기독교 이데올로기를 충군애국 사상, 애민주의, 민족의식과 연결시킨 것이다. 이후 오산학교와 대성학교, 이화학당과 숭실학교 등 기독교 학교를 거친 사람들도 "기독교, 민주주의, 애국 사상, 민족주의"를 하나의 범주로 인식하고 활동했다. 민족운동으로 이어졌고 애국계몽운동단체를 주도했다. 기독교 항일 민족주의 계보가 만들어졌고 해방 이후의 한국 정치계로 연결되었다. 기독교가 민주주의 의식과 한국 정치의 원류를 제공

---

399 *The Independent*, 1886년 12월 3일자.
400 「협성회보」는 1면에는 논설, 2면에는 국내의 정세, 3면에는 국외의 정세, 4면에는 학생회 관련 내용들을 실었는데, 14호(1898년 4월 2일자)로 종간 후 일간지로 전환했다. 이후 1898년 4월 9일자로 「미일신문」을 창간했으나 내분으로 1899년 4월 4일 폐간되었다.
401 협성회가 설립된 1896년 11월 30일부터 처음 가두 연설이 개최된 1897년 여름까지 약 6개월간 10회 정도의 토론이 진행됐다. 초창기의 협성회는 배재학당 내에 머물면서 한 달에 평균 1~2회 정도의 실제적인 토론이 진행되었던 것이다.
402 윤성렬, 「도포입고 ABC 갓 쓰고 맨손체조」(서울: 학민사, 2004), p.156.

한 것이다.

복음의 이름으로 창설되었지만, 학문의 전당이라는 특성상, 신앙의 영역보다는 근대 이데올로기의 영역이 보다 강조되었다. 선교사들의 우려가 적지 않았지만, 학생들은 서양의 신학문과 서양인 교사와의 접촉을 통해 세계와의 소통 방식을 배웠다. 민주주의 체제를 습득했고 전통적 계급의식을 극복했다. 남녀가 평등하다는 사상, 노동의 존엄성, 강연회나 토론회를 통한 인간 권리의 발현 그리고 이웃과 민족을 위해 봉사하는 새로운 차원의 사회도덕과 새로운 정치의식을 습득했다.

기독교의 교육은 '인간평등의 인간의식'으로 발전하게 되어 있다. 따라서 개인의 존엄성을 중시한다. 한계를 설정하되, 사회를 존중하는 성서적·공화적 전통도 강조한다. 자신 스스로 생각하게 하고 판단하고 결정하는 권리가 있지만 타인의 권리를 위협하는 것을 용납하지 않는다. 기독교 교육의 결실은 일제가 내세웠던 황도정신(皇道精神)을 거부하는 규범이 되었다.[403] 기독교의 교육과 그 이데올로기가 독립과 저항 에너지가 된 것이다.

---

403 민경배, 『日帝下의 韓國基督敎 民族·信仰運動史』(서울: 대한기독교서회, 1991), p. 75 참조.

2부

복음의 분화와 기독교
기호계 민족주의의 발흥

1장.
이승만과 한성감옥의 입교자들

1. 이승만의 회심-국가 구원론의 발현

1902년 친러내각(親露內閣)은 반대파들, 곧 독립협회 관계자들과 일본 육사 출신들, 친일적 인물들을 검거하기 시작했다. 일본에 망명 중이던 박영효, 유길준 등과 공모해 역모를 꾸민다는 명목이었다. 이에 유길준의 동생이자 내부협판이었던 유성준(兪星濬), 법부협판과 승지(承旨)였던 이원긍(李源兢), 경무관(警務官) 김정식(金貞植), 참서관(參書官) 홍재기(洪在箕), 강화 진위대(鎭衛隊) 장교 유동근(柳東根)과 홍정섭(洪正燮), 후일 제국신문 사장이 되는 이종일, 만민공동회 간부 양의종, 안경수의 양자 안국선, 이상재와 그의 아들인 부여군수 이승인, 조택현, 장호익, 권호선, 김교선 등 무관학교 교관들이 체포되어 한성감옥에 구금되었다.[1] 그런데 감옥에는 이승만, 신흥우, 성낙준 등 배재출신들이 대역죄인으로 수감되어 있었다.[2]

1 『官報』, 『高宗時代史』; 국사편찬위원회 편, 『大韓帝國官員履歷書』(국사편찬위원회, 1972); 유영익, 『젊은 날의 이승만-한성감옥생활(1899-1904과 옥중잡기 연구』(서울:연세대학교출판부, 2003), pp.35-36 참조.
2 『윤치호 일기』, 1899년 1월 9일, 30일자 참조. 윤치호에 의하면, 이승만이 체포된 이유는, 최연덕, 정항모 등과 일본에 있는 박영효와 연락해, 고종을 폐위하는 음모에 가담한 혐의 때문

친러내각은 이들을 가혹하게 다루었다. 감옥 환경이 열악한데다 1903년 3월부터 시작된 콜레라로 40명 이상의 죄수가 죽어나갔다. 하루 동안 열일곱 명이 눈앞에서 쓰러져 수인들은 시신과 함께 섞여 지내기도 했다.[3] 김정식은 당시의 상황에 대해 다음과 같이 회고하고 있다.

> 옥중에서 허다한 고초로 무정한 세월을 보낼 때에 사람을 원망하며 세상을 탄식하는 맘이 가슴에 가득하고 창자에 얽혀 매양 이 몸이 독수(毒手)에 팔린 바 됨을 생각하면 분한 마음이 폭발하야 머리털이 우(위)를 가르치고(솟구치고) 더운 기운이 목에 막켜 적은 음성도 내일 수 없을 때에 그 원통한 심사가 엇더하리오.[4]

수감자(收監者)들은 울분을 토로하며 보복을 다짐했다. 그러나 조기 석방 될 것이라는 예상이 빗나가자 낙담과 절망에 빠져들었다.[5]

> 혈육의 연한 몸이 5, 6년 역고에 큰 질병이 없이 무고히 지내며, 내외국의 사랑하는 교회 형제자매들의 도우심과 보호를 많이 받았고, 성신(聖神)이 나와 함께 계신 줄을 믿고 마음을 점점 굳게 하며 영혼의 길을 확실히 찾았으며…[6]

■
　　이었다.
3　이승만, "옥중전도,"『신학월보』3권 5호(1903년 5월), p.183.
4　김정식, "信仰의 動機,"『聖書朝鮮』100號(1937년 5월), p.5.
5　유성준, "밋음의 動機와 由來,"『基督申報』1928년 7월 4일, 5면.
6　이승만, "옥중전도," p.184. 원문은 다음과 같다. "혈육의 연한 몸이 오륙년 역고로 큰 질병이 업시 무고히 지내며 내외국 사랑하는 교중 형제자매들의 도우심으로 흥도 보호를 만히 밧엇거니와 성신이 나와 함께 계신 줄을 밋고 마음을 졈졈 굿게하여 령혼의 길을 확실히 차젓스며…"

이승만은 기독교 선교사들의 도움과 사랑, 성령의 임재가 역경을 견디는 힘이 되었다며 이렇게 피력했다. 그의 고백처럼 이승만은 한성감옥에서 선교사들로부터 큰 도움을 받았고 성령의 임재도 체험했다.

이승만은 1898년 11월 보부상들과 격투가 있었을 때 맞아 죽지 않았던 것, 1899년 1월 탈옥을 시도했을 때 소지했던 권총을 사용하지 않은 것 등, "인간으로서는 도저히 극복할 수 없는 곤경으로부터 (하나님의) 보이지 않는 손(the unseen hand)이 자신을 구출"했다고 고백했다.[7] 회심을 체험한 이후, 기독교는 근대 이데올로기로만 이해했던 과거의 것이 아니었고, 기독교 선교사들은 더 이상 제국주의의 주구(走狗)가 아니었다. 한성감옥의 복음의 전도자가 되었고 이상재, 이원긍, 김상옥, 이희준을 비롯해 40여 명 이상의 수인(囚人)들을 기독교에 입교시키는 역할을 했다.[8]

1895년 2월, 육영공원이 폐교됨에 따라 조선 정부에서 이 학교 학생을 배재학당에 위탁했을 때, 이승만은 영어를 배우기 위해 배재에 입학했다. 아펜젤러와 서재필 등과 사제관계를 맺게 되었고, 자연스럽게 독립협회와 연결이 되었다. 정치 개혁에 대한 열정이 남달랐기 때문에 만민공동회의의 주도자로 참여했고, 그런 이유로 24세의 나이로 중추원 의관(議官)직을 제수 받았다. 그러나 젊은 이승만은 박영효 중심의 혁신내각 제안에 동의했고, "중추원이 박영효의 송환 통과" 제안을 이끌자[9] 역모자로 구분되었고 체포되었다. 그리고 1899년 1월 경무청 감방에 투옥됐다.

이승만은 사형언도를 받았다. 탈옥하면서, 같이 도망을 치던 최정식

---

7   이승만 영문자서전; 이승만 저, 이정식 역, "청년 이승만 자서전," 『이승만의 구한말 개혁운
     동』(대전:배재대학교출판부, 2005), p.297 참조; Syngman Rhee, *Japan Inside Out: The Challenge of Today*(New York: Fleming H. Revell Co., 1941), p.74 참조.
8   *Ibid.*, p.301.
9   『윤치호 일기』, 1898년 12월 27일자.

이 권총 세 발을 발사해 간수 김윤길을 부상시켰기 때문에 죄가 가중되어 있었다.[10] 황제폐위 음모 가담혐의, 무기소지, 탈옥미수죄를 범했기 때문에 살아날 가망이 없었다. 목에 10kg 무게의 칼을 쓰고 손과 발은 수갑과 족쇄로 묶여야 했다. 사형집행을 기다려야 했을 때, 그를 포기하지 않고 적극적으로 나섰던 사람들이 선교사들이었다.

배재학교 스승인 아펜젤러와 벙커 부부를 비롯해 헐버트가 찾아왔고 애비슨, 언더우드, 게일, 존스 등도 한성감옥을 찾았다. 선교사들은 콜레라가 돌 때 약품을 넣어 주었고 많은 물품도 차입해 주었다. 옥중(獄中) 처우(處遇) 개선에 큰 역할을 했고 석방을 위해 연명으로 진정서를 내는 등 적지 않은 노력을 했다. 특별히 아펜젤러는 이승만 가족의 생계까지 돌봐주었다.[11]

1899년 7월 11일 평리원 재판에서 이승만은 태(笞) 1백과 종신형으로 형량이 낮추어졌다. 고종 황제가 알렌과 선교사들의 간청을 받아들인 것이다.[12] 이들은 정치에 절대 개입하지 말라는 미국 정부의 요청을 거부하면서까지 이승만을 보호하고 나섰고,[13] 고종 황제도 선교사들의 정치적 역할을 기대하고 있었기 때문에 외면하지 않았다.

> 그때 나는 그들이 말하던 예수를 믿지 않고 있었다. 그런데 내가 어디선가 들었던 말이 떠올랐다. "네가 너의 죄를 회개하면 하나님께서는 지금이라도 용서하실 것이다"라는 말인데, 그 말

---

10 *Ibid.*, p.298 참조. 이승만과 최정식은 주시경이 최정식 집에 기거하던 사람을 통해 몰래 차입해 준 권총 2정을 받았다. 그러나 이승만은 권총을 사용하지 않았다.
11 이승만이 아펜젤러에게 보낸 편지, 1899년 12월 28일자 참조.
12 유영익, *op.cit.*, pp.15~20 참조. 이승만은 감리교 의료선교사 셔만(Jarry C. Sherman)의 통역 요청을 받고 시병원으로 가는 길에 체포되었다. 셔만은 이에 책임감을 느껴 알렌에게 석방을 간청했고, 이에 알렌은 외부대신 박제신에게 석방을 요청하는 한편 경무청 고문관 스트리플링(A. B. Sripling)에게 매일 감방을 방문하게 해서 이승만이 부당한 형벌을 받지 않도록 조치한 바 있다.
13 미국 정부는 주한공사관에 1897년 5월 11일자로 선교 본연의 업무 이외에 조선 정치에 절대 개입하지 말라는 훈령을 보냈다.

이 나의 마음에 떠오르자마자 나는 나의 목에 걸려 있던 나무
칼에 머리를 숙이고, "오 하나님, 나의 나라와 나의 영혼을 구
하여 주시옵소서" 하며 기도했다. 나에게 가장 기이했던 것은
1900년 전에 죽은 사람이 나의 영혼을 구할 수 있다고 생각했
다는 것이다.[14]

죽음의 공포를 겪고 있을 때, 이승만은 애비슨에게 영어성경과 영한
사전 차입을 요청했다.[15] 그런데 성경을 읽는 과정에서 성령 체험을 했
다. 성경 말씀이 생생한 하나님의 음성이 되었고 형언할 수 없는 "안위
와 평안과 기쁨"이 찾아왔다.[16]

독특했던 것은 이승만이 한국이라는 한 국가를 인격화했다는 것이
다. 그는 자기의 구원, 곧 개인 구령에서 그치지 않고 한국의 구원을 간
청했다. 개인의 구원과 국가의 구원을 같은 차원에서 본 것이다. 이후
그는 기독교 복음이 개개인을 구원할 뿐만 아니라 한국도 구원할 수 있
다는 신념 아래 행동했다. 그의 외교독립론이나 건국 사상 모두 이런
바탕 아래 이루어졌다.

이승만의 회심은 기독교 이데올로기에 대한 지적 동의를 극복하는
것이었다. 영혼의 근저로부터 솟아오르는 내적 기쁨이 되었다. 동시에
개인을 구원하고 한국을 구원해야 한다는 사명감을 갖게 되었다. 속에
도사리고 있던 서구 선교사들에 대한 불신감과 증오감은 일순간에 사
라졌다. 그에게 기독교의 복음은 더 이상, 배재에서 자각했던, 근대 이

14 유영익, *op.cit.*, p.204 각주 2에서 재인용. 이승만의 영문 자서전은 여러 종류가 있다. 이승
만은 여러 차례 자신의 자서전을 썼다. 이 내용은 올리버(Robert T. Oliver)가 수집한 이승만
의 영문 자서전 원고 *Autobiography of Dr. Syngman Rhee*의 내용으로 사료된다.

15 O. R. Avison, "Memoirs of Life in Korea," p.275; *Syngman Rhee, Behind the Myth*, Green-
wood, New ed of 1954 ed edition, p.53. 애비슨은 셔우드 에디(Sherwood Eddy)를 통해 비
밀리에 조그만 영문 신약성서를 감옥으로 들여보냈다.

16 이정식 역, "청년 이승만 자서전," p.299.

데올로기만이 아니었다. 영혼의 구원자였고 한국인들을 이끄는 구도자(求道者)였으며 한국이 나아가야 할 목표였다. 기독교의 복음이 자신뿐만 아니라 한국을 구원할 수 있다는 고백과 확신이었다.

2. 한성감옥 수감자들의 회심

기독교인 이승만은 동료 수인(囚人)들에게 열심히 전도했다. 선교사들이 적극적으로 간여했고, 새로 부임한 감옥서장 김영선과 간수부장 이중진(李重鎭) 등의 배려로 성경반이 개설되었다.[17] 1902년 10월에 이르러서는 '옥중학교'가 개설되었고, 양의종과 신흥우가 함께 교사가 되었다. 감옥은 "(성경)연구의 방(an inquiry room)으로 시작해서 기도의 집(a house of prayer)이 되고, 그 다음에는 예배당(a chapel for religious exercise)으로 바뀌었다가, 결국 신학당(a theological hall)이 되었다."[18] 「황성신문」은 기사를 통해 이를 알렸다.

> 監獄署長 金永善씨가 인민의 교육이 無ᄒ야 近日에 犯科處役ᄒ
> 者 甚多흠을 慨歎ᄒ야 月前붓터 감옥서내에 學校를 設立ᄒ고
> 罪囚를 敎育ᄒᄂ디 敎師ᄂ 李承晚, 梁義宗씨오 敎科書ᄂ 改過
> 遷善흔 冊子오 英語, 算術, 地誌 等書로 열심 敎導ᄒᄂ 故로 英
> 人 房巨씨가 每日 一次로 往來ᄒ야 敎科 贊務ᄒ고 書冊을 多數
> 供給흠으로 竊盜죄로 處役흔 兒 二名이 受學흔지 數朔에 悔過
> ᄒ야 漢城府에 歎願ᄒ되 處役시에 他人의關흔 바의 姓名을 변

---

17 이중진은 이승만이 도미 유학을 하게 될 때 여비의 일부를 제공했다.
18 J. S. Gale, *Korea in Transition*(New York: Young People's Missionary Movement of the United States and Canada, 1909), pp.183–184.

역變易ᄒᆞ얏스니 今來 思量ᄒᆞ則 悔之莫及이라 役丁簿에 本姓名으로 還錄ᄒᆞ라 ᄒᆞ얏더라.[19]

감옥 안의 성경반이 신학당이 되는 과정에서, 이상재, 유성준, 이원궁, 김린(金麟), 김정식, 홍재기, 안국선 등의 입교자들이 나왔다. 이능화의 지적처럼, 양반 관료와 개화지식인들의 기독교 입교가 시작된 것이다.[20]

묘했던 것은 이상재, 유성준, 김정식 등 적지 않은 개화지식인들도 내적 회심의 과정을 거쳤다는 것이다.[21] 기독교를 거부한 바 있던 이상재는 자신의 회심 체험에 대해 다음과 같이 진술하고 있다.

'위대한 왕이 보낸 사자'가 자신에게 말하기를 "나는 몇 년 전 당신이 워싱턴에 있을 때 성경을 주어 믿을 수 있는 기회를 주었지만 그대는 이를 거절했다. 이것이 첫 번째 죄이다. 또 나는 그대가 독립협회에 있을 때도 기회를 주었지만 당신은 반항했을 뿐만 아니라 다른 사람들이 믿는 것까지도 방해를 했다. 이런 식으로 당신은 민족이 앞으로 나갈 길을 막았으니 이것이 더욱 큰 죄이다. 나는 그대의 생명을 보존하여 감옥에 그대를 두었는데, 이것은 내가 그대에게 주는 신앙을 갖게 하는 또 다른 기회이다. 만일 지금도 그대가 회개하지 않는다면 그 죄는 이전보다 더욱 큰 것이 될 것이다."[22]

19 "獄囚教育," 「황성신문」 光武 7년(1903년)1월 19일자, 雜報.
20 李能和, 「朝鮮基督教及外交史」(朝鮮基督教 彰文社, 昭和3년〈1928〉), pp. 203-204.참조.
21 김정식, op.cit, 유성준, op.cit 참조.
22 F. M. Brockman, "Mr. YI SANG CHAI," *Korea Mission Field*, 1911년 8월, p. 218.

한성감옥 입교자들이 회심 체험을 했다는 것은 더 이상 이들이 기독교를 근대문명의 도구로만 생각하지 않게 되었다는 것을 말한다. 이들에게 기독교의 복음은 더 이상 근대 이데올로기만이 아니었고 근대 체제의 방편만이 아니었다. 근저로부터 솟아나는 내적 신앙이었다.

복음주의 신학에서 회심은 신앙의 출발점으로 이해된다. 따라서 선교의 가장 중요한 목표 중 하나이다. 거듭난 존재가 되었다는 증거요 새롭고 성결한 삶을 살아가게 되었다는 표시이다. '명목적' 기독교인으로부터 '진정한' 기독교인으로의 전환이다.[23] 단순히 '기독교인'이나 '교회인'이 되는 것을 뜻하는 것이 아니라 '갱신(a renewal)'을 다짐하는 것이다.[24] 회심사건 이후, 한성감옥 입교자들의 삶은 그렇게 변했다.

한편 이 사건은 선교사들이 전한 신학이 다른 방향으로 분화되고 확장되었다는 것을 말한다. 복음의 사명이 개인 구령과 교회라는 울타리를 넘어 민족 혹은 한국의 구원문제로 확대된 것이다. 1903년, 옥중(獄中)에서 이승만은 기독교를 기초로 나라를 세우자며 다음과 같이 말하고 있다.

부럽도다 저 개명한 나라에서 들은 사람의 몸과 집안과 나라를 통히 하나님의 도로써 구원을 엇엇스니…(중략)…(한국도) 이 세대에 처하야 풍속과 인정이 일제히 변하야 새거슬 숭상하여야 할 터인대 예수교는 본래 교회 속에 경장(更張)하는 주의를 포함한고로 예수교가 가는 곳마다 변혁하는 힘이 생기지 않는데 업고 예수교로 변혁하는 힘인즉 피를 만히 흘니지 아니하고 순

---

23 Andrew Walls, "The Eighteenth–Century Protestant Missionary Awakening in Its European Context," in Christian Mission and the Enlightenment ed. Brian Stanley (Grand Rapids: Eerdmans Publishing Company, 2001) 참조.
24 Emilio Castro, "Report of the General Secretary: A Call to Conversion," *The Ecumenical Review* 44 No.4 (October 1992), p.501.

평히 되며 한번 된 후에는 장진이 무궁하야 상등문명에 나아가
니 이는 사람마다 마음으로 화하야 실상에서 나오는 연고라 우
리나라 사람들이 맛당히 이 관계를 깨달아 서로 가라치며 권하
야 실상 마음으로 새거슬 행하는 힘이 생겨야 영원한 긔초가 잡
혀 오날은 비록 구원하지 못하는 경우를 당할지라도 장래에 소
생하야 다시 일허서 볼 여망이 잇슬거시오.[25]

이승만에게 기독교는 한국인의 영혼과 가정과, 한국을 구원하기 위
한 목표였다. 기독교 복음의 역할을 개인뿐만 아니라 국가 구원으로 연
결시켰던 것이다. 그것은 회심의 과정을 거쳤던 윤치호에게서 나타났
던 신앙 유형과 크게 다르지 않다.[26] 한 개인의 내적 회심이 한국을 구
원시켜야 한다는 사명 의식으로 연결되었고, 동시에 교회의 역할을 개
인 구령과 '국가 존망'으로 연결된 것이다.[27] 한국은 기독교 문명국가로,
영국과 미국과 같은 자유와 평등의 자주독립국가가 되어야 했다.[28] 이
승만에게 개인 구령의 문제와 교회 활동 그리고 한국의 장래는 별개의
것이 아니었다.

1904년 말, 선교사들의 노력으로 이승만은 석방되었다. 그리고 게
일, 언더우드, 벙커, 질레트, 스크랜튼, 프레스톤(John F. Preston)이 써
준 추천서 19통을 가지고 미국으로 유학을 떠났다.[29] 선교사들의 추천

25 이승만, "예수교가 대한 장취(장래)의 긔초," 『신학월보』 1903년 8월호, pp.330-333.
26 이들이 미국에서 풍미했던 사회복음주의 신학을 선호했는 데, 그것은 사회복음주의가 개인
    구령과 사회구원을 연계시켜, 이 땅에서 이루어지는 하나님 나라를 꿈꾸었기 때문이다. 이들
    은 개인 구령이나 은총의 문제, 부흥회적 경건의 신앙을 무시하거나 외면하지 않았지만 국가
    와 민족에 대한 책임의식을 우선시했다.
27 이승만, "교회경략," 『신학월보』 1903년 11월호 참조.
28 이승만, "대한 교우들의 힘쓸 일," 『신학월보』 1904년 8월호 참조.
29 이승만은 북장로교회 햄린(Lewis T. Hamlin)목사를 만나 세례와 유학 지도를 부탁했고, 햄
    린은 조지워싱턴대학 니덤(Charles W. Needham) 총장에게 이승만을 소개했다. 이런 과정을
    거쳐 이승만은 조지워싱턴대학에 '특별생'으로 편입했다. 이승만은 조지워싱턴대학교에서 2
    년간 공부해 학사학위를 취득한 다음 하버드대 인문대학원에 입학해 1년간 석사과정을 이수
    했다. 이후 프린스턴대학교 대학원의 박사과정에 입학, 그곳에서 2년간 국제법, 외교학, 서

서에는 옥중에서 거둔 전도의 성과와 이승만이 장차 한국의 복음 전파를 주도할 인물이라는 것이 강조되었다.

석방된 이상재, 유성준 등 개화관료 출신의 기독교인들은 연동교회나 안동교회, YMCA 등에서 활동했다. 이들에 의해 기호계 기독교 민족주의가 발흥되었다. 이승만의 국가 구원관이 이들 기독교 민족주의자들에게 연결되었고 월남 이상재의 신부적(神賦的) 국가관과 연결되었다. 또한 광복 후의 기독교 건국론과도 연결되었다. 1950년의 구국 운동, 1960년대의 한일회담 반대 운동, 1970년대 민주화 회복 운동, 1980년대 미군 철수 반대 운동에도 국가 구원관이 담겨 있었다.

양사, 철학사 등을 전공한 끝에 1910년 7월에 박사학위를 취득했다.

2장.
황성기독교청년회(皇城基督教靑年會, YMCA)의 창설과 그 전개

1897년 2월, 아관파천한지 정확히 1년 후, 고종 임금은 경운궁(덕수궁)으로 환궁했다. 스스로를 '광무황제'로 칭한 임금은 8월 17일부터 연호를 '광무'로 사용했다. 그리고 10월 12일에 문무백관과 만백성이 보는 가운데 원구단(환구단)에서 황제 즉위식을 가졌다. 미뤄왔던 명성황후의 국장도 성대하게 치렀고 독립문도 세웠다. 나라의 이름도 자주 독립과 대 제국의 기치를 내세워 '대한제국'이라 칭했다. 이 땅에는 그렇게 자주와 독립의 기상이 솟구치고, 치욕과 분노, 역사에 깊이 새겨진 상처를 넘어서야 한다는 거센 열정이 가득했다.

그러나 의지와 신념만으로 불합리했던 전통이나 현실적 환경, 국제 정치의 역학 문제가 쉽게 해결될 수 없었고 일순간에 모든 것이 새로워질 수 없었다. 여전히 부패와 불합리한 정치 구조의 폐해가 컸고,[30] 현실과 이상의 간격도 너무 멀었다. 결국 대한제국은 13년의 짧은 역사를 기록하고 사라졌다.

1899년경 YMCA 세계연맹 본부 국제위원회는 150여 명의 한국 젊은 개화지식인들이 서울에 YMCA 간사를 보내 줄 것을 요청한다는 아

---

30 鄭喬, 『韓國李年史』, 上, (國史編纂委員會, 1957), pp.281-282 참조.

펜젤러와 언더우드의 편지를 받았다.[31] 거기에는 상민과 부녀자들이 나가기 때문에 상위 양반계급들이 교회에 가지 못한다는 내용이 들어 있었다. 덧붙여 기독교 사교 클럽을 설치할 수만 있으면 이 문제가 해결될 수 있다는 주장도 들어 있었다.[32] 편지에 한성판윤(漢城判尹)의 직함도 들어 있어 YMCA 국제위원회로서도 관심을 갖지 않을 수 없었다.[33] YMCA 설립을 위해 한국을 찾았던 질레트(P. L. Gillett)는 다음과 같이 한국의 상황을 보고하고 있다.

> 언더우드 박사의 말을 통해 나는 상류 계층의 젊은이들에게 접근하는 것이 얼마나 어려운지를 잘 알 수 있었습니다. 그는 내게 말하기를 어떤 고위 관료가 기독교에 접근했는데, 그 양반은 "내가 기독교에 대해 알고 싶은데, 차마 교회에는 나갈 수 없으니 선교사들 중에서 한 사람이 내게 와서 기독교에 대해 잘 설명해 줄 수 없냐"고 요청해 왔다는 것입니다. 드디어 그 양반은 변장을 하고 교회의 뒷문을 통해 몰래 들어와 앉았습니다. 그리고는 언더우드 목사의 설교를 들었답니다. 그때 그 양반은 바로 자기 옆에 자기 집 하인이 앉아있는 것을 발견하고 질겁했답니다. 그가 만일 자기 하인에게 들켰더라면 자기는 큰 망신을 하는 것이고 위신은 크게 실추되는 것이기 때문이었습니다. 그 이유는 그가 교회에 나갔다는 사실뿐만이 아니라 하인과 자리를 함께했다는 사실 때문이었습니다. 언더우드 박사는 이러한 일화를 실례로 들어 나에게 교회가 상류층 인사들에게 접근

---

31 P. L. Gillett, *A Report*, Colorado, Springs, 1900~1901.
32 L. H. Underwood, *Underwood of Korea*, p.206.
33 F. S. Brockman's letter to J. R. Mott, 1903년 5월 13일자. 전택부는 선교사들이 언급한 한성판윤이 민경식이었다고 본다.

한다는 일이 무척 어렵다는 것을 설명해 주었습니다.[34]

　기독교가 정부로부터 공인(公認) 받았다고 하나,[35] 유학(儒學) 지식 사회가 여전히 기독교회를 외면하던 때였다. 조금씩 세워지는 교회는 상민과 부녀자들이 나가는 곳이라고 알려져 있었다. 선교사들로서는 양반층들의 기독교 기관 설립 요청에 고무되지 않을 수 없었다. 관료지식 사회 일원들이 기독교 기관의 설립을 원한다는 것은 한국의 중심체계가 기독교로 전환될 수 있다는 신호였다. 선교의 발판으로 여겼고 그 기회를 놓치고 싶어 하지 않았다. 그래서 언더우드는 특별히 감리교의 아펜젤러와 협력했고, 각기 따로 YMCA 세계본부에 설립청원서를 보냈던 것이다.

　한성판윤 등에게 기독교 사회기관이 별도로 존재한다는 것을 알려준 인물은 여병현이었다. 그는 일본 게이오대학에서 공부하고 워싱턴에 있는 하워드대학(Howard University)를 거쳐 영국 바슬로우(Baslow)의 클리프대학(Cliffe College)에서 2년간 유학했다. 1899년 귀국 후 영국 영사관의 통역관으로 활동하는 한편 배재학당에서 교사로 재직하고 있었다.[36] 유학 과정에서 기독교에 입교했고, 따라서 기독교 세계에 대한 깊은 이해와 지지가 있었다.[37] 여병현이 개화지식인들에게 서구 사회의 면면을 알린 덕분에 기독교 기관에 대한 기대는 적지 않았다. 그렇다고

34　Mr. P. L. Gillett's Report to the International Committee for the Twelve Months Ending September 30, 1902.

35　1898년 대한제국정부는 스왈렌(William L. Swallen) 선교사에게 인전교사(因傳敎事) 호조를 발행했다. 이는 기독교가 공식으로 승인되었다는 것을 의미한다.

36　여병현은 먼 친척되는 여운형(呂運亨)을 서울에 데려와 배재학당에서 신학문과 영어를 공부하도록 했고, 1905년에는 영국공사관 서기관으로 임명되었다. 을사늑약 후, 국권 회복 운동의 일환으로 1907년 남궁억(南宮檍), 오세창(吳世昌), 윤효정(尹孝定), 장지연(張志淵), 권동진(權東鎭), 유근(柳瑾) 등과 함께 대한협회(大韓協會)를 조직해 활동했다. 여병현은 영국에서 공부할 때, 스코트필드(F. W. Scotfield) 아버지의 제자였다.

37　News Calender, *The Korea Review*, 1905. 2. p.73 참조.

해서 이들 개화 지식그룹이 YMCA의 이념이나 그 정신을 제대로 알았다고 볼 수 없다. 이들은 서양 근대문명의 힘이 기독교 복음에서 나온다고 확신했고, 그래서 기독교 사회기관을 필요로 했던 것이다.

당시 YMCA 세계연맹도 학생YMCA를 확장해야 한다는 사명감을 갖고 있었다. 세계기독교학생연맹의 총무직을 겸하고 있었던 세계 YMCA의 간사 모트(J. R. Mott)가 이를 강력히 희망했기 때문이다.[38] 이런 이유로 세계 연맹의 루터 위샤드(L. Wishard)는 YMCA 설립 가능성을 확인하기 위해 중국 YMCA 운동의 선구자인 라이온(D. W. Lyon)을 한국으로 급파했다.[39]

YMCA 설립에 대해 선교사들의 반응은 각기 달랐다. 언더우드는 상류층이 교회에 접근하기 어려운 현실을 감안해야 함을 역설했다. 한국의 관료사회가 기독교에 대해 우호적이기 때문에 그 자녀들을 위한 사업은 각광을 받을 것이라는 것이 그의 논리였다.[40] 헐버트나 아펜젤러, 무어(J. F. Moore), 벙커 등도 적극적이거나 긍정적이었다. 미국 공사 알렌도 적극 지지하고 나섰다.[41]

반면 스크랜튼과 게일은 비판적이거나 소극적이었다. 스크랜튼은 YMCA와 같은 기독교 사회기관이 "교회의 힘을 뺏어간다"는 생각을 갖고 있었다. 그것은 한국 엡웟청년회(Epworth League)에 대한 부정적 경험 때문이기도 했다. YMCA가 교회를 약화시킬 것이고, 정치적 색깔

---

38 *Report of C. I. C.* to the XIVth World's Conference, 1898, pp. 12f.
39 C. H. Hoeard, *History of the YMCA in North America*, New York, Association Press, 1951, p. 664 참조.
40 언더우드는 변장한 후에 몰래 교회 뒷문으로 들어와 설교를 들었던 인물들 중에 자기 하인을 발견하고 발길을 끊었던 사람이 있었음을 토로하기도 했다. Mr. P. L. Gillett's Report to the International Committee for the Twelve Months Ending September 30, 1902.
41 D. W. Lyon, Twenty-five Years Ago, *The Korea Mission Field*, 1925. 12, pp. 272-275 참조. 라이언을 만난 자리에서 언더우드는 배재학당 학생 130여 명 그리고 영어, 독일어, 불어, 러시아어 등의 외국어학교, 헐버트(H. B. Hulbert)가 관장하고 있는 보통학교, 고등학교 그리고 철도학교, 여기에 일본교육회 경여의 학교, 야학교, 및 사립 흥화(興化)학교 등이 있는데, 이들 학생들이 YMCA에 참여할 대상이 될 수 있다며 설립의 필요성을 강력히 피력했다.

을 띠게 될 것이어서 정부의 경계를 받게 될 것이라 본 것이다. 차라리 청년들의 신앙교육을 위해 선교사들을 더 파송하는 편이 나을 것이라는 입장도 밝혔다. 게일도 이에 동조했다. YMCA가 결코 정치 활동의 중심지가 되어서는 안 되며, '절대적으로' 금지되어야 한다는 점을 분명히 했다.[42]

이상재를 비롯한, 한성감옥에서 세례를 받았던 인물들은 출감(出監) 후 제일 먼저 감리교회를 찾아갔다. 그러나 정치에 휘말릴 것을 우려했던 감리교 선교사들은 이들의 감리교 입교를 허락하지 않았다.[43] 그때 게일은 직접적인 정치활동을 하지 않는다는 조건으로 이상재 등을 연동교회에 입적(入籍)시켰고 YMCA로 연결시켰다.

개화지식인들이 기독교 기관을 통해 약화된 국권을 회복하고 싶어 했기 때문에 YMCA는 처음부터 정치에 휘말리기 쉬웠다. 기독교 사회운동 자체가 내적 신앙을 무시하기 쉬운 것도 사실이었다. 영적인 것을 무시하고 사회적, 지적, 도덕적 영향을 향상시켜 사회개선에만 전력을 다하기 쉽다는 의견이 만만치 않았다. 독립협회 진행과 그 결말을 가까이에서 목도한 바 있어, YMCA 설립에 대한 선교사들의 이견(異見)이 적지 않았다.

약 3개월 동안의 조사를 마친 라이언은 국제위원회에 설립이 타당하다는 의견을 보냈다. 국제위원회는 라이언의 보고서와 YMCA 국제연맹 간사인 모트의 요청을 받아들여 그 설립을 결정했다. 그리고 질레트를 한국 파견 간사로 선정했다.

일련의 과정을 거쳐 1903년 10월 28일 수요일 저녁 8시, 한국 YM-

---

42   *Ibid.*, p. 275.
43   일본 고등법원에 다음과 같은 기록이 남아 있다. "(이들은) 석방 후 먼저 감리교를 찾아갔지만 당시 감리회의 선교사 중에는 기독교도로서 정치에 관계하는 것을 죄악이라고 하는 자가 많았기 때문에, 씨등(氏等)은 장로회 게일의 허락으로 세례를 받았다." "韓國の 基督敎運動史," 「思想彙集」 16輯(高等法院檢事局思想部, 1938), pp. 109~110.

CA(황성기독교 청년회) 창립총회가 개최되었다. [44] 회장에는 게일, 부회장 헐버트, 서기 켄무어(A. Kenmure), 회계 다까기(高木正義), 재단 이사장 브라운(J. McLeavy Brown)이 선출되었다.[45] 이사에는 한국인 2명, 미국인 5명, 영국인 3명, 캐나다인 2명, 일본인 1명 합계 13명이었다. 교파로는 장로교 5명, 감리교 3명, 성공회 1명이 참여했다.[46] 러일전쟁 이전이어서 이때만 하더라도 일본에 대해 비판적이지 않았고, 따라서 일본인도 참여할 수 있었다. 초대 이사명단과 그 경력 등을 보면 다음과 같다.[47]

초대 황성기독교 청년회 이사명단[48]

이름	국적	경력
여병현(呂炳鉉)	한국	배재학당 교사, 주한영국공사관 통역관
김필수(金弼秀)	한국	장로교 목사, 『기독신보』편집인, 장로회 총회장
H. G. Underwood	미국	장로교 선교사, 연희전문학교, 새문안교회 창설
H. G. Hulbert	미국	감리교 선교사, 육영공원 교사, 헤이그밀사와 동행
C. G. Hounshell	미국	감리교 선교사, 배재학당 교장
R. A. Sharp	미국	감리교 선교사, 공주 영명학교 창설
J. McLeavy Brown	영국	총세무사, 탁지부 고문
A. B. Turner	영국	성공회 신부
A. Kenmure	영국	대영성서공회 대표
O. R. Avison	캐나다	캐나다 선교사, 제중원장, 세브란스의학전문학교장, 연희전문학교장

---

44 브로크만(F. M. Brockman)의 기록에 의하면, 배재학당 학생YMCA도 이날 출범한 것으로 되어 있다. F. M. Brockman, Genesis of Seoul YMCA, *Korea Mission Field*, 1914, 2월호, p.48.
45 H. G. Underwood, Organization, Young Men's Christian Association, *The Christian Movement in Japan, Korea and Formosa*, Kobe, 1914, p. 505. Cf. L. H. Underwood, Underwood of Korea, p. 207.
46 질레트는 감리교인이었지만 다까기(高木正義), 브라운 및 켄무어의 정확한 교파배경을 알 길이 없다. 브라운은 기독교인이 아니었을 가능성이 크다.
47 민경배, 『서울YMCA運動史: 1903~1993』(서울:로출판, 1993), p.87.
48 이 도표에서 명기된 경력사항은 당시뿐만 아니라 후일의 경력도 함께 표시된 것이다..

이름	국적	경력
J. S. Gale	캐나다	캐나다 선교사, 한국학연구 권위자, 연동교회 목사
다까끼(高木正義)	일본	일본 제일은행 서울支店, 철학박사, 東京YMCA會員
P. L. Gillett	미국	북미YMCA 한국파견 간사, 한국 서울YMCA 간사

1903년 3월 17일의 창설 예비회담에서는 정치 문제가 심도 있게 논의되었다. YMCA가 결코 교회가 아니지만 교회로 인도하는 통로가 되고, 세계 교회와의 소통의 장소가 되며, YMCA의 사업 목표는 기독교의 복음이며, 교육과 계몽을 통해 마침내 복음화를 이룰 수 있다는 의견이 보다 우세했다.[49] 따라서 YMCA 내부에서 정치적인 주장이나 활동을 엄격히 금지시킨다는 것을 분명히 했다. 그것을 YMCA 입회 조건으로 삼았다. 그런 이유로 1904년 2월 한성감옥에서 출감(出監)했던 이상재 일행은 직접적인 정치활동이나 정치 참여를 하지 않는다는 조건으로 연동교회에 들어올 수 있었고 YMCA에 입회할 수 있었다.

언더우드는 1914년 4월 2일부터 3일 동안 개성의 한영서원에서 열린 YMCA "3년 대회(Triennial Convention)"에서 정회원의 자격을 "완전한 복음주의의 교인들에게만 적용"한다고 못을 박았다. 그리고 "복음주의의 교회라 함은 성경을 완전한 믿음과 행함의 표준으로 채택하고 예수 그리스도를 유일한 구주로 믿는 교회"라고 규정지었다.[50] YMCA의 활동이 복음주의 교회의 연장선상에 있음을 분명히 한 것이다. 설립의 이념과 신학이 복음주의라는 선언이었지만, YMCA에 대한 선교사들의 의구심을 떨기 위한 조치이기도 했다.

YMCA는 성경공부와 하령회 등을 통해 설립의 이념을 확대해 나갔

---

49 Editorial Comment, *The Korea Review*, 1903, 4月號, pp. 163–165.
50 전택부, 『한국 기독교 청년회 운동사』(서울:정음사, 1978), p.197.

고 회원들의 정치활동은 YMCA 밖에서 하도록 했다. 종교부 총무 이상 재도 이를 따랐다.[51] 직접적으로 민족의 문제나 정치 개입을 하기 보다 는 YMCA 활동을 통해 한국을 구원시켜 나가는 방식을 택한 것이다.

YMCA의 기독교 운동과 교육의 원리는 근대적인 외적 힘을 직접 키 우는 데 있지 않았다. 기독교 복음을 통해 의식을 개혁하고 올바른 심 성을 함양시키는 데 두었다. 서구 근대문명의 근저를 이루고 있는 것이 기독교의 복음이라는 것을 확신하고 있었기 때문이다.[52]

설립 계급의 한계를 극복해 전체 민족의 다양한 계층에게 그 장(場) 을 열어 놓았다. 목공과 철공 등 실업교육을 강화했고, 외국어 교육을 활성화시켰다. 담배공장 직공들과 상점의 사환들을 대상으로 노동 야 학교도 신설했다. 양반 사대부들이 천하게 여겼던 체육활동을 권장해 연중무휴로 체육을 즐기도록 유도했다.[53] 1915년에는 연희전문학교가 개교(開校)하는 데 커다란 족적을 새겼다.[54]

YMCA는 윤치호, 이상재 등 독립협회 출신들이 주도했고, 대부분의 인물들은 개인 구원과 한국 구원 문제를 별개의 것으로 나누지 않았다. 회심 체험을 한 사람들이 적지 않았지만 선교사들의 신학에만 머물지 않았다. 자기 자신의 영혼 구원의 문제와 한국 구원의 문제를 나누지 않았고, 개인 구령, 교회활동, 한국 구원의 문제를 별개로 구분하지 않 았다. 한국 교회가 추구하는 신앙관과 다르게 전개된 것이다.

YMCA의 이름으로 정치나 독립 문제를 거론할 수 없었고 별도의 조 직을 만들어 활동해야 했지만, 주도자들은 정치나 민족 문제에 깊은 관

51 "靑年會의 必要," 『中央靑年會報』 제1호 9월호(서울: 조선중앙기독교청년회, 1914), p.4.
52 이상재, "勸告靑年," 월남이상재선생동상건립위원회 편, 『月南李商在硏究』(서울:로출판, 1986), p.253 참조.
53 B. P. Barnhart, Annual Report on December 30, 1919 참조.
54 민경배, 『서울YMCA運動史: 1903-1993』, p. 202. YMCA는 조선은행 총재 이찌하라(市原) 의 장례식장으로 이용되기도 했다.

심을 갖고 당연히 행동했다. 애국운동의 바탕에 깊이 자리했고 민족적이고 사회 개혁이 우선되었다. 독립과 저항의 에너지도 남달랐다. 일본이 강하게 "흥업구락부 사건"이나 "청구구락부 사건"을 처리한 것도 이런 이유였다. 기호계 기독교 민족주의 그룹의 터전이 YMCA였고, 광복 후 한민당 등 한국 정치의 한 원류가 여기에서 만들어졌다.

3장.

복음 분화의 사회학
-시대적 이유, 계급·계층적 이유, 지역적 이유

영미계통의 선교사들은 선교의 핵심을 구원의 문제로 보았다. 여기에 신부적(神賦的) 인간 의식이 강했다. 중하류계급을 선교의 표적으로 삼은 선교 전략도 이런 의식에서 나왔다. 그런데 선교사들의 신학은 한국의 시대적, 계급·계층적, 지역적 이유로 인해 다양하게 분화되었다. 전파자들의 신앙이 일방적으로 이식(移植)되지 않았던 것이다.

개인 구령의 문제를 가장 최우선 과제로 삼았던 그룹이 있었던 반면, 국가와 민족의 당면과제를 절대 명제로 삼았던 그룹도 있었다. 신부적(神賦的) 의식을 복음의 범주 안에서 해석하고 독립운동과 민족운동의 이론으로 삼았던 인물도 있었다. 국가 구원과 개인 구원을 동일시한 인물들도 있었다. 대부분의 교회들이 내적인 힘에 의지해야 한다고 주장할 때, 실제적인 힘이 바탕이 되어야 한다고 주장한 교회 지도자들도 있었다.[55]

어린아이와 같은 순진성, 영혼의 가난함, 겸손함과 온유함, 이사와

---

55 『尹致昊日記』, 1893년 4월 15일자 참조. 윤치호는 내적인 신앙 위주의 신학에 대해 이렇게 비판했다. 초대 한국인 총무 이상재나 그 후임인 신흥우 등 YMCA를 이끈 기독교 지도자들에게서 개인 구령적인 활동은 크게 나타나지 않는다. 이들은 조선이 직면한 현실과 역사를 변화시키기 위한 기독교의 사회적 역할에 보다 집중했다.

기적에 대한 전적인 신뢰, 삶의 난관에 대한 위로와 보상을 강조한 교회가 대부분이었지만, 문화적 소양과 교양을 보다 우선 내세운 교회도 있었다.[56] 서울과 평양, 원산, 안동, 인천 등 각 지역마다 교회의 강조점이 달랐고 내륙지역과 해안 지역의 교회 성향이 서로 달랐다.[57] 같은 지역이라 하더라도 교인들의 성향에 따라 신학적 강조점이 달랐다. 내적 회심을 통해 한국 교인들의 부패와 비윤리 의식을 바꾸려 했던 선교사들이 있었던 반면 교육이나 엄격한 교회 시스템으로 이를 극복하려는 선교사들도 있었다.

선교사들은 서울 교회와 교인들의 성향을 힘들어했다. 1907년 평양 영적대각성운동이 전국을 휩쓸고 있을 때에도, 평양이나 개성, 원산 등과 달리 정작 서울 도성 안쪽은 그 여파가 크지 않았다. 장로교회도 예외가 아니어서 새문안교회, 안동교회, 연동교회 등의 교회에는 큰 반향이 나타나지 않았다. 개인 구령의 선교관이나 부흥회적 경건보다는 사회 윤리적 가치관이나 국가 구원의 문제를 더욱 중시했기 때문이다.

1910년까지 언더우드가 주도했던 서울과 경기도에 설립된 교회의 수는 66개에 불과했지만, 마펫이 주도하는 평안도는 262개나 되었다. 장로교가 세운 미션스쿨도 서울과 경기도를 합해서 67개교였지만 평안도는 270개나 되었다. 많은 투자를 했어도 서울의 결과는 저조했다.[58] YMCA가 기독교회와 달리, 복음주의의 터전이 될 수 없었던 것은 사회기관이라는 특성 때문이기도 했지만, 서울 사대문 안 기독교인들의

---

56 1920년대 신유집회로 명성을 날렸던 김익두는 남대문교회를 담임할 때 세브란스 의전 등의 지식층 청년들로부터 미신적 신앙이라 강한 비판과 저항을 받았지만, 승동교회 담임자가 되었을 때는 적지 않은 환영을 받았다.
57 서울 지역은 1903년부터 시작하여 1907년에 폭발적인 성령강림의 정점을 이루었던 영적대각성운동의 영향을 거의 받지 않았다. 세계가 놀랐던 대각성운동의 여파가 한반도를 넘어 만주와 노령까지 퍼져 나갔을 때도, 거센 성령 강림의 기대감이 '백만인 구령운동'으로 확대되었을 때도, 정동교회, 새문안교회, 연동교회, 승동교회, 안동교회 등 서울 중심부의 교회들은 크게 요동하지 않았다.
58 김명구, 『복음, 성령, 교회』(서울:예영커뮤니케이션, 2017), p.224 참조.

성향 때문이기도 했다.

서북의 지역적 풍토는 복음주의 신학과 서로 잘 맞았다. 유학 이데올로기의 방해를 받지 않았고, 상업의 발달로 글을 읽을 줄 아는 일반 독서층들이 적지 않았다. 조선 사회의 주변부에 속해 있다는 콤플렉스를 가지고 있어, 복음의 기본 교리가 마음 깊숙이 스며들기 쉬웠다. 서울 지역에 비해 3배 이상의 선교 성과를 내었던 이유가 여기에 있다.

인천을 기점으로 강화와 황해도 해주에 이르는 중서부의 광활한 해안 지역은 서울이나 평양의 풍토와 달랐다. 강화의 경우, 강화학파로 불리는 양명학의 터전이었고, 불교를 비롯해 소소한 토착종교의 집합지였다. 역사적으로는 외세의 침입이 있을 때마다 항전했던 최후의 방어지였다. 성리학의 중심권에서 벗어나 있었고, 외부 세력에 대한 저항의식이 사무치던 땅이었다. 그런데 이 지역에서 시도 때도 없이 일어났던 해상 사고는 샤머니즘과 연결되게 되어 있었다. 존스(George Heber Jones)의 지적처럼 "범사에 종교성은 많았고, 참 하나님과 그의 아들 예수 그리스도와 성령을 듣지도 알지도 못한 채로, 우상숭배만 만연한 땅"이었다.[59] 서해 지역의 환경은 성령 세례를 강조했던 강화의 마리산 부흥회를 이끌었고, 신유 은사를 부흥회 중요 주제로 삼은, 김익두 같은 인물을 만들어 냈다.[60]

경안지역 선교의 대부(代父)인 웰본(Adam. G. Welbon)은 안동권역에 대해 다음과 같이 말하고 있다.

대부분의 안동 사람들은 선교부가 설립될 때까지도 외국이나 자국에서 일어나고 있는 큰 변화를 전혀 몰랐다. 일본이 이미

---

59 G. H. Jones, *Korea, The Land, People, and Customs* New York: Eaton and Mains, 1907, p.49.
60 바닷가의 샤머니즘 풍토에서는 타 종교의 문제나 영적 문제에 대해 거부감이 없었다. 원산지역의 부흥운동이 강렬했던 것도 이런 지역적 환경 때문이라 할 수 있다.

개화된 지 60년이 되었고 자신들이 사랑하는 은둔의 나라도 거의 한 세대 전에 개화되어 열강과 호흡을 함께하고 있지만 이곳의 주민들은 여전히 암흑의 상태에 있다. 아마 교통과 통신의 불편함 때문에 그 보수주의로 구성된 그들의 사회는 개화에 대하여 전혀 관심을 가지고 있지 못하다. 그들의 삶은 무지와 노예상태에 머물고 있다.[61]

웰본은 안동권역이 외부 세계나 이질 문명과의 소통에 매우 둔감했음을 지적했다. 그것은 태백산과 소백산으로 둘러싸여 있어서 접근하기 어려웠기 때문이다.[62] 강력한 유교의 문화권에 속해 있었지만 기청(畿淸)지역과도 달랐다. 안동권역의 양반들은 현실적인 것에 대한 관심보다는 유학의 이상을 추구했다. 입신양명(立身揚名)보다는 유학의 이상과 그 실천에 더 관심이 많았다. 이 지역에서 위정척사파가 발흥하고 '영남만인소(嶺南萬人疏)'가 나올 수밖에 없던 이유였다.[63] 선교사들도 쉽게 이 지역을 들어가지 못했고, 유림(儒林)이 기독교에 입교한 흔적도 크게 나타나지 않았다.[64] 유림에 속하지 않은 계급이나 계층들일지라도, 예수를 구세주로 인정하는 순간, 친척들의 분노와 저주, 멸시를 각오해

61 박창식, "미국 북장로교회의 영남지방 선교와 교회 형성(1883~1945)," 계명대학교 박사학위 논문, 2004, p.347.

62 특히 안동 북부의 산악지대는 매우 험준했다. 1917년에 가서야 안동에 자동차가 처음 등장했고, 1932년에야 낙동강 인도교가 준공되었다. 따라서 이 권역 사람들이 대구나 다른 지역으로 이동할 때 주로 소금 배를 이용해야 했다. 철도는 경북선이 1931년에 최초로 부설되었고, 1942년에 중앙선이 개통되었다. 따라서 선교사들도 쉽게 접근하지 못했다.

63 1881년 3월 25일, 영남의 유생들이 속칭 영남만인소(嶺南萬人疏)를 조정에 상소하면서 정부의 개화의지에 강한 비판을 제기했다. 특히 이들은 집단적으로 기독교 배척 운동을 벌였다. 이만손이 주동이 된 것으로 알려진 이 만인소(萬人疏)의 발원지는 경상북도 안동과 영주였다. 영남만인소는 특별히 기독교와 미국에 대해 매우 공격적이었다.

64 대구선교부 연례선교보고서(1901~1902)에는 영주 장수동에 사는 선비 홍재삼의 신앙행전에 대해 잘 나와 있다. 홍재삼은 유생의 신분을 가진 영주지역의 최초의 기독교인이라 할 수 있다. 그는 기청지역의 유학관료군과 달리 개인적 회심에 의해 입교를 했다. 그러나 영주 지역의 다른 일반 유림들에게까지 선교가 된 것은 아니었다.

야 했고 자녀의 혼사도 철저히 제한을 받았다.[65] 야소교당이 도산서원과 함께 있을 수 없다며 교회에 난입해 교회의 건물을 부수고 기물들을 파손하는 일도 있었다.[66]

강력한 신유(神癒)의 현상을 직접 실현했던 언더우드나 강력한 내적 회심을 체험했던 아펜젤러가 교육 선교를 귀결점으로 삼아야 했던 것도 시대적 상황뿐만 아니라 서울이라는 지역적 환경이 맞물렸기 때문이다. 선교사들이 자신들의 신학을 일방적으로 이식하지 못하고 선교 전략을 바꿔야 했던 것도 선교지 환경 때문이다.

선교사들은 거의 본능적으로 자신들의 신학적 이상이 실현되기를 바랐다. 그러한 이유에서 기회가 주어질 때마다 신학적 시도가 있었고, 그 기대는 1907년의, 일명 '영적 대각성 운동'에서 빛을 발휘했다. 영적 운동은 선교사들의 기대 이상의 결과를 가져왔고, 일제 강점기 아래서 교회의 복음주의적 순수성이 보존되고 확대되는 전략이 되었다. 그럼에도 복음은 다양하게 분화되었고, 이는 선교사들의 전략이나 의지를 넘어섰다. 역사가 인간의 의지나 신념에 의해 주도되는 것이 아니기 때문이다. 선교사들이 주도하는 시대는 가고 한국인들이 주도하는 '교회의 시대'는 그렇게 열리고 있었다.

65　Daniel. L. Giford, 심현녀 역, 『조선의 풍속과 선교』(서울:한국기독교역사연구소, 1996), pp.110-111 참조.
66　이원영, 1922년,「剡村敎會堂設立日記」, pp.9-11, 『朝鮮예수敎長老會史記』, 下, pp.386-389. 1922년에 이원영이 시무하던 섬촌교회가 예배당을 건축할 때 진성 이 씨의 문중들에 의해 이런 일이 일어났다.

한국 교회 시대의 도래

1부

시대적 상황과 한국 기독교의 대처 방식

1장.
시대적 상황
-러일전쟁과 을사늑약

1902년 2월 8일 밤 일본 해군은 중국 따렌(大連) 뤼순(Port Arthur) 외항에 있던 러시아 함대를 기습 공격했다. 다음 날에는 제물포 앞바다에 있던 러시아 군함 두 척을 격침시켰다. 10일에는 러시아에 선전포고를 했고 대규모의 군대를 일방적으로 한반도에 진주시켰다. 여기에 영국과 미국, 프랑스 등의 묵인이 있었다.

일본은 군사전략상 필요하다면 한국의 토지를 수용할 수 있다는, "한일의정서(韓日議定書)" 서명을 강요했다. '군사경찰훈령(軍事警察訓令)'도 만들어 치안권도 가져갔다.[1] '시정개선(施政改善)'의 명분을 내세워 내정 장악에 나섰고, 10월에는 메가타 다네타로(目賀田種太郎)를 대한제국 재정고문으로 파견해 각종 이권을 챙겼다. 12월에는 스티븐스(Durham White Stevens)를 외교고문으로, 일본인들을 군사고문, 경무고문, 학부고문 등에 임명했다. 대한제국의 행정을 일본인들의 지배 아래 두었고 통신권도 박탈했다.[2] 고종 황제는 러시아를 비롯해 미국 등으로 구원을

---

1 참모본부 편, 메이지 37-38(1904-1905) 秘密 露日 戰史, 嚴南堂, pp.92-93; 최영철, "러일전쟁과 일본의 대한제국 영토주권침탈," 『독도연구』 18, 2015. 6, 영남대학교 독도연구소, p.332 참조.
2 김명섭, "대한제국의 역사적 종점에 관한 재고찰," 『한국 정치외교사 논총』 32, 2011. 2, 한국 정치외교사학회, p.15.

요청했지만 소용이 없었다. 이미 패권은 일본으로 기울어져 있었다.[3]

1905년 5월 쓰시마해전을 계기로 러일전쟁에서 승리한 일본은 그 해 9월 러시아와 포츠머쓰(Treaty of Portsmouth) 강화조약을 체결했다. 러시아는 일본이 한국을 "지도, 보호 및 감리의 조치"하는 것을 용인해야 했다.[4] 미국을 비롯한 서구 국가들은 어떠한 문제도 제기하지 않았다. 10월 15일 일본은 일진회를 사주해 '을사늑약'의 체결을 촉구하는 성명을 발표토록 했다. 이어 이토 히로부미(伊藤博文) 주도 아래 11월 17일 '을사늑약'이 체결되었고 조선통감부가 설치되었다.[5]

대통령이 되기 이전인 1900년, 루즈벨트(Theodore Roosevelt)는 일본이 한국을 차지하도록 해서 러시아의 남하를 차단해야 한다는 전략을 세워 놓고 있었다. 러시아의 팽창을 막기 위해 일본의 힘이 필요하다고 판단했고, 시베리아, 북만주를 차지한 러시아와 대치시키자면 일본이 한국을 차지해야만 한다고 믿고 있었다.[6]

그런데 루즈벨트는 러시아의 남진을 막기 위해 일본을 선택했지만, 한국과 한국인에 대해 대단히 부정적 편견을 갖고 있었다.[7] 러일전쟁이 한창 진행될 때, "우리는 도저히 일본에 반대해 한국인들을 위해 개입할 수가 없다. 한국인들은 자신들을 방어하기 위해 주먹 한방도 날릴 수 없었다"며 냉소했던 것이다.[8] 그가 볼 때, 한국은 독립과 자치능력을 갖추지 못한, 비근대의 비문명국가였다. 루즈벨트의 공보 비서요

3 서영희, 『일제 침략과 대한제국의 종말―러일전쟁에서 한일병합까지』(서울:역사비평사, 2014), pp.18-19.
4 최덕수 외, 『조약으로 본 한국근대사』(서울:열린책들, 2011), pp.523-524.
5 김명섭, *op.cit.*, pp.15-16.
6 *Ibids.*, pp.108-124 참조.
7 루즈벨트가 주한 미국 공사 실(J. M. Sill)이 반일 활동을 전개했을 때 곧바로 해임하고 알렌을 대리공사로 임명했던 것도 일본의 입장을 반영했기 때문이다. F. H. Harrington, *God Mammon and thd Japanese*, Madison, Wis.: University of Wisconsin Press, 1944, p.289, 295 참조.
8 루즈벨트가 헤이 국무장관에게 보낸 1905년 1월 28일자 편지; Tyler Dennett, *Roosevelt and the Russo-Japanese War*, Garden City, 1925, p.110에서 재인용.

아웃룩 매거진(Outlook Magazine)의 편집장이기도 했던 조지 케난(George F. Kennan)도 루즈벨트가 한국을 버리는 데 크게 관여했다. 러시아 전문가이기도 했던 케난은 한국을 "두고 볼수록 게으르고 더럽고 나쁜 일을 예사로"하는 "자존심도 없는 미개한 야만이요, 퇴폐한 동양문명의 썩은 소산"으로, 존재 가치가 없는 나라로 비하했다.[9]

고종 황제는 "미국만이 한국의 우방이며 미국인이야말로 한국이 장차 난경(難境)에 처할 때 강력하고도 사심 없는 조언과 충고할 국민"이라고 믿었다. 그러나 조미수호조약 당시의 원조나 거중조정 조항에 대한 기대는 물거품이 되었고 미국은 약속을 외면했다.[10] 자국의 이익을 대변하지 않는 외교 관리는 필요가 없다며 알렌을 파면시켰고, 을사늑약이 체결된 후에는 곧바로 공사관을 철수시켰다. 더 이상 한국이 필요 없다는 입장이었다.

19세기, 한 국가가 주권을 인정받으려면 국제사회를 주도하는 국가들(family of nations)에 의해 문명국(civilized state)으로 인정받아야 했다.[11] 또한 국가의지(state will)의 존재, 곧 적대적인 세계에 대해 스스로 자위할 수 있는 힘도 가지고 있어야 했다. 한국과 중국은 문명국으로 인정받지 못한 반면 일본은 그 지위를 확보했다.[12] 이를 바탕으로 비문명국가인 대한제국을 보호한다는 명분으로 침탈했고, 국제사회는 일본의 한국 점령을 당연한 것으로 인정했다.[13]

9   George F. Kennan, "The Korean People," *The Outlook*, Vol. 81, Oct. 7, 21, 1905, pp.409–410.
10   「그리스도 신문」, 1902년 2월 27일자, 3월 13일자, 4월 17일자.
11   一又正雄, "日本の國際法學を築いた人,"「國際問題新書」37, 日本國際問題研究所, 1973 pp.67–80.
12   최영철, "러일전쟁과 일본의 대한제국 영토 주권 침탈," pp.343–344. 19세기의 서구에 의해 만들어진, 이러한 일방적 국제법은 서구 국가들의 식민지 침탈의 이론과 근거였다. 타국의 영토와 타국민들을 식민지로 만들기 위한 국제법적 근거였던 것이다.
13   *Ibids*, pp.351–355.

2장.
대응과 대처 방식의 분화

1. 한국 내부의 대처 방식

을사늑약(乙巳勒約)이 체결되던 1905년 11월 17일, 마침 한국을 방문하고 있던, 윤치호의 스승이요 한국 선교에 적극적 후원자였던, 미국 남감리교회 감독 캔들러(Warren A. Candler)는 한국 사람들의 격통(激痛)하는 모습을 다음과 같이 묘사하고 있었다.

> 심혼이 깨져 나간 나라를 본 일이 있습니까? 나는 한 개인에게 있어서 그 심혼이 깨진 경우는 보았습니다. 하지만 나라 전체가 온통 그 정신이 흐트러지고 허물어진 경우는 한국이 처음입니다. 한국 사람들은 이제 이 세상에는 소망을 둘 곳이 없게 되었습니다.[14]

미국인 목사의 눈에 우리의 모습이 이렇게 비춰지고 있을 때, 한국

---

14 An Eminent Opinion, *The Korea Review*, Dec., 1906, p.457. 민경배, 「韓國教會 讚頌歌史」 (서울:연세대학교출판부, 1997), p.299에서 재인용.

도처에서 의병들이 일어났고 격렬하고 거친 저항이 있었다.[15] 감리교회 상동파 청년들은 일본 상품 불매와 시장세(市場稅) 거부하며 폭동을 선도했고,[16] 서북 지역에서는 이승훈(李昇薰) 등이 국내자본 세력을 규합해 일본상인들에 대항했다. 을사늑약 오적(五賊)을 처단해야 한다며 정순만(鄭淳萬) 등의 평안도 기독교 청년들은 암살단을 조직했다. 경기도 양주의 홍대순(洪太淳) 목사는 1907년 고종의 강제 퇴위에 격분하며 대한문 앞에서 자결했다. 기독교 교육가였던 정재홍(鄭在洪)도 이토 히로부미 살해를 기도하다가 실패하자 스스로 목숨을 끊었다.[17]

수없이 많은 애국계몽단체와 자강단체들이 '국권 회복'을 부르짖으며 우후죽순으로 나타났다. 독립협회 출신의 개화 지식인, 중인그룹, 지주, 유교 내의 개혁을 부르짖던 유학자들이 애국계몽운동에 적극 참여했고, 서구의 근대문명을 배워야 한다며 소리를 높였다. 한국의 거의 모든 기독교 조직도 애국계몽운동과 국권 회복 운동에 동참해야 한다고 주장했다. 근대 교육으로 백성들을 무장시켜야 한다는 주장도 여기저기에서 나왔다.[18] 이런 상황에서 적지 않은 애국청년들이 교회로 밀려들어왔다. 그들에게 있어 교회는 구국을 위한 투쟁의 근거지였다.

생존경쟁(生存競爭)에서 승리를 가져다주지 못하는 학문은 해로운 것이라는 극단적 주장이 우세했다. 신민회의 안창호는 일본과 같은, 근대적 힘을 길러야 한다고 외쳤다. 일본은 미워했지만, 그 힘은 부러워했

15 「駐韓日本公使館記錄」. 1905년 , 電受 참조. 경안지역의 경우, 영천의 정용기, 영덕의 신돌석, 영양의 김도현, 진보의 이하현 등이 의병을 일으켜 활동했다. 1907년 7월에 고종 황제의 강제퇴위를 발단으로 영주, 순흥, 풍기 등에서도 매우 활발하게 의병들이 활동했다. 그 해 7월과 8월에 청풍과 단양 등지에서 활동하던 의병들이 풍기에 나타났다가 영주로 이동했고 8월에는 영주 군내에 의병 300명이 분파소와 우편국을 습격하는 등 그 이름을 크게 알렸다.
16 國友尙謙, 「百五人事件資料集」 "不逞事件ニ依ツテ觀タル朝鮮人" (高麗書林, 影印本, 1986), pp.323-324.
17 "鄭氏自砲," 「皇城新聞」 1907년 7월 1일자. ; "鄭氏自砲," 「大韓每日申報」 1907년 7월 2일자.
18 "大韓自强會趣旨書," 「大韓自强會月報」1호(1906), p. 6.

던 것이다.[19] 그를 따르는 민족주의자들에 의해 '실력양성론'이 나왔고, 춘원 이광수의 '민족개조론'까지 연결되었다.

묘했던 것은, 기독교인임을 자처했음에도 이들에게서도 서구 열강이나 일본을 문명국으로 보는 시각이 우세했고, 근대문명을 갖추지 못한 국가들을 하등국(下等國)내지는 미개국(未開國)으로 보는 태도가 강렬했다. 기독교 복음이 병든 세계를 치유하고 약한 자나 약소국에 자유와 권리를 가져다주는, 역사변혁의 에너지를 갖고 있다는 생각은 나타나지 않았다. 현실적 절망과 시련, 고난과 박해, 장차 보여질 것에 대한 기대보다는 당장의 현존 세계에 대한 대처가 우선 과제였다.

2. 일본 기독교의 반응

나는 기독교가 국체(國體)에 맞지 않는다거나 민족과 결부될 수 없다고는 추호도 생각하지 않는다. 나라마다의 특성을 기독교는 결코 축소하고 멸하지 않는다. 오히려 그 특성을 점점 발휘시켜 주고 이것을 고결하게 해 준다. (중략) 종래의 전도라면 약소열등(弱小劣等)한 민족만을 구원하는 것으로 여기기도 했으나 결코 그렇지 않다. 우세한 것을 더욱더 우세하게 하고 우수한 것은 더욱더 우수하게 한다. 우리 국민에게 전도한다는 것

---

19 안창호가 이등박문(伊藤博文)을 만난 것은 일본의 '보호국' 체제를 인정한 것이라고 볼 수 있다. 그것은 '보호국' 체제를 인정하고, 그 지배 하에서 문명개화를 통하여 실력을 양성하면 국권을 회복할 수 있다는 판단 아래서 가능한 일이다. 안창호가 이등박문(伊藤博文)의 신민회에 대한 보호제의를 거절한 것은 일본이 1904년 한일의정서에 약속한 "양국의 친교와 동양의 평화를 위해" 한국을 보호하며, 을사늑약(乙巳勒約)시 조약의 조문에 "한국의 부강의 실(實)을 인정할 수 있을 때" 외교권을 되돌려 주겠다는 약속을 저버리고 영구히 한국을 식민지화하겠다는 의도를 간파했기 때문이다.

도 이러한 뜻이다.[20]

도쿄YMCA의 초대회장을 지냈던 일본 기독교단(日本基督敎団)의 고자키히로미치(小崎弘道)는 이렇게 강변하고 나섰다.[21] 일본이 벌인 전쟁에 일본 교회가 함께할 것을 소리 높여 외쳤고, 일본 교회가 일본국을 위해 존재해야 한다고 주장했다. 일본 기독교는 '일본지상주의'에 빠졌고 일본의 신학은 사회진화론에 기울었다.

1905년 4월, 파리에서 열린 세계기독학생 청년연맹대회와 5월에 네덜란드에서 열린 세계 YMCA대회에 일본감리교회 초대 감독 혼다(本多庸一)와 일본YMCA의 대표자였던 이부카(井探梶之助)는 노일전쟁이 일본의 '의전(義戰)'이었다고 주장했다.[22] 일본 조합교회는 일본근대문명의 승리를 축하했고 한국을 열등국으로 비하했다. 그리고 문명국의 비문명국 병합을 당연시했다. 일본 기독교의 주류도 천황과 국가권력에 대한 충성을 확약(確約)했다.[23] 조합교회 목사 에비나단조(海老名彈正)는 다음과 같이 축하하고 있다.[24]

> … 조선은 원래 훌륭한 독립국으로서 세계의 표면에 나타난 적이 없다. 이 예속적 국민이 불기독립(不羈獨立)의 대국민(大國民)이 될 수 있음은 즉 일대진화(一大進化)가 아니고 무엇인가. 더욱이 조선과 같은 국민은 여기서 일대비극(一大悲劇)을 경험하지 않으면 안 된다. 즉 조선국(朝鮮國)이라는 존재를 잊어버려야

---

20 小崎弘道, "日本 民族と基督敎,"『新人』第11卷10號, 1910. 10.
21 고자키히로미치(小崎弘道)는 레이난자까교회(靈南坂敎會)의 목사로 교토 도에이대학(京都同志社大學) 출신이다.
22 *Ibid.*, p. 47.
23 민경배,『서울YMCA運動史: 1903-1993』, p. 43.
24 잡지『新人』은 14권 4호(1913년 4월 刊)에서 "각성된 조선인 기독교청년회"라는 논설을 통해 모트로 하여금 한국 YMCA의 일본 YMCA의 예속을 독촉하기도 했다.

한다. … (중략) … 만일 일인(日人)이 형으로서의 역할을 다하고 한인(韓人)이 동생으로서의 역할을 다하면 대일본제국의 장래는 아침 해가 동천(東天)에 오르듯이 될 것이다. 그리고 한인(韓人)은 이 대광영(大光榮)에 참여할 수 있을 것이다. 나는 인도(人道)의 이름으로 하나님 나라의 이름으로 일한(日韓)의 합병을 구가하는 바이다.[25]

일본의 강제병합이 한국에 오히려 광영이라는 이러한 오만과 독선은 일본 기독교단, 일본 감리교회, 일본 조합교회, 일본 YMCA 등 일본 주류 기독교의 일반적 태도였다.[26] 자신들에게 복음을 전해 준, 미국 선교사들의 신학을 외면했던 것이다.

기독교의 복음은 한 민족에게만 머무르는 것이 아니며 기독교의 복음은 중심에서 소외된 주변부 인물들을 찾아 나선다. 특별히 복음주의 신학에는 '열등한 인종들(inferior races)'이나 '문명화된 사람들(civilized people)'이라는 개념 자체가 없다. 복음의 대상에는 높이가 없고 구별이 없으며, 누구든지 주의 이름을 부르는 자는 구원을 받게 된다는 의식이 뚜렷했다. 소종파 이외에, 당시의 일본 주류 교회에는 이런 신학이 사라지고 있었다. 언제나 일본국이 먼저였고, 어떤 상황이든지 '일본 정부가 내세우는 '가치'와 철학이 우선이었다. 따라서 천황제 이데올로기

---

25 海老名彈正, "일한합병을 축하한다," 『新人』 제11권 9호(1910년 9월) ; 小川圭治·池明觀 編, 김윤옥·손규태 共譯, 『韓日 그리스도교 關係史資料』(서울:한국신학연구소, 1990), pp. 681-682.

26 민경배에 의하면, 일본의 주류였던 조합교회 내에서도 유아사(湯淺治郎)이나 요시노(吉野作造), 가시와이기(栢木義圓) 같은 인물들은 일본의 침략주의적인 태도를 비판하기도 했고, 이토(伊藤博文)내각의 초대 문부대신(文部大臣)을 지냈던 모리(森有禮) 같은 사람은 자유민권론을 주장하다가 일본 신도(神道)의 보수주의자로부터 자살(刺殺)되기도 했다. 그러나 이러한 것들은 소수에 불과했다. 다만, 일본 기독교중 국수주의적 태도를 극복했던 집단은 소종파들이었는데, 무교회주의자들, 등대사(燈臺社, 여화와의 증인), 프리마우스 브레드렌, 홀리네스 교회(성결교회) 등이었다. 민경배, 『日帝下의 韓國基督敎 民族·信仰運動史』(서울:대한기독교서회, 1991), pp. 40-41.

를 적극적으로 옹호하고 뒷받침했다. 여기에 한국이나 한국 기독교에
대한 애모(哀慕)가 있을리 없었다.

3. 선교사들의 대처방식—분화된 모습

러일전쟁 이전, 헐버트나 언더우드 등 대부분의 재한선교사들은 "러
시아의 통치를 받느니 차라리 일본의 영향권에 들어서는 것이 훨씬 덜
굴욕적"이라고 피력한 바 있다. 러시아에 대한 반감과 일본에 대한 신
뢰를 동시에 드러낸 것이다.[27] 그것은 아관파천 이후, 러시아가 보인 행
태에 대한 반감 때문이었다. 러시아가 한국을 장악하면 개신교 선교가
일순에 위축될 것이라는 불안감이 선교사들 속에 만연해 있었다.

을사늑약 이후, 대부분의 재한선교사들의 일본에 대한 태도는 급변
했다. 북장로교 부산 주재 월터 스미스(W. E. Smith)는 "마산에 있는 교
회 건물을 점령하고 파괴한 것"에 강하게 분노를 표시했다.[28] 일본 관료
들의 오만한 태도에 냉소하며 일본 상인의 만행을 고발하는 선교사들
도 적지 않았다.[29] 일본의 승리 이후, 한국을 강점하는 과정을 지켜보면
서, 그간의 일본에 대한 호감이 잘못 되었다는 것을 확인했던 것이다.

특별히 몇몇 재한선교사들은 일본의 침탈에 대해 강하게 비판했다.
미국이 1882년의 조미수호조약 1조, 곧 "일방이 제3국에 의해 강압적
대우를 받을 때 다른 일방은 중재를 한다"는 '거중조정(good office)' 조항
을 지키지 않은 것에 대해서도 실망과 분노를 감추지 않았다. 헐버트는
다음과 같이 미국 정부를 비판하고 나섰다.

---

27 F. H. Harrington, 이광린 역, 『개화기의 한미관계』(서울:일조각, 1973), pp.216~2354 참조.
28 *Korea Mission Field*, vol.2, January 1906, p.57.
29 護敎, 제881호, 1908년 6월 13일자, 『日韓キリスト敎關係史資料』, p.97 참조.

한미 간의 오랜 우호관계에 마땅한 행위가 결국 이런 것이었나 하는 의심은 우리의 관심사가 아닐는지 모릅니다. 그러나 한국인이 이것을 명백한 배신, 변절의 행위로 볼 것이라는 것은 의심할 여지가 없습니다. 미국인은 과거 30년간 미국 성조기가 공의와 정직 때문에 서 있으며, 아무 이기적 이해관계 없이 다만 정의 편에 서서 힘껏 뒤를 밀어 주겠노라는 말을 해 왔습니다. 그런데 위기가 오니 우리가 먼저 저들을 내던지고 말았습니다. 그것도 가장 모욕적인 방법으로, 인사 한마디도 없이, 뒤돌아서고 말았습니다.[30]

헐버트는 고종 황제에게 네덜란드에서 열리는 제2차 만국평화회의에 밀사를 보내도록 건의했다. 그리고 한국 대표보다 먼저 헤이그에 도착해 각국 대표에게 한국의 억울함을 호소했다.[31] 그러나 일본의 입장을 받아들인 만국의장 넬리도프(M. Nelidov)는, 외교권 없음을 빌미로, 참가 자격이 없다는 결정을 내렸다. 기대한 성과를 거둘 수 없었던 것이다.

헤이그 이후, 1907년 7월 19일 뉴욕에 도착해서 1909년 8월 한국으로 돌아오기까지, 헐버트는 루즈벨트 대통령에게 황제의 친서를 전달하려고 시도했다. 주요 도시를 순회하면서 일본의 한국 침략의 실상과 그 잔혹성, 을사늑약의 불법성 등을 폭로했다. 동시에 한국의 독립에 대해서도 호소했다.[32] 한국의 국권을 회복시키기 위해 그가 할 수 있는

---

30 H. B. Hulbert. *The Passing of Korea*, New York, Double Day Page, 1906, pp.222~223; 민경배, 「한국민족 교회형성사론」(서울:연세대학교출판부, 2008), p.31에서 재인용.

31 "海牙의 韓國使節의 演說," 「대한매일신보」, 1907년 8월 27일자.

32 7월 19일 뉴욕에 도착하자마자 헐버트는 언론사 대표들과 가진 인터뷰를 통해, 자신은 한국에서 미국 정부의 관심을 불러일으키고 일본 보호국 하의 한국에 거주하는 미국인의 상황을 알릴 임무를 띠고 왔다고 밝혔다. 이어 을사늑약이 기만적으로 체결되었으며, 일본이 한국에서 자유를 빼앗을 뿐 아니라 한국민의 도덕과 건강을 손상시키고 토지 등을 강탈했고, 친일

모든 것을 했다. 그러나 미국 정부는 노골적으로 한국의 입장과 헐버트의 주장을 외면했고 미국 사회도 관심을 갖지 않았다. 일본의 한국 병합을 용인하는 결정도 변하지 않았다.[33]

한국 선교에 간여한 모든 선교사들이 한국의 입장에만 선 것은 아니었다. 당시 이토 히로부미가 선교를 보장하고 재한선교사들이 정치에 간여하지 않도록 요청했을 때,[34] 미 북감리회 해리스(Merriman Colbert Harris) 감독은 적극 응답했다.

> 이토(伊藤)공은 한국에 있는 기독교 선교사 단체에 호의를 베풀
> 고 편의를 제공해 주었다. … 나는 그의 성실함을 믿기에 그의
> 말도 진실임을 믿는다. 나는 여러 번 일본의 선언에 대한 의혹
> 을 풀기 위해 변명했고 또한 그 사업이 성공했음을 강조했다.[35]

해리스는 일본 정부가 헐버트에 대해 문제를 제기했을 때, 요미우리 신문(讀書新聞)을 통해 다음과 같은 입장을 피력했다.

> 헐버트가 미국에 간 것은 전부 개인 자격이었습니다. 우리는
> 그가 왜 미국에 갔는지 몰랐습니다. 우리의 중요한 세 선교사
> (존스, 스크랜튼, 해리스)는 한국 보호권 설정 반대운동을 도울 수

파로 관직을 채우고 있음을 폭로했다. 日本外交文書 40-1, pp.440-441, #464, 1907년 7월 24일.

33 헐버트가 전한 고종 황제의 친서는 을사늑약 체결 3일 후인 1905년 11월 20일에 접수되었다. 친서를 접수한 국무장관 루트(Elihu Root)는 헐버트에게 일본의 입장을 지지하고 있음을 확인해 주었다. 1908년 11월 30일, 루트(Elihu Root)는 워싱턴에서 일본대사 다카히라 고고로(高平協定)와 워싱턴에서 미일협정이라고도 부르는 루트-다카히라 협정(Root-Takahira Agreement)을 체결한다. 태프트-가쓰라 밀약의 재확인했던 것이고, 일본의 한국병합을 재차 확인한 것이다.

34 朝鮮總督府, 「朝鮮の統治と基督敎」(京城: 朝鮮總督府, 1921), p.6.

35 M. C. ハリス, "日韓兩國に關する誤解を弁ず," 「護敎」, 1908년 10월 24일자.; 小川圭治·池明觀編, 「日韓キリスト敎關係史資料」, p.384에서 재인용.

없다고, 저들의 요구를 거절한 까닭에, 죽임의 위협을 당한 바 있습니다. 소생은 자신의 직책상 한국에 거주하는 모든 선교사들과 함께 일본에 호의를 가지고 극력 한국민의 안녕을 유지하고 자국의 이익도 꾀한다는 것을 단언합니다. 일본 국민들은 선교사들의 적이 아님과, 동시에 가장 충실한 우인(友人)으로서 일의(一意) 전심(傳心) 일한(日韓) 양 국민을 기독교화해서 그 안녕과 이복(利福)을 증진할 따름임을 알아주십시오. 소생의 생각에는 이토 후작(侯爵)의 통치는 가장 큰 상찬(賞讚)을 받기에 마땅하다고 생각합니다. … 또한 소생은 통감(統監) 정략(政略)에 가장 열심있는 지지자임을 고백합니다.[36]

스크랜튼은 해리스의 친일적 태도에 노골적으로 반발했다. 평양에서 활동하던 노블(W. A. Noble)도 해리스가 "일본인들의 사소한 뇌물에 눈이 어두워 한일병합에 협력했을 뿐만 아니라 한국 교회에 많은 해독을 주고 있다"고 비판하고 나섰다.[37] 북장로교회의 월터 스미스(W. E. Smith)는 해리스를 "일본 정부의 앞잡이"라며 거침없이 비난했다.[38]

그런데 "105인 사건" 때, 해리스는 한국 교인들을 고문한 사실에 일본을 강하게 비판했다. 그리고 미국에서 급히 귀국하여, YMCA 간사로 활동하고 있던 이승만을 직접 데리고 미국으로 피신시켰다. 이승만을 감리교 평신도대회 한국 대표라는 명분으로 참석시켜 연루자 검거 광풍을 피하도록 한 것이다.

1909년 9월 16일, YMCA 강당에서 한 연설에서 언더우드는 도덕

---

36 『讀書新聞』 1907년 5월 7일자; 金政明 編, 『日韓外交資料集成』 第八(東京 : 嚴南堂書店, 1963), p.69에서 재인용.

37 *Annual Report to the Board of Foreign Mission of the Presbyterian Church, North,* 1908, p.269.

38 *Loc.cit.*

과 청결, 정직과 정의를 강조하며 강력한 독립의식을 요청했다.[39] 그렇지만 일본의 한국 강점을 되돌릴 수 있다고 보지는 않았다. 정교분리에 대한 그간의 입장이 변한 것도 아니었다. 오히려 을사늑약 당시의 역량으로는 한국이 독립을 유지할 수 없다는 것을 인정했다. 헐버트가 직접적으로 한국의 독립운동에 뛰어드는 것을 선택했다면, 서울에 기독교 종합대학교를 세우는 방식으로 한국의 후일을 기대했을 뿐이다.

한국과 한국문화에 대해 존경과 경외심을 갖고 있던 게일도 일본이 아니었다 하더라도 "20세기의 강압자 러시아"가 대한제국을 집어 삼켜, '황제'와 모든 한국민들의 생존을 파멸시켰을 것이라며 비판했다.[40] 한국을 사랑했던 그도 한국의 독립 보존이 불가능했다고 진단했다. 식민지 확장에 혈안이 되고 있던 국제 정세 속에서 한국의 한계를 인정해야 했던 것이다.

해리스에게 반기를 들었던 스크랜튼까지도 존스를 대동하고 조선통감 이토 히로부미를 찾아서 "통감의 시정(施政)에 성실한 동정(同情)을 품고 나아가 한국민의 도덕적·정신적 개발을 위해 노력하고 정치상의 문제에 대하여는 초연의 태도"를 갖겠다는 약속을 해야 했다.[41] 이토의 노련하고 적극적인 선교사 회유 정책 때문이기도 했지만, 정치 불간섭을 선언해야 선교를 계속할 수 있었다. 선교사들이, 한국의 국권 회복을 위해, 달리 사용할 수 있는 방법도 없었다.

---

39   警視總監若林賷藏, 外務部長鍋島桂次郞殿, 隆熙3년(1909) 9月17日, (34) 警秘第238號−「ハールハト」ノ行動『駐韓日本公使館記錄』, 第37卷, p.474. 『統監府文書』, 第9卷, pp.177−178.

40   J. S. Gale, *Korea in Transition,* New York, Young People's Missionary Movement of the United States and Canada, 1909, pp.38−39.

41   金政明 編, 『日韓外交資料集成』第八 (東京: 巖南堂書店, 1963), p.69.

2부

1907년 영적 대각성 운동―역사의 필연

1장.
영적 대각성 운동의 토대

1. 나타난 조짐들

마펫(Samuel Austin Moffet)은 노방전도와 사랑방 전도를 통해 성공적으로 선교 거점(mission station)을 확보했다. 순회전도를 통해 인근 지역으로 복음을 전했고, 복음이 전해진 곳에 교회가 세워졌다. 1895년에는 자신이 설립한 널다리교회(장대현교회)에서 사경회를 열게 되었다.[42] 이것은 성경공부가 가장 훌륭한 선교의 방법이라는 확신이며, 앞으로도 이 방법을 통해 선교의 목표를 이루겠다는 다짐이었다. 양반 관료층이 적어 유학 이데올로기의 방해를 받지 않은 곳이었다. 상업의 발달로 글을 읽을 줄 아는 사람들이 적지 않았다. 여기에 성서가 전하는 복음의 기본 교리, 곧 '하나님 앞에 누구나 평등하다'는 주제는 평양 사람들 마음에 깊숙이 스며들기 쉬웠다.[43]

1896년 평양에 부임한 북감리교 노블(William Arthur Noble)은 사경회에 부흥회의 성격을 더해 다음 해부터 사경부흥회를 시작했다. 그것은

---

42 김진형, 『북한교회사』(서울:기독교대한감리회 서부연회·한민족통일선교회, 1997), p.149.
43 김명구, 『복음, 성령, 교회』, p.243.

감리교적 특성이었다. 그 결과로 노블 부인(Mattie W. Noble)의 사역, 곧 매일학교(Daily School)의 소녀반과 소년반은 단순히 교육사업에 그치지 않고, 거대한 영적 사업으로 발전되었다. 여기에 홀병원(Hall Memorial Hospital)을 통해 기독교를 접했던 수많은 사람들이 교회로 몰려들었다.[44]

1899년 12월, 노블은 인천과 강화에서 사역하고 있던 존스(George Heber Jones)를 초청해, 평양 서문밖교회에서 함께 부흥회를 인도하도록 했다. "집회 분위기가 너무나 뜨거워 시간을 연장해야 했다. 많은 사람이 죄에 대해 통회했으며 죄 사함의 기쁨을 갖게 되었다."[45] 이에 고무된 노블은 매년 사경부흥회를 개최하게 되었다.[46]

1900년 9월, 존스는 강화 서사교회에서 부흥회를 인도했다. 다음 해 11월 7일부터는 강화 잠두교회에서 사경회를 열었고, 곧바로 기도회로 연결했다. 참석한 사람들은 "성신을 충만히 얻어 모든 영화를 하나님께" 돌렸고, 은혜 받은 내용을 간증했다.[47]

1901년 10월, 북감리교와 남감리교가 연합으로 서울에서 개최한 신학회에서, 참석한 사람들은 "성령이 강력하게 임재"하는 경험을 했다. 회심을 체험한 이들은 새로운 각오를 다짐했다.[48] 1902년 1월 2일, 장대현교회에서 장로교 평양선교부의 사경회가 열렸을 때, 평양뿐만 아니라 서울, 의주, 목포, 원산 중국 목단 등지에서 사람들이 몰려왔고, 500명 이상 등록했다. 1902년 12월 17일에 시작해서 31일에 마친 겨울 사경회에서는 713명이 등록했고, 같은 기간에 열린 저녁 집회에는

44 *ARMC*, 1897, p.136.
45 W. A. Noble's Report, *Minutes of Annual Meeting of the Korea Mission of the Methodist Episcopal Church*, 1899, p.31.
46 노블부인은 노블과 별도로 여성들을 대상으로 "부인사경회"를 개최했다.
47 『신학월보』, 1901년 10월, 제1권 12호, pp.493~495.
48 *Official Minutes and Reports of the Annual Session of Korea Mission Conference of the Methodist Episcopal Church*, 1901, p.61.

평양시내 1,200여 명의 교인들이 참석했다.[49]

1902년 12월 4일, 개성에서 열렸던 사경회 때에는 개성뿐만 아니라 풍덕, 금천, 장단, 평산, 배천, 연안, 해주, 신천, 인천 등지에서 교인들이 몰려들었다.[50] 다음 해 1월 개성 남감리교 선교회 신년 사경회가 열렸을 때, 문경호는 이날의 영적 각성 움직임을 보고하면서 다음과 같이 자세하게 증언하고 있다

> 송도 북부 교회당에서 전도했는데, 아침에는 열한 시부터 열두 시 반까지 전도하고, 저녁 일곱 시부터 아홉 시까지 기도회를 열고 형제자매들이 각각 간증을 하게 했다. 교인들이 날마다 점점 늘어 회당 안에는 앉을 틈이 없을 정도로 모여서 예배를 드렸다. 이때에 성신님이 예전의 오순절 일백이십 인에게 감화하시듯, 이 예배당에 모인 형제자매들에게 각각 감화하셨다. 하루는 전도할 시대에 온 회중이 눈물을 흘리고 슬피 우는 것을 보고, 또 하루는 형제 중에 가슴을 치고 대성통곡하는 것을 보고, 또 하루는 기도할 때에 갑자기 마음이 비감해져서 울면서 기도를 했으며, 또 하루는 간증할 때에 각각 울면서 간증함으로 온 회중이 서로 비감해져서 얼굴을 숙이고 눈물을 머금었다. 또 하루는 서로 원수로 지내었던 것을 오늘 모두 주 앞에서 풀고 서로 사랑하고 지내자며 서로 위로하고 서로 불쌍히 여기며 서로 비할 데 없이 하며….[51]

---

49 January 22, 1902, C.F. Bernheisels Journal C. F. Bernheisel, Forty One Years in Korea(Bernheisel, 1942); 박용규, "평양대부흥운동과 산정현교회(1901-1910), 『신학지남』74, 2007, p.102에서 인용.

50 『신학월보』, 1903년 1월, 제3권 1호, pp.27-28.

51 『신학월보』, 1903년 3월 제3권 3호, pp.111-112. 원문은 다음과 같다. "송도 북부 병교회당 의셔 전도ᄒ엿는디 아침에는 열흔시부터 열두 시 반까지는 전도ᄒ고 저녁 일곱 시부터 아홉 시까지는 긔도회를 열고 형제자매들이 각각 간증을 ᄒ게 ᄒ엿는디 교인들이 날마다 점점 늘

이 집회에 참석했던 사람들 간에 용서와 화해가 있었고 사랑을 체험했다. 두 사람씩 짝을 지어 개성과 인근의 마을들을 다니며 전도와 간증을 했다. 거리에는 천국이 가까웠다고 외치는 소리와 이들이 부르는 찬미가 그치지 않았다.[52] 개성 백성이 모두가 하나님의 백성이 될 것이라는 확신이 이들 속에 가득했다. 교인들은 "하나님이 보내신, 성령으로 나타난 그리스도의 복음을 확실히 받아들였다." "감리교식 부흥운동"이 그대로 재연되고 있었고, 이것을 목도한 선교사들은 흥분을 감추지 않았다. 어느 누구도 기대하지 못하던 일이었다.[53]

1903년 1월, 서울에서 북감리교 선교회와 남감리교의 연합사경부흥회가 열렸을 때도 이러한 현상이 나타났다. 114명이 참석했던, 속장과 권사들을 위한 두 주간의 집회에서 존스에게 기도와 부흥회 인도가 맡겨졌다. 감리교 선교사들은 전형적인 웨슬리 예배를 경험했다며 흥분을 감추지 않았다.[54] 수십 명의 간증자들이 지은 죄를 앞다투어 고백했다. 초기 감리교 부흥운동의 모습이 선교사들 눈앞에서 재현되었던 것이다.[55]

영적대각성운동의 조짐은 그렇게 나타나고 있었다. 세계가 한국과 한국인들을 외면하고 있을 때, 역사 진행자는 한국으로 눈을 돌리고 있었다. 세계사에서 유례가 없던 영적 대각성 운동의 토대가 마련되고 있

허 회당에 안질 틈이 업게 모혀셔 레비롤 ᄒᆞᄂᆞᆫ대 이째에 셩신임이 예견 오순절에 일빅 이십인의게 감화ᄒᆞ시듯이 이 레비당의 모인 형제 자매들의게 각각 감화ᄒᆞ시더니 하로는 전도할 시대에 원회즁이 눈물을 흘니고 슯히 우는 거슬 보고 또 하로는 형제 즁에 가삼을 치고 딩셩통곡ᄒᆞᄂᆞᆫ 거슬 보고ᄯᅩ 하로는 긔도할 새에 홀연히 마음이 비챵ᄒᆞ야 울면셔 긔도롤 ᄒᆞ엿스며 ᄯᅩ 하로는 간증할 새에 각각 울면셔 으로 원회즁이 셔로 비챵ᄒᆞ야 얼골을 숙이고 눈물을 먹음엇더라. ᄯᅩ 하로는 셔로 원수로지내든거슬 오날 다 주 압혜 풀고 셔로 사랑ᄒᆞ고 지내자ᄒᆞ야 셔로 위로함과 셔로 불상이 넉임과 셔로 사랑함이 비할데 업시ᄒᆞ며…

52 Loc.cit.
53 Minutes of the Annual meeting, Korea Mission Methodist Episcopal Church, South, 1903, p.33. 이후 MKMMES 로 표기함.
54 Official Minutes of the Korea Mission Methodist Episcopal Church, 1903, p.45.
55 MKMMES, 1903, p.33.

었던 것이다.

2. 하디와 원산부흥운동

2.1. 그 발단–부패의 문제

나는 3년 동안 강원도에 처음으로 교회가 세워진 지경대에서
다른 어떤 지역보다 힘써 일했으나, 그곳에서의 선교 사역은
실패했습니다. 이 실패감은 나에게 말할 수 없는 타격을 주었
고, 더 이상 일을 할 수 없을 정도로 절망감에 이르게 되었습니
다.[56]

1901년 3월 남감리교 선교사 하디는 선교에 실패했다며 이렇게 절
망감을 토로했다. 엄격한 규범과 원칙을 가지고 교회를 치리했지만[57]
그 한계에 봉착한 것이다.

하디는 캐나다대학선교회(Canadian College Mission) 소속으로 조선에
서 선교활동을 했었다. 청일전쟁 이후 캐나다로 돌아갔던 하디는, 미국
남감리교회 소속이 되어 1900년 11월 다시 원산으로 되돌아왔다.[58] 원
산은 1898년 당시 인구가 약 1만 5천 명으로 한반도의 동북부로 들어

---

56 R. A. Hardie, "R. A. Hardie's Report," *MKMMES*, 1904, p.27.
57 R. A. Hardie, "R. A. Hardie's Report," *Ibid*, 1903, p.26.
58 원산 선교는 1891년 마펫(Samuel Austin Moffet)과 원산을 방문했던 캐나다 대학 YM-
CA(University of Canada – YMCA) 소속의 게일이 다음 해 7월 원산에 정착하면서 시작되었
다. 1893년에는 북감리교회의 맥길(W. McGill)이 1894년에는 북장로교회의 스왈론(W. L.
Swallen)이, 1896년에는 캐나다 출신의 독립선교사인 펜윅(M. C. Fenwick)이 이곳에 정착했
다. 하디는 북감리교회가 원산을 남감리교회에 양도함에 따라 원산에 들어와 활동하게 되었
다.

가는 교통의 요지였고, 하디의 선교 구역이었던 철원군은 인구 10만 명이 거하는, 농산물이 풍족한 땅이었다. 그러나 사람들의 윤리의식은 선교사들의 기대와 달랐고, 교회 입교자들도 예외는 아니었다.

대한제국으로 나라 이름을 바꾸고 새로운 근대 국가로의 탈바꿈을 선언했지만 관리들의 부패는 여전했고 백성들의 윤리 의식도 달라지지 않았다. 기독교인이 되어도 여전히 점을 보고 첩을 얻고, 간음, 노름, 절도, 흡연과 음주를 즐기는 사람들이 적지 않았다.[59] 치외법권의 울타리를 기대했던 사람들도 적지 않았고, 기독교에 입교한 다수의 젊은이들은, 여전히, 영어를 배워 입신양명하는 것을 목표로 삼고 있었다. 성서의 지식이 행동으로 연결되지 않았고 실제적인 삶으로 나타나지도 않았다.[60] 교회 규칙과 성서적 규범을 애초부터 알려고 하지 않았고 지키려 하지도 않았다. 금주, 일부일처, 주일 성수를 하지 않는 교인들이 적지 않았고 여전히 제사를 고집하기도 했다.[61] 횡령하는 신자들이 적지 않았고, 교회가 술집으로 팔리기도 했다.[62] 서양 선교사의 세력을 빙자해 교폐가 일어나기도 했다.[63] 선교사들이 성급하게 입교를 권하지 않았던 이유이다.[64]

올링거(Franklin Ohlinger)나 마펫 등은 권징과 치리, 출교로 이를 해결하려 했다. 성서적 윤리관에 충실했던 대부분의 영미선교사들도 이 방식을 지지했다. 하디도 이 방식을 따랐다. 그러나 그 결과는 실망스러

---

59 한국 감리교 첫 세례자요 배재학생 박중상은 삼문출판사의 인쇄기계를 절도하려다 발각되기도 했다.

60 *MKMMES*, 1901, p.26.

61 W. D. Reynolds, "Paper on Comity," *Second Annual Meeting of the General Council of Protestant Evangelical Missions in Korea, Seoul*, Sep, 10th–11th 1906, p.31.

62 ed. by Chares A. Sauer, *Within the Gate*(Seoul: YMCA Press, 1934), p.12.

63 박찬식, 『한말 천주교회와 향촌사회: 敎案의 사례 분석을 중심으로』, 서강대학교 박사논문, 1995.

64 장로교회는 원입교인, 입교인의 두 단계의 과정을 거쳐야 했고, 감리교회는 원입, 학습, 세례, 입교의 네 단계를 거쳐야 했다. 남감리교는 원입, 학습, 입교의 세 단계를 거쳤다.

웠고 좌절감을 맛보아야 했다.

중국에서 활동하던 여선교사 화이트(M. C. White)가 휴가를 얻어 원산으로 왔다. 함께 활동했던 선교사 매컬리(L. H. McCully)를 만나러 왔을 때, 원산의 여선교사들은 기도와 사경회 모임의 인도자로 하디를 초청했다.[65] 1903년 8월 24일부터 1주일간의 이 연합사경회를 준비할 때, 하디의 가슴 속에, 자신이 성령에 의지 하지 않았던 것과 한국 사람들보다 하나님께 더 큰 죄를 지었다는 생각이 갑자기 몰려들어 왔다. 자신도 성령 충만을 받지 못했고, 한국 교인들은 사람의 돈을 훔쳤지만 자신은 선교비, 곧 하나님의 돈을 "착복(appropriation)"했다는 것을 깨닫게 된 것이다.[66] 한국인들이 거짓말에 능하다고 했지만 자신도 하나님 앞에 정직하지 않았고, 하나님의 도움과 성령의 필요성을 설교했지만 정작 자신은 성령 충만을 구하지 않았다.[67]

하디는 기도와 성경모임에 참석한 이들에게 이를 공개적으로 자백했다. 그리고 자신의 대체로 실패했던 원인이 그러한 위선과 교만에서 비롯되었음을 인정했다. 자신들도 다르지 않다는 선교사들의 회개와 고백이 이 자리에 있었다. 그러자 성령의 임재가 그 방안에 가득히 퍼져 나갔다.[68]

2.2. 하디의 공개 회개

1주일간의 기도회가 끝나는 날, 하디는 원산교회의 주일 예배를 인도하며 한국 교인들 앞에서 자신의 위선을 고백했다. 그리고 눈물로 회

---

65 Arrena Carroll, "Report of the Boarding School and General Work in Wonsan," *MKMMES*, 1903, p.53. 이 모임에는 남감리교회의 저다인(Joseph L. Gerdine)과 캐나다 장로교회의 맥컬리(Louise McCully)가 참석했다.

66 R. A. Hardie, "God's Touch in the Great Revival," *Korea Mission Field*, 1914, p.22.

67 *Loc.cit.*

68 *Loc.cit.*

중에 용서를 구했다. 그것은 선교사들 앞에서 했던 것과는 다른, 발가벗긴 것보다 더한 굴욕일 수 있다. 그렇지만 회중들은 회개가 무엇인지, 회개하는 사람의 태도가 어떠해야 하는 지를 목격했다.

> 내가 성령 충만함을 받은 후 돌아온 첫 번째 주일 아침에 원산 교인들 앞에서 수치와 곤혹스런 얼굴로 교만했던 것과 고집불통이었던 것과 믿음 없었음을 자백하면서 그 결과가 어떠했는지를 말하게 될 때 그들은 처음으로 진정한 자복과 회개의 체험이 어떤 것인지 보게 되었습니다. 그들은 하나님의 약속에 대한 단순한 믿음으로 성령의 은사에 대해 선포하는 나의 말을 듣고, 또 그 후 삼 주일 동안 나의 생활과 체험에서 변화된 모습을 보고 나서 자기 백성을 죄에서 구하시려는 하나님의 능력과 믿음에 대한 새로운 교훈을 얻었습니다.[69]

하디가 자신의 치부와 위선을 한국의 민초들 앞에서 드러냈을 때,[70] 회중들도 앞 다투어 자신들이 저지른 죄상들을 고백했다. 돈을 유용하고 착복했던 전도자들은 앞 다투어 돈을 돌려주었고, 교인들은 곳곳을 돌아다니면서 그동안 훔친 물건과 돈을 돌려주면서 용서를 빌었다. 장소를 가리지 않고 배상하려고 했고, 그 후에야 비로소 평안을 얻었다. 한국의 역사에서 이러한 일은 한 번도 없었다.[71] 그동안 선교사들이 노력해도 이룰 수 없던 것들이 한순간에 해결되었다. 하디의 원산 예배는 재한선교사들의 곤경을 해결하는 방식이 되었다. 그리고 한국이 세계 선교 역사의 모범국으로 각인되는, 1907년 평양대각성운동의 출발점

---

69 *Loc.cit.*
70 R. A. Hardie, *"R. A. Hardie's Report," MKMMES*, 1903, p.26.
71 W. N. Blair, *Gold in Korea*, H. M. Ives & Sons, Topeka, Kansas, 1946, p.65.

이 되었다.

2.3. 그 전개

2.3.1. 원산과 개성집회

하디의 원산교회 회심 사건이 얼마 지나지 않았을 때, 스칸디나비아 선교회(The Scandinavian Missionary Alliance) 회장인 프랜슨(F. Franson) 박사로부터 집회를 열고 싶다는 연락이 왔다. 이 집회를 위해 하디는 원산의 전도자들과 속장 등 한국인 평신도 지도자들과 함께 성경 공부와 기도회로 준비를 했다. 이때 로스(J. B. Ross)의 원산 병원에서 조수 일을 하던 최종손과 선교사 사택에서 일을 하던 강태수를 비롯한 많은 한국인 교회 지도자들이 자기들 속에 감추어진 죄를 고백하며 통곡을 했다. 사과와 보상을 약속했고, 그동안 형식적으로 믿은 것에 대해서도 통회했다.[72]

1903년 10월, 1주일 동안 열렸던 프랜슨과의 원산 집회는 기대 이상이었다. 프랜슨은 서울과 평양에서도 집회를 열었다. 하디는 그가 돌아간 뒤에도 원산에서 집회를 계속 이어 나갔다.[73] 1904년 1월 5일부터 원산 남산동교회에서 인도한 2주간 열린 사경회에서 전계은과 정춘수 등 참석자 모두가 "성령 충만"을 외쳤고 헌신을 다짐했다. 1월 25일 원산지방의 감리교, 장로교, 침례교 선교사들이 함께한 연합 사경회 때에는 캐나다 장로교의 롭(A. F. Robb)이 "난생 처음 하나님의 권능과 역사를 체험"했다며 울면서 죄를 통회했다.[74] 교인들은 앞 다투어 자기 죄를

---

72 R. A. Hardie, "R. A. Hardie's Report," *MKMMES*, 1904, pp.24–25.
73 프랜슨은 원산 집회를 마친 후 서울로 올라와 11월 2일과 3일에 상동교회와 제중원에서 집회를 했고 평양으로 가서 사흘간 집회를 인도했다.
74 William Scott, *Canadians in Korea*, 1975, p.56, 차재명,『朝鮮 예수교長老會 史記』上, PP.179–180; 박용규,『평양대부흥 운동』(서울:생명의말씀사, 2007), p.57에서 재인용. 이 집

고백했고, 집회에 참석했던 상당수의 일반인들도 덩달아 회개했다. 이 구동성으로 생생하게 신앙 체험을 한 것은 처음이라는 고백이 끊이지 않았다.[75]

연합사경회로부터 시작된 회심의 물결은 개성으로 퍼져 나가기 시작했다.[76] 남감리회 개성지방의 정기 사경회(Winter Bibble Study Class)에 초청된 하디는 캐롤(Arena Carroll)과 노울즈(M. Knowles), 저다인(J. L. Gerdine)과 함께 집회를 인도했다. 참석자들은 자신들이 저지른 죄를 공개적으로 자백했고 거듭나기를 다짐했다. 아침에 시작한 예배는 하루 종일 계속되었다. 통제가 불가능했고, 집회는 1주일을 더 연장해야 했다. 교인들은 그동안 교회에서 볼 수 없었던, 최고의 날이라고 간증했다. 하디도 교인들의 지식과 믿음과 경건의 생활이 눈에 띄게 달라졌음을 확인했다.[77]

1904년 2월 26일부터 10일간 개성 남부교회에서 열린 개성지방 연합사경부흥회에 하디가 다시 초청되었다. 150여 명이 참석한 이 집회에서도 전도인, 권사 등 뿐 아니라 선교사들도 성령 충만을 체험했다. 참석자들은 죄에 대해 철저히 통회했고 간증하며 이를 고백했다.[78] 크램(W. G. Cram)은 이 집회야말로 "참다운 감리교 부흥회"라며 다음과 같이 보고했다.

집회에 참석했던 교회 사역자들과 매서인들은 이전에는 깨달

회 이후, 롭(A. F. Robb)은 여러 날 동안 금식하며 통회했고, 길을 걸으면서도 기도를 그치지 않았던 것으로 알려져 있다. 이때 롭과 함께 장로교인인 전계은과 감리교인 정춘수는 노방전도를 하며 성령 임재를 선포했다고 전해진다.

75 R. A. Hardie, "R. A. Hardie's Report," *MKMMES*, 1904, p.25.

76 R. A. Hardie, "Korea Mission—General Work," *Southern Methodism in Korea: Thirtieth Anniversary*, ed., j. S. Ryan (Seoul: Methodist Episcopal Church, South, Korea, 1929), p.51 참조.

77 *MKMMES*, 1904, p.26.

78 W. G. Cram, "Report of Songdo Circuit," *MKMMES*, 1904, p.37.

지 못했던 복음의 능력과 죄의 의미 그리고 신생의 체험과 성령 충만을 깨닫기 시작했습니다. 교인들은 죄책감에 통곡했고 자신들이 이전에 저지른 죄에 대해 보상(restitution)을 했습니다. 많은 교인들이 입에 담기조차 어려운 숨겨둔 죄를 자백했으며 그 후로 영적인 삶을 살기 시작했고 지금까지 계속되고 있습니다. 집회를 마친 뒤, 매서인들은 이전과 다른 큰 용기와 희망을 가지고 각자의 사역지로 흩어져 나갔습니다.[79]

그동안 학교와 병원 사역에 매달려야 했던 선교사들은 하디가 인도하는 부흥회를 통해 자신들의 선교적 사명과 신학적 정체성을 다시 확인할 수 있었다.

2.3.2. 서울집회와 그 결과

1904년 3월 하디는 무스(J. R. Moose)가 담임으로 있는 서울의 잣골교회(지금의 자교교회)에서 집회를 인도했다. 교인들뿐만 아니라 배재학당 학생과 이 집회에 참석하기 위해 지방에서 올라온 사람들도 성령의 역사를 체험했다. 온갖 추한 죄를 자백했고 훔친 물건을 돌려주었다. 거듭남의 의미를 몰랐던 많은 사람들이 성령의 능력으로 마음의 정결을 경험했다.[80] 선교사들도 미국에서 경험했던 영적 각성 운동의 감동을 다시 맛보았다.[81] 집회 이후에도 새벽예배와 철야기도회가 계속되었고 금식과 기도가 뒤따랐다.

이어서 하디는 남감리교회 여학교인 캐롤라이나 학교(Carolina Institute, 지금의 배화여고)에서 집회를 인도했다. 하운젤(Josephine C. Houn-

---

79 Loc.cit.
80 J. Robt. Moose, "Report of the Seoul Circuit, Ibid., p.41.
81 Ibid., p.35.

shell) 선교사는 "우리 학교에 베푸신 하나님의 선물 가운데 최고의 선물은 4월의 부흥회"였다고 흥분해 마지않았다. 학생들도 학교가 새로워졌다며 놀라움을 감추지 않았다.[82]

하디의 부흥회는 러일전쟁으로 한동안 열리지 못하다가 1904년 9월 20일부터 19일간 정동감리교회에서 다시 시작되었다. 이 사경부흥회는 배재와 이화학당의 학생들과 교직원을 위한 집회였지만, 서울 도성 밖의 민초들도 모여 들었다. 하디는 한 주간은 회개를 주제로, 한 주간은 성령의 책망을 주제로 설교했다.[83] 사람들은 구원의 체험과 확신을 갖게 되었고 주저 없이 자기 심중 깊은 곳에 숨겨 놓았던 죄를 고백했다. 개화지식인들과 신진 엘리트들이 회개했고 정동교회 담임자 최병헌도 공중 앞에서 자신의 죄를 고백했다.

하디의 집회가 끝난 후, 정동교회는 급격히 교인이 늘었다. 집회 이후 2년이 채 되지 못해 주일학교 학생들을 포함해 모두 2,825명이 되었다. 최병헌 목사는 급격히 늘어나는 교인들을 감당할 수 없어 성 밖에 새로운 '설교처(preaching point)'[84]와 교회들을 개척해야 했다. 미 북감리교회가 3개의 구역회, 즉 정동제일, 상동, 동대문 구역으로 확대 조직해야 했던 이유도 여기에 있다.[85] 서부 지역에 창천교회, 만리현교회, 서강교회, 공덕리교회가 세워졌고, 이들 교회에 의해 삼개교회(지금의 마포감리교회), 백련동교회(흥남교회), 수색교회, 녹번리교회, 양천 신정리교회, 신월리교회, 염창교회 등이 개척되었다.

그런데 하디의 부흥회 이후에 세워진 교회와 스크랜튼에 의해 세워진 교회의 교세는 확연한 차이를 보이고 있다. 하디의 부흥회 이후, 정

---

82   J. Hounshell, "Carolina Institute," *MKMMES,* 1904, p.53, p.18.

83   "정동회당에서 부흥회로 모힘," 『神學月報』 1904년 제4권 11호, pp. 371–372.

84   *Minutes and Reports of Korea Annual Conference of the Methodist Episcopal Church,* 1909, p.35.

85   *Ibid.,* 1905, p.26.

동교회가 개척한 교회와 스크랜튼에 의해 시작된 아현감리교회의 교세를 보면 다음과 같다.[86]

연도	교회명	교인 수				세례인 수		주일학교		여학교		헌금
		입교인	학습인	원입인	계	아동	성인	교사	학생	교사	학생	
1913	창천	149	57	156	398	8	12	25	180	2	42	415
	서강	111	128	80	370	23	9	21	191	2	62	205
	아현	15	12	30	65	7	6	8	55	1	50	108
	공덕	83	53	52	226	6	7	15	157	2	42	183
	마포	38	14	31	83	–	10	6	50	2	45	68
1914	창천	110	43	146	329	5	12	18	339	1	–	500
	서강	189	17	104	358	8	5	12	182	2	–	1,107
	아현	24	7	61	94	–	2	15	90	2	–	52
	공덕	81	8	63	188	7	2	10	150	2	–	192
	마포	25	7	37	79	–	4	5	60	2	–	127
1915	창천	70	63	87	250	–	–	16	251	1	35	509
	서강	223	42	79	412	9	1	13	187	2	56	791
	아현	24	8	83	115	–	3	17	94	3	80	62
	공덕	105	19	105	283	6	2	24	210	3	115	568
	마포	–	–	–	–	–	–	–	–	–	–	–
1016	창천	102	65	119	346	12	7	22	280	1	45	489
	서강	95	36	133	311	7		25	185	4	78	608
	아현	32	4	69	105		5	9	127	3	80	75
	공덕	88	9	137	286	4	1	22	210	4	120	2,400
	마포	–	–	–	–	–	–	–	–	–	–	–

86 W. A. Nobel, *Minutes and Reports of Korea Annual Conference of the Methodist Episcopal Church*, 1913–1916 참조.

창천교회[87]나 혹은 공덕교회, 서강교회 등 대각성 운동의 영향력 아래 있던 교회들은 공통적으로 교세가 급격히 증가했다. 그런데 같은 서부지역에 속해 있고, 같은 구역에 속해 있던 아현교회[88]의 경우는 뚜렷이 교세의 차이를 보이고 있다. 사회지향적 교회의 전통과 영적 각성의 전통이 확연히 다른 결과를 가져오고 있는 것이다.

2.3.3. 평양집회와 인천집회 그리고 하디의 안식년

1904년 10월 14일부터 하디는 평양의 북감리교 선교사들의 기도회를 인도하고 16일부터 무스(J. R Moose)와 함께 평양 남산현교회에서 열린 평양지방 연합부흥회를 인도했다. 이 집회에서도 같은 현상이 일어났다. 전도인들의 죄 자백이 있었고 교인들은 숨겨진 죄들을 공개적으로 토로했다. 마펫도 "놀라웠던 평양에서의 특별전도 집회"[89]라 평가할 정도로 기대 이상의 결과가 나타난 것이다. 현장에 있었던 북감리회 평양 선교사 모리스(C. D. Morris)는 다음과 같이 보고하고 있다.

> 지난 10월 말 고맙게도 남감리회 선교부의 하디와 무스 형제가 우리에게 와서 특별부흥집회를 열었습니다. 설교자 몇 사람을 포함하여 많은 사람들이 생활에서 지은 죄들을 회개했습니다. 많은 갈등을 겪은 후에 공개 집회에서 일어나 자신들의 죄를 인정하고 간절히 용서를 구했습니다. … 이 집회는 우리 교회 교

---

87 1906년 창천교회가 창립될 당시, 신촌지역은 노고산동과 창천동을 포함해 약 150가구 정도밖에 되지 않았다.

88 1889년에 시약소로 출발했던 아현교회는 스크랜튼이 시작했고, 의료선교사 맥길(William McGill), 올링거(F. Ohlinger), 노블(W.A. Noble)을 거쳐 1903년에는 스웨어러((Wilbur C. Swearer)와 전덕기가 담임자와 부담임자였다. 아현교회도 상동교회나 동대문교회와 같이 사회적 방법, 곧 의료 선교나 교회에서 운영하는 매일학교를 통해 간접 선교하는 것에 역점을 두었다.

89 *Quarto Centennial Papers Read Before the Korean Mission of the Presbyterian Church in the U.S.A. at Annual Meeting*(Pyung Yang, Korea: Korea Mission of PCUSA, 1909), p.21; 박용규, *op.cit.*, p.80에서 재인용.

인들에게 아주 놀라운 축복을 안겨 주었습니다. 저는 이번 경우처럼 교인들이 죄를 깊이 자복하는 광경을 전에는 본 적이 없습니다. 그동안 은총을 받아왔던 방식과는 다르게 이번에는 정말 변할 수 없는 항구적인 축복을 받았습니다.[90]

모리스는 하디의 방식이 그동안 평양 선교사들의 방식, 곧 사경회에만 의존했던 것과 달랐고, 그 결과는 확연한 차이가 있었다고 말하고 있다. 평양 주재 무어(John Z. Moore)도 "한 지역에서 세 명의 기독 소년들이 장날마다 장터에서 복음을 전했고, 그중에 한 명은 단지 일곱 살짜리 소년이었다"며 그 성과에 놀라워했다.[91] 이 부흥회를 계기로 평양 교인들의 교회 자립 열기가 고조되었다.[92] 같은 복음주의 신학의 전통 아래 있었지만 하디의 집회는 방식이 달랐고 그 성과도 달랐다. 웨슬리적 전통, 곧 간증의 방식이 도입된 예배 전통의 결과가 그만큼 차이가 있었던 것이다.

평양에서의 집회를 마친 하디는, 안식년을 떠나기 전, 11월 1일부터 1주일 동안 제물포교회에서 부흥회를 인도했다. "하나님이 그의 백성에게 큰 복을 주신다"라는 주제로 열린 이 집회를 통해 적지 않은 결과가 나타났다. 전도부인들을 비롯한 여성 교인들이 질투가 많고 사랑이 없음을 회개했고, 교인들은 자발적으로 남양, 부평, 강화 등지까지 가서 자비량 전도를 했다. 케이블(E. M. Cable)은 다음과 같이 그 현장을 전하고 있다.

---

90 Charles D. Morris, "Revival Services in Pyeng Yang," *The Korea Methodist*, November, 1904, p.7.
91 Rev. J. Z. Moore, "Self Support and Education on West Circuit," *The Korea Methodist*, August 1905, p.134.
92 한국인 전도인들의 생활을 지원하기 위한 십일조와 성미 운동도 이때부터 전개되었다.

집회는 며칠간 계속되었는데 집회 기간 동안 100여 명에 달하는 교인들이 자기 죄를 공개 자복했습니다. 주님 앞에 올바로 살겠다고 선포했고 많은 교인들이 성령의 부으심을 받았습니다. 집회를 마친 교인들이 얼마나 행복하게 그리고 성령의 능력에 힘입어 살 수 있는지를 보는 것이 참 즐겁습니다. 하나님의 능력으로 죄로부터 구원받고 확신 가운데 사는 아름다운 모습을 보는 것만으로 한국에 온 보람을 느낄 수 있었습니다. 이런 은총은 우리 교회 안에만 머물지 않고 우리 지방 전 지역으로 확산되고 있습니다. 부흥회에 참석해서 복을 받은 사람들이 밖으로 나가 다른 사람들에게 그것을 전하고 있습니다. 우리 사역 전반에 거대한 부흥이 시작되고(the beginning of a great revival) 있음을 보여 주는 징조라 확신할 수 있습니다.[93]

1905년 하디는 안식년을 가졌다. 그러나 영적 각성의 흐름과 부흥회의 열기는 그치지 않았다. 한국 교회 입교자들의 신앙의 모습도 뚜렷이 변하기 시작했다. 그동안 부패한 관료들로부터 "자신들을 보호하기 위해" 입교했던 사람들이, 복음이 단지 "상업적이거나 정치적인 상품"이 아니라는 것과 "기독교가 참된 마음의 변화, 참된 영혼의 변화를 요구하고 있다는 사실을 깨닫기 시작"했다.[94] 교회는 전쟁의 참화 속에서 보호받을 수 있는 장소가 아니라 복음을 배우고 실현하는 신앙의 장(場)이라고 믿게 된 것이다.

---

93 E. M. Cable, "Another Wonderful Revival," *Korea Methodist*, 1904. 12, p.11.
94 *Official Minutes of Korea Mission Conference of Methodist Episcopal Church*, 1905, p.65.

2.3.4. 개성지방 사경회와 하디 집회의 종반부

1905년 2월, '구정(舊正)'을 기해 열린 개성의 연례 지방 사경회는 크램(W. G. Cram)과 캐롤(Arrena Carroll)이 이끌었다. 그렇지만 선교사들이 아니라 회개하고 거듭남을 열망하는 교인들이 주도했다고 해도 과언이 아니다. 농번기임에도 교인들은 몰려들었고 선교사들은 그동안 이렇게까지 신생(regeneration)을 간구하는 모습을 보지 못했다.[95] 성령의 임재와 역사 주관자의 역사 진행은 특정한 사람들 때문에 일어나는 것이 아니었다.

원산에서 열린 구정의 사경회에서도 회심과 성령의 역사가 일어났다. 강화 홍해교회에서 열린 여자 사경회에서 교인들은 힘써 교회에 봉사하지 않은 것에 대해 눈물을 흘리며 통회했다. 남감리교 서울구역(Seoul Circuit)의 문산포교회에서도 교인들은 자신들의 죄를 공개적으로 자복(public confession)했다. 1906년 8월부터 열렸던 제3회 원산 지방 사경회에서도 참석자들은 영적 각성을 체험했다.[96] 11월 통천과 이천 등 경기도와 강원도 북부 지역에서도 이와 같은 일이 일어났다. 교인들은 죄를 깨닫고 통곡했으며, 회심한 이후 교회에서의 사역을 영광으로 여기게 되었다.

1906년 8월 26일부터, 안식년을 마치고 돌아온 하디는 평양에서 감리교와 장로교 연합집회를 다시 인도했다. 미국이 일본의 한국 침탈을 방관했다는 여론이 들끓고 있던 때였다. 선교 현장 위기감이 고조되고 있었다. 이 집회에서 참석자들은 보다 간절히 성령의 임재를 위해 기도했다.[97] 성령의 도우심과 하나님께 완전히 의지하는 것이 문제 해결의

---

95 W. G. Cram, "North Ward Circuit, Songdo," *MKMMES*, 1905, p.34.

96 D. E. Hahn, "Wonsan Bible Conference," *Korea Mission Field*, Aug., 1906, p.190.

97 George Heber Jones, *The Korean Revival*(New York: The Board of Foreign Missions of the Methodist Episcopal Church, 1910), p.5.

열쇠라는 확신이 가득했고 전에 없었던 강한 힘이 집회를 이끌었다.[98]

블레어(W. N. Blair)와 그래함 리(Graham Lee) 등 선교사들은 이전에 보지 못했던 보다 강력한 성령 역사를 목도했고, 장로교회의 길선주와 감리교회의 이은승 등 한국인 교회 지도자들도 이 집회를 통해 평생 잊지 못할 성령 체험을 했다고 고백했다.[99] 어머니(Rosetta Sherwood Hall)와 함께 이 집회에 참석했던 12살의 셔우드 홀(Sherwood Hall)이 "의교선교사가 되어 한국에 돌아오기로 결심"했던 것도 하디의 집회가 계기가 되었다고 고백했다.[100]

2.4. "재한복음주의선교회연합공의회"의 조직

하디의 영적 각성의 부흥회가 기대 이상의 성과를 가져오자, 1905년 6월, 서울 주재 감리교 장로교 선교사들은 함께 모여 선교 사업 전반에 대해 연합 사업을 구상했다. 여기에서 초교파의 단일 복음주의 '그리스도의 교회'를 세우자는 제안이 있었다. 교육과 복음전도, 의료사업을 위한 위원회 설치, 범 개신교 선교공의회 설립을 위해 양 교회의 교류를 지속하자는 결의도 있었다.[101] 이후 9월에 감리교와 장로교 선교사 150명은 함께 "재한복음주의선교회연합공의회(The General Council of Evangelical Missions in Korea)"를 조직했다. 이 자리에서 전국적으로 부흥 집회를 개최할 것을 결정했다. 교파 간의 문제도 적극적으로 해결해 나가기로 했다.[102] 감리교와 장로교의 연합운동이 공식화되었던 것이다.

1906년에 있은 정동교회와 새문안교회에서 열린 합동부흥회를 비롯

---

98 Goforth, *When the Spirit's Fire Swept Korea*, p.6.

99 Blair & Hunt, *The Korean Pentecost & the Sufferings Which Followed*, pp.66–67.

100 Hall, *With Stethoscope in Asia: Korea*, pp.216–216; 박용규, *op.cit.*, p.194.

101 H. Miller, "The history of Cooperation and the Federal Council," *Korea Mission Field*, 1934, 12, p.256.

102 "The Time Opportune," *Korea Mission Field*, 1905. 12. p.29.

해서 원산, 함흥, 개성, 목포에서의 합동부흥회, 1906년 8월에 하디가 인도했던 평양의 감리교와 장로교의 합동사경부흥회는 모두 이런 이유로 열린 것이다. 과거 어느 때보다 두 교회의 협력 열기는 뜨거웠다. 하디로부터 촉발된 영적 각성 흐름을 계기로, 보다 적극적으로, 한국 복음화를 위해 함께 행동하기로 한 것이다. 교파는 달랐지만 대부분 선교사들의 신학이 서로 다르지 않았고 복음 전파에 대한 열정이 다르지 않았기 때문에 가능했다.

사경부흥회를 통한 원산의 영적 각성 흐름은 선교사들이 퍼져 있는 곳으로 계속 퍼져 나갔다. 같은 방식으로 집회가 진행되었고 같은 현상이 나타났다. 이 흐름은 1907년 평양의, 영적 대각성 운동으로 이어지고 확대되었다.

을사늑약을 당했던, 민족적으로 모진 핍절의 시대가 시작되던 시점이었다. 대한제국의 근간이 파멸되고, 울분에 겨워 국권 회복을 외치던 시대였다. 그렇지만 희망은 어디에도 보이지 않던 때였다. 바로 그때, 역사 주관자는 세계가 외면했던 한국을 향해 눈을 돌리고 계셨다. 이 땅과 거민들을 포기하지 않으셨던 것이다. 묘했던 것은 영적 각성의 문제가 개인의 구령의 문제로 그치지 않았다는 것이다. 그것은 주관자가 정하신 한국 구원의 방책이 되었다.

3. 영적대각성의 토양

3.1. 서울이 아닌 이유

선교사들은 서울의 풍토를 힘들어했다. 교회 참석이나 열심이 평양과 비교되지 않았기 때문이다. 『신학월보』(神學月報)는 1903년, 서울과 평양 교인들의 신앙 태도를 비교하며 서울 교회의 한계에 대해 다음과 같이 토로한 바 있다.

> 서울 교회나 평양 교회나 하나님을 섬기고 읽는 성경도 하나
> 요, 가는 곳도 한 곳이요, 가는 길도 한 길이요, 믿음과 바람이
> 다 같거늘, 어찌하여 평양 교우들은 열심히 힘쓰고 서울교우들
> 은 잠자는 모양이니 성경이 말씀하시되, 천국은 힘쓰는 자가
> 얻는다 하셨으니 이 글 보시는 교우들은 평양 교우들이 열심히
> 힘써 하나님 섬기는 정성을 알리로다.[103]

원산에서 시작된 영적 각성운동이 개성, 평양, 인천, 목포, 진남포 등
지로 퍼져 나갈 때 정작 서울 도성은 상대적으로 그 영향이 크지 않았
다. 서울에서 연합사경회가 열렸지만, 그것은 교인들보다는 선교사들
을 더 자극한 것으로 나타났다. 세계가 놀랐던, 1907년의 평양대부흥
운동의 여파와 성령 강림의 기대가 "백만인구령운동"으로 확대되었을
때도 새문안교회, 연동교회, 승동교회, 안동교회 등 서울 도성 안의 교
회들은 크게 요동하지 않았다. 교회 참석이나 열심도 평양을 비롯한 다
른 지역과 비교되지 않았다. 정동교회가 하디의 부흥회에 적지 않은 영
향을 받았지만, 교회에 몰려든 사람들은 사대문 밖에 거주하던 민초들
이었지 도성 안 사람들이 아니었다. 복음주의 선교사들은 서울 기독교
의 이러한 특성에 힘들어했다.

서울은 철저히 임금 중심의 중앙집권 아래 있었고, 유학·관료층들의
거주지였다. 조선 정치이념의 중추 가치체계가 보존되고 구현되는 곳

---

103 론설, "북 지방에서 전도함." 『신학월보』, 1903년 10월호, p.428. 원문은 다음과 같다: 서울
교회나 평양 교회나 하나님을 섬기고 읽는 성경도 하나요 가는 곳도 한 곳이요 가는 길도 한
길이요 밋음과 바람이 다 갓거널 엇지하야 평양 교우들은 열심히 힘쓰고 서울교우들은 잠자
는 모양이니 성경의 가라사대 천국은 힘쓰는 자가 엇는다 하엿스니 이 글 보시는 교우드른
평양 교우들이 열심히 힘써 하나님 섬기는 정성을 알니로다.

이었다. 유학적 전통과 그 관습이 엄격했다. 이것은 서울의 토양이 영적이고 내면적인 기독교가 뿌리내리기에 부적합했다는 것을 말해 준다.[104] 그런데 서울은 국가문제에 대한 사명의식, 곧 국가와 민족이 당면한 정치·경제·사회 문제에 대해 보다 집중적인 관심을 가지고 있었다. 따라서 서울이라는 토양에서, 복음이 전파되려면 근대문명관을 제시해야 했다. 또한 개인 구령이 우선되는 것보다 국가 구원 의지를 먼저 제시해야 했다. 이승만이 신비한 음성을 들었을 때, 자신의 구원에만 머물지 않고 나라의 구원을 요청했던 것도 그런 이유일 수 있다.

반면 영적 각성의 에너지가 발현된 개성, 원산, 평양, 인천, 목포 등은 서울과 확연히 달랐다. 불평등의 문제가 늘 제기되고 있었고 영적 민감성이 충만한 지역이었다. 선교사의 신학과 절묘하게 부합되는 조건을 갖추고 있었던 것이다.

3.2. 개성과 원산, 목포와 진남포

개성은 "대부분이 농부와 상인들이며, 송도의 인구는 조선에서 가장 훌륭한 상업가들이 모인 곳"이라는 평가를 받고 있었다.[105] 그렇지만 고려 왕조의 수도였던 까닭에 조선의 정치로부터 외면 받았다.[106] 따라서 개성은 정치와 유교문화의 소외지요 주변 지역으로 인식되었다. 개성 유수조차도 사농공상의 구분이 없어졌고, 재화와 상인들의 소굴이 되

---

104 한국 선교에서 안동권역의 선교가 가장 늦었는데, 그것은 선교사들이 위정척사파의 고장이었던 안동지역에 복음을 전하는 것이 효과가 없을 것이라 판단했기 때문이다.

105 윤치호가 캔들러(W. A. Candler)에게 보낸 편지, 윤치호 지음, 윤경남 역, 『윤치호 서한집』(서울:호산문화, 1995) 참조. ·

106 개성인들에 대한 과거 응시의 자격이 왕조개국 후 1세기 가까이 되어서야 주어졌으며, 더구나 문과의 대과(大科)에 합격한 사례는 백 년이 훨씬 지나 1515년(중종 10)의 일이었다. 그 이후로 문과 합격자를 내었지만, 그 수는 미약했다. 1892년(고종 29)까지 377년 동안에 개성 출신의 대과 합격자가 모두 합쳐도 기껏 135명에 지나지 않았다. 대과 급제자를 비율로 보면 연평균 0.36명에 불과했다. 조선왕조 5백년 동안 총 대과합격자 14,620명 가운데 개성 사람들은 0.9%에 불과하다. 오성, 『개성상인들은 일제에 어떻게 대항했나』(서울: 어진이, 2006), p.30.

어 비천한 도시가 되었다고 냉소할 정도였다.[107]

서울에서 하루 여정의 거리에 위치한 개성은 '방외(方外)의 공간,' 곧 일탈과 해방감을 맛볼 수 있는 공간이었다. 벼슬에서 밀려나 잠시 은거하거나 혹은 잠시 동안의 휴식을 위해 고위 관료들은 별서(別墅)를 두었다. 따라서 개성은 평양 못지않은 세속적인 곳으로 인식되고 있었다.[108] 그렇지만 이런 환경은 오히려 복음 전파에 적합했다. 윤치호나 존스가 개성을 감리교 선교의 가장 중요한 근거지로 삼으려 했던 이유이다.[109]

원산이나 제물포권역, 목포, 진남포 등도 영적 에너지가 충만할 수 있는 조건을 가지고 있었다. "범사에 종교성은 많았고, 참 하나님과 그의 아들 예수 그리스도와 성령을 듣지도 알지도 못한 채로, 우상숭배만 만연한 땅"이었기 때문이다. 수시로 일어났던 해난 사고는 샤머니즘으로 연결되게 되어 있었다.[110] 이러한 환경은 선교사들이 극복해야 할 조건이요 과제였지만, 동시에 영적 기독교를 전파하기에 훌륭한 조건이 될 수 있었다.

샤머니즘과 토착종교는 배척의 대상이 되었다. 그러나 성서의 초자연적 내용을 어려움 없이 받아들이는 요인도 되었다.[111] 강화도의 마리산부흥회나 김익두의 신유집회, 이용도의 원산에서의 신비주의 활동은 모두 이러한 토양적 특성에서 나온 것이다.

---

107 正祖實錄 권16, 정조 7년 7월 14일(癸卯).

108 김창원, "근대 開城의 지리적 배치와 開城商人의 탄생," 『국제어문』 제64집, 2015.3.31., pp.33~53 참조.

109 윤치호는 송도가 남감리교 선교의 중심지가 되어야 한다고 주장했고, 존스는 협성신학당을 남감리교 선교지인 송도에 설립하려 했다. 『윤치호 일기』· 5, 국사편찬위원회, 1902년 10월 31일자, G. H. Jones'letter to A. B. Leonard, Aug. 9, 1910 참조.

110 G. H. Jones, *Korea, The Land, People, and Customs* New York: Eaton and Mains, 1907, p.49.

111 James Earnest Fisher, *Democracy and Mission Education in Korea* Teachers College ,Columbia University, 1928, p.66.

3.3. 평양이 선택된 이유

감리교의 의사 선교사 홀(Willam J. Hall)은 1893년 2월에 마펫, 그래함 리(Graham Lee)와 함께 서북지방으로 순회전도 여행을 하며 왜 평양이 선교의 최적지인가에 대해 나누었던 말을 다음과 같이 전하고 있다.

> 첫째, 이 도시는 조선에서 가장 문란하고 더러운 도시라는 평을 받고 있으므로 선교의 도전 대상지가 되며,
> 둘째, 자기들의 기분에 맞지 않으면 일반인이건 관원들이건 막론하고 돌로 때리는 폭력배들이 있는 곳으로 유명하며,
> 셋째, 인구가 10만이 넘으며, 주민들은 적극적이고 기업적이라 비교적 번성할 여지가 있는 도시이며,
> 넷째, 서울과 북경 간을 연결하는 도로선상에 위치하므로 육로 사정도 괜찮고 해상 교통도 용이한 점으로 볼 때 평양은 정말로 찬란한 역사의 도시임이 틀림없다.[112]

선교 초기, 평양은 인구 10만 명으로 한국 제2의 도시였고 서북지방 최대의 거점 도시였다. 상업이 발달하고 교통의 요지였지만, 그런 이유로 세속적이고 비윤리적 도시라는 평가를 받았다. 동시에 평양은 개성과 마찬가지로, 조선 왕조로부터 철저히 외면 받았던 정치적 소외지였다. 이러한 조건이 오히려 선교의 최적지가 될 수 있었다. 유학 이데올로기의 방해를 받지 않았고, 정치 문제에 직접적 간여가 낮을 수밖에 없었다. 글을 읽을 줄 아는 백성이 적지 않았지만 조선 사회의 주변부에 속해 있다는 콤플렉스를 가지고 있었다. 그만큼 복음의 기본 교리,

---

112 Sherwood Hall, *With Stethoscope in Asia: Korea*, 김동열 역, 『닥터 홀의 조선 회상』, p.100.

곧 '하나님 앞에 누구나 평등하다'는 기독교 사상이 스며들기 쉬웠다.[113]

평양을 선택한 선교사들의 판단은 예지에 가까웠다. 1893년 마펫과 리가 장로교 평양 선교부를 구축하고, 감리교 선교사 홀이 첫 감리교회를 설립한 이래 강력한 교세의 증가가 있었다. 1905년의 서울과 평양의 교세표를 보면 다음과 같다.[114]

지역	선교부	선교사 수	세례교인 수	학습교인 수	헌금액(원)
서울	북장로교	29	1,963	3,915	3,364.00
	북감리교	20	3,120	6,318	2,486.00
평양	북장로교	19	5,468	10,774	14,977.00
	북감리교	12	2,501	3,509	2,184.00

개성과 원산, 목포 등지에서 영적 흐름이 퍼져 나가고 있을 때, 이미 평양의 교세는 한국 전체의 2/3 가까운 교세를 갖고 있었다. 원산이나 개성이 감리교회 중심으로 부흥되었다면, 평양에는 감리교뿐만 아니라 최고의 교세를 갖고 있던 장로교 그리고 성결교 이외에 각급 기독교 학교와 단체가 포진되어 있었다. 1906년부터는 남장로회, 오스트레일리아 장로회, 캐나다 장로회와 연합해 운영하는 신학교가 있었다.[115]

전통적이고 사회적인 불평등 의식, 영성의 예민성은 영적대각성의 토대가 되기에 최고의 조건이었다. 신부적(神賦的) 인간론에 근거한 만

<hr />

113 평양의 유학(儒學) 지식군들의 비율은 0.4%에 불과한 반면 서울은 30%에 가까웠다. 따라서 성리학적 질서가 훨씬 덜했다. 중소 자영농이 많았고, 따라서 소작인이나 노비에 의해 운영되던 다른 지역에 비해 생산성이 높았다. 노비그룹과 유학군들이 상대적으로 적어 계급적 갈등도 비교적 적었고, 상업에 열중하여 평양은 개성과 함께 조선에서 손꼽히는 상업도시가 되어 있었다.

114 *The Korea Review*, Vol.6, No.3, 1906, p.100 참조.

115 박종현, "韓國敎會의 信仰 內燃과 그 外延 構造의 相關 關係 硏究: 1903-1910年 復興運動과 日帝末 韓國敎會 抵抗을 中心으로," 연세대학교 박사논문, 1999, p.51.

인평등의 대중성, 단순하고 감정적인 영성의 신학, 열정적인 부흥회 그리고 엄격한 경건의식의 발현 등, 이런 신학이 자리 잡기에 적합한 조건을 갖고 있었던 것이다.

2장.
평양대각성운동

1. 준비 기간-전조의 조건

1.1. 시대적 환경

1895년, 일본이 명성왕후를 시해했던 을미사변 이후, 기독교는 충군 애국의 종교로 알려지게 되었다. 교회는 반일(反日)과 충군(忠君)의 터전 이며 항일을 하는 데에 최고의 조직체로 각인되었다. 그러나 러일전쟁 이후, 선교사들의 항일 이미지는 바뀌게 되었다. 한국 사회의 한 쪽에 서는 반(反) 선교사 의식과 반미 감정이 나타났고, 한국 기독교 지도자 들을 향해 매국노라는 지탄의 소리가 나왔다.[116] 헐버트 등 몇몇의 선교 사들과 교회 지도자들을 빼놓고는 대부분이 정치 간여를 해서는 안 된 다며 소극적으로 행동했기 때문이다.

전폭적으로 하나님께 맡기는 것 이외에 선교사들이 할 수 있는 방법 이 없었다. 일본에 직접적으로 저항할 수 없었고 특별히 공격할 수 있 는 것도 없는 상황이었다. 몇몇의 교회와 소수의 애국적 기독교인들이

---

116 W. N. Blair and B. Hunt, *The Korean Pentecost and The Suffering Which Followed*, Pennsylva-nia, The Banner of Truth Trust, 1977, p.62.

저항을 해 보았지만, 그 효과는 크지 않았다. 초월적 범주 안에서, 저항과 거부의 의식을 키울 수 있는 것 이외에 별다른 방법이 없었다. 그것이 선교사들이 할 수 있는 한국 구원의 유일한 방법이었다.

그런데 하디의 방식은 선교사들에 새로운 확신을 주었다. 역사진행자에게 맡기는 것이 모든 문제 해결의 열쇠가 된다고 확인한 것이다. 그것은 어떤 경우에도 내적인 신앙이 먼저 작용해야 한다는 선교사들의 신학적 고백이기도 했다. 동시에 그것이 한국 교회가 나아가야 할 목표요 과제이며 한국을 구원하는 것이라 믿었다. 1907년의 평양집회는 그런 확신에서 진행되었다.

1.2. 감리교와 장로교의 일치 협력 그리고 하워드 존스톤

1906년의 8월, 하디를 강사로 해서 열린, 평양 연합 사경회가 끝난 뒤, 평양 주재 선교사들은 서울로 왔다. 서울에서 연합사경회와 남장로교회와 북장로교회의 연례 모임, 북장로교 선교회의 연례회의, "재한복음주의선교회연합공의회" 제2차 모임이 있었기 때문이다. 이런 이유로 9월 2일부터 9일까지 열렸던 서울 사경회에 전에 없이 많은 선교사들이 참석했다. 이 자리에 인도, 일본, 중국 등 아시아 선교지를 탐방하고 있던, 미 북장로교 해외선교부 위원인 존스톤(Howard Agnew Johnston)이 초청되었다.

부흥사였던 존스톤은 선교사들에게 1904년과 1905년 사이에 일어났던 '웨일즈 부흥운동'(the Welsh Revival)과 인도 카시 지역(the Khasi)에서의 "강력한 성령의 임재"를 전했다. "캘커타 북동부에 걸쳐 있는 카시와 제인티아 언덕(the Khasi and Jaintia Hills)에서, 25만 명 인구 중 기독교인의 수가 28,000명으로 늘어"났다는 것과 "1905년에만 5,100명의 교인이" 그리고 1906년에 "2,770명이 영입되었다"고 알렸다. 덧붙여 "모든 기독교 공동체의 삶은 높은 윤리적 수준에 이르렀다"는 것도 전했다.

존스톤의 열띤 강의는, 성령의 놀라운 결실을 목도했던 참석자들을 들뜨게 했다. 한국을 복음화시킬 수 있고 역사 진행자의 손길이 한국에 미치고 있다는, 확신과 가슴 벅찬 사명감을 갖게 한 것이다.[117] 사경회 이후에 열린 제2차 감리교 장로교 연합공의회 총회에서 교파 없는 단일 복음주의 교회를 만들자는 제안이 나온 것도 이러한 이유에서였다. 함께 일치를 이루어, 한국을 복음화시키자는 데에 의견이 모아진 것이다. 여기에 어떤 경쟁심이나 질투심은 보이지 않았다.[118]

1.3. 저다인과 목포부흥회–통성기도회의 시작

존스톤의 강연에 참석해 깊은 감명을 받은 남장로교회의 프레스톤 (John Fairman Preston)은 1906년 10월, 자신의 선교 구역인 목포에서 부흥집회를 열었다. 강사는 하디와 개성집회를 이끌었던 남감리교 원산 선교사인 저다인(Joseph L. Gerdine)이었다.

7개 선교소구(county)에서 42명의 목포권역 교회 지도자들을 포함해 모두 300여 명이 참석했고, 저다인은 하루 2차례씩 집회를 이끌었다. "선교 현장에 온지 4년밖에 되지 않았는데" 그는 한국어를 자유롭게 구사할 수 있었고, 그의 "직설적이고 간단한 말은 모든 사람들의 마음을 사로잡았다."[119] 그의 설교는 "마치 하나님의 말씀이 외과용 수술 칼처럼 인간의 심령을 깊게 쪼개고, 그 은밀한 죄악들과 숨겨져 있던 영혼의 암세포들을 적나라하게 드러내어 도려내는 것 같았다."[120] 참석자들은 난생 처음 자신들의 죄과를 공개적으로 고백했고, 강력한 성령의 체험을 얻게 되었다.

---

117 "Fruit of the Revival in the Khasi Hills," *The Baptist Missionary Magazine*, Vol. 87, No.10, October 1907, p.417.
118 W. B. Harrison, "The Union Movement in Korea," *Korea Mission Field*, 1906. 9, p.201.
119 J. F. Preston, "A Notable Meeting," *Korea Mission Field*, Oct., 1906, p.228.
120 *Loc.cit.*

저다인은 1898년 조지아주 엡윗청년회 회장으로 활동할 만큼 청년 때부터 감리교적 열정을 갖고 있었다. 그리고 이미 뜨거운 성령 체험을 한 바 있었다. 조지아 연회에서 1902년 안수를 받은 뒤, 곧바로 한국 선교에 투입되었고 원산으로 파송되었다. 하디를 도왔고 이미 원산부흥운동의 중심인물로 각인되어 있었다.[121]

이 집회에서 저다인과 프레스톤은 공식적이고 공개적인 통성기도를 실시했다. 그동안 선교사들 중 일부가 개별적으로 통성 기도를 했지만 보편적인 것은 아니었다.[122] 존스톤이 소개한, 웨일즈에서의 공개적인 합심 기도 방식을 주저 없이 도입한 것이다. 그 결과는 기대 이상이었다. 프린스톤신학교(Princeton Theological Seminary) 출신의 프레스톤은 이 집회가 "지금까지 참여한 것 중 가장 강력한 부흥회"라고 고백했다. 그의 말대로 "주목할 만한 집회(a notable meeting)"였다.[123] 목포 부흥회는 장차 전개될 평양의 영적대각성운동이 기대 이상의 결과를 가져 올 것이라는 전조(前兆)가 되었다.

1.4. 존스톤과 평양 집회

목포에서 성령 임재의 역사가 뚜렷이 나타나고 있을 때, 평양의 장로교 선교사들은 존스톤을 직접 초대해 평양 장대현교회에서 특별 집회를 열었다. 존스톤은 서울에서와 마찬가지로 인도와 웨일즈에서 일어난 성령의 활동과 그 결과를 토론했다. 성령 체험의 물결이 온 교회를 휘몰아쳤고 길선주도 깊은 은혜를 체험했다. '조선의 부흥을 예언'하며

---

121 조지아대학에서 법학을 전공했던 저다인은 일명 "105인 사건" 때 한국 교인들의 변호를 자청해 그 사건의 내막을 폭로했고 피의자들의 조속한 석방에 앞장섰다.

122 1893년, 제1차 안식년에서 돌아온 언더우드는 발안 장터에서, 굿을 하는 박수와 무당을 내쫓고, 불치의 중한 병에 걸려 누워 있던 환자를 위해 금식하며 삼일 밤낮으로 기도하여 일어나게 했다. 이때 통성으로 기도한 것으로 보인다. H. G. Underwood, "Prayer Cure," *Korea Mission Field*, 제3권, 1907년 5월호.

123 J. F. Preston, *op.cit,*, p.227.

집회를 마쳤을 때,[124] 선교사들은 성령의 역사를 위해 평양의 모든 기독교인들이 합심해서 매일 한 시간씩 기도하자고 제안했다.[125] 여기에 교파구별이 있을 수 없었다.

이후 평양 주재 선교사들과 한국인 교회 지도자들은 매일 함께 기도했다. 1907년 1월에 평안남도 도사경회와 2월에 열릴 감리교 연합사경회가 계획되어 있어 이를 위해서도 기도했다.[126] 이 때문에 매년 열렸던 크리스마스 친목 모임도 중단했다. 북장로교 블레어(William N. Blair)선교사는 다음과 같이 당시의 상황을 술회하고 있다.

> 크리스마스가 왔다. 우리 흩어졌던 사람들이 다함께 성탄절의 기쁨을 나누기 위해 평양에 모였다. 우리는 우리의 가족과 친근해지는 성탄절과 신년 사이의 그 주간을 보내고, 사경회의 바쁜 계절을 준비하면서 쉬었다. 모든 공동체는 친목을 위해 저녁시간에 오며 가장 좋은 시간을 가졌다. 그러나 그해 겨울 우리는 친목 모임을 가질 마음의 여유가 없었다. 매일 저녁 기도 모임이 열렸다.[127]

평양의 모든 선교사들과 교인들이, 장대현교회에서의 장로교인 남자 사경회와 그 후에 개최될 남산현교회에서의 감리교인 사경회를 위해, 매일 정오에 평양 외국인 학교에서 모였다. 그리고 성령의 임재를 위해

---

124 金麟瑞, "靈溪先生小傳," 『신학지남』, 1932년 3월, p.33.
125 "The Religious Awakening of Korea," *Korea Mission Field*, Jul., 1908, p.106.
126 Samuel A. Moffett, "Evangelistic Work," *Quarto Centennial Papers Read Before the Korean Mission of the Presbyterian Church in the U.S.A. at Annual Meeting*, p.22.
127 윌리엄 뉴튼 블레어, 김승태 역, 『속히 예수 밋으시기를 ᄇ라ᄂ이다』(서울:두란노, 1995), p.99. 이 책은 당시의 미국 북장로교 선교사였던 블레어가 1946년에 펴낸 *Gold in Korea*(Edinburgh: The Banner of Truth Trust)를 김승태가 번역한 것이다.

간절히 기도했다.[128] 이 일은 선교사들의 신학이 다르지 않았다는 것, 선교사들의 신앙관도 정화시키는 계기가 되었다는 것, 서양 선교사 우선이라는 우월 의식이 사라지고 있다는 것을 확인해 주는 일이었다.

2. 평양 영적 대각성 운동, 그 위대한 시작

2.1. 장대현교회의 장로교 도사경회─통성기도의 역할

1907년 1월 2일부터 2주간 동안 평양 장로교회 연합의 평안남도 도사경회가 열렸다. 남자들을 위한 사경회였다. 공간의 한계로 여성 교인들은 참여할 수 없었다. 여성들은 사창골교회, 산정현교회, 남문외교회, 서문 밖에 있던 사랑채에 분리해서, 선교사 아내들의 인도로 별도의 저녁 집회를 계획했다.[129] 저학년의 아이들은 기독교 학교에서 별도의 집회를 가졌고, 조사(助事)들과 선교사들이 번갈아 인도하게 했다.[130]

남자 사경회의 강사는 평양 주재 선교사들이었지만, 길선주도 강사로 나섰다.[131] 혹한의 추위를 마다하지 않고, 지방에서만 지역 교회 지도자급 1,000여 명이 몰려왔다.[132] 개성이나 원산사경회와 마찬가지로 성경공부와 기도에 주력했고 오후에 전도, 저녁에는 전도집회로 열렸다.[133]

---

128 C. F. Bernheisel, *Forty One Years in Korea*, Bernheisel, 1942, p.31.
129 W. L. Swallen, Letter to Dr. Brown, Jan., 18, 1907; 박용규, 『평양대부흥운동』, p.226에서 재인용.
130 金麟瑞, *op.cit.*, p.34; 박용규, 『평양대부흥운동』, p.225에서 재인용.
131 길선주의 설교도 매일 있었다. 수요일 설교의 제목은 "마음을 열고 성신을 영접하라"였고, 목요일은 "이상한 귀빈과 괴이한 주인"이었다. 그 다음 날의 설교는 "지옥을 취하랴 천당을 취하랴"였고, 그 다음 날은 "성령 앞에 숨을 자는 없다"였다. 모두 성령의 임재를 사모하라는 내용이었다. 길진경, 『靈溪 吉善宙』(서울: 종로서적, 1980), p.185.
132 Blair & Hunt, *op.cit.*, p.67.
133 *Annual Reoprt, PCUSA* 1907, p.28.

저녁 전도집회는 1월 6일부터 시작되었다. 2,000명 가량의 교인들이 참석했고[134] 분위기는 고조되어 있었다. 회중들은 선교사들의 통성기도 요청에 순종했다. 지금까지 평양에서 있었던 장로교 사경회와 다른 방식이었다. 회중들은 통성기도를 통해 공개적으로 자신의 죄를 통회하고 용서를 구했다. 여기에 성령의 임재가 있었다.[135]

> 헌트가 설교한 이후, 리(Lee)가 몇 마디의 말을 했다. 리가 "우리 다 같이 기도합시다"라고 말하자, 곧바로 남자들로 가득 찬 실내는 하나님께 올리는 기도 소리로 가득 찼다. 나는 대부분의 남자들이 큰 소리로 소리 내어 기도했다고 확신한다. 그것은 장관이었다. … 그중 얼마는 울부짖으면서 하나님 앞에 자신들이 지은 죄를 구체적으로 열거하면서, 그 죄들을 용서해 달라고 간구했다. 모든 사람들이 성령 충만을 간구했다. 그 자리에는 너무도 큰 기도 소리로 가득 찼지만 어떤 혼란도 없었다. 다만 하나로 통제된 완벽한 조화만 있을 뿐이었다.[136]

저녁집회 현장에 있었던 맥큔(George Shannon McCune)은 이렇게 증언하고 있다. 온 회중의 통성기도가 있었지만, 그 요란한 소리가 괴성으로 들리지 않고 하늘과 땅의 하모니로 들렸다. 부끄럼도 모르고 사람들은 공개적으로 죄를 고백했고 예외 없이 눈물을 흘렸다.[137]

1월 14일의 낮 집회가 끝난 뒤, 선교사들은 따로 모여 기도회를 가졌다. 그것은 몸부림일 수 있었다. 여기에 서양인 선교사가 주도한다는

---

134 저녁 전도집회는 평양의 4대 장로교회, 곧 장대현교회, 남문외교회, 사창골교회, 산정현교회가 연합으로 준비했다.
135 W. B. Hunt, "Impressions of Eye Witness," *Korea Mission Field*, Mar., 1907, p.37.
136 William N. Blair, *Chansung's Confession* (Topeka, Kansas: H. M. Ives and Sons, 1959), p.99.
137 *Loc. cit.*

우월감이 존재할 수 없었다. 묘했던 것은 그날 저녁 집회는 그 전날과 사뭇 달라져 있었다. 설교자였던 리(G. Lee)가 통성기도를 요청했을 때, 폭포수와 같은 강력한 기도가 터져 나왔고, 그 폭발적 기도는 거센 회오리가 되어 파도를 세차게 밀어 붙이는 듯했다.[138]

> 내게는 마치 그 기도 소리가 물줄기가 쏟아지는 것처럼 또는 하나님의 보좌를 두드리는 기도의 폭포수처럼 들렸다. … 하나님은 항상 회오리바람 속에 거하시거나 작고 세미한 음성으로만 임하시는 것은 아니다. 평양에서는 그 날 밤, 하나님은 울음소리와 함께 임하셨다. 기도가 계속되었고, 죄에 대한 슬픔과 심각한 기운이 회중 속에 임했다. 한 쪽에서 누군가 울음을 터뜨렸고, 그러자 모든 사람들이 갑자기 울음을 터뜨리기 시작했다.[139]

예외 없이 흰 바지저고리를 입은, 예배당을 가득 메운 교인들은 무릎을 꿇고 하나같이 통성으로 기도했다. 그것은 "그 열정과 강도(强度)는 마치 파도처럼 고조되었다가 수그러지기를 계속했다."[140] 회중들의 울부짖음은 회심의 몸부림이었다. 동시에 공개적인 윤리적 결심과 다짐이었다. 죄 사함을 받았다는 확신이기도 했다. 회중들의 기도는 새벽 두시까지 계속되었고, 많은 사람들이 공개적으로 자신들이 지은 죄들을 고백했다. 자기 가슴을 치거나 바닥을 치기도 했고 마룻바닥에 엎어져 울부짖기도 했다.[141]

---

138 William N. Blair, *Gold in Korea,* p.62.
139 *Ibids.,* pp.71–72.
140 W. L. Swallen's letter to Brown, Jan. 18, 1907.
141 *Loc.cit.*

마지막 저녁 집회의 설교자는 길선주였다. 그는 회중들에게 회개와 고백을 강력히 요청했다. 그의 얼굴과 그의 언어는 그의 것이 아니었고, '위엄과 능력,' '순결과 거룩함'에 불타고 있었다.[142] 그 자리에 있던 사람들은 하나님의 "그 부르심을 피할 수 없었고, 이전에 경험하지 못한 죄에 대한 공포가 회중들에게 임했다."[143] 모든 회중들은 통곡을 했고, 자신들의 심저에 감추어진 죄악들을 낱낱이 고백했다. "장로와 목사들의 죄악이 모두 드러났고," 선교사들도 상상 못했던 죄들을 고백했다. 마치 마지막 심판대 앞에 서는 것처럼, 집회 참석자들은 "통회하며 몸부림"을 쳤다.[144]

장대현교회 남성사경회에서 나타난 통회와 자복의 물결은 장대현교회 남학교와 여학교를 거쳐 교회 전체로 퍼져 나가기 시작했다. 장대현교회의 수요 예배에서 장로 주공삼(朱孔三)이 고통스럽게 간음과 공금 유용을 통회 자복했다.[145] 교인 김찬성은 과거에 아내를 죽였다는 충격적인 고백까지 토해 냈다.[146] 회심과 고백의 물결은 감리교와 장로교 선교사들이 함께 한 정오 기도회에도 나타났고, 참석한 모든 선교사들은 예외 없이 눈물을 흘렸다. 예외없이 자신들의 죄를 공개적으로 고백하고 철저히 회개했다.[147]

장대현교회에 나타난 영적 각성은 오직 위에 계신 한 분, 아버지께 올려지는 것이었다. 거기에는 쉽게 설명될 수 없는 영적능력이 있었다.

---

142 Gale, *Korea in Transition,* p.205.

143 George Godwin, *The Great Revivalists* (Boston: The Beacon Press, 1950), pp.194–203; 박용규, 『평양대부흥운동』, p.247.

144 "The Holy Spirit in Pyeng Yang," *Korea Mission Field,* Jan. 1907, p.2.

145 Lee, "How the Spirit Came to Pyeng Yang," pp.35–36.

146 윌리엄 블레어, 김홍만 역, 『찬성의 고백』(서울: 옛적길, 2002), pp.180–181. 북장로교 선교사 블레어가 미국에 소개했던 이 책에는, 양찬성이 아내를 죽였다고 고백했지만 그것은 착각이었다. 아내 춘화를 죽였다고 생각하고 겁에 질린 나머지 도망을 갔지만, 아내는 한방에 조예가 깊었던 시아버지의 도움으로 낫게 되었다. 서로 알지 못했지만 아내도 장대현교회를 다니고 있었다. 책에는 두 사람이 다시 가정을 이루고, 시아버지까지 인가귀도 시키는 것으로 기록되어 있다.

147 W. L. Swallen's letter to Brown, Jan. 18, 1907, J. H. Wells's letter to Brown, Jan. 16, 1907.

발가벗겨지듯 내면의 추악한 죄악들을 스스로 공개했지만, 성령으로 비롯된 것이라는 고백에 모두 동의했다.[148] 여기에 어떤 저항이나 이의가 없었다.

2.2. 남산현교회에 나타난 영적 각성

장대현교회의 흐름은 남산현 감리교회의 연합사경회로 연결되었다. 성령 임재가 폭발적으로 나타났고 운동(movement)으로 확대될 수 있었다. 비로소 '평양 영적대각성'이라는 이름을 얻을 수 있게 되었고 전국으로 퍼져 나가게 되었다.[149] 설교자로 연합사경회에 참석했던 이은성은 다음과 같이 그 광경을 전하고 있다.

> 1907년 2월 10일은 주일인데, 이날에 성신께서 우리 평양 남산현교회에 임하셨으니 … 각 교우들의 마음에 빛을 비추사 죄를 나타나게도 하시고 각 마음을 책망하사 진노하심을 나타나게도 하시며 각 마음을 떨리게 하사 그 죄를 심히 애통하게도 하시며, 각 마음을 찌르사 가슴이 터지는 것 같게도 하시며, 각 마음에 눈을 밝히사 십자가에 달리신 구주를 능히 바라보게도 하실 때, 어떤 사람들은 식음을 전폐하고 여러 날을 지내며 어떤 사람을 잠을 이루지 못하고 여러 밤을 지내며, 어떻게 해야 구원을 얻을 수 있을까 하는 이도 많더라. 또 어떤 사람은 대마색 길에 엎어졌던 사울과 같이 하나님 앞에 어어져 삼일동안 금식 통회하는 이도 있고, 어떤 이는 죄를 고할 때, 너무 마음이 아프고 기운이 막혀 네 다섯 시간 정신없이 기절했다가 다시 사

---

148 윌리엄 뉴튼 블레어, 『속히 예수 밋으시기를 부라느이다』, pp.101-102.
149 『신학월보』, 1907. 5권 2호, pp.512-520.

는 이도 있으며, 어떤 이는 미친 것이나 술 취한 것과 같거나 염치없는 사람같이 정신을 차리지 못하다가 다시 똑똑해져서 새 사람처럼 되었던 이도 있었다. 어떤 이는 서로 붙들고 울며 서로 도와주기 위해 조용한 곳이나 학교, 혹은 예배당이나 조용한 산 계곡이나 산당 위로 가서 기도하고 묵상하던 이도 있으며, 어떤 이는 곧 애통함으로 죽었다가 별안간 일어나 기쁨으로 찬송하는 이도 있으며 또한 마음이 새로 변함을 받아 마음이 넓고 사랑이 가득하게 되었다.[150]

교인들은 죄를 고백하며 예배당 바닥에 쓰러졌고 엎드려 하나님의 자비를 구했다. 모든 회중들이 가슴을 치고 울부짖었으며 지은 죄를 일일이 공개했다. 통성기도 소리는 하늘을 찌르듯 했고, 회심의 절규가 예배당에 가득했다. 현장에 함께 있던 존스(George Heber Jones)도 "이런 모습의 회개 장면이 매일 반복"되었음을 알렸다. 그리고 집회 현장에 나타났던 것들이 "성령의 사역과 권능의 명백한 현시였다"고 고백했다. "이 세상에 교회의 태동을 가져다준 오순절"이었고, "놀라운 하나님의 성령의 권능이 임"한 것이라고 믿었다. 한국에 하나님의 교회가 확실하

---

150 리은승, "교회ᄉ긔, 평양 오슌졀략ᄉ,"『신학월보』, 1907년 2월, pp.55-56. 원문은 다음과 같다. … 1907년 2월 10일은 쥬일인데, 이놀에 셩신께셔 우리 남손 현교회에 임ᄒ셨으니 … 모든 권능을 베프시는 즁에 특별히 힘ᄒ시는 거슨 각 교우의 ᄆ음에 빗츨 빗최샤 죄를 나타나게도 ᄒ시며 각 ᄆ음을 책망하사 진로ᄒ심을 나타나게도 ᄒ시며 각 ᄆ음을 떨니게 하샤 그 죄를 심히 ᄋ통하게도 ᄒ시며 각 ᄆ음을 쬘으샤 ᄀ슴이 펴지ᄂ 것 ᄀ게도 ᄒ시며 각 ᄆ음에 눈을 붉히샤 십ᄌ가에 달니신 구쥬를 능히 바ᄅ 보게도 ᄒ실ᄉ 엇던 ᄉ람은 식음을 젼폐ᄒ고 여러 날을 지내며 엇던 ᄉ람은 잠을 일우지 못ᄒ고 여러 밤을 지내며 엇지하고 엇지ᄒ여야 구원을 엇으리잇가 ᄒ는 이도 만터라. 또 엇던 ᄉ람은 대마ᄉ 길에 업더졋던 사울과 ᄀ치 하나님 압헤 업더져 삼ᄉ 일 동안 금식 통회ᄒᄂ 이도 잇고 엇던 이는 죄를 고ᄒᆯ 때에 가슴이 너무 압흐 긔졀하ᄒ 엿다가 다시 사ᄂ 이도 잇스며 엇던 이는 밋친 것과 ᄀ치 술취 한것과 ᄀ치 렴치업ᄂ ᄉ롬 ᄀ치 졍신을 ᄎ리지 못ᄒ다가 다시 똑똑ᄒ여 새 사람 ᄀ치 되엿던 이도 잇스며 엇던 이는 서로 붓들고 울며 서로 도와주기 위ᄒ야 죵용ᄒ 곳에 혹 학교이나 례ᄇ당이나 죵용ᄒ 산곡이나 셩당 우헤 가셔 긔도ᄒ고 묵샹ᄒ 던 이도 잇스며 엇던 이는 곳 ᄋ통음으로 죽엇다가 별안간 니러나 깃붐으로 찬송ᄒᄂ 이도 잇스며 또한 ᄆ음이 새로 변함을 밧어 ᄆ음이 넓고 ᄉ랑이 ᄀ득한지라.

게 탄생한 날이었다"며 감격해 마지않았다.[151]

공개적으로 죄를 고백했음에도 두려움과 비난이 없었다. 서로 중보 기도를 했고 교회는 하나가 되고 있었다.[152] 교인들의 회개와 통회 자복의 모습은 오순절 마가의 다락방에 못지않았으며, 죄 사함에 대한 감격과 환희가 온 교회에 넘쳐났다.

감리교 지도자들을 위한 신학회(the Methodist Mission's Class for Preachers and Christian Worker)가 2월 22일부터 한 달 예정으로 계획되어 있었다. 남산현교회에서 일어난 성령 임재의 역사는 자연스럽게 신학회로 연결되었다.[153] 교실은 기도실이 되었고, 학생들의 입에서는 '하나님'이 교사가 되셨다는 고백이 쉴 새 없이 나왔다. 매일 수 시간씩 함께 기도했고, '하나님이 직접 목자가 되셔서' 자신들의 현재와 장래의 사명을 위해 양육하고 계시다며 흥분했다. 누구나 성령의 역사를 체험했다고 간증했고, 머지않아 한국이 '하나님의 나라'가 될 것이라 확신했다.[154] 신학생들은 더 이상 "게으르고 무능하고 무익한 무리"가 아니라 "엄청난 능력을 지닌 복음전도자들"이 되었다.[155] 그동안 의구심을 갖고 바라보던 선교사들의 눈이 한순간에 교정되었다.

장로사 노블은 평양에 도래한 놀라운 역사와 그 광경에 대해 다음과 같이 진술하고 있다.

151 George Heber Jones, *The Korean Revival*(New York: The Board of Foreign Missions of the Methodist Episcopal Church, 1910), pp.6-7.
152 *Official Minutes of Korea Mission Conference of Methodist Episcopal Church*, 1907,p.57.
153 *Minutes of Korea Mission Methodist Episcopal Church*, 1907, p.74, 리은승, "교회ㅅ긔, 평양 오순절략ㅅ" p.59. 아직 협성신학당이 시작되기 전이었지만, 이곳에서 한국인 감리교 목회자들과 전도인들이 길러지고 있었다. 당시 오석형과 김창식, 김기범, 문경호, 송기용, 이은승 등 4년 과정의 신학공부를 위해 모인 97명과 방청인(observer) 20여 명의 사람들은 실질적인 한국 감리교회 지도자들이었다. 이들은 감리교 신학회의 창시자 존스를 비롯해 평양 주재 선교사인 장로사 노블(W. A. Noble), 모리스(C. D. Morris), 무어(John. Z. Moore), 포렐(R. D. Follell) 의 지도 아래 신학을 공부하기 위해 평양에 모였던 것이다.
154 *Minutes of Korea Mission Methodist Episcopal Church*, 1907, p.58, p.74,
155 "Importance of Daily Prayer meeting," *Korea Mission Field.*, 1907, p.43.

한국 교회에 나 자신이 지금까지 목격하지 못했고, 듣지도 못했던 가장 놀라운 성령의 부어주심의 현시가 있었는데, 아마도 사도시대 이후 이보다 더 놀라운 하나님의 권능의 나타나심은 없었을 것이다. 매 집회에서 주님의 권능이 교회 전체와 때로는 밖에까지 임했다. 남녀가 회개의 역사로 쓰러지고 의식을 잃었다. 전 도시는 마치 사람들이 죽은 자를 위해 통곡하고 있는 듯했다. 많은 사람들이 탄식하며 자신들의 죄 사함이나 아직 회심하지 않은 사람들을 위해 기도하며 온 밤을 지새웠다. … 수백 명이 드리는 기도 소리는 수많은 악기가 내는 화음보다 더 훌륭한 조화를 이루었고, 교회에 가득 찼다.[156]

장대현교회 남자사경회에서 시작된 평양의 영적 각성의 흐름은 감리교 남산교회와 감리교신학회로 이어졌다. 그리고 평양 전체의 기독교인들에게 퍼져 나갔다. 평양의 선교사들과 기독교인들은 평양의 복음화를 위해 함께 손을 잡았다. 복음 앞에 어떤 구별이나 차별이 있을 수 없었다. 영적 각성의 거센 물결이 막힘이나 주저 없이 확산되고 있었던 것이다.

3. 영적 각성의 결과

1907년, 강화에서 대규모 부흥사경회가 열렸을 때 존스와 장로사 스크랜튼, 데밍(C.S. Deming), 노병선 등이 강사로 나섰다. 강화 전 지역에서 1,500여 명의 교인들이 왔고 주일학교 학생 900여 명이 별도로 참

---

156 Loc.cit.

석했다. 모두 수용할 수 없어 강화진위대 훈련장 연무당(鍊武堂)을 빌려야 했다. 은혜를 체험한 100여 명의 교인들이 강화성 내의 각 시장과 각 문으로 나가 전도를 했다. 마침 열렸던 장날이 난리가 난 것 같았다. 모두 71명을 전도하고 돌아와 기도회 시간에 간증했다.[157] 교인들은 존스와 스크랜튼을 찾아와 사경회를 두 주간 더 연장해 달라고 조르기도 했다. 1907년 평양 부흥운동의 거센 여파가 한 달도 채 되지 않아, 서울, 선천, 인천, 강화, 청주, 광주, 대구 등 전국의 기독교회로 확산되었던 것이다. 제주도, 만주 지역, 사할린, 연해주, 하와이 등지로도 퍼져 나갔고 자발적으로 교회들이 세워지기 시작했다. 1905년 대비, 교회 200%, 교인 수 267.84%, 헌금액 약 400%의 증가율로 증명되었다.[158] 그 내용을 통계로 보면 다음과 같다.[159]

연도 / 교파별	1906	1907	1908
감리교	12,791	23,455	24,244
장로교	25,162	45,956	58,308

1907년의 평양대부흥운동은 선교 초기의 선교사들의 고민을 일순간에 해결시켰고, 경이적으로 한국 교회를 부흥시켰다. 교육이나 의료 선교를 통해서는 이룰 수 없는 것들이었다. 한국 교회의 독립성과 독자성이 확보되기 시작했고 자급과 자립뿐만 아니라 자선(自宣)할 수 있는 역량도 길러졌다. 세계 교회사에 획기적인 사건으로도 기록되었고, 그 유

---

157 『신학월보』, 1907년 5월호, pp.79-81.
158 U. G. Underwood, *The Call of Korea* (New York, Fleming H. Revell, 1908), pp.146-148 참조.
159 장로교 통계는 주한일본공사관 기록을 참조했고, 감리교 통계는 미감리회 조선연회록을 참조했음.

례가 없어 세계로부터 이목이 집중되었다.

에딘버러 국제선교협의회는 평양대부흥회를 경이롭게 보았다. "한국 교회는 죄의 심각한 성격과 그리스도의 구원의 능력, 기도의 효과 그리고 하나님의 임재를 알게 되었다고 선언했다. 이제 강직, 사랑, 신생… 한국 교회의 독자적인 정신의 역사가 시작됐다"고 경의를 표했다.[160] 존스는 "이 위대한 사건으로 인해 한국 민족 교회의 정신적인 역사가 출발했고, 한국 교회가 그 나름대로의 남다른 독특성을 소유하게 되었다"고 언명했다.[161]

그런데 선교사를 더욱 기쁘게 했던 것은 성령 임재의 체험이 부흥회가 열리는 지역의 기독교 미션스쿨로 퍼져 나간 일이다. 그동안 학교에서 경험하지 못했던 영적 체험이 학생들의 삶에 자리 잡을 수 있게 된 것이다. 배어드는 학생들의 회심과 자발적 전도로 이어지는 과정을 다음과 같이 전하고 있다.

> 학교 개학은 2월이었는데 그 직전에 집회 중이던 장로교 사경회에 성령의 강림이 있었다.… 학교가 개학되고 학생들이 등교한 다음 우리들은 평상시의 수업시간을 일시중지하고 오전, 오후, 저녁을 통하여 성경공부 및 기도회의 특별시간표를 마련하여 실행하는 것이 좋겠다고 생각했다. … 우리는 다만 예수의 십자가에 학생들의 마음을 모으기에만 노력했다. … 그러나 성령의 역사는 크게 나타나서 회의적인 태도를 가진 학생들까지 죄를 회개하고 통회했다. 학생들의 십 분의 구가 이때에 깊은

---

160 World Missionary Conference, *Carrying the gospel to all the non-Christian World*, Vol. I, New York: Fleming H. Revell Company, 1910, p.77.
161 G. H. Jones, "The Growth of the Church in the Mission Field," *The International Review of Missions*, Edinburgh, Vol.I. No.3, 1912, p.416.

감화를 얻어 중생의 은혜를 받았다. 많은 학생들이 십자가의 도리를 전하는 열정적인 전도인이 되어서 이 부흥의 불길은 인근촌락에 전파되었을 뿐 아니라 멀리 제물포와 공주에까지 전파되었다.[162]

1907년의 여파로 한국 교회는 전국적 조직망을 갖게 되었고, 교회와 미션스쿨, 병원과 기독교 단체가 유기적인 역할을 하게 되었다. 신앙적인 영역과 이데올로기의 영역이 합치되었고, 여기에 전국적인 조직도 갖추게 되었던 것이다.

1907년의 신학은 한국 교회 신학의 원형이 되었다. 또한 1915년에 시작된, 한국 산상기도회와 신유집회, 노상집회와 심령부흥회의 효시가 되는 강화 마리산부흥회, 1920년대 김익두의 신유집회, 1930년대 이용도의 신비주의적 영성까지 영향을 미쳤다. 3·1운동이 가능했던 것도 1907년의 공헌이며,[163] 민주주의 개념이 교회를 통해 확산하게 되었던 것도 1907년의 신학 덕분이다. 항일의 사상적 근원을 제시했으며, 한국의 독립에도 절대적인 공헌을 한 것이다.

---

162 W. M. Baird, The Spirit among Pyeng Yang Students, *The Korea Mission Field*, Mar. 1907, p.36.
163 3·1운동이 가능했던 것은 한국 교회가 갖고 있는 영적 에너지와 근대 이데올로기, 전국적 조직망이 유기적으로 결합되었기 때문이다.

3장.
백만인구령운동
(Evangelizing a Million Korea Homes)

평양부흥운동이 2년 지났을 때, 그 열기가 쇠락하는 듯했다. 선교사들과 한국 기독교인들은, 다시 한 번 열정적인 부흥의 불길이 솟구치길 기대했다. 1909년 7월 12일, 일본의 한국강점이 구체적으로 진행되고 있을 때, 남감리회 개성 선교부 소속의 선교사 갬블(F. K. Gamble), 리드(W. T. Reid), 스톡스(M. B.Stokes)가 함께 모여 기도를 시작했다. 4일째 되는 날 새벽 4시, 선교사들은 성령의 역사가 허락되었다는 확신을 갖게 되었다.[164] "백만인구령운동"이 발흥되기 시작한 것이다.

선교사들은 한국인 지도자들과 함께 산상에서 금식하며 기도회를 계속 이어 나갔다.[165] 영적인 능력과 성령의 능력 안에서 살고 있지 않다는 자각, 한국인들을 구원시켜야 한다는 뜨거운 사명감, 다시 한 번 영적인 부흥이 일어날 수 있다는 기대감이 되살아났다.

1909년 9월 2일부터 개최된 남감리교 재한선교부 연회는 개성 선교부의 제안을 받아들였다. 그리고 "20만 명을 그리스도에게로"라는 슬로건을 채택했다. 그 직후 서울에서 열린 "재한복음주의선교회연합공

---

164 "1,000,000 Souls This Year," *Korea Mission Field*, Nov. 1909, pp.196–197; George T. B. Davis, *Korea for Christ*(New York: Fleming H. Revell Co., 1910), p.7.
165 George T. B. Davis, *Loc.cit.*

의회"에서 남감리교가 채택한 슬로건을 논의했다. 여기에서 리이드(W. T. Reid)는 개신교 전체의 전도표어로 이를 사용할 것과 그 내용을 "백만 인을 그리스도에게로"로 바꿀 것을 제안했다.[166] 이 제안은 만장일치로 결의되었다. 선교 50주년까지 북장로교는 70만 명, 북감리교는 40만 명, 남장로교는 26만 명, 캐나다 장로교는 26만 명, 호주 장로교는 20만 명, 남감리교는 18만 명의 영혼을 구해 내겠다는 목표를 정했다.[167] 과업을 달성하겠다는 참석자들의 사명의식이 하늘을 찌르는 듯했다. 베어드(W. N. Blair)는 여기에서 한 발 더 나아가, 백만 명이 아니라, "백만 가정의 복음화 운동"으로 확대하자며, 『그리스도의 행적』이라는 소책자를 만들어 개인 전도용으로 배부하기도 했다.[168]

백만인구령운동을 위해 채프만(J. Wilbur Chapman), 알렉산더(Charles McCallon Alexander), 하니스(Robert Harkness) 등 세계적 부흥사들이 들어왔다. 다음 해인 1910년부터는 미국 북장로교 해외선교부 총무 브라운(Arthur Judson Brown)이 들어왔고, 뉴욕 대학의 맥크랙킨(Henry McCracken), 화이트(W. W. White) 박사, 남감리교의 호스(E. E. Hoss) 감독, 세계선교의 큰 영향력을 갖고 있던 피어선(Arthur Pierson) 박사가 들어왔다. 한국 감리교 선교의 공헌자인 볼티모아 여자대학 총장 가우처(John F. Goucher) 박사가 왔고 호주 평신도 선교사 운동을 주도하고 있던 패톤(F. Patton)과 길랜더(W. Gillanders)도 입국했다. 이들은 전국을 순회하면서, 하니스가 작사한 "백만인을 예수에게로(A Million Souls For Jesus)"를 불렀다. 권위 있는 지도자들과 세계적 부흥사들이 나서서 한국 민족의 구

---

166 백낙준, 『한국개신교회사 1832–1910』, p.403.
167 "The Quarter Centennial," *Korea Mission Field*, Jan. 1910, p.17.
168 변동헌, 『그리운 방위량선교사』(대구: 도서출판한빛 연대미상), p.23.; 오순방, "미국장로회 선교사 윌리엄 뉴튼 블레어(邦緯良)의 한국 선교와 숭실대학," 『중국어문논역총간』40, 2017, 1, p.137에서 재참조. 이 책에서 블레어는 '백만명'이란 숫자는 당시 인구 1천만 명의 10분의 1을 뜻하는 것이므로, 여기에서 멈추지 말고 '백만의 한국가정'으로 확대하여 폭넓은 전도운동으로 펼쳐나가자고 말하고 있다.

원을 위해 집회를 인도했다.[169] 어느 선교국도 누리지 못했던 관심과 혜택이었다.

> "백만 명의 구령이라는 소리는 민족의 실망이 절정에 다다르고 있던 때에 널리 울려 퍼지고 있다. … 오늘에 와서 모든 것을 박탈당하고 망국민의 판정을 받아, 할 수 있는 것이 없는 이 나라는 지금 구세주를 찾고 있다. … 오늘이 전도할 그 날이요 이곳이 전도 할 그곳이다. 활짝 열린 전도의 문 앞에 겸손하게 서 있는 수많은 백성과 초조한 심정으로 기다리는 사람들이 있다. 우리 선교사들은 이때가 한국의 중대한 고비라고 확신하고 있다."[170]

일본의 강제 병합이 현실화되고 있던 시점에, 게일은 백만인 구령운동을 시작하게 된 이유에서 대해서 이렇게 말하고 있다. 기독교 복음밖에 한국을 위로하고 구원할 수 있는 것이 없다고 본 것이다. 정치적 독립이 불가능했고, 정치적으로 도와줄 수 있는 나라가 없던 상황이었다. 오직 초월적 하나님 이외에는 매달릴 곳이 없다는 자조이기도 했다.

백만인구령운동은 1910년 내내, 일본이 한국을 강제로 병합하는 때도 지속되었다. 이 운동을 위해 모든 교회와 개신교 선교사들이 열정적으로 동참했다. 선교 25주년 동안 이룩한 성과를 보았을 때, 그리고 평양대부흥운동의 현장을 목격하고 체험했기 때문에 불가능하지 않다고 믿었다. 70만 권의 마가복음서가 특별히 인쇄되었고, 수십만 장의 찬양 팸플릿이 제작되었다. 인가귀도(引家歸道)를 위한 중보기도도 끊이

---

169 박용규, 『평양대부흥운동』, pp.615-617.
170 *The Missionary*, 1910. 5, Vol. 43, p.213; 백낙준, *op.cit.*, p.403 재인용.

지 않았다. 교인들은 매일 새벽 교회에 모였고, 마을마다 돌며 복음을 전했다. 특별히 서울 지역의 교회들은 빠짐없이 모든 가구를 찾아다니며 축호전도를 했고 성경책을 배포했다.[171] 효과적인 전도를 위해 권찰 제도가 만들어졌고, 전도 사역과 교회 일에 봉사하는, 자발적인 '날 연보'(Day Offering)가 행해졌다. 평양, 원산, 목포, 공주, 선천, 제물포 등 영적 각성을 체험했던 모든 지역에서 성령 임재의 체험이 목도되었고, 수천 명의 결신자들이 생겨났다는 보고가 들어왔다.

1907년을 비껴갔던 서울의 새문안교회나 YMCA 등도 크지 않지만 일정하게 영향을 받았다. 1910년 6월 22일부터 언더우드, 이상재, 김규식, 길선주, 애비슨 등을 강사로 제1회 학생YMCA 사경회가 성황리에 개최되었고, 새문안교회는 이 기간 동안 276명의 교인과 177명의 학습교인이 늘어나 모두 1,147명이 되었다고 보고했다.[172] 블레어는 "평양지역에서 기독교인 집단은 그 이전의 5년 동안 보다 더 많이 조직되었다"고 진술했다.[173] 한국 장로교회는 구령운동기간 동안에는 교인이 12,500명에서 32,500명이 증가해 전체 교인 수가 4만 4천 명에서 11만 명으로 늘어났다는 기록을 남겼다.[174]

백만인구령운동은 1907년 평양의 영적대각성 영향 아래 있었다. 성서에 입각한 회심과 구원 사역이 교회의 사명이라는 것을 다시 한 번 확인시켰다. 그러나 그 성과는 선교사들의 기대에 미치지 못했다.[175] 주도한 인물들의 능력이나 열정, 그 기획력이 아무리 출중하다고 해도 모든 결정은 역사의 주관자에게 있는 것이다.

---

171 박종현, op.cit., p.65.
172 H. G. Underwood, "H. Gh. Underwood's Annual Report," *Korea Mission Field*, Nov. 1910, p.284.
173 박용규, 「평양대부흥운동」 p.695.
174 해리 로즈 저, 최재건 역, 「미국북장로교 한국선교회사」(서울:연세대학교출판부, 2009), pp.282-285.
175 백만인구령운동으로 실제로 세례를 받고 입교한 사람들의 수가 2,010명이라는 연구가 있다.

그렇지만 이 운동이 전개되는 동안 교회의 조직체계와 공동체 의식
이 확고해졌다. 이웃을 그리스도로 이끌기 위해 재정과 시간을 드려야
한다는 의식도 각인되었다. 더불어, 시대적 시련이 있어도 오직 구원의
길은 그리스도에게 있다는 뚜렷한 신앙의식도 확인되었다. 광범위하게
성서가 배포되었고, 복음을 전하기 위해 가가호호 가택을 방문하는 전
통도 마련되었다. 열정과 헌신으로 역사 주관자에 매달리는 모습을 보
였고, 복음을 통한 민족 구원이 백만인 구령의 핵심이라는 것도 전했
다.[176]

그런데 백만인구령운동은 1907년과 다른 독특성이 있다. 한국 민족
의 구원을 위해 세계의 교회가 함께 나섰다는 것을 보여 준 것이다. 그
것은 일명 "105인 사건," 곧 한국의 교회와 기독교인들이 핍박을 당할
때 입증되었다. 개인 구령의 신학이 한국 구원과 연결된다는 도식을 확
인시킨 것이다.

---

176 H. T. Watson, Revival and Church Growth in Korea (Fuller Seminary, M. A. Thesis,
1969), p.182; 박종현, *op.cit.*, pp.65–66.

4장.
한국 장로교회 정치제도의 수립
-복음주의 신학의 전통 확인

통상적으로 성령 임재를 체험한 사람들은 기존의 교회 전통이나 그 의식, 제도, 교리에 냉소적인 태도를 갖게 된다. 자신들이 겪은 체험을 복음의 최고 우선으로 삼기 때문이다. 따라서 이들은 직접적 계시나 성령의 체험을 우선 내세우고 탈조직교회의 태도를 갖기 쉽다.[177] 1918년경에 이르러 교정이 되었지만, 강화의 마리산 부흥운동회는 이런 태도를 극명하게 보여 주었다.[178]

그런데 1907년 이후, 한국 장로교회는 성령강림의 체험을 보존하는 메카니즘의 확보를 서둘렀다. 독노회가 그 증거였다. 이러한 조직적 체계를 바탕으로 장로교회는 한국전역으로 교세를 확장할 수 있었다. 그 것은 마펫의 결단이었다. 교회 조직과 시스템을 만드는 데 천재적 수완을 발휘했던 그는 뉴욕 선교부의 판단과 달리 한국 교회를 독자적인 교회로 만들려고 했다.[179]

---

177 민경배, 『한국민족 교회형성사론』(서울:연세대학교출판부, 2008), p.63.
178 이덕주, 『강화기독교100년사』(강화:강화기독교 100주년 기념사업 역사편찬위원회, 1994), pp.268-290. 1915년 평신도 정용화에 의해 시작된 마리산부흥운동은 후일 강화지역의 교인들에 의해 교회로 수용되었고, 교인들의 집회와 기도장소였던 마리산 참성단은 강화지역의 신앙적 구심점이 되었다.
179 옥성득 편역, 『마포삼열자료집』 4, (서울:숭실대학교 가치와 윤리연구소, 2017), pp.376-387 참조.

1900년, 장로교 선교사로 구성된 합동공의회는 회합을 끝내기에 앞서, 1901년부터 한국인 대표도 공의회에 참석시키기로 결정했다. 장로교 최고 치리기관에 한국 교인들이 참석할 수 있게 된 것이다. 이 결의에 따라 1901년 새문안교회에서 열린 공의회에 한국인 장로 3명과 6명의 조사들, 곧 장로 서경조(徐景祚), 방기창(方基昌), 김종섭(金鍾燮), 조사 양순백(梁筍佰), 송순명(宋順命), 최흥서(崔興瑞), 천광실(千光實), 고찬익(高燦益), 유태연(柳泰然) 등이 참석할 수 있었다.[180] 이 회에서 한국인 대표들은 매우 활발하게 발언을 했다.[181] 그렇지만 발언권만 있었지 입법권은 없었다. 엄밀히 말하면 이들은 각 조직 교회에서 차출된 사람들이었지 교회 대표는 아니었다. 일련의 과정을 통해 1907년 9월 17일 하오 7시 39분에, 독노회에서 회장 마펫의 사회로 한국인 최초의 목사 7인이 장립되었다.[182]

묘했던 것이 1905년의 장로교 합동공의회는 장로교회의 정치규범으로 웨스트민스터의 것을 채택했지만 신경은 자유인도교회의 것을 사용하기로 결정했다는 것이다.[183] 전형적인 장로교회의 규범을 그대로 따르지 않겠다는 결정이었다. 선교사 블레어가 "우리가 바라는 것은 한국 교회지 미국 교회가 아니다"[184]라고 말한 것처럼 대부분의 장로교 선교사들은 독립적인 한국 교회를 원했던 것이다.[185]

본래 장로교회는 웨스트민스터(Westminster) 정치규범에 기초한 장로회 정치를 추구한다. 웨스트민스터 신앙고백서와 대소교리문답을 신조

---

180 Charles A. Clark, *The Korean Church and the Nevius Methods*, p.123.
181 한국어회기회의록, 1901-1904년간 총 발언 수 86회 중 한국인들은 38회의 발언을 했다. 전체 발언 수의 약 44%였다.
182 제1회 『독노회록』, p.10.
183 *Ibids.*, pp.42, 44.
184 William N. Blair, *Gold in Korea*, p.56.
185 웨스트민스터 신앙고백이 한국 장로교회 헌법의 한 부분으로 자리한 것은 1963년에 합동 측이 정식 채택하면서부터 시작되었다. 대한예수교장로회 합동측 『총회록』, 제48회, 1963, p.29.

로 하는 것이다.[186] 장로교회의 이 정치규범은 1643년에 열린 웨스트민스터 회의 결과로 제정되었다.[187] 웨스트민스터 헌법은 스코틀랜드, 영국, 미국 등 영미 계통의 장로교회 교리와 교회정치의 표준이 되었다.

한국의 장로교선교사들이 웨스트민스터 신앙고백이나 화란 개혁교회의 벨직 신앙고백서(The Belgic Confession)를 채택하지 않은 것은 복음주의 단일 교회를 세우려 했기 때문이다. 그런 이유에서 선교사들은 감리교와 장로교 합동으로 감사일(1905)을 정하고, 찬송가를 함께 편찬(1902)했으며, 「기독신보」 등을 함께 발행했다. 지방 선교나 일본 선교, 하와이 교회를 시찰(1906)할 때도 같이 했고, 교단 구분을 하지 않고 교회를 운영하려 했다. 또한 당시의 선교적 상황, 한국인들의 독특한 속성 등 수용층의 요구와 맞물려 독특한 정치제도를 만들고자 했다. 한국 장로교회 정치제도가 영미계통이나 화란 개혁교회와 일정부분 차이가 있는 것은 이 때문이다.[188] 여기에 대해 클락(Charles Allen Clark)은 다음과 같이 그 이유를 설명하고 있다.

> 우리 신경은 만국 장로회 신경 중에서 최호한 거시니 웨스트민스터 신경과 기타 유명한 일곱 신경보다 나흐니 우리 신경은 간단하고 명백하여 알기가 용이한 것이라. … (중략) … 조선 신경이 간단하나 유치한 거시 아니요, 완전한 신경이며 이보다 우승한 신경이 세상에 없고, 고대 신경 중에 우리 신경보다 나은 거시 없고, 고대 신경 중에 우리 신경보다 부족한 거시 만흐

---

186 이것은 화란 개혁교회 벨직 신앙고백서(Belgic Confession), 하이델베르크 교리문답(Heidelberg Catechism), 돌트 신경(Canons of Dort)을 일치신조로 고백하는 개혁교회의 것과는 일정부분 차이가 있다.

187 1643년 영국 국회는 왕권에 대항하며 웨스트민스터 대성당에서 감독제의 폐지를 선언했다. 그리고 교직회를 열어 예배 모범, 신조, 대소요리문답, 교회 정치 등을 제정했다. 이것을 엮어서 교회가 채용한 것이 웨스트민스터 헌법이다.

188 곽안련, 「목회학」(경성:조선기독교서회, 1925년), p. 290 참조.

며 웨스트민스터 신경이라도 이 신경보다 우승하기 어려우니라 … (중략) … 이 신경은 현시대 형편에도 적당하고 성경에도 적합하니 … (중략) … 또 장로감리 양 교회 연합 문제를 인하여 회집했을 시에 연로한 감리교파 선교사의 말이 두 교회가 연합하게 되면 우리 감리파가 웨스트민스터신경은 채용하기가 극난하나, 이 인도국에서 출래한 신경을 채용하기가 어렵지 아니하다 했으니 감리파의 타 교역자는 여하게 생각할 넌지 알지 못하거니와 가히 알만한 일이라.[189]

애초부터 웨스트민스터 신경이 아니라 인도장로교회의 12신조를 선택한 것이 감리교와의 연합과 일치를 고려했기 때문이라고 밝힌 것이다. 감리교가 웨스트민스터신경을 받아들이기는 어렵지만 인도교회가 채택한 12신조는 크게 거부하지 않을 것이라 본 것이다.

1905년 재한서울장로회일치위원회(The Seoul Presbyterian Committee on Union)는 대한예수교회(The Church of Christ in Korea)를 설립할 때가 무르익었다고 보았다. 그런 이유로 그 해 9월에 장로교회 감리교회의 여섯 선교부의 선교사 125명이 벙커의 집에 모였을 때 단일 교회의 창립을 추진하기로 만장일치로 가결을 했다.[190] "재한복음주의선교회연합공의"는 그렇게 해서 조직된 것이다.[191]

그러나 단일 교회는 그 결실을 보지 못했다. 선교사들을 파송한 본국 교회가 수용을 하지 않았고 한국 장로교회 안에서도 이를 반대하는 수가 늘어났기 때문이다.[192] 그러나 1930년대 초반까지 감리교와 장로교

---

189 곽안련, "朝鮮耶蘇敎 長老會 信經論," 「신학지남」 제2권 제2호, 1919, p.76.

190 *Official Minutes of the Korean Mission Conference*, 1905, pp.20~21.

191 장로교회의 언더우드 선교사가 회장이었고 감리교회 벙커선교사가 총무였다. 이 목적을 이루기 위해 각 선교부에서 한 사람씩 대표를 뽑았고 실행위원회를 결성했다.

192 1929년 개신교 기관지인 「기독신문」이 교회지도자들에게 교회 통합에 대한 의견을 물었을

선교사들은 그 기대를 놓지 않았다.[193]

특별히 언더우드는 단일 교회를 세우는 데 선두에 있었다. 그는 한국 북장로교 선교국 총무인 엘린우드에게 장로교의 전파가 아닌 복음을 전하기 위해 한국에 가는 것이라는 말을 서슴지 않았다. 스왈렌도 "한국에서 감리교회와 장로교가 그 교리의 조화를 찾는 데 어려움이 개재한다고 보지 않는다"고 주장했다. 1925년부터 평양신학교 교장이었던 로버츠(S. L. Roberts)까지도 감리교 장로교 양 교회가 하나의 교회라는 입장을 갖고 있었다. 부흥회적 경건을 신봉했고 대다수 선교사들이 뚜렷한 교파의식을 갖고 있지 않았던 것이다.

때, 답을 준 36명 가운데 대부분이 찬성을 보였다. 남궁혁, 백낙준, 부산의 김길창 등이 그들이었다. 그러나 초대 한국 교회의 목사인 선천의 양전백이나 임택권은 교리와 정치가 다름으로 불가하다며 반대의견을 보였다.

193 1934년의 제2회 조선감리교 연회에서도 장로교회와의 연합을 공식 의제로 삼았다.

5장.
1907년 평양대각성 운동의 해석학

1. 영적대각성운동의 사회학—평등과 신부적(神賦的) 인간관의 확립

1.1. 재한선교사들의 인식 교정

재한선교사들 대다수는 한국과 한국인들의 잠재력에 강한 확신을 갖고 있었다. 그렇지만 서구 중심적 문명관을 가지고 있었다. 동시에 근대문명을 전수하기 위해 자신들의 지도가 필요하다는 입장도 갖고 있었다. 이들은 근대문명의 정도를 나누어 서구의 것을 가장 높은 문명으로 규정했고, 그 다음은 '반개화,' '미개화' 그리고 '야만'으로 설정했다. 한국을 반개화의 국가로 분류했는데, 그것은 우상숭배와 미신, 게으름, 노동 의욕의 부재, 부패 문제 등이었다.[194] 선교사들은 의료나 교육으로 이 문제를 해결하려 했다.

한편 1907년의 현장에 있었던 사람들은 한국의 주변부에 있던 사람들이다. 선교사들 눈에 이들은 반개화국가인 한국에서도 주변부에 위치한 사람들이었다. 양반들이 아니었고 유학 이데올로기와 무관한 사

---

194 "인종과 개화의 등급," 『그리스도 신문』, 1901년 9월 12일자, "Editorial," *The Independent*, 1896년 11월 12일자.

람들이었다. 도덕적 수준이 낮았고 행동도 저급했으며 사회규범을 지
켜야 한다는 의식도 크게 없어 보였다. 그런데 1907년 영적대각성운동
은 선교사들의 문명론적 인식을 거절했을 뿐만 아니라 교정시켰다. 평
양의 감리교 선교사 무어(John Z. Moore)는 다음과 같은 기록을 남겼다.

> 작년까지만 해도 나도 은연중 '서양은 서양이고 동양은 동양이
> 다'는 식의 바람직하지 못한 관념에 사로잡혀 있었다. 동양과
> 서양이 함께 만날 수 있는 근거나, 둘 사이에 어떤 유사성도 찾
> 을 수 없다고 생각했다. 다른 선교사들과 마찬가지로 나도 한
> 국인들은 서양인들이 하는 그런 종교 체험은 할 수 없을 것으로
> 생각했다.
> 이번 부흥회는 내게 두 가지를 깨우쳐 주었다.
> 첫째, 표면적으로 본다면 한국인이 서양인과 정반대되는 것이
> 　　　수 천 가지가 넘지만 본질로 들어가 근본적인 것을 따지
> 　　　면 서양인과 한국인이 한 형제이며 하나라는 점이다.
> 둘째, 부흥운동에서 깨달은 바는, 동양인들의 경건한 생활이
> 　　　나 기도에서 보여 주는 단순하면서도 어린 아이 같은 순
> 　　　진한 신앙이 풍부할 뿐 아니라 깊이가 있어 그것을 우리
> 　　　서양인들이 배워야 한다는 점이다. 우리가 이런 것을 배
> 　　　우지 않고는 그리스도의 복음을 완전히 파악했다고 말할
> 　　　수 없을 것이다.[195]

손정도의 스승이기도 했던 그는 1907년을 통해 비로소 "동양인과 서

---

195 J. Z. Moore, "The Great Revival Year," *Korea Mission Field*, Aug., 1907. p.118.

양인이 한 형제로서 하나"[196]라는 의식을 갖게 되었음을 고백했다. 기존의 문명관이 교정되었고, 그리스도 안에서 모두가 형제와 자매라는 인식, 복음이 갖고 있는 세계적 평등 의식을 갖게 된 것이다.[197] 그의 진술에는 역사를 움직이는 유일한 주재자는 야웨라는 것, 예수 그리스도를 구주로 고백하는 모든 사람이 하나님의 백성이라는 것, 그분 아래에서는 누구나 똑같은 죄인이라는 것, 외형적인 힘이 삶의 기준이 되어서는 안 된다는 자각이 들어 있었다.[198]

1907년은 문명국가가 될 수 없었던 한국의 이유, 곧 우상숭배와 미신, 게으름, 노동 의욕의 부재, 부패의 문제 등을 말끔히 고쳐 놓았다. 회심 체험을 한 이후, 교인들의 생활 태도는 일순간 달라졌다.[199] 한순간에 한국 기독교인들의 윤리의식을 바꾸어 놓은 것이다. 그것은 교육이나 의료 선교의 업적과 비교될 수 없을 만큼 강력했다.

1.2. 일본 통치 이데올로기에 대한 거부

일본 근대 이데올로기의 개념은 천황이 일본 민족의 가부장(家父長)인 동시에 군주(君主)라는 것과 일본의 신민(臣民)은 천황의 자식이라는 것에서 시작한다.[200] 천황(天皇)에 대해 무조건 충효심(忠孝心)을 나타내야 했고, 그 권위에 절대적으로 복종해야 했다. 애국한다는 것은 천황에 대해 충성한다는 것을 의미했고 최고의 미덕과 선(善)의 개념도 변치

---

196 *Loc.cit.*

197 베어드는 1907년 영적대각성을 통해, 한국인과 일본인 사이에 용서와 사랑의 모습까지도 나타났다고 보고하고 있다. W. M. Baird, "The Spirit among Pyeng Yang Students," *Korea Mission Field*, May, 1907, p.67.

198 무어의 고백은 1903년에 있었던 하디(Robert A. Hardie)의 회심사건과 다르지 않은 인식 구조를 갖고 있다.

199 오기선, 『십계요해』(평양:태극서관, 1911) 참조. 제사, 축첩행위라든가, 부모 공경의 방법 등 오기선이 열거한 구체적인 죄목은 성서의 윤리관을 기준으로 만들어 진 것이다. 기존의 한국의 가치관과는 전혀 무관한 것으로, 이러한 죄관은 1907년 이후에 한국 교회에 각인되었다.

200 中村雄二郞, "加藤弘之の 制度觀と 自然觀," 『近代日本 にをおける制度と 思想』(東京:未來社, 1967), p.260 참조.

않는 충성을 의미했다.

1874년 창간된 일본의 기독교 잡지 『칠일잡보』(七一雜報)는 '기독교도의 책임'이라는 논설을 실으며 다음과 같이 주장했다.

> 우리 정부 인민이 외교(外敎)를 멸시함에도 불구하고 기독교도에 대한 조치는 아주 문명국 정부나 인민에 부끄러움이 없다고 생각한다. 실제 기독교도는 하루도 국가의 은의(恩義)를 잊지 말아야 한다. … 정당에 가입해 민권자유를 외치는데 정치와 종교를 혼동해 국가를 위험에 빠뜨려서는 안 된다.[201]

1880년대 후반부터 일본 메이지 정부는 천황 절대주의를 체계적으로 확립해 가기 시작했다. 그리고 1889년 2월 '대일본제국 헌법' 공포와 1890년 '교육칙어'의 발포를 통해 자유민권운동을 단속하기 시작했다. 특별히 일본의 근대 정치와 교육의 이데올로기를 주도했던 이토 히로부미(伊藤博文)는 천황을 신(神)의 위치로 올려놓았다.[202] 이에 따라 천황은 국가의 중심, 국체(國體)[203]가 되었고 일본의 혼(魂)이 되었다. 모든 체제와 개개인은 천황을 위해서 존재해야 했다.[204]

1910년 8월 22일, 한국을 강제로 병합한 일본은 다음 해 8월에 '조선교육령'을 공포했다. 한국 사람들을 "충성된 국민으로 육성"하기 위해, "보통의 지식"을 시대 상황에 맞추어 가르치겠다는 내용이었다. 일본의

「七一雜報」 408호, 1883년 12월자 논설.
202 伊藤博文著, 宮澤俊義校註 『憲法義解』(東京: 岩波文庫版, 1982) 참조.
203 국체(國體)라는 말은 원래 중국 송대(宋代, 10–13세기)에서는 단순히 정치체제, 제도를 가리키는 말로 사용되었고 에도시대에 일본에 이입되었을 때에도 이와 같은 의미로 사용되었다. 그러나 1853년 페리가 내항한 이래, '국체'라는 표현은 일본 국가의 정체성을 상징하는 말로 급속히 확산되었다.
204 전복희, "사회진화론의 19세기말부터 20세기 초까지의 한국에서의 기능," 「한국정치학회보」 27집 1호, 1993.

'황도정신(皇道精神)'을 익히게 하고 천황에 충성을 하도록 하겠다는 것이다.[205]

그러나 1907년의 신학은 애초부터 일본의 천황과 일본 이데올로기를 거절하게 되어 있다. 야웨 하나님 이외에는 절대자를 인정할 수 없고, 기독교의 하나님만이 역사의 구원자이고 심판자라 고백하기 때문이다. 천황은 절대적 존재가 될 수 없었고 그 체제를 받아들일 수 없었다. 적나라한 성령의 체험 과정을 거쳤기 때문에, 그런 생각은 바뀔 수 없었다.

> 오늘날에도 바람소리, 학의 울음소리에도 무서워서 도망쳐 숨는 자가 많은 한국인 중에서, 이들 기독교 신도들은 조금도 당황하는 기색이 없이, 태연히 자기 할 일을 하고 평화로운 가정을 유지하고 있습니다. 이들 기독자들은 어른 아이가 모두, 보통 한국인과 달리, 경건하고 총명하여 상륙 이래로 비로소 존경할 수 있는 한국인의 얼굴을 본 것 같습니다.[206]

1904년, 일본의 한 기독자는 서북지방을 여행하고 나서 이런 글을 게재했다. 그때 그는 초월적 주재자(主宰者)를 믿고 신봉하는 기독자의 당당한 태도를 목격한 것이다. 곧 하나님이 함께 하신다는, 성령 임재의 신앙을 획득한 사람의 전형적인 모습이었다.

영적대각성의 전통 아래에서, 한국 교회는 일본의 천황에 냉담했고 '천황제 지배이데올로기'를 거절했다. 의도적이기보다는 자동적인 태도

---

205 이용덕, "조선총독부 편찬 국어 교과서에 나타난 천황제의 의미," 『일본학지』 제11집, 일본연구학회, p.124.
206 "朝鮮の基督信者," 『福音新報』, 1904년 4월 21일자; 민경배, 『한국기독교회사』, p.257에서 재인용.

2부 _ 1907년 영적 대각성 운동─역사의 필연   311

였다. 오직 신앙의 영역만을 강조했음에도 1907년의 교회가 가장 혁명적이고 저항적 기관으로 비춰진 이유였다.

2. 영적대각성운동의 정치학-비정치화의 역설

2.1. 일본을 통해 본 비정치의 역설

1907년의 영적대각성운동을 바라보는 눈은 모두 긍정적이지 않았다. 기독교를 국권 회복과 근대 이데올로기로 이해했던 사람들은 이를 강하게 비판했다. 당시 「대한매일신보」는 영적대각성운동과 개인 구령의 신앙형태에 대해 다음과 같이 비난하고 나섰다.

> 기독교인들 중에, 어떤 사람들은 오직 영혼의 구원만을 알 뿐이고 육신의 영욕과는 무관하다고 하고, 오직 천국주의만 알 뿐이고 인간 세상의 사업과는 무관하다고 한다. 오직 천당과 지옥의 화복만을 알 뿐이고 국가와 민족의 존망과는 무관하다고 한다. 그런즉 이것이 어찌 두려운 일이 아니겠는가? 아아! 이 미경에 빠진 동포들이여! 공연히 헛되게 종교의 국경이 없는 편견만을 믿지 말고, 오직 국가정신을 분발하여 일으켜서, 상제의 진리를 어기지 말고 생존의 복락을 얻도록 힘쓸지어다.[207]

---

207 "兩宗敎家에 向ᄒ야 要求ᄒ노라" 「大韓每日申報」, 1910년 4월 15일자. 원문은 다음과 같다. "基督敎家中에 或者ᄂ 오즉 靈魂救援만 知흘뿐이오. 肉身의 榮辱은 無關이라ᄒ며 오즉 天國主義만 知흘뿐이오 人間의 事業은 無關이라ᄒ며 오즉 天堂地獄의 禍福만 知쓴이오 國家民族의 存亡은 無關이라 하나니 此엇지 可懼ᄒ 事가 아닌가 嗚呼라. 此迷境에 陷ᄒ 同胞여 徒然히 宗敎無國境의 偏見만 恃치말고 오즉 國家精神을 奮興ᄒ야 上帝의 眞理를 勿違ᄒ고 生存의 福樂을 圖得ᄒ라."

을사늑약으로 모든 외교공관이 서울에서 철수한 상황에서 기독교만이 서구와 한국을 이어 주는 유일한 매개체였다. 그런데 교회가 민족운동의 구심체 역할을 하지 않고, 국가와 민족의 존망을 외면한다는 질책이었다. 실제로 1907년 이후 대다수의 한국 교회가 비정치화로 돌아선 것이 사실이다.

1907년 이전, 한국 정계와 근대 지식사회는 기독교의 복음을 근대문명의 이데올로기라고 생각했다. 서양 선교사가 세운 개신교회는 서구와의 정치 통로로 여겼다. 적지 않은 입교자들도 "보호 및 힘을 기대하는 동기"로 교회에 들어왔다.[208] 그러나 영적대각성운동에는 이러한 요소들이 철저히 배제되었다. 오직 단독자로서 하나님과의 만남만이 강조된 것이다. 교회에 들어오기 위해서는 오직 신앙의 영역만 내세워야 했다. 한국의 정치상황과 시대적 상황에 대한 직접적 간구는 없었다. 1907년 이후, 교회는 비정치의 기관이요, 교회생활은 오직 신앙적 영역만이 있어야 한다는 생각이 각인되었고 민족의 장래는 역사의 주재자인 하나님께 의뢰되었다. 정치적 동기로 교회에 들어온 사람들은 교회 밖에서 별도로 민족운동을 벌여야 했다.[209]

그런데 1907년의 사건에는 거대한 역설이 있다. 비정치의 기관을 선언했는데도 한국 교회는 일제로부터 가장 강력한 반일적이고 혁명적 집단이라는 의심을 받았다. 또한 역사는 한국 교회가 복음을 개인 구령의 문제로만 국한했다는 지적이 잘못되었음을 확인해 주고 있다.

1907년 평양의 영적대각성운동이 전개되었을 때, 수많은 군중들이 평양 시내 각 교회로 모여들었을 때, 이토 히로부미는 그 진상을 위해

C. E. Sharp, "Motives for seeking Christ," *Korea Mission Field*, Aug., 1906, p.182.
1907년 가을에 목천에서 있었던, 일본 군인들이 엡웟 청년회원 3명을 끌고 가 총검으로 찌른 사건을 선교사회에 알리고 고발했던, 케이블(E. M. Cable)은 을사늑약 전후에 "외국의 간여를 이끌어 내려고" 교회에 들어왔는데, "이러한 목적을 달성하지 못하게 되자 교회를 떠난 사람들이 많았"음을 지적했다.

부 _ 1907년 영적 대각성 운동―역사의 필연   **313**

미국 예일대학 교수요 목사인 랫(George T. Ladd)[210]를 초청했다. 그때 랫
은 "평양 인구 1/3에 해당하는" "다수의 신도를 가지고 있는 도시는 다
른 곳에서 찾아볼 수 없으며, 이 같은 추세대로 라면 10년 내지 15년
만에 신도수 100만을 얻는 일은 어렵지 않다"고 분석한 바 있다.[211] 이
토 히로부미가 긴장하지 않을 수 없는 답변이었다.

1907년의 영향 아래 있었던 사람들은 성서의 말씀을 일점일획까지
믿는 사람들이다. 죽음의 자리에서도 부활을 꿈꾸는 사람들이다. 십계
명의 제1계명을 어기면서까지 일본 천황을 신(神)으로 인정하는 사람들
이 아니다. 겉으로는 일본의 정치에 순응하는 것 같지만 속으로는 천황
을 강하게 거부하는 사람들이다. 일본의 탄압정책을 목도했던 맥켄지
(F. A. Mckenzie)는 일본이 이 문제에 대해 얼마나 위험을 느꼈는지에 대
해 다음과 같이 피력하고 있다.

> 일본인들은 위험을 느끼게 되었다. 교회를 자기들의 통치 아래
> 두려고 무진 애를 써 봤지만 소용이 없었다. 교회관계 서적을
> 압수하거나 읽기를 금지하고 자기들 것으로 대치도 해 보았다.
> 기독교인들의 지지를 얻는 데 실패하자 북한의 기독교 지도자
> 들에 대해 광범위한 박해를 전개했다. 많은 사람들이 체포되어
> 고문을 당했고, 이들이 받은 혐의는 그 후에 일본 법정에서 허
> 위라는 판결을 내렸다.[212]

---

210 랫은·뉴욕 타임즈·1908년 5월 13일자 기고문에서 이토 히로부미의 입장을 대변하면서 일본
　　은 한국을 병합할 의도가 없다고 게재했고, 헐버트는 이에 대해 강하게 반발하는 입장을 표
　　한 바 있다. 이후 두 사람은 일본과 한국의 편에 서서 서로 대립했다.
211 朝鮮總督府 官房總務局, 「朝鮮總督府 朝鮮 保護及 併合」(朝鮮總督府 官房總務局, 1918),
　　p.71.
212 F. A. Mckinzie, *Korea's Fight for Freedom*, Fleming H. Revell company, 1920, pp.7-8.

일본의 입장에서 보면, 복음으로 의식화된 사람들이 두렵지 않을 수 없었다. 직접적으로 정치적 활동을 하지 않고 저항을 하지 않더라도, 일본 국체에 대한 강력한 저항자들이기 때문이다. 실제 한국의 교인들은 태극기를 금한 이후로 매번 경축일이면 적십자기를 회당에 높이 매달았다. 애국가를 금한 이후로는 찬송가로 대신해서 불렀다.

이런 이유에서, 일본은 한국 교회의 급작스러운 부흥을 두려워했다. 백만인구령운동 때에 부르던 찬송, 곧 "십자가 군병들"을 일본의 천황 신(神)에 맞서는 100만 명의 군대로 해석하기도 했다. 언제든 일본에 반기를 들 수 있는 잠재적 혁명 세력으로 본 것이다.[213]

일본의 강력한 바람대로 교회의 영역과 정치의 영역이 분리 되었다. 그러나 1907년 이후, 교회의 이름으로 일본과 싸우지는 않았지만 여전히 한국 기독교는 극일적(克日的)이고 반일적(反日的)으로 의식화된 인물들을 길러냈다. 교회와 미션스쿨, YMCA와 같은 기독교사회기관이 서로 밀접하게 연결되게 되어 있었고 선교사들이 갖고 있던 치외법권적 영향력도 한 몫을 했다. 교회가 정치에 간여하지 않는 대신 일본도 함부로 기독교회 내정에 간섭하지 못했다. 비정치화된 교회에 정치적 압박을 가하게 되면, 선교사들이나 그들을 파송한 국가를 자극할 수 있었기 때문이다. 이러한 상황은 "105인 사건" 때에 여실히 입증 되었다.

2.2. 미국 교회를 통한 비정치의 역설

1907년은 한국을 버리고 떠난 미국을 다시 돌아오게 해 일본과 대립하게 했다. 미국 교회를 자극했고 미국 정부의 대한(對韓) 정책을 수정

---

213 매큔이 신성중학교 학생들에게 "다윗과 골리앗" 이야기를 하면서 "정의로 무장된 약자가 강력한 장군보다 더 강력하다"고 훈화한 것이 문제가 되기도 했으며, "종로경찰서는 YMCA에서 학생들이 출애굽의 내용으로 연극을 공연할 때, 그것을 문제 삼아 관련자들을 체포해 구금하기도 했다.

하게 했다. 일방적으로 기울었던 일본 우선의 정책도 바꾸었다. 영적대
각성운동이 한국 독립에 결정적 동기를 제공한 것이다.

> 나는 올해 한국을 방문한 많은 유명인사들 중 한 사람에게 한국
> 의 기독교에 대해 어떻게 생각하느냐고 물어보았다. 평양에서
> 5-6천명의 기독교인들이 모여서 예배를 드리는 것을 보고 한
> 주일을 보냈는데, 그는 "원더풀? 원더풀!"이라고 대답했다. 목
> 사들과 선교회 총무들뿐만 아니라 여러 신문 특파원들과 사업
> 가들도 그 사실에 동의를 하며 한국에서의 기독교의 놀라운 결
> 과에 경이를 표하고 있다. 그들은 비기독교인들이나 한국인들
> 의 유일한 구원의 소망이 기독교에 있다는 것을 깨달았다.[214]

무어(John Z. Moore)는 1907년 영적대각성의 결실을 확인하고 싶어
적지 않은 인물들이 한국을 찾았다고 말하고 있다. 그 사람들 중에는
교계 인사들뿐만 아니라 언론계와 경제계 인사들이 포함되어 있음을
이렇게 밝히고 있다. 그의 말대로 세계 거대신문의 특파원들이 한국을
찾았고, 세계 명사들의 방문도 넘쳤다. 이들은 영적대각성운동의 결과
와 선교의 결실, 곧 복음의 강력한 힘을 확인하고 싶어 국권이 상실된
나라를 찾은 것이다.

방문객들은 한국에서 사도적(使徒的) 기독교가 되살아났다며 흥분했
고 한국이 아시아의 "지배적인 세력"이 될 것이라며 탄성을 질렀다.[215]
방문객들은 하나같이, 소박한 예배당에서 수천 명씩 예배를 드리고 있
는 것에 경탄해 마지않았다. 이들에게 한국은 복음의 강력한 힘을 보여

---

214 J. Z. Moore, "The Great Revival Year," *Korea Mission Field*, August 1907, pp.118–119.
215 W. T. Ellis, "Korea: The Unique Mission Field," *The Missionary Review of the World*, February 1908, p.98.

주고 있는 나라였다.[216] 국제정치적 이득을 위해 한국을 버린 미국 정부와 다른 생각이었다.

식민지를 확장하고 있던 시대였고 문명국과 비문명국의 간극을 뚜렷이 구분하던 시대였다. 사회진화론의 철학이 지배하고 있었고, 국제정치는 냉철하기만 했다. 그런 흐름 속에서 식민지에서의 불합리한 일들이란 흔한 일이었다. 한국의 문제가 주목을 끌 수 없었고, 기독교에 관한 일이라 하더라도 기독교 국가 정부의 관심을 얻기가 쉽지 않았다.[217] 그런데 1912년에 이르러 미국 정부의 입장이 변하고 있었다. 미국 뉴욕의 월간지 아웃룩(The Outlook) 1912년 12월 4일자 기사는 한국 땅에서 일어난 "105인 사건"을 다음과 같이 보도하고 있다.

> 동양 각국에서 중대한 범죄 사건으로 인해서 재판 처벌 하는 일이 종종 생긴다. 일본 도쿄나 중국 베이징에서는 각기 자기 국민들을 감금하거나 징역에 처하기도 하고, 혹 교형이나 참형에 처한다. 외국인들의 생명과 재산에 관계만 없으면 서양 각국들은 전혀 상관한 적이 없었다. 그렇지만 이번에 한국인 123명의 재판 사건으로 인해 동서양 각국이 이렇게 관심을 기울이는 것은 통상을 시작한 이후로 처음 있는 일이다.[218]

1912년 10월 11일 뉴욕의 '알딘클럽(The Aldine Club)'에서, 미국 남북 장로교와 남북감리교 선교국 총무들, 미국 성서공회와 YMCA 국제위

---

216 민경배, 『글로벌시대와 한국, 한국 교회』(서울:대한기독교서회, 2011), p.185.
217 1907년 이준, 이위종, 헐버트 등 일행이 고종 황제의 밀사로 헤이그 만국평화회의담장을 찾았을 때, 기독교도라는 것과 장차 한국이 기독교국가가 될 수 있음을 밝혔음에도, 대부분 기독교 국가들임에도 헤이그에 참석한 모든 나라들은 한국에서 온 기독교인들의 간절한 요청을 외면했다.
218 The Outlook, 1912년 12월 4일자; 이승만, 『한국 교회 핍박』, p.1에서 재인용.

원회 이사단, 전 국무장관 포스터(John W. Foster, 32대), 전 뉴욕시장 로우(Seth Low), 전 하버드 대학 총장 엘리오트(Charles William Eliot), 예일대학교 총장 해들리(Arthur Twining Hadley), 뉴욕의 아웃룩(*the Outlook*) 사장 아보트(Lyman Abbott) 등이 한국 교회의 핍박 문제를 해결하기 위해 모였다. 헤이그 평화회의의 미국 국제법 고문, 뉴욕대학의 정치 경제학 교수 등 정계, 교육계, 언론계, 법조계 등에서 영향력을 가지고 있던 미국의 인물들이 모여 "105인 사건"을 심도 있게 토의했던 것이다.

이들은 14개 항에 걸친 권고문(recommendations)을 만장일치로 채택했다. 그리고 일본 정부와 직접 교섭해서 이 문제에 대해 강력히 항의하고 공평히 처리하도록 요구했다.[219] 소극적이고 수세적이었던 미국 교회가 적극적이고 공세적으로 한국 문제를 대변하기 시작했고, 미국 사회를 강하게 설득하기 시작했다. 그동안 관심이 없었던 한국 문제가 미국 교회를 통해 미국 사회와 미국정계의 이슈가 되었다.

세계 선교 역사에서 1907년 운동의 결실만큼 뛰어난 선교 결과를 가져온 예가 없었고, 그것은 곧바로 미국 교회의 업적과 자랑이 되었다. 당시 미국에 있던 이승만은 어떻게 한국 교회가 평가되고 있었는지 다음과 같이 말하고 있다.

> 세계의 모든 교회가 말하기를, 하나님이 한국 백성을 이스라엘 백성처럼 특별히 택해서, 동양 처음으로 기독교 나라를 만들어서 아시아 주에 기독교 문명을 발전시킬 사명을 맡기려는 것이라 한다. 그러므로 이때에 한국 교회를 돕는 것이 장차 일본과 중국을 문명화시키는 기초가 된다고 하여 각 교회에서 발행하는 신문, 월보, 잡지에 한국 교회의 소식이 그칠 때가 없으며

---

219 *Ibids.*, pp.3–4.

교회 순례자들의 연설이나 보고에 한국 교회에 대해 칭찬하지 않는 것이 드물 정도이다.[220]

이승만의 말대로 미국의 신문과 잡지는 한국 교회의 성과에 대해 놀라움을 감추지 못했다.[221]

한편 1904년 이승만은 유학을 위해 미국으로 떠났다. 한국으로 돌아오기 직전인 1910년 10월까지 이승만이 미국 교회에서 강연한 횟수와 의연금을 살펴보면 다음과 같다.[222]

연도	1904	1905	1906	1907	1908	1909	1910	총
횟수(회)	5	21	33	19	26	40	41	185
의연금($)	30	80.91	78.6	14	81.57	285.4	130.77	701.25

유학시절 동안 이승만은 총 185회의 강연활동을 했다. 그런데 1907년의 상황이 미국 교회에 알려졌던 1908년 이후, 급속히 그의 강연 횟수와 의연금이 늘어났다. 1907년 이후, 미국 교회가 한국의 기독교인 유학생을 우대했던 것이다.

1916년 5월, 미 감리회 총회는 한국과 일본, 북중국 관리 감독으로

---

220 *Ibid.*, p.13 원문은 다음과 같다. "각국교회에셔 말ᄒ기를 하ᄂ님이 한국 븨셩을 만들어 가지고 아세아쥬에 예수교 문명을 발젼식힐 칙임을 믁기심이라 그럼으로 이쌔에 한국 교회을 돕는 것이 일후 일본과 청국을 문명식히는 긔초가 된다ᄒ야 각 교회에 속ᄒ 신문, 월보, 잡지 혹 복고에 한국 교회 일을 칭찬아이ᄒ재 드문지라."

221 *The Outlook*, 1912년 12월 14일자 참조; 이승만, 『한국 교회 핍박』, pp. 12-13에서 재참조. 이 기사에서 아웃룩은 한국의 기독교인 총수는 37만 명에 달했고 선교사가 약 300여 명, 예배당이 500곳, 교회학교가 962개소, 의학교가 1곳, 간호학교 1곳, 병원이 13곳, 진료소가 18개소, 고아원 1곳, 맹아학교가 1곳, 나병원이 1곳, 인쇄소가 1곳이라고 소개하고 있다. 한국 교회에 속한 재산은 100만 불에 달하며 매년 교회로 사용되는 지출은 약 25만 불이나 된다고 소개했다. 그리고 이렇게 크게 발전된 교회는 세계 선교역사에서 드문 일이라며 경의를 표했다.

222 이승만연구원 편, 『이승만 일기』(서울:대한민국역사박물관, 2011); 한서영, "이승만의 미국 유학시기(1904-1910) 강연활동에 관한 연구," 미발표 논문에서 재인용

선출된 웰치(Herbert Welch)의 거주지를 서울로 정했다.[223] 그동안 일본에 거주시켰던 해리스 감독 때와는 다른 결정이었다. 그동안 미국 교회는 일본을 아시아 선교의 전초기지로 여겼고, 그런 이유로 막대한 선교자금이 일본으로 흘러 들어갔다. 그런데 1907년 이후, 한국에서의 선교 결실로 인해 미국 교회의 입장과 정책이 바뀌기 시작했다. 미국 교회는 아시아의 선교 중심지로 한국을 지목한 것이다.

1907년이 그 시작점이었다. 재한선교사들은 한국 교회가 "제주도와 북간도, 만주, 블라디보스토크 등지와 베이징까지 선교사를 파송해서 힘 있게 전도하고" 있음을 알렸다. "한국이 일본과 중국을 모두 기독교로 인도할 것이다"라는 기대감도 함께 전했다. 그리고 일본이 한국인들과 한국 교회를 학대하는 정황도 비밀리에 미국 교회에 전했다. 미국 교회는 한국의 정황을 미국정계와 사회로 알렸고, 한국의 입장을 대변했다. 상당수의 미국 교회 목사들과 교회 지도자들은 미국 정치 지도자들에게 한국 독립을 직접 호소하고 설득했다.[224] 그것이 미국 정부의 한국 독립 결정으로 연결될 수 있었다.[225]

---

223 "Notesand Personals,"*The Korea Mission Field*, Aug, 1916, p.227.
224 특별히 미국 연방 상원 원목이요 파운드리 감리교회(Foundry Union Methodist Church) 목사 해리스는 한국 독립을 위해 미국 정치가를 설득했던 인물 중 하나이다. 유지윤, "F. B. 해리스와 이승만의 관계가 대한민국 건국에 미친 영향," 서울신학대학교 현대기독교 역사연구소, 2017년 8월 14일 제2차 콜로키움 발표원고,
225 이승만, 『한국 교회 핍박』, pp.44~45.

6장.
동양선교회(Oriental Missionary Society)의 한국 선교 시작

1907년 일본에서 창립된 동양선교회의 한국 선교가 시작되었다. 성결교회의 한국 선교는 일본 동양선교회 동경성서학원을 졸업한 김상준과 정빈, 두 사람이 서울 종로 염곡(종로1가 부근)에 집을 한 채 매입해 '복음전도관'을 창립하면서 시작되었다.[226] 평안남도 용강 출신의 김상준이 평양의 시장에서 노방전도를 하던 사람의 전도에 복음을 받아들였고,[227] 정빈은 연동교회 교인이었다. 이들은 1905년에 동경성서학원에 입학했고, 이곳에서 열정적인 복음을 접했다.

복음전도관은 성서와 회심 체험을 강조했고, 동시에 강력한 성결을 요구했다. 부흥회적 경건과 노방전도, 축호전도 등을 중요한 수단으로 보았고 사역자들을 철저히 훈련시켜 순전한 복음(full gospel)을 전해야 한다고 믿었다.[228] 복음전도관에서는 매일 집회가 열렸고 복음송이 불려졌다. 은혜 받은 사람들은 기쁨을 이기지 못해 손바닥을 치며 찬미가

---

226 이천영, 『성결교회사』(서울:기독교대한성결교회, 1970), pp.25–26. 동경성서학원 최초의 한국인 유학생은 김상준, 정빈 이외에 김두엽, 김혁준, 이장하가 있었다. 이장하는 1908년에 귀국해 김상준, 정빈과 합류했다.

227 곽재근, "고 김상준 목사를 추모함," 『활천』, 1933년 12월호, p.9.

228 Paul Westphal and Paul William Thomas, *The Days of Our Pilgrimage; The Story of the pilgrim Holiness Church*, Marion : The Wesley Press, 1976, pp.38–39.

를 불렀고, 송아지같이 뛰었다.[229] 이들은 성결의 체험과 간증으로 신앙을 다짐했고 전도가 사명임을 확인했다. 전형적인 영미 복음주의의 특성이었던 것이다.

동양선교회는 열정적 웨슬리안이었던 미국 감리교인 선교사 카우만(C. E. Cowman)과 그의 친구인 캐나다 출신의 킬보른(Ernest Albert Kilbourne), 일본 감리교회 전도자 나카다 쥬지(中田重治)가 중심이 되어 1901년 일본 도쿄에서 설립되었다. 이들은 무디(Dwight L. Moody) 식의 성서학원을 설립했고 복음전도관을 세웠다.[230] 그리고 부흥집회를 통해 열렬히 전도활동을 했다. 이들은 교육 선교나 의료 선교를 비판적으로 보았다. 이들이 보기에 가장 중요한 것은 복음 전파였지 교육 등이 아니었다.

한국에 들어온 동양선교회도 직접적인 전도를 지향했다. 영혼구원을 최우선의 사명으로 삼았던 것이다. 거리로 나가 북을 치며, 찬송을 불렀고, 사람들이 모이면 복음을 증거했다. 또한 집집마다 찾아다니며 축호전도를 했다. 매주일 예배를 드렸고, 주일 저녁에는 구령집회(evange-listic meeting)를 가졌다. 주일 오후에는 노방전도를 했다. 매주일 오후에 정기적으로 "성별회"라는, 성령세례를 강조하는 특별집회를 가졌다.[231]

1908년 9월 한국복음주의선교회 연합공의회 제4차 연례 총회에 주강사로서 일본성결운동의 지도자인 벅스톤(Barclay F. Buxton)이 초청되었다.[232] 재한선교사들이 동양선교회의 성결운동에 찬사를 보냈다는 증거이다. 성공회 소속의 재일선교사였던 그는 일본성결운동의 아버지라

---

229 박명수 외, 『한국 성결교회 100년사』(서울:서울신학대학교 성결교회역사연구소, 기독교대한성결교회 출판부, 2007), p.79.
230 카우만은 나까다를 무디성서학원에서 만나 친구가 되었다. 나까다는 카우만에게 일본 선교를 권유했다.
231 『한국 성결교회 100년사』, p.113.
232 "News Notes," *Korea Mission Field*, June. 1908, p.88.

322

한국 교회 시대의 도래

고 불리고 있었다.[233] 벅스톤도 한국 교회와 지도자들이 열렬히 마음의 순결과 성령의 충만을 사모하는 것을 보고 깊이 감동을 받았음을 토로했다.[234]

동양선교회가 하나의 교회로 자리 잡은 것은 1911년 3월 무교동에 성서학원을 설립할 때부터였다.[235] 실제로 동양선교회는 1913년 총리사(General superintendent)에 카우만을 임명했다. 그리고 한국 선교 책임자로 영국 웨일즈 출신의 토마스(John Thomas)를 임명했다. 동양선교회가 교회가 되었음을 공식적으로 선포한 것이다. 1921년, 정식으로 "조선예수교 동양선교회 성결교회"로 부르게 되면서 성결교회는 공교회로서의 역할을 본격화했다.[236]

그런데 동양선교회의 한국 선교는 일본의 한국강점이 한창 진행되던 때에 시작되었다. 더욱이 나카다 쥬지는 러일전쟁이 일어났을 때, 일본 복음동맹회(Japan Christian Alliance)의 종군목사로 전선에 파송되었던 전력이 있다. 복음동맹회는 일본의 대륙침략정책을 적극 지지했던 그룹이다.[237] 그는 1904년부터 한국에 왔고, 일본군대가 있는 부근에서 집회를 열곤 했다.[238] 이런 것을 포함해서, 일본에 본부를 두고 있는 동양선교회의 복음전도관의 한국 선교는 처음부터 한계가 있었다.

대한매일신보는 동양선교회를 가리켜, "조선 사회를 망하게 하는 단체이며 또는 친일당"이라고 몰았다. 그리고 김상준, 정준 등을 "종교계의 요물"로 묘사했다.[239] 연이어 "이 땅에 복음전도관(성결교회)이 나타

---

233 일본성결교회의 초기 지도자들은 거의 모두 벅스톤에게서 공부했다.
234 박명수, "성결운동과 한국 교회의 초기 대부흥," 「한국 기독교와 역사」, 2001, p.63
235 민경배, 「한국기독교회사」, p.167.
236 이천영, op.cit., p.239.
237 도히 아키오저, 김수진 역, 「일본 기독교사」(서울:기독교문사, 1991), pp.199-200 참조.
238 박명수 외, 「한국 성결교회 100년사」, p.65.
239 「대한매일신보」, 1909년 4월 21일자.

난 사실이 슬프다"며 "전도관은 참담한 교회다"라고 비난했다.[240] 친일로 매도되고 있었던 것이다. 동양선교회의 선교가 활발하기 위해서는, 전국적인 교회로 확산되기 위해서는, 그러한 의구심을 풀어야 했다.

---

240 「대한매일신보」, 1909년 9월 14일자.

3부
기독교와 민족운동

1장.
105인 사건

1. 사건의 시작

1910년 8월 22일 이완용과 3대 통감 데라우치(寺內正毅) 사이에 한일 병합 조약이 조인되었다. 일본은 한국인들의 동요를 염려해 일주일간 이를 발표하지 않다가 8월 29일에 공식으로 발표했다.[1] 대한제국 황제는 모든 통치권을 일본 천황에게 완전히 양도해야 했고, 대한제국이 맺은 조약은 모두 파기되었다. 한국의 황족에게는 연금과 일본 귀족의 지위가 부여되었고, 데라우치는 총독이 되었다. 일본 본토의 지시와 결정을 받아야 했지만, 일본의 육군대신이 한국의 군주가 된 것이다.

이토 히로부미가 살해된 이후, 일본 군부 강경파가 득세하게 되었다. 2개 사단의 군대가 한국에 배치되었고 한국 주재 일본 헌병대도 새로 편성되었다. 일본인 헌병 2만 2천 명과 한국인 헌병 보조원들이 채용되었고 강력하게 항일 운동을 진압했다. 데라우치는 이들을 이용해 강력하고 가혹한 무단통치로 한국인들을 다스렸다.

일본 헌병경찰에게는 영장 없이 어느 집에라도 들어 갈 수 있는 권한

---

1   일본은 1910년 8월 23일 한국 병합의 사실을 외국에는 통고했다.

이 주어졌다. 체제 전복적이라고 여겨지는 어떠한 책이라도 불태울 수 있었으며, 마음대로 즉결 심판권을 행사할 수 있었다. 일본식 위생경찰이 도입되어, 한국인 주택의 청결 상태가 일본인들이 보기에 만족스럽지 못하면, 집주인을 태형에 처할 수 있었다. 체포된 사람들은 변호사의 도움을 받기 어려웠고 외부와의 연락도 차단되었다. 헌병경찰들은 자백을 받아내고 처벌하기 위해 노인이나 여자, 어린이, 환자에게조차 매질을 했다. 죄수가 공판을 받을 때, 자신의 결백을 증명하지 못하면 유죄로 추정되었다.[2]

1911년 10월 12일, 일본 헌병경찰들이 맥큔(G. S. McCune)이 교장으로 있던 평북 선천의 신성중학교 학생 세 명을 검거해 서울로 압송했다. 10월 24일에는 아침 기도회를 마치고 교실로 들어가던 신성중학교 교사와 학생 등 27명을 체포했다.[3] 그때 일본이 주장한 것을 정리하면 다음과 같다.

> 1911년 음력 7월경 일본 경찰은 평안도 일대의 반일 인사들이 총독의 서순(西巡) 때 그를 암살하려 한다는 풍문을 입수하고 이를 수사했으나, 구체적 물증을 잡을 수 없었는데, 우연하게도 강도사건으로 붙잡힌 이재윤(李載允)이 암살 모의에 가담한 사실을 자백함으로써 그 실체를 알게 되었고, 이를 계기로 이 암살 모의에 가담한 관련자들이 줄줄이 드러나 체포하게 되었다.
>
> 이재윤에 따르면, 1910년 가을, 데라우치 총독이 평안도지역을 시찰한다는 소문이 나돌자, 양기탁, 윤치호, 안태국(安泰國), 이

2   국사편찬위원회, 『주한미군사』 1(서울:돌베게, 1988), Chaper 일본 항복 이전의 조선, '내선일체(內鮮—體)' 항목.
3   김승태, "105인 사건"과 선교사의 대응" 『한국 기독교의 역사』 제36호, 2012년 3월, p.6 참조.

승훈(李昇薰), 옥관빈(玉觀彬) 등 신민회 간부들은 서울 서대문의 임치정(林蚩正)의 집에서 수차례에 걸친 모임을 갖고 총독을 암살하기 위한 계획과 방법을 모의했다.

(중략)

음력 8월부터 10월까지 세 차례에 걸쳐 총독 암살을 준비했으나 총독의 시찰 정보가 잘못된 보도로 밝혀짐에 따라 실패했다. 그 후 다시 총독이 압록강 철도 개통식에 참석하기 위해 평안도 일대를 순행한다는 정보를 다시 입수한 신민회 관계자들은 총독암살 계획을 다시 수립했다. … 권총을 마련해 준 매큔이 데라우치와 악수를 하는 순간을 기회로 삼으려 했지만 경비가 너무 삼엄해 저격 순간을 놓쳐 실패로 끝났다.[4]

1911년 11월부터 다음 해 5월 초순까지 검거가 계속되었다. 일본은 신민회 회장으로 알려졌던 윤치호(尹致昊)를 전격 체포했고, 이승훈, 양기탁, 유동열(柳東說), 안태국 등을 비롯해 600여 명에 가까운 인사들을 검거하고 투옥했다.[5] 검거자들은 대부분 신성중학교 교사들과 학생들, 신민회 인사들과 서북 지방의 북장로교 교인들이었다.

1912년 5월, 일본은 122명을 기소했다. 구속된 사람들은 구속 이유를 몰랐고 선교사들도 어이없어 했다. 그렇지만 일본은 각본에 따라 진행시키고 있었다. 조선총독부를 대변하던 「매일신보」(每日申報)나 「경성

---

4 山縣五十雄, 『朝鮮陰謀事件』(セウルプレッス社, 1912), pp.34–35, 84–97 참조, 국사편찬위원회, 『한민족독립운동사자료집 3, 4–105人事件訊問調書 I, II』(서울:탐구당, 1987) 참조.
5 일본은 1912년 12월 14일자 뉴욕에서 발행되고 있던 월간지 아웃룩(The Outlook)에 일본 경찰이 한국에서 한 무리의 애국 단원들을 잡았고, 이들의 진술을 근거로 조사해보니 충청남도 내의 각 지방과 평양, 선천 등지의 각 기독교 중심지에 신민회 근거지를 비밀리에 설치하고 일본 관리들을 암살하기 위해 계획적으로 관리하고 운영한지 오래 되어 있었다고 게재했다. 스티븐스(Durham White Stevens)와 이토 히로부미를 살해한 것, 이완용에게 부상을 입히고 일진회원 926명을 내지의 각처에서 살해한 것이 모두 이 애국당원들이 저지른 일이라고 주장했다.

일보」(京城日報) 등에서는 장로교를 중심으로 한 사건으로 미국인 선교사들의 선동에 의한 것으로 몰아갔다. 증거는 하나도 없었고 오직 고문을 통해 얻어 낸 자백밖에 없었다.

2. 사건의 전개와 결말

일본 헌병경찰은 1912년 1월 25일(음력 12월 7일) 검거자들을 서울로 압송하고 경무총감부 헌병대 유치장으로 이첩했다. 그리고 온갖 살인적인 고문과 신문을 했다. 심문관이 일방적으로 사건내용을 열거하면 피의자들은 "예"라고 해야 했다. 그렇지 않으면 원하는 답이 나올 때까지 끝까지 고문을 했다.[6]

구타는 기본이었고, 온몸에 기름을 바른 뒤 인두와 담뱃불로 담금질하기, 손가락 사이에 철봉을 끼우고 손끝을 졸라맨 뒤 천장에 매달고 잡아당기기, 손발톱에 대나무 못 박기, 입안에 석탄가루 쑤셔 넣기, 못을 박은 널빤지에 눕히기, 코에 뜨거운 물을 붓고 거꾸로 매달기 등 70가지가 넘는 정상적인 사람들이 생각할 수 없는 방법을 사용했다.[7]

신성중학교의 어린 학생이던 선우훈이 고문을 받았고, 신민회원 지상주 등 수감자들도 2-3개월 동안 거의 매일 고문을 당했다. 한필호, 안세환, 김근형(金根瀅), 정희순(鄭希淳) 등은 고문을 견디지 못해 사망했

---

6 김권정, 「韓民族獨立運動史資料集 1」 1권 "105人事件公判始末書 I" 해제
7 일본이 사용한 고문의 종류는 무려 72종에 달했으며, 그 고문법은 일본 경무총감 아카시 모토지로(明石元二郎)가 러일전쟁 당시 스파이로 러시아에 갔었을 때, 러시아 경찰이 폴란드인에게 사용했던 것을 배워온 것이다. 백낙준, "한국 교회의 핍박: 특히 寺內總督暗殺未遂陰謀의 陰謀에 대하여," 「神學論壇」 제7집, 1912, p.23; 윤경로, "百五人事件의 一研究–기소자 122인의 인물분석을 중심으로–," 「漢城史學」 제1집, p.33에서 재인용, 선우훈, 「民族의 受難」(애국동지회 서울지회, 1955) 참조.

고[8] 최광옥과 상동교회 전덕기, 길선주의 장남으로 신성중학교 교사인 길진형도 그 여파로 병사했다.[9] 선우훈, 홍성린(洪成麟) 등 몇몇을 제외하고 모두 허위 자백을 해야 했다. 인간이 참아 낼 수 있는 고통의 한계를 지나쳤고 그 악랄함은 도를 넘었다.[10]

1912년 6월 28일, 경성지방법원에서 재판이 열렸다. 기소된 사람이 123명인 까닭에 확장공사를 해야 했다.[11] 제일 먼저 신문을 받은 신성중학교 체육교사 신효범(申孝範)은 왜 경찰 신문과 검사과정에서 기소사실을 시인했느냐는 재판장의 질문에 경찰의 가혹한 고문 때문이었다고 폭로했다. 이후 진행된 피의자 신문에서, 단 한 사람을 제외하고는 모두 가혹한 고문 때문에 허위사실을 인정해야 했다고 진술했다. 그러나 법정은 인정하지 않았다. 계속해서 항변했으나 고문을 입증할 결정적 증거가 없다는 것이 그 이유였다.

조덕찬 목사는 재판석에 나와 있던 고문 집행관 다나카(田中)을 가리키며 "바로 저 사람이 그때 있었으니 그는 누구보다도 이 무서운 고문의 시말을 잘 안다"고 소리쳤다.[12] 그러나 몸의 상처를 보여 주고 뚜렷한 흔적을 보여 주었음에도 일본 법원은 들으려 하지 않았다.

안태국의 기소장에는 총독암살을 실행하기 전날인 1910년 12월 26일 평양에서 하루를 묵은 뒤, 27일 새벽 정주에서 60여 명을 인솔해 선천역으로 갔다고 되어 있었다. 그런데 그는 12월 26일 밤 치안유지법 위반(治安維持法違反) 혐의로 구속되었다가 풀려난 양기탁, 이승훈, 유동

8   이성삼, "105人 事件과 新民會," 『대전여자대학 논문집』, 1975, p.14-15.
9   민경배, 『한국기독교회사』, p.333. 일본 경찰은 수감자들에게 밥을 주지 않아 옷 안의 솜을 뜯어먹거나 창호지를 씹어 먹기도 했고 깔고 자던 찌푸리기도 씹어 삼켰다고 한다.
10   신성학교 교사 강규찬 등은 극심한 고문에 못 이겨 자신과 신성학교 동료 교사들 그리고 매큔 선교사도 데라우치 총독 살해 음모에 가담했다고 허위 자백했다.
11   鮮于燻, op.cit., p.125.
12   F. A. AcKenzie, Korea's Fight for Freedom, p.228; 민경배, 『한국기독교회사』, p.335에서 재인용.

열 등을 위로하기 위해 서울 명월관에서 저녁 식사를 같이 했다. 그리고 다음 날인 27일 서울 광화문우체국에서 평양의 윤성운(尹聖運)에게 전보문을 보낸 사실이 있었다. 그는 요리대금 영수증과 전보문을 증거물로 제출했다. 그렇지만 재판부는 이마저도 무시했다. 윤치호가 서울에서 암살모의를 하는 자리에 참여했다는 날에 송도의 자택에 있었다는 증거도 채택되지 않았다.[13]

변호사들의 지적과 변론은 날카로웠고 적극적이었다. 그러나 제1심 경성지방법원은 검찰이 구형한 형량을 대부분 그대로 받아들였다. 123명 중 18인을 제외한 105인에게 '모살미수죄'의 유죄 판결을 선고한 것이다. 윤치호, 양기탁, 임치정, 이승훈, 안태국, 유동열에게는 징역 10년, 옥관빈 등 18명에게는 징역 8년, 이덕환(李德煥) 등 39인에게는 징역 6년, 오대영(吳大泳) 등 42명에게는 징역 5년형이 선고되었다.[14] 언도받은 105인 가운데 선천 신성중학교 교사가 10명이었고, 학생이 18명이었다.[15]

제2심 공판은 경성이심법원에서 1912년 11월26일 오전 10시에 시작되었고 이듬해 3월 20일까지 총 52회에 걸쳐 진행되었다. 이때부터 피고인들이 신청한 증인과 증거 제출이 재판부에 의해 받아들여졌다.[16] 비로소 변호인단의 '피고'에 대한 신문과 변호인들의 변론이 활발하게 이루어졌다. 1심 때와는 다른 분위기였다.

변호인단은 이 사건의 허구성 및 부당성을 여러 측면에서 지적했다.

---

13 이승만, 『한국 교회 핍박』, p.105.
14 "105人事件訊問調書 I, II," 105人事件公判始末書 I, II 『한민족독립운동사자료집』 1-4 (국사편찬위원회, 1987) 참조, JAPAN CHRONICLE 특파원 저, 윤경로 역 『"105인 사건" 공판참관기』(서울:한국기독교역사연구소, 2001) 참조.
15 105인 중, 교사 출신이 31명이었고, 학생들은 모두 20명이었다. 김영혁, 『창립 100주년 신성학교사』(서울:신성학교 동창회, 2006)참조.
16 증거로 제출된 것으로는 일기·엽서·교사출근부·개인증명서·교사회의록·자필편지·서적청구서·전보용지·약속어음 병원진단서 등이 있었고, 여기에는 이재명 사건 신문조서 기록이나 헌병 분대장의 증명서 등도 들어 있었다.

사건 자체에 대한 허구 자체가 뒤집히지는 않았지만 일본의 부당성은 충분히 드러났다. 윤치호, 양기탁 등 6명을 제외한 99인이 무죄로 풀려날 수 있었다.[17]

최종 6인은 고등법원(高等法院-현재의 大法院에 해당)에 상고한 끝에, 1913년 10월 최종심 재판에서 승리를 거두었다. 그러나 일제는 그들을 곧바로 풀어 주지 않고 1915년 2월에야 '특별사면' 형식으로 사면했다. 이것으로 "105인 사건"은 종결되었다.[18]

3. 선교사들의 헌신과 공헌

"105인 사건"이 일어났을 때, 북장로교 선천 선교지부는 뉴욕의 선교본부의 브라운 총무(A. J. Brown)에게 알리는 한편 선교사 샤룩스(A. M. Sharrocs) 등을 서울로 보내 수감자들을 살펴보도록 했다. 그때까지만 해도 총독부 고위 관리를 만나 설득하면 모든 오해가 풀릴 것이라 믿었다. 그러나 구속된 사람들에게 의복과 성경을 들여보내는 것 이외에는 할 수 있는 것이 없었다.[19]

마펫을 비롯한 재한선교사들이 나서 데라우치 총독과의 면담을 요청했고, 면담의 자리에서 연루자의 무죄, 기독교회의 비정치성, 수감자들이 고문을 받고 있다는 항간의 소문을 전했다. 그러나 데라우치는 이를

---

17 김권정, 『韓民族獨立運動史資料集 1』1권 "105人事件公判始末書 Ⅰ" 해제

18 "105人事件訊問調書 Ⅰ, Ⅱ," 105人事件公判始末書 Ⅰ, Ⅱ, 『한민족독립운동사자료집1, 2, 3, 4』(국사편찬위원회, 1987) 참조, JAPAN CHRONICLE 특파원 저, 윤경로 역 『"105인 사건" 공판참관기』(서울:한국기독교역사연구소, 2001) 참조.

19 김승태, op.cit., p.7. 브라이언(Authur Bryan), 루미스(Henry Loomis), 풀턴(George Fulton) 등 재일선교사들은 처음에는 일본의 입장을 옹호했다가 두 달이 넘도록 해결되지 않자 이 사건의 배후에 일본 정부가 있다는 것을 알게 되었다. 이후 일본을 비판하기 시작했다.

부인했고, 법에 따라 처리하겠다는 원론적 답변만 했다.[20] 재한선교사들의 힘만으로 해결될 상황이 아니었다.

윤치호가 전격 체포되었을 때, 남감리교 스웨어러(W. C. Swearer)와 케이블(E. F. Cable) 등은 미국 선교부 총무 쿡크(E. F. Cook)를 비롯해 뉴욕의 각 해외선교부 총무들에게 이 사실을 알렸다. 그의 체포 소식은 세계 기독교계를 경악시키기에 충분했다. 그만큼 기독교 세계에서 윤치호의 명성은 자자했다.

밴더빌트대학과 에모리대학 출신 상원의원들이, 감리교 목사이기도 했던 진다스테미(珍田捨巳) 주미 일본대사를 만나 윤치호에 대한 선처를 요청했다. 한국YMCA 회장 저다인(J. L. Gerdine)과 총무 질레트는 조선총독부에 진정서를 보냈다. 세계 YMCA의 모트(John Mott)는 재판 결과에 한국 기독교 장래가 걸려 있다며 저다인의 진정서를 에딘버러 세계선교대회 계속위원회 각국 실행위원들에게 보내 협조를 구했다.[21] 세계 기독교계가 이 사건을 더욱 주시하게 된 것이다.

선교사들은 이 사건이 대대적인 기독교 박해 사건이라고 생각했다.[22] 한국 기독교의 장래와 연결되어 있었기 때문에 긴장하지 않을 수 없었다. 그렇지만 이들이 할 수 있는 것은 재판을 감시하는 일, 그 진행 상황을 본국 선교본부와 미국 사회에 전하는 일, 미국선교본부의 지시에 따라 행동하는 것밖에 없었다.

이 사건이 처음 시작되었을 때, 재한선교사들이 급전(急傳)을 보냈음에도 미국의 해외선교본부의 움직임은 소극적이었다. 그러나 1912년 2

---

20 *Ibids.*, pp.7–8.
21 *Ibids.*, pp.27–28. 1912년 10월 1일, 에딘버러 세계선교대회 계속위원회는 한국YMCA가 보낸 "105인 사건" 보고서를 채택했다. 그리고 주미일본대사에게 유감의 편지를 보냈다. 또한 주영일본대사를 방문해 공정한 재판을 요청했다
22 특히 1912년 7월 11일에 열린 공개 법정에서의 검찰의 자료 제시, 곧 해리스 감독을 비롯한 노블, 베이커, 모리스, 언더우드 등이 음모에 연루되었다는 검찰의 증언은 선교사들의 생각이 틀리지 않았다는 것을 확인해 준다.

월 12일과 13일 이틀에 걸쳐 「뉴욕 헤럴드」가 이 사건을 대대적으로 보도한 것을 시점으로 태도가 급속히 바뀌었다. 사건이 점점 악화되고 있었고, 더구나 일본이 예비 신문 과정에서 선교사 연루설을 흘렸기 때문에 적극적으로 대응하지 않을 수 없었다.

미국 각 교회 선교부 총무들이 나섰고 일본 외교 관리들과 접촉을 시도했다. 1912년 4월 3일 미국 북장로교회, 남북감리교회, YMCA 국제위원회 대표들은 함께 대응 전략을 모색하고 공동으로 행동하기로 결정했다. 이 결의에 의해 미국 교회들이 일본 대사관과 교섭한 주요 내용들이 언론에 공개되었다.[23] 윤치호 등을 위해 미국 감리교회와 장로교회는 메이지대학 총장을 지낸 우자와 후사아키(鵜澤總明)를 변호사로 선임했다.[24] 그리고 "105인 사건"의 변론을 위해 오가와 헤이키치(小川平吉) 등 일본의 저명한 법률가들 16명을 고용해 대규모의 변호인단을 구성했다.[25] 미국 북장로교는 기관지 컨티넌트(*The Continant*)를 통해 1912년 8월 27일까지 재판 전말을 소상히 조사해서 기재했고, 선교사들의 논조와 법률가들의 반박 글들을 세세히 적어 발표했다. 장로교 선교회 총회에서도 전후 사정에 대한 논쟁들을 한 권의 책으로 묶어 미국 각 지역에 배포했다.[26]

1912년 10월 11일, 1심에서 105인에게 유죄 판결이 나오자, 뉴욕 5번가 알딘클럽(Aldine Club)에서 미국 교계와 학계, 언론계 인사들이 모였다. 모인 사람들은 일본 정부에 이 사건을 공정히 처리해 달라고 요구했다.[27] 각 선교회 총회에 대표들을 워싱턴으로 보내 일본 외교관들

---

23 *Minutes of the Board of Foreign Missions, PCUASA*, 1912. 5. 13.
24 G. M. Fisher가 John R. Mott에게 보낸 1912년 6월 7일자 편지; 이성전, "미국북장로회 해외선교본부의 동아시아 인식과 '105인 사건," 「한국 기독교와 역사」 36, 2012년 3월, p.57.
25 이들 변호사들은 재판이 열리는 잠시 동안만 구속된 사람들을 볼 수 있을 뿐이었고 그 이후에는 접견이 허락되지 않았다.
26 이승만, 「한국 교회 핍박」, pp.101-104.
27 미 북장로교 해외선교부 총무 브라운(Arthur J. Brown)은 이 내용을 *The Korea Conspiracy*의

을 만나 도움을 요청하고, 서울로 대표자들을 특파하여 총독부 관리들을 만나고 재판을 지켜보도록 했다.[28] 다만, 일본 정부는 모르는 일이고, 단지 경찰들이 모의해서 애매한 교인들을 핍박한 것으로 하자는 의논이 있었다. 일본 정부의 체면을 훼손하지 않아야 이 사건을 해결할 수 있다고 판단했기 때문이다.[29]

일본은 알딘클럽에서 작성된 권고문을 가볍게 여기지 못했다. 그 자리에 모인 인물들은 미국 사회의 거물들로 막대한 영향력을 갖고 있었기 때문이다. 더 이상 세계의 비난도 감수하기 어려웠다. 결국 일본의 태도는 2심법정부터 달라졌고, 105인 가운데 99인을 무죄로 석방했다. 나머지 인물들도 특사 형식으로 풀어 주었다. 선교사들과 미국 기독교의 활약으로 수감자들은 풀려날 수 있었고, 한국 기독교는 무자비한 핍박을 극복할 수 있었다.

당시 일본은 서구 세계로부터 아시아의 유일한 문명국으로 인정받고 있었다. 일본의 식민지 한국을 찾은 서구인들은 일본의 업적을 높이 평가했지만 한국인들이 당하는 핍박과 가혹한 현실을 보려하지 않았다. 또한 아무리 선교사들이 설명을 해도 믿으려 하지 않았다. 일본 정부의 초청으로 예일대학교 심리학 교수 랫(George T. Ladd) 박사 부부가 한국에 두어 달 머물며 "교육과 윤리"를 주제로 강연했을 때, 선교사들이 일본인들이 한국 땅에서 저지른 죄악상을 전해도 이들 부부는 전혀 믿으려 하지 않았다.[30]

제목으로 발행했다. 알딘클럽의 모임에서는, 한국 선교에 영향을 줄 수 있어 조심스럽게 대응하려는 태도도 있었다. 따라서 한국 각 지역의 목사들이 회집하던 것을 모두 정지시키고 각 신문 정치난에 민심을 부추길 수 있는 정보들을 싣지 않기로 했다.

28   미국 남감리교에서는 선교부 총무 핀손(William Washington Pinson)을 특별히 한국 서울로 파견해 이 재판이 끝날 때까지 머물도록 해서 사실을 보게 하고 직접 보고하게 했다.

29   이승만, 『한국 교회 핍박』, p.21.

30   매티 윌콕스 노블 지음, 강선미·이양준 역, 『노블일지, 1892-1934』(서울:이마고, 2010), p.159 참조.

그런데 이 사건으로 일본의 실체가 적나라하게 드러났다. 무자비한 고문 사실이 전 세계로 폭로되었고 기독교에 대한 일본의 강한 적개심도 들추어졌다. 이 사건을 계기로 한국 문제는 미국 정부와 사회로부터 다시 주목받게 되었다. 한국과 일본은 한국 기독교의 배후에 강력한 힘을 가진 미국과 세계 기독교계가 버티고 있다는 것을 확인했다. 미국에 대한 한국인들의 생각은 다시 우호적으로 바뀌게 되었고, 동시에 한국의 생존에 기독교의 힘과 보호가 절대적이라는 것도 각인되었다.

4. 한국의 유일한 외교 창구(窓口), 재한선교사들

무자비한 탄압에도 계속 발생하는 일련의 암살사건과 그 저항에 일본은 공포심을 갖지 않을 수 없었다. 비밀결사체의 반일민족운동세력이 있을 것이라고 판단한 경무총감부 경시(警視)이자 평양경찰서 서장 쿠니토모 쇼캔(國友尙謙)은 기독교 민족운동 세력인 신민회(新民會)를 세심히 주시하고 있었다. 그 조직의 방대함에 두려움을 느꼈던 그는 이를 완전 제거하기 위한 조치를 취하려 했다.

1910년 11월 안중근의 사촌 동생인 안명근이 서간도에 세우려고 한 무관학교의 설립자금모집 과정 중 황해도 안악지방에서 일어난 사건은 좋은 빌미가 되었다.[31] 데라우치 마사타케(寺內正毅)를 암살하기 위한 것으로 날조한 일본은 해서교육총회, 안악의 양산학교, 면학회 등에 관련된 안명근, 김구(金九), 박만준(朴晩俊), 도인권, 배경진, 이승길, 한순직,

---

31 한일합방이 강제로 체결되자 서간도로 이주한 안명근은 황해도 부호들을 방문, 이원식(李元植, 신효석(申孝錫)으로부터 무관학교 설립 기부금을 받아냈다. 신천 발산(鉢山)의 민병찬, 민영설 등에게 보조금을 요구했으나 거절당하자 소지하고 있던 권총으로 위협하며 '조국광복의 큰 뜻을 모르는 자'라고 질책한 뒤 평양으로 떠났다. 민병찬, 민영설 등은 즉시 재령헌병대에 밀고해 안명근은 1910년 12월 평양역에서 일본헌병경찰에 붙잡혔다.

김홍량(金鴻亮), 박형병(朴衡秉), 최명식 등 160여 명을 검거했다. 그리고 안명근과 김구 이하 16명을 재판에 회부했다. 일본은 이들에게 강도 및 강도미수죄와 내란미수죄, 암살미수죄를 적용해 5-15년의 징역형을 선고했다.[32]

일본은 서북 지역 전체로 그 탄압을 확대하려 했다. "105인 사건"은 여기에서부터 비롯된 것이다.[33] 묘했던 것은 1912년 7월 11일에 열린 공개 법정에서 해리스(M. C. Harris) 감독을 비롯한 노블, 언더우드 등 수십 명의 재한선교사들이 이 음모에 연루되었다고 발표한 것이다.

조작을 주도한 구니토모(國友尚謙)는 사건 초기, 마펫, 스왈렌, 베어드, 블레어, 노블, 휘트모어(N. C. Whittemore), 맥큔 등을 비롯해 서울의 언더우드와 일본에 있던 해리스 감리교 감독까지 모두 24명이 이 사건에 연루되어 있다고 발표했다. 기소단계에서는 선천과 평양 선교사를 중심으로 19명이 연루되었다며 주장을 바꾸었다.[34]

일본 경찰의 명단에 들어 있던 대부분의 선교사들은 1907년의 영적 대각성운동과 백만구령운동을 주도하던 인물들이 대부분이었다. 일본과 한국간의 정치 영역에 간여하기를 꺼려했고, 몇몇을 빼고 거의 모든 선교사들은 정교분리 원칙 요구에 순응했던 사람들이다. 더욱이 해리스 감독은 메이지 천황으로부터 공로훈장 서옥장(瑞玉章)을 세 번이나 받았던, 선교사 사회에서도 친일적 선교사로 알려져 있던 인물이었다. 그럼에도 일본은 이들을 몰아내려 했다. 선교사들을 반일 집단으로 판단했고, 이들에게 지도받고 있던 한국 교회를 걸림돌로 보았기 때문이다. 이를 그대로 두고서는 한국을 마음대로 통치할 수 없다고 판단한

---

32 안악사건으로 수감된 인물 중 도인권을 제외하고, 김구를 비롯한 나머지 인물들은 1915년 전후에 모두 출옥했다. 김구는 후일 자신의 자서전에서 일본에 대한 극도의 증오심은 당시에 받은 고문 때문이었다고 토로했다.
33 김권정, 「韓民族獨立運動史資料集 1」 "105人事件公判始末書 Ⅰ" 해제
34 김승태, ""105인 사건"과 선교사의 대응," pp.11-12.

것이다.[35]

한일 강제병합 이후, 일본은 한국 내부에서 일어난 일을 세계가 모르기를 원했다. 그런데 서구 국가들이 한국을 떠난 상황에서, 한국은 세계 최고의 선교지로 부상되고 있었고 선교사들은 한국의 가장 큰, 서구와의 연결 창구가 되어 있었다.

국제 정치에서 한국이라는 나라는 없어졌고 잊히고 있던 존재였지만, 한국 교회 선교의 결실을 보고 싶어 적지 않은 서구의 기독교 지도자들, 사회적 정치적 영향력이 적지 않았던 사람들이 한국을 방문했다. 대개 이들은 재한선교사들의 집에 머물고 통역과 안내를 받으며 한국 교회 예배에 참석하고, 한국 교인들의 집을 방문했다. 이들이 알고 싶어 했던 것은 오직 한국 교회가 부흥한 이유였다. 그렇지만 자연스럽게 한국의 상황을 알게 되었고, 한국의 정세와 여러 상황도 함께 분석하게 되었다.[36]

한국 방문자들은 자신들이 보고 판단한 것을 서구 기독교 세계로 알리게 되어 있었고, 일본으로서는 이것이 두렵지 않을 수 없었다. 일본의 가혹한 통치와 위선이 적나라하게 서구 기독교 사회로 전해지게 되어 있었던 것이다. 1907년의 선교사들은 비정치를 선언했지만, 한국 기독교의 현실과 정치적 입장을 대변했고, 한국의 실정을 미국 사회에 곧바로 알리는 역할을 했다. 따라서 일본은 가혹한 정치와 자신들의 추악한 단면을 전달하는 선교사들이 위험한 존재일 수밖에 없었다.

---

35 일본 헌병경찰은 선우훈을 고문할 때, 선교사들을 놔두고서는 한국을 통치할 수 없다고 밝혔다. 鮮于燻, *op.cit.*, pp.84-85.
36 이승만, 『한국 교회 핍박』, pp.35-46.

5. 일본의 두려움—영적 영역과 근대 이데올로기, 전국적 조직망 합치

을사늑약 직후에 일본은 기독교 민족운동 그룹과 선교사를 분리하려 했다. 그런 이유로 이토 히로부미는 정치 불간섭을 요구했고, 선교사들도 이에 응했다. 그러나 한일강제 병합 이후에 기존의 생각을 수정해야 했다. 국권 회복운동이나 독립을 내걸었던 민족운동 그룹과 선교사들이 이끌고 있던 1907년의 그룹이 분리될 수 없다고 판단한 것이다.

일본이 1907년을 주도했던 선교사들과 한국 기독교에 적의를 보인 이유는 선교사들이 한국의 정치적 입장을 대변하는 유일한 외교 창구 역할을 했기 때문이다. 또한 한국의 기독교가 영적 영역과 근대 이데올로기 영역에서 합치되고 있는 것을 발견했기 때문이다.

교회는 여전히 선교사들이 주도하고 있었고, 한국인들에게 교회는 자유롭게 회집할 수 있는 유일한 장소였다. 또한 공론이 모여지는 장소였다. 1907년 이후, 교회는 비정치의 기관으로 각인되었지만, 독립협회나 모든 민족 지도자들로 알려져 있던 많은 인물들이 여전히 교회의 중책을 맡고 있었다. 기독교인들은 교회의 이름으로 민족운동을 할 수 없었지만, 별도의 조직을 만들어 행동할 수 있었다. 자유롭게 단체를 조직할 수 없었던 상황에서, 교회만큼 자유롭게 모일 수 있는 장소도 없었다. 더구나 교회는 1907년의 결과로 전국 각지로 퍼져 있었다.

선교사들은 종교개혁의 전통 아래 있었던 사람들로, 혁명의식이나 개혁의식이 내재되어 있던 사람들이다. 정치 참여를 꺼렸지만, 섬세한 비판정신을 갖고 있었고 정치·경제·사회 문제에 대한 판단능력과 지적 통합능력을 갖고 있었다. 비정치화를 내세웠지만, 교인들의 사회적 의식 변화에 적극적인 태도도 갖고 있었다. 서양 근대문명의 기저가 기독교에서 비롯되었다는 신념이 강했고 기독교 문명이 세계 근대문명을 주도하고 있다는 인식도 갖고 있었다. 이들은 근대문명과 민주주의의

열렬한 전달자였다. 이들은 자신들이 받고 있는 문명적 혜택을 한국인
도 누려야 한다고 믿고 있었다.

한편 영적 회심을 거친 기독교인들의 자녀들은 선교사들이 세운 미
션스쿨에 다니게 되어 있었다. 이들은 학교를 통해 영미 근대국가의 문
명관과 근대 민주주의에 대한 지식을 자연스럽게 전수받았다. 개인 구
원, 영적인 각성을 중요시 여겼던 사람들과 기독교를 근대 이데올로기
로 보려던 그룹이 1907년 이후 서로 합치되었던 것이다.

복음의 영적 영역과 기독교 이데올로기 영역이 연결되어 합치되면
그 에너지는 보다 강력해진다. 더구나 한국 기독교는 근대 교육을 선점
하고 있었고 한국 교회는 전국적인 거대한 조직망을 확보하고 있었다.
방관하면 그 파급력은 걷잡을 수 없게 되어 있다. 3·1운동은 그것을 증
명했다.

2장.
'개정사립학교 규칙'과 '포교 규칙' 공포

1905년의 을사늑약 후, 일본은 자신들의 이념을 이식시키고 원활하게 식민지 운영을 하려고 적지 않은 힘을 기울였다. 그런 이유에서 정치·경제·사회 전반의 모든 구조와 방식을 일본의 것으로 대치하려 했다. 그렇지만 교육부분만은 장악이 어려웠다. 이미 기독교는 미션스쿨과 교회에서 운영하는 학교, 한국 기독교인들이 세운 사립학교, YMCA 등을 통해 근대 교육을 선점하고 있었다.

일본의 강제 병합이 있던 1910년에 한국 기독교는 20만 명의 교인, 800개 이상의 학교와 3만 명이 넘는 학생, 1,100개에 이르는 교회 집회소, 270명의 외국인 선교사, 2,300여 명의 한국인 교직원을 거느리고 있는 방대한 조직체였다.[37] 한국 교회 재산은 100만 불에 달했고 매년 사용되는 경비는 약 25만 불이나 되었다.[38]

기독교의 교세확장은 일본에게 위협이었다. 그렇지만 기독교에 직접

---

[37] 飯沼二郎 韓晳曦, 남영환 역, 『일제통치와 일본 기독교』(서울:도서출판 영문, 1993), p.50. 미국 뉴욕의 시사잡지 아웃룩(The Outlook)도, 1912년 현재, 한국의 기독교인은 37만 명, 외국 선교사가 대략 300여 명이고 예배당이 500곳, 기독교 학교가 962개소, 의학교가 1곳, 간호 학교가 1곳, 병원이 13곳, 진료소가 18개소, 고아원 1곳, 맹아학교가 1곳, 나병원이 1곳, 인쇄소가 1곳이라고 밝힌 바 있다.

[38] The Outlook, 1912년 12월 14일자.

적인 통제를 가하면 외교상의 문제로 비화(飛火)될 수 있었다. 그런 이유로 선교사들에게 기득권을 보장해 주거나 재정적 지원을 해 주는 등의 회유책을 썼다.[39] 그러나 한국 기독교를 통솔하려 했지만 불가능하다는 것을 확인했다. "105인 사건"을 빌미로 해 기독교를 통제하고 선교사들을 축출하고 싶었지만, 세계로부터 지탄만 받았을 뿐이다. 일본의 두려움과 위압감은 더욱 커졌고, 더 이상 이를 방치할 수 없다고 판단했다. 결국 신앙교육을 못하도록 해야 한다고 결론지었다. 그것이 1915년 3월 24일, 조선총독부령 제24호로 공포된 '개정사립학교 규칙'이다. 교회에 대한 직접적 위해를 가할 수 없던 상황에서 기독교계 학교를 통해 전수되는 "불온사상," 곧 기독교의 전파를 막으려 했던 것이다.

일본은 1908년에 이미 미션스쿨과 교회에서 운영하는 사립학교가 확산되는 것을 막기 위해 사립학교령을 공포한 바 있었다.[40] 기독교계 사립학교가 "정치와 교육을 혼돈해 불온한 사상을 주입해 청년 학생의 앞날을 그릇되게 하는 곳"이라고 생각하고 이를 막으려했던 것이다. 그래서 "전국 모든 사립학교는 사립학교령에 의해 그 감독 지도"를 받도록 했다. 일본은 사립학교 재산을 등록하도록 해서 학교의 운영을 통솔하게 되면, 그 염려가 해결될 것이라 보았다.[41] 일본의 의도대로 상당부분, 사립학교의 활동은 위축되었고 그 수는 줄어들었다. 그러나 기대에 미치지 못했다. 일본은 이를 방관하지 않았고, 1915년에 이르러 사립학교 규칙을 다시 개정해 보다 강하게 기독교의 확산을 막으려 했다.

주요내용을 보면, ① 학교의 설립, 폐쇄, 설립목적이나 학교 명칭의

---

39 이성전 저, 서정민, 가미야마 미나코 역, 『미국 선교사와 한국 근대 교육—미션스쿨의 설립과 일제하의 갈등』(서울: 한국기독교역사연구소, 2007), pp. 31–34 참조.

40 특히 일본은 서북지방의 교회에 운영하는 사립학교에 대해 관심을 기울이고 있었다.

41 學部, 『韓國敎育 ノ 現狀』, 1910, pp.44–45 참조.

변경, 학교장, 교원의 임용 등은 총독부의 허가를 받아야 했다. ② 교과서, 교육과정, 수업시간 수, 학생정원 등 학교에 관한 모든 행정도 총독부 허가사항으로 했다. ③ 교과서는 총독부의 편찬에 의한 것 또는 검정을 거친 것으로 규정했다 ④ 법령을 위반했을 경우, 학교의 폐쇄, 학교장, 교원을 해고할 수 있게 했다. 그리고 총독부가 정한 교과목 이외는 가르칠 수 없게 했다.

일반 사립학교, 곧 교회에서 운영하는 학교에서 성경과 종교 과목을 가르칠 수 없었고, 한국의 역사, 지리도 가르치지 못하게 했다. 사립학교 교원은 일본어로 해당 과목을 가르칠 수 있어야 했다. 뿐만 아니라 미션스쿨에서도 기독교 교육과 행사를 할 수 없게 했다.[42] 기독교의 복음과 기독교 이데올로기의 확산을 막기 위한 조치였다. 일본 본토와 교육 내용을 같게 한 것이라고 했지만 일본 국내보다 더 심한 조치였다.

'개정사립학교 규칙'에 따라 세브란스, 숭실, 이화전문학교 등은 사립 각종학교로 전락했고, 1914년부터 언더우드 선교사 등에 의해 추진되고 있던 연합기독교 칼리지(연희전문)도 전문학교로서의 자격을 얻지 못한 채 설립되었다.[43] 일본어를 배우지 못한 선교사와 한국인들은 강단에 설 수 없었다. 신앙 교육을 고집하는 학교는 문을 닫아야 했다.

일본은 선교사들과 한국 기독교의 반발을 예상했다. 그래서 교원자격과 관련해서는 5년, 종교교육과 관련해서는 기설(旣設)학교, 곧 기존 학교에 대해 10년의 유예기간을 두었다.[44] 그러나 유예기간은 기독교

---

42 『조선총독부관보』, 1915년 3월 24일자 참조.
43 연희전문과 세브란스 의전은 선교사들이 연합해서 재단법인을 설립해서, 1917년에 사립전문학교로 인가를 받을 수 있었고, 보성, 숭실, 이화는 1925년 유예기간 완료를 앞두고, 재단법인을 설립해 전문학교로 인가받을 수 있었다. 손인수, 『한국근대 교육사, 1885~1945』(서울:연세대학교출판부, 1971), pp.121~122.
44 '기설학교'의 의미에 대해서는 개정사립학교령 공포 이전에 신청한 인가신청서의 학칙란에 종교교육을 하는 학교로 기재하여 인가를 받은 학교로 제한했다.

학교의 소멸을 기다리는 기간과 다름없었다.[45] 1910년 800여 교에 달했던 기독교계 사립학교는 일본의 조치에 따라 엄청난 타격을 받았고 그 수는 감소되었다.[46] 총독부와 외사국장 고마쓰(小松綠)는 이러한 추세로 진행된다면 기독교 학교가 얼마 가지 않아 완전히 멸종하게 될 것이라고 판단했다.[47]

한편 일본은 1915년 8월 16일, 총독부령 제83호로 '포교 규칙'을 발표했다. 기독교 복음을 보다 확고히 막기 위해 한국 교회를 직접 관리하고 통제하겠다는 의도였다. 종교계의 반대로 일본 본토에서는 제정되지 못했지만 식민지 한국에서 일본이 못할 것은 없었다.

모든 교회와 포교자들은 일본 총독부에 등록을 해야 했고, 보고서를 준비해야 했다. 목사들은 일본이 요구한 서류 형식, 곧 포교계(布敎屆), 포교원(布敎願), 포교자명부(布敎者名簿), 포교관리자설치계(布敎管理者設置屆), 포교소설치원(布敎所設置願), 신도수계(信徒數屆)를 의무적으로 기록해 자신들의 활동과 교회 상황을 일일이 보고해야 했다. 포교자로서의 자격 증명을 요구했기 때문에 서류와 이력서를 첨부해 조선 총독에게 신고해야 했다. 교회가 하는 전도, 순회 전도, 가정 전도, 통신 전도 등 그 방법을 상세히 기입해야 했고, 교인들의 수도 일본인, 한국인, 외국인으로 나누어 각각 조사해 기록하게 했다. 교인들이 입교를 언제 했는지, 증감 상황은 어떠했는지 자세히 보고해야 했다.[48] 한국 교회의 상황과 그 움직임을 철저히 알려고 했던 것이다.

"조선총독은 포교의 방법, 포교 관리자의 권한 및 포교자 감독의 방법 또는 포교 관리자가 부적당하다고 인정"되면, 그 변경을 명령할 수

---

45 안유림, 『일제하 기독교 통제법령과 조선기독교』(이화여자대학교 박사논문, 2012), p.146.

46 幣原坦, 『朝鮮敎育論』(東京: 六盟館, 1919), p.230.

47 小松綠, 「朝鮮に於ける敎育と宗敎」, 朝鮮彙報 1916. 1, 13-14쪽.

48 『朝鮮總督府官報』 1915년 10월 1일자 참조.

있었다.[49] 목사들은 조선총독부가 요구하는 자격을 갖추어야 했고, 모든 집회는 사전에 검열을 받아야 했다. 조선총독이 한국 교회의 실질적 수장이나 다름없었다.

자유롭게 복음을 전하는 것도 불가능해졌고 방해를 받았다. 노방전도가 불법이 될 수 있었고, 허락받지 않은 가정예배도 불법이었다. 교회의 개척 설립도 조선총독부가 허락해야 했다. 예배당 건축이나 수리나 확장도 총독부가 허가를 내주지 않으면 불가능했다. 성서공부 모임, 전도 집회 등도 자유롭지 못했고, 목사나 선교사가 여행을 할 때도 일본경찰의 감시가 뒤따랐다. 목사들은 교회 등록에 필요한 자료들을 수집해야 했고, 교회 본연의 활동을 제대로 하기 어려웠다.[50] 경찰은 교회의 행동이 '포교 규칙'의 절차에 따른 것인지 마음대로 확인할 수 있었다. 그런 이유로 전도회, 사경회, 부흥회, 기도회, 주일예배, 선교사 특강 등에 경찰을 보내 감시했다.[51] 필요하다고 인정되면 '행정집행명령'에 의거해 강제로 처분하고 벌금을 부과할 수 있었다.[52]

일본은 신교(新敎)의 자유를 보장하기 위해 간단한 규칙으로 기독교의 포교를 공인하고, 국가의 보호를 받게 하기 위해 '포교 규칙'을 공포한다고 선전했다.[53] 그러나 포교 규칙을 어겼거나 서류가 완비되지 않는다는 이유로 예배를 드리지 못하는 교회가 속출했다. 한국인 목사들의 자격을 박탈하기도 했고 인가를 고의적으로 지연시켜 교회를 폐쇄시키기도 했다.[54]

---

49 포교 규칙, 제4조.
50 *Minutes of the Korea Annual Conference of the Methodist Episcopal Church,* 1916, pp. 41–42.
51 朴殷植, 『韓國獨立運動之血史』, p.109; 안유림, *op.cit.*, p.153에서 재인용.
52 『朝鮮總督府官報』, 1914년 7월 11일자
53 「매일신보」, 1915년 8월 18일자.
54 「朝鮮基督敎會에 對한 日本의 壓迫」, 대한민국임시정부자료집 7: 한일관계사료집 (국사편찬위원회 한국사데이터베이스, NIKH.DB-ij_007_0020_00070; 안유림, *op.cit.*, p.161에서 재인용.

일본의 조치에 의해 기독교계는 치명적인 타격을 받았다. 기독교 학교의 정체성이 약화되고 교회의 확산은 그 힘을 잃는 듯했다. 박멸보다는 무력화시키겠다는 일본의 전략이 성공을 거두는 듯 했다. 그러나 아무리 강력한 힘일지라도 역사의 진행을 막을 수는 없다. 한국 교회와 이미 각인된 기독교 근대 이데올로기 의식이 사라질 리 없었고 영적 체험으로 각인된 신앙적 신념이 꺾일 리 없었다.

3장.

3·1운동

1. 그 전개

1919년 3월 1일 오후 2시, 독립선언서에 대표 서명한 인물들이 종로 태화관에 모였다.[55] 기독교, 천도교를 중심으로 한 종교계 지도자들로, 이들은 불승(佛僧) 한용운의 선창에 따라 독립만세를 외쳤다. 그리고 일본 헌병경찰에 알렸고 자진해 연행되었다. 파고다 공원에서 이들을 기다렸던 수천의 학생들과 시민들은 독자적으로 독립선언식을 거행했다. 학생들은 대한문 앞에 집결해 다시 한 번 독립을 외쳤고 창덕궁으로 향했다. 총독부 경무청장은 보병 3개 중대, 기병 1개 소대를 급파해 일본 헌병경찰들과 합류시켜, 궁 안으로 들어가려는 학생들을 제지했다.[56]

다음 날 정오, 탑골공원을 중심으로 400여 명의 군중들이 다시 모였고 일본은 약 20여 명을 긴급 체포했다. 그렇지만 3월 5일, 서울역 앞에서 연희전문 학생들이 주도하는 대규모 시위 운동이 다시 일어났다.

---

55 본래 계획에는 학생들과 함께 파고다 공원에서 독립선언식을 거행할 예정이었다. 그러나 공원에서 독립선언을 할 경우 혼란이 일어날 것을 염려해 따로 태화관에서 거행하기로 결정했다.

56 「京城 宣川지역의 시위運動 및 派兵 상황」, 密受 제102호, 제74호, 朝督 제1호, 1919년 3월 1일자.

학생들과 수만의 사람들이 가득 모였고, 이들은 연희전문학교생 강기덕의 선도에 따라 독립만세를 외쳐댔다. 만세 시위는 계속 이어졌고, 전국적인 운동으로 확산되었다.

서울에서 시작된 만세 시위는 2일에는 함흥, 해주, 수안, 강서 등으로 번져나갔고 3일에는 예산과 개성, 곡산과 통천 등으로 이어 나갔다. 그리고 전국으로 확산되어 의주, 선천, 정주, 평양, 진남포, 안주, 영흥, 원산, 해주, 옹진, 서흥, 연백, 수안, 개성, 대구 등에서는 거의 같은 날 같은 시간에 만세 시위가 일어났다.[57] 독립에 대한 간절한 외침은 요원의 불길처럼 전국에 퍼졌을 뿐만 아니라 12일의 만주 서간도를 시작으로 15일에는 샌프란시스코와 하와이, 17일에는 블라디보스토크 등으로 번져 나갔다. 조국을 떠난 동포들도 한 목소리로 독립을 외쳤다. 만세운동은 3월 20일부터 절정을 이루었고 4월 9일까지 지속되었다.

곳곳에서 만세운동을 주도한 지도자들은 전국의 기독교 학교와 교회, 천도교의 종교시설을 근거지로 시위를 해나갔다. 사람들은 학생들의 선도에 따라 만세를 외쳤다. 도시 사람들은 시내를 활보하며 시위를 벌였고, 농촌 사람들은 마을과 장터를 중심으로 만세를 외쳤다. 여기에 계층이나 남녀노소의 구별이 없었다. 상하이에서 발행되던 독립신문은 1919년 3월 1일의 일에 대해 다음과 같이 게재했다.

> 3월 1일 오후 2시에 경성을 시작으로 개성, 평양, 진남포, 선천, 의주, 안주, 원산, 함흥, 대구, 각 도시에서 수천수만의 군중들이 일시에 회집해서 공식으로 한국의 독립을 선언하고 선언서 등을 배포하며 축하 만세를 열창하니 이것은 소위 청천벽

---

57 坪江汕三, 『朝鮮獨立運動祕史』(東京:勞働新聞社, 1959), p.50. 민경배는 이에 대해 33인의 민족대표 중 기독교 인사들이 이 지역 출신자들이거나 지역 교회들과 밀접한 관계를 갖고 있었기 때문이라고 보고 있다.

력이었다. 일본 헌병도 한동안 무엇을 할지 어쩔 줄 몰라 했다. 지금부터 독립운동의 지휘자인 국민대표 손병희 이하 32인은 도덕중의와 세상에 널리 알려진 종교계, 교육계 기타 각 사회 단체를 주도하는 중진이니, 2년 전부터 경성에서 몰래 회합하며 비책을 꾀하였다.[58]

신문은 3·1운동이 서울에서 시작해 전국으로 퍼져 나갔고, 독립운동을 주도했던 사람들은 손병희를 비롯해 종교계와 교육계 인사들이었다고 밝혔다. 신문에 게재된 대로 33인은 모두 종교인들로 개신교 16명, 천도교 15명, 불교 2명으로 33인의 대표단을 결성하여 한국의 독립을 선언한 것이다. 그 명단을 보면 다음과 같다.

> **기독교**: 길선주, 김창준, 이명룡, 유여대, 이승훈, 이필주, 김병조, 양전백, 이갑성, 박희도, 신석구, 정춘수, 박동완, 최성모, 신홍식, 오화영
>
> **천도교**: 손병희, 라용환, 양한묵, 김완규, 권동진, 라인협, 권병덕, 이종훈, 이종일, 임예환, 오세창, 홍병기, 박준승, 최린, 홍기조
>
> **불교**: 백용성, 한용운

33인 중 16명이 기독교계 인사였다. "105인 사건"의 연루자였던 양

---

58 「독립신문」 (상해판) 1919년 9월 2일자. 원문은 다음과 같다. "三月一日 午後 二時에京城을 始하야開城, 平壤, 鎭南浦, 宣川, 義州, 安州, 元山, 咸興,大邱, 各都會에서數千數萬의輩 衆이一時 會集하야公式으로韓國의 獨立을 宣言하고 宣言書類를 撒布하며 祝賀 萬歲를 熱 唱하니 此所謂靑天霹靂이라 日本官憲도 一時는 所措를 莫知하엿도다. 今次 獨立運動의 指揮者인 國民代表 孫秉熙 以下 三十二人은道德忠義와文章 言論에一世名流오宗敎界, 敎 育界 其他 各 社會團體를 支配하는 重鎭이니 二旬前부터 京城에 密會하야 秘策을 劃하엿 다"

전백, 이승훈, 이명룡과 평양 장대현교회 길선주, 정주장로교회 김병조, 신의주 동장로교회 유여대, 남대문장로교회 집사 이갑성 등의 장로교 지도자들 YMCA간사 박희동, 감리교 목사 이필주, 신석구, 최성모, 신홍식, 정춘수, 오화영, 감리교 전도사 김창준, 기독신보사 서기 박동완이었다.

기독교 학교와 교회가 3·1운동의 주 근거지 역할을 했다. 학생들이 선도에 섰고 기독교인들과 농민, 시민 등이 뒤를 따르며 만세를 외쳤다.[59] 4월 9일까지 지속된 만세운동에 일본은 경악했다. 이들은 오직 만세만 외쳐대는 방식이었는데, 살인과 방화 등의 온갖 폭압적 방법을 동원해 이를 진압하려 했다.

"105인 사건" 때의 경험을 갖고 있었던 일본 내각은 총독에게 엄중하게 다스려 또 다시 시위가 발생하지 않도록 하라는 훈령을 내렸다. "외국인이 가장 주목하는 문제이므로 잔혹한 탄압이라는 비판을 받지 않도록 충분히 주의"하라는 지시도 내렸다.[60] 일본 신문들은 폭도에 의해 3·1운동이 저질러졌다고 보도했고 선교사들이 선동했다고 비난했다.[61] 그러나 신문 보도 내용은 일본 정부로부터 내려온 것이었다. 그때 일본 정부는 게재방법까지도 지시를 내렸다.[62]

총독 '하세가와(長谷川好道)'는 시위대를 향해 총기를 사용해도 된다는 명령을 내렸고, 일본 육군성도 무력으로 시위를 미리 막으라는 지령을 내렸다. 총리 하라(原敬)도 조선총독 하세가와(長谷川好道)의 무력 탄압을 추인했다. 일본 군경은 무차별적이고 거침없이 시위 군중들을 향해

---

59 박은식, 『한국 독립운동지혈사』 상, (서울:서울신문사, 1946), pp.97~99 참조.
60 「하라 내각총리대신이 하세가와 總督에게 보낸 지급친전 전보」 1919년 3월 11일자.
61 「時事新報」 1919년 3월 8일자, 「報知新聞」, 1919년 3월 9일자, 「讀書新聞」 1919년 3월 10일자.
62 The Independence Movement in Korea, *The Japan Chronicle*, 1919, p.3.

발포했고, 잔혹하게 구타하며 체포 구금했다.[63] 주동자들을 색출한다는 명분으로 수많은 고문을 저질렀고, 시위가 일어난 지역을 돌면서 마을을 둘러싸고 집에 불을 질렀다. 밖으로 뛰어 나오는 사람들은 무차별 사살 당하기도 했다.[64] 수원 제암리교회, 강서 사천교회, 정주교회, 강계교회, 위원교회 등에서 수많은 교인들이 죽임을 당했다.[65] "무수한 십자가를 배열해서 포박한 남녀를 그 위에 매달고 독을 바른 몽둥이로 때려" 수많은 사상자를 양산했다.[66] 오직 만세만 외쳐대는 방식이었는데, 군중들을 잡아들이고 잔혹하게 살해했으며, 집과 교회 등에 불을 질렀다.[67]

어린 아이와 부녀자들을 향해 총을 쐈고, 노인들을 때리고 발로 찼다. 강간이 난무했고, 칼을 휘둘렀다. 중상입고 쓰러진 사람들을 구덩이에 차 넣었고, 쇠칼구리와 흉기로 위협하며 체포했다. 그리고 온갖 야만적 방법으로 고문을 했다. 악형을 당한 사람이 두 달간 52,097명이라는 기록도 남겼다.[68]

일본은 대개 시위 군중의 수를 연 2백만 명으로 추정했다. 총독부의 공식 통계를 보면, 사망 7,500여 명, 부상 16,000여 명, 체포된 인원이 46,000여 명이었고 이중 공소(公訴)한 인원은 19,054명이었으며, 7,816명이 유죄 판결을 받았다.[69] 만세 시위에 참가한 교사는 해직 또는 면

---

63 朝特 제17보_(密受 제102호 其 28, 3월 7일 제23호); 『韓國民族運動史料』(三,一運動篇 其一), 國會圖書館, 1977, p.12, 「3월 10일 평안남도 맹산에서 소요 진압 정황」, 『現代史資料』 朝鮮 26, みすず書房, 1967, pp.327-328, 「하라 내각총리대신이 하세가와 總督에게 보낸 지급친전 전보」1919년 3월 11일자, "朝鮮騒擾의 後報," 『The Japan Chronicle』 1919년 4월 27일자 등 참조.
64 한국 독립운동사연구소 엮음, 『한국 독립운동사연구』9, (독립기념관 한국 독립운동사연구소, 1995), p.79.
65 김양선, 『韓國基督敎史硏究』(서울:기독교문사, 1971), pp.115-117.
66 박은식, 『한국 독립운동지혈사』 상, p.112.
67 제암리교회의 경우, 기독교 지도자 홍원식과 안종후를 비롯해 마을 사람들과 교인들 대부분을 죽였다. 이를 감추려고 제암리 마을전체를 불 태웠다.
68 김병조, 『한국 독립운동사략 상』(상해:상해선민사, 1920), pp.169-170.
69 朝鮮總督府 法務局, 『妄動事件處分表』, 朝鮮總督府, 1920년 1월; 장신, "삼일운동과 조선 총독부의 사법 대응," 『역사문제연구』2007. 10월호에서 재인용.

직되었고, 학생들은 퇴학되거나 진급하지 못했다.[70] 독립선언서에 서명 했던 기독교 지도자들은 대개 3년형을 언도받았다. 그러나 공식적으로 알려진 것보다 실제는 더 했을 것이다.

특별히 일본은 기독교회를 겨냥했다. 선교사들이 시위를 선동한다고 보았고[71] 미션스쿨 학생들이 시위의 전면에 나섰기 때문에 적개심을 가지고 기독교를 대했다. 예배당을 때려 부수고 종탑과 성경책들을 산 산조각 냈다. 그리고 기독교인들을 주동자라며 잡아들여 잔혹하게 다루었다.[72] 검거된 기독교인들에게는 가능한 중형을 내렸다.[73]

일본의 판단대로 기독교는 3·1운동의 중추세력이었고 선봉에 있었다. 대표 서명한 33인 중 16명이 기독교 지도자였고, 미션스쿨 학생들은 선도에서 시위를 이끌어 가고 있었다. 시위대의 중심에는 어느 곳이든 기독교인들이 있었다. 1919년 2월 8일에 도쿄의 한국YMCA에서 이른바 '2·8독립선언문'이 낭독되었고, 미국 대한인국민회의 안창호의 요청으로 1919년 3월 16일, 이승만과 정한경이 미국 뉴욕에서 한국의 독립을 요구하는 대대적인 기자회견을 가졌다. 중국 상하이에서 결성 되었던 신한청년당은 모두 기독교인들로, 김규식을 파리강화회의에 보내어 독립을 호소하고 있었다.

총독부가 1919년 5월에 발표한 피해 통계를 보면 완전 전소(全燒)된 예배당의 수가 17동, 일부 파괴된 예비당은 24동, 그 이외 예배당의 손

---

70 朝鮮總督府 學務局, 『騷擾と學校』, 朝鮮總督府, 1921, pp.13–15.
71 「時事新報」 1919년 3월 8일자.
72 기독교인 주도의 시위는 경기도 7회, 강원도 9회, 경상북도 13회, 경상남도 10회, 전라남도 4회, 황해도 24회, 평안남도 10회, 평안북도 16회, 함경북도 11회, 함경남도 13회였다. 민경배, 『한국기독교회사』, p.367 참조.
73 일본 헌병대가 조사한 1919년 말까지 3·1운동 관계 피검자의 수에 따르면 목사를 포함한 교역자는 천도교나 불교의 약 두 배에 이르고 있었다. 당시 한국 총인구의 1.5% 정도에 지나지 않았던 기독교인이 3·1운동과 관련된 피검자의 17.6%를 차지하고 있는 것을 보면, 기독교인들이 얼마나 적극적으로 시위를 주도했고 독립의 열망을 드러냈는지, 일본이 기독교를 얼마나 적대적으로 대했는지 짐작할 수 있다.

해가 41동, 교회 재산의 손해액이 대략 3만 불, 오산중학교의 피해액이 5천 불이었다. 그리고 1919년 6월 30일 투옥된 기독교인이 2,190명, 교역자도 151명이었다. 그러나 1919년 10월의 장로교 총회는 독립운동에 참가했던 장로교인들과 장로교회의 피해 보고에서 체포 3,804명, 체포된 목사와 장로 134명, 기독교 관계 지도자로서 수감 202명, 사살 41명, 수감 중인 자 1,642명, 매 맞고 죽은 자 6명, 훼손된 교회당 12개소임을 밝히고 있다.[74] 일본의 발표와 큰 차이가 있는 것이다. 1919년 제8회 장로교 총회록에 기록된 대로 한국 교회는 "대단한 환란"을 당했던 것이다.[75]

감리교회도 목회자들이 부족하게 되었고, 교회 운영 방식을 바꿔야 할 정도였다. 경성지방 감리사 최병헌은 교역자가 피수되는 바람에 교회 사업이 멈추고, 기독교인들이 도피하는 바람에 예배를 이끌 사람이 없음을 토로했다.[76] 평양의 무어(John Z. Moore)도 한국인 목사가 "금년 지방회는 감옥에서 개회하면 좋겠다"고 말했으며, 평양지방의 목사, 전도사, 권사, 속장, 학교 교사, 주일학교 교사를 합해서 모두 160명이 구속되었다고 보고했다.[77] 감리교회가 1920년대 초까지 합(合)구역이나 목회자 한 사람이 두 개 이상의 교회를 담임해야 했던 것도 이런 이유에서였다.

한편 3·1운동 이후, 독립을 외쳤던 한국과 기독교에 대한 일본의 적개심이 어떠했는지는 1920년 10월 간도에서 일어난 '간도학살 사건,' 이른바 '새-노루바위(間獐岩) 사건'과 만주 일대의 기독교회 공격에서도 여실히 나타난다. 3·1운동으로 남만주의 교회 교인들을 참살한 일본

74 조선예수교장로회 총회 제8회 「회록」, 1919. pp.64–118; 민경배, 『한국기독교회사』, pp.372–373에서 재인용.
75 조선예수교장로회 총회 제8회 「회록」, 1919, p.75.
76 『예수교美監理會朝鮮年會錄』, 1919년 제20회, "감리사 보고," pp.69–70.
77 *Ibid.*, p.82.

은 한국 독립군을 지원한다는 명목으로 1920년 10월 9일부터 11월 5일, 27일 동안 서북간도의 한국인 마을 33촌락을 공격했다. 양민을 학살했고, 부녀자들을 강간했다.[78] 이때 이들은 어김없이 예배당과 가옥, 학교를 불태웠다. 상하이에서 발행되던 「독립신문」은 일본에 의해 피살 3,469명, 체포 170명, 강간 71명, 민가 소실 3,209동, 학교 36동, 교회당 14처, 곡물 소실 54,034톤이 있었다고 밝혔다.[79] 33명 교인이 학살되었고 양무정자(楊武亭子)교회당도 완전히 불타 없어졌다.

만주 산둥성 왕청문 부근에서만 38명의 기독인들이 살해되었고 6개의 촌락이 불태워졌다. 예배당들도 완파되었다.[80] 간도 일대의 장로, 전도사들이 무수히 체포되어 맨발로 눈길을 걷는 고초를 겪었으며 이때에 90여 명의 교인이 피살되었다. 명동(明東)교회가 전소되었으며 김병영(金炳榮), 한상수(韓相洙), 장성순(張成順), 허익근(許益根), 박용훈(朴龍勳), 최홍택(崔鴻澤) 등이 목숨을 잃었다. 또한 장은평(藏恩坪)교회, 합모당교회, 구세동(救世洞)교회 등 여러 곳의 교회당이 일본 토벌대에 의해 많은 사람이 죽고 건물이 파괴되었다. 일본은 기독교가 반일의 집단이라 믿었고, 한국 독립의 이데올로기를 제공한다고 판단했다. 잔혹한 학살과 방화, 거침없는 유린(蹂躪)으로 이를 막으려 했던 것이다.

2. 발발원인과 가능했던 이유-기독교의 역할

2.1. 우드로 윌슨(Thomas Woodrow Wilson)의 민족자결주의 선언

제1차 세계대전이 끝나갈 무렵인 1918년 1월 8일, 미국은 세계의 질

---

78 용정(龍井)시를 중심하여 수천 교인들이 일어나 만세를 부르다가 17명이 총살당했다.
79 「독립신문」(상해판), 1920년 12월 8일자, 민경배, 「한국기독교회사」, p.375에서 재인용.
80 민경배, *op.cit.*, p.376.

서 재건을 주도하고 나섰다. 미국 의회에서 대통령 윌슨은 전후 평화에 대한 구상을 담은 '14개조 원칙'을 발표했다.[81] 이 원칙은 자유주의와 민족자결주의 원리에 따라 전후의 세계질서를 재수립하려는 기본 구상이었다. 여기에는 공개 외교, 해양의 자유, 자유 무역, 군비 축소, 민족자결의 원칙에 따른 국가 간의 국경선 조정, 폴란드의 독립, 국제연맹 창설 등의 조항이 포함되어 있었다. 윌슨의 제안과 구상은 세계 대부분의 국가들로부터 지지를 받았는데, 특별히 '민족자결주의' 문제는 한국을 비롯한 식민 국가들을 고무시켰다.

윌슨은 세계 모든 사람들에게는 자신이 살고자 하는 주권을 선택할 권리가 있으며, 이는 무수히 많은 작은 국가들 역시 마찬가지라고 주장했다. 그는 강대국들이 이러한 약소국들의 권리를 묵살해 제1차 세계대전이 발발했다고 판단했다. 따라서 누구나 할 것 없이 자신이 원하는 정부를 선택할 권리를 갖고 있고, 힘의 차이와 상관없이 모두가 동등하게 권리를 누려야 한다고 호소했다.[82] 더 나아가 식민지 문제의 해결에 있어서도 주민의 이해와 바람이 공평하게 고려될 필요가 있다고 주장했다.[83]

장로교 목사의 아들이고, 자신도 장로교인이었음에도 윌슨은 미국감리교회가 채택한 사회복음주의 신학의 영향 아래 있었다. 그것은 그가 민주당원이기 때문이었다. 그는 당시 미국에 유행처럼 번지고 있던 사

---

81 (1) 비밀 외교의 배격 (2) 공해 자유의 원칙 확립 (3) 국제 간의 경제 장벽의 제거와 모든 나라 내부에서 통상 조건의 평등화 (4) 국제협정에 의한 군비의 대폭적 축소 (5) 식민지 문제의 적정한 처리 (6) 러시아 자결권의 존중 (7) 벨기에의 원상회복 (8) 프랑스에 의한 알자스 로렌의 회복 (9) 민족 분포에 기초한 이탈리아 국경의 조정 (10) 오스트리아–헝가리의 제 국민에 대한 자치적 발전의 기회 제공 (11) 발칸제국의 원상회복 (12) 터키제국의 터키인 지역의 보존과 타민족에의 자치적 발전의 기회 제공 (13) 폴란드의 독립 (14) 평화와 안정을 유지하기 위한 국제적 협력기구의 설립

82 "An Address to a Joint Session of Congress(1918.2.11.)"; Woodrow Wilson, *The Papers of Woodrow Wilson 46*, Princeton, N.J.: Princeton University Press, 1966, pp.318-324.

83 "Fourteen Points(1918.1.8.)"; Woodrow Wilson, *The Papers of Woodrow Wilson 45*, pp. 534-539.

회복음주의 신학을 자신의 정치 이데올로기와 연결시키고 있었다.

여기에는 한국에 대한 배려도 있었다. 윌슨은 이승만의 프린스턴대학 스승이었다. 뉴저지주 주지사 시절에도 이승만과 여러 차례 한국 문제를 논의한 바 있다.[84] 이러한 것들이 근거가 되었고 '민족자결주의'라는 이름으로 세계에 퍼졌다.[85] 그의 주장은 3·1운동의 이데올로기가 되었고 한국 독립운동의 당위성이 되었다.[86]

그런데 윌슨은 민족자결주의를 이루기 위해, 즉각적인 독립이 아니라 위임통치를 제안했다. 국제적 공동 관리를 통해 민족자결(self-determination) 혹은 자치(self-government)를 먼저 실시하고, 점진적이고 단계적으로 독립시키자고 주장한 것이다. 그가 말하는 국제적 공동 관리는 국제연맹을 의미했다. 식민지를 일시에 독립시킬 수 없었던 국제역학 속에서 그의 제안은 현실적일 수 있었다.[87]

윌슨의 '민족자결주의' 제안은 한국, 특히 독립운동 세력에 빠르게 전달되었고 독립의 희망이 되었다. 누구나 할 것 없이 민족자결주의를 반겼다. 미국에 대한 의존심과 기대감이 더욱 높아졌고 민족의 절대 명제, 곧 독립이 가능하다는 희망이 솟아났다. 그런데 그 해석과 대응 방안을 놓고는 둘로 나뉘었다. 점진적인 위임통치와 즉각적인 독립 요구로 나뉘었던 것이다.

1918년 1월 18일, 파리에서 강화 회의(Paris Peace Conference)가 열렸

---

84 오영섭, "이승만 일기의 현황과 이승만의 해외활동," 『이승만 일기 발간기념 국제학술대회 자료집』, 대한민국역사박물관, 이승만연구원 공동개최, 2015, p.9. 이승만은 일본의 탄압을 피해 미국에서 열리는 세계 감리교대회에 한국 평신도 대표로 참석한 다음, 우드로 윌슨이 대통령 후보로 지명된 민주당 전당대회에 참석했다. 그는 우드로 윌슨과 여러 차례 한국 문제를 논의한 바 있다.

85 미국 북감리교회는 1908년에 개인 구원과 사회구원(기독교인의 사회참여)을 모두 강조하는 '사회복음주의'(Social Gospel)를 감리교회의 표지로 채택했다.

86 박헌영도 윌슨 대통령의 '민족자결론'이 3·1운동을 촉발했다고 보았고, 신채호도 '민족자결 선언'이 세계를 흔들었다고 보았다.

87 "The Covenant of the League of Nations," http://avalon.law.yale.edu/20th_century 참조.

을 때, 해외에서 독립운동을 하던 그룹들은 독립청원을 위한 준비에 들어갔다. 그리고 전범국 처리를 논의하던 파리 강화회의에 대표단을 보낼 계획을 수립했다.[88] 미국에서 활동하던 안창호의 대한인국민회에서 이승만과 정한경, 민찬호를 보내려 했고 국내 유림계에서는 김창숙을 대표로 파견하려 했다. 러시아 연해주의 대한국민의회에서 윤해(尹海)와 고창일(高昌一)을 대표로 선정해 파견을 추진했다. 그러나 중국 상하이에서 활동하던 여운형의 신한청년당에서 김규식 등만이 1919년 1월에 파리로 갔다.

1918년 1차 세계대전이 끝난 후, 상하이에 있던 독립 운동가들은 한국 독립 가능성에 고무되었다. 1918년 12월 15일경 미국 대통령 윌슨의 특사 크래인(Charles R. Crane)이 와서 "개막이 임박한 파리강화회의는 특히 약소민족의 해방을 위하여 절호의 기회가 될 것이니, 대표를 파견하여 주장함이 좋을 것이다"고 연설했기 때문이다.[89]

신규식은 여운형을 비롯해, 김규식, 김철(金澈), 서병호(徐丙浩), 선우혁(鮮于爀), 조동호(趙東祜), 문일평(文一平), 정인보(鄭寅普), 신채호(申采浩), 조용은(趙鏞殷), 장덕수(張德秀) 등과 함께 '신한청년단'을 조직했다. 그리고 김규식을 파리강화회의에 한국 대표로 파견하고, 여운형을 노령으로, 장덕수를 일본으로, 선우혁, 김철, 서병호 등을 국내로 밀파시켜 각 조직과의 연계 속에 독립운동을 전개하려 했다.

한편, 이승만은 1919년, 1월 6일 호놀룰루를 출발했다. 샌프란시스코를 거쳐 로스앤젤레스에 들러 대한인국민회 중앙총회장 안창호를 만났다. 다시 뉴욕을 거쳐 2월 3일 필라델피아로 갔다. 여기에서 서재필, 정한경, 장택상, 민규식과 회동하고, 필라델피아를 떠나 워싱턴

---

88 파리강화회는 1919년 1월 18일 개최되어 1920년 1월 21일까지 간격을 두고 계속되었다. 강화 회의는 1920년 1월 21일에 열린 국제 연맹의 첫 의회 취임식과 함께 끝이 났다.
89 이만규, 『여운형선생쟁투사』(서울:민주문화사, 1946), pp.20-21.

D.C.로 달려가 파리행 여권을 준비했다. 그러나 남다른 개인적 친분을 갖고 있었지만 일본과의 마찰을 우려한 윌슨 대통령은 이를 외면했다.

대한인국민회에서 대표로 선출한 이승만과 신한청년당의 김규식은 모두 파리강화회의에 독립청원서를 제출하려 했다. 두 청원서 모두 일본의 한국 합병의 불법성, 일본 식민 통치의 잔혹성, 일본의 아시아 지역 점령의 위험성, 한국 문제의 공정한 해결을 언급했다. 이승만 쪽은 "분명한 독립을 전제로 한국을 당분간 새로 창설되는 국제연맹의 위임 통치 아래 두어 달라"는 청원을 했고, 김규식 쪽도 국제적 위임 통치를 요청했다.[90] 두 청원서 모두 차후의 독립을 전제로, 일본이 아닌, "국제적 감독(international supervision for a probationary period)"에 의한 위임통치 내용을 담았다.[91]

이승만 등은 윌슨 대통령에게 이미 1918년 11월 25일에 독립청원을 요청하는 편지를 보낸 바 있었다.[92] 두 사람은 사제관계를 맺고 있어 사람들의 기대가 적지 않았다. 그러나 여권은 발급이 되지 않았고 파리로 떠날 수 없었다. 윌슨과 직접 접촉을 시도했지만 미 국무부의 확고한 입장에 따라 무산되었다.[93] 윌슨으로서도 제1차 세계대전 승전국의 일원이었던 일본의 눈치를 보지 않을 수 없었을 것이다.

김규식 일행도 파리에 도착해 선전활동을 벌였지만, 어느 국가나 그 누구도 김규식 등에게 관심을 기울이지 않았고, 따라서 독립청원서 제출은 무산되었다. 그러나 미국 대통령의 민족자결주의 제안은 독립의

---

90 오영섭, "이승만의 위임통치 청원논쟁," 연세대학교 이승만연구원 제1차 학술자료집, 2011, p.21.
91 *Ibids.*, pp. pp.19-28.
92 "Korea Appeals to Wilson for Freedom," *The New Times Sunday Magazine*, 1919년 1월 26일 자.
93 1919년 3월 16일, 이승만과 정한경은 기자회견을 통해 윌슨 대통령과 파리강화회의에 전달하고자 했던 청원서를 공개했다. 그 내용은 뉴욕타임즈 등을 통해 미국 전역과 국내로 전해졌다.

근거가 될 수 있었고 한국의 독립문제는 미국 정부의 잠재 과제로 각인되었다.

3·1운동은 윌슨 대통령의 민족자결주의 제안으로, 독립이 될 수 있다는 희망과 고무적인 분위기에서 시작되었다. 민족자결주의에 대한 이해는 장차 '즉각적 독립'과 '점진적 및 단계적 독립'으로 나뉘어 파벌 갈등으로 이어지기는 했다. 그렇지만 윌슨이 주장했던 14개 조항 중 제5조는 모든 그룹의 독립 논리가 되었다.[94]

그때 윌슨은 대통령이었지만 자신의 신학적 이상을 국제 정치에 접목시키고 싶어 했다. 그가 표현한 "자치와 독립에 대한 열정(a passion for self-government)," "자결에 대한 열망(aspirations for self-determination)," "자신이 원하는 정부를 선출할 수 있는 천부적 권리(birthright to select the government under which they wish to live)" 등은[95] 그의 신학사상이 어떠했는지 잘 말해 준다.

윌슨의 주장은 국제 정치 역학이라는 냉엄한 현실 속에서 달리 해석되고 곧바로 한계를 드러냈다. 그렇지만 미국 대통령의 신학적 이상은 한국인들에게 독립의 꿈을 발현시켰고 3·1운동의 도화선이 되었다. 한국 독립운동가들의 독립 근거가 되었고, 특별히 기독교 민족주의자들의 정치 이데올로기가 되었다.

2.2. 일본 도쿄 주재 한국 YMCA에서의 "2·8독립선언"—민주주의의 제창

우리 민족은 일본 군국주의적 야심의 사기 폭력 아래 우리 민족의 의사에 반하는 운명을 당하였으니 정의로 세계를 개조하는

---

94 그 내용은 "모든 식민지의 주권 문제를 결정함에 있어서 식민지 주민의 이해가 현재 지배 당국의 요구와 동등한 비중으로 고려되어야 한다"이다.

95 "국민회 대표가 윌슨 대통령에게 보낸 서한," 1919년 2월 25일자, 국사편찬위원회 보관 문서

이때에 당연히 바로 잡을 것을 세계에 요구할 권리가 있으며, 또 세계 개조의 주인 되는 미국과 영국은 보호와 합병을 앞장서 승인한 이유로 이때에 과거의 잘못을 속죄할 의무가 있다 할 것이다.

(중략)

우리 민족은 오래도록 고등한 문화를 가지었고 반만년간 국가 생활의 경험을 가진 민족이다. 비록 다년간의 전제 정치의 해독과 우연히 겹친 불행으로 우리 민족이 오늘에 이르고 말았지만, 정의와 자유를 하고 있는 선진국의 모범을 따라 새로운 국가를 건설한 후에는, 건국 이래 문화와 정의와 평화를 애호하는 우리 민족은 반드시 세계의 평화와 인류의 문화에 공헌할 것이다. 이에 우리 민족은 일본이나 혹은 세계 각국이 우리 민족에게 민족자결의 기회를 줄 것을 요구하며, 만일 그러하지 않는다면 우리 민족은 생존을 위하여 자유행동을 취하여 우리 민족의 독립을 이룩할 것을 선언하노라.[96]

1919년 2월 8일 오후 2시, 유학생 600여 명이 도쿄의 기독교청년회

---

96 원문은 다음과 같다.
오족(吾族)은 일본군국주의적 야심의 사기詐欺 폭력(暴力)하(下)에 오족의 의사에 반하는 운명을 당하였으니 정의로 세계를 개조하는 차시(此時)에 당연히 광정(匡正)을 세계에 구할 권리(權利)가 유(有)하며 또 세계 개조(改造)에 주인(主人)되는 미(美)와 영(英)은 보호(保護)와 합병(合倂)을 솔선(率先) 승인(承認)한 이유(理由)로 차시(此時)에 과거(過去)의 구악(舊惡)을 속(贖)할 의무(義務)가 유(有)하다 하노라. …(중략)… 오족(吾族)은 구원(久遠)히 고등(高等)한 문화(文化)를 유(有)하얏고 반만년간(半萬年間) 국가(國家)생활(生活)의 경험(經驗)을 유(有)한 자(者)라 비록 다년(多年) 전제(專制)정치(政治)하(下)의 해독(害毒)과 경우(境遇)의 불행(不幸)이 오족(吾族)의 금일(今日)을 치(致)하얏다 할지라도 정의(定義)와 자유(自由)를 기초로 한 민주주의(民主主義)의 상(上)에 선진국(先進國)의 범(範)을 취하야 신국가(新國家)를 건설(建設)한 후(後)에는 건국(建國) 이래(以來) 문화(文化)와 정의(定義)와 평화(平和)를 애호(愛護)하는 오족(吾族)은 세계(世界)의 평화(平和)와 인류(人類)의 문화(文化)에 공헌(貢獻)함이 유(有)할 줄을 신(信)하노라. 자(慈)에 오족(吾族)은 일본(日本)이나 혹은 세계(世界)각국(各國)이 오족(吾族)에게 자결(自決)의 기회(機會)를 여(與)하기를 요구(要求)하며 만일(萬一) 불연(不然)이면 오족(吾族)은 생존(生存)을 위(爲)하야 자유(自由)행동(行動)을 취(取)하야 써 독립(獨立)을 기성(期成)하기를 선언(宣言)하노라.

관(현 재일본한국YMCA)에 모였다. 이들을 대표해서 백관수는 이광수가 기초한 독립 선언문과 결의문을 낭독하고, 최팔용이 '조선청년독립단' 발족을 선언했다.[97] 유학생들은 함께 독립만세를 외쳤다. 이들은 한일 합병 조약의 폐기, 한국의 독립 선언, 민족대회 소집을 요구했다. 그리고 이를 실현하기까지 혈전도 불사할 것을 선언했다. 그렇지만 일본 경찰이 들이 닥쳤고 학생들을 강제로 해산시켰다. 사회자 최팔용 등 60명이 검거되었고, 8명의 학생들이 기소되었다[98]

도쿄 유학생들을 자극시켰던 것은 윌슨 대통령이 발표한 14개 조항의 평화원칙의 내용이 알려지고, 고베에서 발행되던 영자지 저팬 애드버타이저(The Japan Advertiser)가 보도한 내용 때문이었다.

기사에는 미국에 거주하고 있던 이승만, 민찬호, 정한경 세 사람이 한국 독립을 제소하기 위해 파리강화회담에 파견되었다는 내용, 미국에 거주하고 있는 한국인들이 독립청원서를 미국 정부에 제출했다는 내용, 뉴욕에서 열린 세계약소민족동맹회의 2차 연례총회에서 약소민족의 발언권을 인정해야 한다는 주장이 들어 있었다.[99] 덧붙여 샌프란시스코의 한국인들이 독립운동 자금으로 30만 원을 모금했다는 아사히신문(朝日新聞)의 기사[100]도 이들을 고무시켰다.[101]

독립의 기회가 왔다고 판단한 유학생들은 독립선언서를 만들어 발표하기로 했다. 조선청년독립단을 조직한 이들은 독립선언서를 만들었고

---

97 조선청년독립단의 대표자는 최팔용(崔八鏞)이었고, 이종근(李琮根), 김도연(金度演), 송계백(宋繼白), 이광수(李光洙), 최근우(崔謹愚), 김철수(金喆壽), 김상덕(金尙德), 백관수(白寬洙), 서춘(徐椿), 윤창석(尹昌錫)이 실행위원이었다.
98 야마베 겐타로 저, 최혜주 역,『일본의 식민지 조선통치 해부 : 일본의 역사학자 야마베 겐타로가 진술한 '일본 식민지 조선 통치' 보고서』(서울: 어문학사, 2011), p.94. 상하이로 간 이광수를 제외하고, 서명자 전원에게 출판법 위반의 유죄가 인정되었고 실형이 선고되었다.
99 *The Japan Advertiser*, 1918년 12월 1일자, 15일자, 18일자; 류시현,『재팬 애드버타이저(*The Japan advertiser*) 3·1운동 기사집』(독립기념관, 2015) 참조
100 「朝日新聞」, 1918년 12월 15일자.
101 덧붙여, 상하이의 신한청년당이 조소앙을 일본에 밀파시켜 유학생들을 독려했던 것도 2·8독립선언의 중요한 요인이 되었다. 유학생 사회에는 상하이의 신한청년당과의 연계를 가지고 있는 인물들이 적지 않았다.

102 독립청원서와 선언서를 일본 주재 각국 대사관, 공사관과 일본 정부의 각 대신, 일본 귀족원 중의원, 조선총독 및 각 신문사로 보냈다. 그리고 오후 2시 기독교청년회관에서 유학생 대회를 열었다.

이들이 계획한 가두시위는 일본 경찰의 강경한 진압으로 뜻을 이루지 못했고 유학생들이 주도한 독립운동은 확대되지 못했다. 그러나 이광수는 영문으로 번역한 2·8독립선언서 전문을 윌슨 대통령과 파리강화회의에 보냈다. 상하이에 있던 영문뉴스 *Daily News*와 *China Press*는 이를 자세히 보도했다.[103] 유학생들의 의거는 국내로 즉각 알려졌고 3.1운동의 도화선이 되었다. 2·8독립선언서는 3·1독립선언서의 기초가 되었고 많은 수의 유학생들은 귀국해 3·1운동에 나섰다.[104]

2·8독립선언에는 대한제국 복구나 존왕(尊王) 의식은 없었고 유학생들은 "정의," "자유," "민주주의"를 부르짖었다. 이것은 부국강병을 외치던 개화론자들이 사용했던 어휘가 아니었다. 이들이 사용한 어휘는 기독교가 한국에 들어와서 가르친 것들이었다.

전술한 대로 한국은 미션스쿨을 통해 "교육받은" 사회 세력 집단을 형성했고, 곳곳에 조직망을 이루고 있었다. 그리고 한국의 가장 영향력 있는 민족적 사회세력으로 자리 잡았다.[105] 교회와 YMCA 등을 통해서도 자유 평등 사상이 전해졌고 의식화되어 있었다. 이러한 이유로 이광수는, 독립선언서를 기초하기 전부터, 이미 기독교가 민주주의를 가르쳤다는 것을 확신하고 있었다.[106]

---

102 독립선언서 기초위원으로 백관수, 김도연, 이광수가 선출되었으나 실제로는 이광수가 독립선언서를 기초했다.

103 조항래, "일본에 있어서의 독립운동: 2·8학생독립운동을 중심으로," 『한국민족운동사연구논총』(대구:영남대학교출판부, 1988), pp.467-468.

104 2·8독립선언서는 최남선의 3.1독립선언서의 기초가 되었다. 한편 일본의 통계에 따르면, 1919년 2월 8일부터 5월 15일까지 재일 유학생 359명이 귀국했고, 그중 127명이 서울에 머물렀다.

105 박영신, "기독교와 사회발전," pp.152-153.

106 이광수, "耶蘇敎의 朝鮮에 준 恩惠," 『靑春』9, 1917년 7월 소재, 『李光洙全集』17(서울:삼중

개화파가 등장한 이후 한국의 근대 지식사회 일각에서 사회진화론적 문명관을 답습하고 있었다. 그것이 당시의 세계 조류였다. 그런데 윌슨 대통령이 민족자결주의를 내세운 이후로 그동안의 우승열패의 세계관이 바뀌고 있었다. 일본에서 유학하고 있던 유학생들은 그것을 빠르게 감지했다. 그리고 그것을 3·1운동으로 연결시켰다.

2.3. 국가 구원의 조건—전국적 조직망, 영적 에너지, 이데올로기적 신념

1910년 9월, 천도교는 교도 수가 3백만에 달한다고 밝혔다. 그리고 1914년 7월에 대교구제를 반포하고 37대 교구를 설치했다고 발표했다.[107] 천도교의 갑작스런 진흥에 기독교계와 재한선교사들은 기독교를 견제하려는 일본 당국의 의도적인 조장이라고 보았다.[108] 그렇지만 교주 손병희는 일본의 기대대로 움직이지 않았다.

300만의 신도를 갖고 있다는 천도교가 약 30만 명 정도의 교세를 갖고 있던 기독교에게 3·1운동을 제안했다. 단독으로 주도하기에는 한계가 있었기 때문이다. 당시 기독교계는 근대 지식사회를 선도하고 있었고 전국적인 조직망을 갖추고 있었다.

1915년, 개정사립학교령이 발표된 이후, 일본총독부가 밝힌 "종교계 사립학교 교파별 통계를 보면 다음과 같다.[109]

당, 1962), p.19. 이 임시정부의 헌장 제1조, 곧 "대한민국은 민주공화제로 함"은 이광수의 주장에 의해 기술되었을 가능성이 높다. 민주주의에 대한 개념이 기독교로 인한 것임을 간접적으로 증명해 주는 것이다. 중경정부에 이르기까지 5번이나 개정을 했지만 제1조는 계속 유지가 되었고 해방 후에도 대한민국 헌법 제1조로 계속되고 있다.

107 李敦化, 「天道敎創建史」(경성: 천도교 중앙 종리원,1933), pp.61-71.

108 C. W. 켄달, 신복룡 역 「한국 독립운동의 진상」(서울:집문당,1999), p.42, 이승만도 1913년에 저술한 「한국 교회 핍박」에서도 일본이 기독교를 견제하려고 천도교나 시천교를 진흥시켰다며 이를 비판하고 있다.

109 조선총독부 관보, 1916년 2월 16일자; 이만열, "기독교와 삼일운동 (1)," 「현상과 인식」 제3권 1호, 1979년 4월호, p.74에서 재인용.

지역\교파	경기	충북	충남	전북	전남	경북	경남	황해	평남	평북	강원	함남	함북	총계
장로교	11	3	4	15	5	28	9	33	97	76		16	3	300
감리교	41		6					9	23		6	2		87
천주교	8	1	1	4	1	2	2	3	11		4			37
성공회	3		2											5
정교회	4													4
안식교									4					4
YMCA	1													1
불교				1					1			1		3
기타	70	5	13	20	7	30	15	45	138	76	10	19	3	450

　도표에서 보듯이 기독교만이 비교할 수 없을만큼 전국적으로 학교를 운영하고 있었다. 일본의 사립학교령으로 1915년에 이르러 절반 정도로 줄어들고 있었지만, 그리고 1919년 3·1운동이 일어날 때도 그 수는 더욱 줄어 있었지만, 여전히 기독교계가 운영하던 사립학교는 전국 곳곳에 분포되어 있었다. 여기에다 기독교는 전국 곳곳에 교회가 있었다. 감리교회와 장로교회의 교계 이양 이후, 한국 교회는 전국적인 조직망을 가진 유일한 그룹이었다. 일본이 포교 규칙을 제정하지 않으면 안될 정도로 전국의 오지까지 교회를 확장해 나가고 있었던 것이다. 반면 천도교는 기독교회와 같은 집중적 에너지를 만들 수 없었다. 1914년 현재, 47개의 교구를 가지고 있었다고 하지만 기독교회와 달리 매주일 모이는 시스템이 아니었다. 기독교회처럼 교회와 교회 간의 행정적이고 정치적 조직의 형태로 움직이는 집단도 아니었다.

　3·1운동이 시작될 때부터 전국의 교회가 참여했고, 연희전문, 배재, 이화, 숭실, 숭덕, 숭의 등 미션스쿨 교사들과 학생들이 선도에 섰다.

비폭력적이었고 전국적으로 확산되었으며 수개월에 걸쳐 진행되었다. 세계 운동사에서 유래가 없었다.

한편 강서지역 기독교인들은 만세를 외치며 기독교인들은 '독립단 통고문'을 뿌렸다. 그 내용에는 어떤 일이든지 일본인을 모욕하지 말고, 돌을 던지지 말며, 주먹으로 때리지 말라는 것과 매일 3시에 기도하고 주일은 금식하며 월요일은 이사야 10장, 화요일은 예레미야 12장, 수요일은 신명기 28장, 목요일은 야고보서 5장, 금요일은 이사야 59장, 토요일 로마서 8장을 읽으라는 권면이었다.[110].

이사야 10장은 하나님의 백성을 억압하는 앗수르에 임할 진노와 예언, 예레미야 12장은 이스라엘과 유다를 구원하시겠다는 하나님의 응답, 신명기 28장은 순종과 불순종의 결과, 야고보서 5장은 고난 중에 인내하며 기다리고 기도하라는 당부, 이사야 59장은 이스라엘의 죄와 고통, 구원은 결국 여호와께로 비롯되었다는 것, 로마서 8장은 하나님이 함께 하시면 최후의 승리가 보장된다는 내용이었다.

기독교인들이 비폭력을 고집하며 성서의 말씀 그대로 실천해야 한다고 했던 것은 복음에 대한 신념과 확신이 있었기 때문이다.[111] 그것은 1907년 이후 확고히 형성된 야웨 하나님에 대한 유일신 사상, 하나님이 역사의 주재라는 역사관, 신부적(神賦的) 의식에서 나온 것이다. 영적인 에너지, 미션스쿨을 통해 전해진 기독교 이데올로기에 대한 확고한 신념이 있어 무저항의 방법으로 독립운동에 나선 것이다. 여기에 전국적으로 확보된 조직망이 동시 다발적으로 독립만세 시위를 가능하게 했다.

한편 수표교감리교회 담임 목사로 33인 중 한 사람으로 참여한 신석

---

110 김병조, *op.cit.*, p.34.
111 민경배, 「한국기독교회사」, 2017, p.368.

구는 다음과 같은 말을 남겼다.

> 그 후(後) 새벽마다 하느님 앞에 이 일을 위하야 기도(祈禱)하난
> 대 2월 27일 새벽에 이런 음성을 드럿다. 4천 년 전하여 나려
> 오던 강토(疆土)를 네 대에 와서 잃어 바린 것이 죄(罪)인데 차질
> 기회에 차저 보랴고 힘쓰지 아니하면 더욱 죄가 아니냐. 이 직
> 각(直刻)에 곳 뜻을 결정하엿다.[112]

오화영으로부터 독립선언 대표로 참여 권고를 받았을 때, 기독교 목
사가 정치적 문제에 직접 나서는 것과 천도교와의 합작이 신앙적으로
타당한지 고심했다. 그러던 중 이런 음성을 들었던 것이다. 이후 그는
적극적으로 독립운동에 참여했다.

1907년의 전통 아래 있던 신석구는 하나님의 계시에 대한 무조건적
인 믿음과 순종의 태도를 갖고 있었다. 성령이 주시는 거듭남을 체험했
던 그는 구원을 받았음을 늘 자랑스러워했다. 그런 이유에서 3·1운동
에 적극 가담했고, 구금되고 재판받는 과정에서도 끝까지 독립에 대한
열렬한 의지를 굽히지 않았던 것이다.[113] 그에게 독립운동은 한국 구원
을 위한 하나님의 명령이었다.

3·1운동의 선도에 섰던 기독교계 인물들의 복음에 대한 해석은 서
로 달랐다. 타 종교에 대한 인식도 각기 달랐다. 손병희, 최린 등 천도
교 지도자들과 접촉했던 함태영, 박희도, 이갑성 등과 그 준비과정에서
가장 적극적인 역할을 했던 이승훈, 1907년 영적대각성의 중심에 있던

---

112 신석구, 『自敍傳』, pp.86~87; 이덕주, "3·1운동에 대한 신앙운동사적 이해," 『기독교 사상』,
  1990.3월, p.145에서 재인용.
113 신석구는 가혹한 고문과 핍박을 받으면서도 신사참배를 끝까지 반대했고, 광복 후, 공산주의
  를 반대해 북한 공산주의자들로부터 죽임을 당했다.

한국 교회 시대의 도래

장로교회의 길선주나 감리교 정춘수 등의 복음 해석이 서로 달랐다. 타종교에 대한 태도도 달랐다. 그러나 민족의 절대 명제, 곧 '독립'에 대해서는 어떠한 이견도 없었다. 독립문제는 일제 강점기 기독교회의 귀결점이었다. 한국 독립의 문제는 이들에게도 절대 명제였기 때문이다.

3. 선교사들의 관여 문제 그리고 그 공헌-한국 교회 독자성 확인

1919년 3월 1일, 평양의 숭덕학교에서, 장대현교회와 산정현교회를 비롯한 6개 교회[114]가 함께 고종 황제 봉도식을 거행했다. 이 자리에 장로교 제7대 총회장 김선두와 산정현교회 담임 목사 강규찬, 목사 이일영과 김이제, 숭실대학 출신의 정일선 전도사 등과 3천여 명의 교인들이 참석했다. 마펫을 비롯해 번하이젤(Charles F. Bernheisel), 홀드크로프트(J. Cordon Holdcroft)도 자리를 함께 했다.[115]

김선두는 "천 년을 사느니 자유를 찾아 백 년을 사는 것이 낫다"고 설교했다.[116] 곧바로 정일선에 의해 독립선언서가 낭독되었다. "105인 사건"의 연루자였던 강규찬이 "격려 연설"을 통해 3·1운동의 당위성에 대해 설명했고 참석자들에게 태극기를 나누어 주었다. 군중들은 "대한독립만세"를 외쳤다.[117] 그런데 이 자리에 참석했던 선교사들은 "무언가 중요한 일이 일어나고 있다는" 소문을 들었을 뿐, 봉도식이 독립 선포식으로 이어질 줄 몰랐다. 평양의 교회들이 3·1운동에 적극 참여할

---

114 장대현교회, 남문외교회, 사창골교회, 산정현교회, 서문외교회, 창동교회였다.
115 대한예수교장로회역사위원회편, 『대한예수교장로회교회사』(서울:장로교출판사, 2003), p.277.
116 "김선두, 이일영 등 판결문," 『독립운동사 자료집』 제5집, pp.786-789.
117 국사편찬위원회, 강규찬 "신문조서," 『한민족독립운동사자료집』 11권(서울:국사편찬위원회, 1990), p.96.

것이라는 것도 예상하지 못했다.[118] 재한선교사들이 철저히 배제되었던 것이다. 그것은 선교사들이 한국 교인들의 정치 참여에 냉소적인 자세를 견지했기 때문이다. 또한 선교사들을 보호하기 위한 조치일 수 있었다.[119] 분명한 것은 이때 한국 교회가 선교사들의 통제나 지시를 벗어나 있었던 것을 말해 준다.

3·1운동이 막 진행될 때, 선교사들은 소극적으로 행동했다. 부상자들을 구호하고, 수감자들을 찾아 돌봐주고, 본국 선교본부에 사실을 알리고, 지원 요청을 게을리 하지는 않았지만 한계가 있었다. 한국의 입장을 대변해 왔지만, 한국인들만큼 아픔을 겪지 않았고 독립과 주권회복의 의지도 강할 수 없었다. 대부분의 재한선교사들은 엄정 중립(neutrality)을 선언했고 가급적 관여하지 않으려 했다. 선교사들이 3·1운동 배후에 있다는, 일본의 오해를 피하려 했기 때문이다. "105인 사건"의 경험이 있던 선교사들로서는 자신들이 이 사건에 직접적으로 개입하거나 조정하지 않았다는 것을 적극적으로 확인하려 했다.

그러나 한국 교회에 대한 박해가 도를 넘자 격렬히 일본을 비난하기 시작했다.[120] 일본 헌병경찰의 살인, 방화, 고문, 선교 활동에 대한 압력, 노골적인 한국 교회 핍박에 대해 미국 사회와 선교본부에 고발하는 보고서도 올렸다. 각종 피해 통계와 구금, 투옥, 벌금형, 태형, 고문, 강간 등 한국 기독교인들의 피해 사례, 교회에 대한 일본 경찰의 사찰, 예배 중 난입한 일본 헌병 경찰의 난동, 난방이 되지 않는 감옥의 상황 등

---

118 Kendall, Carlton Waldo, *The Truth About Korea*, p.28 참조. 모든 선교사들이 3·1운동에 대해 몰랐던 것은 아니다. 샤록스(Alfred M. Sharrocks)는 3·1운동이 시작될 때, 미국의 정치 상황에 대해 알려 주었고, 스코필드(Frank W. Scofield)도 사전에 알고 있었다. 이갑성은 세브란스의 베커(Arthur L. Becker) 선교사의 조언에 따라 독립선언문 낭독을 파고다 공원이 아닌 태화관에서 했다고 증언하고 있다. 안교성, 『선교사 프랭크 스코필드의 유산』, p.169

119 조영렬, "일제하 개신교선교사 연구(1905-1920 미국선교지도부의 정치적동향을 중심으로)" (건국대학교 박사논문, 1992), p.101 참조.

120 김명구, 『복음, 성령, 교회: 재한선교사 연구』, p.374. 일본도 때때로 선교사들을 연행하고 구속하기도 했다.

일본의 만행 사실들을 구체적으로 수집했다. 그리고 서신이나 인편 등을 통해 본국의 정부 당국과 지인들에게 알렸다.[121] 실제로 미국 정부는 한국의 실상과 정황을 재한선교사들의 보고와 증언에 의존할 정도였다.[122]

미국 교회 각 교단들은, 처음에는, 중국 상하이와 톈진 등에서 활동하고 있던 재중선교사들로부터 3·1 만세 시위 운동에 대한 소식을 들었다. 그러나 시간이 지나면서 재한선교사들이 보내는, 구체적인 보고가 들어오기 시작했다. 그 사실 여부 확인을 위해, 마침 극동지역을 시찰하고 있던 캐나다 장로교회 해외선교부(Foreign Mission Board of Presbyterian Church in Canada) 부총무(Assistant Secretary) 암스트롱(A. E. Armstrong)에게 한국의 상황을 조사하라는 전신을 보냈다. 암스트롱은 서울에 3일간 머물면서 일본의 만행과 기독교 탄압 사례를 수집해 뉴욕으로 갔다.[123]

암스트롱의 보고를 계기로 미국 북장로교 해외선교부 총무 브라운, 미 북감리회 해외선교부 총무 노스(F. M. North), 미국 성서공회 총무 헤이븐(William. J. Haveven) 등 기독교 고위 관계자들이 모였고, 이들은 한국 문제를 미국기독교계 저명 인사들로 구성되어 있던 미국기독교교회협의회 동양관계위원회에 일임하기로 했다.[124] 그러나 동양문제위원회의 총무 귤릭(Sidney L. Gulick)은 평소부터 일본이 극동지역 선교의 중심지가 되어야 한다고 주장했던 인물로, 그의 일본관은 루즈벨트(Theodore Roosevelt) 대통령과 다르지 않았다.[125] 거기에다 그는 미국 정부의 정책

121 Presbyterian Historical Society, Philadelphia, A. J. Brown Secretaries File.
122 Telegram Received From Tokyo, 1919년 3월 7일자, Secretary of State, Washington D.C. 참조.
123 독립운동사편찬위원회, "한국의 정세"1, 『독립운동사자료집』 제4집-3·1운동사자료집, p.339.
124 조영렬, *op.cit.*, pp.133-134.
125 Gulick, "Japanese Progress and Purpose," *Missionary Review of the World*, p.28

과 외교적 입장에 충실하려고 했다.

한편 중국에 머물고 있다가 3월 11일에 서울로 돌아왔던 감독 웰치의 첫 조치도 중립 선언이었다. 정치적 문제에 간여하지 않는다는 것이 미국감리교회의 선교 방침이기도 했지만 한국과 일본의 관리 감독인 웰치의 확고한 태도이기도 했다. 식민지 상황에서 '비정치 전략'은 필연적 선교 방책이었다.[126]

웰치는 평양에서의 봉도식과 독립 시위에 대해서는 "독립선언서가 교회당에서 낭독되었는데 이것은 불행한 일이었으며 태황제 봉도식 후에 건물에서 독립 시위를 한 것은 잘못"이라며 날선 비판을 했다.[127] 그리고 3·1운동으로 인해 수감된 교인들에 대해, "순연한 종교를 지키는 자가 아니며 정치에 취미를 들인 자"라고 질책하면서 교회가 굳이 간섭할 필요가 없다며 냉소적 반응을 보였다.[128] 물론 그의 이러한 비판은, 일본이 재한선교사들에 대해 내사(內査)와 사찰을 강화하고 있는 상황에서 나온, 의도적인 것일 수 있었다. 그는 미국 교회의 입장을 대변해야 하는 자리에 있었다.

묘했던 것은 미국 정부와 미국 교회 해외선교부, 한국의 재한선교본부, 각 지방에서 선교활동하고 있던 로컬 선교사들이 입장과 취했던 대응이 각기 달랐다는 것이다. 공식적으로 일본에 우호적 입장을 유지하고 있었기 때문에 미국 정부는 별다른 조치를 취하지 않았다. 미국 교회 해외선교부도 미국기독교교회협의회 동양관계위원회의 공식 입장을 따랐다. 그리고 그 결정에 따라 일본의 만행을 고발하는 선교사들의 강력한 요청에 참고 기다리라는 지시만 내렸다.[129] 그렇지만 한국에서

---

126 김명구, 『복음, 성령, 교회: 재한선교사들 연구』, pp.374–375.
127 H. G. Welch, The Misssionary Significance of the Last Ten Years— A Survey in Korean, *The International Review of Missions*, Vol. XI, 1922, p.342; *Ibid*, p.101에서 재인용.
128 *Ibid.*, p.102.
129 Sandra C. Taylor, "Japan's Missionaries to the Americans; Sidney L. Gulick and America's

활동하고 있던 재한선교부와 각 지역의 지방회(장로교의 경우 스테이션)와 현장을 직접 목도한 로컬 선교사들의 입장은 달랐다.[130]

감리교 선교사 노블을 비롯한 6명의 선교사들이 서울 주재 미국 총영사를 방문해 미국 정부의 적극적 간여를 강청했다.[131] 미국 북장로교 선교사 쿤스(Edwin W. Koons)와 서울에 주재하고 있던 선교사 23명도 전국의 모든 재한선교사들을 규합해 대대적인 대항을 협의했다.[132] 마펫, 맥킨(G. S. McCune), 저다인(Joseph Lumpkin Gerdine), 빌링스(Bliss W. Billings) 등도 전국 재한선교사들과 한국인 목사들로부터 기독교 탄압 사례들을 수집해 공포하려 했다. 하디도 3·1운동의 사망자와 수감자 모두 우국지사라고 선언했다. 특별히 그는 희생자들이 틀림없이 천국에 오를 수 있고, 부상자는 하나님으로부터 축복받을 것이라는 설교를 서슴지 않았다.[133]

가장 적극적으로 일본의 만행을 고발했던 사람은 세브란스의전 교수로 와 있던 스코필드(Frank William Schofield)였다. 그는 세브란스에서 근무하던 이갑성의 요청으로 탑골공원에서의 만세 시위의 현장과 1919년 4월 15일에 일어났던 일본군의 수원 제암리교회 방화와 학살 사건을 사진 찍고 조사했다. 그리고 그 내용을 "제암리의 대학살(*The Massacre of Chai-Amm-Ni*)"이라는 제목으로, 영자신문 「상하이 가제트」(*The Shanghai Gazette*) 1919년 5월 27일자에 싣도록 했다.[134] 그리고 같은 무렵 작성한 "수촌 만행 보고서(*Report of the Su-chon Atrocities*)"를 비밀리에 미국으로

Interwar Relationship with the Japanese, Diplomatic History, vol.4, no. 4, Fall, 1988, pp.392–393; 조영율, *op.cit.*, p.130 참조.

130 김명구, 「복음, 성령, 교회-재한선교사들 연구」, p.374.
131 國會圖書館編, 「韓國民族運動史料」(三一運動篇 其三), 1979, p.258.
132 *Ibid.*, p.123.
133 *Ibid.*, p.203.
134 *The Shanghai Gazette*, 1919년 5월 27일자

보냈다. 그의 보고서는 미국 장로교회 기관지 *Presbyterian Witness* 1919
년 7월 26일자에 실렸다. 일본의 만행이 전 세계에 알려지게 된 이유이
다.[135]

스코필드는 3·1운동 시위 행렬, 감옥 경험담, 일본 경찰에 고문당
한 한국인들을 치료한 이야기 등을 담은, 자신이 직접 목격하고 작성한
298페이지에 달하는 보고서를 영국의 성서공회 총무 리슨(Ritson)을 거
쳐 토론토의 캐나다장로회 해외선교부 총무 암스트롱(A. E. Armstrong)
에게 보냈다. 그의 보고서는 미국 기독교연합회 동양관계위원회에 보
내져 거기서 1919년 7월에 발행했던『한국의 상황』(*The Korean Situation*)
에 증거자료로 실렸다.[136]

한편 일본인들 앞에서 정치적 중립을 선언했지만, 감리교 선교감독
웰치는 자신들의 위치를 헌병경찰에 알리고 조용하게 체포를 기다렸던
3·1운동 주도자들의 놀라운 기지와 조직적인 재능, 용기와 위엄 있는
행동에 감탄을 금치 못했다. 공식적이고 공개적이지는 않았지만 그는
분명 한국 편에 있었다.[137]

웰치는 뉴욕에서 매주 발행되던 미 감리회 신문 *The Christian Advo-
cate*에 네 차례에 걸쳐 삼일독립만세운동에 대해 다음과 같은 입장을
발표했다.

---

135 김승태, 유진, 이향 엮음,『강한 자에게는 호랑이처럼 약한 자에게는 비둘기처럼: 스코필드
박사 자료집』(서울:서울대학교출판문화원, 2012) "해제" 참조. 스코필드는 총독부나 일제의
고관들에게도 그 비인도적 만행을 규탄 항의하고, 개혁을 요구했는데, 그의 일본에 대한 비
판은 영자지『재팬 애드버타이저』(*The Japan Advertiser*)에 1920년 3월 12일부터 14일까지 3
일간 연재되었고, 그 내용은 다시『동아일보』1920년 4월 23~29일자에 "조선통치개량에 대
한 외국인의 관찰"이라는 칼럼으로 연재되었다. 류시현 역,『재팬 애드버타이저(*The Japan
advertiser*) 3·1운동 기사집』참조.
136 *Loc.cit.*
137 김명구,『복음, 성령, 교회: 재한선교사들 연구』, p.376. 웰치는 2·8독립선언 중심에 있었던
김도연 등 일본 유학생들에게 웨슬리대학교 입학을 주선했다. 그것은 일본이 이승만을 체포
하지 못하게 하기 위해 미국으로 피신시킨 해리스 감독과 같은 방법이었다.

정치적 문제에 대해서는 완전하게 중립을 지켜야 하지만, '정
의'의 문제나 인류 본연의 문제, 곧 인간 본연의 문제에 대해서
는 엄격하게 문제를 제기해야 한다.[138]

그리고 일본의 영자신문 *Japan Times and Mail* 과의 인터뷰에서도 웰
치는 일본에 대해 강력하게 다음과 같이 요청했다.

① 일본은 한국인들을 흡수(assimilation)시켜 일본인으로 만들려
  는 생각을 버려야 한다.
② 교육의 개선과 한국인들이 자치정부를 조직할 수 있도록 해
  야 한다.
③ 경찰과 군대를 엄격히 제어해야 한다.
④ 즉각적이고 철두철미하게 한국인들이 항변하는 것들에 대
  해 조사해야 한다.
⑤ 한국인들의 정체성을 해치는 정책들에 대해 깊이 생각해야
  한다.
⑥ 일본 정부 대리인으로 범법을 행한 자(offender)들을 처벌해
  야 한다.[139]

미국 감리교 감독인 웰치의 주장은 미국 정계에 곧바로 전달되게 되
어 있었다. 그의 입장은 미국 정부가 이승만 등 미국에 거주하며 활동
하던, 한국의 독립운동가에 대한 인식을 바꾸는 계기가 될 수 있었다.
일본에 일방적이었던 미국 정부의 시선을 돌리게 하는 원인이 되었던

---

138 "How about Korea?," *The Christian Advocate*, 1919년 7월 10일자.
139 Herbert Welch, *As I Recall My Century*, Nashville: Abingdon Press, 1962, p.87; 김명구, 『복음,
성령, 교회: 재한선교사들 연구』, p.377에서 재인용.

것이다.[140]

1919년 3월 22일 조선총독부는 선교사 대표 9명, 곧 웰치, 세브란스 의전의 애비슨, 평양 장로회신학교장 마펫, 연동교회 담임 목사 게일, 대한성서공회장 저다인, YMCA 협동총무 브로크만(Frank Marion Brockmanm), 선천지방 선교사 휘트모어, 조선기독교서회 하디(Robert A. Hardie), 감리교 수원지방 감리사 노블(William A. Noble), 감리교 선교사 벙커(Balzell A. Bunker)를 조선호텔로 초치했다.[141] 이 자리에서 선교사들은 일본의 가혹한 통치에 대해 신랄하게 비판했다.

일본 총독부와의 회담 직후, 서울의 재한선교부는 로컬 선교사들의 의견을 청취한 뒤 통일된 결론을 내렸다. 곧 식민지 상황에서 정치적인 문제에 대해 중립의 입장을 취할 수밖에 없다는 것, 그렇지만 일본의 잔혹 행위에 대해서는 결코 중립적일 수 없다는 것, 모든 수단을 다 동원해 일본국민이나 세계 도처에 일본의 국가적 양심에 문제를 제기할 수 있도록 여론을 환기시켜 나갈 것 등이었다.[142] 호교론적 이유 때문에 때로 침묵을 해야 했지만 일본의 악한 행동을 그대로 묵과하지 못했던 것이다.

미국은 계속되는 언론 보도를 통해 그리고 선교사들을 통해, 한국인들과 한국 교회가 당하고 있는 고통을 더욱더 확실히 알게 되었다. 3·1운동과 그 이후에 계속된 일본의 만행으로 일본에 대한 여론이 악화되

140 *Ibid.*, p.378.
141 일본 측에서도 3·1운동 참여자들의 최종 심인, 고등법원 재판을 관장하는 와타나베 도루(渡邊暢)를 주축으로 하여 가타야마(片山恒夫, 조선총독부 외사과 관리), 고부쿠(國分三亥, 사법부 장관, 고등법원 검사국 검사), 세키야(關屋貞三郎, 학무국장), 호시노(星野), 가와바타(川端), 야마가타(山縣五十雄, Seoul Press 발행인), 사카이도(坂井戸), 니와(丹羽淸次郎) 일본 YMCA 총무)가 나왔다. 그들도 대부분 기독교인들이었다.
142 Anonymous by Request, *General Survey*, The Christian Movement, 1920, p.204; 김명구, 「복음, 성령, 교회: 재한선교사들 연구」, pp.376-367에서 재인용.

고, 결국 미일관계의 악화로 연결되었다.[143] 반일감정이 증폭되기 시작했고, 시간이 지나야 했지만 미국 정부는 한국 독립을 염두에 두기 시작했다.

---

143 A. J. Brown Secretaries File 참조; 조영렬 박사논문, pp.117~118 참조.

4장.

기독교와 상해임시정부

1. 상해임시정부 수립-기독교와 대종교와의 관계성

1905년, 을사늑약이 체결되었을 때 대한제국 보병영 부위(副尉)였던 신규식은 여러 차례 자살을 시도했으나 그때마다 실패했다. 이 일로 인해 오른쪽 눈이 망가졌고 외견상 흘겨보는 상(像)이 되었다. 이때부터 '왜놈을 흘겨본다'는 뜻으로 스스로를 예관(睨觀)이라 불렀다. 이후 신규식은 1911년에 중국으로 망명했고 무창(武昌)의 신해혁명에 한국인으로는 유일하게 참가했다.[144]

신규식은 1912년 7월, 상하이에 온 망명자들과 교민들과 함께 비밀 결사조직 '동제사(同濟社)'를 만들었다.[145] 다음 해 12월 7일에는 중국으로 망명한 청년들을 대상으로 '박달학원(博達學院)'을 설립했다. 이곳에서 100여 명의 청년들이 공부했고 중국의 군사학교에 위탁해 100여 명

---

144 김명구, 『해위 윤보선-생애와 사상』(서울:고려대학교출판부, 2011), pp.68-69 참조. 신규식은 신해혁명의 주역이었던 중국동맹회 중부총부의 지도자인 송교인(宋敎仁), 황흥(黃興), 진기미(陳期美) 등과 형제 이상의 관계를 맺게 되었고, 국민당의 최고 중심에 있던 손중산(孫中山)과도 남다른 우의를 갖게 되었다.

145 이사장은 신규식, 총재는 박은식이 맡았다. 김규식(金奎植), 홍명희(洪命憙), 신채호(申采浩), 조소앙(趙素昂), 문일평(文一平), 여운형(呂運亨), 장건상(張建相) 등이 주도적인 역할을 했다.

의 무관을 배출했다. 1917년 7월, 신규식은 여운형을 비롯하여 김규식 등과 '신한청년단'을 조직했다.[146] 몇몇을 빼고는 모두 기독교인들이었다. 이렇게 신규식의 적극적 제안과 활동으로 상해 임시정부의 초석이 놓아졌다.[147]

한편 신규식이 만든 동제사는 사실상 대종교 조직체라 해도 과언이 아니다.[148] 이들은 단군상 앞에 모여 앉아 배례를 한 후, 국제정세, 독립운동의 방략을 논의했다.[149] 당시 동제사 주요 구성원과 그들이 관계된 사건과 조직을 보면 다음과 같다.

동제사의 주요 구성원(1917년 기준)[150]

성명	출신지	출생년도	망명년도	종교	대동단결선언 (1917년 7월)	임시정부 (1919년 4월)
신규식	청원	1880	1911	대종교	O	O
박은식	황주	1859	1911	대종교	O	O
신채호	대덕	1880	1910	대종교	O	O
문일평	의주	1888	1912			
김규식	부산	1881	1913	기독교	O	O
조성환	서울	1875	1910	대종교	O	O
이 광	청주	1887	1910		O	
신건식	청원	1889	1912	대종교		O
신석우	서울	1894		기독교		O
박찬익	파주	1884	1910	대종교	O	O
민제호	서울	1890	1912			O
민필호	서울	1898	1911	대종교		O

---

146 5.16 당시, 박정희와 함께 윤보선을 면대했던 대령 유원식의 아버지 유림도 이곳에서 활동했고, 유원식은 이러한 부친과의 인연을 기화로 윤보선과 접촉을 시도했고 이를 이용하려 했다. 김명구, 『해위 윤보선—생애와 사상』, p.71.
147 *Ibid.*, p.72.
148 그런 이유로 초기 상해임시정부 의정원 의원 29인 중 21명이 대종교도였다.
149 석원화, 김준엽 공편, 『신규식·민필호와 한중관계』(서울: 나남출판, 2003), p.66.
150 김명구, 『해위 윤보선—생애와 사상』, p.85에서 재인용.

성명	출신지	출생년도	망명년도	종교	대동단결선언 (1917년 7월)	임시정부 (1919년 4월)
김 갑	부산	1888	1911	대종교		O
변영만	경기	1889	1910			
정원택	음성	1890	1912	대종교		
여운형	양평	1885	1914	기독교		O
선우혁	정주	1882	1913	기독교		O
한흥교	부산	1885	1910			
조소앙	양주	1887	1913	육성교	O	O
정인보	서울	1892	1912	대종교		
조동호	옥천	1892	1914	기독교		O
홍명희	괴산	1888	1913		O	
한진교	중화(평남)	1887	1914			O
서병호	장연	1885	1914	기독교		O
윤보선	아산	1897	1917	기독교		O

1910년대 초까지만 하더라도 동제사의 회원들 대부분이 대종교인들이었다. 후기에 이르러 기독교인들이 참여하지만 여전히 동제사는 대종교인들이 주도해 나갔고, 그런 이유에서 음력 3월 15일이 되면 임시정부 차원에서 어천절 기념식이 성대히 치러졌다.[151] 임시정부가 채택한 건국강령이 홍익인간의 이념과 대종교의 균평사상(均平思想)에서 비롯되었던 것도 이같은 이유이다.[152] 3·1운동 직후 기독교 지도자들이 망명해 오고, 이승만과 안창호가 상하이로 온 이후 기독교계의 영향력이 크게 늘어났지만 대종교계를 무시할 수 없었다.

그런데 상해임시정부를 주도했던 기독교계와 대종교계 사이에는 종교적·사상적 갈등이 나타나지 않았다. 오히려 기독교계를 대변했던 이

---

151 『독립신문』, 1921년 4월 30일자.
152 강만길, "조소앙과 삼균주의," 『사상』, 1992년 여름호, p.293.

승만과 대종교계의 중심에 있던 신규식의 관계는 매우 밀접했다. 신규식은 임시정부 내의 계파들이 이승만을 비판할 때 끝까지 방어할 정도로 이승만을 신뢰했다. 그는 미국을 필요로 했고[153] 이승만도 상해임시정부에 영향력을 갖고 있던 신규식의 지지가 필요했기 때문이다. 이승만과 대종교계와의 관계는 해방 이후, 제1공화국까지 밀접하게 연결되었다.

2. 상해임시정부의 진행과 정치적 갈등

3·1운동 이후, 설립된 임시정부는 여러 개 있었다. 4월 13일에 공식 출범한 상해의 '대한민국임시정부' 이외 서울의 '한성정부'와 인천의 '조선민국임시정부,' 1917년에 조직된 전로한족회중앙총회(全露韓族會中央總會)가 명칭을 바꾸어 1919년 3월 17일 생겨난 노령의 '대한국민의회,' 평안도 지역의 '신한민국정부,' 천도교가 중심이 되었던 기호지역의 '대한민간정부,' 간도의 '고려임시정부' 등이 있었다. 그렇지만 상해임시정부와 노령의 대한국민의회 이외는 모두 문서상의 정부였다.[154]

1919년 5월에 미국에 있던 안창호가 상해로 오면서 각 세력들은 1919년 9월 11일 상해임시정부로 통합될 수 있었다. 이후 헌법을 개정해 이승만을 초대 대통령으로, 노령에서 활동하던 이동휘를 국무총리로, 안창호를 내무총장으로 선출했다. 상해임시정부는 비로소 정부로서의 모양새를 갖출 수 있었다.[155]

---

153 조소앙이 기초한 상해임시정부의 가헌법(假憲法) 1조는 "조선공화국은 북미합중국의 정부를 방(倣)하여 민주 정부를 채택함"으로 되어 있다.
154 김명구, 『해위 윤보선-생애와 사상』, p.75.
155 윤대원 『상해대한민국임시정부』(서울: 서울대학교출판부, 2006), p.44참조.

그런데 이승만은 독립운동의 최고 지도자로 각인되어 있었다. 거의 모든 독립운동세력들로부터 추앙받고 있었던 것이다. 이승만은 미국에 망명한 후에도 YMCA를 비롯한 기독교회들과 연계하고 있었고 하와이를 중심으로 한 미국 교포사회의 위상도 확보하고 있었다. 따라서 그에 대한 독립운동세력의 기대는 거의 절대적이었다.[156]

1919년, 상해임시정부는 미국에 기반을 두고 있던 이승만과 안창호가 가세되면서, 거의 모든 독립운동 세력들이 대한민국임시정부라는 이름 아래 모였다. 다양한 지역적 기반과 독립운동의 경험을 가진 각지의 대표들이 상하이로 모여 들면서 보다 복잡한 양상을 띠게 되었지만 상해임시정부는 권위를 갖게 되었고 영향력도 갖게 되었다.[157]

그러나 재정이 허락되지 않았다.[158] 각 계보는 갈등하기 시작했고 내재 되어 있던 이념과 노선간의 갈등이 드러나기 시작했다. 반공주의자 이승만은 친소 노선을 추구하고 있던, 공산주의자로 변신해 있던 이동휘를 거부했고 이동휘도 이승만을 강하게 비판했다. 신채호나 박은식과 같은 국수 민족주의자들도 이승만의 친미성과 기독교성을 공격했다. 날이 갈수록 임정의 분열은 치유될 수 없을 만큼 커져갔다.

기독교 민족주의계 내부, 곧 이승만계와 안창호계도 갈등했다. 여기에는 이승만에 대한 질시가 없지 않았다. 특히 도산 안창호가 중심이 되었던, 흥사단과 독립신문을 통한 서북세력의 결집은 이승만의 기호파를 자극했다. 두 계보의 분열은 상해임시정부를 파국으로 치닫게 하는 가장 큰 요인이 되었다. 두 계보의 갈등은 후일 제2공화국까지 연결되었다.

---

156 이승만의 의지와 상관없이 만주 접경의 '대한공화국 임시정부'에서는 국무경으로 추대했고, 서울의 '한성임시정부'에서도 집정관 총재로 추대했다.

157 *Ibid.*, p.38.

158 윤보선, 『구국의 가시밭길: 나의 회고록』(서울:한국정경사, 1967), pp.25-26 참조.

결국 이승만은 1921년 5월 17일과 18일에 임시의정원과 국무원에 "외교상 긴급과 재정상 절박"함을 이유로 도미(渡美)한다는 교서와 공함(公函)을 보냈다. 그리고 법무총장 신규식을 국무총리 대리로 임명하고 미국으로 돌아갔다. 1922년 3월 이후, 임정은 '무정부 상태'에 빠졌고 임시정부를 유지하려 온갖 애를 썼던 신규식도 그 실망감에 단식을 택해 스스로 세상을 떠났다. 이상과 현실간의 폭이 그만큼 컸던 것이다.[159]

3. 대한민국 헌법 제1조의 발현

1919년 4월 13일에 공식 출범한 상해 '대한민국임시정부'는 곧바로 임시 의정원을 구성했다. 그리고 1919년 4월 11일에 제정된, 전체 10조로 구성된 임시헌장을 조완구의 동의와 조소앙의 재청으로 가결시켰다. 임시헌장의 사전심사는 신익희, 이광수, 조소앙이 맡았는데, 1918년에 조소앙이 만든 무오독립선언서를 일부 기초로 했다.[160] 그런데 대한민국 임시헌장 제1조 "대한민국은 민주공화제로 함"은 조소앙의 독립선언서와 무관했다. 1948년 대한민국 수립을 선언하는 자리에서 확정된 제1조는 기독교로 인한 것이다.[161]

상해임시정부 임시헌장과 조소앙의 무오독립선언서, 이승만의 대리인이었던 감리교의 이규갑 목사가 만든 한성정부의 약법(漢城政府約法)

159 김명구, 『해위 윤보선−생애와 사상』, p.77.
160 신우철, "중국의 제헌운동이 상해임시정부 헌법 제정에 미친 영향," 『법사학연구』 29호, 한국 법사학회, 2004, p.24 참조.
161 김명구, "한민당과 기독교," 서울신학대학교 현대기독교역사연구소 엮음, 『해방공간과 기독교 I』(서울:도서출판 선인, 2017), p.220.

내용을 비교하면 다음과 같다.[162]

대한민국임시헌장 (1919. 4. 11)	무오독립선언서 (1918. 11?)	한성정부약법 (1919년 4월)
신인일치(神人一致)로 중외협응(中外協應)하야 한성(漢城)에 기의(起義) (임시헌장 선포문)	천의을 대양(對揚)하며 인심을 순응(順應)…천인(天人)합응(合應)의 순수한 동기로…	
제1조 대한민국은 민주공화제로 함		제1조 국체는 민주제를 채용흠
제2조 대한민국은 임시정부가 임시의정원의 결의에 의하여 차(此)를 통치함		제2조 정체(政體)는 대의제를 채용흠
제3조 대한민국의 인민은 남녀귀천 급(及) 빈부의 계급(階級)이 무(無)하고 일절 평등함	동권(同權) 동부(同富)로 일절 동포에 시(施)하야 남녀빈부를 제(齊)하며 무현무수(無賢無壽)로 지우노유(智愚老幼)에 균하야…	제3조 국시(國是)는 국민의 자유와 권리를 존중ㅎ고 세계평화의 행운을 증진케 흠
제4조 대한민국의 인민은 신교. 언론. 저작. 출판. 결사. 집회. 신서(信書). 주소. 이전. 신체 급(及) 소유의 자유를 향유(享有)함		
제5조 대한민국의 인민으로 공민자격이 유(有)한 자는 피선거 급(及) 피선거권이 유(有)함		
제6조 대한민국의 인민은 교육. 납세급(及) 병역의 의무가 유함		제5조 조선국민은 좌의 의무가 유함 – 납세, 병역
제7조 대한민국은 신(神)의 의사에 의하야 건국한 정신을 세계에 발휘하며 진(進)하야 인류의 문화급(及) 평화에 책헌(責獻)하기 위하야 국제연맹에 가입함	사해인류(四海人類)를 度할지니…진(進)하야 국제불의를 감독하고…아(我) 단군 대황조께서 상제(上帝)에 좌우하사	
제8조 대한민국은 구(舊) 황실을 우대함		

162 신우철, *op.cit.*, pp.26-27 참조.

한국 교회 시대의 도래

대한민국임시헌장 (1919. 4. 11)	무오독립선언서 (1918. 11?)	한성정부약법 (1919년 4월)
제9조 생명형(生命刑) 신체형 (身體刑) 급(及) 공창제를 전 폐함		
제10조 임시정부는 국토회복 후 만1개년 내에 국회를 소집 함		제6조 본 약법은 정식국회를 소집ᄒ야 헌법을 반포(頒布)ᄒ 기ᄭ지 차(此)를 적용흠
민족평등.국가평등 급(及) 인 류평등의 대의를 전전함 (정 강1조)	민족평등을 전구(全球)에 보 시(普施)할지니…평균천하의 공도(公道)로 진행할지니…대 동평화를 선전할지니…	

도표에 나와 있듯이 대한민국 임시헌장 뿐만 아니라 이승만을 내세
웠던 한성정부도 뚜렷이 민주주의를 정체(政體)로 내걸고 있는 것이다.
그런데 상해임시정부와 한성정부가 제1조로 내세우고 있는 "민주공화
제"라는 명칭은 조소앙의 무오독립선언서에는 나타나지 않는다. 또한
신해혁명 후에 제정되고 있던 중국의 수많은 헌법 문서들 가운데서도
찾아 볼 수 없는 독창적인 명칭이었다.[163] 분명한 것은 임시정부의 헌장
제1조, 곧 "대한민국은 민주공화제로 함"은 이광수의 주장에 의해 기술
되었다고 볼 수 있다.

이규갑이 대행하고 있던 한성정부의 약법 제1조도 "국체ᄂ 민주제를
체용흠"이었다. 이것은 한국 개신교계가 '민주주의'에 대해 정확히 알고
있었고, 장차 독립이 되었을 때 한국이 민주주의 국가가 되어야 한다고
생각했음에 틀림없다. 불교와 천도교, 기독교 등 각 종교를 두루 편력
한 바 있던 이광수는 이미 1917년 다음과 같이 피력한 바 있다.

  개성의 자각, 우(又)는 개인의식의 자각이외다. 원래 야소교는

---

163 *Ibid.*, p.19 참조.

개인적이외다.

(중략)

유교도덕은 개인의식을 몰각(沒却)케 합니다. 이 개인의식의 몰
각(沒却)이 사상의 발달을 저해함이 다외(多外)하외다. 그러나
야소교는 각 개인이 기도와 사색으로 하나님을 보고 하나님을
찾음으로 각 개인의 영생을 얻을 수 있다 합니다. 그럼으로 각
개인의 표준은 각 개인의 영혼이외다. 각인은 각각 개성을 구
비한 영혼을 가진다함이 실로 개인의식의 근저외다. 신(新) 윤
리의 중심인 '개성'이라는 사상과 신(新) 정치사상의 중심인 민
주주의라는 사상은 실로 야소교리(耶蘇教理)와 자연과학의 양원
에서 발한 일류(一流)외다.[164]

한국의 민주주의가 기독교에 의해 비롯되었다고 밝힌 것이다. 상해
임시정부시절, 도산 안창호도 미국 기자와의 회견에서 미국 기독교가
한국에 민주주의 의식을 심어 주었다며 이광수의 주장을 뒷받침하고
있다.

한국은 4천 년의 고국(古國)이라. 불행히 서양문명에 촉(觸)함이
면(免)하였으나, 한국의 문명은 기독교와 민주주의를 기초로한
문명이라. 30년래 한국에게 신문명을 준 자는 미국이라. 귀국
민은 종교로 교육으로 아(我) 국민에게 지도의 은(恩)을 가(加)하
였고 독립운동 이래 공정한 언론으로 아(我)국민의 친우가 됨을
감사하노라.[165]

---

164 이광수, "耶蘇教의 朝鮮에 준 恩惠," 「青春」 9, 1917년 7월, 「李光洙全集」 17 (서울:삼중당,
     1962), p.19.
165 안창호, 「도산 안창호 논설집」(서울: 을유문화사, 1973), pp. 131-132.

안창호도 인정했듯이, 선교사가 들어온 직후부터 기독교는 선교의 접촉점으로 근대 교육을 시작했고 각 교회마다 남·녀 학교를 운영했다. 기독교 사회기관이었던 YMCA와 기독교회도 교육기관을 운영했다. 여기에서 개인의 권리와 타인의 존중을 가르쳤다.[166] 한국 근대 지식사회도 미국의 종교를 기독교로 인식하면서, 미국을 "민주공화국의 개조(開祖)"라고 확인한 바 있다.[167] 이광수는 민주주의 유래와 역사를 잘 알고 있었다. 그런 이유에서 한국의 민주주의 사상이 기독교로부터 나왔다고 진술한 것이다. 임시정부 헌장은 중경정부에 이르기까지 5번이나 개정을 했지만 제1조는 계속 유지가 되었다. 해방 후에도 대한민국 헌법 제1조로 계속되고 있다. 대한민국의 정체성이 기독교에 의해 정해진 것이다.

---

166 실제로 1920년대 연희전문에서 교육학을 가르치던 남감리교 선교사 피셔(J. E. Fisher)는 학생들에게 민주주의(Democracy)에 대해 교육시켰다. 그는 선교교육도 민주주의적 관점에서 진행되어야 한다는 주장을 서슴지 않았다. James Earnest Fisher, *Democracy and Mission Education in Korea*(New York: Columbia University, 1928), p.53 참조.

167 대한유학생회, 논설 "국가의 주동력," 「대한유학생회학보」 1907년, 제2호

4부

기독교와 1920년대—분리와 분열의 시대

1장.
문화정치와 시대적 시련
—한국 사회 분열 획책

1. 사이토의 전략과 그 이면성

3·1운동을 무자비하게 진압하고 잔인하게 처리했기 때문에 미국과 영국 등 서구국가들의 일본에 대한 비판이 쏟아졌다. 일본의 지식사회 한 구석에서도 한국통치의 가혹성을 지적하고 나섰다. 일본 정부도 한국을 일방적으로 통치할 수 없다는 것을 확인했다. 한국의 민도(民度)나 근대문명적 수준이, 일본이 생각하는 것처럼 낮지 않았던 것이다. '무단정치'로 한국을 다스릴 수 없다고 판단한 일본은 총독 하세가와 요시미치(長谷川好道)을 경질하고 사이토 마코토(齋藤實)를 제3대 총독에 임명했다.

1919년 9월 3일, 제3대 조선총독으로 공식 부임한 사이토는 천황이 내린 「총독부관제개혁 조서」에 기초해 '일시동인(一視同仁)'의 취지를 언급했다.[168] 그리고 9월 10일 총독부 기구개혁의 2대 핵심인 총독 무관제와 헌병경찰정치의 폐지를 비롯해서 한국인의 처우개선과 시정쇄신

---

168 朝鮮總督府, 「官報」, 1919년 9월 4일자.

한국 교회 시대의 도래

등 문화정치 시행방침을 공포했다.[169] 헌병경찰제도는 폐지되고 경찰총감부와 각도 경무부도 폐지되었다. 경찰권은 도지사가 행사하게 되었고, 종래 헌병분대와 분견소는 경찰서와 주재소로 대치되었다. 조선인 관리의 처우 개선을 지시하는 등 '내선융화(內鮮融和)' 정책도 표방했다.[170] 일명 '문화정치'가 시작된 것이다.

그렇지만 사이토가 가장 우선했던 것은 치안유지였고,[171] 한국의 민심을 진정시키는 것이었다.[172] 일본이 내세운 '문화정치'와 '내선일체,' 일명 동화정책(同化政策)은 항구적으로 식민지를 통치하기 위한 전략이었을 뿐이다. 사이토는 총독부 관리들에게 다음과 같은 지시를 내렸다.

> 문화 정책은 근본 방침임에는 틀림없지만, 굳이 배일사상을 품고 조선의 독립을 꾀하려고 하거나 또는 제국의 통치로부터 벗어나기를 기도하는 자에게는 물론 반국가적 태도를 취하는 사람에 대해서는 추호도 가차 없이 그를 엄벌에 처하는 단호한 조치를 취함으로써 교육을 철저히 하도록 힘쓰기 바란다.[173]

'일시동인'의 정신을 받드는 사람들은 애호(愛護)하겠지만 일본의 국헌(國憲)에 반항하고 병합정신에 어긋나는 불령 행동자에 대해서는 가차 없이 다스리겠다고 토로한 것이다.[174]

---

169 朝鮮總督府, 『齋藤實文書』2(서울:고려서림, 1990), pp.73-110, 111-118 참조. 이를 실현하기 위해 한국통치에 관한 5대 정강, 곧 ① 확실한 치안유지 ② 교육의 보급개선 도모 ③ 실효성 있는 산업개발 ④ 진보적인 교통위생 정비 ⑤ 지방제도의 개혁과 시세(時世)에 순응한 문명적 정치 기초의 확립을 지시했다.

170 권태억, "1920, 30년대 일제의 동화정책론," 『한국사론』53, 서울대 국사학과, 2007, pp.405-416.

171 水野錬太郎, 「朝鮮統治の一轉機」, 『朝鮮』79, 1921년 2월, pp.4-5. 사이토는 치안유지를 위해 1920년 경찰관서의 수를 1919년의 736개소에서 2,746개소로 3.6배 증가시켰고, 경찰관은 6,387명에서 2만 134명으로 3.2배나 늘렸다.

172 朝鮮總督府, 『齋藤實文書』1, p.419.

173 朝鮮總督府, 『齋藤實文書』9, p.143.

174 朝鮮總督府, "序言," 『施政年報』7권, 1921년.

사이토는 여러 치안 안정 대책들을 내놓았다. "귀족, 양반, 유생, 부호, 실업가, 교육가, 종교가 등을 상대로 각종의 친일적 단체를 만들게 한 후, 그에게 상당한 편의와 원조를 제공하여 충분히 활동하도록 할 것." "수재 교육이란 이름하에 친일 인물을 양성하도록" 할 것, "종교, 기독교와 불교 단체 등을 중앙집권화하고 그 수장에 친일파를 앉히고 일본인 고문을" 둘 것, "비밀 선전기관을 설치하여 놀고먹는 유식자(遊食者)를 이용하여 문서로나 말로나 각종 선전을 하게" 할 것을 지시했다.[175] 그리고 한국의 자본가를 일본인 사업가와 연결시켜 매판화(買辦化)시키고, 전국의 유지들에게 국유림의 일부를 불하해 주는 등 적당한 이권을 주었다.[176] 한국의 독립 발상이나 민족운동을 강력히 억압했지만, 자본가, 지주, 종교인, 체제 순종적 인물 등에 대해서는 편의와 원조 제공을 분명히 했다. 물론 친일로 유도하기 위한 것이었다.[177]

「동아일보」와 「조선일보」를 창간하도록 했고 『개벽』, 『신생활』, 『조선지광』 등 잡지 발간을 허락했다. 그러나 식민지 통치 질서와 공안(公安)을 방해하면 언제든지 폐간 및 압수를 당할 수 있도록 했다.[178] 사이토가 공언한 대로, "문화정치라고 일컫지만 반도통치의 기본방침에 있어서는 조금도 달라진 점"이 없었고, "국헌(國憲)에 반항하고 병합의 정신에 어긋"난다고 판단되면 "추호의 가차 없이 단속하는 방침을 추진"했다.[179] 내선 융화(內鮮融化)를 내세웠지만 한국인은 일본인의 위치에 오를 수 없었고 법적 지위를 엄격히 구별했다.

175 *Ibids.*, pp.143–158쪽.
176 강동진, 『일제의 한국침략정책사』(서울:한길사, 1980),p.167.
177 國分三亥, "總督施政ノ將來ノ方針ニ關スル意見書," 1919년 5월, 『齋藤實文書』 13, pp. 130–164. 이에 따라 교풍회(矯風會), 국민협회, 대동동지회, 대동사문회의 등 다양한 친일단체가 만들어졌다.
178 1929년 한해동안 신문차압이 63회, 기사삭제가 82회 그리고 53종의 출판물이 압수되었다. 동아일보사, 『동아일보사』 1권, 1975, p.75.
179 朝鮮總督府, 『施政二十五年史』(朝鮮總督府, 1935), pp.314–315.

1920년 11월, 일본의 교육제도와 동일해야 한다는 명분에 따라, '조선 교육령'을 개정했다. 필수과목으로 있던 보통학교의 한국어 과목을 선택과목으로 바꾸었고 일본어와 일본역사에 주안점을 두었다. 1922년 2월 6일에는, "한국의 교육제도를 일시동인(一視同仁)의 성지(聖旨)에 의거하여 그간의 차별을 철폐하고 일본의 내지(內地) 학제에 맞춰 제정하겠다"며 '제2차 조선교육령 개정'을 공포했다.[180] 명목은 일본과의 교육적 차별을 없애겠다는 것이지만, 사립학교의 위상을 약화시키기 위한 것이었다.

이것은 말할 것도 없이, 특별히 기독교 학교의 영향력을 더욱더 약화시키기 위한 것이었다. 사이토의 정책에 따라 관립 고등보통학교나 지정된 사립학교는 일본 중학교와 동등한 자격을 누렸지만, 비지정 학교는 각종학교나 잡종 학교로 전락했다. 진학할 수 없게 했고 취직에도 불이익을 당하도록 한 것이다. 물론 대부분의 기독교 사립학교는 총독부 지정에서 제외되었다.

온건하고 약간의 자유를 주었던 사이토의 정책은 대부분 의도대로 진행되었고 기대했던 결과를 얻었다. 독립의지를 약화시켰고 민족 운동가들을 분열시켰다. 또한 수많은 친일파와 친일기관을 만들어 냈다. 한국 기독교도 예외가 아니었다.

사이토는 종교 부문에서 세 가지 정책을 썼다. 곧 불교 및 토착종교에 대한 진흥, 미국 교회와 한국 교회의 연계성 단절, 새로운 사조(思潮)의 유입이었다. 한국인들을 교화시키기 위한 정책의 일환이라는 명분을 앞세웠지만 종국에는 한국 기독교를 분열시키고 그 에너지를 약화시키기 위한 것이었다. 불교를 비롯한 토착종교들은 활성화된 반면, 독자성을 내세우며 선교사들의 간섭을 배제하기 시작했고 새롭게 유입

---

180 朝鮮總督府, 『施政 年譜』(1921), p. 7. 참조.

된 사조들은 선교사들과 기독교에 대한 그간의 신뢰를 약화시켰다. 교회의 비정치화 의지가 강화되면서 기독교 민족주의계와 교회간의 합치성이 약화되기 시작했고 기독교 민족주의자간에 갈등도 본격화되었다. 기독교 민족 운동가들과 교회, 재한선교사와 한국 교회도 분리되기 시작했다. 재한선교사회와 한국 교회 내부의 주장이 서로 엇갈리기 시작했고, 교회와 기독교 민족주의자들의 지향점도 명백히 나뉘어졌다. 단일의 신학이나 단일 교회를 주장하는 목소리는 현저하게 줄어들었고 감리교회와 장로교회의 밀접성도 약화되었다. 기독교계의 합치와 집중을 기대하기 쉽지 않았고, 따라서 더 이상 3·1운동과 같은 대규모 민족운동은 일어나기 어려웠다.

2. 일본 총독부의 농업정책-그 수탈적 실태

영국의 요청으로 제1차 세계대전에 뛰어든 일본은 1918년 8월, 시베리아 출병에 필요한 군량미를 대규모로 차출했다. 쌀값은 폭등했고, 일명 '쌀 소동'으로 이어졌다. 일본 곳곳에서 쌀 도매업자들을 규탄하는 집회가 열렸고 소요로 이어졌다. 쌀가게와 유통회사가 불탔고 도시와 농촌을 뒤흔드는 폭동으로 이어졌다.[181] 일본은 급하게 식민지 한국에서 쌀을 들여와 이 문제를 해결했다.[182] 이로 인해 한국은 가혹한 핍절에 시달려야 했다.

사이토의 농업정책은 한마디로 수탈정책이었다. 철저하게 일본 국내의 쌀 공급을 위한 것과 제국주의적 정책 수행을 위한 것이었다. 일본

---

181 '쌀 소동'으로 일본 국내에서 50일간 369회의 소요가 발발해 10만 명의 군이 소요 진압에 투입되었다. 7,786명을 기소했으며 그중 2명은 사형, 12명에게는 무기징역이 선고되었다.
182 김낙년, 『일제하 한국경제』(서울:도서출판 해남, 2003), p.123.

의 식량 문제 해결을 위해 산미증식(産米增殖) 계획이 세워졌고, 군인들의 의복과 식량을 위해 면작(棉作) 증산계획과 축우(畜牛) 증식계획으로 이어졌다. 1926년, 조선총독부는 '조선미증식계획요강'(朝鮮産米增殖計劃要綱)을 발표하며 자신들의 의도를 분명히 했다.

> 본국에서의 쌀의 … 매년의 부족은 이를 제국의 다른 판도 및 외국의 공급에 의존하고 있는 현상인데, 본국의 인구는 연간 약 70만인의 증가를 보일 뿐만 아니라 국민생활의 향상과 더불어 1인당 쌀의 소비량도 또한 점차로 증가할 것은 필지지세(必至之勢)이다. 현재까지의 추이로 보아 장래 쌀의 공급은 더욱더 부족을 가져올 것이므로 이제부터라도 미곡의 증수계획을 수립치 않을 수 없으며…[183]

한국에서 생산된 쌀을 일본으로 가져가기 위해 산미증산계획을 세웠다고 밝히고 있는 것이다. 그런데 일본으로의 이출량(移出量)은 생산량을 뛰어넘는 것이었다. 따라서 산미증식계획은 한국 농촌의 피폐로 연결되게 되어 있었다. 조선총독부가 밝힌 한국 농산물 생산량 추세와 이출량 추세를 보면 다음과 같다.

주요 농산물 생산 추세(단위: 만 석)[184]

年次＼區分	쌀(米)	보리(麥)	콩(豆)	조(粟)	견(繭)	면(棉)
1910 – 1914	1,182	765	446	388	3	3,235만 근
1915 – 1919	1,369	899	537	477	9	6,858

---

183 조선총독부, 「朝鮮産米增殖計劃要綱」, 제1장, 1926.
184 朝鮮總督府, "農業統計表," 1932.

年次\區分	쌀(米)	보리(麥)	콩(豆)	조(粟)	견(繭)	면(棉)
1920 - 1924	1,452	941	564	548	17	11,886
1925 - 1929	1,492	944	543	500	37	15,668
1930 - 1932	1,713	1,027	546	523	58	17,632

한국 쌀의 생산고 이출고 및 1인당 소비량(단위: 천 석)[185]

연도	생산고	지수	이출고	지수	1인당 소비량
1912−1916 평균	12,303	100	1,056	100	0.7188
1917−1921 평균	14,101	115	2,196	208	0.6860
1922−1926 평균	14,501	118	4,342	411	0.5871
1927−1931 평균	15,798	128	6,607	626	0.4964
1932−1936 평균	17,002	138	8,757	829	0.4017
1937	19,410	159	7,161	678	0.5679

도표와 같이 일본의 한국에 대한 농산물은 어느 정도 증산되고 있었지만, 이에 비해 일본으로 가져간 쌀의 양은 3·1운동 직후 2배에 이르고 1930년대에 이르러 무려 729%나 증가하고 있다. 당연히 자작농은 몰락해 갔고, 소작농이 급증했으며, 농가 부채는 기하급수적으로 늘어났다.

당시 한국을 방문했던 세계적 농업학자 브루너(E. S. Brunner)가 1928년 예루살렘에서 열린 "국제선교협의회" 총회에 보고한 것을 보면, 1915년부터 1926년까지 10년간, 소작농은 25.4%나 증가했고 자작농은 2.3% 감소했다. 대부분 자작농들은 동양척식주식회사에 토지를 헐

---

185 朝鮮總督府 農林局, 1938.

값으로 넘겼고 대부분의 토지는 일본인 지주에 양도되었다. 생산량의 반이 넘는 소작료를 내야 했기 때문에 소작농은 더욱 많은 부채에 시달렸다. 한국의 농촌은 상상할 수 없는 궁핍과 좌절을 겪어야 했다.[186] 이럴 때 공산사회주의가 "새로운 메시야주의"로 등장하고 있었다.[187]

3. 공산주의의 대두

> 안으로는 세계적 불안의 여파를 받아서 우리 조선 내부의 민심도 안정되지 못하였다. 불순한 조선인 등이 안팎으로 호응하여 불온한 행동을 일으키거나 혹은 폭탄을 던지거나 혹은 암살을 행하거나 혹은 각종의 폭행 협박을 기도하거나 혹은 언론출판·집회 등에서 불온사상을 선전하는 등 형세가 반드시 낙관을 허락하지 않았다. 이러한 행동은 양민(良民)의 독이 될 뿐 아니라 실로 동양 평화를 교란하여, 일선 병합의 본뜻에 배반하는 것이므로 조금도 용납하지 말고 단호하게 제압할 방법을 강구하였다. 다행히 작년 이래 고심한 경찰력의 충실은 본 연도에 들어와 점점 완성되어가고 있다.[188]

조선총독으로 부임할 당시, 강우규로부터 죽임을 당할 뻔 했던 사이토는 이렇게 말했다. 그때 그는 한국인들의 독립의식에 대해 깊이 우려했다. 그런데 그가 언급한 '불온사상'에는 제1차 세계대전 이후 세계적

---

186 E. S. Brunner, Rural Korea, *A Preliminary Survey of Economic Social and Religious Conditions*, International Missionary Council, New York, 1927, p.104 참조.

187 민경배, "이용도와 최태용." 변종호 편 『이용도 목사 관계 문헌집』(서울:장안문화사, 1993), p.109.

188 朝鮮總督府, 『齋藤實文書』9, p.419.

사조로 등장하고 있던 사회주의와 볼세비키 혁명 이후 일본 진보 지식 사회에서 일어나고 있던 공산사회주의 사상도 포함되어 있었다.

제1차 세계대전 이후 유행처럼 번지고 있던 민주주의와 자유주의적 사상은 일본 근대 지식사회를 열광시켰고 급진주의자들을 사회주의자로 만들었다. 러시아 혁명이 알려졌을 때, 일본의 사회주의자 30여 명은 사카이 도시히코(堺利彦)의 이름으로 "러시아 혁명의 성공을 축복하고 제국주의전쟁을 중지하라"는 결의문을 러시아와 유럽 사회당 기관지에 보냈다. 물론 이들은 볼세비키 혁명의 구체적 내용은 알지 못했다.[189]

러시아 혁명은 일본의 진보 지식인들과 급진적인 노동자에게 큰 영향을 끼쳤고, 일본 사회주의자들에게 사회주의 혁명이 가능하다는 확신을 심어 주었다. ML회, 수요회, 무산계급사(無産階級舍), 오사카(大阪) LL회 등 수많은 공산주의 그룹이 나타났다. 와세다(早稻田)대학과 도쿄대학에는 민인동맹회(民人同盟會), 신인회(新人會)와 같은 사회주의 사상 연구회가 만들어졌다.[190] 진보적 젊은 지식인들에게, 사회주의자가 된다는 것은 세계적 흐름에 앞서 나가는 일로 여겨졌다. 이들은 러시아혁명의 실제적이고 현실적인 내용과 모습을 살펴보지 않은 채 급진적 사회주의자가 되었다. 도쿄의 한국인 유학생들도 예외일 수 없었다. 적지 않은 학생들이, 거세게 불고 있던, 새로운 사조에 빠져들고 있었다.

한국의 자주 독립을 천명했던, 도쿄 유학생들의 2·8독립선언서 내용 중 "군국주의적 야심을 포기하고 정의와 자유를 기초로 한 러시아는 신국가의 건설에 종사하는 중…"[191]의 구절이 있다. 그것은 도쿄 유학생

189 荒畑寒村, 『寒村自傳』(東京: 築摩書房, 1965), p.68; 정혜선, "1920년대 일본 사회주의 운동과 평화 공간: 일본 공산당과 사노 마나부의 활동을 중심으로," (사)아시아문화학술원, 『인문사회』 21 7권 5호, 2016년 10월, p.927에서 재인용.

190 정혜선, "1920년대 일본 사회주의 운동과 평화공간," pp.927-928.

191 원문은 다음과 같다: 최후(最後) 동양평화(東洋平和)의 견지(見地)로 보건대 위협자(威脅者)

들도 러시아에 긍정적 시선을 보내고 있었다는 것을 확인한다. 일본 대학사회에 유행처럼 번지고 있던 사회주의 사상, 특히 볼셰비키 혁명이 한국 유학생들에게도 여과 없이 전해진 것이다. 이 땅에 유토피아를 건설할 수 있다는 공산주의 사상은 적지 않은 재일 유학생들을 들뜨게 했다.

1918년 1월 22일, 볼셰비키가 러시아를 장악한지 3개월이 지났을 때, 러시아로 귀화했던 이르쿠츠크(Irkutsk)의 김철훈, 최고려, 오하묵 등이 이르쿠츠크 공산당 한인지부를 형성했다. 이들은 1920년 5월에 이르러 "전로(全露)고려공산당"으로 이름을 내걸고 '고려공산당'이라는 약칭을 썼다.[192] 1918년 6월 26일에는 하바로브스크(Habarovsk)에서 이동휘와 모스크바대학 정치학과 출신 박진순(朴鎭淳)이 제1차 한인사회당을 결성했다.

이때만 하더라도 이동휘는 이르쿠츠크파들과 달리 볼셰비키 사상에 대해 구체적으로 알지 못했다. 다만 독립운동에 러시아의 힘을 의존하려 했다.[193] 그러나 상해임시정부 국무총리로 있을 때인 1921년 1월에는 완전히 공산주의자로 변해 있었다. 그는 한인사회당의 이름을 "고려공산당"으로 바꾸고 6,812명이나 되는 당원들을 모았다. 선교사들의 기대를 받던 기독교 전도사가 레닌(Vladimir Lenin)의 촉망과 기대를 흠뻑 받은 공산주의자가 된 것이다.

1921년 모스크바에서 개최된 "극동피압박민족회의"가 열렸을 때, 이 회의에 여운형, 김규식, 박헌영 등 한국인 52명이 참석했다. 참여한 인

이던 아국(俄國)은 이미 군국주의적(軍國主義的) 야심(野心)을 포기(抛棄)하고 정의(正義)와 자유(自由)를 기초(基礎)로 한 신국가(新國家)의 건설(建設)에 종사(從事)하는 중(中)이며….

192 이정식·김학준, 『혁명가들의 항일 회상: 장건상편』(서울:민음사, 1988), p.177; 신복룡, "한국 공산주의자의 발생 계기," 「한국정치학회보」 34집 4호, (한국정치학회, 2000), p.58에서 재인용. 이동휘 자신이 출범시킨 한인사회당의 명칭을 '고려공산당'으로 바꾸었다. 따라서 이들을 이르쿠츠크파 고려공산당으로 부른다.

193 신복룡, "한국 공산주의자의 발생 계기," p.58.

4부 _ 기독교와 1920년대-분리와 분열의 시대   **397**

물들이 모두 공산주의자는 아니었지만, 이들이 볼셰비키 혁명에 감동을 받았던 것만은 틀림없다.

'독립'이 절대명제였던 시대에 제정 러시아를 혁명으로 몰락시켰다는 것은 큰 기대감을 갖게 하기에 충분했다. 레닌이 직접 참석한 이 회의에서 여운형과 김규식은 장국도, 지노비에프(Grigori E. Zinoviev), 인도인 로이 포이(M. N. Roy)와 함께 5인의 주석단에 피선되었다.[194] 레닌이 한국인들을 이렇게 우대했던 것은 태평양 진출의 교두보로서 한국의 가치를 알고 있었기 때문이다.[195]

1925년 4월 17일, 서울 시내 황금정(을지로)에 있는 중국 음식점 아서원에서 조선공산당 창당식이 거행되었다. 김재봉, 김찬, 조동호, 주동건, 조봉암, 김약수, 박헌영, 홍덕유 등이 참여했고, 그 다음 날인 4월 18일, 박헌영의 집에서 조선공산당 청년 조직인 고려공산청년회가 결성되었다. 여기에서 박헌영은 책임비서가 되었다.

김재봉과 박헌영은 이렇게 시작된 제1차 공산당 대회에서, "타도 일본 제국주의," "조선 민족 해방 만세," "국제 공산당 만세"를 외치며 반일 공산주의 운동을 시작했다.[196] 또한 기독교와 민족주의계를 친일의 집단으로 왜곡시키고 오인시키는 역할도 했다. 조선공산당은 1928년 일본의 강력한 검거 열풍과 코민테른이 조선공산당의 승인을 취소하면서 공식적으로는 소멸되었다. 그러나 이들의 활동은 지속되었고, 이후에도 붕괴와 존속을 거듭했다.

한편 기독교 함남 단천 출신이었던 이동휘가 기독교에 입교한 것은 1905년 3월 강화도진위대장직을 사임한 뒤였다. 1902년 참령(參領)으

---

194 "여운형에 관한 경성지방법원의 피고인 신문 조서," 제2회, 1930년 2월 20일, 夢陽呂運亨先生全集發刊委員會, 『夢陽呂運亨全集』 1 (서울:한울, 1991), pp.563-564 참조.
195 신복룡, "한국 공산주의자의 발생 계기," p.65.
196 이균영, "김철수 연구," 『역사비평』 Vol.3, 1989, pp.276-277.

로 강화부 진위대장에 부임했던 그는 특별히 강화 감리교회 전도자들과 교류를 하게 되었다. 또한 서울로 왕래하며 이승만, 윤치호, 이상재, 김정식, 전덕기 등과도 교제를 나누었다.[197]

이동휘는 강화선교의 전설적인 인물로 교산교회를 세운 김상임(金商壬)의 아들, 곧 감리교 전도사 김우제와 강화읍교인들 앞에서 "자기 죄를 고백하고 주님께 자기 자신을 바치겠다"는 뜻을 밝혔던 인물이다. 회개했고 술과 담배를 끊었으며 옛 동료들을 찾아가 자기가 저지른 죄과에 대해 용서를 빌었다. 그때 그는 교인들 앞에서 회심의 증거를 보였고, 동시에 하나님의 은총과 도움 없이는 이 나라를 구할 수 없다는 고백도 했다.[198] 개인 구령과 한국 구원이라는 명제가 그의 사명이 된 것이다.

이러한 사명감 아래 전도에 심혈을 기울이게 되었고, 강화 보창학교를 설립하고 교장이 되었다.[199] 이후, 함경도 성진에서 활동하고 있던 캐나다장로교회의 그리어슨(Robert G. Grierson)을 찾아갔고, 함경도 각 지방을 돌며 기독교 전도사로 활동했다. 수많은 사람이 몰려와 그의 전도 강연을 들었고, 그의 헌신으로 함경도의 이원, 단천 등지에 교회들이 세워졌다. 신민회(新民會)에 가담해 항일투쟁을 하다가 1911년 이른바 "105인 사건"으로 체포되어 황해도 무의도에 3년간 유배되기도 했다. 그러나 1919년에 이르러 기독교 전도사였던 이동휘는 독립을 내세우며 공산주의자로 전향했다. 독립을 앞세우며 무신론의 길의 걷게 된 것이다.

---

197 한규무, "이동휘와 기독교사회주의," 『일제하 한국 기독교와 사회주의』, 한국기독교역사연구소, 1922, pp.177-178.

198 *Minutes of the Annual Session of the Korea Mission Conference of the Methodist Episcopal Church,* 1905, p.64.

199 『江都誌』, 第十二章, p.23. 이동휘가 강화 보창학교를 세울 때 고종 황제는 '普昌(보창)'이라는 이름을 지어 주었고 영친왕의 이름으로 600원을 하사했다.

러시아에서 시작된 공산주의도 기독교와 같은 루트, 곧 일본과 중국을 통해 들어왔다. 또한 한국 역사 시련기에 들어온 것도 다르지 않다. 적지 않은 기독교인들이 공산주의로 전향했고 공산주의가 파급되는 것에 적지 않은 역할을 했다. 이동휘가 그랬던 것처럼 이들 중 많은 인물들이 기독교를 독립의 이데올로기로 생각했고 '이 땅에 이루어지는 유토피아'를 기대했다.

그런데 기독교인임에도, 유토피아를 직접 보고 싶어 했던 사람들에게는 역사 주관자에 대한 절대적 의뢰 의식이 크게 엿보이지 않았다. 이들에게는 '인간의 죄성,' '구원'과 '은총'이라는 기독교의 출발점과 목적, 그러한 영적 의식이 희박했다. 역사의 진행이 야웨 하나님께 달려 있다는 고백도 드러나지 않았다. 개인 구령의 영역은 박약해지고 국가 구원의 문제, 곧 한국 독립의 명제가 우선시되었다. 땅에서 이루어지는 유토피아가 하나님의 영역이라는 의식은 없었다. 이동휘 등이 복음의 본래성을 포기하고 유물론자로 전향한 이유이다.

4. 사이토의 종교정책

1920년 사이토는 이른바 '조선민족운동에 대한 대책'을 구상하면서 한국인들의 교화(敎化)를 이유로 종교 이용책을 강조했다.[200] 정무총감 미즈노랜타로(水野鍊太郎)에게 종교포교 정책을 세우라고 지시했고, 이에 따라 1920년 4월에 총독부 학무국에 종무과가 신설되었다. 재한선교사들의 회유 정책이 다시 실시되고, 포교 규칙의 개정, 사립학교 규

---

200 朝鮮總督府, 『齊藤實文書』 9, pp.143-158 참조.

칙 개정, 종교의 법인 허가가 새롭게 제정되었다.[201] 그것은 이토 히로 부미 이후 일본의 종교정책을 더욱 확대한 것이기도 했다. 특히 법인허 가의 문제는 재산권을 보장해 주는 것이어서 재한선교사들을 고무시켰 다.[202]

총독부는 기독교회의 설립을 허가제에서 신고제로 바꿨다. 기존의 포교 규칙을 대폭 수정해 복잡한 절차를 생략하거나 삭제했다. 벌금제 도도 폐지했다. 노방전도를 다시 할 수 있었으며, 가정 심방예배도 가 능하게 되었다. 선교사들이 한국 교인을 방문할 때 경찰에 신고하지 않 아도 되었고 성서연구회나 전도 집회 등도 허가를 받지 않아도 되었다. '사립학교규칙'도 다시 개정해 기독교계 학교에서 성서교육을 할 수 있 게 했고 관립학교 학생들의 교회 출석을 더 이상 막지 않았다.[203] 기독 교 단체가 소유한 부동산도 법인화 조치를 취해 허가해 주었다.[204] 재한 선교사들은 사이토의 이런 정책을 크게 환영했다.[205] 그러나 총독부는 "교회에서 안녕 질서를 문란하게 할 우려가 있다고 인정되는 경우에는 그 사용의 정지나 금지를 명령할 수 있다"는 규정을 삽입했다.[206]

불교에 대해서도 정책을 바꾸었다. 불교의 부흥과 진흥을 앞세워 불 교진흥기관을 설치하고 조선총독부의 통치 지지 세력으로 포섭하고자 했다. 이를 위해 사찰령을 고쳐서 서울에 총본산을 설치하도록 했고, 각 지방에 30본산을 통할(統轄)하도록 했다. 그런데 불교진흥촉진단체 는 본부를 서울에 두고 총본산 관장과 불교진흥단체의 회장을 모두 친 일적 인물이 맡도록 했다. 일본인 고문을 두어 각 불교단체의 상담역을

201 朝鮮總督府 學務局 宗務課, 『朝鮮の 統治と 基督敎』(朝鮮總督府, 1933), pp.14~20.
202 법인화는 권리의 획득이지만 동시에 기독교 각 교단을 압박하고 통제하는 수단이 되었다.
203 『朝鮮の 統治と 基督敎』 부록, "全鮮宣敎師大會陳情書," 참조.
204 *Ibid.*, p.15.
205 友邦協會, 『齋藤總督の文化政治』, 1970, pp.159~169.
206 *Ibids.*, pp.134~140.

맡도록 했다.[207] 그 결과 친일적 성향의 조선불교 교무원이 총무원 세력을 흡수·통합했고 1924년 4월에 "재단법인 조선불교중앙교무원"이 탄생하게 되었다.[208]

조선총독부의 종교정책은 기독교와 불교뿐만 아니라 유사 종교와 신흥종교에 이르기까지 폭넓게 적용되었다. 그동안 은밀하게 활동하던 유사종교나 신흥종교의 등록을 유도했다. 토착종교를 공식적인 종교단체로 인정해 보호해 주겠다는 명분이었고, 이들 종교를 가시권(可視圈) 아래 두고 어용(御用)으로 만들려 했다.

천도교 사상가 이돈화(李敦化)는 1920년 『개벽』을 창간하면서, 한국사회에 나타난 새로운 현상이라며 10여종의 신종교(新宗敎)가 발흥하고 있다고 지적한 바 있다.[209] 사이토는 종교 관련단체 등록을 간소화했고, 따라서 각 지방에서 드러나지 않게 활동하던 유사종교나 신흥종교들은 쉽게 총독부의 허가를 받았다. 이러한 조치의 일환으로 무당과 박수(巫覡)에게도 '무격조합'(巫覡組合)을 허가했다.[210] 또한 향교재산을 '한국인교화를 위해 활용한다는 명분 아래 허가를 했고 유림들의 사회 진출도확대했다.[211]

총독부의 협조와 지원에 따라 토착종교의 교세가 왕성하게 확대되었다. 특히 증산교 창립자 강일순(姜一淳)의 제자인 차경석(車京石)이 설립한 보천교(普天敎)의 위세는 1923년에 이르러 300만으로 보도될 정도였

207 朝鮮總督府, 『齊藤實文書』, pp.143-158 참조.. 일본은 30본산 주지의 임면(任免)은 조선총독의 승인을 받게 하고, 사찰재산 처분에 있어도 사전에 조선총독부의 허가를 받게 했는데, 이런 정책을 강제 병합 이후부터 변하지 않고 시행했다.
208 "통일적 중앙기관(統一的 中央機關)," 「동아일보」 1924년 4월 3일자.
209 이돈화, "최근 조선에서 기(起)하는 각종의 신현상," 「開闢」 창간호, 1920년 6월.
210 장병길, "朝鮮總督府의 宗敎政策," 「정신문화 연구」, 한국학중앙연구원, 1985년 6월호, p.56 참조.
211 유미나, "일본의 조선신민화정책과 유림 동원의 실태," 「일본학」 31권, 2010년 11월호, 동국대학교 일본학연구소, p.21.

다.[212] 물론 이 수치가 정확하지 않았지만, 1936년에 강제 해산될 때 일본 경찰은 그 수를 5만 가구로 추정할 정도 교세가 작지 않았다.[213] 이 외에도 교육을 받지 못한 민초들을 기반으로 삼았던 무극대도교(無極大道敎), 상제교(上帝敎), 시천교(侍天敎), 미륵불교(彌勒佛敎), 동학교(東學敎), 청림교(靑林敎), 공자교(孔子敎), 제우교(濟愚敎) 등을 지원했다. 이들 신흥종교들은 일본의 정책에 동조하며 그 존속과 확대를 꾀했다.

물론 이들 신흥종교나 유사종교 조직에도 일본인 유력자를 고문으로 두게 했다. 총독부 당국의 방침 아래 포교에 종사할 것을 맹세하게 했다. 총독부의 권고를 따르면 편의를 제공했고, 그렇지 않으면 엄중히 취체하고 경우에 따라서 해산을 명할 수 있도록 했다.[214]

1925년 일본은 서울 남산에 "조선신궁"을 세워 일본 황실의 황조신(皇祖神)과 메이지 천황을 제신(祭神)으로 받들게 했다. 이때 치안유지법을 제정했다. 모든 종교의 귀결, 특별히 유일신을 신봉하는 기독교까지라도 천황신 밑으로 들어와야 한다는 발상이었고, 그것을 따르지 않을 경우 법률적으로 언제든 폭압적으로 다스릴 수 있다는 위협이었다.

사이토는 한국 교회가 독립해야 한다는 명분 아래 한국 교회로부터 재한선교사들을 분리하려 했다. 그런 이유로 미국을 벗어나려는 한국 교회와 한국 기독교인들에 상당한 편의와 원조를 제공했다. 그것은 일본 기독교회처럼 종국에 황도(皇道) 기독교를 만들겠다는 발상이었다.

---

212 "보천교 죄악 성토 강연," 「조선일보」 1923년 6월 2일자.
213 「경성일보」 1936년 6월 14일자.
214 朝鮮總督府, 『齊藤實文書』 9, pp.143–158 참조.

2장.
기독교 민족주의계간의 격렬한 분열과 대립

1. 이승만 계와 안창호 계의 대립-지역적 갈등과 분화

3·1운동을 계기로 기독교계 지도급에 있는 인사들을 중심으로 본격적으로 기독교 민족주의계가 발흥되었다. 기독교 미션스쿨 등을 통해 각인된 것으로, 반 천황제 의식, 민주주의와 근대 이데올로기가 이들 근저(根底)에 있었다. 여기에 미국으로부터 전해진 사회복음주의(Social Gospel)와 일본으로부터 들어온 사회진화론이 이들 활동의 이론이 되고 있었다.

상해임시정부가 파국을 맞이하고 이승만이 미국으로 돌아갔을 때, 이미 기독교 민족주의계의 두 정점, 곧 이승만이 대표했던 기호계 민족주의자들과 서북지방을 기반으로 했던 안창호계가 뚜렷이 갈라지고 있었다.[215] 기독교 정신을 내세웠고 반공 이념도 다르지 않았다. 그럼에도 두 그룹은 치열하게 갈등했고 대립각을 세웠다. 근거지로 삼고 있던 미국의 한인사회와 교회도 안창호가 이끄는 흥사단 계열[216]과 이승만이

---

215 이 두 그룹 모두 기독교를 배경으로 발전했기 때문에 미국과의 친화력이 강했던 반면, 공산주의에 대해서는 강한 거부감을 갖고 있었다.
216 흥사단은 1913년 5월 도산 안창호에 의해 상하이에서 발기되고, 1914년 5월 로스안젤레스

이끄는 동지회 계열로 분열이 되었다. 교포들이나 유학생들은 어느 한 쪽에 가담해야 했고, 귀국한 이후에도 어느 한 쪽을 선택해 활동해야 했다. 두 그룹의 갈등은 사회 전반으로 확대되었을 뿐만 아니라 교회에까지 파급되었다.

1921년 11월 11일부터 워싱턴에서 개최된 세계군축회의(일명, 태평양회의)에 참석한 이승만은 한국 문제를 의제에 포함시켜줄 것을 간청했다. 그리고 이상재가 대표로 작성한 '대한인민대표단 건의서(大韓人民代表團建議書)²¹⁷'와 임시정부의 '독립요구서'를 미국 정부에 제출했다. 그러나 기대와는 달리 한국 문제는 전혀 논의되지 않았다. 이에 실망한 이승만은 민족의 총력을 동원해 실력양성(實力養成)에 주력해야 한다는 결론을 내리고, 동지회(同志會)를 조직했다.²¹⁸

1924년 10월 YMCA 총무 신흥우는 미국 메사츄세츠 스프링필드에서 개최된 북감리회 총회와 뉴욕에서 개최된 YMCA 간부협의회에 참석했다. 그리고 돌아오는 길에 하와이에 들러 이승만을 만났다. 이 자리에서 두 사람은 동지회(同志會)와 동일한 사상과 목적을 갖는 단체를 비밀리에 조직하기로 했다. 거기에는 도산 안창호 주도의 흥사단세력을 제압하고자 하는 목적도 있었다.²¹⁹ 이에 따라 「조선일보」와 서울

에서 창단되었다. 국내에서는 1926년 1월에 수양동우회가 1922년 2월에 춘원 이광수(李光洙)가 조직한 서울 수양동맹회(修養同盟會), 같은 해 김동원(金東元) 등이 조직한 평양 동우구락부를 통합해 결성되었다.

217 '대한인민대표단 건의서'는 상해임시정부 구미위원부에서 1921년 8월에 한국 대표단을 조직하고 국내와 연락하여 만들었다. 이 문서는 월남 이상재가 만들고 국내에서 13도(道)와 260군(郡), 기타 각 사회단체대표자 37명이 서명했다. 상해임시정부는 이를 이승만에게 보내었고 이승만은 이것을 영역(英譯)하여 미국 정부에 제출했다.

218 "同志會及興業俱樂部の眞相,"『思想彙報』16(1938. 9), p.76 참조.

219 朝鮮總督府 警務局, "興業俱樂部の檢擧狀況,"『最近に於ける朝鮮治安狀況』(1938), p.381.1913년 5월 도산 안창호에 의해 상하이에서 발기되었던 흥사단은 1914년 5월 로스안젤레스에서 창단되었다. 국내 조직으로는 1926년 1월, 1922년 2월에 춘원 이광수(李光洙)가 조직한 서울 수양동맹회(修養同盟會)와 같은 해 김동원(金東元) 등이 조직한 평양 동우구락부를 통합하여 '수양동우회'의 이름으로 다시 결성되었다. 흥사단과 수양동우회는 통합하여 1929년 11월에 동우회(同友會)로 하여 범민족적 세력을 규합하려 했다. 그런데 이들 중 75%가 서북 출신이었다.

YMCA의 기독교인들, 기호지역 자산가들을 중심으로 흥업구락부가 결성되었다.[220] 흥업구락부는 이상재를 부장으로 하고 윤치호, 유성준, 신흥우, 이갑성, 박동완, 오화영, 홍종숙, 구자옥, 유억겸, 안재홍, 장두현 등 모두 12명을 창립회원으로 해 공식적으로 출범했다. 이들은 거의 YMCA 출신들이었다.[221] 흥업구락부원 35명 중에는 평안도 출신은 아무도 없었다. 한편 수양동우회는 1925년 10월, 이광수의 수양동맹회와 김동원(金東元), 김성업(金性業), 김병연(金炳淵), 조명식(趙明植) 등의 동우구락부가 합쳐지면서 이루어졌다. 수양동우회의 75%가 서북출신이었다.

수양동우회 출신들은 평민층 출신들로 대성중학교, 숭실중학교, 신성중학교, 양실중학교 출신들이 대부분이었던 반면 흥업구락부 부원들은 양반, 관료층, 중인층으로 개화 지식인들 중심으로 배재학당, YMCA 학교, 한성서원, 협성신학교 출신들이 많았다. 전자는 서북의 장로교회 출신들인 반면 후자는 감리교인들이 많았다. 학생시절에 안창호, 이승훈, 조만식의 영향을 많이 받은 수양동우회계는 미국유학생들이 압도적으로 많았고, 흥업구락부계는 미국과 일본 유학생이 섞여 있었다.[222]

산정현교회 목사로, 1937년의 "수양동우회 사건"에 연루되었던 송창근(宋昌根)은 다음과 같이 토로했다.

요즘 천하에 공지(共知)하는 바 조선 교계에도 무슨 당이 있다. 누구의 파가 있다 하여 서로 노려보고 못 미더워 하는 터이요,

---

220 김권정, *op.cit.*, p.148; 「윤치호 일기」, 1925년 3월 22일자 참조.
221 이상재는 YMCA 연합회 회장이었고, 윤치호는 YMCA 회장을 역임하였으며, 구자옥은 1925년부터 총무였다.
222 김권정, *Ibid.*, p.150.

게다가 같은 조선사람으로써 핏줄이 서로 같은 내 동족인데도 남 놈, 북 놈 하여 스스로 갈등을 일삼으니 이 얻지 함인가? 북 놈이 잘되고 남 놈이 잘 못되어도 조선이 망하는 것이요, 북 놈이 거꾸러지고 남 놈이 승(勝)하다 해도 결국은 조선교회가 망하는 것 외에 소득이 없을 터인데 그래도 피차의 성찰이 부족한 듯하니 50년 희년인가, 50년 희년인가?[223]

한국 교회까지 서북계와 기호계로 나뉘어 서로 갈등하고 있다는 탄식이었다. 실제로 서북 지역, 특히 장로교회의 교권은 안창호계의 정인과에 의해 주도되었다. 기호 지역, 특히 감리교회는 이승만계의 이규갑이 주도했다. 이들로 인해 한국 교회 내부에도 여러 갈등이 일어났다. 한국 교회 목회자들이 이 갈등을 해소하려 했지만 소용이 없었다.

윤치호도 양자 간의 갈등을 해소해 보려 했다. 그렇지만 양 진영으로부터 비판만 받았을 뿐이다.[224] 1932년, 안창호가 중국 상하이에 체포되어 국내로 이송되었을 때, 이광수의 부탁으로 윤치호는 안창호 석방운동을 했다. 이에 이승만의 대리인이었던 신흥우와 연희전문의 유억겸, 이화여전의 김활란(金活蘭) 등이 이를 비판했다. 가석방이 된 후, 안창호도 "자신이 아니라 오히려 이승만이 지역감정을 조장하고 있다"며 이승만을 강하게 비판했다.[225] 두 사람간의 불화는 두 계보의 갈등으로 연결되었고 광복 이후까지 계속되었다. 두 계보의 대립은 제2공화국

223 송창근, "새 생활의 전제," 『신학지남』, 평양 장로회신학교, 1935년 1월, p.12. 원문은 다음과 같다. "요즘 천하 공지(共知)하는 바에 조선교계에도 무슨 당이 있다. 누구의 파가 있다 하야, 서로 놀여 보고 못 밋업어 하는 터이요, 게다가 갓흔 조선사람으로써 핏줄이 서로 같은 내 동족인데도 남놈 북놈하야 스사로 갈등을 일삼으니 이 엇지함인가. 북놈이 잘되고 남놈이 잘못되어도 조선이 망하는 것이오, 북놈이 써꾸러지고 남놈이 승한다 해도 결국은 조선교회가 망하는 것 외에 소득이 업슬터인데 그래도 피차의 성찰이 부족한 듯하니 50년 희년인가, 50년 희년인가?"
224 『윤치호 일기』, 1932년 7월 15일자.
225 Ibid.,1935년 3월 24일자.

실패의 한 이유가 되었다.[226]

2. 「동아일보」계와 「조선일보」계의 대립-사상적 갈등

사이토가 '내선일체'(內鮮一體)의 동화주의(同化主義)를 표방했을 때, 경무국장 마루야마 쓰루기치(丸山鶴吉)의 지시를 받은 민원식(閔元植)은 일본 정부에 참정권 청원을 제안하고 나섰다. 그리고 더 나아가 자치 주장까지 들고 나왔다.[227] 이러한 요청에 대해 일본의 하라 내각은 냉담한 반응을 보였다. 그렇지만 한국 내부에서는 이 문제를 두고 갈등이 일어나기 시작했다. 특별히 이광수가 1924년 1월 2일부터 6일까지, 5회에 걸쳐 「동아일보」에 기고한 논설 "민족적 경륜"은 갈등에 불을 붙였다.

논란이 되었던 것은 1월 3일에 썼던 정치적 결사에 대한 부분이었다. 곧 일본이 허용하는 범위 내에서 정치 활동을 시작해야 한다는 주장이었다. 일본이 갖고 있는 현실적인 힘을 인정하고, 힘을 키우는 대신 독립은 차후로 미루고, 일본의 체재 아래에서 자치권만 갖자는 주장이었다.[228]

1925년 1월 21일 「조선일보」는 사설을 통해 이광수의 주장이 「동아일보」의 입장이라며 자치론을 거세게 비판하고 나섰다.[229] 그러자 「동아

---

226 김명구, 「해위 윤보선: 생애와 사상」 참조. 해방 직후, 윤치호가 이승만으로부터 소외되었던 것도 바로 이런 이유에서 비롯되었다고 볼 수 있다.
227 강동진, 「일제의 한국침략정책사」, pp.296-299 참조. 총독부는 한국인들의 독립 의지와 저항력을 약화시키기 위해, 제한된 정치적 참여를 신중히 고려했다.
228 「동아일보」, 1924년 1월 2일부터 1월 6일자 참조.
229 「조선일보」, 1925년 1월 21일자. 「조선일보」는 1926년 12월 16일부터 4회 동안 연재되었던 사설 "조선(朝鮮), 금후(今後)의 정치적 추세"에서 「동아일보」의 소위 자치운동이 일본과 연결되어 있다고 강하게 비판했다. 1924년 9월 이후, 「조선일보」는 「동아일보」계의 점진적 실력양성운동, 민족 개량주의와 자치론에 대한 비판을 강화하는 한편 사회주의적인 색채도 드러

일보,는 1924년 1월 29일자 사설을 통해 "이것은 결코 문구의 모호함이요, 결코 우리의 의사가 변한 것이 아니다"며 해명하고 나섰다. 그러나 송진우와 김성수는 최린, 최남선 등과 수차례 회합을 가졌고 자치가 가능한지의 연구를 계속했다.[230] 「동아일보,는 독립을 위해 일단 자치권부터 먼저 확보하자고 했고, 다른 한 쪽은 그것이 일본에 타협하는 것이라며 비판했다. 이것은 한국이 처한 현실을 고려하자는 쪽과 그것에 반대하는 세력 간의 갈등이었고 현실론과 이상론의 대립이었다.

「동아일보,는 장덕수를 통해, 창립부터 민주주의를 표방했다. 일본 유학시절부터 에머슨(R. W. Emerson)의 기독교 사상에 심취했던 장덕수는 기독교의 본질이 내세를 찾는 데 있는 것이 아니라 현세에서의 선(善)을 실현하는 데 있다고 주장한 바 있었다.[231] 그의 그러한 주장은 민족운동과 민주주의를 연결한 것이고, 「동아일보,를 통해 표출되었다.[232] 그런데 이때에 이르러 「동아일보,는 민주주의에 대한 주장은 뒤로하고, 이광수가 주장하는 '자치론'과 '민족개조론'을 앞세우기 시작했다. 이에 대해 흥업구락부계가 포진하고 있던 「조선일보,계가 이를 강하게 비판한 것이다.

이광수가 주장한 "민족개조론"은 안창호계의 민족주의 사상으로부터 비롯되었고,[233] 사회진화론이 그 근거였다. 반면 흥업구락부계는 사회복음주의 영향 아래 있었다. 묘하게도 두 신문사의 창립의 지역성이

내기 시작했다. 3번째 정간되는 1925년 9월 8일까지 「조선일보,는 총 88건의 기사를 압수당하는데, 그중 13건이 사회주의 색채를 담고 있었다.

230 朝鮮總督府 警務局, 『朝鮮の 治安狀況』(1927), p. 63 참조.

231 장덕수, "意志의 躍動," 『學之光』 5, 1915.5, p.46. 1830~40년대 미국 지성계의 대표적 사상가로 추앙받던 에머슨은 한때 유니테리언(Unitarians) 교회 목사였다. 일본 유학 시절, 장덕수는 일본 지식인들 사이에 열풍적인 인기를 얻고 있었던 에머슨의 사상을 접하게 되고 이에 적극 호응했다. 당시 조소앙도 에머슨에 감명 받아 동경 재일 YMCA에 출입하며 세례를 받았고, 현상윤, 전영택, 최팔용, 이광수 등도 에머슨의 영향을 받았다.

232 이광수도 상해임시정부 약법의 제1조에 민주주의를 삽입한 바 있다.

233 주요한, 『도산 안창호전』(서울:세명문화사,1983), p.83 참조. 주요한은 이광수의 "민족개조론"이 "도산의 흥사단주의와 이념이 체제를 갖춘 논문의 형태로 발표된 것은 이것이 처음"이라고 평가했다. 이광수 자신도 자신의 사상이 안창호로부터 비롯되었다고 밝힌 바 있다.

뒤바뀌고 있었다. 「동아일보」가 안창호의 사회진화론적 의식을 채택한 반면, 「조선일보」는 이승만이 채용한 사회복음주의 영향 아래 있었던 것이다. 지역 갈등으로 분열되었던 기독교 민족주의계는 독립의 방법론과 사상적 차이로 갈라졌고, 두 계보는 치열하게 대립했다. 두 그룹의 갈등과 대립은 독립운동 시기뿐만 아니라 광복 후에도 계속 되었고 한국 정치계에서도 그대로 드러났다.

3장.

한국 기독교의 분리와 분열

1. 한국 교회 부흥과 기독교 내부의 간극 발생

3·1운동으로 일본의 통치 방식과 정책이 바뀌었다. '조선 교육령'도 개정되었다.[234] 일정 부분 자유가 오는 듯 했다. 그렇지만 그것은 식민 지를 보다 확고히 다지기 위한 일시적인 회유책이었을 뿐이다. 독립운 동을 위해서는 한국을 떠나야 했고, 민족운동도 일본의 통치법 아래에 서만 가능했다. 시간이 갈수록 독립에 대한 절망감과 자괴감이, 격렬했 던 시위만큼, 한국 사회를 뒤덮었다. 묘했던 것은 기독교회의 교세가 곧바로 복구되었다는 것이다. 시대적 절망 속에서, 그 좌절감을 위로받 을 곳이 교회밖에 없었다. 또한 기독교가 서양 종교나 외래종교가 아니 고 기독교 지도자는 민족의 지도자라는 등식이 생겨났기 때문이다.

1919년부터 시작된 교회부흥운동의 일환으로 전국의 곳곳에서 부흥 집회가 열렸다. 길선주와 같은 집회 인도자들이 수감되어 있었지만 김 익두와 같은 걸출한 인도자들이 나타났다. 1907년의 대각성운동이 재 현되는 듯했고, 참석자들은 "새벽기도회에 모이면 회개하여 울고," 저

---

234 朝鮮總督府, 『施政 年譜』(1921), p. 7. 참조.

녁집회에서도 "웃고 또 울었다."[235] 이러한 현장을 목격한 선교사들의 말대로, 부흥집회를 통해 참석자들은 "기독교의 위대성과 그 우월성, 그 도덕적 용기를 피부로 느낄 수 있게" 되었다.[236] 평양에서만 700여 명의 새 신자가 입교했고, 어떤 집회에서는 14명의 청년들이 목사를 지원했다.[237] 일본의 포교 규칙의 압력이 보다 강화되었음에도, 교회의 교세는 급격히 회복되고 있었다. 당시의 기독교회의 교세를 보면 다음과 같다.

기독교회의 교세 (교회/교인, 1919–1925)[238]

교파	연도	1919	1920	1921	1922	1923	1924	1925
장로교	교회	1,899	1,916	2,031	2,095	2,095	2,197	2,165
	교인	141,044	155,400	181,298	194,037	186,785	186,785	182,650
미국 북감리회	교회	564	563	562	548	530	534	543
	교인	34,414	36,673	39,972	40,659	42,301	32,682	35,337
미국 남감리회	교회	224	259	317	348	407	423	493
	교인	9,442	12,578	20,058	23,453	21,486	13,075	22,097
성공회	교회	71	63	62	61	62	67	70
	교인	4,264	3,900	3,863	4,127	4,492	4,683	4,805
안식교회	교회	44	47	57	54	63	64	64
	교인	839	1,039	1,044	953	1,273	1,398	1,542
동양 선교회	교회	16	18	25	27	40	38	57
	교인	850	1,500	2,000	1,833	4,371	2,710	5,413

235 金麟瑞, "金益斗牧師 小傳(四)," 『信仰生活』 1941년 2월호, (서울: 신앙생활사, 1958), pp.20–21.
236 W. N. Blair, The Forward Movement in Korea, *The Missionary Review of the World*, 1921년 7월호, p.530. 민경배, 『한국기독교회사』, 2007, p.390에서 재인용.
237 Christian Advance in Korea, *Ibids,* 1921년 5월호, pp.346–347, 민경배, *Ibid.*, pp.390–391.
238 『朝鮮に於ける宗敎及享祀一覽』(朝鮮總督府, 1928), pp.44–47 참조.

교파 \ 연도		1919	1920	1921	1922	1923	1924	1925
구세군	교회	97	97	100	100	155	158	163
	교인	4,725	4,878	5,718	5,718	7,739	7,808	8,509
일본 조합교회	교회	59	54	7	5	8	8	8
	교인	14,387	14,254					

　장로교의 경우 1916년 1,885개의 교회와 124,170명의 교인이 1925
년에는 교회가 2,165개, 교인이 182,650명으로 늘어나 각각 14.9%와
47.1%의 증가율을 보였다. 남·북감리교의 경우는 1916년 811개 교회
와 48,969명의 교인이, 1925년에는 교회 1,036개, 교인 57,434명으로
늘어나 각각 27.7%와 17.3%나 증가했던 것이다.

　한편 기독교 미션스쿨도 폭발적으로 학생 수가 증가했다. 그 상황을
도표로 보면 다음과 같다.[239]

학교, 학생, 교사 \ 연도	1918	1919	1920	1921
남자 중학교 수	18	22	22	22
학생 수	2,524	2,028	2,348	4,192
교사 수	149	132	112	178
여자 중학교 수	13	11	18	17
학생 수	1,291	578	1,268	1,996
교사 수	76	74	67	96
남자 보통학교 수	556762	389	448	601
학생 수	16,685	14,085	16,231	27,635
학교 수	762	642	713	1,004

---

239 The General Educational Situation and Work for 1921, *The Christian Movement Japan, Korea And Formosa*, 1922, p.384; 민경배, *ibid.*, p.392에서 재인용. 이 통계는 조선총독부의 통계 와 차이가 있다. 그렇지만 증감의 비율은 크게 다르지 않다.

연도 학교, 학생, 교사	1918	1919	1920	1921
여자 보통학교 수	180	213	153	211
학생 수	8,483	7,027	8,067	12,797
학교 수	366	386	300	400
기타 학교	23	37	33	336
학생 수	788	936	889	7,231
교사 수	30	31	52	385
학교 수 합계	790	672	674	1,187
학생 수 합계	29,772	24,644	28,803	53,824
교사 수 합계	1,383	1,265	1,244	2,063

기독교계가 3·1운동의 주도자라는 인식이 한국 사회에 각인되었고, 따라서 애국적 열망이 미션스쿨 재학생의 증가로 나타난 것이다.

그런데 이때부터 기독교 내부가 갈리기 시작했다. 한국 교회와 재한 선교사간의 거리가 벌어졌고, 여전히 '독립'의 문제가 국가 구원의 문제로 한국 교회의 절대명제였지만, 이에 대한 방식과 그 방법론이 나뉘게 되었다. 교회와 기독교 민족주의계의 강조점이 확연한 간극을 갖게 되었고 독립문제나 민족문제에 대한 대응방식도 나뉘어졌다. 3·1운동 이후, 그동안 합치되어 있던 교회와 민족활동, 곧 영적인 사명과 민족적 사명의 경계가 뚜렷해지기 시작했던 것이다. 사회적 상황과 새롭게 등장한 공산주의에 대한 대응도 달랐고 기존의 신학, 곧 복음주의 전통에 대한 해석도 확연히 갈라졌다. 여기에 새로운 신학이 등장해 교회간의 분열을 가속화시켰다.

1907년의 전통 아래 있던 대부분의 교회들은 영적이고 초월적인 영역을 보다 강조하게 되었고, 민족에 대한 문제는 역사 진행자에게 맡기자는 의식이 더욱더 공고해졌다. 교회는 영적인 기관이라는 생각이 더욱 확고해졌고, 민족의 문제나 해결해야 할 사회적 과제는, 교회가 다룰 직접적 명제가 아니라는 생각이 확산되었다. 개인윤리의 문제는 더욱 엄격해졌지만, 민족적 책임이나 사회 윤리 문제에 대해서는 소극적으로 대응하게 되었다. 월남 이상재 등이 그 정숙성을 비판했지만, 민족운동이나 정치운동은 교회의 일이 아니라는 생각이 확고했다. 민족운동을 하려면 교회 밖에서 해야 했다.[240]

반면, 민족적이고 사회적 역할을 더욱더 강조한 기독교 민족주의자들이 나타났고, 기독교 이데올로기를 통해 민족의 의식을 개조하겠다는 운동들이 등장했다. 특별히 YMCA를 비롯한 기독교 사회기관에 속한 인물들과 기독교 민족주의자들은 이를 더 강조하고 나섰다. 구원이나 은총, 성령 등 복음 본연에 대한 지향성이 현저히 약화되었던 것이다. 여기에 농촌 문제가 사회문제로 대두되고 공산주의가 등장하게 되면서, 이들은 기독교의 영적 영역을 비하했다.

물론, 교회 영적 영역과 민족적 사명의 합치를 여전히 고수하는 교회와 지도자들도 있었다. 이들은 교회가 개인의 구령뿐만 아니라 한국 구원의 문제에 대해서도 직접 나서야 한다고 주장했다. 1945년 광복 후, 정치에 적극 참여하게 되는 이들 목회자들과 교회 지도자를 일부는 개인 구원의 영역과 한국 구원의 영역이 분리되어서는 안 된다고 주장했다. 그러나 소수였다.

한편, 기독교를 근대문명과 독립운동의 이데올로기로 여겨왔던 적지 않은 인물들이 그간의 신념을 바꾸었다. 감리교의 이용도(李龍道)가 그랬고 민족 교회를 주창했던 김인서(金麟瑞)가 그랬다. 33인 중 한 사람이자 정동감리교회 담임자였던 이필주(李弼柱)의 신앙관도 바뀌었다.

1921년 11월 4일 공덕동에 있던 경성감옥을 출옥한 후부터, 이필주는 민족의 이름보다는 신앙의 이름을 보다 앞세웠다. 그는 감옥에서

---

240 후일 산정현교회의 조만식은 이러한 일로 담임 목사 주기철에게 지적을 받기도 했다.

하나님을 만나는 체험을 했고 복음이 한국과 민족을 이끈다는 원리를 발견했다. 이후 그의 집회나 강연의 주제는 '회개'였고 개심(改心)이었다.[241] 더 이상 복음이 독립운동의 이데올로기가 아니라는 생각이었다. 이필주는 공덕감옥의 시절을 이렇게 회고하고 있었다.

감옥에서 나는 하나님의 역사하심을 배우고 기도와 명상으로 많은 시간을 보냈다. 감옥에 갇힌지 얼마 되지 않던 어느 날, 눈을 감고 무릎을 꿇고 기도를 드렸다. 누군가 내 귀를 두드리는 것 같았고 큰 목소리가 들려왔다. "하나님을 구하라." 나는 깜짝 놀랐다. 머리를 들어 사방을 돌아보았다. 감방 구석에 있는 변기통 외에는 마루바닥이나 벽에 아무 것도 보이지 않았다. 감방은 3평정도 밖에 되지 않았다. 나는 다시 기도하기 시작했다. 그러나 그때마다 다시 아까와 똑같은 음성이 들렸다. 나는 성경을 들고 폈다. 마태복음 1장 1절부터 읽어나가기 시작했다. 요한복음 7장 29절에 이르러 눈이 멈추었다. "나를 보내신 분은 진정한 영이시다." 깜깜한 방안에 갑자기 환환 전깃불이 켜지는 것 같았다. 내 영혼을 사로잡았던 두려움이 사라졌다. 나는 우리 민족을 위해 내가 할 수 있는 최선의 일이 무엇인지 알고자 했다. 그들을 위한 것이라면 열 번 아니 백 번이라도 그들을 위해 기꺼이 죽고 싶다.[242]

이필주의 신학이 바뀌는 순간이었다. 복음의 영적 영역이 우선이고 목표가 되었다. 영적 회복이 한국 교회가 우선 가져야 할 것이라고 주

---

241 「동아일보」, "창천교회 전도 강연," 1926년 10월 14일자 4면.
242 이필주, 『믿음으로 사는 내생활』, 노블부인 편, "승리의 생활," 1927. pp.23-33.

장했고,[243] 국가 구원의 문제, 곧 한국 구원의 명제는 역사의 주관자이신 야웨 하나님께 위탁해야 한다고 피력했다. 이후 그는 더 이상 직접적인 민족운동에 참여하지 않았다. 시대는 바뀌었고 새로운 사조들이 등장했다. 신앙의 해석도 달라지고 있었다. 그렇지만 여전히 대다수의 교회와 목회자들은 초기 재한선교사들의 신학, 곧 복음주의의 원리를 지향하고 있었다.

2. 한국 교회와 재한선교사 간의 갈등
─한국 교회의 독립과 종파운동의 문제

> "믿는 청년 중에서 반대가 생기고 있어 정신적 고통이 비교적 많지요." … 나는 이 한 분뿐만 아니라 그 전에도 몇 분 선교사들에게 그 같이 염려하는 의사 표현을 많이 들었다. 그러면 선교사들과 우리 교우들 사이에 무슨 장벽이 형성되고 있는 것은 아마 사실인 듯하다. 동시에 우리는 그것이 완전히 자리 잡기 전에 일찍 헐어버려야 하는 것이 피차의 책임이요 또한 한국 교회 장래의 행복이다.[244]

1926년 7월, 「기독신보」 기자는 한 선교사와 동행 취재하면서 이렇게 썼다. 취재에 응한 선교사는 과거 교통이 열악했을 때는 육체적 고통이

---

243 R. E. Speer, *Missionary Principle and Practice*, New York, Fleming H. Revell, 1902, p.66.
244 "선교수와 우리의주의," 「基督申報」 1926년 7월 21일자. 원문은 다음과 같다. "밋는 청년중에서 반대가 싱기기로 정신샹 고통이 비교뎍만치요.… 나는 이 한분뿐아니라 그젼에도 몃분 션교사의게 그곳치 념녀ᄒᄂᆞᆫ 의ᄉᆞ표시를 만히 드럿다 그러면 션교스와 우리 교우사이에 무슴 쟝벽이 형셩흔다ᄂᆞᆫ것은 아마 스실인듯 흔 동시에 우린ᄂᆞᆫ 그것이 완셩되기 젼에 일즉이 헐어브리ᄂᆞᆫ것이 피ᄎᆞ의쳑임이요 ᄯᅩ흔 죠션교회쟝래의 힝복이다."

많았지만 한국 교인들로부터 신뢰와 존경을 받았다고 했다. 그러나 현재는 그렇지 못하다고 고백했다. 새로운 서구 사조들의 등장과 공산주의에 대한 열풍에 반기독교 운동과 반 선교사의 흐름이 거세었던 것도 한 이유였다. 선교사들에 대해 신뢰가 이전 같지 않았던 것은 선교사들이 주도했던 선교의 시대가 가고 한국 교인들이 주도하는 교회의 시대가 정착되었기 때문이다.

재한선교사들은 한국의 정치, 교육을 주도했고 한국 사회 전반에 큰 영향력을 끼쳤다. 구원의 문제를 위해 한국에 왔지만 한국의 근대사를 이끌었다. 세계의 모든 나라가 한국을 외면했을 때, 소외 국가였던 한국을 세계 기독교권의 자랑으로 내세웠다. 한국 교회의 개척자였고 아직 어렸던 한국 교회를 이끌었으며 한국인 지도자들을 키웠다. 본국의 교회를 설득해서 막대한 선교자금을 들여와 학교와 병원, 교회를 세웠고 한국 기독교가 독자적으로 활동할 수 있도록 했다. 교회지도자들의 영적·도덕적 자세가 어떠해야 하는지, 교회의 지향점이 무엇이어야 하는지, 교회의 사회적 역할이 무엇인지 알려 주었다. 일본도 경험하지 못한, 민주주의의 실체를 전했던 사람들도 선교사들이다.

1910년 윤치호는 존 모트의 초청을 받고 한국 교회 대표로 에딘버러 대회에서 열린 "제8회 국제선교대회"에 참석했다.[245] 당시 대회 참석자들은 식민주의와 인종주의를 극복해야 한다고 주장했고 선교지의 독립 교회와 자립교회의 탄생과 발전을 소망했다. 공감을 표시한 윤치호는 서구 선교사들이 모금한 선교비도 선교지의 지도자들과 충분한 협의

245 에큐메니칼 운동이 본격적으로 시작된 것은 바로 세계교회협의회(WCC)를 통해서다. 지금의 WCC는 1910년 스코틀랜드에서 열린 '에딘버러 선교대회'에서 태동했다. 여기에는 윤치호(T. H. Yun)를 비롯하여 모두 15명이 참석했었는데 마펫(Samuel A. Moffett), 아담스(James E. Adams), 에비슨(O. R. Avison), 버크몰(H. O. T. Burkmall), 푸트(W. R. Foote), 포사이더(W. H. Forsythe), 게일(James S. Gale), 질레트(P. L. Gillett), 해리스(M. C. Harris), 존스(George Heber Jones), 녹스(Robert Knox), 레이드(W. T. Reid), 롭(Alex F. Robb), 언더우드(H. G. Underwood)이다.

아래 집행되어야 한다는 주장을 했다. 재한선교사들의 우월 의식에 대해 경고한 것이다. 그의 주장은 크게 호응을 받았다. 한국 교회와 기독교인들의 위치가 선교사들과 동일해야 한다는 그의 연설에 세계 선교사들과 기독교 지도자들은 큰 관심을 기울였다.[246]

1925년 12월 28일과 29일, 서울 조선호텔에서 모트(J. R. Mott)가 주재하는 '한국 교회 지도자 초청 간담회'가 있었다. 이날 주요 주제 중 하나는 "한국 교회와 선교사의 관계"였다. 한국 교회 대표 31명, 선교사 대표 31명은 선교 현안에 대해 허심탄회하게 토론을 벌였다. 이때 한석진은 마펫을 가리키며 "처음부터 나와 함께 일한 친구요 동지"라 했다. 그것은 평소 자신을 보조자로 평가했던 마펫에 대한 반발이었다.[247] 이날 한석진은 다음과 같이 말했다.

> 선교 사업을 성공시키며 가장 효과적으로 하려면 선교사가 한 나라에 오래 머물러 있지 말고 교회가 기초가 서게 되면 그 사업을 원주민에게 맡기고 다른 곳에 가서 새로 일을 시작하는 것이 좋을 것이다. 선교사들이 한 곳에 오랫동안 체류하면 자기가 세운 교회며 학교라는 생각으로 우월감을 가지고 영도권을 행사하려고 하게 되니 이것은 참된 복음정신에 위반되며 교회 발전에 방해가 될 뿐이요 조금도 도움이 안 된다.[248]

한국 교회가 자립의 기반을 구축했으니 한국인들에게 맡기고 선교사들은 떠나라는 것이었다. 일치된 의견은 아니었지만, 한국 교회 내부에

---

246 World Missionary Conference, Report of Commission I, pp.410-411참조.
247 마펫은 평양신학교 첫 졸업식을 앞둔 1907년 2월, 과거의 일을 회상하면서 한석진을 평양 선교부를 설치하는 일에 자신의 보조자로 채용했다고 말한 바 있다.
248 蔡弼近 編, 『韓國基督教開拓者 韓錫晋 牧師와 그時代』(서울: 대한기독교서회, 1971), p. 229.

서 '나라의 독립' 뿐만 아니라 '교회의 독립'을 촉구하는 외침이 적지 않았다. 여전히 선교사들로부터 적지 않은 선교비를 지원받고 있었다.[249] 그렇지만 선교 초기부터 자립과 자급정책에 충실했기 때문에 한국 교회의 독립이 가능하다고 믿고 있었다.

1920년대 연희전문에서 교육학을 가르친 남감리교 선교사 피셔(J. E. Fisher)도 한국 지도자들의 주장에 공감을 표시했다. 콜롬비아 대학(Columbia University)에서 교육학을 전공했던 그는 선교사들의 우월의식에 대해 비판하고 나섰다.[250] 이미 한국인들의 의식과 수준이 높아졌다고 판단한 것이다. 한국 교회 내부의 이러한 반발은 계속되었다. 1922년 장로교 총회는 선교사들일지라도 한국 노회와 총회의 치리에 복종하도록 요구했고, 선교사들은 이를 수용해야 했다.[251] 그렇지만 선교사들에 대한 불만은 계속되었고 반 선교사 의식으로 연결되었다. 반 선교사 의식은 복음주의 신학의 거부, 곧 종파운동으로 연결되기도 했다.

선교사들에 반발해 별도의 독립 교회를 만들었던 인물 중 하나는, 전북 태인·부안·임실·정읍 등지에서 목회를 하던 최중진(崔重珍)이었다. 평양신학교 출신이었던 그는 선교사들이 독선적으로 선교 스테이션을 운영하고 선교헌금을 독단적으로 사용한다고 비판했다. 장로교회를 탈퇴했고 전북지역 10여 개의 교회를 규합해 '자유교회'를 설립했다.[252]

1918년에는 황해도 봉산에서 목회를 하던 김장호(金庄鎬)가 선교사들의 신학에 반발하고 나섰다. 그때 그는 모세의 홍해를 건넌 사건을 바닷물의 간조(干潮)현상으로 해석했고 한국 교회가 성경의 기적사건을

---

249 "Memorandum of Secretary Arthur J. Brown," Authur J. Brown to the Foreign Committee and the Executive Council, 1923. 5. 11, pp.15~16 참조.

250 James Earnest Fisher, *Democracy and Mission Education in Korea* Teachers College ,Columbia University, 1928, p.66.

251 최재건, "1920년대 개신교 선교사들의 교육정책 전환," 『역사신학논총』 卷 15, 2008, 한국복음주의, p.99.

252 한국기독교역사연구소, 『한국 기독교의 역사』II, (서울:기독교문사, 1995), p.193.

미신적으로 해석해 왔다고 주장해 물의를 일으켰다. 황해도 노회는 그의 성경해석의 문제점을 지적하며 휴직을 결의했다. 김장호는 이에 반발해 '조선기독교회'를 창설하고 장로교회를 떠났다.[253]

1923년, 대구 만세 시위를 주도했던 이만집은 다음과 같이 자치 선언을 하며 장로교회를 떠났다.

> 30성상에 비롯 각오하였다. 우리가 믿음으로 살려면 진리에 속하자. 교회는 신성한 것인데 불의의 구속을 어찌 당하리오, 금아(今我) 대구교회는 저 권리를 주장하는 선교사의 정신 지배를 받는 경북노회를 탈퇴하고 자치를 선언함.[254]

강한 민족주의자이기도 했던 이만집은 선교사들이 교회와 경북노회를 장악하고 있다고 보았다. 이에 불만을 품고 자치교회를 설립한 것이다.

반 선교사 의식으로 기존 교회를 배타하며 새롭게 독자적인 교회를 만드는 흐름은 계속되었다. 1928년 마산의 박승명이 '마산 예수교회'를 창설했고, 1935년 평남지역 성결교회에서 이탈한 변남성은 '하느님의 교회'를 세웠다. 1935년 만주 지역의 감리교 목사였던 변성옥은 '조선기독교회'를 창설했다. 신학적 이유도 있었지만 선교사 독선에 대한 반발이 가장 큰 이유였다.

묘했던 것은 한국 교회 종파운동으로 일컫는, 이러한 반 선교사 흐름에는 일정하게 일본의 정책과 연계가 되었다는 것이다. 이미 일본은 을사늑약 이후부터, 선교사들이 한국인을 노예처럼 여긴다고 부추겼다.

---

253 *Ibid.*, pp.193-194.
254 이상근 편, 『경북노회100회사』, 경북노회100회사편찬위원회, 1977, p.79; *Ibid.*, p.195에서 재인용.

한국 교회의 독립과 독자성을 명분삼아 선교사들과 한국 교회를 분리시키려 했던 것이다. 한국 교회를 '일본 기독교회'로 단일화시키려 했고, 일본인을 교회의 모든 행정이나 감독으로 세우려 했다. 재한선교사들의 역할을 오직 재정적으로 도와주는 일에 국한시키려 했다.[255]

사이토가 부임하면서 이런 정책은 노골화되었다. 한국 교회와 선교사들을 분리하고 교회를 비롯한 기독교의 조직을 일본인들이 주도하는 것을 자신의 정책 목표로 삼았다. "105인 사건"이나 3·1운동의 배후에 선교사들이 있다고 믿었기 때문에 그 사이를 벌려 놓는 것이 그의 종교 정책의 핵심이었다. 한국 교회 일부에서 벌어지고 있던 반 선교사 흐름을 반겼고, 1922년 4월에 총독 사이토가 직접 김장호를 찾아와 격려의 말을 전했던 것[256]도 이런 이유였다.

분명 더 이상 선교사가 일방적으로 주도하는 시대가 아니었다. 그러나 반 선교사를 외치며 독자적이고 독립 교회를 표방했던 교회들은 소멸되었다. 이런 흐름 속에는 선교사와 한국 교회를 분리시키려는 일본의 의도도 숨겨져 있었다.

255 이승만, 『한국 교회핍박』, pp.32-34 참조.
256 민경배, 『한국기독교회사』, pp.433-434.

4장.

한국 교회의 분열
–시대 상황 대처에 대한 이견, 지역적·신학적 갈등

한국 교회는 민족애를 포기한 적이 없다. 그렇지만 3·1운동 이후, 그 방법은 확연히 분리되었다. 1920년대에 이르러 교회와 기독교 사회기관이 신학적으로 분리되었다. 교회 역할을 두고 평양 권역 교회와 서울 권역 교회가 나누어졌고 기존 신학의 해석이 달라졌다. 복음은 오직 초월적이고 영적인 것만 지향해야 한다는 주장이 나오는가 하면, 하늘과 땅을 이어야 한다는 신학도 나타나기 시작했다. 부흥회의 신학도 달라져 피안의 세계를 지향하는 이원론적 세계를 추구하는 부흥사들도 나타났다.

1. 민족운동에 대한 교회의 이견–교회가 선택한 방식

1932년 1월, 일제 강점기 최고의 부수를 자랑하던, 월간지 『신앙생활』[257]를 발행했던 김인서는 3·1운동 당시 북장로교 소속의, 함경북

---

257 『신앙생활』은 초판 1,200부를 시작으로 1941년 6월 일제에 의해 강제로 폐간되기까지 매호 3,700부가 발행되었다. 당시 교계 언론을 총 망라하여 최고의 부수였다.

도 회령의 미션스쿨 교사였다. 독립운동에 주도적으로 참여했던 그는 1919년 여름, 상해임시정부 함경북도 총책임자로 임명되어 연통제를 조직하라는 임무를 부여받았다. 이동휘가 시킨 것이다.[258]

김인서는 경신학교 출신이었다. 1910년 17세 되던 해에 이동휘의 "죄의 값은 사망"이라는 설교에 감동을 받고 기독교에 입교했다. 그때 그는 기독교의 복음이 한국 독립의 이데올로기라고 믿고 있었다.[259] 조직이 발각되면서 체포되었고 4년간 옥고를 치러야 했다. 1922년, 옥중에서 일본에 대한 적개심이 그의 가슴을 휘젓고 있을 때, 그의 귀에 "너는 죄를 짓지 아니하였느냐"는 "영음"을 들었다. 그 질문에 그의 내면은 죽을 것 같은 고뇌에 허덕였다. "십자가를 쳐다보라"는 음성을 들었고 환상으로 빛나는 십자가를 보았다.[260] 이후 그의 신앙관은 전격적으로 변화했다. 그것에 대해 김인서는 다음과 같이 말하고 있다.

나는 삼일옥중(三一獄中)에서 주님의 성소(聖召)를 받을 때에 우리 민족지도자들에게 받은 편협한 민족주의를 버리고 바울의 민족애를 배우기로 결심하였다. 내 청춘의 생명으로 사수하던 민족운동을 꺾어 버리고 일본 정권 하에서라도 내 동포에게 복음을 전하는 것으로 나의 독립운동을 삼았다. 이는 심야(深夜) 옥중(獄中) 내 주님 앞에 눈물로 맺은 서원(誓願)이었다.[261]
나 일찍이 성제(이동휘)에게서 민족주의를 배울 때에 예수는 민족주의의 전형 같고, 톨스토이의 인도주의를 배울 때에는 세계주의의 선구자 같더니, 십자가의 공덕으로 구원을 받고 보니

---

258 연통제는 지역에 비밀 조직을 만들어 일본의 군사기밀을 정탐하여 보고하고, 독립군을 모집하여 보내며, 독립자금을 모금하는 임무를 갖고 있었다.
259 김인서, 『김인서 저작전집』 V, (서울:신망애사, 1976), p.366 참조.
260 *Ibid.*, p.277.
261 김인서, "일제 압박하에 범한 죄과를 회개함," 『김인서 저작전집』 II, p.400.

예수는 개인주의자도 아니요 세계주의자도 아니요 사회주의자
도 아니요 민족주의자도 아니요 예수는 만국 만민의 완전한 구
주시다.[262]

재한선교사들이 복음을 전파한 이래로, 기독교의 복음은 이 땅 거민
들의 영혼 구원과 함께 민족을 근대로 이끌어 냈다. 개인 구령뿐만 아
니라 근대화와 독립의 이데올로기의 역할을 해 왔던 것이다. 감옥에서
김인서는 기독교 복음의 본질을 이해했고, 광폭(廣幅)의 넓이를 갖고 있
음을 깨달았다. 복음 그 자체가 어떠한 독립운동보다도 더 강력하다는
것을 확인한 것이다. 역사의 주재자에서 민족의 명제와 과제를 맡기는
것이 더 위대한 결과를 가져온다는 것을 깨닫고, 복음주의 교회를 세워
나가는 것이 명제들을 해결하는 길이라고 확신했다. 그가 주창한 '민족
교회론'의 요지였다.[263]

김인서는 '복음 신앙,' '영화(靈化) 운동,' '인화(人和)주의'를 표방하며
『신앙생활』을 창간했다. '복음,' '성령,' '교회'를 내세웠고, 여기에 어떠한
독립운동보다 더 큰 힘이 있다고 믿었다. 그것은 역사 주재자에 대한
강한 신뢰였다. 또한 역사 진행의 결정권은 하나님께 있다는 고백이었
다. 그의 의견은 1907년 전통 아래 있던 대부분의 교회가 선택한 방식
이었다.

---

262 *Ibid.*, p.169.
263 그의 민족 교회의 개념 속에는 한국을 점령하고 있는 일본을 악으로 규정하고 있다. 그러한
신념을 가지고 민족 교회론을 펼쳤다.

2. 지역적 풍토로 인한 갈등

재한선교사들은 한국 땅을 생명의 땅으로 바꾸겠다는 토활(土活)적[264] 신앙관을 갖고 있었다. 그리고 그런 신념 아래 한국의 곳곳으로 퍼져 복음을 전했고, 그 씨앗이 자라나고 정착할 수 있도록 온 힘을 다했다. 이를 위해 생명을 바친 선교사들도 적지 않았다. 땅은 새로워졌고 이 땅의 수많은 거민들이 구원을 얻었다. 한국인들의 근대 의식이 바뀌면서 새로운 땅이 되었고 새로운 의식이 자리 잡았다. 교회는 신뢰와 의존의 기관이 되었다. 그렇지만 땅의 풍토까지 바뀐 것은 아니다. 오히려 각 지역의 풍토와 시대적 상황에 따라, 교회는 각기 독특한 특성을 지니게 되었다.

서울과 평양 교회가 달랐고, 원산 교회가 달랐다. 서울에 위치했더라도 사대문 안에 위치한 교회와 밖에 위치한 교회가 달랐다. 같은 서북권이라 하더라도 평양 교회와 "105인 사건" 한복판에 있던 선천 교회의 강조점이 달랐다.[265] 중서부권에 있었지만 서울과 인천권역의 복음 해석이 달랐다. 같은 경상권이라 하더라도 대구와 경안권역 교회, 부산권역 교회들의 특성이 달랐고, 같은 남장로교회의 터전이고 호남권이라 하더라도 전주와 목포 교회가 서로 달랐다. 유학 지식군들의 고장이라 하더라도 청주와 안동지역 교회의 특성이 달랐다.[266]

서울은 정치와 외교, 경제와 문화, 교회와 사회가 모두 유기적으로 얽혀 있던 곳이다. 반면 평양은 성리학적 질서나 계급적 갈등이 적었

---

264 여기에서 '토활'(土活)은 땅을 바꾸고 활성화시킨다는 뜻을 가진다.
265 선천교회에 관해서는 김명구, 『소죽 강신명 목사』(광주:서울장신대학교출판부, 2009), pp.89-94 참조.
266 각 지역 교회의 토양적 특성은 김명구, 『복음, 성령, 교회』를 참고할 것. 청주의 유학군들이 입신양명을 꿈꾸었다면 안동권역은 학문적으로 유학을 연구하는 곳이었다. 안동의 기독교인들은 이런 차이를 잘 알고 있었다.

한국 교회 시대의 도래

다. 서울은 어려웠지만, 평양은 복음의 기본 교리가, 마음 깊숙이 스며들기 쉬웠다.[267] 시간이 지날수록 서울에서 활동하던 언더우드와 평양을 중심으로 활동하던 마펫의 지향점이 확연히 갈라졌다. '감리교회 협성신학교'(Union Methodist Theological Seminary)의 커리큘럼과 평양의 '조선예수교장로회신학교'의 것이 서로 달랐다. 조선예수교장로회신학교가 목회자 양성에 집중할 수 있었던 반면, 존스라는 열정적인 복음주의자가 주도했음에도 협성신학교는 교회나 종교의 영역을 넘어서야 했다. 평양신학교의 신학과목의 비율이 협성신학교보다 높았던 반면 협성신학교는 어학과 철학, 교육학, 심리학, 문학 등 교양과목을 크게 중시했다.[268] 서울이라는 특성 때문에 근대 영역에 힘을 발휘할 수 있는 지도자 양성을 함께 지향해야 했던 것이다. 감독 교회임에도 감리교회는 지역적 풍토에 따라 그 목표를 달리해야 했다.

미국의 신학적 변화와 1920년대의 상황은 지역 간의 간극을 가속화시켰다. 지역적 풍토가 갈등으로 이어졌고 신학의 변화로 연결되었다. 새로운 신학들이 등장하면서 이를 더욱 부추겼다. 특별히 감리교회의 경우, 새롭게 소개된 사회복음주의(Social Gospel)로 인해 교회와 신학교의 신학이 서로 갈라지기 시작했다.

서울을 중심으로 활동한 목회자와 교회지도자들, 곧 한성정부를 이끌었던 이규갑, 광복 후 감리교의 재건파를 이끌며 부흥파(혹은 복흥파)와 첨예하게 맞섰던 목회자들 그리고 각종 정당을 만들어 정치 일선에 뛰어들었던 박용희, 강준표, 박용래, 김관식, 백영엽, 윤하영, 최홍종, 이용설 등, 좌익계 기독교 조직 "기독교민주동맹"에 가담한 김창준 등에게서 초기 재한선교사들의 신학적 전통을 찾아보기 어려웠다. 이들

---

267 김명구, 『성령, 복음, 교회』, p.243.
268 한국기독교역사연구소, 『한국 기독교의 역사 II』, pp.152–153 참조.

에게 복음은 한국 전체를 견인해야 하는 도구였다. 개인 구원이 복음의 목표가 아니라 국가 구원, 곧 한국 구원이 우선이었던 것이다.[269]

최소한 3·1운동 이전만 하더라도, 1907년 전통을 수호하는 교회라도, 한국 교회는 민족의 문제에 때를 따라 직접 개입했다. 강조점은 달랐지만 개인 구원의 영역과 국가 구원의 영역이 뚜렷이 구별되지 않았다. 성서가 묘사하는 이스라엘의 역사와 한국의 역사를 동일시했고 메시아 대망의식을 독립의식으로 연결했다.[270] 그런데 3·1운동 이후, 두 영역은 분리되기 시작했다. 한국 구원의식을 앞세웠던 인물들이 독립의 문제를 역사 진행자에게 의뢰했던 교회들을 냉소했기 때문이다.

양자의 이러한 간극 1920년대의 세계적인 경제공황과 공산주의가 급속히 퍼져 나가는 상황이 되었을 때 더욱 확대되었다. 1930년대에 이르러 양자의 방식은 극명한 차이를 갖게 되었다. 여기에 각 지역의 각기 다른 지향점은 한국 기독교 내부의 신학적 간극을 더욱 벌어지게 했다.

3. 사회복음주의와 근본주의의 등장-교파적 갈등

1916년 미 북감리회 동북아 선교감독이 되었을 때, 거주지를 서울로 정했던 웰치(Herbert Welch)는 부임 직후 한국 곳곳에 활동하고 있던 선교사들을 방문했다. 그때 그는 장로교 선교사들도 만난 후, 다음과 같이 평한 바 있었다.

---

269 김창준 같은 인물은 한국 구원의식이 지나쳐 공산주의로 전향했다.
270 일제 강점기 내내 성서의 내용과 한국의 상황을 동일시하는, 교회의 의식은 계속되었다.

많은 장로교 선교사들이 헌신적이고 능력이 많았다. 그런데 신학적 관점에서 보면 근본주의(fundamentalist) 성향이 강했다. 반면, 감리교 선교사들은 중도적(moderate)인 성향이 강했다. 장로교 선교사들과 감리교 선교사들간에 개인적 관계는 좋았지만 선교 영역에서의 협력에는 어려움이 있었다. 전체적으로 여성과 어린이 사역, 일반적 감리교 선교 사역에서는 협동할 수 없었다.[271]

감리교 선교사들은 영적인 영역보다 사회적 영역에 더 큰 관심을 기울이고 있었고, 장로교 선교사들은 근본주의화 되고 있다는 지적이었다. 또한 2세대 선교사들의 신학이 바뀌고 있다는 판단이었다. 그렇지만 선교사들간에 신학적 간극은 있었으나 한국 교회에까지 이르지는 않았다. 지역적 성향에 지향점의 차이는 있었지만 대부분의 한국 교회는 선교 초기의 신학을 수호하고 있었다. 그런데 1920년대에 이르러 경제적 시련이 한국을 곤경에 빠뜨리고 있을 때, 양 교회의 신학은 갈라지고 있었다.

3.1. 사회복음주의(Social Gospel)의 등장

1926년 4월, 「기독신보」는 다음과 같은 내용의 사설을 게재했다.

종래의 우리 교회는 개인적 성결 구원을 주장했지만 이제 나는 그보다 더 나아가 과거의 우리 환경 … 곧 우리와 접촉하고 우리의 행동이 미치는 모든 것을 다 개조하고 구원해서 그리스도를 이상화하자고 했다. 환경을 개조함으로 우리 각 개인이 더

---

271 Herbert Welch, *As I Recall My Century*, Nashville: Abingdon Press, 1962, p.81.

욱더 향상 발전할 것은 분명한 사실이라고 하겠다. … (중략) …
모든 죄악을 몰아내고 정결한 사회를 지어 천국을 실현하자면
신자에게서 혹은 불신자에게서 먼저 빈궁을 몰아내어야 한다
고 말하겠다.[272]

1920년대 초반부터 「기독신보」의 논조가 달라지기 시작했다. 개인
구령과 개인성화, 회심과 성령의 임재를 부르짖던 초기와 달리, 사회성
화를 부르짖기 시작했고 하나님 나라가 인간의 삶의 자리에 나타나야
한다고 주장한 것이다.

1908년 미국 감리교 총회는 사회복음주의를 지지하는 결의안을 통
과시켰다. 그리고 노동자들의 기본적인 권익과 노동 조건의 개선을 요
구한 "사회신경(Social Creed)"도 채택했다.[273] 감리교회의 뒤를 따라 미국
연방교회 평의회도 유사한 성명을 내었다.[274] 미국 기독교계의 흐름이
바뀌고 있었다.

사회복음주의는 '하나님 나라'가 하늘에만 있는 것이 아니라 지상에
도 존재해야 함을 강조했다. 단순히 영적이거나 정신적 세계에만 그치
는 것이 아니라 경제적 사회생활도 영위하는 세계여야 했다. 그리스도
인들도 사회 구성원이고 당연히 사랑을 실천할 의무가 있는데, 영적인
영역뿐만 아니라 경제적 영역도 해당된다고 주장했다. 개인적인 성화
를 한 사람일지라도 이 땅에 하나님 나라가 임하도록 해야 한다고 강조

---

272 "그리스도의 리샹을 실제화 ㅎ라," 「기독신보」 1926년 4월 7일자. 원문은 다음과 같다. 젹래
의 우리 교회는 개인샹셩결 구원을 쥬쟝ㅎ엿지만은 이제 나는 그보다 더 나아가 우리의 환
경…. 곳 우리와 항샹 졉쵹ㅎ고 우리의 흥동이 밋치는 모든 것을 다^조ㅎ고 구원ㅎ야 그리스
도의 리샹화ㅎ자고ㅎ엿다 환경을 ^조홈으로 우리 각개인이 더욱더 향샹 발면ㅎ 것은 분명ㅎ
ᄉ실이라고 ㅎ엿다. (중략) 모든 죄악을 모라내고 졍결ㅎ 샤회를 지어 텬국을 실현ㅎ자면 신쟈
의게서나 불신쟈의게서 몬져 빈궁을 모라내여야 되겟다고 말ㅎ엿다.
273 류대영, 「미국종교사」(파주:청년사, 2007), p.404.
274 스토 퍼슨스, 「미국 지성사」 이형대 역(서울:신서원, 1999) pp.579-605 참조.

　　　　한국 교회 시대의 도래

했다. 아무리 신비적인 체험을 했을 지라도 이웃과 하나님 나라를 위한 헌신으로 연결되지 않는다면 비기독교적으로 정의했다.[275] 서로 상호부조의 생활을 해야 하는 것이 기독교인들의 의무라고 보았다. 그것이 사회 전반으로 확대되어야 복음이 완성된다고 주장했다. 복음주의 신학에서 죄는 '하나님에 대한 불순종'이지만 사회복음주의 신학에서는 '이기심'이 죄였다.[276]

웰치는 기독교가 '사회적 기독교(Social Christianity)'가 되어야 한다고 믿고 있었고 사회의 복음화를 추구했다. 자신의 신학을 '사회적 복음주의(Social Evangelism)'라 불렀고[277] '하나님 나라'가 사람이 사는 땅에 나타나야 한다고 믿었다. 웰치의 신학과 미 감리회의 신학의 변화는 한국으로 이어졌고 1920년대에 이르러 한국 감리교회 내부에 그 모습이 나타나기 시작했다. 양주삼과 정경옥과 같이, 미국 유학을 다녀온 감리교 목회자와 신학자들은 사회복음에 심취했고 신진 선교사들도 이러한 신학사조의 영향 아래 있었다.[278] 시대적 상황을 고민하던 사람들에게 사회복음주의는 영적 영역과 사회적 혹은 민족적 영역을 합치시킬 수 있는 최고의 신학이었다.

그러나 이때부터 협성신학교와 감리교 지역 교회(Local Church)의 신학적 간극이 벌어지기 시작했다. 이에 한국 감리교회 내부에서 적지 않은 반발이 있었다. 복음의 사회적 역할과 사명을 강조한 나머지 영적 영역을 약화시켰기 때문이다. 실제로 영적 영역과 사회적 사명을 합치

---

275 Walter Rauschenbusch, *A Theology for the Social Gospel*(New York: The MacMillan Company, 1917), p.105.
276 *Ibid.*, p.47, 김명구 외, 『창천교회100년사』(서울:기독교대한감리회 창천교회, 2006), p.82 참조.
277 Herbert Welch, *As I Recall My Century*, p.50.
278 사회복음주의는 미국에서 활동하던, 이승만과 같은 민족운동가들 활동에 정치적 활동 이론이 되기도 했다. 미국 민주당 내부에 사회복음주의 신봉자들이 많았고, 이들에 사상적 주장이 민주당 정책으로 연결되었기 때문이다. 이승만 등은 사회적 약자나 약소국에 호의적이었던 민주당을 지지했고 관계를 맺었다.

하는 것이라 주장하지만, 사회복음을 주장한 사람들 중에는 구원의 문제와 성령 체험의 문제를 "개인중심주의"와 "신비적 주의"라고 매도하고 비하하는 사람들이 적지 않았다.[279] 사회적 성화를 우선했고 개인의 성화와 개인 구령의 부분을, 복음의 초보단계로 비하했다.

한편 사회복음주의는 한국 땅을 하나님이 다스리는 나라로 만든다는 의식으로 연결되었다. 천황이 다스리고 있는 현실에서 강한 반일과 항일의 구조를 갖고 있었던 것이다. 그런 이유로 이승만, 이상재 등 기독교 독립운동가와 민족주의자들은 이 신학을 신봉했다. 그렇지만 한국 감리교회 전체가 사회복음주의를 일방적으로 따르지는 않았다. 그런데 1930년, 이른바 '자치시대'를 시작하면서 한국 감리교회는 교리적 선언에 사회복음주의를 명시했고 신학이 바뀌었음을 선포했다. 감독교회라는 교회정치제도의 특징 때문에 노출이 되지 않았지만, 한국 감리교 내부에 신학적 갈등이 일어나게 된 것이다.

3.2. 근본주의 신학의 등장—성서의 율법화와 복음의 사회적 사명 비하

선교 초기 내한 장로교 선교사들은 대부분, '학생자원운동(Student Volunteer Movent)' 출신들로 부흥회적 경건과 회심 체험을 한 복음주의자들이었다. 마펫도 학생자원운동 출신이었다. 그런데 1920년대에 이르러, 장로교 내부에 복음주의 신학이 갖고 있던 현세성(this—worldliness)과 초월성(transcendentalism)이 분리되기 시작했다. 마펫으로부터 시작된 것이다. 1920년대에 이르러, 장로교 선교사들 중에 근본주의화된, 신학적 투사들이 나타나고 있었다.

1910년 미국 북장로교회 총회는 성경의 영감과 무오성, 그리스도의 동정녀 탄생, 그리스도의 대속적 죽음과 육체적 부활, 기적으로 요약되

---

279 김지환, "개인적 복음주의와 사회적 복음주의," 「기독신보」 1931년 1월 1일자.

는 5개조의 교리를 기독교의 본질적 신앙으로 선언했다. 그리고 성서의 완전축자영감설과 전천년설을 내세운 반면 성서의 비평과 자유주의 신학을 이단으로 규정했다. 이 같은 결정은 1916년과 1923년 총회에서 재확인되었다.[280] 그것은 미국 신학계에 불어 닥친 자유주의 신학에 대한 강한 반감에서 비롯되었다.[281] 미국 장로교회의 이 같은 근본주의 신학적 흐름은 마펫과 평양의 조선예수교장로회신학교 교수였던, 남장로교 출신의 레이놀즈(William Davis Reynolds) 등을 통해 곧바로 한국에 이식되었다.

이들은 복음의 사회적 사명을, 교회가 해서는 안 될 것으로 격하시켰다. 그리고 복음의 사회적 역할을 지향하는 것에 대해 신신학(新神學)이나 자유주의신학으로 규정했다. 1937년, 장로교의 배민수가 주도하던, 장로교 농촌운동이 막을 내렸던 이유도 사회운동에 대한 장로교 내부, 특히 평양 장로교회들의 반발이 컸기 때문이다. 이들은 "전도사업, 구령사업을 하지 않고 있으며 교회를 세속사업으로 더럽히고 있고, 농사운동은 정부의 일이지 교회의 일이 아니다"며 배민수의 농촌부 활동을 비판했고 결국 폐지시켰다.[282]

1920년대 이전만 하더라도, 마펫은 "복음은 구원으로 이끄는 하나님의 능력이고, 거듭남은 하나님의 말씀을 통해 역사하시는 성령의 사역"이라 믿었다. 말씀과 동시에 성령의 활동을 주장했다. 죄로부터 구원을 이루는 것이 복음의 본질이라고 주장했고, 서양의 근대 문명보다 영적인 기독교를 강조했다.[283] 성경 자체의 권위를 강조한 것이 아니라 복음

---

280 Arthur J. Brown, The Mastery of the Far East: The Story of Korea's Transformation and Japan's Rise to Supremacy in the Orient(New York: Charles Scribner's Sons, 1921), p.540.
281 이때 미국 장로교회를 지배하고 있던 신학은 구 프린스턴신학(the Old Princeton theology)이었고, 이같은 결론은 장로교 신학체계를 만든 핫지(Charles Hodge)의 주장을 따른 것이다.
282 1934년 평북노회는 농촌부 폐지를 건의했고, 1935년에는 김인서, 1936년에는 김성택과 채정민이 농촌부 폐지를 강력히 요구했다.
283 S. A. Moffett, "Policy and Methods for the Evangelization of Korea," Chinese Recorder 37,

이 사람들을 그리스도로 이끌고 교회를 세우는 능력이라고 확신한 것이다.[284] 마펫에게 성경은 교리서라기보다 사회적 실천의 근거요 복음의 목적을 이루는 가장 훌륭한 도구였다. 그런 이유로 교회의 사회적 활동에 대해서도 적지 않은 노력을 기울였다. 그렇지만 1920년 이후, 그의 신학은 전투적으로 변했고 그의 복음관은 협소해지기 시작했다.

전술한 대로 사이토가 문화정치를 선언하자 공산주의뿐만 아니라 근대 과학적 사고, 서구의 각종 무신론적 사조가 밀려 들어오고 있었다. 기독교 사상을 단지 서구 사상의 하나로 보는 시각들이 생겨났다. 이미 이광수와 같은 한국의 근대 지성들은 서슴없이 한국 목회자들이 무식하다고 비판한 바 있었다. 일본이나 미국 등 유학하고 돌아온 지식인들도 냉소적으로 기독교회를 대하기 시작했다. 높은 수준의 교육을 받은 인물일수록 한국의 목회자들이 문명의 발전을 저해하고, 미신적 신앙을 고집한다고 비판했다.[285] 새로운 신학을 공부하고 돌아온 인물들도 노골적으로 기존 목회자들의 지적 수준을 비하했고, 영적이고 신비적인 것을 미신적인 것으로 호도했다. 이런 흐름이 한국 교회를 괴롭히고 있을 때, 1919년 장로교 총회장을 맡고 있던 마펫은 다음과 같은 설교를 했다.

> 새 복음에는 대단히 조심하십시오. 근대에 있어 흔히 새 신학 새 복음을 전하려는 자는 누구며 그 결과가 무엇일까 조심하시오. 조선교회 형제여! 40년 전에 전한 복음 그대로를 전파합시다. 그 복음은 성령의 감동을 받아 전한 복음이니 변경치 말고

─

1906, p.238.

284 황재범, "한국 장로교회의 성서문자주의: 그 기원과 초기 발전과정," 『종교 연구』 제71집, 한국종교학회, 2013, p.199.

285 민경배, 『한국기독교회사』, pp.395-399 참조.

그대로 전파하시오. 다른 복음 전하면 저주를 받을 것이요. 형제여! 죠선 형제여![286]

마펫은 갈라디아서 1장 8절과 9절의 내용을 인용해 초기 선교사들이 전한 복음을 그대로 지키라고 피력했다. 장로교 총회장의 신분이어서, 교회를 지켜야 한다는 강한 의무감이 그에게 있었을 것이다. 또한 자신이 전한 신학에 자부심과 확신이 있었을 것이다. 덧붙여 한국 교회에 위기가 다가오고 있다는 긴장감이 적지 않았을 것이다. 그런 이유로 평양의 조선예수교장로회신학교에서 주장하고 나선 레이놀즈의 축자적(verbal), 완전(plenary) 영감설을 받아들이기 시작했다.

마펫은 성서 영감론과 무오설을 강하게 주장하면서, 다른 사조들과 신학들을 "기독교의 배도자" 혹은 "적 그리스도"의 것으로 정죄하기 시작했다.[287] 한국 장로교회에 근본주의가 시작된 것이다. 근본주의 신학은 한국 장로교회 내부로 퍼져 나갔고, 1930년대 이르러 한 쪽에 깊게 자리 잡았다. 박형룡을 따르는 목회자들은 '정통'과 '보수'를 외쳤고, 자신들과 다르다고 생각하는 신학을 '자유주의신학'이나 '이단'으로 매도하고 정죄했다. 복음주의의 지평을 좁힐 수 있을 만큼 좁혔고, 따라서 복음의 역동성은 그만큼 사라지기 시작했다.

복음주의나 근본주의 모두 '성서'의 권위를 최우선으로 여긴다.[288] 그런데 근본주의는 기계적 축자영감설을 고집하며 분리주의적 행태와 반사회적·반지성주의 태도를 보인다. 성서에 대한 새로운 해석이나 비평

---

286 『선교 70주년기념 설교집』 중(역대총회장 설교), pp.62–63. 장로교 총회장 모펫의 1919년도 설교; 민경배, 『한국기독교회사』, p.400에서 재인용.
287 이눌서, "근대신학주의는 배도하는 일," 『신학지남』, 14–6, 1927, pp.20–25; 황재범, *op.cit.*, p.200 재인용.
288 Grant Wacker, Augustus H. *Strong and the Dilemma of Historical Consciousness* (Macon, Ga:Mercer University Press, 1985) p.17; George M. Marsden, *Understanding Fundamentalism and Evangelicalism* (Grand Rapids: Eerdmans, 1991), p.65

을 성서의 절대성에 도전하는 것이라 본다. 반면, 복음주의의 관심은 성서 그 자체에 있는 것이 아니라 성서적 신앙의 재현에 있다. 생동력과 개인 회심의 체험적 신앙을 강조하고 성서에 기록된 신앙이 현재의 삶 속에서 생생하게 나타날 수 있다고 믿는다. 인간의 삶과 교회와 사회가 성서적으로 바뀌어져야 한다고 믿는 것이다.[289] 물론, 복음주의자에게 도덕적 실천은 자동적 실천이지 율법적 실행은 아니다.

근본주의로 인해 복음주의 선교의 한 축, 곧 내적 회심 체험의 영역이 약화되었다. 1907년 평양대각성운동 때에 나타났던 통성기도 등 강력한 회심 체험의 표현들이 장로교회 내부에서 급격히 쇠락했다.[290] 교회의 조직을 우선 앞세웠고, 복음을 율법화시켰으며 교리화시켰다. 송창근, 한경직, 배민수 등 장로교 한 쪽에서 제기하던, "교회가 단순히 예배하고 연보하는 장소가 아니"라는 주장[291]은 외면되었다. 장로교회를 독자화해서 한국 교회와 분리시켰고, 장로교 내부에 갈등을 초래했다. 1934년에 이르러 김춘배의 '여권옹호필화사건'과 김영주의 '창세기 모세저작 부인 사건'을 문제 삼아 큰 분쟁을 일으켰다. 종래에는 장로교를 분열로 이끌었다.[292]

3.3. 교파적 갈등과 연합운동의 파열

하디의 부흥회를 통해 성령의 역사를 경험한 후, 여섯 개의 선교부들, 곧 북감리교와 남감리교, 북장로교회·남장로교회·호주장로교회·캐나다장로교회는 연합운동체를 만들기로 결의했다. 각 선교부의 합

289 *Ibids.* pp435-436.
290 김명구, 『복음, 성령, 교회』, pp.254-255.
291 송창근, "오늘 조선교회의 사명," 『신학지남』15, 1933년 11월, pp.25-26.
292 주기철이나 1930년대에 장로교 농촌운동을 주도했던 배민수도 이에 동조하지 않았고, 후일 성빈사상을 주장했던 송창근과 한경직, 강신명, 김재준 등도 근본주의적 신학에 반발했다. 근본주의는 한국 장로교회 분열의 중요한 이유가 되었다.

의에 따라 1905년에 창설된 '재한 복음주의 선교부 연합공의회'가 조직
되었다. 신학이 다르지 않았기 때문에 교계예양 등 교파 간의 난제들은
큰 분쟁 없이 해결되었다.

감리교와 장로교는 성서번역위원회를 함께 조직해 성서 번역을 했
고, *Korea Mission Field*를 창간했고 「그리스도 신문」을 발행했다. 『찬송
가』도 함께 발행해 사용했다. 배재학당과 장로교 경신학교가 한때 통합
운영되었고, 세브란스 병원과 평양 숭실전문학교와 숭의여학교도 감리
교와 장로교 연합으로 운영되었다. 기독교 문서 선교를 위해 '한국성교
서회,' 곧 '조선예수교서회'도 함께 설립했다. 3·1운동에 민족대표로 함
께 참여했고, 대한애국부인회와 대한민국애국부인회를 조직해 독립운
동을 도왔다. YMCA를 비롯해 여성 사회운동 단체인 YWCA, 조선여
자기독교절제회, 근우회의 창설도 함께 했다.[293]

이런 흐름 속에서 1918년에 선교사들과 한국 교회 지도자들이 함께
하는 '조선야소교장감연합협의회'가 창설되었다.[294] 1922년에는 명칭을
'재한 개신교 복음주의 기독교회 및 선교부 연합공의회(the Federal Coun-
cil of Protestant Evangelical Christian Churches and Missions in Korea)'로 바꿨
다. "그리스도를 위한 연합 봉사 기구를 구성하고"[295] 한국인들이 주도
하는 "단일 복음주의 교회(One Native Evangelical Church)"를 만들겠다[296]
는 의도였다. 1912년 네 개의 장로교 선교부가 장로교 총회를 조직하
면서 '단일 교회'라는 명칭이 사라지고 교파 구별이 확고해졌지만, 이때

---

293 H. Miller, "The History of Co-operation and the Federal Council," p.256, 이덕주, "하나되
게 하소서," 『일치포럼』 한국 그리스도인 일치운동 신학자 연구 모임, 2010, pp.446-451.

294 '조선야소교 장·감연합협의회'는 1918년 2월 26-27일, 종로 YMCA 회관에서 창립총회를
열었고 초대회장에 장로교의 김필수 목사를 선출했다. 이때 17개조의 헌법을 통과시켰다. 장
감연합회의회는 1924년 조선예수교연합공의회(Korean National Christian Council)로 이름
을 바꿨고 1931년에 다시 '조선기독교연합공의회'로 명칭을 바꿨다.

295 E. A. McCully and E. J. O. Fraser, *Our Share in Korea-Supplementary to The Land of the
Dawn by James Dale Van Buskirk*, p.24.

296 "Missionary Union in Korea," *The Korea Review*, 1905. 9, pp.342-343.

까지만 해도 교회정치 제도는 달랐지만, 양 교회는 신학적으로 크게 구별되지 않았다. 그런데 1920년대에 이르러 지역적 갈등이 증폭되고 신학적 괴리가 나타나면서 교파적 갈등이 시작되었다. 1930년대에 이르러서는 교파 간 균열과 신학적 갈등으로 이어졌다.

1920년대 이전, 한국 장로교회에서 칼빈(John Calvin)은 소개되는 정도였고[297] 주목하지 않았다. 평양의 조선예수교장로회신학교 조차도 칼빈을 집중해서 가르치지 않았다.[298] 1923년에 이르러서야 장로교의 오천경이 『교회역사 인물지』에 7쪽 분량으로 칼빈을 알리고 나섰다.[299] 『신학세계』 편집을 보았던 감리교회의 최상현도 칼빈을 "장로 교리의 수립자"로 소개했다.[300] 1924년에는 감리교 협성신학교의 김인영이 『신학세계』에 논문 "종교개혁가 요한 칼빈"을 발표했다. 교파적 정체성과 그 뿌리를 확인했을 뿐이다.

그런데 1934년 장로교의 조선예수교장로회신학교의 잡지 『신학지남』에서 본격적인 칼빈 특집을 다루었다.[301] 그리고 장로교 신학자들, 곧 남궁혁, 박형룡, 채필근, 송창근 등을 통해 계속해서 칼빈을 알렸다. 이후, 평양신학교를 통해 칼빈을 내세우기 시작했다. 장로교적 정체성을 확실히 하기 위해서였다.[302]

1935년에 "아빙돈 단권 주석 사건"이 있었다. 감리교 유형기 목사는 양주삼, 정경옥, 김창준, 전영택, 변홍규, 송길섭, 장로교의 송창근, 김

---

297 1916년 11월29일부터 1917년 6월 20일까지 「기독신보」에 갈빈약한전(요한 칼빈 일대기)가 최초로 소개되었다.
298 조선예수교장로회신학교 요람에서 교과과정 칼빈에 대한 부분은 잘 보이지 않고, 교회사를 통해서 배운 흔적만 발견될 뿐이다.
299 『敎會歷史人物誌』(京城, 活動書海, 1923)의 목차 제31장 참조.
300 1923년 최상현은 『근대의 성공자, 近代之成功者』에서 근대 서구의 유명인물을 소개하면서 칼빈을 '장로 교리의 수립자'로 소개했다.
301 『신학지남』 제16권 4집(1934. 7) 통권 76호 칼빈 특집호.
302 김석수, 「1930년 이전 한국 장로교회 복음주의 신학 연구: 미국 북장로교 한국 선교 중심으로」, pp.156~157 참조.

재준, 채필근, 한경직 등과 함께 미국 감리교회 출판국 아빙돈 출판사에서 1930년도에 출판한 *The Abingdon Bible Commentary*을 번역했다. 그리고 자신이 운영하던 신생사에서 『단권 성경주석』의 이름으로 출판했다. 이때 한국장로교는 강한 거부감을 드러냈다. 이 주석이 자유주의적 신학에 근거한, 장로교 교리에 위배된다는 입장이었다. 불매운동을 벌였고 이 사업에 참여한 장로교 신학자들과 목회자들에게 잘못을 물었다. 그리고 1935년 9월 제24회 장로교총회에서 주석책에 대한 구독을 공식적으로 금지하고, 집필에 참여한 장로교인들에게 공개적인 사과를 결의했다.

감리교회와 장로교회의 신학적 갈등이 노골화되었고 교파 간의 분리 의식이 확고해졌다. 1914년 이후 함께 운영하던 「기독신보」가 1935년부터 장로교 전필순의 개인운영 체제로 바뀌었고, 그 과정에서 각 교파별 기관지, 감리교회의 「朝鮮監理會報」, 장로교회의 「종교시보」가 별도로 발간되었다. 1934년 평북, 의산, 황해 등 서북 지역의 노회들은 재한 복음주의 선교부 연합공의회(General Council of the Evangelical Protestant Missions in Korea)의 탈퇴 혹은 폐지를 건의했다.[303] 연합과 합치의 정신과 이념, 그 역사성이 파열되었고 감리교회와 장로교회의 밀착성은 약화되었다. 초대 선교사들이 간절히 바랐던 단일 복음주의 교회에 대한 꿈은 사라지게 되었다.

---

303 이덕주, "하나되게 하소서," p.451.

5부

기독교와 공산사회주의[1]

---

1   1920년대 활동했던 사회주의자들은 상해임시정부의 조소앙을 빼놓고는 거의 모두 공산주의
     자들이었다. 따라서 이 책에서는 '공산사회주의자'로 기술되었다.

1장.
반기독교 운동과 공산사회주의의 기독교회 공격

1. 당시 언론의 기독교 비판과 반기독교 운동의 전개방식

1922년 1월 7일 「동아일보」는 "종교가(宗敎家)여 가도(街道)에 출(出)하라"는 논설을 내보냈다. 예수의 사역이 소외된 계급과 계층에 있었음을 환기시키며, 교회가 찬송과 기도, 교회 예식에만 몰두한다고 비판을 했다. 덧붙여 사회의 불의(不義)와 억압받는 "민중"을 위해 거리로 나서라고 촉구했다.[2] 연이어 6월 「신생활」은 김익두의 신유 부흥회를 비판하고 그가 무식한 미망자요 사기꾼이라며 몰아세웠다. 그리고 그의 사역을 미신이요 신비주의라고 비판했다. 기독교가 이같이 개인의 구원과 치병과 같은 행태로 나가면 러시아나 중국에서처럼 강력한 반(反)기독교운동이 일어나게 될 것이라는 경고도 덧붙였다.[3] 김익두의 부흥회가 시대적 요구와 기독교의 민족적·사회적 역할을 방해한다는 주장이었다.[4]

---

2   「동아일보」, 1922년 1월 7일자.
3   김명식, "김익두의 미망(迷妄)을 논(論)하고 기독교도의 각성(覺醒)을 촉(促)하노라," 「신생활」6호, pp.5-6.
4   宇光, "현대의 조선과 종교(二장)," 「學之光」, 1921년 6월호, pp.43-44. 장로교 황해노회가 이를 비판하고 나서며 불매운동을 일으키기도 했지만 장로교 총회는 특히 신생활사의 주장

당시 언론계에는 적지 않은 공산사회주의 기자들이 포진하고 있었다. 동아일보의 영업부장 홍준식이 화요회계열의 공산사회주의자였다.[5] 박헌영(朴憲永), 김단야(金丹冶), 임원근(林元根), 북풍회(北風會)의 서범석(徐範錫), 손영극(孫永極), 화요회(火曜會)의 홍명희(洪命熹), 홍진유(洪眞裕), 조규수(趙奎洙), 조봉암(曺奉岩), 신인동맹회(新人同盟會)의 신일용(辛日鎔), 꼬르뷰로(高麗局) 국내부의 김재봉(金在鳳), 홍남표(洪南杓), 강달영(姜達永), 푸락치 조직의 배성룡(裵成龍), 조선노동공제회의 서승효(徐承孝), 서울 콩그룹의 양명(梁明), 조선청년총동맹의 이길용(李吉用), 조선공산당 일본연락부의 이석(李奭), 북성회(北星會)의 이여성(李如星), 동우회(同友會)의 이익상(李益相), ML당 사건의 김준연(金俊淵) 등 공산사회주의자들이 「조선일보」와 「동아일보」, 「개벽」 등에서 활동하고 있었다.[6]

공산사회주의 기자들에게 기독교의 신비적인 요소는 좋은 빌미였다. 이광수를 비롯한 당시의 지성사회가 한국 교회 목회자들이 미신적 요소에 빠져들고, 사상과 과학을 경시하고, 기독교회가 현실의 문제를 외면하고 피안으로 빠져든다고 비난[7]하고 있던 때였다. 따라서 공산사회주의 기자들의 기독교회 비판은 적지 않은 지지를 얻었다. 특별히 「동아일보」와 「신생활」, 「개벽」 등이 비판에 앞장섰는데, 그 뒤편에 상해파 공산당 일원인 김명식(金明植)이 있었다.

1921년 5월 20일 상하이에서 조선, 일본, 중국, 노령의 대표자 100

이 교리에 크게 위배되지 않다고 판단해서, "과격한 말을 쓰지 않기를 바란다"는 정도의 권면으로 이 문제를 확대시키지 않으려 했다. 「동아일보」, 1922년 9월 16일자 참조.

5 강동진, "일제하 한국 사회운동사 연구," 학술지(건국대학교) vol. 11(1978), pp. 109-111. 홍증식은 동아일보 영업국장 출신으로 화요회계열의 사회주의자였다. 그는 1921년 1월 27일에 창립된 좌익 지식인들의 사회주의 써클인 "서울청년회"에 가담했던 인물로서 1923년 7월에는 '신사상 연구회'에, 1924년 11월 19일에는 "신사상 연구회"가 개칭한 "화요회"에 가입했다.

6 유재천, "일제하 한국신문의 공산주의 수용에 관한 연구," 「동아연구」제9집, p. 232.

7 이광수, "금이리 조선 야소교의 결점," 「이광수전집」 17권, p.23-26, "종교백년," 「경향신문」 1974년 10월 31일자 참조.

여 명이 참가한 가운데 열린 고려공산당(高麗共産黨) 창립대회에 이동휘가 위원장이 되었을 때, 와세다대학 전문부 정치경제과 출신 김명식 등은 상해파 고려공산당의 국내지부를 주도하게 되었다. 김명식은 「동아일보」 논설반원이 되었고, 1922년부터 '신생활사'를 창립하고 주필이 되었다. 철저히 상해파 고려공산당의 노선에 입각해서 활동했고 반기독교 운동을 주도했다.

1920년대 이후, 이르쿠츠크파 공산당과 이동휘의 상해파 공산당은 소비에트를 "무산계급의 유일한 정체(政體)"로 보았다. 이들 공산주의자들은 식민지 조선을 일본 제국주의로부터 해방시키고 공산사회주의 국가로 만들겠다고 천명했다. 그런데 이들은 특별히 기독교를 배척과 타파의 대상으로 삼았다. 그것은 사상적 이유만은 아니었다. 한국인의 90%가 농업에 종사하고 있던 때에 기독교회만큼 영향력을 가진 조직이 없었기 때문이다.[8]

공산사회주의자들은 "종교적 미신이 사회해방의 장애"라고 주장했고 "종교적 미신의 굴레로부터 모든 무산대중을 해방시키기 위해 과학적 문화운동 및 종교배척 운동을 실행"할 것을 결의했다.[9] 또 이를 위해 "단호한 투쟁을 전개하고 모든 종교적 편견과 성직자의 책략을 폭로할 필요가 있다"고 소리를 높였다. 다만 전략적으로, 극렬한 투쟁은 삼가고 일단 사상투쟁을 우선 전개하기로 했다.[10] 아직 한국 내부에 공산당 조직이 자리 잡고 있지 못한 상황에서 노골적인 투쟁이 역효과를 낼 수 있었기 때문이다.

---

8 강명숙. "1920년대 초 한국 개신교에 대한 사회의 비판" 『한국 기독교와 역사』 제5호, p.53 참조. 공산주의자들이 교회를 공격대상으로 삼은 것은 교회 내의 청년들을 공산사회주의자로 만들려는 전략적 이유도 있었다.
9 한대희 편, 『식민지시대 사회운동』(서울:한울림, 1986), pp.106-112.
10 이준식, "일제침략기 기독교 지식인의 대외인식과 반기독교 운동," 『역사와 현실』 10호, 1993. 12월, pp.24-25 참조.

1923년 3월 24일부터 열린 전조선청년당대회(全朝鮮青年黨大會)는 조선청년연합회를 탈퇴한 공산사회주의자들이 이 연합회를 반대해 소집한 최초의 전국모임이었다. 계급해방이 민족해방보다 우선의 과제라는 의견이 모아졌고 한국 교회가 "정복자의 정략과 옹호기관"이며 제국주의와 관련되어 있다는 결론이 나왔다.[11] 이어 1924년 1월 박헌영, 김단야, 임원근 등의 영향 아래 있던 경성신흥청년동맹회 등에서도 기독교가 "민중을 마취시켜 계급적 각성을 방저(防沮)"한다는 비판이 나왔다.[12] 기독교에 대해 사상투쟁을 벌이자는 방침이 세워졌고, 반기독교 운동이 표명되었다.[13] 그런데 1924년 4월 21일, 227개의 사회주의 청년단체들이 조선청년총동맹을 창립하며 "혁명적 민족운동을 찬성"[14]한다고 천명했음에도, 이들은 종교가 민중을 마취시키고 참다운 각성을 방해하지만 적극적으로는 배척하지 말자는 유연한 태도를 취했다.[15] 공산주의 조직이 확고하지 못한 상태에서 역효과를 낼 수 있었기 때문이다. 상해파의 전례를 따른 것이다.

2. 반기독교 운동의 확산

1925년 10월 25일자 「동아일보」에, 인사동에 사무소를 둔 한양청년연맹[16]에서 YMCA에서 열리고 있는 제2회 조선주일학교대회에 대항해 반기독교대강연회를 개최한다는 충격적인 기사가 실렸다. 재경사회

---

11 이강, "朝鮮青年運動의 史的 考察 (中)", 「現代評論」 1권 9호, p.18; 이준식, *op.cit.*, p.27에서 재인용.
12 이강, "朝鮮青年運動의 史的 考察 (下)," *Ibid.*, 2권 1호, pp.10~11.
13 김준엽, 김창순, 「한국공산주의운동사」1, (서울:고대아세아문제연구소, 1969), p.118.
14 「동아일보」, 1924년 4월 23일자.
15 「동아일보」, 1924년 4월 26일자.
16 한양청년연맹은 1925년 8월 서울과 근교의 사회주의 청년단체들을 망라해 조직되었다.

운동단체가 계속해서 반기독교대회를 개최할 예정이라는 내용도 덧붙였다. 강사는 김단야, 박헌영, 홍순종, 김평주, 박래원, 김장현, 허정숙 등이었고, 주제는 "기독교의 기원," "과학과 종교," "기독교는 미신이다," "대중아 속지 말아라," "양면랑심(羊面狼心)의 기독교," "지배계급과 기독교," "현하 조선의 기독교의 해독" 등이었다.[17] 공산주의 청년들이 노골적으로 한국 기독교계에 대한 공격을 선언한 것이다. 그것은 공산주의 조직이 전국적으로 퍼지게 된 것에 대한 자신감의 발로이기도 했다.[18]

공산주의자들의 초유의 공격에 조선주일학교 대회에 참석한 천여 명의 기독교인들이 대회장인 장곡천 공회당으로 몰려가 강력히 항의를 했다. 난투극이 벌어졌고, 소란한 사태를 진정시키려고 일본 경찰이 출동했다.[19] 이를 빙자하여 공산사회주의자들은 한국 기독교와 일본이 밀착되어 있다며 선전하기 시작했다. 한양청년동맹은 이 해 12월 30일 임시대회를 열어 매년 크리스마스를 '반기독교데이'로 할 것을 결의했고 강연회 연설회를 수시로 개최할 것도 천명했다. 본격적인 반기독교 운동에 나선 것이다.[20]

「동아일보」는 "조선의 종교가 미신과 허위로써 무지한 민중을 농락"한다며[21] 반기독교 운동을 두둔하고 나섰다. 연이어 동대문 부인병원(현 이화여자대학교 부속병원)의 한국인 간호사 홍모 씨의 자살사건을 들추면서, 그 책임을 병원 운영자에게 돌렸다. 서양인 기독교인이 한국

---

17 "반기독교 운동," 「동아일보」, 1925년 10월 25일자.

18 반기독교 운동은 1925년 제1차 조선공산당이 조직되고, 고려공산청년회를 중심으로 그 조직이 전국적으로 확산되면서 본격적으로 전개되었다.

19 「동아일보」, 1926년 1월 7일자

20 「동아일보」, 1926년 1월 5일자

21 「동아일보」, 1926년 1월 7일자. "조선의 종교가 미신과 허위로써 무지한 민중을 농락하는, 따라서 과학사상의 보급할 길을 막고, 허황한 곳에다가 사람의 귀중한 노력을 소비케하는 것은 엄폐할 수 없는 사실"이라고 보도했다.

기독교인을 무시했기 때문에 일어난 사건이고 서양선교사들이 한국인들의 생명을 천시 여긴다는 기사가 나왔다.[22]

1925년을 기점으로 반기독교 운동이 확대되었다. 함경도의 공산사회주의자들은 성진에서 열리게 될 북선(北鮮)주일학교 강습회의 시작을 계기로 반기독교 운동과 강연회를 계획했다.[23] 원산청년동맹에서는 원산에서 개최중인 사경부흥회를 기화로 반기독교 운동을 전개해 나가기로 결의했다.[24] 전남 광주의 해방운동자동맹은 "미신단체 박멸"을 결의했다. 충청기자대회가 "사기적 종교단체 조사"를 결의했고 김제기자단이 "종교죄상 적발"을 결의했다. 전라북도 청년연맹은 기독교가 "최면적 종교"라 비판했고, 영덕군 청년연맹은 "미신타파 강연회"를 개최했다. 원산청년동맹은 "기독교 사경회를 이용한 반기독교 운동"을 결의했다. 제천청년회는 김익두 목사에게 경고문을 발송했고 이리청년회는 "김익두 성토 강연회"를 개최했다.[25] 반기독교 운동은 전국 각지로 확산되었고 간도까지 퍼져 나갔다.

전국 각 지역에서 반기독교 운동 강연회와 연설회가 있었고, 각종 교회활동을 둘러싸고 공산사회주의자들과 기독교인들이 충돌했다. 전남 광양에서 '을축년 대홍수'로 구제금 모집활동을 하는 교인들을 방해했고, 경남통영에서는 김익두 초청 부흥회 현장에 공산주의 청년들이 들어와 난동을 부렸다. 해주에서는 사경회 기간 동안 반기독교 격문이 살포되었고, 평남 대동에서는 부흥회 도중 충돌이 일어났다. 함경도 성진에서는 반기독교 운동 강연회에 항의하던 기독교인들과 공산사회주의 청년들이 충돌했고 함남 단천과 홍원에서도 충돌이 일어났다.[26] 이 과

22 「동아일보」, 1926년 3월 6일자.
23 「동아일보」, 1926년 2월 14일자.
24 「동아일보」, 1926년 3월 1일자.
25 「동아일보」, 「조선일보」, 「시대일보」 등의 관계기사; 이준식, *op.cit.*, pp.30–31에서 재인용.
26 *Ibid.*, p.31

정에서 공산사회주의자 청년들이 '치안소란죄'로 일경에 체포되었고, 이런 일련의 결과를 빙자하여 공산사회주의자들은 기독교와 일본이 한편이라고 홍보했다.[27]

반기독교 운동은 1926년에 일어났던, 일명 '허시모(許時模) 사건'으로 극에 달했다. 안식교 의료선교사로 1925년에 내한한 헤이스머(C. A. Haysmer)가 과수원[28]에 몰래 들어와 사과를 따 먹은, 12세 된 김명섭의 두 뺨에 염산으로 '됴덕(도적)'이라는 글자를 새겨 넣은 사건이었다. 이 사건은 1년이 지나 평남 순안의 일본인 검사에게 발각되고, 헤이스머가 입건되면서 세상에 알려지게 되었다. 경성학생연맹은 이를 빌미로 선교사들을 미제국주의의 침략자라고 규탄하며 반기독교 운동을 맹렬히 전개해 나갔다.[29]

반기독교 운동과 공산사회주의자들의 사상적 비판이 고조되는 것에 비례해서 이에 동조하는 교회 젊은이들이 늘어났다. 도쿄 조선YMCA 총무 최승만도 교회 다니던 청년들이 반기독교 운동에 참여하고 있고 그들의 입에서 "종교는 아편이다"라는 비판이 흘러나오고 있다고 탄식했다.[30] "반기독교 운동을 하는 사회주의자들은 거개가 교회에서 자라난 청년들"이며[31] "그네들의 태반이 교회학교에서 수재로 자라난 청년들이오, 교인과 직원의 자제"[32]라는 기독교 언론의 기사도 연일 나왔다. 북장로교 선교사 베어드(William M. Baird)도 "젊은이들 중에 붉은 사상에 다소라도 물들지 아니한 자가 없다"[33]며 교회 청년들이 공산주의에

---

27 「동아일보」 1926년 2월 14일, 3월 5일자.
28 평안남도 순안에 있는 안식교 소유의 과수원을 말한다.
29 그때 일본은 친일단체 상애회(相愛會)를 내세워 조선인의 권익옹호라는 미명 아래 대대적인 반미운동을 전개했다.
30 「동아일보」 1928년 8월 25일자.
31 이경도, "조선교회의 쇠퇴원인" (속) 「기독신보」 1928년 4월 4일자.
32 전영택, "현대교회는 조선을 구할 수 잇슬까" 「기독신보」 1931년 11월 11일.
33 R.H. Baird, *Present Day Religious Problem* 「The 50Th Anniversary Celebration Paper 5」 1934. p.138.

빠져 들어가는 것을 우려했다.

반기독교 운동은 1926년 12월까지 계속되다가 갑자기 약화되었다.[34] 그런데 그것은 1925년 국공합작의 필요성을 강조한 코민테른의 정책이 알려지면서 좌우합작 운동이 추진되었기 때문이다. 공산사회주의계가 신간회 참여를 적극 고려하고 있던 상황이었기 때문에 전략적으로 기독교에 대한 공격을 멈춘 것이다.

34　「동아일보」 1926년 12월 18일자 참조.

2장.

공산주의에 대한 역사적 경험
–신간회와 만주에서의 경험

1. 신간회 운동과 공산주의

1927년 2월 신간회(新幹會)의 창립대회가 종로 중앙YMCA 강당에서 개최되었다. 이 자리에서는 회장에 이상재, 부회장에 신석우를 비롯해 간사진이 선출되었다.[35] 신간회 초기, 「조선일보」와 시대일보 계열, 흥업구락부, 기호계 민족주의자들이 중심이었는데, 민족주의계 간부 대부분은 YMCA 흥업구락부계였다.[36] 이런 이유로 일본 경찰은 "신간회는 오히려 민족혁명단체인 흥업구락부에 의해서 조직된 민족단체라고 보는 것이 적당하다"는 기록을 남겼다.[37]

신간회 창립에 앞장 선 「조선일보」 주필 안재홍(安在鴻)을 비롯해 백관수(白寬洙), 홍명희(洪命熹), 신석우(申錫雨), 유억겸, 권동진 등은 3·1운동과 YMCA운동, 민립대학설립운동, 흥업구락부운동 등을 통해 밀접한 관계를 맺고 있었다. 김활란, 유각성 등 YWCA 근우회 주도자들

---

35 「조선일보」 1927년 2월 16일자, 「동아일보」 1927년 2월 17일자.
36 김권정, "기독교 세력의 신간회 참여와 활동," 「한국민족운동사연구」 25, 2000 참조.
37 京地檢秘第1253號, 地檢秘第1253號, 「民族革命ヲ目的トスル同志會(秘密結社興業俱樂部)事件檢擧ニ關スル件」, 1938년 8월 9일, 「延禧專門學校同志會興業俱樂部關係報告」 1938년 8월 9일.

이 참여했고, 감리교의 정춘수, 한국 YMCA연합회 농촌부 위원 박동완 등도 합류했다. 평양 YMCA 총무 조만식을 비롯해 도산 안창호계로 분류되던 조병옥과 주요한 등 평양 지역 YMCA회원들도 개별적으로 가담했다.

한편 코민테른의 통일전선방침이 전해지고 공산사회주의계인 화요회(火曜會), 북풍회(北風會), 조선노동당(朝鮮勞動黨), 무산자동맹회(無産者同盟會)가 결합하면서 공산사회주의계도 민족주의계와 적극 제휴할 것을 선언했다. 제3차 조선공산당의 주요 간부인 한위건과 김준연도 민족주의계와 교류했고 신간회 창립에 적극적으로 개입했다.[38] 일본이 '치안 유지법'을 시행하면서 심각한 타격을 받고 있는 상황에서 민족주의와의 제휴는 안전과 보존에 큰 도움이 될 수 있었다.

한국 공산주의자들은 제2차 조선공산당의 '조선공산당 선언서'를 통해, "조선민족을 절대 해방하기 위해 조선의 제종(諸種)역량을 집합하여 민족혁명유일전선(民族革命唯一戰線)을 작성"하고 "노농계급을 기초로 하여 도회의 소자본가, 지식 내지 불만을 가진 부르주아까지 직접 동맹을 삼는다"[39]며 신간회 운동 참여의 당위성을 마련했다. 그렇지만 신간회 참여는 코민테른이 민족주의 단체와의 통합을 지시했기 때문이다. 곧 코민테른의 전략에 따른 것이었다.

레닌은 1922년 11월의 제4차 코민테른 대회에서 "동양 식민지에서는 반제국주의 통일전선의 슬로건이 현재 강조되어야 한다"며,[40] "현재 식민지 동양에서 필요한 것은 반제연합전선(A Unitid Anti-Imperialist

---

38 윤덕영, "신간회 창립과 합법적 정치운동론," 『한국민족운동사연구』 65, 한국민족운동사학회, 2010, p.153.
39 梶村秀樹·姜德相編, 『現代史資料』29, 朝鮮(5)(東京: みすず書房, 1972), pp. 421-422.; 윤종일, "1920년대 민족협동전선연구," p. 75에서 재인용.
40 "동양문제에 관한 테제,"(1922년 11월) 『民族·植民地 問題と共産主義』いいだもも 編譯(東京:社會評論社, 1980), p. 72.; 전명혁, "1920년대 코민테른의 민족통일전선과 서울파 사회주의 그룹," 『한국사학보』(고려사학회, 2001), p. 212에서 재인용.

5부 _ 기독교와 공산사회주의   451

Front)이다"[41]고 피력했다. 그의 이러한 주장은 중국의 국공합작의 이론을 뒷받침하기 위한 것이었지만 한국 공산사회주의자들의 민족통일전선의 근거가 되었다. 전략적 차원에서, 1925년 조봉암과 조동우가 각각 5월과 6월에 모스크바로 갔을 때,[42] 코민테른의 간부들은 노동자, 농민, 지식인들을 비롯해 중소 부르주아를 결합해 민족해방투쟁을 전개하라고 지시했던 것이다.[43]

민족협동전선론이 시대적 요청이 되고 있던 상황에서, 특별히 기호계 기독교 민족주의자들이 나서서 공산사회주의계와의 합작을 추진했다. 특별히 기독교 민족주의계 내부에 "민족주의는 언제나 민족주의자와 결합하고 사회주의자는 사회주의자와 결합해야 한다"[44]는 냉소가 있었기 때문이다. 이것은 민족주의와 공산주의간의 합작이 가능할 수 있는지에 대한 실험이었고 확인하는 작업이기도 했다.

특별히 이상재와 신석우가 이끄는 「조선일보」계가 신간회 결성에 주도적 역할을 했다. 대부분 흥업구락부계였던 이들은, 사회주의 계열에 대해 이질감은 있었지만 혐오감을 갖고 있지는 않았다. 내부에 이대위나 김창제 등 기독교사회주의를 표방하던 인물들도 포진하고 있었고 안재홍의 강력한 제안도 이유가 되었다. 여기에 기독 언론에서도 "진정한 사회주의는 기독교인이 아니더라도 그를 기독인과 동일히 간주하겠다"며 공산사회주의와의 연대를 적극 권하고 있었다.[45] 이때만 하더라

---

41 Xenia Joukoff Eudin and Robert C. North, *Soviet Russia and the East 1920-1927: A Documentary Survey* (Standford University, 1957), pp. 231–237.
42 김준엽·김창순, 『한국 공산주의 운동사』II(서울: 고대출판부, 1967–1976), pp. 302–312 참조.
43 Otto Kuusinen, "On The Korean Communist Movement(1931),"*Documents of Korean Communism* DAE–SOOK, SUH (New Jersey: Princeton University Press, 1970), pp. 257–282.
44 신흥우, "현실투쟁으로," 『彗星』 1931sus 7월호, p.7; 김권정, "1920년대 후반 기독교 세력의 반기독교 운동 대응과 민족운동의 전개," 『한국 기독교와 역사』 제14호, 2001, p.96에서 재인용.
45 "기독교회와 사회," 『기독신보』, 1924년 10월 15일자.

도 공산주의와 사회주의에 대한 정확한 이해가 없었고 무엇이 다른지도 알지 못했다. 민족을 최우선가치로 보았기 때문에 민족주의와 공산사회주의가 단합할 수 있을 것이라 보았다.[46] 그래서 민족의 절대명제, 곧 '독립'을 위해 하나로 연합할 수 있기를 기대했다. 상해임시정부의 예를 따른 것이다.[47]

그런데 이들 기독교 민족주의자들의 판단은 오판으로 드러났고 공산주의와의 합작은 실패로 끝났다. 1930년, 김병로가 신간회 중앙집행위원으로 선출되자, 공산주의계가 신간회가 사명과 역할, 시대의 요구를 따라가지 못한다며 해소론을 주장하고 나선 것이다. 1930년 12월 6일, 신간회 부산지회 김봉한도 신간회 해소를 주장했다.[48] 각 지회의 공산주의계들도 하나같이 동조하고 나섰다. 그리고 한 목소리로, 신간회가 봉건적 부르주아 단체이므로 신속히 해체하고 민족혁명, 무산계급 해방을 목표로 투쟁해야 한다고 주장했다. 그런데 여기에도 코민테른의 지시가 있었다.

1928년 7월 1일부터 열린 코민테른 제6회 대회에서 '소비에트의 건설'과 '프롤레타리아 헤게모니 수립' 방침이 강조되었다. 12월에 작성된, 일명 '12월 태제'에서는 '타협적인 민족개량주의로부터 완전히 분리시키는 것'을 한국 공산당 조직의 중요한 방침으로 정했다. 1930년 9월 18일 코민테른의 외곽조직 중 하나인 프로핀테른(Profintern) 집행위원회에서는 '조선에서의 혁명적 노동조합운동의 임무'에 대한 결의가 채택되었다. 그리고 민족주의계를 강하게 비판하면서 신간회를 민족개량

46 이상재, "청년이여," 『月南李商在研究』(서울:로출판, 1986), pp. 246–247. 이상재는 "민족주의는 사회주의의 근원이오 사회주의는 즉 민족주의의 지류"라고 하며 민족주의와 사회주의의 합류를 지지했다.

47 조병옥, 『나의 회고록』(서울: 민교사, 1959), pp.96~97 참조.

48 동아일보, 1930년 12월 18일자. 김봉한은 "현재의 신간회는 소브르주아적 정치운동의 집단으로서 하등의 적극적 투쟁이 없을 뿐만 아니라 전(全) 민족적 총역량을 집중한 민족적 단일당이란 미명 아래 도리어 노동대중의 투쟁욕을 말살시키고 폐해를 끼치고 있다"고 주장했다.

주의 조직으로 규정지었다.[49] 일명 '9월 테제'라고 불리는 이 결의에 따라 공산사회주의자들이 격동했고 결국 신간회는 해소되었다.

좌우합작 정당 운동 실험은 공산사회주의자들의 일방적 결정에 의해 실패로 끝났다. 기독교 민족주의계는 기독교와 공산주의간의 협력과 합작이 불가능하다는 것을 확인했다. 이상재의 지적처럼, 이들 공산주의자들에게는, 사상적 목표와 전략적 접근만 있었을 뿐, 민족이라는 개념이 없었던 것이다.[50]

광복 후 조병옥은 공산주의자들을 "사탄과 같은 존재"라고 규정지었다. 공산주의가 법과 질서를 존중하지 않고, 사리와 판단력이 박약한 청소년층과 천진무지한 노동자 농민을 선동과 모략을 동원해 파괴와 살상을 일삼는다고 강하게 비판했다. 그가 공산주의와 어떠한 타협이나 합작이 있을 수 없다고 강력히 주장했던 것도[51] 이때의 경험 때문이다.

2. 만주에서의 공산주의의 기독교에 대한 공격

1923년 만주에서는, 일제관헌과 동맹관계가 있다는 이유로 선교사로 파송된 감리교 목사가 생명을 잃을 뻔했다. 1925년 9월에는 북간도 용정에 선교사로 파송된 동아기독교(침례교)의 윤학영, 김의주[52], 박문기, 이창희, 안성찬, 김상준이 일본 밀정으로 몰려 만주 공산비적단에

---

49 '12월 테제'에서는 조선혁명이 제국주의 타도와 토지혁명을 주내용으로 하는 부르주아 민주주의 혁명이라고 규정했다. 그리고 부르주아지가 일본제국주의와 결합이 되어 있어, 프롤레타리아 헤게모니 아래 부르주아 민주주의 혁명과 프롤레타리아와 농민의 민주주의적 독재를 통해 사회주의 혁명을 이루어야 한다고 강조했다.
50 이상재, 『青年』 6권 2호, 1926년 2월, p. 3.
51 조병옥, 『民族運命의 岐路』(서울:남조선과도정부 경무부 경찰공보실), pp.5-45.
52 한국침례교회사에서는 김이주로 나온다.

게 죽임을 당했다.[53] 1931년 동만지방에서는 교회당 13개소가 방화되고, 4명의 신도가 피살되었다.[54] 길림에서는 최대봉 외 7인이 죽임을 당했다.[55] 1932년에는 만주 간도성 종성동의 동아기독교의 김영진 목사, 김영국 장로 형제가 반동분자라는 누명을 쓰고 참살되었다.[56] 남만지방 장로교 안에서도 25명이 죽임을 당했다. 1933년 남만주 신빈현에서 선교활동을 하던 북장로교의 헨더슨(L. P. Henderson) 선교사가 공산비적들에게 죽임을 당했고[57] 시베리아 선교사로 활동하던 김영학 목사가 소련 공산주의자들에게 죽임을 당했다.[58] 1935년 북만주 길림성에서 선교활동을 하던 장로교의 한경희 목사도 공산비적들에게 죽임을 당했다.[59] 간도의 기독교 병원에서는, 장로교 총회에, 공산사회주의자들로부터 총상을 입고 입원한 환자가 없는 날이 한 번도 없었다는 보고를 올리기도 했다.[60]

1936년 장로교총회가 송창근에게 북만주교회가 공산주의자들로부터 겪은 피해를 조사하도록 했고, 그 보고 내용을 들은 김인서는 다음과 같은 글을 남겼다.

> 북만교회는 순교의 피로 쌓은 교회입니다. 우리는 북만의 순교자라고 하면 한경희 목사를 알되, 한 목사 이외에도 순교한 신자의 이름을 다 셀 수 없이 많습니다. 잔악을 극한 공산당에게

---

53 「동아일보」 1927년 2월 3일자.
54 동만노회 상황보고, 조선예수교장로회총회 제21회 「회록」 p.103; 이후 장로교 총회록으로 표기하겠음.
55 김인서, "7성도의 순교의 피," 「신앙생활」 1932년 10월호.
56 "30여 무장 공당에게 김목사 형제 피살," 「기독신보」 1932년 11월 9일자. 공산비적들은 이들에게 배교를 요구했으나 이들 형제는 오히려 회개를 촉구했다. 공산비적들은 김영국의 고환까지 빼어간 것으로 기록되어 있다.
57 「동아일보」 1932년 10월 20일자.
58 「동아일보」 1933년 10월 31일자.
59 「동아일보」 1935년 2월 7일자, 「기독신보」 1935년 2월 20일자.
60 동만노회 상황보고, 조선예수교장로회총회 제21회 「회록」 1932년, p.103; 민경배, 「한국 기독교사회사」(1885-1945) (서울: 연세대학교출판부, 1995), p.297에서 재인용.

몽치를 맞아 죽은 순교자, 정수리에 못 박혀 죽은 순교자, 머리 가죽을 벗겨 죽임 당한 순교자, 말 못할 학살을 당한 여 순교자 … 몇 백에 달한다고 합니다. … (중략) … 죽임을 당하지 아니하였어도 김현점 목사와 같이 공산당에게 살을 찢어내는 핍박을 당하는 등 여러 번 사경을 출입하는 이가 많습니다.

예배당은 공비의 습격을 입어 마루를 깔지 못하여 토막나무에 걸쳐 앉고, 강단을 세우지 못하여 겨섬 위에서 설교하고, 성경과 찬송가를 빼앗기고 교인 중 태반이나 찬송가를 외워서 부르고 있습니다.[61]

공산주의자들에게 기독교는 "제국주의의 옹호자"이고 "노동 계급의 발흥을 막는 방어자"이며 "정신적 마취를 가져오는 아편장시(阿片場市)"였다.[62] 이들은 기독교를 향해, "가상적 대상을 설정하고 그에 대한 존숭과 찬미의 신념으로 설립되는 것"이고 "자본주의 사회를 변호하고 구가하는 한 고정적 제도," "자본주의의 호위병으로서 자본주의 사회자체와 운명을 같이 한다"고 비난했다. "계급의 정복, 민중의 마취가 이 종교에 말미암지 아니한 것이 업고," "이민족의 지배가 이 종교에 말미암지 아니한 것이 업다"고 냉소를 퍼부었다.[63] 이들은 증오심으로 기독교를 대했고 잔인하게 공격했다. 한국 기독교가 공산주의를 거부하는 이유는 사상적 이유뿐만이 아니라 역사적 이유 때문이기도 한 것이다.

초기 사회주의와 공산주의에 대해 이대위를 비롯한 YMCA계의 지식인들은 공산사회주의에 대해 일정 부분 긍정적 시각으로 대했다. 그

---

61 김인서, "북만주교회에 나타난 하나님의 섭리," 『신앙생활』, 1936년 4월호, pp.3-4; 민경배, *Ibids.*, 297-298에서 재인용.
62 안병주, "우리는 왜 종교를 반대하는가," 『신계단』 1933년 2월호, p.47.
63 배성룡, "반종교운동의 의의," 『개벽』 63호, pp.13-15.

렇지만 폭력적이고 반민족적이며 반기독교적 행태를 경험한 이후 거부하게 되었다.[64] 사회복음주의자로 1930년대 장로교 농촌운동을 주도했던 배민수도 공산주의 타도를 이 운동의 핵심으로 삼았다. 1932년, 감리교와 장로교로 구성된 조선예수교연합공의회도 "일체의 유물교육, 유물사상, 계급적 투쟁, 혁명수단에 의한 사회개조에 반대"한다는 입장을 분명히 했다.[65] 1930년대가 시작되면서 한국의 기독교계가 공산주의에 등을 돌렸던 것이다.

---

64 이상재, "余의 經驗과 見地로브터 新任宣敎師諸君의게 告홈," 『신학세계』 제8권 6호, p. 29.
65 한국 기독교사연구회, 『한국 기독교의 역사』 2 (서울:기독교문사, 1990), p.221.

3장.

기독교계의 반응과 대응

1. 기독교사회주의의 출현

공산주의가 나타났을 때, 한국의 지식사회는 긍정적으로 인식했다. 여기에 참여한 젊은 지식인들이 민족 해방과 독립을 표방한다고 보았기 때문이다. 한국 목회자들의 지적 빈곤을 지적했던 한국 지식사회의 입장에서 보면, 새롭게 등장한 이들이 반가울 수 있었다. YMCA나 YWCA 등에서 민족운동과 사회운동을 펼치던 인물들도 기독교의 각성에 도움을 줄 수 있다는 반응을 보였다.[66] 그렇지만 대부분의 목회자들과 교회 지도자들은 이들 유물론자들의 주장에 부정적 반응을 보였다. 반기독교 운동이 전국적으로 확산되고, 공산사회주의자들이 사경회 등 교회의 활동을 노골적으로 방해하자 더욱더 완강히 거부하게 되었다.

기독교에 대한 '무지'를 비판했고, "기독교의 진수도 모르고 함부로 날뛰는" 공산사회주의자들의 주장에 들을 가치가 없다는 비판이 나왔

---

66 『윤치호 일기』, 1925년 10월 25일자 참조. 신흥우, "基督敎人及事 非基督敎人의 反基督敎運動觀實; 事實인즉 우리도 考慮中에 잇습니다." 「反基督敎運動에 關하야」, 『개벽』, 1925년 11월호, pp.71-72.

다. 3·1운동에 민족대표로 참석했던 신홍식(申洪植)은 공산주의 청년들이 "무절제한 행동," "경거망동," "몰상식한 행동"을 하고 있다며 강하게 질책했다. 목회자들은 애초부터 일일이 대응하려 하지 않았고, 반대와 파괴만 일삼는다며 원색적으로 비난했다.[67] 기독청년, 전도사 중에 공공연히 공산주의자를 지지하고 주장하다가 교회에서 쫓겨나기도 했다.[68]

러시아 공산주의와 영국 사회주의의 차별성을 나름대로 파악하고, 비폭력의 사회주의를 가장 적극적으로 옹호했던 인물이 신성학교 출신이었던 YMCA연합회 학생부 초대간사 이대위였다. 그는 기독교와 사회주의를 결합시키려 했다. 기독교 사상과 사회주의를 적대적으로 보지 않았고 공통점과 유사성을 찾으려 했다. 새로운 세계를 꿈꾸었고 사회주의가 그것을 이룰 수 있다고 믿었다.[69] "사회주의의 이상은 기독교"[70]라며 소리를 높이고 예수나 모세가 사회주의자나 다름없다고 주장했다.[71]

이대위 등은 기독교는 정신을 강조하고 사회주의는 물질을 강조하고 있는 것으로 판별했지만,[72] 사회주의에서 기독교의 지향점을 찾을 수 있다며 적극 옹호하고 나섰다.[73] 그의 이러한 주장에 YMCA 청년들도 동조하고 나섰다.[74] 경성 YMCA 이사와 중앙 YMCA연합회 이사였던

---

67 안경록, "반기독교 운동에 대하여," 『개벽』, 1925년 11월호, pp.72-73; 墨峯, "반종교운동과 이에 대한기독교회의 태도를 회고하는 나의 소견" 『청년』 1927년 1월호, p.42; 신홍식, "반기독교 운동에 대한 감상," 『기독신보』, 1926년 3월 24일자; 한석원, "반기독교 운동에 관하여," 『개벽』, 1925년 11월호, p.72: 김권정, "1920년대 후반 기독교 세력의 반기독교 운동 대응과 민족운동 전개," p.85에서 재인용.

68 "평양의 사회운동," 『개벽』, 1924년 9월호, p.64.

69 이대위, "社會主義와 基督敎思想," 『청년』, 1923년 5월호, p.9.

70 Ibid., p.10.

71 이대위, "民衆化할 今日과 理想的生活의 實現," 『청년』, 1924년 3호, pp. 14-15.

72 이대위, "社會主義와 基督敎의 歸着点 이 엇더한가?(一)," 『청년』, 1923년 9월호, pp.8-11.

73 이대위, "社會革命의 예수," 『청년』, 1928년 6월호, p.17.

74 劉敬相, "社會主義者 예수," 『청년』, 1923년 7, 8월호, p.37, 金應詢, "社會問題와 基督敎會," 『청년』, 1927년 3월호, p.154.

김창제는 초대 기독교가 '민중'을 중심으로 시작했으니 그 민중적인 전통에 따라 기독교가 '민중종교'로 거듭나야 한다는 주장까지 했다.[75] 기독교 언론도 기독교 사회주의를 지지하는 기사들을 실었고[76] 적극적으로 나섰다. 그런 이유에서 일본의 대표적 기독교 사회운동가인 가가와 도요히코(賀川豊彦)의 글들이 연이어 소개되었다.

이대위는 공산사회주의자들이 마르크스의 유물론을 과도하게 해석한다고 비판했고 무신론에서 벗어나길 원했다. 공산사회주의자들이 폭력에 의한 혁명을 꿈꾸고 계급간의 갈등과 투쟁을 부추기는 것에 대해 강하게 비판한 것이다. 모리스(F. D. Maurice), 킨슬레(C. Kingsley), 누드로(J. M. Ludlow) 등을 거명했던 그는 이들 성공회 사제들이 주장한 기독교사회주의(Christian Socialism) 방식을 기대했다. 사회주의의 기독교화를 꿈꾸었고 사회주의와의 연대를 통해서 기독교의 이상을 이룰 수 있다고 보았다.[77]

기독교 사회주의자들 내부에는 후일 '대구 폭동'의 주역이 되었던 최문식처럼 공산주의로 전향한 인물도 있었다. 일명 '농우회 사건'의 주역이었던 유재기와 같이 기독교 농촌운동에 뛰어든 인물들도 있었다. 그런데 대부분 기독교 사회사상을 강조하는 흐름 속에 있었다. 이들 속에 사회주의를 신봉하지 않는 그리스도인은 참 그리스도인이 아니고 그리스도를 믿고 따르지 않는 사회주의자는 참 사회주의자가 아니라는 주장이 우세했다. 사회주의가 그리스도교의 역사발전의 필연적 결과라는 주장도 했다. 프랑스 사회주의자인 생시몽(Saint Simon)의 무교회적 발상이나 '절대 평등'의 개념에 대해서 비판했고,[78] 폭력으로써 모든 사람

---

75 김창제, "民衆의 宗敎," 『청년』, 1926년 2월호, pp.12-14.
76 赤城學人, "最古의 勞動運動," 『기독신보』 1929년 9월 21일자. 참조.
77 이대위, "社會主義와 基督敎의 歸着点이 엇더한가?," *op. cit.*, pp.8-11.
78 강명석, "空想的 經濟思想論," 『청년』, 1927년 9월호, pp.36-40.

의 재산을 평균분배를 주장한 공산주의 방식도 받아들이지 않았다.[79]

특별히 이대위는 자신의 이상을 YMCA라는 공간을 넘어서 장로교회로 확대시키려 했다. 그리고 흥사단을 통해 민족운동의 목표로 삼으려 했다. 장로교 면려회운동과 흥사단 운동을 통해 자신의 이상을 추구하려 했던 것이다. 그러나, 젊은 청년들에게 영향력을 가졌지만 그의 주장은 크게 확산되지 못했다.

광복 후, 미군정의 노동부장 시절, 이대위는 노동조합을 근간으로 하는 노동정책을 제안했다. 그리고 노동자의 경제적 자주성, 사회적 복리, 정치적 훈련을 도모하려는 것이 노동정책의 목표라고 피력했다.[80] 그의 사상은 미군정청을 거쳐 흥사단의 경제 정책에 반영되었다.

2. 사회신조의 제창과 경제민주주의의 제안-사회복음주의적 발상

2.1. 사회신조의 제창

농민들의 빈곤이 최악이고 반기독교 운동이 기승을 부릴 때, 서울을 중심으로 한 기독교계 , 특별히 감리교회 내부에 사회윤리 표준을 마련하자는 주장이 대두되었다. 그것은 감독 웰치와 정경옥, 양주삼 등으로 인한 감리교의 신학적 변화 때문이기도 했다.

1908년 미 감리회 사회봉사연합회 실행위원장이었던 웰치는 "교회와 사회문제(*The Church and Social Problems*)"라는 보고서를 작성해, 노동자들의 보호, 아동노동의 폐지, 최저 임금의 보장, 공정한 분배 등 노동자들의 인권문제를 미 감리회 총회에 제시한 바 있다. 그가 중심이 되

79　채필근, "社會主義와 基督敎에 對한 一考察(二)," 『기독신보』, 1927년 11월 2일자.
80　이대위, "민주주의 노동정책," 『東光』 41, 1947. 8. pp.23–24.

어 작성한 보고서에는 11개의 사회적 선언이 들어 있었고, 이 보고서는 총회에 '사회신경'으로 채택되었다.[81] 그런데 미 감리회의 사회신경은 1930년, 미국 감리교회 목회자들과 일반교인들의 반대에 따라 감리교 규율에서 사라졌다.[82]

묘했던 것은, 미국 교회가 거부했던 사회신조를 한국 감리교회가 채택했다는 것이다. 일명 '자치시대'를 시작할 때, 곧 제1회 한국 감리교회의 총회가 열렸을 때, 교리적 선언의 초안을 낭독했던 김지환 목사는 감리교회의 신학이 사회복음주의적이어야 한다고 주장했다.[83] 그 주장대로 감리교회는 '교리적 선언'과 함께 사회신경 13개를 채택했다.[84] 그 내용을 보면 다음과 같다.

인류는 종족과 방국(邦國)의 별(別)이 없이 천지의 주재시며 오직 하나이신 하나님의 같은 자녀임을 믿으며 인류는 형제주의 아래서 이 사회를 기독주의의 이상(理想)사회로 만들음이 우리 교회의 급무로 믿어 우리는 좌(左)의 사회신경을 선언하노라

1. 인류의 동등 권리와 동등 기회를 믿음
2. 인종과 국적의 차별 철폐를 믿음
3. 가정생활의 원만을 위하여 일부일처주의의 신성함을 믿으며 정조(貞操) 문제에 있어서 남녀간 차별이 없음을 믿으며 이혼

---

81 Joseph B. Hingeley, *Journal of the twenty-fifth delegated General Conference of the Methodist Episcopal Church*, New York : Eaton & Mains, Cincinnati: Jennings & Grahan, 1908, pp.546–549. 이후 이 신경은 수정과 보완을 거쳐 1914년 미 남감리회, 1916년 웨슬리를 따랐던, 감리교 성공회 출신들에 의해 세워졌던, 감리교 프로테스탄트교회(The Methodist Protestant Church)에서 채택되었다.

82 A. Dudley Ward, The Social Creed of The Methodist Church a Living Documnet, Revised Edition, Abingdon Press, New York; Nashville, 1965, p.222. 감리교회 사회신경은 1939년 미국의 감리교회들이 합동이 되면서 다시 거론되었고, 1940년 총회에서 채택되었다.

83 김지환, "개인적 복음주의와 사회적 복음주의," 「기독신보」, 1931년 1월 1일자.

84 감리교회의 사회신경 선언은 웰치에 의해 주도되었다. 따라서 미국 감리교회가 언급했던 인권문제, 여성문제, 아동문제, 노동문제 등과 다르지 않았다. 한국 감리교회의 사회신경은 1932년 9월 조선예수교연합공회가 만든 사회신조의 모체가 되었다.

(離婚) 불행을 알아 그 예방의 방법을 강구 실행함이 당연함을 믿음

4. 여자의 현대 지위가 교육, 사회, 정치, 실업 각계에 잇어서 향상 발전하여야 될 것을 믿음

5. 아동의 교육받을 천부의 권리를 시인하여 교육에 힘쓰고 아동의 노동폐지를 믿음

6. 인권을 신인하여 공사창제도 기타 인신매매의 여러 가지 사회제도를 반대함이 당연함을 믿음

7. 심신을 패망케하는 주초(酒草)와 아편의 제조 판매사용을 금지함이 당연함을 믿음

8. 노동신성을 믿고 노동자에게 적합한 보호와 대우를 함이 당연함을 믿음

9. 정당한 생활유지의 노임과 건강을 해하지 안을 정도의 노동시간을 가지게 함이 당연함을 믿음

10. 7일중 1일은 노동을 정지하고 안식함이 필요함을 믿음

11. 노동쟁의에 공평한 중재제도가 있음이 필요함을 믿음

12. 빈궁을 감소하게 함과 산업을 진흥케 함을 믿음

13. 허례와 사치와 오락으로 금전과 신간을 낭비함은 사회에 대한 죄악임을 믿음[85]

사회적 실천을 다짐하고 개인적 성화뿐만 아니라 사회적 성화를 이루겠다는 선언이었다. 한국 감리교회가 이렇게 이념적으로 다짐한 것은 일본에 의한 경제적 핍절, 공산사회주의의 교회 공격, 1925년의 수해 피해, 1928년 세계적 대공황의 여파가 계속되고 있는 상황을 돌파

85 『기독교조선감리회 교리와 장정』, 1931, pp.128-130.

하겠다는 의지의 표현이다. 그것은 시대적 환란에 대한 필연적 응답일 수 있었다. 그렇지만 원칙적 선언이었고 구체적인 실천 방안들은 마련되지 못했다.

1928년의 예루살렘 국제선교대회(International Missionary Council)의 결의들을 실제화하려는 노력이 진행되고 있을 때, 국제선교연맹 회장 모트가 방한했다. 조선예수교연합공의회 임시대회가 개최되었고, 여기에서 영적인 영역과 경제문제를 동시에 해결해야 한다는 의견이 결의되었다. 이에 각 교단 기관지를 통해 적극적 교화 사업, 협동조합 건설, 저축회를 조직하고 토지를 구입하는 일, 교회 주도의 산업기관 설치 등 8개항에 걸친 경제적 문제에 대한 실천 방침들을 제안하기로 했다.[86] 그리고 기독교의 새로운 표준을 하기 위한 "정신상 단합과 사업상 협동"을 결의했다. 이런 흐름이 계속 진행되면서 조선예수교연합공회는 1932년 9월 다음과 같은 내용의 사회신조를 수립했다.

> 우리는 하나님을 아버지로 인류를 형제로 믿는다. 예수를 통해 계시된 하나님의 사랑과 정의와 평화가 사회의 기초적 이상으로 생각하는 동시에 일절의 유물 교육, 유물사상, 계급적 투쟁, 혁명 수단에 의한 사회 개조와 반동적 탄압에 반대한다. 계속해서 기독교 전도와 교육과 사회사업을 확장해서 예수 속죄의 은혜와 용서함을 받고 갱생된 인격자가 되고 사회의 중견(中堅)이 되어 사회조직체 중에 기독교 정신이 활약하도록 한다. 또 모든 재산은 하나님께 받은 수탁물로 여겨 하나님과 사람을 위해 공헌(貢獻)할 것을 믿는다.[87]

---

86 「기독신보」, 1929년 4월 24일자.
87 『朝鮮耶蘇敎聯合公議會 第九會 會錄』(京城: 朝鮮耶蘇敎聯合公議會, 1932), p.52의 내용을 풀어서 씀.

사회신조에는 인간의 평등, 남녀의 평등, 여성의 지위개선, 혼인정조의 신성성, 아동의 인격존중, 공사창 폐지, 노동자문제, 최저임금법, 소작법, 사회보상법의 제정 등 모두 12개항의 구체적 내용이 들어 있었다.[88] 동시에 공산사회주의 침투를 막아야 한다는 절실한 각오도 깃들여 있었다.

그러나 감리교회의 사회신경이나 조선예수교연합공회의 사회신조 모두 선언적 의미만 컸을 뿐이다. 일본 천황이데올로기와 사회진화론적 정치철학에 의해 다스려지고 있던 식민지 상황에서, 인간 존중의 이념과 신학적 이상이 실제화되기 어려웠다. 사회복음주의자들은 한국 땅을 하나님 나라로 만들고 싶어 했지만, 한국은 신(神)으로 군림하는 일본의 천황이 다스리고 있었다.

2.2. 경제민주주의의 제안

1945년 9월 8일에 열린 한민당 발기인 대회에서 채택된 5대 강령 중 세 번째 강령은 "근로계급의 복리를 증진할 사회정책의 실시"였다. 이 강령이 채택되는 데에 중요한 역할을 했던 인물 중 하나가 동아일보의 송진우였다. 송진우는 "민주주의는 경제에도 적용되지 않으면 안 된다"[89]며 경제민주주의를 강력히 주장했다. 미국식 자본주의 시장 경제 체제를 거절한 것이고 공평한 경제 분배를 주장한 것이다. 근로 대중의 생활 안정을 도모해야 민주주의를 이룩할 수 있다고 믿었기 때문이다.[90] 그런데 송진우에게 그러한 경제사상을 심어 준 인물 중 하나가 장덕수였다.[91]

---

88 김권정, "1920-30년대 한국 교회의 사회복음 수용과 사회윤리에 관한 연구," 『기독교사회윤리』 제16집, p.182.
89 송진우, "전민족의 균등한 발전" 『革進』 創刊號 1946년 1월, p.15.
90 Loc.cit.
91 장덕수는 1912년 일본에 유학하여 와세다(早稻田)대학 정경학부에 입학해 1916년에 졸업

1894년, 황해도 재령군 남율면 강교리에서 태어난 장덕수는 남율면 해평리 소재 해평교회를 다녔다.[92] 그가 교회를 다녔다는 것은 민주주의적 의식을 자연스럽게 습득했다는 말이 된다. 형제들과 함께 어린 시절부터 교회에 다녔던 그는 "힘을 다하여 한우님을 사랑하라"를 평생의 신조로 삼았다.[93]

장덕수는 1917년 일본으로 건너가 도쿄의 한국 YMCA 부간사로 일했다. 독립협회의 일원으로 한성감옥에서 입교했던 총무 김정식으로부터 적지 않은 영향을 받았고,[94] 그로 인해 기독교 민족주의계와 인맥을 갖게 되었다. 또한 당시 일본 진보 학자들 사이에 불어 닥친 민주주의 열풍, 일명 '대정(大正) 데모크라시' 와도 조우했다.[95]

일본 유학시절부터 에머슨(R. W. Emerson)의 기독교 사상에 심취했던 장덕수는 인간의 덕성과 완전성, 인간 의지의 자유, 이에 수반한 인간의 도덕적 책임을 역설했다. 그는 기독교 복음의 본질이 내세를 찾는데 있는 것이 아니라 현세에서의 선(善)을 실현하는 데 있다고 주장했다.[96] 그는 콜럼비아대학 박사학위 논문을 통해, 사회복지를 책임지는

하고, 1923년 미국으로 유학을 떠나 오레곤(Oregon)주립대학에 입학했으나 중도에 그만두고, 1924년부터 1936년까지 미국 콜롬비아 대학교(columbia University) 대학원 정치학과에서 공부하고 박사학위(Ph.D)를 취득했다. 박사논문을 위해 1929년 6월부터 3년간 영국 런던에 체류하면서 연구했다. 미국으로 돌아간 그는 1936년 5월에 "British Methods of Industrial Peace(영국의 산업평화)"라는 주제로 박사학위를 받았다.

92 장덕수는 어려서부터 동네 근처에 있는 교회를 다녔다고 했는데 당시 남율면에는 1887년에 해평리에 설립된 해평장로교회가 유일했다.

93 一記者, "諸名士의 信條와 主張과 排斥," 『開闢』12, 1921.6., p.98.

94 동경조선YMCA는 당시 한국 유학생의 보호, 일본어 교육, 하숙문제, 진로상담 등의 활동과 성경연구, 기도회를 실시할 뿐 아니라 한국의 독립과 기독교 사상에 대한 활발한 토론회를 하였다. 이러한 사상적 토론을 통해 한국 독립을 위한 유학생 기지가 되었다.

95 최선웅, 『장덕수의 사회적 자유주의 사상과 정치활동』(고려대학교 박사논문, 2013), p.36 참조.

96 장덕수, "意志의 躍動," p.46. 1830~40년대 미국 지성계의 대표적 사상가로 추앙받던 에머슨은 한때 유니테리언(Unitarians) 교회 목사였으나 제도화된 교회에 반발하고 영적 진리에 대한 직관적 통찰력을 주장하며 목사직을 사임했다. 그리고 유니테리언 교회의 젊은 목사들과 이른바 '자유주의 기독교운동'을 주도했다. 장덕수는 일본 유학 시절, 일본 지식인들 사이에 열풍적인 인기를 얻고 있었던 에머슨의 사상을 접하게 되고 이에 적극 호응하였다. 당시 조소앙 도 에머슨에 감명 받아 동경 재일 YMCA에 출입하며 세례를 받았고, 현상윤, 전영택, 최팔용, 이광수 등도 에머슨의 영향을 받았다.

국가의 모습을 구체적으로 그려냈다. 그의 주장은 송진우에게 전달되었고 한민당의 정강과 정책에 그대로 반영되었다.

장덕수의 경제사상은 기독교적 유토피아 의식과 민주주의 사상에서 비롯되었다. 특별히 그는 영미식 민주주의가 신부적(神賦的) 인간으로서의 자유와 권리를 보장하며 문화생활을 누릴 수 있는 기회를 준다고 보았다.[97] "모든 국민을 위해 인간다운 생활을 영위할 수 있도록 보장할 확실한 권리 체계"[98]라 주장한 것이다. 그런데 장덕수의 기독교적 유토피아, 곧 '땅에서 이루어지는 하나님 나라'의 사상은 미국을 풍미했던 사회복음주의(Social Gospel)의 중심 개념이기도 했다. 그것은 이상재를 비롯한 흥업구락부계의 활동의 이론이었고 한민당의 또 다른 경제통으로 한민당의 토지정책을 수립한 조병옥의 신학사상이기도 했다. 1923년 한국에 온 신임 미국 선교사들에게 이상재는 다음과 같이 연설했다.

> 사람의 심리상태는 변하여 공산주의니 과격주의니 침략주의니 군국주의니 하는 것이 생겨 천국을 생각하지 않게 된 것입니다. 그러나 이러한 주의를 반대하지만 책망치 않는 것은 저도 사상가이기 때문입니다. 세상의 군국주의나 침략주의는 사람의 목숨을 죽이고 상하게 하지마는, 우리 주의는 사람의 목숨을 구원하고자 하는 것이며, 또 저 공산주의자는 다른 사람의 금전을 탈취하여 나눠 먹고자 하는 것이지만, 우리 주의는 가난한 사람들에게 공급하여 주는 것입니다. 세상 사람은 모든 것을 다 자기의 소유로 알며, 또 이렇게 된 것이 자기의 수단으

---

97 Duck Soo Chang, *British Methods of Industrial Peace*(New York: Columbia University Press, 1936), pp.14-15.

98 白菱, "東亞日報社長 宋鎭禹氏 面影" 「彗星」 1931년 3월, p.111. 심지연, "우익정당의 정치체제 구상과 실현과정," p.130에서 재인용.

로 된 것이라고 생각하기 때문에, 임의로 자아의 이익을 위주로 하지만 우리들은 모든 것이 다 하나님의 섭리 하에 있으며 하나님의 구원과 도움으로 보전 하여가며, 또 모든 일들을 하나님의 뜻을 좇아 수행하는 것입니다."[99]

이상재는 일본 군국주의와 달리 기독교가 인간의 생명을 살려야 하고, 공산주의와 달리 경제적 부(富)를 스스로 가난한 사람에게 나누어야 한다고 주장한 것이다.

한편, 콜롬비아 대학에서 경제학을 전공했던 조병옥은 1925년에 제출한 박사학위 논문의 주제, 곧 "한국의 토지제도(Land Tenure in Korea)"의 결론에서 다음과 같이 피력했다고 밝혔다.

인류사회는 절대로 평등사회는 이룰 수 없으나, 상대적 평등사회는 지향될 수 있다.

경제는 정치의 기본적 중심문제로서 사유재산의 근거는 그 소유자가 공익을 위하여 신탁할 수 있는 것이며, 그러므로 경제적 경쟁으로써, 토지, 자본, 금융에 대한 독점을 막아야 비로소 경제적 민주주의를 지향 발달시킬 수 있다.[100]

귀국 이후, 조병옥은 연희전문학교 교수를 거쳐 YMCA 이사가 되었다.[101] 그 시절을 회상하며 다음과 같이 진술하고 있다.

---

99 이상재, "余의 經驗과 見地로부터 新任宣敎師諸君의게 告흠," 「신학세계」 제8권 6호, p.29.
100 조병옥, 「나의 회고록」(서울:해동,1986), p.57.
101 조병옥은 연희전문 상과 전임교수로 경제학과 재정 금융학을 가르치다가 상과과장 이순탁을 배척하는 학생들의 동맹휴학 사건에 휘말리게 되어 학교를 그만두어야 했다. 당시 독실한 기독교인이었던 그는 YMCA 이사로 활동했고 교회를 순회하며 설교를 했다.

교회에서나 청년회 일요강좌에서의 나의 설교요지는 사회복음 (Social Gospel)을 주장하였다. 다시 말하면, 기독교사회는 아직까지의 고정된 관념을 버려야 하며 그 이유로서는 하나님을 믿는 소수의 기독교 신자만이 승강기를 탄 것 모양으로 천당에 올라간다고 생각해서는 안 된다고 하였던 것이다.

(중략)

우리 신자들이 모범이 되어 앞장을 서서 우리 조선 사회를 지상낙원으로 건설하지 않으면 안되는 것이다 하고 부르짖었던 것이다. 즉 하나님의 땅에도 지상천국을 만들어 보자는 것이 나의 설교 요점이요, 나의 주장이었던 것이다.

그러기 위하여서는 우리 신자들은 하나님께 인간의 원죄의식을 매일같이 되풀이 하여 기도로써 속죄나 용서를 빌고 호소하기보다 앞서 우리 인간 사회의 죄악인 질병, 무식, 궁핍 등의 삼대 죄악의 근원을 해결하는 방법을 강구하지 않고서는 하나님의 뜻을 이 땅에 이룰 수 없다고 나는 주장하였던 것이다.[102]

조병옥은 한국 땅을 하나님의 나라로 만들자는 내용의 설교와 강연을 했다. 사회복음주의 사상에 경도되었던 그는 "속죄 구령의 개인복음주의"를 극복하고 "인간 천국"을 건설해서 "생령의 구활(救活)"을 이룩하자고 주장한 것이다.[103] "경제적 민주주의"라는[104] 표현은 흥업구락부계의 일반적 어휘였고 경제 사상이었음을 확인하고 있다.

---

102 조병옥, 『나의 회고록』(서울:해동, 1986), pp.95-96.
103 조병옥, 『나의 회고록』(서울:민애사, 1959), pp.93-95.
104 동아일보는 1931년 1월 19일자 컬럼에서, 일본의 대표적 국수주의 학자였던 무로후세 고신 (室伏高信)이 민주주의와 사회주의, 공산주의를 비판한 저서 『光明は 東方で』를 소개했는데, 이를 통해 무로후세 고신이 "경제적 민주주의"라는 용어를 사용했음을 알 수 있다.

4장.
기독교 농촌 운동

1. 그 계기

일본의 수탈적 농업정책은 1920년대에 이르러 더 기승을 부렸고, 이에 한국 농촌의 피폐는 극에 달하고 있었다. 1923년 중반부터 밀어닥치기 시작한 재정 압박으로 농촌 교회는 유지가 어려울 정도가 되었다. 헌금이 격감했고 만주나 연해주 등으로 교인들이 이민을 떠나게 되면서 교세도 감소했다. 예배당이 폐쇄되는 지역도 적지 않게 나타났다.[105] 여기에 공산주의와 반기독교 운동도 한국 교회에 적지 않은 타격을 주었다. 이런 상황에서 기독교계는 시대적 현실에 눈을 돌리지 않을 수 없었다.[106] 감리교 협성여자신학교에서 강의를 하고 있던 조민형은 당시의 상황을 이렇게 묘사하고 있다.

> 근년의 농촌 경제 공황의 모진 타격으로 말미암아 일반 교인의
> 생활은 극도로 어려워지고 … 연보를 청한대야 내지도 아니할

---

105 J. S. Gale, *The Christian Movement in Korea*, *The Christian Movement*, 1922, p.334.
106 *Ibids.*, pp.216–219 참조.

뿐 아니라, 이것으로 관련하여 교회에 나오기를 꺼리는 일….[107]

조민형의 지적처럼 농촌교인들의 경제적 사정이 매우 나빠져 가고 있었다. 특히 1925년, '을축년 대홍수'로 불렸던 전대미문의 물난리는 특별히 한국 농촌을 곤경에 빠뜨렸다.[108] 공산사회주의는 확산이 되었고 교인들의 전향을 우려해야 되는 상황에 이르게 되었다.[109] 이럴 때 한국 기독교는 YMCA의 선도로 농촌사업을 시작했다.

1928년 3월 24일부터 시작되어 4월 8일까지 진행된 예루살렘 국제 선교대회는 한국 기독교계가 농촌 문제에 적극적으로 임하게 되는 계기가 되었다. 신흥우, 양주삼, 정인과, 김활란, 노블, 마펫이 한국 대표로 참석한 이 대회는 그간의 국제선교대회와 달랐다. 아시아, 아프리카, 라틴 아메리카 교회 대표들이 서구 개신교 국가들과 동수(同數)로 참석했던 것이다. 미국 대통령 윌슨의 민족자결주의가 영향을 끼쳤기 때문이다.[110]

7개 분과로 나눈 이 대회에서 타종교와의 대화, 종교교육, 선교국 기성교회와 피선교국 신생교회의 관계, 민족인종문제, 산업노동문제, 농촌 문제, 국제적인 선교협력문제 등에 관한 주제가 다루어졌다. 특별히 농촌 문제는 한국 대표들의 관심을 끌었다.[111] 사례 발표에서, 미국 사

---

107 조민형, "농촌사회의 疲弊와 구제책(9),「기독신보」, 1931년 3월 18일자.
108 7월 11일부터 이틀간 황해도 이남지방에 300-500㎜의 호우가 내려 한강, 금강, 만경강, 낙동강 등이 범람했다. 16일에서 18일까지 또다시 650㎜의 비가 내려 임진강과 한강이 대범람을 일으켰다. 8월 들어서는 관서지방에 호우를 뿌려 대동강, 청천강, 압록강이 범람했다. 8월 말에는 남부지방에 많은 비가 내려서 낙동강, 영산강, 섬진강이 범람했다. 당시 피해액은 1억 300만 원으로 조선총독부 1년 예산의 58%에 해당되었다.
109 한규무, "일제하 한국 개신교회의 농촌운동 연구(서강대학교 대학원 박사논문:1995)," pp.26-27.
110 "An Address to a Joint Session of Congress(1918. 2. 11.)"; Woodrow Wilson, *The Papers of Woodrow Wilson* 46, Princeton, N.J.: Princeton University Press, 1966, pp.318-324.
111 The World Mission of Christianity: Messages and Recommendations of th Enlarged Meeting of the IMC held at Jerusalem, March 24-April 8, 1928(New York: 419 Fourth Avenue, IMC, 1929), p.55. 농촌 문제를 논의하는 과정에서 "교회가 기독교화된 농촌문명을 건설"해야 한다는 주장이 나왔다.

회학자 브루너(E. de S. Brunner)가 작성한 "한국 농촌 조사보고서, *Rural Korea; A Preliminary Survey of Economic Social and Religious Conditions*" 가 인용 자료가 되었기 때문이다.[112]

브루너의 발표에 자극을 받은 김활란과 신흥우 등은 귀국 길에 2주일 동안 덴마크를 방문했다. 이때 일행은 농촌 사업에 신학적 의미를 부여하고 확산시킬 것을 결심했다. 그리고 귀국 직후 YMCA나 YWCA에 농촌부를 신설했다. 특히 김활란은 "신앙생활의 사회화와 실제화"를 선언했다. 개인 구원에 머물러 있었던 것에 대한 반성이었고, 구원의 영역을 일반 사회까지 확대해야 한다는 주장이었다. 복음을 사회화하는 것이 복음의 실제를 이루는 것이고, 그것이 한국 교회가 나아갈 방향이라고 믿은 것이다.[113]

예루살렘 선교대회를 계기로 YWCA주도의 절제운동이 시작되었고 YMCA, YWCA 외에 감리교회와 장로교회에 농촌부가 신설되었다. 기존의 신학과 바탕이 다른 농촌운동이 시작된 것이다.[114] 덴마크의 고등농민제도가 도입되었고 농민강습회, 고등농민학교가 설립되었다. 경기도 안산 샘골에 협성신학교 출신의 최용신이 YWCA 회원으로 파송되었고, 농촌 주부들을 상대로 '농촌부녀 지도자 수양소'를 열었다. 황에스더, 황은경, 최이권, 모윤숙, 김활란, 홍에스더, 최마리아, 박마리아, 장정심 등의 YWCA 농촌부 위원들이 강사로 활동했고 많은 여성 지도자들을 양성했다.[115]

특별히 YMCA 농촌사업과 1930년대의, 배민수가 주도했던 후기

---

112 전택부, 『한국에큐메니칼 운동사』(한국 기독교회협의회, 1979), pp. 102–106.
113 김활란, "예루살렘대회와 今後 기독교," 『청년』 1928년 11월호, p.4.
114 북감리회는 1928년에 남감리교회는 1930년에 연회 안에 농촌부를 신설했는데, 감리교회 지도자들이 YMCA와 YWCA를 통해 농촌사업을 전개했기 때문에 교회 주도의 농촌부 활동은 활발하지 않았다.
115 한국기독교역사연구소, 『한국 기독교의 역사』II, pp.227–228.

장로교 농촌사업은 사회복음주의의 신학에 근거해 진행되었다. 이 땅에 하나님의 나라를 건설하겠다는 신학사업이었던 것이다.

2. YMCA 농촌운동

> 무엇으로써 보수적 상태라 하는지 알기가 좀 어렵습니다. 혹은 사상운동에 불만하였다고 할는지 모르겠습니다. 우리는 과거 수년간 연구하여 보니 사상운동이 무한한 필요로 생각하겠으나, 그러나 그것만으로는 우리 민족의 행복의 전부를 보장한다고 하기 어렵겠으며, 또 이 운동은 비교적 극소수의 도시 청년에게 대함이요, 우리 민족 최대 수를 가진 촌민에게 대하여는 등한시하는 것이라고 아니할 수 없는 고로 작년부터 소위 농촌사업이라는데 착수하여 경성과 각 지방에서 진행 경영 중이요 … 활기는 사상운동에 대하여 의미한 것인가 합니다. 실 사업에 착수하면서도 활기는 더하고자 합니다.[116]

1926년 2월, 한국 YMCA가 초기의 활력이 사라지고 보수적으로 바뀌었다는 비판에 총무 신흥우는 이렇게 답했다. YMCA가 농촌의 경제적 질고를 방관하지 않았고, 이미 농촌사업을 추진해 나가고 있다는 항변이었다.

신흥우는 1922년부터 소작인과 공장 노동자들의 생활상에 깊은 우려를 표했다.[117] 그는 반기독교 운동이 일어난 것이 당연하다고 보았다.

---

116 신흥우, 『조선일보』 사설을 읽고," 『청년』 1926년 2월호.
117 신흥우, "今後의 活動," 『청년』 1922년 4월호.

한국 기독교가 인간의 가치를 재산이나 사회적 권세, 혹은 학식으로 기준을 삼고 그런 이유로 계급 차별이 일어났기 때문이라고 믿은 것이다.[118] 이런 상황을 타개하기 위해 본격적으로 농촌에 뛰어들어야 한다고 주장했다. 1925년에 접어들면서 YMCA가 본격적으로 농촌사업을 시작하게 된 근거이다.[119]

신흥우가 농촌사업을 결심한 직접적인 동기는 총독부 식산국의 보고 내용 때문이다.[120] 보고서에는 한국 인구의 80% 이상이 농민이고, 농민 중 80%이상이 소작농인데, 소작인들은 30% 내지 48%의 이자 돈을 내어 빌려 소작료를 지불하고 있다는 내용이 들어 있었다. 그런 이유로 농민들은 고리대금에 시달려 노예처럼 살고 있다는 것이다.[121] 「동아일보」도 소작인들이 죽도록 일해도 먹을 수 없고 입을 수도 없을 정도이고 결국 죽을 수밖에 없는 상황이라며 비판하고 있었다.[122] 신흥우는 실제적인 상황을 확인하기 위해 1923년 겨울 3개월간 서울 근교에 있는 자마장과 부곡리를 조사했고,[123] 그 내용을 YMCA 이사회에 보고했다. 이사회도 이에 동조했고, 한국 YMCA는 1925년 초부터 농촌사업을 시작할 수 있었다.

농촌사업은 YMCA 연합회 사업으로 시작되었다. 한 달간의 준비기간을 거쳐 1925년 2월 9일부터 두 달 동안에 6명의 간사들이 서울 근교 마을을 대상으로 간이 교육, 담화회, 환등 영사회, 실지 지도 등을 시작했다. 그리고 농우회 조직, 종돈, 종계 배부, 농사 개량, 부업 장려, 농촌 교육문고, 수해지 위안, 농민위안회 등의 사업을 진행했다.[124] 1925

118 신흥우, "反基督敎運動에 對하야(續)," 「청년」, 1925년 12월호, p.3.
119 D. Willard Lyon's Notes of a Conference on YMCA Rural Work in Korea., 1926, p.1.
120 민경배, 「교회와 민족」(서울:대한기독교 출판사, 1981), p.260.
121 홍병선, "농촌운동과 기독교청년회," 「동광」, 1931년 4월호, p.39.
122 「동아일보」, 1927년 6월 24일자.
123 전택부, 「한국 기독교 청년회운동사」, p.334.
124 "중앙 기독교 청년회 농촌사업의 근황," 「청년」, 제6권 1호 (1926),pp.43-44.

년 6월 홍병선을 농촌 담당간사로 임명했고 11월에는 농촌부를 설치했다. 유성준, 박동완, 김창제, 이순기, 변영서(B. W. Billings) 다섯 명의 위원을 선임했다.[125]

1925년 당시 YMCA는 9개의 도시 YMCA에 39명의 직원과 2,914명의 회원 그리고 19개의 학생 YMCA에 22명의 위원과 2,342명의 회원이 있었다. 특히 배재고보(경성), 감리교 신학(경성), 영생중학(함흥), 신성중학(선천), 신흥중학(전주), 숭일중학(광주), 계성중학(대구)등은 재학생 전원이 학생 YMCA 회원이었다. 따라서 기존의 조직과 인력을 그대로 활용할 수 있었다.[126] 여기에 YMCA국제 위원회의 도움도 받을 수 있었다.[127]

1928년 예루살렘 선교대회의 참가와 덴마크 농촌시찰을 계기로 농촌부 조직을 재정비했다.[128] 농촌부 조직을 중앙지방, 관북지방, 관서지방, 영남지방, 호남지방으로 재편성하고 군 단위에 농촌 YMCA를 조직했다. 『청년』에 "농업란"을 신설하고 1929년 2월부터는 월간지로 『농촌청년』을 매달 2천 2백 부씩 발행하는 등 적극적인 홍보에 나섰다. YWCA와 연합해서 농촌사업을 진행했고 "농촌지도자 강습회"를 보다 강화했다.[129] 1932년에 이르러, 연희전문과 협동으로 덴마크를 모방해 농민수양소를 설립했다.[130]

처음 농촌사업을 시작할 때, 신흥우는 "모든 농민들의 경제적 향상

---

125 농촌부 위원은 유성준, 박동완, 김창제, 이순기, 변영서(B. W. Billings)였다. "第五會 朝鮮基督敎靑年會聯合會 定期大會 會錄 (1926)"참조.
126 한규무, op.cit., pp. 41~42.
127 YMCA 국제위원회는 1932년까지 에비슨(A. W. Avison) 쉽(E. F. Shipp), 번스(H. C. Bunce) 클라크(F. C. Clark), 윌버(H. A. Wilbur)를 차례로 한국으로 보냈다.
128 지방부를 중앙지방, 관북지방, 관서지방, 영남지방, 호남지방으로 재편성하고 郡단위의 농촌 Y가 조직되었다.
129 「기독신보」1928년 11월 14일자. '농업강좌,' '농사강습회,' YWCA연합회와의 '고등농사강습회'등 이름을 달리하여 강습회를 실시했다.
130 "農民修養所 開講,"「청년」1932년 11월호, p.16.

과 사회적 단결과 정신적 소생을 도모한다"[131]는 계획을 세웠다. "경제
적 활로를 엇는데에는 정신적 활로를 몬저 차저야"[132] 한다고 주장했다.
"하느님과 이웃과의 올바른 관계"를 농촌사업의 목적으로 삼았고,[133] 하
나님의 정의가 중심이 되는, 곧 하나님의 나라를 내세웠다. 일본의 농
업정책과 그 목표가 달랐던 것이다.

한편 YMCA 농촌사업에는 이 땅을 하나님 나라로 만들고 한국의 농
민들을 그 백성으로 삼는다는 사회복음의 신학이 담겨 있었다. 그것은
강력한 반일성을 의미한다. 역사의 통치자로서 유일신 야웨 하나님을
목표로 하는 지향성, 곧 '하나님이 통치하는 나라'라는 개념은 조선을
다스리고 있던 천황과 대립하는 구조를 갖고 있다. 한국의 농민을 '하
나님 나라의 백성'을 만들겠다는 신학적 이상은 충실한 '황국(皇國) 신민'
을 만들겠다는 일본의 황도정신과 상반되었다. 따라서 농촌운동에 참
여하는 기독교계 인물들은 천황제 체제에 대항하는 반체제적 저항세력
으로 비춰질 수밖에 없었다.

그런데 묘했던 것은 정작 신흥우는 총독부에 협력을 요청했다는 것
이다.[134] 이에 따라 일본은 총독부의 농업기사들을 보내 YMCA 농촌
사업을 지원했고 YMCA도 그들을 활용해 농촌사업을 진행했다.[135]
YMCA 농촌지도간사 윌버(H. A. Wilbur)의 말처럼, "YMCA가 추진해
오던 농촌사업의 일부는 총독부 당국의 한국 농촌사업의 일부가 되었

---

131 *The Rural Program of the YMCAs in Korea,* Published by the National Council of the Korea
    YMCAs, 1932, p.9.
132 신흥우, "우리의 활로,"『청년』제 7권 8호(1927), p.5.
133 "농촌사업의 주요 목적은 정신과 문화와 경제 향상에 있다. 제일 중요한 것은 농민들로 하
    여금 하느님과 이웃과의 올바른 관계에서 살게 하며, 일상생활을 통하여 정신적 가치를 인
    식하게 하는 데 있다. 그러므로 그들에게 글을 가르쳐서 문맹을 퇴치하며, 농상의 개량과 협
    동정신의 배양을 통하여 그들의 경제 상태를 향상시켜야 한다." *D. Willard Lyon's Notes of a
    Conference on YMCA Rural Work in Korea,* p.1.
134 채정민,「教農運動의 可否」,『신앙생활』1936년 7월호,p.10.
135 K. L. Butterfield, *The Rural Mission of the Church in Eastern Asia,* International Missionary
    Council, New York, 1931, p.163; 민경배, "한국 기독교의 농촌사회운동,"『동방학지』,p.184
    에서 재인용.

다."[136] 따라서 YMCA 농촌사업에서는 반일(反日)의 에너지가 크게 나타나지 않았다. 영적 영역보다 빵의 문제에 보다 집중했기 때문이다. 이것은 일제 강점기 상황에서 YMCA를 유지해야 하는 현실적 한계일 수 있었다. 또한 언제나 일본이 허용한 범위를 넘어서지 않으려는 신흥우 개인의 성향일 수 있었다.

1938년 일본은 YMCA가 농촌운동을 포기하도록 압력을 가했다. 중일 전쟁으로 총독부 정책이 바뀌었기 때문이다. 1938년 '흥업구락부 사건'을 일으켜 신흥우, 유억겸, 구자옥 등 주요 지도력을 검거했고, YMCA 농촌사업은 끝이 났다.

3. 배민수의 장로교 농촌운동-사회복음주의의 채택과 거부

1926년 이후 장로교회의 교세가 줄기 시작했다. 그 상황을 도표로 보면 다음과 같다.[137]

연도 \ 교세	목사 수	교회 수	교인 수(명)	결산액(원)
1922	246	1,941	187,271	1,065,235
1923	234	2,097	93,850	998,009
1924	252	2,171	191,887	901,245
1925	315	2,232	193,823	1,000,779
1926	315	2,277	194,408	963,280
1927	330	2,265	159,060	883,453
1928	359	2,191	177,416	948,888

---

136 H. A. Wilbur's Annual Report, 1933-1934.
137 장로교 총회록 참조.

표에서 나타나듯이 1925년까지 늘어나던 교세는 반기독교 운동의 여파로 1926년 말부터 약화되었다. 1926-1927년 사이에 교회 수가 12개, 교인수가 35,348명(18.2%)이 감소하는 등 뚜렷이 위축된 것이다.

> 만일에 교회가 농촌신도들에게 생활문제에 대한 실제적 충고를 주지 안을 것이면 머지않은 장래에 공산주의로 화(化)하게 될 것이니 그것은 공산주의가 아니고는 그 문제를 해결케 되지 못하게 됨으로써다. 그리스도교는 이를 해결하여 주지 못할까? 문제는 여기로 쏠린다.[138]

당시 「기독신보」를 비롯한 기독교 언론은 교세와 경제문제, 농촌교회 청년들이 공산주의로 전향하는 것에 심각히 우려하고 있었다. 1925년까지만 해도 교세 감소를 그리 심각하게 걱정하지 않아도 되었지만[139] 1926년 이후에는 교회의 사회 참여를 결정하지 않을 수 없는 상황에 이르렀다. 결국 예루살렘 국제선교대회를 계기로, 1928년 8월 장로교 총회에서, 정인과는 농촌부 설립을 제안하였고 총회는 이를 수락했다.[140]

> 가장 흥미를 니르킨 것은 농촌 문제이외다. 농촌 인구는 세계인구의 대부분을 점령하엿습니다. 금번에 과연 농촌선교 농촌교육 농촌 위생, 농촌 경제에 대하야 교회 역사상 초유의 원만한 토론을 하엿습니다. 버터필드 씨와 뿌루네 씨의 조사 안은

---

138 사월, "사경회와 농촌 문제," 「기독신보」 1930년 12월 3일자.
139 社說, "죠션教會의 네 가지 難關(2)," 「기독신보」 1925년 3월 4일자 참조.
140 예루살렘에서 개최된 국제선교대회 참석자는 신흥우, 김활란, 양주삼, 정인과, 노블(W. A. Noble)과 마펫(S. A. Moffett)이었다.

매우 유용이 되엿습니다. 이 결안대로 각국 공의회에서 설치하면 세계가 불구에 혁신이 될 줄 신(信)합니다.[141]

정인과가 예루살렘 국제선교대회에 대해 이렇게 보고했을 때, 장로교회의 주류는 여전히 교회의 사회참여 문제에 냉소적이었다. 그러나 농촌사업을 선택하지 않으면 안 될 상황이 전개되고 있었다. 농촌교회의 피폐와 공산사회주의자들의 교회에 대한 비판, 교회 청년들의 공산사회주의로의 이탈, 교세의 감소, 1928년 예루살렘에서의 국제 선교대회의 영향 등이 강하게 장로교 주류를 압박했던 것이다.

1929년에 8개 노회[142]를 시작으로 1930년 22개 전 노회에 농촌부가 조직되었고 각 교회에도 농촌부가 설립되었다.[143] 그러나 실질적인 체계를 갖추지는 못했고 지역 교회들도 적극적으로 나서지 않았다. 여기에 농촌부 부장이었던 정인과가 흥사단 계열이어서, 그가 진행한 농촌운동은 다분히 민족운동의 성격을 띠고 있었다. 그런 조건은 민족운동과 일정한 거리를 두고 있던 한국 장로교회의 체질과도 맞지 않았다.

1933년 이후 배민수가 주도하게 되면서 장로교 농촌운동은 그 성격이 확연히 바뀌기 시작했다. 정인과와 달리, 경제적 목표가 아니라 신학적 목적 아래 진행된 것이다. 배민수는 "신(神)의 목적을 도달케 하기 위한,"[144] 곧 이 땅에 하나님 나라를 건설하기 위한 운동임을 분명히 했다. "개인의 물질생활을 풍부케 하려는 것이 아니고," "기독 애(愛)를 발휘하자는 정신운동"[145]이라고 주장했다. 공산사회주의자들이, 굶주려 죽어갈 수밖에 없던 사람들에게 유물론적 유토피아를 꿈꾸게 했을 때,

---

141 정인과, "예루살렘大會에 參席하고(3)," 「기독신보」 1928년 6월 20일자.
142 장로교 총회록 제18회, 1929, p.41.
143 장로교 총회록, 제19회, 1930년, p.40.
144 배민수, "基督敎農村運動의 指導原理 (二)," 「기독교보」 1936년 1월 21일 자.
145 *Loc.cit.*

기독교의 이상을 통해 이를 막으려 했던 것이다.

배민수 일행은 반기독교 운동과 공산주의를 악마로 보았고 자신들의 농촌사업이 악의 창궐을 막을 수 있다고 주장했다. 배민수 농촌사업의 중심에 있었던 박학전은 다음과 같이 외쳤다.

> 기독 청년아! 돌아서라 교단에 섰는 목사에게 향했던 주먹을 반종교운동자들에게 돌려라. 교회조직체를 질시하는 눈초리를 무신론(無神論) 무리에게 돌려라. 목사와 성회(聖會)를 향해 질시해 폭동을 일으키는 것은 죄가 있을 것이다. 저 반기독교 운동자 무신론의 무리를 향해 이념과 투쟁을 선언할 때에는 하늘의 천만 천사가 박수할 것이요 주님께서 억울한 눈물을 씻을 것이며 강한 힘을 주시며 축복하실 것이다.
>
> 기독 용사들아 새벽에 교당에 올라가 기도를 드리고 악마와 싸울 결심을 가지고 복음을 들고 논두렁과 밭 뚝으로 나가자. 우리도 농촌교회를 위해 지금부터 조직화하고 다시 그 결함을 찾아서 연구하고 실행에 옮기자. 저들이 손을 대기 전에 생명의 채종(採種)을 하자.[146]

배민수 등은 자신들의 농촌사업을 영적인 영역에서 해석했던 것이다. 그런 이유에서 농민들의 생활을 윤택하게 하려는 경제운동이 아니라고 주장했다.[147] 목적을 이루기 위해서는 물질적 욕망을 극복해 스스로 나누어야 한다고 피력했다.[148]

배민수는 "생활비의 십일조를 주께 바쳐서 저급(低級)의 경제 생활하

146 박학전, "복음을 들고 나가자, 싸우자,"「농촌통신」제4호, 1935년 6월 1일자.
147 배민수, "基督敎農村運動의 今後,"「農村通信」제 7호, 1935년 9월1일자.
148 Loc. cit.

는 부모, 형제자매들을 구조"하는[149] 신앙운동을 원했다. 최저 생활비와 표준생활비를 설정하고, 최저 생활비를 벌지 못한 사람들에게 표준생활비 이상의 것으로 도와주는 상호부조의 분배를 주장한 것이다. 이러한 주장은 "이기심이 죄악"이라고 보았던 사회복음주의 신념에서 나온 것이다. 예수나 모세를 사회주의자로 규정했던[150] 이대위 등이 말하는 기독교 사회주의와 전혀 다른 차원이었다.

배민수의 농촌강습회는 농민들을 의식화했고 전도를 병행했다. 1934년 11월부터 5개월간 만주와 전국의 13노회(동만, 함북, 함남, 경남, 충청, 경북, 경기, 황해, 평양, 안주, 의산, 평북, 용천) 15개소에서 4,500여 명의 농민들을 지도했고 86명의 새 신자를 얻었다. 농민들은 "영적 감격에 넘쳐 통회"했고 "농사지도를 받은 대로 실시해 직접, 간접으로 경제상 윤택"을 얻었다.[151]

1935년 11월에서 1936년 2월말까지 4개월간 함북 경성, 동만 돈화, 함남 임자동, 경남 갈전, 삼산 사창포, 의산 남재동, 안주 자산, 평양 남궁리, 황해 은파시 등 지방 각 노회 주최로 농촌수양회를 개최했고, 3명의 강사가 작물, 비료, 채소, 과수, 농용약제, 부업, 가사 등을 가르쳤다.[152] 매일 아침의 헌신회와 저녁 예배가 있었고 성경공부와 기독교리, 기독교인으로서의 삶에 대해서도 교육했다. 십일조 헌금을 약속하도록 했고 새 신자들을 입교시켰다. 그 결과로 "가입 회원 1,070명, 일반회집 청강자 8,500명, 신입 신도가 120명, 십일조 헌납 서약회원 133인"

---

149 Loc.cit.
150 이대위, "民衆化할 今日과 理想的生活의 實現," 『청년』(1924년 3월호)pp. 14-15, 赤城學人, "最古의 勞動運動," 『기독신보』1929년 9월 21일자. 참조.
151 장로교 총회록 제24회, 1935년, 농촌부 보고.
152 농촌 강습회 참석인원은 매번 100명에서 400명 정도였다. 수원농림 출신의 김성원이 농학과정을 맡고, 유재기는 '협동조합'에 대해 가르쳤다. 전문적인 농사기술은 숭실전문학교 농과 교수들의 도움을 받았다.

을 얻었다. 함남 단천에서는 교회가 설립되기도 했다.[153]

그런데 1937년 대구에서 열린 장로교 총회에서 농촌부의 폐지를 결정했다. 폐지의 이유는 설명 되지 않았고 논쟁도 없었다.[154] 분명한 것은 사업이 부진하거나 성과가 미진해서 폐지된 것이 아니었다는 것이다. 기독교적 의식화를 막고 중일전쟁에 집중하려던 일본의 압박과 재정문제가 가장 큰 이유로 비춰졌지만[155] 장로교 내부에서의 반발이 직접적 이유였다.

1934년 평북노회의 농촌부 폐지 건의를 시작으로 1935년에 김인서, 1936년에 김성택과 채정민이 농촌부 폐지를 강력히 제안했다. 이들은 배민수의 농촌부 사업이 세속사업이고 "농사운동은 정부의 일이지 교회의 일이 아니다"[156]며 비판했다. 공산사회주의자들이 지하로 들어가면서 교회에 대한 공격을 멈췄기 때문에, 교회의 위기감이 없던 때였다. "농촌부 폐지하기 보다는 농촌부 정신과 구원사업을 합치하자"는 주장[157]은 외면당했다.

배민수는 자신의 농촌운동의 신학을 '복음주의'라 믿고 있었다. 그렇지만 복음주의 신학에, 인간의 주도 아래 이 땅을 하나님의 나라, 곧 기독교 유토피아로 만들겠다는 주장은 없다. 유토피아는 하나님의 영역이기 때문이다. 그렇지만 그의 농촌운동에는 영적인 영역을 사회로 실천하려는 복음주의적 요소가 적지 않다. 신령한 체험의 바탕 아래 3·1운동과 민족운동에 뛰어들었던 신홍식(申洪植)의 태도와도 크게 다르지

---

153 장로교 총회록 제25회, 1936년, pp.60-61.
154 제26회 장로교 총회록에는 다음과 같이 간단히 기록되어 있다. "농촌부는 본 총회에 더 설치하여 둘 필요가 없으므로 폐지하기로 가결하다. (가표 78, 부표 32)"
155 배민수, *Who shall enter the Kingdom of Heaven*(서울:대한예수교 장로회총회 농어촌부, 1993), p.356.
156 『신앙생활』, 1936년 7월호, pp. 6-12.
157 김화식, "總會農村部廢止論에 대한 小見,"『기독교보』, 1936년 8월 11일자.

않았다.[158] 배민수는 한경직, 강신명 등 후일 장로교 통합측을 창립한 인물들의 태도, 곧 개인 구령의 바탕 위에 국가 구원을 실현하려는 신학적 패러다임에 적지 않은 영향을 끼쳤다.

158 감리교 목회자 신흥식은 사회복음주의를 주장하며 개인 구원의 문제나 영적 영역을 냉소적으로 보았던 감리교 일부와 다른 태도를 보였다.

5장

교회부흥운동과 부흥회

1. 교회부흥운동

1919년 전후에 1907년의 영적대각성운동과 백만인구령운동에 버금가는 대규모의 전도운동이 실시되었다. 감리교에서는 이 운동을 "백년전진(The Century Advance)"[159]이라 불렀고 장로회에서는 "전진 운동(The Forward Movement)"이라고 이름 붙였다. 전도대가 구성되었고 가가호호 방문해 쪽복음을 전했다. 성결교회도 1923년의 동양선교회 75주년을 기념해, "신자 5할 증가"의 목표를 설정했다. 그리고 노방전도와 야시장(夜市場) 전도 등 활발한 전도활동을 벌였다.[160] 남북 감리교도 연합협의회를 조직해 특별 전도운동을 펼쳤다. 이때 남감리교의 유한익은 순행전도단장이 되어 감리교부흥운동의 주역이 되었다.[161] 이 부흥운동은 일본의 포교 규칙이 완화되면서 활발히 시행되었고 기대 이상의 성과를 거두었다.

---

159 감리교가 이런 이름을 붙인 것은 1919년이 미 감리회 해외 선교부가 발족 100주년이 되는 해였기 때문이다.
160 김성호, 『한국성결교회사』(서울:기독교대한성결교회 출판부, 1992), pp.240-241.
161 박용규, 『한국기독교회사』II, p.270.

1920년대 중반 이후부터 1935년까지 교회 부흥 운동이 다시 시작되었다. 일본의 폭압적 경제정책, 반기독교 운동의 여파, 농촌의 질고, 세계적 공황으로 인해 교인의 감소와 교회의 위기를 타파하기 위한 것이었다.

당시 시대는 자괴감을 강요했다. 도시인들은 퇴폐주의에 빠져가고 있었고, 거리는 온통 윤심덕이 1926년에 발표한 번안곡 "사(死)의 찬미"가 뒤덮고 있었다. 노래 가사처럼 1920년대와 1930년대 한국 사람들은 앞날에 대한 어떠한 것도 기대하지 못한 채 그저 하루하루의 생활을 지내는 것에 급급했다. 지식인들은 퇴폐적 낭만 문학에 빠져들었고, 농민들은 먹을 것이 없어 굶고 있었다. 여기에 세계적 대공황이 덮쳤고 수백만 명이 고향을 버리고 만주나 간도로 이주해야만 했다. 한국 교회와 교인들도 시대를 피할 수 없었다.

일본은 상류층들에게는 빵과 약간의 권세를, 지식인들에게는 허탈감과 염세주의를, 하류층은 채찍으로 다스리며 이 시대를 비껴나가려 했다. 때를 만난 듯 공산사회주의자들은 냉소와 저주를 퍼부으며 교회를 공격했고 기독 언론도 그간의 교회 행태를 비판했다. 교회의 사회적 사명이 복음의 이상을 실제화하는 것이라며 복음의 영적 영역을 비하했다.[162] 교회와 기독교 기관들은 절제운동, 농촌사업을 벌였다. 사회신경이 채택되고 사회신조도 선언했다. 그러나 일본 식민지 상황이라는 한계를 극복하지는 못했다.

교회는 교인들의 공동체이다. 대부분의 교인들이 생계의 문제로 고통과 우환을 겪었다는 것은 대부분의 한국 교회도 생존을 걱정해야 할 만큼 빈궁해졌다는 것을 말한다. 세계적 불황이 닥치면서 미국 교회의

---

162 「기독신보」, 1922년 7월 26일자·8월 2일자, 8월 9일자, 8월 22일자, 1924년 2월 13일자, 4월 2일자, 1926년 4월 7일자 등 참조.

한국 교회 지원이 큰 폭으로 삭감되었고,[163] 그간의 선교 사업도 포기해야 할 지경에 이르렀다.[164] 선교사들도 자기 생활비를 줄여 선교비를 충당해야 했다.[165] 성경공부에 대한 열의가 옛날과 같지 않았고, 헌금이나 교회 봉사 그리고 전도의 열성이 전과 같지 않았다. 경제적 문제로 인해 교인들 간에 갈등이 일어나기도 했고 고향을 등지는 교인들도 적지 않게 나타났다. 이런 시련에 교회가 할 수 있는 것은 역사의 주재자에게 전적으로 매달리고 의뢰하는 것이었다. 부흥운동은 교회의 그런 의지를 보여 주는 것이었다. 그것이 한국 교회의 전통이었고 각인된 방법이었다.

제7회 연회에서 남감리교회는 1924년을 특별 부흥의 해로 정했다. 선교사, 한국인 목사, 일반 교인들을 모두 동원해 기도와 전도에 매진하기로 했다. 이를 실천하고자 1925년에 중앙전도관을 세워 본격적인 전도활동에 나섰다.[166] 초대 관장 스톡스(Marion Boyd Stokes)와 부흥강사로 이름이 높았던 원익상이 주 강사였다.

중앙전도관은 1926년 병인기념 대전도회, 1929년에 기독교연합 대전도회, 1930년 가을 서울시내 각 교파연합대전도회 등 대(大)전도 집회를 주관했다. 전도 집회에서는 심령의 부흥, 구원의 확신, 중생이 강조되었다. 그 결과 수강자 64,359명에 6,370명의 결신자가 나왔고 서울 원동교회, 신설동교회, 용산교회, 답십리교회, 신공덕동교회가 세워졌다. 또한 1935년 1월부터 4월까지 시흥군 북면과 고양군 연희면, 숭인면에 기도처가 설립되었다.[167] 광화문 네 거리에 세워진 남감리교회

163 「기독신보」, "선교비 축소에 대하여," 1933년 8월 30일자.
164 「조선일보」, "선교 사업의 장래," 1933년 7월 7일자.
165 「조선일보」, "남장로교파 선교비 40%로 대 삭감," 1932년 5월 6일자.
166 「남감리교회 조선매년회 회록」, 제7회, 1924, p.73.
167 이성삼, 「한국 감리교회사―조선감리회」(1930–1945) II, 한국 감리교회총리원교육국, 1992(3판), p.73.

의 중앙전도관에서 열린 부흥집회는 50일 동안 98회나 열렸고 27,000
여 명이 수강해 3,000여 명이 결신하는 결실을 거두었다.[168]

장로교회는 1930년 평양에서 열린 제19회 총회에서 진흥운동 3개년
계획을 결의했다. 첫 해는 "헌신," "성서보급 특별기도의 해," 다음 해
는 "대부흥 전도운동의 해," 그 다음 해는 "기독교 문화운동의 해"로 정
하고 총회 차원에서 진흥운동을 시작했다.[169] 물론 그 성격은 영적 각
성이었다. 인쇄된 팸플릿 5종, 성경과 전도 포스터, 전도 공과 등은 모
두 이런 목적 아래 만들어졌다. 인쇄물들은 장로교뿐만 아니라 감리교
회에도 배포되었다. 총회는 전도에 매진하고, 각 교회마다 문고(文庫)를
설치해 교인들이 전도 책자들을 볼 수 있게 했다. 기독교 신문과 잡지
를 구독하도록 권유했고, 교역자를 위한 순회 도서부를 설치했다. "사
상연구회"를 조직해 기독교 사상에 대해 알리도록 했고 교회 부흥을 독
려할 수 있는 서적들을 번역해 보급하도록 했다.[170] 교회부흥운동에 교
파 구별은 없었고 이를 위해 장로교와 감리교의 대표적 부흥사들이 동
원되었다.

2. 부흥회의 변화와 그 위대한 민족적 공헌

2.1. 부흥회의 변천

존스와 하디 이후, 한국 교회에는 수없이 많은 부흥사들이 있었다.
길선주, 김익두, 이용도, 정남수, 이성봉 등 위대한 부흥사들이 주도했

---

168 박용규, 『한국기독교회사』 II, p.272.
169 죠선예수교장로회총회 회록, 19회(1930) p.35, 20회(1931) p.28, 제22회(1933), p.56 참조.
170 『죠선예수교장로회총회 제22회 회록』, 1933, p.56; 박용규, 『한국기독교회사』 II, p.272에서
　　　 재인용.

고, 부흥회를 통해 한국 교회가 부흥되었다고 해도 과언이 아니다. 그런데 부흥회는 개인 구령의 영적 각성에 그치지 않았다. 분명히 부흥사들은 직접적인 사회개혁을 목표로 하지 않았다. 그렇지만 죄의 각성과 성서적 윤리에 대해 강도 높은 요구를 했다. 그것이 한국인들의 세계관을 변화시켰다. 금연, 금주, 우상숭배에서의 해방, 여성의 지위 향상, 노름, 일부다처제를 비롯한 전통적 악습을 버리게 하는 데에 그 역할은 지대했다. 부흥사들의 헌신으로 인해, 특별히 한국의 민초들은 이전의 역사와 비교할 수 없을 만큼 높은 윤리의식을 갖게 되었다.[171] 민초들에게 이들의 권위와 영향력은 지대했다. 그런 이유로 1920년대 이후의 부흥사들은 공산사회주의자들이 유토피아를 제시하며 뿌리를 내리려 할 때 그것을 막는 파수꾼 역할도 했다.

1907년의 평양 대각성 이후, 한국 교회 부흥회는 성서와 영적 회심을 강조했던 사경부흥회 방식이었다. 새벽기도회부터 시작해 오전과 오후로 나누어 성서를 공부했고, 저녁에는 회심 강조의 집회를 가졌다. 교인들은 통회와 자복의 통성기도를 통해 죄의 정화를 체험했고, 그것을 강력한 성령의 역사로 이해했다. 성경공부와 회심 체험은 고백과 간증, 뜨거운 기도로 나타났다. 그리고 이들의 신앙고백은 자발적이고 열렬한 축호 전도와 노방 전도로 이어졌다. 특별히 길선주가 부흥회를 인도할 때면, 회중들은 성령의 임재를 체험했고 통회와 자복을 했다. 이전과 다른 삶을 다짐했고 성서의 말씀대로 살고자 했다. 세계관이 변했기 때문이다.

3·1운동 직후부터 1920년대 초반, 김익두라는 걸물이 나타나면서 그간의 사경부흥회와 다른 유형의 부흥회가 등장했다. 통회와 자복으로 표출되는 내적 회심이 성령 임재의 증거였다면 김익두 부흥회에서

---

171 박용규, 『평양대부흥운동이야기』, p. 142.

는 신유(神癒)가 실제로 목도되면서 치병(治病)이 성령 임재의 증거가 되었다. 1928년에 가서야 미국 오순절 교회 평신도 선교사 럼시(Mary C. Rumsy)가 한국 선교를 시작하는 것을 볼 때,[172] 치병과 이적이 나타났던 김익두의 부흥회는 미국 오순절 교회의 전통과 무관했다.[173]

1930년대에 이르러 감리교회 이용도가 인도하는 부흥회가 성황을 이루었다. 한국 교회의 교리와 제도가 정착되었던 때이고, 장로교 교권 내부에 근본주의적 신학이 강력해 지고 있던 때였다. 그는 한국 교회가 화석화(化石化)가 되었다고 비판했고, 단독자로서 생생한 성령의 체험을 강조하고 나섰다. 그것은 강고(强固)해 지던 근본주의적 태도에 대한 강한 질책이기도 했다. 이용도의 지적처럼 당시 한국 교회는 조직을 우선 앞세우고 복음을 교리화하고 있었다. 고정되고 매뉴얼화되고 있어서 교회의 역동성이 약화되고 있었다.[174]

이용도는 예수와의 직접 접촉을 촉구했고 기독교적 사랑을 호소했다. 내면적 체험을 요구했고, 그것이 복음의 본질이라 호소했다. 그런데 그의 주장에는 전통적 교회론이 약화되어 있었고 신비주의적 위험도 도사리고 있었다. 이용도를 따르는 교인들도 교권과 교회 전통을 비판했고, 회중들은 깊은 내면의 세계로 들어가 예수를 만나야 한다고 외쳤다. 그런데, 그의 부흥회에는 신비적 체험이 있었고 언제나 통회와 자복이 가득했지만, 축호 전도나 노방 전도의 열정은 나타나지 않았다.

또 하나의 방식은 미국에서 유행하던 부흥집회 방식이었다. 트럭으로 전국을 순회하며, 밴드를 조직해 대중들에 접근하고, 야외의 장막에서 집회를 인도하는, 미국 성결교회 장막전도대가 했던 방식이다. 켄터

172 한정열, "한국 최초의 오순절 선교사 마리 럼시(Mary C. Rumcy)," 한국 교회사학연구원 엮음, 『내한선교사연구』(서울:대한기독교서회, 2011) 참조.
173 김익두 부흥회에서도 성령 체험이 강조되었고 그 결과로 치유(治癒)가 나타난 것을 보면 그의 부흥회는 오순절 유형에 속해 있다고 볼 수 있다.
174 김명구, 『복음, 성령, 교회』, pp.254-255 참조.

키 애즈베리대학(Asbury College)에서 공부하고 미국의 성결운동(Holiness movement)에 참여한 바 있던 성결교회의 정남수가 이를 주도했다. 1926년 귀국한 그는 남감리교 부흥사로 전국의 교회를 순회하며 부흥집회를 인도하다가, 1931년부터 성결교회로 옮겼다. 그리고 장막전도대의 주도자가 되었다.

정남수가 이끄는 장막전도집회는 대형 트럭에 "전국 순회전도대"라는 플래카드를 달고 도시와 농촌을 누비며 축호전도를 했다. 저녁에는 초대형 천막을 세워 집회를 열었다. 그것은 성결교회가 전국에 자리 잡지 못했던 때문이기도 했다. 장막전도대는 도시전도대와 농촌전도대로 나누어 진행되었다.[175] 트럭을 강대로 했고 전도대는 정남수, 차장선, 김진문 등의 전도자들을 비롯해 7–8명의 음악대 등으로 이루어졌다. 때로 전도자들이 부족하게 되면 경성성서학원 학생들이 동원되었다.

7–10일간 수천 명이 운집한 부흥집회에서 정남수는 "회개하라, 천국이 가까왔다. 도끼가 나무뿌리에 놓였으니 회개하지 않는 자는 찍어버리리라. 병든 심령을 돌보지 않으며 전도를 게을리하는 월급 도적하는 목사는 펄펄 끓는 지옥 불에 떨어지리라. 고리대금하는 장로 펄펄 끓는 지옥 불에 떨어지리라"며 열변을 토했다. 성령의 체험, 기도와 찬송, 통회와 믿음, 신유와 재림, 중생과 엄격한 성결적 태도를 강조하는 그리고 순회전도와 노방전도 방식을 답습한 전형적인 복음주의의 방식이었다. 통회자복이 터져 나왔고 수많은 결신자가 나타났다. 기존 교회에서 성결교회로 옮겨온 교인들도 적지 않았다.[176]

---

175 이균성, 『성결교회수난사』(서울:기독교대한성결교회출판부, 1994), p.130.
176 이종무, 『하나님을 만나고』, 성결교회역사와문학연구회, '성결교회 인물전 제14집' pp.317–318p.

2.2. 이용도 정죄의 이유-교회 전통의 위배

장로교 황해노회는 1931년 8월 12일자로 이용도에게 금족령을 내렸다. 1932년 4월에는 평양노회가 그를 막기 시작했고[177] 같은 해 11월에는 감리교 경성지방회가 이단 의혹을 제기했다. 그는 1933년 2월, 해주 남본정교회를 끝으로 더 이상 부흥회를 인도하지 못했다. 장로교회의 지적을 받아들인 감리교 중부연회는 1933년 3월 그에게 휴직처분을 결정했다. 1933년 9월 장로교 총회는 이용도와 그를 따르던 한준명, 이호빈, 백남주, 황국주 등을 이단으로 정죄했다. 절친한 친구였던 감리교회의 이환신과 장로교회의 송창근, 김인서 등도 그를 외면했다. 이용도가 한국 교회 신학 전통을 위배했다고 보았기 때문이다.

교회 역사에서 보면, 성서의 본질만 주장할 때 사도계승의 역사성을 부정하게 되고 역사적이고 가시적 교회의 조직을 비하하게 된다. 반면 교회 전통을 우선 강조하면 교회조직을 관료화하기 쉽다. 영적 체험만을 우선하면 열광적 신비주의에 빠지기 쉽고, 엘리트적 이성을 앞세우면 그 신앙은 차갑고 건조하게 된다.[178]

복음주의는 성서와 성령의 체험을 특징으로 한다. 동시에 교회의 전통과 대중적 상식을 요구한다. 성서의 권위를 최고의 것으로 생각하지만 교회 전통을 외면하지 않는다. 개인적 회심 체험을 요구하지만 밀교적(密敎的) 방식을 거부한다. 회심 체험의 영성도 내면으로 침잠하지 않아야 한다. 그 시대의 객관적 보편성, 곧 대중성을 확보해야 하는 것이다. 교회는 강력한 공동체성을 요구하기 때문이다.

1907년의 대부흥 운동의 구조에는 이런 요소들이 모두 들어 있다. 하나님의 말씀인 성서는 절대적 권위를 갖고 있었다. 회중들은 강력한

---

177 「기독신보」, 1932년 5월 25일자.
178 김명구 외, 「창천교회100년사」(서울:기독교대한감리교 창천교회, 2006), pp.51-52 참조.

성령을 체험했지만, 성서의 말씀과 교회의 검증을 거쳤다. 교인들은 자신들의 체험을, 축호전도와 노방전도 등을 통해, 대중들이 살고 있는 지역으로 전했다. 교회에서 체득된 성서의 말씀과 성령의 체험이 개인의 차원에서 그치지 않고 거대한 대중적 운동으로 확대되었다. 그리고 그 시대와 그 지역의 일반 대중들이 쓰는 언어를 통해 전해졌다. 여기에 '구원,' '성령,' '교회'의 구조가 있고, 구원사역이 교회 사명이라는 신학적 다짐이 내재되어 있다.

한국 부흥회는 성령을 통한 하나님과의 직접적인 교제를 도모했다. 성령을 받고 그의 힘으로 병 고치는 기적을 동반하기도 했다. 자동적으로 하나님의 초월성과 절대성이 강조되었다. 기독교의 본질은 개개인의 구령(救靈)이었고 성서를 통해 하나님의 절대성을 확인했다. 성서와 성령의 체험과 함께 중생과 그 실천도 강하게 요구되었다. [179] 그렇지만 그 모든 것은 사도적 계승권을 갖고 있는 교회를 중심으로 펼쳐져야 했다. [180]

생생한 체험과 무차별적인 기독교적 사랑을 강조했지만, 이용도는 교회의 전통, 성직자, 교리, 성례전과 같은 통로를 무용(無用)한 것으로 간주했다. 오히려 그리스도와의 직접적 사랑과 합일체험에 방해가 되는 것이라고 주장했다. 그리스도를 직접 접촉해야 한다고 믿었기 때문에 교회라는 매개가 크게 필요하지 않다고 여겼다. 여기에 인간 언어의 한계를 고백하며 침묵을 강조했고, 스스로를 "시무언(是無言)"이라 했다. 세상에 변명하지 않겠다는 의도였지만 영적 체험을 자기 내부로 가둔 것이다. 그의 신학은, 내밀한 감격과 내면적 신앙은 강조되었지만, 교회론을 약화시켰기 때문에 대중적 운동으로 확산될 수 없었다.

---

179 유동식, 『한국신학의 광맥』(서울: 전망사, 1982), p.59.
180 존 캅, "웨슬리 신학의 4대 원리," 『은총과 책임』, 심광섭 역(서울: 기독교대한감리회 홍보출판국, 1997), p. 222.

1932년 가을, 이용도는 금강산 부근에서 집회 후에 돌아오다가 백남주, 이호빈, 한준명 등이 활동하던 원산신학산(元山神學山)에 머물게 되었고, 이들의 소개로 입신녀로 알려져 있던 유명화(劉明花)를 만났다. 입신녀로부터 "주님의 교회를 위하여 좀 더 충성하고 좀 더 고생하라"는 질책을 들었고, 이용도는 그 질책을 예수의 말씀으로 여기고 회개와 충성을 다짐했다.[181]

이용도가 유명화의 신탁 앞에 엎드렸던 사건은 한국 교회에 충격을 주었다. 그는 백남주 한준명 등과의 관계를 끊으라는 권고를 외면했다. 오히려 접신녀 유명화, 1932년 11월 평양에서 재림주로 자처하며 물의를 일으킨 한준명, 예언과 신탁을 고집했던 백남주 등과 교제를 계속했다. 결국 감리교 중부연회는 1933년 3월 15일 목사 휴직 처분을 가결했고 7월에 목사직 사면 청원을 받아들였다. 장로교회는 9월 22일 그를 이단으로 정죄했다.

1933년 6월 3일 이용도는 백남주, 한준명, 이호빈, 이종현 등과 함께 "새 생명의 길"을 선포하고 조선예수교회를 창설했다. 그리고 선도감이라는 직책을 받았다.[182] 그는 10월 2일에 33세의 짧은 나이로 세상을 떠났다

2.3. 부흥회의 역설―민족적 공헌과 그 위대성

1920년대, 한국 지식사회와 공산사회주의자들은 한국 교회를 비판하면서 특별히 김익두 등의 부흥사들을 겨냥했다. 이들의 비판을 보면 먼저 한국 교회 목회자들이 무식하다는 것, 이들의 가르침이 미신적이라는 것 그리고 사회적 문제를 외면하며 한국 교회를 내세지향적이고

---

181 변종호 편저, 『이용도 목사 연구 반세기』(서울:장안문화사, 1994), p.117.
182 「기독신보」 1937년 3월 10일자.

피안(彼岸)의 세계로 유도한다는 것이었다. 특히 공산사회주의자들은 부흥회를 중시하는 한국 교회가, 가난한 민초들을 부당한 현실에 안주하게 하는, '자본주의의 주구'라며 비난을 퍼부었다. 기독교 사회주의나 사회복음주의를 주장하며 나선 교회지도자들도 일정 부분 이 같은 비판에 동조했다. 그러나 이 같은 지적은 의도적이든 그렇지 않든 사실을 외면하는 것이다.

2.3.1. 무식(無識)의 문제

1926년 5월, 남대문교회의 세브란스 의전 학생을 비롯한, 근대 교육을 공부한 청년들은 담임자 김익두를 맹렬히 배척하고 나섰다. 그 이유가 "현대 과학을 전연 무시하고 또한 무식"하다는 것, "강단 위에서 참아 하지 못할 아름답지 못한 말"을 한다는 것, "무식한 사람을 더욱 우매케 한다"는 것이었다.[183] 그러나 김익두는 과거 시험을 준비할 정도로 한문교육을 받았고 평양의 장로교 신학교에서 공부한 인물이다. 단지 세련되지 않고 직설적이었던, 당시 민초들의 언어를 사용했을 뿐이다.

1920년대는 2천만 한국인 중 80-90%가 문맹자였던 시대였다. 전체 인구의 대부분인 80% 이상이 농촌에 거주하고 있던 때였고 농촌에 거주하는 대부분의 사람들이 글자를 모르던 때였다. 공산사상을 확대하기 위한 목적이었지만, 공산사회주의자들까지 문맹 퇴치를 독려하고 나설 정도였다.[184]

1928년 3월 16일 「동아일보」에는 국민의 80% 이상 되는 문맹을 탄식하는, "어찌하면 우리는 하루 바삐 이 무식의 지옥에서 벗어날까? 어찌하면 이 글 장님의 눈을 한시 바삐 띄어 볼까"라는 기사가 실렸다. 그리

---

183 「동아일보」, 1926년 5월 15일자.
184 「동아일보」, "극동 지식계급에게 勞農主義의 결속," 1925년 4월 21일자.

고 창립 8주년 행사로 '글 장님 없애기(문맹퇴치) 운동'을 선언했다.[185] 이에 호응해 4월 2일에는 안재홍, 방정환, 최현배, 최남선 등 30여 명이 강연회를 계획했다. 1929년 「조선일보」도 문자보급운동을 전개했다. 방학 동안 고향으로 돌아가는 중등 이상의 학생들을 통해 글을 가르치도록 독려했다. 1931년에는 동아일보가 주도하는 브나로드(Vnarod)운동이 펼쳐졌다.[186] 조선총독부가 한때 이를 금지시켰지만,[187] 문맹 퇴치는 한국이 해결해야 될 중요한 과제였다.

1907년 평양대각성운동은 철저히 선교사들의 주도와 지도, 기획 아래 이루어졌다. 그런데 시간이 경과하면서 길선주, 정춘수 등 한국인 교회 지도자들이 선교사보다 더 큰 영향력을 발휘했다. 그 이유는 선교사들이 갖고 있던 언어의 한계 때문이었다. 사람들의 심연까지 파고들려고 할 때, 모태(母胎)의 언어만큼 힘을 발휘할 수 없었기 때문이다. 김익두의 부흥회에서 민초들이 열광했던 것도 그런 이유이다. 한국의 지식그룹이나 공산사회주의자들이 김익두의 언어 수준을 비판했지만, 민초들의 언어를 사용했던 그의 호소력은 어느 누구와도 견줄 수 없었다.

2.3.2. 미신이라는 비판

김익두를 향해 "청천백일에 이런 요망자가 출현한 것은 조선의 수치이며, 조선의 망조이며, 조선 기독교도의 부끄러움"이라는 노골적인 비난이 쏟아졌다.[188] 그것은 그의 부흥회가 미신적이라는 이유였다. 김익두가 부흥회를 인도할 때면, 그 지역의 공산사회주의자들과 단체들의 방해가 끊이질 않았다. 그가 가는 곳에는 민초들의 열렬한 환영과 공산

---

185 「동아일보」, 1928년 3월 16일자.
186 러시아어로 '민중 속으로'라는 뜻을 말한다. 「동아일보」, 1931년 7월 16일자.
187 「동아일보」, 3월 29일자. 당시 조선총독부는 문맹퇴치운동을 빙자하여 공산사회주의가 창궐될까 우려했다.
188 「동아일보」, 1926년 5월 15일자.

사회주의 사상에 경도된 청년들의 비판이나 폭력이 교차했다. 공산사회주의계 청년들 일부는 김익두의 숙소까지 쫓아가 위협했다.[189]

1926년 2월 김익두가 간도 용정 중앙교회에서 부흥회를 열었을 때, 공산사회주의자들이 몰려와서 집회를 방해하면서 장내는 아수라장이 되었다. 이들은 "김익두를 끌어내려라"는 소리와 함께 김익두와 참석한 목사와 장로들을 철근으로 때리고, 회당을 빠져나가는 교인들에게 무차별 폭행을 했다. 예배당을 부수었고 난로와 남포등을 깨뜨렸다. 이를 진정시킨다는 이유로, 일본 영사관 경찰과 중국 경찰들이 가리지 않고 총검을 휘둘러 부상자들이 속출했다.[190] 김익두에게는, 특별히 신유집회에 대한 비판이 주를 이루었다. 이런 비판에 대응하고 그 사실을 증명하려고 황해노회 임권택이 나섰다. 그는 김익두가 부흥회를 시작하는 1912년부터 1921년 1월까지 일어난 신유 기적을 기록한, 170여 페이지 달하는 『이적증명서』를 만들기까지 했다.[191]

한국의 지식사회와 공산사회주의자들이 김익두의 부흥회에 나타난 이적과 기적을 미신이라고 몰아 부칠 때 당시 지식그룹의 다른 한쪽에서 이를 비판하고 나섰다.

> 신앙생활에서 미신과 비미신을 구별하는 것은 제 삼자가 비평하는 말에 불과한 것이오, 신앙자 자체에는 어느 것이 미신인지 구별도 되지 아니할 뿐 아니라 구별하려고 하는 것이 우스운 일이 되고 마는 것이다. 김익두 씨의 행동이 미신이거나 미신이 아니거나 그것이 신앙생활의 본질에는 별 관계가 없다. 다시 말하면 김익두 씨의 행동으로 인해 신앙심을 가지는 사람들

---

189 「중외일보」, 1930년 1월 7일자.
190 「동아일보」, 1926년 3월 5일자.
191 「경향신문」, 1974년 11월 5일자.

은 오히려 다른 유명한 서양 선교사로 인하는 것보다 신앙심이 더욱 견고할지도 알 수 없다.

(중략)

신앙의 본질로 보아 미신이라 밝히는 것은 김익두 씨를 믿지 아니하는 사람의 말이요, 김익두 씨를 믿는 사람에서 보면 김익두 씨를 배척하는 사람이 오히려 미신일는지도 알 수 없는 것이다.[192]

기사와 이적은 기독교의 역사 속에서 언제나 있어 왔다. 특별히 신유의 역사는 언더우드에게서도 있었고,[193] 존스에게도 있었다. 또한 길선주도 부흥회 초기에 기사와 이적, 신유의 역사가 있었다. 그래서 "성화의 인(人)"이라는 평을 받기도 했다.[194] 영적 영역은 인간의 이지적 인식으로 판단할 수 없는 것이고 이성적 판단이나 분별을 넘어서는 것이다. 영적 체험은 영적 영역에서 판단되는 것이다.

이광수와 같은 한국의 지식인들이나 공산사회주의 청년들 그리고 사회복음을 주창하며 나선 교회지도자들은 모두 근대 엘리트들이었다. 이데올로기를 연구했고 수용했던, 나름 깊은 이해를 갖고 있던 인물들이었다. 그러나 이데올로기의 눈으로 영적 영역이 제대로 보일 리 없다. 특별히 유물론의 이데올로기 눈에 종교는 모두 비과학적이고 미신으로 비춰진다. 근대 교육은 이데올로기의 영역을 기대 이상으로 발전시켰다. 그러나, 미션스쿨일지라도, 영적인 영역은 선교사들의 기대 이하였다. 그 결과가 이때 나타난 것이라도 해도 과언이 아닌 것이다.

---

192 「동아일보」, 1926년 5월 16일자.
193 1893년 언더우드는 발안장터에서 불치병에 걸려 있던 환자를 위해 금식하며 3일 밤낮을 기도해 일으켰다. H. G. Underwood, "Prayer Cure," *Korea Mission Field*, 제3권, 1907년 5월호.
194 김인서, "영계선생을 애모함," 「신앙생활」, 1936년 1월, 「김인서 저작전집」 2, 서울:신망애사, 1976, p.211.

2.3.3. 비사회적이고 피안적(彼岸的)이라는 비판

반기독교 운동이 한창일 때에, 공산사회주의자들은 한국 교회가 사회문제에 등한히 하고 민초들을 피안의 세계로 이끌어 낸다고 비판했다. 그러나 그런 비판은 기독교회에 대한 오해이며 모욕이었다. 한국 교회가 이용도를 외면하고 이단으로 정죄했던 것이 바로 피안적 세계, 곧 신비주의적 영성에 매몰되어 있다는 판단 때문이다. 한국에 전해진 기독교는 골방의 기독교를 외면했고 피안적 세계를 배척했던 것이다. 영적 세계를 말했지만 피안적 세계를 지향하지 않았다. 종말론적 차세성을 말했지만, 내세지향적이거나 피안성을 강조하지 않았다. 세대주의적 전천년설을 신봉했고 차세대에 나타날 이상적 세계를 기대했을 뿐이다.

한국의 부흥회는 예외 없이 성령의 체험을 강조했고 공통적으로 회심을 요구했다. 여기에 순응한 회중들은 의도적으로 자신이 회심했다는 증거를 보여야 했다. 기독 언론은 언제나 기독교인들의 실천을 요구했고 교인들은 그같은 주장에 이의를 달지 않았다.

> 남의 죄는 회개를 부르짖되 자기 죄는 가증히 신성(神聖)으로써 분(粉)을 바르고 기름으로 윤을 내도다. 세인도 속지 안커든 하물며 전지하신 하나님을 속일 수 잇스랴. 하나님은 이론만 하는 자보다 실행하는 자를 사랑하시나니 이론만은 가식(加飾)이오 실행은 진실임이니 가식적 의인의 기도는 구원의 실을 거두지 못하되 진실적 세리의 기도는 구원의 산 운동이 됨을 예수께서 암시하시지 아니하셨는가.
> 바라건대 이 세상에나 우리 사회에나 또는 교회 내에 이론만 하는 자가 적어지고 실행하는 자가 만하짐으로 세상은 평화함에 사회는 진실함에 교회는 부흥함에 이르러 하나님의 깃버하

시는 화창한 춘일의 아름다운 이상의 락원이 현출하기를 비노라.[195]

기독 언론의 주장처럼, 말만 앞서고 실행이 따르지 않으면 한국 교회는 그것을 죄라고 보았고 비신앙으로 여겼다. 교회에 들어가려면, 의도적으로라도, 윤리적으로 변화했다는 것과 사회적으로 실천했다는 것을 보여야 했다. 따라서 현실도피의 피안적 시도는 용납될 수 없었다.

기독교회는 체재 내에 존립하고 공교회도 공식적인 사회기관에 속한다. 그렇지만 추구하는 가치는 애초부터 다르다. 한국 교회는 복음을 신적이고, 영적이고, 초월적이고, 영원한 가치라 믿는다. 사회적 사명은 자동적 외연(外延)이라는 생각을 갖고 있다. 외적인 시련을 극복할 수 있는 힘은 내적인 것이 오히려 강력하다는 것을 확신하고 있었다. 부흥회는 그런 한국 교회의 전통을 보존하고 확장하는 작업이었다.

2.3.4. 부흥회의 민족적 공헌-그 역설

한국 교회가 사회적 문제를 외면한다고 비판했고 부흥회를 비하하지만 실제로 한국 교회와 부흥회는 한국 사회를 개혁하고 한국 교인들의 세계관을 변화시킨 가장 강력한 도구였다. 또한 어느 민족운동보다 민족문제에 있어 더 위대한 공헌을 했다.

일제강점기, 인간 존중의 이념과 숭고한 이상, 도덕과 정의는 외면되었다. 해외에서의 투쟁이 아니고서는 독립운동의 성과를 내기 어려웠다. 한국 교회의 사회적 선언이나 사회 참여운동은, 의도하지는 않았지만, 결과적으로 일본을 도와주는 것이었다. 일본을 두려움에 떨게 한 것은 사회적 운동이 아니라 사상의 의식화였다. 일본이 공산주의의 창

---

195 "理論만 말고 實行," 「기독신보」 1924년 1월 23일자.

궐을 두려워했던 것도 그와 같은 이유였다. 그런데 일본이 공산주의보다 더 두려워했던 존재는 기독교회였고, 특별히 부흥회일 수 있었다. 한국 교회가 세계와의 통로를 제공했고, 부흥회는 저항의 원동력을 제공했기 때문이다.[196]

부흥집회의 현장에서는 유일신 하나님과 성령의 역사를 보다 더 강조하게 되어 있었고, 이것은 자동적으로 천황제 이데올로기를 거절하게 되어 있었다. 의도적이지는 않았지만, 절대적 존재에 대한 복종을 최고의 가치로 여기게 되어 있었고, 일본이 다스리는 세계를 인정하지 않게 되어 있었다. 부흥회에 참석했던 회중들은 부흥사들에 철저히 순종했고, 부흥사의 의견에 따라 행동했다.

식민지 한국 땅은 감옥이나 다름없었다.[197] 특별히 1920년대와 30년대, 한국의 민초들에게 한국 땅은 그 이상이었다. 일제의 수탈로 인해 살아남는다는 자체가 쉽지 않던 때였다. 일본 정부는 악랄한 통치로 시대적 위기를 다스리려고 했다. 병에 걸려도 병원을 찾지 못했다. 의사도 없었고 돈도 없었다. 그런 상황에서 교회는 피난처였고 도피성이었다. 특별히 부흥회 기간 동안 예배당은 민초들의 해방구였다. 여기에서 울려 퍼지는 부흥사의 메세지는 현실적 수난을 극복하게 하는 힘이었고 삶의 방향이었다. 민초들의 언어로 울려 퍼졌기 때문에 그 파급력은 상상 이상이었다. 역사의 주재에 대한 강한 신뢰를 확인했고, 천황이 세상을 다스리는 것이 아니라 하나님이 세상을 주관하신다는 확신을 갖게 했다. 부흥사들은 안내자였고, 회중들은 그들의 인도에 따라 굳건히 신념을 다졌다.

---

196 특별히 미국 교회와의 연계성은 늘 일본의 위협이 되었다. 공산주의가 코민테른과 연계되어 있다고는 하지만 한국 교회와 미국 교회와의 관계만큼 굳건하지도 않았고 강력하지도 않았다.

197 김명구, 「월남 이상재의 기독교 사회운동과 사상」(서울:도서출판 시민문화,2003), p.227 참조.

당시 민초들은 교육을 받지 못한 사람들이었다. 이데올로기 접근으로 설득되지 않았다. 공산사회주의자들이 문맹퇴치운동을 주장하고 나선 것도 그런 이유였다. 수백, 수천, 수만의 민초들이 부흥회에 열광한 것[198]도 교리나 신조 등 기독교 이데올로기 때문이 아니라 생생한 체험에 매료되고 도취되었기 때문이다. 부흥회에서는 이적이 성령의 표징이었고, 민초들에게 눈앞에서 그 표징을 직접 보여 주었기 때문에 보다 강력했다. 어느 조직의 운동과 비교가 되지 않았다. 공산사회주의자들이 적개심을 가지고 기독교회를 대한 것은, 특별히 부흥회 현장을 습격해 예배당을 부수고 폭력을 가했던 것은, 그 위력을 감지했기 때문이다. 격렬하게 공격했다는 것은 위기감이 그만큼 컸다는 것을 말한다.

부흥회를 통해 한국의 민초들은 하나님이 역사의 주관자라는 의식, 성서의 예언이 실현되고 예수가 재림주로 오신다는 확신, 메시아 대망(待望)의 의식을 갖게 되었다. 신유와 이적의 강렬한 체험을 통해 성서에 기록된 말씀이 사실이라는 것도 확인했다. 기도로 세상을 바꾼다는 의식을 갖게 되었고 영적·윤리적 각성과 사회적 실천 의지를 다짐했다. 그리고 자신들의 삶의 자리로 연결시켰고, 복음적 이상으로 현실적 난관을 극복하려 했다. 이것은 자동적으로 강력한 반일의식이 되었고 공산사회주의에 대한 거부 의식이 되었다. 어느 민족주의 운동보다 더 큰 공헌을 했던 것이다.

---

198 1920년 6월 평양의 연합부흥집회 때, 김익두의 설교를 들으려고 3천 명을 수용하는 장대현교회당에 수용 못 할 정도로 사람들이 몰려들었고, 같은 해 10월 서울의 승동교회에서 열린 일곱 교회 연합집회 때에, 1만 명 이상이 김익두의 집회에 몰려들었다.

6부
한국 감리교회의 형성과 한국 교회의 전향

1장.
남북감리교회의 합동
─사회복음주의로의 이향 선언과 미국 교회 지향 확인

1. 합동과정

1930년 12월 2일, 냉천동 협성신학교에서 "기독교조선감리회" 창립 총회가 열렸다. 여기에서 "기독교조선감리회"가 선언되었다. 합동전권 위원회 위원장 웰치 감독이 영어로, 부회장 윤치호가 한국어로 성명서를 낭독했고, "조선감리회의 탄생"과 기존 남북감리교회 연회의 폐지를 선언했다.[199] 1885년과 1895년에 각기 따로 한국 선교를 시작하고 '선교회(Korea Mission 혹은 Mission),' '선교연회(Korea Mission Conference 혹은 Mission Annual Conference),' 연회(Korea Annual Conference 혹은 Annual Conference) 등 별도의 조직으로 움직이던 미 감리회(The Methodist Episcopal Church)와 남감리회(The Methodist Episcopal Church, South)가 하나로 통합된 것이다.[200]

비로소 한국 교회는 정치적으로 독립되어 감독을 선출하고 독자적으로 목사 안수를 할 수 있게 되었다. 미국의 남북 감리교회가 1939년에

---

199 유동식, 『한국 감리교회의 역사』, pp. 512.
200 *Official Journal Minutes of the Korea Annual Conference of the Methodist Episcopal Church,* 1930, p.285 참조.

가서야 합동총회를 개최하는 것을 보면, 한국 감리교회의 통합은 그 의미가 예사롭지 않았다. 초대 총리사로 양주삼 목사가 선출되었고 동부, 중부, 서부, 만주선교 등 4개 연회가 조직되었다. 그리고 자치시대에 걸맞게 한국 감리교회의 교리적 선언도 새롭게 만들어졌다.

두 교회가 구체적으로 합동을 추진하기 시작한 시기는 1924년 무렵이었다. 곧 1924년 3월 5-6일 서울에서 개최된 '미 감리회교회 진흥방침 연구회'와 '남감리회교회 진흥방침 연구회' 연합회의에서 처음으로 합동을 논의하기 시작했다. 웨슬리 전통, 존스와 하디로부터 시작된 영적 대각성의 흐름을 교회 부흥과 효율적 선교로 연결하려 했던 것이다. 그런데 '전도,' '출판,' '교육' 등의 사업과 '공동 예문'의 작성, 교회직제 명칭의 통일 등을 놓고 토론했지만 성과가 없었다. 같은 웨슬리 전통 아래 있고 한국의 영적 각성운동을 함께 일으켰던 교회였지만, 조직상의 통합 없이 더 이상 논의가 불가능하다는 것을 확인했다.[201] 이런 와중에 1925년 미국의 남감리회 총회에서도 미 감리회와의 합동안을 부결시켰다.

1926년, 감리교자문위원회 (Methodist Advisory Council)에서, "한국의 두 감리교회가 미국에서 합동의 노력들이 실패되었다고 할지라도 분리되어 있으면 안 된다"며 만주선교사로 명성이 높았던 배형식이 강력하게 주장하고 나섰다.[202] 이를 받아들여 1926년 6월에 열린 미 감리회 조선매년회에서 '남북감리연합방친연구위원'으로 김찬흥(金燦興), 오기선(吳基善), 노블, 김종우, 모리스(C. D. Morris) 등 5명을 선출했고, 같은 해 9월에 열린 남감리회 7회 연회에서 신공숙(申公淑), 양주삼, 정춘수, 저다인(J. L. Gerdine), 갬블(F. K. Gamble)등 5명을 선출했다. "조선남북감

201 "양주삼 "조선남북감리교회 통합에 관하여," 『朝鮮南監理教會30年記念報』(조선남감리회전도국, 1932), p.141.
202 Herbert Welch, *As I Recall My Century*, p.88.

리교회 통합방침연구연합위원회"가 조직되었고, 6차례의 회의를 거쳐 1927년 봄, 다음과 같이 합동 5원칙을 정했다.

1. 두 매년회를 합하여 한 연회를 만들 것
2. 합한 후에는 '미감리'라든지 '남감리'라든지 못할 터이니 합당하게 신(新)명칭을 지을 것
3. 교회에서 사용 예문과 직원의 명칭이 동일하게 한 교회 법전을 제정할 것
4. 조선 교역자들은 남·북 교회의 관계를 물론하고 어디든지 파송하게 할 것
5. 조선에 있는 남·북감리교회의 모든 사업을 합동 연락하야 감리교회는 일치한 행동을 취할 것[203]

원칙이 만들어진 이후, 두 감리교회는 합동위원의 숫자를 각각 10명으로 늘려 외국인 여선교사와 한국인 여성 대표, 평신도 대표를 추가해 협의를 계속해 나갔다.[204] 통합에 반대하거나 이의를 다는 사람은 없었고 지지하는 사람들만 있었다. 절차는 순조롭게 진행되었다.[205]

1928년 연합위원회는 미국감리교 총회에 '합동승인청원서'를 제출했다. 내용은 한국 감리교회가 6만여 명의 교회가 되었으니 독립 자치할 능력이 생겼다는 것, 한국 교회가 당면하고 있는 사회적 상황에 효율적으로 대처하기 위한 것, 한국 복음화의 사명을 위한 것 등이었다.[206] 이러한 요청에 대해 미 감리회는 1928년 5월 총회에서, 남감리회는 1930

203 양주삼, "조선남북감리교회 통합에 관하여," p.147.
204 *Official Journal Minutes of the Korea Annual Conference of the Methodist Episcopal Church*, 1927년, p.28.
205 Herbert Welch, *op.cit.*, p.89.
206 유동식, 『한국 감리교회의 역사』, p.508 참조.

한국 교회 시대의 도래

년 5월 총회에서 '조선감리교회의 합동'을 승인했다.[207]

한국 담당 감독이었다가 미국에 돌아가 있던 웰치는 이러한 한국의 두 감리교회의 합동에 적극적인 지지를 보냈고 전적인 지원을 아끼지 않았다. 그는 당시를 다음과 같이 술회했다.

> 합동위원들(Negotiating committees)이 임명되었고, 미국에 있는 두 총회에 합동 승인 청원서(petition)를 보냈다. 두 총회에서는 진심으로 찬성했다. 미국의 두 감리교회와 유기적인 관계를 유지하면서 가능한 한국 감리교회가 자주적으로 존재할 수 있는, 전권을 가진 합동전권위원회가 만들어졌다. 물론 나는 이러한 일련의 일들에 대해 전적으로 지원했다.[208]

1930년 11월 18일 두 교회의 미국대표, 두 교회의 한국 대표, 두 교회의 한국 주재 감독, 두 교회의 특선위원 등으로 '합동전권위원회(The Joint Commission)'가 구성되었다. 그 명단을 도표로 보면 다음과 같다.

	미 감리회	남감리회
미국 교회 대표	웰치(H. Welch), 니콜슨(T. Nicholson), 쇼(W. E. Shaw), 서덜랜드(G. F. Sutherland), 애반(J. M. Avann)	컨(P. B. Kern), 크램(W. G. Cram) 무어(J. W. Moore), 하월(M. K. Howell), 매딘(P. D. Maddin)
한국 교회 대표	신흥우, 오기선, 변성옥, 노블, 김종우	양주삼, 정춘수, 윤치호, 와그너(E. Wagner), 윔즈(C. N. Weems)
한국 주재 감독	베커(J. C. Becker)	컨(P. B. Kern)
특선위원	김영섭, 채핀(A. B. Chaffin) 김득수, 최재학, 김폴린	오화영, 김인영, 홍병선, 이만규, 윤귀련

---

207 이덕주, 『서울연회사 I 』(서울: 서울기독교대한감리회 서울연회, 2007),p.488.
208 Herbert Welch, op.cit.,, p.89.

합동전권위원회는 조선감리교회를 창립하는 동시에 제1회 총회를 개최하는 것을 결의하고 이를 골자로 한 "조선 감리교의 합동과 조직에 관한 성명서"를 발표했다. 이 결의에 따라 1930년 12월 2일 오전 10시부터 서울 협성신학교에서 제1회 총회를 개최했다. 그리고 12월 8일 초대 총리사로 양주삼을 선출했다.[209] 한국 감리교회는 감독을 갖게 되었고 미국 교회로부터 정치적으로 독립하게 되었다.

1928년 남북감리교회의 연합위원회는 한국 감리교회가 자치와 독립을 하게 됨을 기뻐하면서 기독신보는 다음과 같은 사설을 실었다.

> 조선은 언제나 선교만 밧는 나라가 아니다 우리도 선교를 한다. 미국이나 영국에 선교를 밧는 것이 아니오 우리도 그들과 갓치 힘을 합하야 적극적으로 하나님 나라 조선에 온 선교사나 조선 교인이 피차 이 정신으로 나간다면 긔독교 운동은 좀 더 활긔를 띄울 것이다.
>
> (중략)
>
> 조선은 넷 조선이 아니라 새조선이다 십여 년 전에는 부흥식으로 우후죽순으로 세계를 놀낼 만하게 긔독교가 휴왕하든 것이 근대는 침체된 상태에 빠진 것 갓흐나 기실은 아기를 나으려는 어머니의 고통과 침묵이다. 조선긔독교는 지금 새것을 나으려 하며 껍즐을 벗고 나오려는 것이다. 조선긔독교는 큰소리 치고 뛰여 나오랴고 지금 잠간 몸을 도사리는 것이다.… 조선은 세계긔독교회운동 천국건설운동에 억개가 부스러저도 한 모퉁이를 질머지고 공헌하고야 말 것이다.[210]

209 「기독신보」, 1930년 12월 10일자.
210 宣敎의 基礎的精神", 「기독신보」, 1929년 8월 14일자.

한국 감리교회 자치와 독립이 허락된 것은 세계를 향한 선교적 사명 때문이고 한국 교회 침체의 위기를 극복하는 데 있으며, 세계 교회와 함께 교회의 정체성을 보존하고 확대시킬 사명 때문이라는 것이다. 새롭게 시작하는 한국 감리교회에는 그런 사명과 그런 공헌에 대한 기대가 있었다.

2. 사회복음주의로의 이향

기독교조선감리회 제1회 총회에서 감리교회의 정체성을 밝히는 '교리적 선언' 초안이 상정되었다. 한국 감리교회의 신앙고백인 교리적 선언은 웰치 감독이 영문으로 초안을 작성했다. 이 초안은 양주삼이 번역했고 '교리적 선언과 헌법 제정준비위원'의 교열을 거쳤다. 그리고 미 감리회 한국주재 감독 베이커(J. C. Baker)와 합동 전권위원회의 검토를 거친 후 총회에 상정하게 된 것이다.

웰치는 전도사업, 교육사업, 사회사업을 하나로 보았다. 개인 구원과 사회적 기독교가 조화를 이루어야 한다고 보았다. 편협한 교권주의를 가지지 않는, "그 시대와 지방을 따라 자라기도 하고 변하기도 하는" 것이 진정한 감리교회라는 주장도 했다. 사도적 계승의 전통 아래, "조선의 문화와 풍습과 관습에 조화"되는 "조선적 교회"를 지향해야 한다고 강조했다.[211] 그것이 한국 감리교회의 정체성이 되어야 한다고 본 것이다. 그의 주장은 교리적 선언의 기초가 되었다.

그런데 이 교리적 선언이 채택되는 과정에서 이틀간 격렬한 논쟁이 있었다. 가장 크게 문제를 제기한 인물이 신흥식이었다. 그는 "성신의

---

211 「基督敎朝鮮監理會 敎理와 章程」, 기독교조선감리회 총리원, 1931, pp.4-5.

잉태(孕胎)와 십자가의 유혈속죄와 부활 승천과 최후 심판이라"는 내용을 더 첨가하자고 제안했다. 교리적 선언이 지나치게 진보적이라고 보았던 것이다. 1930년 12월 5일 니콜슨(T. Nicholson) 감독이 사회를 보았던 이 회의에서도 찬반토론은 계속되었다.[212] 장시간 토의가 계속되고 격론이 있었지만, 신흥식 등의 주장은 부결되었다. "제 5조(구약과 신약에 있는 하나님의 말씀이 신앙과 실행에 충분한 표준이 됨을 믿으며)에 (그 의미가) 포함되어 있다"는 웰치 감독의 설명과 반박이 있었고 유형기의 설득이 있었다. 결국 홍병선의 동의로 가결 처리되었다.[213] 감리교 탄생의 신학을 버리고 사회복음주의를 채택한 것이다.

한편 신흥식 등의 제안이 무시되었다는 것은 한국 감리교회 주류의 신학이 바뀌었다는 것을 의미한다. 그것은 웰치 감독이나 양주삼 목사 등의 신학적 진보성, 미국으로 유학을 다녀왔던 신학자들의 영향과 이들이 교권에서 차지하는 정치적 힘이 그만큼 컸기 때문이다.

18-19세기까지 현상적으로 나타나는 일반적인 복음주의자들은 개인 구령적인 것을 더욱더 강조했다. 그리고 이들은 부흥회를 선교의 장으로 활용했다. 존 웨슬리가 주장하는 사회적 성화가 개인의 성화를 바탕으로 자연스럽게 표출되는 현상일 뿐, 무게의 중심이 실려 있는 것이 아니라고 판단했다. 그러나 워싱턴 글래든(Washington Gladden), 월터 라우센부쉬(Walter Rauschenbusch), 영국 구세군 등에 영향을 받은, 웰치 감독 등을 비롯한 일단의 감리교 주도자들에 의해 미국 감리교단의 신학적 성향이 바뀌기 시작했다. 사회신경을 채택했고 교회의 사회적 사명을 강조하기 시작한 것이다.[214]

그러나 미국 보수 교회는, 20세기 중반까지 어떤 교파도 실질적인

212 「종교교육」, 2권 4호, 1931. 1. p.37.
213 「基督敎朝鮮監理會」 제1회 총회록」, 1930, pp.28-29.
214 Macquarrie, John, ed. *A dictionary of Christian Ethics* (London; SCM Press, 1967) p. 593.

면에서 사회복음에 의해 변형되지 않았다. 전술한 대로 미 감리회 사회
신경을 미국 감리교회 목회자들과 일반 교인들이 반대했고, 1930년 미
감리회의 사회신경은 감리교 규율에서 사라졌다.[215] 그런데 미국감리교
회가 사회신경을 없앴을 때, 한국 감리교회는 사회복음주의를 선언한
것이다.[216] 당시 선언된 교리적 선언을 보면 다음과 같다.[217]

> 그리스도 교회의 근본적 원리가 시대를 따라 여러 가지 형식으
> 로 교회 역사적 신조에 표명되었고 웨슬리 선생의 「종교강령」과
> 「설교집」과 「신약주석」에 해석되었다. 이 복음적 신앙은 우리의
> 기업이요, 영광스러운 소유이다.
> 우리 교회의 회원이 되어 우리와 단합하고자 하는 사람들에게
> 아무 교리적 시험을 강요하지 않는다. 우리의 중요한 요구는
> 예수 그리스도께 충성함과 그를 따르려고 결심하는 것이다. 웨
> 슬리 선생이 연합속회 총칙에 요구한 바와 같이 우리의 입회조
> 건은 신학적보다 도덕적이요, 신령적이다. 누구든지 그의 품격
> 과 행위가 참된 경건과 부합되기만 하면 개인 신자의 충분한 신
> 앙자유를 옳게 인정한다. 동시에 우리가 확실히 믿어오는 교리
> 를 아래와 같이 선언한다.
> 1. 우리는 만물의 창조자시요 섭리자시며 온 인류의 아버지시
>   요 모든 선과 미와 애와 진의 근원이 되시는 오직 하나이신
>   하나님을 믿으며
> 2. 우리는 하나님이 육신으로 나타나사 우리의 스승이 되시고

---

215 A. Dudley Ward, *The Social Creed of The Methodist Church a Living Documnet,* Revised Edition, Abingdon Press, New York; Nashville, 1965, p.222. 감리교회 사회신경은 1939년 미국의 감리교회들이 합동이 되면서 다시 거론되었고, 1940년 총회에서 채택되었다.
216 김지환, "개인적 복음주의와 사회적 복음주의," 「기독신보」 1931년 1월 1일자.
217 본래는 고어체로 쓰여 있으나 이 책에서는 현대문으로 풀어 기재했다.

모범이 되시며 대속자가 되시고 구세주가 되시는 예수 그리
스도를 믿으며

3. 우리는 하나님이 우리와 같이 계시사 우리의 지도와 위안과
힘이 되시는 성신을 믿으며

4. 우리는 사랑과 기도의 생활을 믿으며 죄를 용서하심과 모든
요구에 넉넉하신 은혜를 믿으며

5. 우리는 구약과 신약에 있는 하나님의 말씀이 신앙과 실행의
충분한 표준이 됨을 믿으며

6. 우리는 살아 계신 주 안에서 하나이 된 모든 사람들이 예배
와 봉사를 목적하여 단결한 교회를 믿으며

7. 우리는 하나님의 뜻이 실현된 인류 사회가 천국임을 믿으며
하나님 아버지 앞에 모든 사람이 형제됨을 믿으며

8. 우리는 의의 최후 승리와 영생을 믿노라. 아멘.

총회를 통과했지만, 특별히 교리적 선언 7조에 대한 논쟁은 계속되
었다. 한국 감리교 내부의 반발도 적지 않았다. 4년 후, 제2회 총회에서
재선된 총리사 양주삼은 감리교 목회자들에 대해 다음과 같이 설득해
야 했다.

지나간 총회에서 채택한 '교리적 선언'은 우리 조선 감리교가
몇 가지 특이한 일을 행한 것 중의 한 가지입니다. 그것을 너무
'진보적'이라고 비판하는 이도 없지 않으나 세계 기독교 학자들
과 인도자들 중에서는 그것이 가장 실제적이라고 칭찬하는 이
가 많이 있는 줄 압니다.[218]

---

218 「基督敎朝鮮監理會 제2회 총회록」, 1934, p.78; 유동식, 「한국 감리교회의 역사」, p.520에서

한편 제1회 총회에서 김지환은 교리적 선언의 제7조, '우리는 하나님의 뜻이 실현된 인류사회가 천국임을 믿으며'를 언급하면서, "하나님의 뜻을 인류사회에 실현하려고 하면 자기중심주의 개인복음주의" 또는 "신비적주의를 버리고 사회적 복음주의를 가지고 협력과 봉사를 중심으로 하여야 할 것이다"고 주장했다.[219] 복음주의가 사회복음주의의 방해물, 복음주의가 자기중심주의, 성령의 체험을 신비주의로 비하한 것이다.

교회의 사회적 사명을 강조한 것이기는 했지만, 이러한 주장은 한국 감리교회가 시작의 정체성과 신학적 이념과의 단절을 요구했다는 것을 말한다. 감리교회의 본래성을 비하한 것이다. 복음주의 신학에 대한 이해가 미진했던 것이며, 감리교회의 신학과 전통을 오해하도록 한 것이다. 결국 한국 감리교회의 신학을 양분시킨 것이다. 이후, 한국 감리교회 내에는 복음주의와 사회복음주의에 대한 간극이 생겨나게 되었다. 정치적 갈등 못지않게 신학적 갈등이 계속된 것이다.

3. 미국 교회 지향

'기독교조선감리회' 창립총회를 열었을 때, 장로교회 대표 함태영과 차재명이 축하전문을 보냈다. 그런데 일본 감리교회, 재경성 일본감리교회 그리고 조선총독에 재임명된 사이토 마코토(齋藤實)도 축하 전문을 보냈다.[220] 조선총독의 축하 전문은 일반적 관례이었지만, 거기에는 한국 감리교회가 일본 교회를 지향했으면 하는 기대가 숨어 있었다.

재인용.
219 김지환, "개인적 복음주의와 사회적 복음주의," 「기독신보」, 1931년 1월 1일자.
220 「基督敎朝鮮監理會 제1회 총회록」, 1930, p.26.

1919년 조선총독으로 부임했던 사이토의 종교정책중 하나는 한국 교회와 미국 교회를 분리시킨 후 독립 교회를 만들고 종국에 가서 황도 (皇道) 기독교로 만드는 데 있었다. 1925년에 서울 남산에 조선신궁을 세운 것도 그런 발상이었다. 일본의 이러한 계획은 일관성 있게 진행되었고, 일제말기 그 목적을 이루었다. 1943년 5월 한국 장로교회가 '일본 기독교 조선장로교단'으로 8월에 한국 감리교회가 '일본 기독교 조선감리교단'으로 개칭해야 했고 침례교, 성결교, 안식교 등은 강제 해산되었던 것이다.

사이토는 한국 교회가 일본 교회로 전향되기를 강하게 요구했던 인물이고, 그 정책도 거기에 맞춰져 있었다. 그런데 "기독교조선감리회" 창립총회는 일본의 이러한 의도를 거절했다. 오히려 미국 교회가 어머니교회라는 것을 명확히 밝혔다.[221] 그것은 한국 감리교회의 역사성, 기독교회의 세계성을 확인하는 것이었지만 동시에 민족적 혜안일 수 있었다.

웰치는 통합하는 과정에서, 한국 감리교회 지도자들의 입장과 당시의 분위기에 대해 다음과 같은 글을 남겼다.

> 모든 절차의 기간 동안, 통합을 지지하는 사람들만 있었고 반대하는 사람들은 없었다. 한국 감리교회는 미국 두 감리교회로부터 단절되는 것을 원하지 않았다. 오히려 부모와 자식의 관계로 지속되기를 원했다. 그들은 선교사들을 잃는 것을 원하지 않았고 유대관계가 오히려 강화되기를 소망했다. 그리고 모든 과정은 필수적인 통합의 정신을 가지고 이루어졌다.[222]

---

221 *Ibid.*, p.35.
222 Herbert Welch, *op.cit.*, p.89.

한국과 달리 여전히 남북감리교회로 갈라져 있던 상황이었지만, 미국 교회는 한국 감리교회의 통합을 지지했고 적극적으로 후원했다. 정치적인 독립은 했지만, 한국 감리교회도 미국과의 거리를 두지 않으려 했다. 오히려 적극적으로 미국감리교회를 지향하려 했다. 총리원 운영비, 전도비 등 여전히 미국 교회의 재정적 도움이 필요했던 것이 사실이었다. 그렇지만 미국 교회 지향은 단지 재정적 이유만은 아니었다. 양주삼은 다음과 같이 피력하고 있다.

> 우리가 이 계단을 취하게 된 것은 형편에 피할 수없이 되어 행하려는 것이오 모교회의 은혜를 배반한다거나 또 우리의 약소한 것을 망각하고저 하려는 것이 아니외다. 우리가 우리 책임을 감당하고저 하는대서 나온 것뿐이며 우리가 적은 것은 약간 희생하더래도 남북 감리교회가 조선에서 합하야 하나이 되면 그리스도교가 조선사람들 마음속에 근거를 잡게 하는 일과 천국을 조선에 건설하는 일에 유익할 줄 밋는 까닭이외다.[223]

양주삼은 한국 교회의 통합이 효율적인 선교를 위한 것임을 분명히 했다. 그런데 미국 교회와의 연계가 끊어지면 한국 감리교회의 생명이 끊어지게 되어 있었다. 교회의 정치적 독립을 이루었지만, 일본이 한국을 강점하고 있는 상황에서 한국 교회의 운신의 폭은 제한되어 있었다. 만일 미국 교회와의 관계가 단절되면, 선교 활동에 치명타를 맞게 되어 있었다. 또한 미국 교회라는 보호막이 사라지게 되어 있어, 한국 교회는 일본으로 전향하게 되어 있었다.

1941년, 중일전쟁으로 미국 선교부의 보조가 끊겼을 때, 한국 감리

223 "양주삼 "조선남북감리교회 통합에 관하여," 『朝鮮南監理敎會30年記念報』, p.148.

교회는 부담금을 두 배로 내야했고, 총리원의 운영이 어려워 기구를 대폭 축소해야 했다. 감독의 보수도 끊겼지만, 목회자들의 사례비가 끊긴 곳이 많았다. 더 큰 문제는 전도비가 대폭 줄어드는 바람에 교회의 전도활동이 눈에 띠게 줄어든 것이다.[224] 이런 상황에서 한국 교회는 일본 교회로 전향하게 되었다.

1942년 이후 미국 상원(Senate)의 원목(院牧)으로 임명된 이후, 1969년까지 활동했던 미국 감리교회 목사 해리스(Frederick B. Harris)는 미국 상원의원들에게 한국 독립을 강하게 요청하고 설득한 인물이다.[225] 파운드리 감리교회(Foundry Union Methodist Church) 담임자이기도 했던 그는 이승만의 권유로 1942년 2월부터 한미협회 이사장직을 맡았다. 여러 명의 상원의원들에게 신앙적 영향을 끼치고 있어, 루즈벨트(Franklin Delano Roosevelt) 대통령뿐만 아니라 부통령이자 상원이었던 트루먼(Harry S. Truman)과도 친분을 갖고 있었다.

태평양전쟁이 일어났을 때, 해리스는 미국 대통령을 비롯해 전쟁장관 스팀슨(Henry L. Stimson) 등에게 한국 독립의 문제를 청원하는 편지를 보냈다. 여기에서 미국과 한국이 맺은 조미수호조약 당시의 거중외교 조항을 다시 확인했다.[226] 또한 그는 파운드리 감리교회에 출석하는 상원의원들에게 끈질기게 한국의 독립을 요청했다. 그때 그가 항상 거론했던 것은 이승만, 기독교 정의, 선교적 당위성이었다.[227] 그런데 해리스가 한국을 도우려 했던 것은 이승만과의 개인관계 때문만은 아니었다. 그는 미국 교회의 선교적 결실에 강한 자부감을 가지고 있었다.

224 「朝鮮監理會報」 1941년도 1월 1일자 3면.
225 유지윤, "이승만과 프레데릭 B. 해리스를 통해 본 한미관계," 서울신학대학교 현대기독교역사연구소, 2017년 신진연구자 원고 참조.
226 Frederick Brown Harris가 Franklin D. Roosevelt에게 보낸 편지 1942년 3월 6일자, 위 논문에서 참조.
227 Frederick Brown Harris가 Harry S. Truman에게 보낸 편지, 1945년 5월 5일자, Trmnan Paper, Official File, OF 471: Korea, Harry S. Truman Sibrary & Museum.

한국 교회는 미국 교회 역사에서 가장 위대한 선교적 결실이었고 자랑이었다.

일본이 재한선교사들을 강제 추방한 이후, 미국 교회는 한국의 입장을 미국 사회와 정계에 보다 강하게 전달했다. 태평양전쟁으로 미국과 일본의 관계가 적대적으로 돌아섰기 때문에, 더욱더 적극적으로 한국 편에 설 수 있었다. 한국 교회가 여전히 미국 교회를 지향했기 때문에 강한 동료의식도 갖고 있었다. 해리스 등이 한국의 입장을 미국 정계에 전달한 것에는 이러한 이유가 있다. 한국 감리교회 자치 선언에는 이런 역학이 내재되어 있는 것이다.

2장.
일본의 기독교 박해와 한국 기독교의 전향

1931년 일본 관동군은 만주 사변을 일으키고 만주 지역을 점령했다. 그리고 1932년 3월 1일 선통제(푸이)를 황제로 내세워 만주국을 세웠다. 국제사회로부터 비난이 거세지자 국제연맹을 탈퇴한 일본은 침략의 본성을 확연히 들어냈다. 1937년 7월 7일, 일명 '노구교(盧溝橋)사건'을 일으켜, 선전포고도 없이 중국을 침공한 것이다. 중일전쟁이 시작되었고 8년 동안 이어졌다.[228] 일본은 베이징과 텐진을 점령했고 장개석 정부의 수도 난징도 수중에 넣었다. 중국을 유린했고 '남경 대학살사건'에서 나타나듯, 수백만의 중국인들을 무자비하게 학살했다. 국민당과 중국 공산당은 국공합작으로 일본과 싸웠다. 이 전쟁은 1941년의 태평양전쟁으로 연결되었고 세계대전으로 확대되었다.

일본은 3개 사단과 1억 엔의 예산 그리고 3개월의 시간이면 중국에서 패권을 차지하리라 믿었다. 그러나 예상과 달리 중국은 항복하지 않았다. 일본은 당황했고 총리 고노에 후미마로(近衛文麿)는 '국가 총동원

---

228 Edward J. Drea, Hans Van De Ven, "An Overview of Major Military Campaigns During the Sino-Japanese War, 1937-1945," in eds. Mark R. Peattie, Edward J. Drea, Hans Van de Ven, *The Battle for China: Essays on the Military History of the Sino-Japanese War of 1937-1945* (Stanford: Stanford University Press, 2011), p.27.

법'을 제정했다. '국가 비상사태'가 선포될 경우 "의회의 승인 없이 '인적 물적 자원의 동원과 통제'에 필요한 모든 명령을 내릴 수 있는" 권한도 확보했다.[229] 그것은 국제적으로 고립되어 외채도 들여올 수 없었고, 모든 상황이 일본의 계획대로 진행되지 않았기 때문이다. 국가적 위기감에 몰린 일본은 모든 정책들을 비정상적이고 폭압적으로 처리해 나갔다. [230]

전시체제로 돌입하면서 일본은 '국민정신 총동원령'의 이름으로 일사분란하게 움직였다. 모든 시스템을 전쟁 지원체제로 바꾸고 정신무장에 총력을 기울였다. 여기에 교회도 예외일 수 없었다. 광기(狂氣)의 통치로 모든 조직, 모든 기관, 공인(公人), 교회 등을 통제했던 것이다. 그때 일본은 천황을 구심점으로 해서 모든 에너지를 모으려 했다. 조금이라도 걸림돌이 되거나 방해가 되는 것들은 제거하려 했다. 1938년부터는 한국어 교육이 폐지되었고 일본어를 사용해야 했다. 한글 신문과 잡지도 폐간시켰다. 내선일체를 완성한다며 1939년 11월에 '조선민사령(朝鮮民事令)'을 개정해, 1940년 2월부터 일본식 이름으로 창씨(創氏)하거나 개명(改名)을 하도록 했다.

창씨개명을 하지 않는 사람들 자녀는 학교를 갈 수 없었고, 퇴학조치를 당했다. 취업이 될 수 없었으며 해고조치를 당했다. 행정기관에서는 민원을 받아주지 않았으며 비국민 불령선인으로 취급되어 사찰을 받았다. 징용대상자로 우선으로 분류되었으며, 식량과 물자를 배급받지 못했다. 우편이나 화물을 받지 못했으며, 일본을 비롯해, 외국으로 나갈수도 없었다.[231] 일본은 살기등등하게 일련의 정책들을 거침없이 추진

---

229 Barnhart, Michael A.., *Japan Prepares for Total War: The Search for Economic Security, 1919-1941,* Ithaca: Cornell University Press, 1988, pp.105-106.
230 *Ibid.,* p.95.
231 「경향신문」, 2010년 2월 10일자.

해 나갔다.

조선인도 일본인이 되었다며 허울 좋은 슬로건 아래 지원병을 모집했고 모든 한국인들도 황국신민서사(皇國臣民誓詞)를 암송해야 했다. 1940년 9월 2일부터 한국 내의 모든 사람들은 6시에 일어나야 했고, 7시부터 20분간 황거요배(皇居遙拜)[232]를 해야 했다. 정오에는 전몰장병들에게 묵념해야 했다.[233]

천황이 살아 있는 신으로 군림하고 있던 때에, 천황을 국체(國體)로해서 전쟁을 펼쳐 나가려는 상황이었다. 이런 정책들을 거리낌 없이 실천해 나가고 있던 시점이기도 했다. 이때의 한국 기독교는 일본의 천황 이데올로기의 방해물이었고 황도(皇道) 의식화를 가로막는 걸림돌이었다. 따라서 반드시 제거해야 할 대상이었다. 신사참배는 이러한 의도로 강제되었고 한국 기독교를 향한 폭거들은 계속되었다. 1941년 태평양 전쟁을 일으킨 이후, 미국이나 국제사회의 눈치를 볼 필요가 없게 되자 노골적으로 한국 교회를 유린했다. 교회를 지탱해 주었던 보호막이 사라진 상태에서 한국 교회도 속절없이 당해야 했다. 세계 전쟁을 기화로 일본은 민족 말살 정책을 더욱더 거세게 밀어 붙였다. 일본의 이러한 무지막지한 정책은 향후 일제에 동조해야 했던 대부분의 사람들과 국외에서 독립운동이나 저항투쟁을 벌인 소수의 사람들 간의 갈등을 예고했다.

---

232 타이완에서는 황성요배, 만주국에서는 동방요배(東方遙拜)라고 했다.
233 『윤치호 일기』, 1940년 9월 2일자.

1. 신사참배 의미와 강제 과정 그리고 결과

1.1. 신사참배의 의미

일본은 사실상 제정일치의 국가였다. 천황은 "신성해서 침범할 수 없는 존재"인 동시에 국가신도의 최고 사제였다. 천황은 원시절(元始節), 기원절제(紀元節祭), 춘추이계(春秋二季)의 황령제(皇靈祭) 및 신전제(神殿祭), 신상제(新嘗祭) 등의 황실제사의 대제(大祭) 13제를 집행했다. 이 제사들을 통해 천황은 일본 신화의 최고신이요 황조신(皇祖神) 아마데라스(天照らす)라는 위치를 확인했다.[234] 천황은 국체(國體)였고 천황이데올로기는 일본의 이데올로기였다. 모든 정책은 이러한 국체 이데올로기에 의해 추진되었다. 이것을 가지고 근대 일본과 한국을 통치했고 전쟁을 했으며 국가적 위기도 헤쳐 나가려 했다. 신도는 천황과 국가, 국민을 하나로 엮어주는 교화(敎化)의 매개체였다. 천황을 신성(神聖)의 존재로 높여 놓고 천황의 절대 권력의 당위성을 제공해 주었다. 그리고 일본정신의 기축으로 삼게 했다.

명치(메이지) 정부이후 일본의 신사제도는 국가신도와 교파신도로 나누어 운영되었다. 국가신도는 국가 제사, 곧 국가 의례를 담당하는 역할을 했고 교파신도는 교화활동, 곧 종교 활동을 담당하고 있었다.[235] 한국을 강제로 합방한 이후부터 일본은 한국도 천황이데올로기로 통치하려 했다. 1915년에 '신사사원에 관한 규칙,' 1917년에는 '신사에 관한 건'을 발포해 교파신도가 운영하는 소규모의 신사(神祀)들을 세워나가기 시작했다.

---

234 양현혜, "근대 일본의 천황제 국가 체제와 기독교," 『한국 기독교와 역사』, 1998년 9월호, p.308.
235 이노우에 노부타카 외, 박규태 역, 『신도, 일본 태생의 종교 시스템』(서울:제이앤씨, 2010), pp.295-296. 이렇게 나누어야 했던 것은 종교의 자유를 주장한 일본 근대 지식그룹의 비판 때문이다.

사이토가 총독으로 있던 1925년 서울 남산에 '조선신궁'이 세워졌다. 이후 국가에서 운영하는 신사(神社)와 교파신도 성격의 신사(神祀)가 눈에 띄게 늘어나기 시작했다.[236] 그렇지만 이때만 해도 '제국헌법'이 보장한 '종교의 자유'가 있었고, 특별히 기독교계의 저항이 강해 신사참배를 강요하지는 못했다.

그런데 1931년 만주사변을 일으킨 이후, 일본은 적극적으로 신사정책을 추진해 나가기 시작했고 1936년 전후부터 강하게 몰아붙였다. 한국인 가정에도 일본의 황조신(皇祖神) 아마테라스오미카미(天照大神)를 상징하는 신궁대마(神宮大麻)[237]를 배포하고 이를 넣은 가미다나(神棚)를 설치해 모시게 했다.[238] 관공서와 학교에도 천황의 사진을 모신 봉안전(奉安殿)을 설치하도록 했다. 그리고 아침마다 참배하도록 했다. 1936년부터는 '일읍면 일신사(一邑面 一神祠)'정책을 실시해 모든 사람이 의무적으로 신사참배를 하도록 했다.[239]

2.2. 신사참배 강제과정

2.2.1. 기독교 학교의 상황

한국을 강제 병합한 이후, 일본은 미션스쿨에도 일본의 국경일에 참배를 강요했다. 그때 기독교인 학생들 대부분은 우상숭배를 이유로 거부했고, 이로 인해 학교와 교사들은 곤욕을 치러야 했다. 일본의 경축

---

236 1925년 통계에 의하면 국가에서 운영하는 신사(神社)는 42개소였고, 소규모 신사(神祀)는 108개소였다.

237 신궁대마는 일본의 황조신(皇祖神) 아마테라스오미카미(天照大神)를 모신 이세신궁(伊勢神宮)에서 매년 전국에 배포하는 신찰(神札)을 말한다.

238 신궁대마의 신주(神主)는 메이지유신 이전 일본의 농민들에게는 오곡풍요의 신으로 모셔졌고 도시인들에게는 복을 주는 복신(福神) 받들어졌다.

239 문혜진, "1930~1945년 신궁대마(神宮大麻)의 배포와 가정제사," 『한국문화인류학』, 2015년 7월호, 문화인류학회, pp.239~240 참조.

일 대부분이 천황이나 일본 신(神)에 대한 제일(祭日)로 되어 있었기 때문이다. 이승만은 다음과 같이 피력한 바 있다.

> 황제의 탄생일을 경축하는 날에는 모든 예식을 준비하여 놓고 대소관민(大小官民)이 한 곳에 모여 절차대로 시행한다. 탁자 위에 황제의 초상화를 걸어 놓고, 그것을 덮었던 것을 벗기면 대소관민이 일제히 일어나서 경배하는 풍속이 있는 것이다. (그런데) 서울에 있는 한 사립여학교 학생들이 이 예식을 거행하는 자리에서 한 명도 고개를 숙이지 않았다. 일본 관리들이 대단히 노해서 곧바로 일본 황제를 반대하는 죄로 여겨 교사들을 협박했고 교사들은 무수한 고난을 당하였다.
>
> (중략)
>
> 교사들이 "이것은 그 그림을 섬기는 것이 아니고 경례하는 것이고, 남에게도 하는 것이 마땅하다"고 설명하면 어떤 학생들은 이에 순종하려 하나 대부분의 학생들은 "나는 마음으로 하나님 계명을 거역할 수 없으니 차라리 공부를 그만두겠다"고 말하며 자퇴하였으니 이런 사고가 전국에 허다하게 일어났다. 이런 충돌은 당연히 일어나게 되어 있었다.[240]

기독학생들의 일본 경축일 경배 거부는 매년 반복되었고, 교회는 이 문제로 총독부와 교섭을 해야 했다. 그러나 총독부를 자극하기는 했지만, 크게 확대되지는 않았다. 총독부 내부에 일본 기독교계 인사들이 있었기 때문이다. 그렇지만 1931년 만주사변 이후, 일본의 태도는 돌변했다. 학생들의 신사참배 거부 문제를 해결하기 위해, 교회가 조선총

---

240 이승만, 『한국 교회 핍박』, pp.66-67. 원문이 고어체로 쓰여 있어 현대어로 번역했다.

독에게 양해 청원서를 제출하려 했을 때, 총독부 담당자들이 강하게 만류하고 나선 것이다.[241]

1935년 11월 14일, 평안남도 도청에서 '공사립 중등학교 교장 회의'가 열렸을 때, 숭실학교 교장인 맥큔(G. S. McCune)을 비롯한 미션스쿨 교장들은 도지사 야스다케 타다오(安武直夫)의 신사참배 요구를 거절했다. 신사참배가 기독교 교리에 반하는 일이라는 주장했고,[242] 일본은 교장 파면과 강제 폐교를 시사했다.

당시 총독부 학무국장 오노(大野)는 신사참배가 종교의식이 아니라 국가적인 의식이라고 주장했다. 이에 복종하지 않으면 추방이 되고 폐교가 되는 것이 당연하다는 입장을 표했다. 덧붙여, 로마 교황의 특사가 와서 이를 국가의식으로 인정했으니 기독교도 국가 의식인 신사 참배에 참여해야 한다는 논리를 내세웠다.[243] 그러나 맥큔 등은 "신사의식이 분명히 종교적 의미(religious significance)를 내포"하고 있고, 신사참배가 "신령들(Spirits)"에게 예배하고 조상 숭배하는 것이기 때문에 응할 수 없다는 입장을 표명했다.[244]

복음을 근대 이데올로기로 국한하는 사람들에게 신사참배 강요는 큰 압력이 아닐 수 있다. 국가의례로 치부하면 될 일이다. 그러나 영적인 영역이 우선인 사람들에게 신사참배는 신앙인들에게 가장 치욕적인 사건, 곧 배교(背敎)와 다름이 없었다. 신사참배에 응하는 순간 죽음보다 더 한 상실감이 오게 되어 있는 것이다. 이런 이유로 맥큔과 숭의여중

---

241 『죠선예수교장로회총회 제23회 회록』, p.64, 『한국 기독교의 역사』 II, p.295. 1932년 1월, 광주의 숭일학교와 수피아여학교에서 학생들이 신사참배를 거절했을 때만 해도 이 문제가 크게 불거지지는 않았다.

242 맥큔은 북장로교 선교 실행부와 협의한 후, "신사에서 일본 신을 참배하는 것은 하나님의 계명을 어기는 것"이고 "나의 기독교 양심으로 신도에 참배할 수 없다"는 내용의 편지를 야스다케에게 보냈다.

243 『동아일보』, 1935년 12월 1일자.

244 이만열 엮음, 『신사참배문제 영문자료집』 II, 한국기독교역사연구소, 2004, p.74.

학교 교장 스노크(V. L. Snock) 등은 이를 거부했고, 결국 파면되어 강제 추방되었다. 이 사건 직후, 1936년 4월 학무국장 오노는 통첩을 발포해 모든 교육기관에 대해 "신사 비종교론(神祀非宗教論)"을 주장하며 신사 참배를 의무화했다.[245]

총독부의 이러한 조치에 한국 기독교계는 양분되었다. 신사참배가 국가의식이라는 의견과 조상숭배라는 의견으로 갈라졌고, 기독교 학교를 폐교시켜서라도 신앙적 양심을 지켜야 한다는 주장과 학교를 존속시켜 기독교 선교를 계속 이어 나가야 한다는 주장이 팽팽했다. 언더우드(H. H. Underwood)가 이끌고 있던 연희전문은 호교론적 이유로 후자를 선택했고 학교는 보존되었다. 반면 장로교 계통의 학교들, 곧 숭실전문학교와 숭실중학교, 숭의여학교는 자진 폐교를 택했다. 대구의 계성, 신명학교와 재령의 명신, 선천의 보성, 신성, 강계의 영실, 서울의 경신과 정신학교가 문을 닫았다. 수피아, 숭일, 영흥, 정명, 매산, 신흥, 기전, 영명학교 등 남장로교 산하의 광주, 목포, 전주, 군산, 순천의 미션스쿨들도 폐교당하거나 자진 폐교를 신청했다. 평양의 장로교 신학교도 폐교되었다. "학생들과 교직원들에게 신사참배를 시키기보다는 차라리 학교 폐쇄"[246]를 선택했던 것이다.

2.2.2. 공교회의 상황

숭실의 매큔과 숭의여학교의 스누크가 신사 참배 표구를 거절한 이후,[247] 기독교계의 신사참배 반대운동이 전국에서 일어났다. 곳곳의 교회에서 신사참배를 거부했고 목사들은 제1계명을 내세우며 신앙 고수

245 山口公一, 『植民地期朝鮮における神社政策と朝鮮社會』, 一橋大學大學院博士學位論文, 2006년, pp.118-120.
246 서명원, 『한국 교회성장사』(서울:대한기독교서회, 1966), p.82; 『한국 기독교의 역사』II, p.296 에서 재인용.
247 강신명, "신사참배 거부," 『姜信明信仰著作集』II (서울:기독교문사, 1987), p.569.

를 다짐했다. 매큔과 스누크는 추방당했고, 신사참배를 거부하는 사람들은 구속되었다. 구속된 이들, 곧 주기철, 이기선을 비롯해 한상동, 손양원, 이원영, 주남선, 이유택, 김철훈 등은 죽음을 각오하기도 했다.[248]

1925년 서울 남산에 '조선신궁'을 세울 때, 치안유지법을 실시한 바 있다. 1930년대에 이르러 신사참배 거부자들은 치안유지법 위반이나 불경죄로 체포되었다.[249] 반대하는 조직은 불경집단이 되었다. 그것은 일본 천황이 통치하는 땅에서 생존할 수 없다는 것을 의미했다.

1940년까지 300여 명의 목사와 교인들이 구속되었고, 교직에서 해직되었다. 장로교의 주기철과 감리교의 이필주, 권원호 등이 옥사를 했고 손양원과 신석구 등 목사와 기독교 지도자들이 옥고를 감내해야 했다.

그런데 끝까지 신사참배에 대해 거부했던 것은 개인들이었다. 한국의 모든 공교회는 결국 전향하고 말았다. 1935년 12월 안식교단이 신사참배를 결의해야 했고 뒤이어 성결교단도 신사참배에 참여해야 했다. 천주교는 1936년 5월 25일 황실 존경과 애국심의 발로, 곧 국민의 례라는 로마 교황청의 훈령에 따라 더 이상의 이의 제기 없이 동참했다.[250]

1936년 4월, 총독부 학무국장 오노는 총리사 양주삼을 만났다. 오노는 신사참배가 국가의례이면 비종교적 행위이라는 요지의 발언을 했다. 매우 유화적인 표현으로 회유하고 설득하는 인상을 주려했지만, 최후 통첩성 발언이었다.[251] 선택의 자유가 주어졌던 것이 아니다. 양주삼

---

248 안광국, 『韓國敎會宣敎百年秘話−安光國牧使遺稿集』, (서울: 예수교장로교총회교육부, 1979), p.229.
249 김승태, "부록: 신사문제 관계 재판기록," 『한국 기독교와 신사참배문제』(한국기독교역사연구소, 1991), pp.49−525.
250 「동아일보」, 1935년 12월 1일자.
251 "신사문제에 대한 통첩," 『朝鮮監理會報』 1936년 4월 10일자 참조.

은 1937년 6월 17일 '조선감리교회'의 이름으로, 재한선교사들의 이름을 넣어, 다음과 같은 내용의 성명을 발표했다.

신사는 애국적이며 비종교적이라는 일본 정부의 성명을 그대로 받아들인다.

이 사실을 학생들과 교인들에게 가르쳐서 교파신도와 국가신도의 구별을 분명히 하도록 한다.

성서를 가르치며 매일 예배할 수 있는 기회를 확보한다. 학교를 문 닫음으로써 기독교 청년들의 교육을 일본 정부의 학교로 보내버릴 수는 없다. 정부의 공립학교에서는 성서 교육이나 예배가 전혀 없기 때문이다.

우리들의 가르침이 역동적인 것처럼 학생들 사이에서 그리스도를 산다.

만일 초국가주의 정부가 기독교 교육과 활동을 금할 때에는 우리들의 양심을 따라 용감하게 이에 거역한다.[252]

일본의 광포(狂暴)한 폭거에 한국 감리교회는 적극적으로 저항하지 못했다. 양주삼은 신사참배가 국가 의례라는 것에 동의해야 했고, 기독교 선교를 이어 나가겠다는 다짐을 하는 등 애를 써서 변명해야 했다.

---

252 Annual Report of the Board of Foreign Missions, 1939, N.Y., pp.214–217; 유동식, 『한국 감리교회의 역사』 II, 유동식 전집 증보 2, pp.671–672에서 재인용.

그의 신학은 반일적 요소가 강했고 그간의 목회 전력(前歷)에 친일적 요소는 전혀 없었다. 그럼에도 공교회의 수장(首長)으로서의 역할을 외면할 수 없었다. 역사의 주관자에게 시대적 풍파를 맡기는 것 이외에 그가 할 수 있는 것이 없었다. 그 한계를 넘을 수 없을 만큼 일본의 광기는 극에 달해 있었다. 그러나 어찌되었든 한국 감리교회는, 황도 기독교로 변질되는 전향의 길목에 들어서게 되었다.

2.3. 신사참배의 결과, 그 굴욕

1938년 기독교조선감리회 제3회 총회 셋째 날인 10월 7일 오후 1시 반, 감리교 총회원들은 총독부의 지시에 따라 일명 '애국일' 행사에 참석해야 했다.[253] 배재중학교 운동장에서 있은 이 행사에 서울의 모든 미션스쿨 학생들도 참석해야 했다. 예배가 끝나자 일장기 게양식이 있은 후 황거요배(皇居遙拜), 황국신민서사를 제창을 해야 했고 7,000명이 넘는 군중들은 총독부 청사까지 행진해야 했다. 감리교 총회원들이 총독부를 방문했을 때, 총독 미나미(南次郎)는 다음과 같은 내용의 고사(告辭)를 했다.

> 현재 우리나라(일본)는 동양 평화 옹호의 대 사명을 수행하기 위하여 국민총동원하에 시국에 대처하고 있는 때인데, 대일본 국민인 자는 그 신앙하는 종교의 여하를 불문하고 일제히 천황 폐하를 존숭하여 받들고 선조의 신지(神祇)를 숭경하고 국가에 충성을 다해야 하는 것은 말할 필요도 없는 바로써 신교(信敎)의 자유는 대일본 국민인 범위에서만 용인되는 것이며, 그러므로 황국신민이라는 근본정신에 배치되는 종교는 일본 국내에

---

253 총독부의 지시에 총회 공식순서에 "애국일 실시"를 넣었다.

서는 절대로 그 존립을 허용하지 않는 것입니다. 이는 비상시와 평시를 불문하고 국민으로서 힘써야 할 당연한 의무입니다. 여러분은 이점을 아시고 소위 종교보국(宗敎報國)의 길에 매진하도록 하지 않으면 안 된다고 생각합니다.[254]

신사참배를 강요했고 그것을 거부하면 존립될 수 없다며 노골적 위협을 가한 것이다. 총독이 직접 나서 일본의 국조신(國祖神)에게 참배를 해야 한다고 협박했을 때, 감리교회는 이를 거부하지 못했다. 국가의례로 치부하는 사람과 배교로 생각하는 사람들로 나뉘었지만, 감리교회는 전자(前者)를 선택했다.

군중들은 남산 조선신궁을 참배해야 했다. 이후, 양주삼 총리사와 총회원들은 오후 8시 총회장인 감리교 신학교 강당으로 돌아와 총독부 학무국 사회교육과장 김대우와 총리원서무국위원장 윤치호의 시국강연을 들어야 했다. 김대우는 오랫동안 강연을 했고 윤치호는 짤막한 강연을 했다.[255] 이때 총회록은 윤치호의 강연에 대해 "의미 심절한 시국인식에 대한 특별 강설"이었다고 기록하고 있다. 모두 심통한 심정이었을 것이다.[256]

1938년의 제3회 총회에서 제2대 총리사에 임명된 김종우는 1939년 12월 12일, 양주삼, 성결교의 이명식, 장로교의 홍택기, 김길창과 같이 '신궁참배단'을 꾸려 일본 이세(伊勢)신궁 등에 참배를 해야 했다.[257] 귀국 후 악성 패혈증에 걸렸고 1940년 9월 17일 세상을 떠났다. 치욕감

254 "總督 告辭", 「조선朝鮮監理會報」1938년 11월 1일자, 朝鮮總督府 官房文書課 편, 「諭告訓示演述總攬」, 朝鮮行政學會, 1941, p.707.
255 「국역 윤치호 영문일기 10」, 1938년 10월 7일자, 국사편찬위원회, 2014.
256 「기독교대한감리회 총회회의록 I」, 기독교 대한감리회, 2005, p.100.
257 "총리사 동정," 「朝鮮監理會報」1938년 12월 16일자, 「기독신문」1938년 12월 15일자, "기독교 대표 5씨 이세신궁참배차 內地行."

과 상실감이 그만큼 컸을 것이다.

신사참배 강제의 요구는 장로교에도 거세게 불어 닥쳤고, 예외 없이 급속도로 전향을 다짐하는 모습을 보여야 했다. 1937년 8월 1일 승동 교회에서 '시국 설교 및 기도회'가 개최되었을 때, 신사참배와 일본을 위한 애국을 다짐하는 결의를 해야 했다.[258] 1938년 2월, 선천 남교회에서 열린 평북노회는 30개 노회 중 제일 먼저 신사참배 문제를 수용하고 나섰다. 노회장 김일선은 "신사참배는 국가 의식이지 종교 예식이 아니다"며 결의를 재촉했다.[259] 평북노회는 결국 신사참배를 결의했고 이 문제를 총회에 상정시켰다.

1938년 9월, 평양 서문밖예배당에서 모였던 조선야소교 장로회 제27회 총회는 결국 신사참배를 결의해야 했다. 이미 17개의 노회가 신사참배를 했고, 3개 노회는 신사참배 결의를 주도하고 있었다. 반대하는 총대들은 회의장에서 쫓겨났다. 참석한 사람들도 항거할 수 없도록, 경찰들을 총대 옆에 일일이 앉혔다. 반대는 묻지도 못했고 만장일치로 신사참배를 결의해야 했다. 총회장 홍택기는 아래와 같은 내용의 성명서를 채택해야 했다.

> 우리들은 신사가 기독교시에 위반되지 않는 본지(本旨)를 이해하고 신사참배가 대국적으로 보아 국가의 의식인 것을 자각하고 이에 신사참배를 선서함. 신사참배를 솔선하여 이행하며 더 나아가 국민정신총동원운동에 참가하여 시국 하의 총후 황국 신민으로서의 적성(赤誠)을 다하기를 기함.[260]

---

258 "날로 장로파도 조국애로 급전향," 「경성일보」 1937년 8월 3일자.
259 강신명, "비극의 총회," 「姜信明信仰著作集」 II, p.573.
260 장로교 총회록 제27회 , 1938, p.9.

이날 부총회장 김길창은 23명의 노회장들을 데리고 평양신사에 가서 신사참배를 해야 했다. 이로써 한국 내의 모든 기독교회와 교파가 신사참배에 동참했고 이후 '신사참배 인식 운동'과 '신사참배 권유운동'을 적극 전개해 나가야 했다.

1939년 장로교 제28회 총회의 처음은 "국민정신총동원(國民精神總動員) 조선예수교연맹" 결성식으로 시작되었다. 이것은 1940년 12월 5일에 결정된 "국민총력연맹" 결성의 후속 조치였다. 식순의 첫째가 황거요배였고 그 다음이 일본의 국가인 기미가요(君が代) 제창이었다. 황국신민의 선서 제창이 그 뒤를 이었다. 그때 순서를 맡았던 사람들은 곽진근, 조택수(趙澤洙), 홍종섭(洪宗涉), 홍택기, 한경직, 강신명, 조승제(趙昇濟), 김길창, 최지화(崔志化)였다. 한국 장로교회도 황도기독교로 전향되는 치욕을 겪고 있었다.

3. 일본의 기독교 말살정책과 한국 기독교의 전향

1937년 6월 일본은 장로교 교육부 총무 정인과와 전(全)조선면려회 총무 이대위를 검거했다. 그리고 곧바로 이광수, 박현환, 김윤경, 신윤국, 한승인을 체포해 강도 높게 신문했다. 미국선교부가 정인과에게 보내온 선교비가 실상은 수양동우회의 민족 활동 자금이라고 본 것이다.[261] 일본은 이 사건을 확대했고, 안창호를 비롯해 조병옥, 이용설(李容卨), 정인과, 이대위, 주요한, 유형기 등을 체포했다. 그리고 1938년 3월에 이르기까지 서울을 비롯해 평양 선천, 안악 등의 동우회 부원 181명을 치안유지법위반으로 체포했다. 모진 고문 후에 이들을 송치했고

---

261 「동아일보」, 1937년 6월 9일자.

이 과정에서 안창호가 죽고 말았다. 1938년에 기독교면려청년회는 해체되었고 수양동우회도 해산되었다. 이광수 등을 비롯한 회원들은 전향을 선언해야 했고 주요한은 종로경찰서에 회원들이 모은 4,000원을 국방헌금으로 내야했다.[262]

1938년 5월 19일에 일본은 흥업구락부가 조선 독립을 목적으로 하는 비밀결사라며 부원들을 일제히 검거를 했고 109일 동안이나 혹독하게 고문했다. 결국 이들도 전향 성명서를 발표해야 했고 12월에는 흥업구락부를 해산해야 했다. 구자옥은 단체 기금 2,400원을 국방 헌금으로 내놓아야 했다. 이로써 한국 기독교 민족주의계의 저항이 모두 끊긴 것이다.

한국 기독교는 한국의 지도력을 의미했다. 그런데 일본이 보기에는, 시국에 냉담하고, 국가적 행사에 응하지 않고, 예수를 만왕의 왕이라고 불러 불경죄를 저지르고, 반전 의식이 팽배하고, 국민정신을 문란케 하는 집단이었다.[263] 그때 일본은 한국 기독교인들이 황국 신민임을 자각하게 하기 위해, 또한 시국인식을 철저히 하게 하기 위해, 성경과 찬송가, 설교 등을 일본의 국체에 맞게 단속해야 한다고 주장했다. 이들 기독교인들을 전향시키거나 말살하지 않고는 전쟁을 수행해 나가기 어렵다고 본 것이다. 그런 이유로 1938년 2월 조선총독부는 일본 국체에 적합한 기독교로 탈바꿈 시킨다는 내용의 '기독교에 대한 지도 대책'을 수립했다.

1938년 4월 25일 서대문 경찰서 2층에서, 강주희(姜周熙), 김명현(金明顯), 김용섭(金龍涉), 김유순(金裕淳), 김응조(金應祚), 김종만(金鍾萬), 김종우, 박연서(朴淵瑞), 유형기, 이완용(李完龍), 임석길(任錫吉), 장정심(張

---

262 「동아일보」 1938년 12월 25일자.

263 朝鮮總督府 警務局 編, 「最近にける 朝鮮 治安狀況 :1933年-1938年」(東京 :嚴南堂書店, 1966);「한국 감리교회의 역사」II, 유동식 전집 증보2, p.674에서 참조.

貞心), 최석모(崔錫模), 고자카(幸坂義之) 등은 황도 정신의 함양을 다짐하는 선언문을 발표했다. 5월 8일에는 서울 부민관 대강당에서 조선기독교연합회 발회식이 있었다. 참석자들은 군가를 합창하고 황거요배를 해야 했으며 기독교의 내선일체 전도보국(傳道報國) 신앙보국(信仰報國)을 맹세해야 했다.[264]

7월 7일에 서울에서 32개 지방기독교연합회 대표 71명과 경성기독교연합회가 참가해 조선기독교연합회를 결성했을 때, 김종우와 차재명을 비롯해 한국 교회 지도자들도 여기에 참여해야 했다.[265] 이들도 "40만 십자가군병들아, 다 같이 일어나 총후보국의 보조를 맞추자"며 황국신민으로서 천황에게 충성을 다짐해야 했다. 이후, 전국적으로 조선기독교연합회 지회들이 만들어졌다.

일본은 1940년부터 '종교단체법'을 시행해, 안녕 질서를 방해하거나 신민의 의무를 위배한다고 판단되면, 언제든 종교단체 설립 인가를 취소할 수 있게 했다.[266] 이런 상황에서 기존의 교회 행사는 일본에 맞춰졌고, 한국 교회도 안녕 질서를 선도하고 신민의 의무를 다한다는 입장을 보여야 했다.

장로교는 1939년 제28회 총회에서 '국민정신총동원조선예수교장로회연맹'을 결성했다. 일본의 침략전쟁 전승 기도운동과 시국강연회 모금운동을 벌였고, 헌금을 모아 '조선장로호'라고 이름붙인 비행기를 헌납했다. 감리교의 정춘수도 애국기(감리교단호) 3대의 예산액 21만 원을 헌납하기 위해 교회를 통폐합하고 그 부동산을 처분했다.

1940년 10월, 정춘수가 주도했던 감리교회는 미국 교회와의 연락기

---

264 「동아일보」, 1938년 5월 9일자.
265 위원장은 경성 YMCA의 니와 세지로(丹羽淸次郎)가 맡았다.
266 村上重良, 「國家神道」(東京 : 岩波書店, 1980), pp.389~391. 이때 일본은 종교를 신도, 불교, 기독교 및 기타 등 세 부분으로 구분했고 통제의 편의상 가능한 한 각 종교를 합동시키려 했다.

관인 '중앙협의회'를 해산시켰다. 그리고 "민주주의, 개인주의, 공산주의, 자유주의 배격"이라는 '혁신조항'을 발표했다. 일본 군사훈련과 황민화운동을 장려했고, 교회 내의 신학교를 개혁한다며 선교사들의 자리를 빼앗았다.[267]

1940년 12월에는 "국민정신총동원 조선예수교장로회 연맹"이 결성되어 장로교 목사 206명이 일본에 대한 충성과 한국 기독교의 황도화(皇道化)를 서약했다. 1941년 11월의 장로교 총회는 평안남도 경찰 고등과장의 강연을 들은 후에야 개회할 수 있었다. 일본의 조치에 반발했던, 평북노회장 김진수(金診洙)도 1944년 8월 임시노회에서 징병제 실시와 기념강연회를 노회 산하 각 시찰회 교회가 개최하기를 결의하고 그 구체적인 일정표를 공시해야 했다.[268]

교회 예배에서 천황의 만수무강을 빌어야 했고 충량한 황국신민 됨을 강조해야 했다. 상동교회에는 '황도문화관'이란 간판이 내걸렸고, 목사들을 모아놓고 일본 정신을 가르치기도 했다. 일부 목사들은 한강 등에서 신도(神道)식 제계의식을 행 한 후, 남산 조선 신궁에 가서 신사 참배를 하기도 했다.[269] 시국강연을 다니며 천황에 대한 충성도 확인해야했다. 교회의 의견은 자유로울 수 없었고 반대도 불가능했다.

복음도 온전히 보존되기가 쉽지 않았다. 천황의 지상권에 도전하는 어떠한 행위나 사상도 용납되지 않았다. "모든 인간이 죄인"이라는 말은 천황에 대한 신성모독이었으며 "만왕의 왕"이라는 그리스도의 칭호도 반역이었다.[270] 다니엘서나 요한계시록도 읽지 못했다. 출애굽기의

---

267 "양주삼 반민족행위특별조사위원회 자료 피의자 조서," 1949년 4월 10일자.
268 臨時平北老會, 「基督敎新聞」, 1944년 8월 15일자.
269 이성삼, op.cit., pp.313–314. 이성삼은 황도문화관의 관장이 감리교단 연성국장 갈홍기였다고 밝히고 있다.
270 C. D. Fulton, Now Is The Time, The Executive Committee of Foreign Missions Prebyterian Church in the U.S., 1947.p.131에서 재인용.

내용이 한국 민족 독립을 꿈꾸게 한다고 해서 읽지 못하게 했다.[271] "구약 성경은 유대 민족운동사이라는 이유로 보지 못하게 했고 계시문학은 현실 부정이라는 이유로 보지 말라고 했다."[272] 1944년에 이르러서는 4복음서만 허용되었다.[273]

4. 한국 기독교의 해체

미국과의 전운이 감돌기 시작했던 1930년대 말부터 선교사들이 한국을 떠나기 시작했지만 많지 않았다. 그러나 1941년 12월, 태평양 전쟁이 발발한 이후에는 모두 떠나야 했다. 끝까지 남아 있으려 했던 수백의 선교사들은 가택 연금이 되었다가 1942년 6월 이전, 모두 강제로 추방되었다.

재한선교사들이 떠나자, 아무 거리낌 없이, 일본은 미션스쿨들과 한국의 공교회들을 폐교나 해체시켰다. 1942년에는 평양의 '삼 숭(崇)'으로 불리던 숭실전문학교, 숭실중학교, 숭의여자중학교가 폐교되었다.[274] 교단으로서는 동아기독교(침례교)가 1943년 5월에 해체되었고 성결교회 역시 같은 해 12월에 해산명령을 받았다.[275]

일본은 한국 교회 해체를 위해 집요하게 달려들었다. 장로교총회 기능을 중앙상치위원회에 이관시켜 장로교 대의정치의 근간을 유린했고 감리교에는 중앙위원을 두어 "총회의 결의를 경(經)치 않고 적당히 처

---

271 민경배, 『鄭仁果와 그 時代』(서울:한국 교회사학연구원, 2002), p.211.
272 강신명, "일본 기독교 조선 교단," 『강신명전집』 II, p.579.
273 "순복음만 선포하기로," 『基督教新聞』, 1944년 5월 1일자. Cf. Survey-Korea, *The International Review of Missions*, 1946, p.15.
274 "四十年 歷史를 가진 崇專, 崇中, 崇義의 痛悲한 最後, 一週間內 廢校手續," 『기독신보』, 1942년 2월 10일자.
275 박현명, "성결교회는 왜 해산되었는가," 『活泉』, 1946년 제229호.

리"[276]하도록 했다.[277] 감리교 총리원도 '감리교단본부'로 명칭이 바뀌었고 구세군은 '구세단'으로 이름을 바꾸어야 했다. 결국 한국의 모든 공교회는 1945년 7월에 '일본 기독교조선교단'으로 전부 통폐합되어 공식적으로 일본 교회에 예속되었다.

일본 교회에 병합이 된 이후에도, 일본 헌병대가 요구하면 언제라도 예배당은 징발되었다. 학교는 병영으로도 사용되었으며, 학생들은 주일에도 동원되어 소나무 관솔을 따야 했다. 그 상황에서 저항할 수 있는 방법은 순교하거나 지하로 숨거나 이 땅을 떠나는 것이었다. 그러나 순교자는 주기철과 이필주, 신석구 등 소수에 불과했다. 일본이 서구와 전쟁을 하고 있고 중국까지 자기들의 영향 아래 두고 있어 이 땅을 벗어날 수도 없었다. 적지 않은 사람들이 교회를 떠났고, 교회는 그 생존마저도 위협을 받았다. 그러나 교회를 지키기 위한 가느다란 숨결이 남아 있었다. 대개 기독교 이데올로기를 보고 입교한 이들은 떠난 반면 영적인 영역에 매달리고 있던 이들은 교회를 지켰다.

일본이 갖고 있던 근대적 힘에 매료되어 전향한 사람도 있었고 두려움을 극복하지 못했던 사람들도 있었다. 호교론적 이유도 있었다. 그렇지만 자발적으로 하지 않았다고 하더라도 신사참배 문제나 황도기독교로의 전향은 그 자신에게는 부끄러운 과거요 씻을 수 없는 아픔이 되었다. 일시적이지만 교회를 떠났던 것도 평생의 깊은 회오(悔悟)에 빠지는 일이었다. 그러나 역사를 지울 수는 없다. 몇몇의 목회자들의 고백처럼 숨기고 싶다는 말보다는 말하고 싶지 않다는 것이 더 적절한 표현일 것이다.[278]

---

276 基督敎朝鮮監理敎團 規則 第3章, 「조선감리회보」 1941년 4월 1일자.
277 민경배, 「韓國敎會 讚頌歌史」 pp.154~155.
278 팔순기념문집출판위원회, 유호준 목사 회고록 「역사와 교회」 (서울: 대한기독교서회, 1993),

일제 강점기는 공포와 혼란으로 점철되어 있었다. 일본이 저지른, 무지막지한 말살정책 아래에서 미래를 대망하는 일은 쉽지 않았다. 비정상적인 국가 정치 체제나 그 이데올로기 아래에서 정체성을 보존하기도 어려웠다. 악한 체제 아래에서 교회가 생존한다는 것은 그만큼 어려운 것이다. 대부분의 한국인들은 일본의 통치와 이념, 그 방식을 거부하고 반대했다. 그러나 기회가 올 때까지 드러내지 않는 것을 배워야 했다. 반감을 드러낼 수 없었고 그저 얼이 빠진 것처럼 살아야 했다. 체제를 자신과 동일시해야 살아남을 수 있었고 자기의 신념을 의심받지 않기 위해 이중적이어야 했다.

일본의 말살 정책은 우리 민족을 갈라놓는 비극적 단초가 되었다. 해방 이후, 국내에서 칠흑과 같은 어둠 속의 격류 한 가운데 서 있던 사람들과 국외에서 독립운동이나 저항투쟁을 벌인 사람들 사이의 갈등이 그것이다. 표피적 현상만을 보고 일제에 동조했다며 일방적으로 그 시대의 사람들을 매도하는 사람과 당하는 사람들 사이의 간극이 그것이다. 그러나 묘했던 것은, 여기에 역사의 역설이 있다. 일본은 한국 기독교를 해체하려 했지만 오히려 그것이 1943년 11월의 "카이로 선언"으로 연결되었고 한국의 광복으로 이어진 것이다. 1907년에 나타났던 역사의 역설과 그 이중구조가 한국 독립 과정에서도 그대로 나타났다.

불길은 타도, 타 없어지지 않는 것이 있다. 역사는 결정자의 진행에 따라 결정되는 것이다. "저녁이 되며 아침이 되니…(창 1:5)." 밤 지나면 새벽이 오는 것이다.[279] 아무리 지식이 높고 의식의 수준이 높다 하더

---

p.159. 신사참배로 인한 아픔은 유호준에게만 해당되는 것이 아니었다. 한경직에게도 평생 그를 따라다니는 짐이 되었다. 한경직은 1954년 39회 장로교총회에서 신사참배 기독회를 마련하였다. 1992년 템플턴상을 수상하면서 수상소감으로 신사참배를 공개적으로 고백하고 회개했다.

279 민경배, 『서울 YMCA 운동사, 1903-1993』, p.348.

라도, 이데올로기만 가지고서는 현실이 황폐할 때 그것을 견디어 낼 수 없다. 역사를 통치하시는 하나님을 끝까지 신뢰하고 그 미래를 대망하는 것은 영적 영역의 일이다.

색인

참고문헌

국내 단행본

강동진, 『일제의 한국침략정책사』, 서울:한길사,1980.

강신명, 『姜信明信仰著作集』, 서울: 기독교문사, 1987.

국사편찬위원회 편, 『大韓帝國官員履歷書』, 서울:국사편찬위원회, 1972.

_____, 『주한미군사』 1, 서울:돌베게, 1988.

_____, 『한민족독립운동사자료집 3−105人事件訊問調書 I 』, 서울:탐구당, 1987.

_____, 『한민족독립운동사자료집 4−105人事件訊問調書 II 』, 서울:탐구당, 1987.

_____, 『한민족독립운동사자료집』 11권, 서울:국사편찬위원회, 1990.

곽안련, 『목회학』, 경성:조선기독교서회, 1925년.

김광현, 『정신백년사』(상), 서울:정신100주년기념사회, 1989.

김명구, 『복음, 성령, 교회−재한선교사들 연구』, 서울:예영커뮤니케이션, 2017.

_____, 『해위 윤보선 − 생애와 사상』, 서울:고려대학교출판부, 2011.

_____, 『창천교회100년사』, 서울:기독교대한감리교 창천교회, 2006.

_____, 『월남 이상재의 기독교 사회운동과 사상』 서울:도서출판 시민문화, 2003.

김명호, 『초기 한미관계의 재조명: 셔먼호 사건에서 신미양요까지』 서울:역사비평사, 2005년.

김병조, 『한국독립운동사략 상』, 상해:상해선민사, 1920.

김성호, 『한국성결교회사』, 서울:기독교대한성결교회 출판부, 1992.

김세한, 『培材八十年史』, 서울:培材學堂, 1965.

김승태, 유진, 이항 엮음, 『강한 자에게는 호랑이처럼 약한 자에게는 비둘기처럼-스코필드 박사 자료집』, 서울:서울대학교출판문화원, 2012.

김승태, 박혜진 엮음, 『내한선교사 총람』, 서울:한국기독교역사연구소, 1994.

김양선, 『韓國基督敎史硏究』, 서울:기독교문사, 1971.

김영혁, 『창립 100주년 신성학교사』, 서울:신성학교 동창회, 2006.

김영희, 『佐翁 尹致昊先生 略傳』, 경성:기독교 조선감리회 총리원, 1927.

김용해, 『대한기독교침례교회사』, 서울:대한기독교침례회총회, 1964.

김인서, 『김인서 저작전집』V, 서울:신망애사, 1976.

김정명 편, 『日韓外交資料集成』第八, 東京:巖南堂書店, 1963.

김준엽, 김창순, 『한국 공산주의 운동사』 1, 서울:고대아세아문제연구소, 1969.

_____, 『한국 공산주의 운동사』 2, 서울:고려대학교출판부, 1967-1976.

김진형, 『북한교회사』, 서울:기독교대한감리회 서부연회, 한민족통일선교회, 1997.

노치준, 『일제하 한국 기독교 민족운동 연구』, 서울:한국기독교역사연구소, 1993.

대한예수교장로회역사위원회 편, 『대한예수교장로회교회사』, 서울:장로교출판사, 2003.

도산기념사업회, 『續編 島山 安昌浩』, 서울:도산기념사업회, 1954.

동아일보사, 『동아일보사史』 1권, 서울:동아일보사, 1975.

류대영, 『미국종교사』, 파주:청년사, 2007.

류시현, 『재팬 애드버타이저(*The Japan advertiser*) 3·1운동 기사집』, 서울:독립기념관, 2015.

마포삼열 박사 전기편찬위원회, 『마포삼열박사전기』, 서울:대한예수교장로회 총회교육부, 1973.

마서 헌트리, 『한국 개신교 초기의 선교와 교회성장』, 서울:목양사, 1995.

명동천주교회, 『서울교구년보1:1878~1903』, 서울:명동천주교회, 1984.

문일평, 『韓美五十年史』, 서울:朝光社, 단기 4278.

문정창, 『軍國日本朝鮮强占 36年史』, 서울:백문당, 1965.

민경배, 『한국기독교회사』, 서울:연세대학교출판부, 1998.

_____, 『한국기독교회사』, 서울:연세대학교출판사, 2007.

_____, 『한국기독교회사—한국민족 교회형성사』, 서울:연세대학교출판부, 2007.

_____, 『日帝下의 韓國基督教 民族信仰運動史』, 서울:대한기독교서회, 1991.

_____, 『서울YMCA運動史: 1903-1993』, 서울:로출판, 1993.

_____, 『韓國教會 讚頌歌史』, 서울:연세대학교출판부, 1997.

_____, 『한국민족 교회형성사론』, 서울:연세대학교출판부, 2008.

_____, 『글로벌시대와 한국, 한국 교회』, 서울:대한기독교서회, 2011.

_____, 『한국기독교사회사』(1885-1945), 서울:연세대학교출판부, 1995.

_____, 『교회와 민족』, 서울:대한기독교 출판사, 1981.

_____, 『鄭仁果와 그 時代』, 서울:한국교회사학연구원, 2002.

박명수 외, 『한국 성결교회 100년사』, 서울신학대학교 성결교회역사연구소/기독
　　교대한성결교회 출판부, 2007.

박용규, 『한국기독교회사』, 서울:생명의 말씀사, 2004.

박은식, 『한국독립운동지혈사』, 서울:서울신문사, 1946.

박정양, 『박정양 전집』, 서울: 아세아출판사, 1984.

반민족문제연구소, 『친일파 99인』, 서울:돌베게, 1993.

배민수, *Who shall enter the Kingdom of Heaven*, 서울:대한예수교장로회총회 농어
　　촌부, 1993.

백낙준, 『한국개신교회사 1832-1910』, 서울:연세대학교 출판부, 2001.

변종호 편저, 『이용도 목사 연구 반세기』, 서울:장안문화사, 1994.

서명원, 『한국교회성장사』, 서울:대한기독교서회, 1966.

서영희, 『일제 침략과 대한제국의 종말—러일전쟁에서 한일병합까지』, 서울:역사
　　비평사, 2014.

선우훈, 『民族의 受難』, 애국동지회 서울지회, 1955.

송병기 편역, 『개방과 예속』, 서울:단국대학교출판부, 2000.

몽양 여운형 선생 전집발간위원회, 『夢陽呂運亨全集』 1, 서울:한울, 1991.

안광국, 『『韓國敎會宣敎百年秘話-安光國牧使遺稿集』, 서울:예수교장로교총회교
　　　　육부, 1979.

鈴木正幸, 류교열 역, 『근대 일본의 천황제』, 서울:이산, 1998.

伊藤博文. 宮澤俊義校註『憲法義解』, 東京: 岩波文庫版, 1982.

月南社會葬儀委員會刊. 『月南 李商在』, 경성: 중앙인서관, 1929.

오기선, 『십계요혀』, 평양: 태극서관, 1911.

오영교, 『정동제일교회125년사』, 서울:정동제일교회 역사편찬위원회, 2011.

오윤태, 『韓日基督敎交流史』, 서울:혜선문화사, 1980.

옥성득 편역, 『마포삼열자료집』 4, 서울:숭실대학교 가치와 윤리연구소, 2017.

유동식, 『한국감리교회의 역사』 I, 서울:도서출판대한감리회유지재단, 1994.

유동식, 『한국신학의 광맥』, 서울:전망사, 1982.

유영익, 『갑오경장 연구』, 서울:일조각, 1990.

유영익, 『젊은 날의 이승만-한성감옥생활(1899-1904)과 옥중잡기 연구』, 서울:
　　　　연세대학교출판부, 2003.

팔순기념문집출판위원회, 유호준 목사 회고록 「역사와 교회」, 서울:대한기독교서
　　　　회, 1993.

윤경로. 『105인 사건과 신민회 연구』, 서울: 일지사, 1990.

윤대원『상해대한민국임시정부』, 서울: 서울대학교출판부, 2006.

윤보선, 『구국의 가시밭길-나의 회고록』, 서울:한국정경사, 1967.

윤성렬, 『도포입고 ABC 갓 쓰고 맨손체조』, 서울: 학민사, 2004.

윤춘병, 『한국감리교 교회성장사』, 서울:감리교출판사, 1997.

윤치호 지음, 윤경남 역, 『윤치호 서한집』, 서울:호산문화, 1995.

월남이상재선생동상건립위원회 편, 『月南李商在研究』, 서울:로출판, 1986.

이능화, 『朝鮮基督教及外交史』, 朝鮮基督教 彰文社, 昭和3년, 1928.

이돈화, 『天道教創建史』, 경성:천도교 중앙 종리원, 1933.

이광린, "易言과 韓國의 開化思想," 『韓國開化史研究』, 서울:일조각, 1969.

이광수, 『李光洙全集』, 서울:삼중당, 1962.

이균성, 『성결교회수난사』, 서울:기독교대한성결교회출판부, 1994.

이만규, 『여운형 선생 쟁투사』, 서울:민주문화사, 1946.

이만열 편, 『아펜젤러-한국에 온 첫 선교』, 서울:연세대학교출판부, 1985.

_____, 『대한성서공회사 I』, 서울:대한성서공회, 1993.

_____, 『한국기독교 수용사 연구』, 서울:두레시대, 1998.

_____, 『한국기독교 의료사』, 서울:아카넷, 2002.

_____ 역음, 『신사참배 문제 영문자료집』 II, 서울:한국기독교역사연구소, 2004.

_____, 『한국기독교와 민족운동』, 서울:보성, 1986.

_____, 한국기독교문화운동사』, 서울:대한기독교출판사, 1987.

이덕주, 『한국교회 처음 여성들』, 서울:홍성사, 2007.

_____, 『강화기독교100년사』, 강화:강화기독교100주년기념사업역사편찬위원회, 1994.

_____, 『서울연회사』 I , 서울:서울기독교대한감리회 서울연회, 2007.

이성삼, 『한국감리교회사-조선감리회(1930-1945)』 II, 서울:한국감리교회총리원 교육국, 1992.

이성전 저, 서정민, 가미야마 미나코 역, 『미국 선교사와 한국 근대교육-미션스쿨의 설립과 일제하의 갈등』, 서울:한국기독교역사연구소, 2007.

이상근 편, 『경북노회100회사』, 경북노회100회사편찬위원회, 1977.

이승만, 이정식 역, "청년 이승만 자서전," 『이승만의 구한말 개혁운동』, 대전:배재 대학교출판부, 2005.

_____, 『한국교회 핍박』.

이승만 연구원 편, 『이승만 일기』, 서울:대한민국역사박물관, 2011.

이정식·김학준, 『혁명가들의 항일 회상: 장건상 편』, 서울:민음사, 1988.

이종무, 『하나님을 만나고』, 성결교회역사와문학연구회, 성결교회 인물전 제14집.

이천영, 『성결교회사』, 서울:기독교대한성결교회, 1970.

이화여자대학교, 『이화100년사』, 서울:이화여자대학교출판부, 1994.

전택부, 『한국기독교 청년회 운동사』, 서울:정음사, 1978.

_____, 『한국에큐메니칼 운동사』, 서울:한국기독교회협의회, 1979.

_____, 『토박이 신앙산맥』, 서울:대한기독교출판사, 1977.

_____, 『월남 이상재의 삶과 한마음 정신』, 서울:월남시민문화연구소, 2000.

정교, 『韓國李年史』上, 國史編纂委員會, 1957.

장로회신학대학, 『長老會神學大學 70年史』, 서울:장로회신학대학출판부, 1971.

조병옥, 『나의 회고록』, 서울:민교사, 1959.

_____, 『民族運命의 岐路』, 서울:남조선과도정부 경무부 경찰공보실.

_____, 『民主主義와 나』, 서울:영신문화사, 1959.

朝鮮總督府경무국 편, 김봉우 역, "일제 식민통치," 『일제하 조선의 치안상황』, 서
     울:청아출판사, 1989.

주요한, 『도산 안창호전』, 서울:세명문화사,1983.

차재명, 『朝鮮예수教長老會史記』上, 조선예수교장로회 총회, 1928.

채필근 編, 『韓國基督教開拓者 韓錫晋 牧師와 그 時代』, 서울:대한기독교서회,
     1971.

최덕수 외, 『조약으로 본 한국근대사』, 서울:열린책들, 2011.

최규진, 『근대를 보는 창』20, 서울:서해문집, 2007.

한국독립운동사연구소 엮음, 『한국독립운동사 연구』9, 독립기념관 한국독립운동
     사연구소, 1995.

한국기독교역사연구소, 『한국기독교의 역사』II, 서울:기독교문사, 1995.

한국기독교사연구회, 『한국기독교의 역사』2, 서울:기독교문사, 1990.

한대희 편, 『식민지시대 사회운동』, 서울:한울림, 1986.

朝鮮總督府警務局,『最近に於ける朝鮮治安狀況』, 1938.

『韓國獨立運動史』1·2, 서울:국사편찬위원회. 1965.

『韓國獨立運動史』資料3 臨政篇 III, 서울:국사편찬위원회, 1973.

『韓國民族運動史料』(三·一運動篇 其一), 國會圖書館, 1977.

한국민중사연구회편,『한국민중사』II, 서울:풀빛, 1986.

『韓國新聞社說選集』, 서울:방일영문화재단, 1995.

『한국실학사상논문선집』, 서울:불함문화사, 1994.

『韓國統治史料』4, 서울:韓國史料硏究所, 1986.

『皇城基督敎靑年會 開館式 要覽』, 京城:皇城基督敎靑年會, 1908.

한철호,『親美開化派硏究』, 서울:국학자료원, 1998.

황현 저, 김준 역,『完譯 梅泉野錄』, 서울:교문사, 1994.

황현,『梅泉野錄』, 서울:國史編纂委員會刊本, 1955.

허동현,『근대한일관계사연구』, 서울:국학자료원, 2000.

홍사단,『홍사단운동 七十年史』, 서울:홍사단, 1986.

국외 단행본

C. W. 켄달, 신복룡 역,『한국독립운동의 진상』, 서울:집문당,1999.

Daniel. L. Giford, 심현녀 역,『조선의 풍속과 선교』, 서울: 한국기독교역사연구
　　　소, 1996.

F. H. Harrington, 이광린 역,『개화기의 한미관계』, 서울:일조각, 1973.

G. H. 존스, 옥성득 편역,『한국교회형성사』, 서울:홍성사, 2013.

H. N. 알렌 저, 김원모 역,『알렌의 일기』, 서울:단국대출판부, 1991.

JAPAN CHRONICLE 특파원 저, 윤경로 역『105인 사건 공판참관기』, 서울:한
　　　국기독교역사연구소, 2001.

L. H. Underwood, 이만열 역,『언더우드-한국에 온 첫 선교사』, 서울:기독교문

사, 1990.

Mark A. 놀, 박세혁 역『복음주의 지성의 스캔들』, 서울:IVP, 2010.

O. R. 애비슨, 기념사업회 역, 『舊韓末秘錄』上, 대구:대구대학교출판부, 1986.

끌라르 보티에이뿌리트 프랑뎅 저, 김상희·김성언 역, 『프랑스 외교관이 본 개화기 조선』, 서울:태학사, 2002.

도히 아키오저, 김수진 역, 『일본기독교사』, 서울:기독교문사, 1991.

매티 윌콕스 노블, 강선미·이양준 역, 『노블일지, 1892-1934』, 서울:이마고, 2010.

메리 V. 팅글리 로렌스, 손나경·김대륜 역, 『미 외교관 부인이 만난 명성황후, 영국선원 앨런의 청일전쟁 비방록』, 서울:살림, 2009.

서명원(Roy E. Shearer), 이승익 역, 『한국교회 성장사』, 서울:기독교서회, 1994.

셔우드 홀, 김동열 역, 『닥터 홀의 조선 회상』, 서울:좋은씨앗, 2003.

小川圭治池明觀 編, 김윤옥손규태 共譯, 『韓日 그리스도교 關係史資料』, 서울:한국신학연구소, 1990.

스토 퍼슨스, 이형대 역, 『미국 지성사』, 서울:신서원, 1999.

야마베 겐타로 저, 최혜주 역, 『일본의 식민지 조선통치 해부:일본의 역사학자 야마베 겐타로가 진술한 '일본 식민지 조선 통치' 보고서』, 서울:어문학사, 2011.

올리버 R. 에비슨 저, 박형우 편역, 『올리버 R. 에비슨이 지켜본 근대 한국 42년, 1893-1935』상, 서울:청년의사, 2010.

우찌무라 간조, 크리스찬서적 역, 『內村鑑三 全集』2, 서울:크리스찬서적, 2000.

윈스롭 허드슨·존 코리건, 배덕만 역, 『미국의 종교』, 서울:성광문화사, 2008.

윌리엄 뉴튼 블레어, 김승태 역, 『속히 예수 밋으시기를 라이다』, 서울:두란노, 1995.

윌리엄 블레어 지음, 김홍만 역, 『찬성의 고백』, 서울:옛적길, 2002.

윌리엄 블레어, 부르스 헌트 공저, 김태곤 역, 『한국의 오순절과 그 후의 박해』(서

울:생명의 말씀사:1995

이노우에 노부타카 외, 박규태 역, 『신도, 일본 태생의 종교 시스템』, 서울:제이앤
씨, 2010.

제노네 볼피첼리, 유영분 역, 『구한말 러시아 외교관의 눈으로 본 청일 전쟁』, 서
울:살림, 2009.

제이콥 로버트 무스, 문무홍 역, 『1900, 조선에 살다』, 서울:푸른역사, 2008.

카르네프 지음, A. 이르계바예브, 김정화 역, 『내가 본 조선, 조선인―러시아 장교
조선 여행기』, 서울:가야넷, 2003.

캐서린 안, 김성웅 역, 『조선의 어둠을 밝힌 여성들』, 서울:포에미아, 2012.

해리 로즈, 최재건 역, 『미국북장로교 한국선교회사』, 서울:연세대학교출판부,
2009.

헨드릭 크레머, 최정만 역, 『기독교 선교와 타종교』, 서울:CLC, 1993.

학술 및 학위 논문

강동진, "일제하 한국 사회운동사 연구," 학술지(건국대) vol. 11(1978).

강만길, "조소앙과 삼균주의," 『사상』, 1992년 여름호.

강명석, "空想的 經濟思想論," 『청년』, 1927년 9월호.

강명숙, "1920년대 초 한국 개신교에 대한 사회의 비판," 『한국기독교와 역사』, 제
5호.

京城 宣川 지역의 시위運動 및 派兵 상황, 密受 제102호, 제74호, 朝督 제1호,
1919년 3월 1일자.

고재식, "이데올로기와 신앙," 『기독교사상』 16, 1983년 6월호.

곽안련, "朝鮮耶蘇教 長老會 信經論," 『신학지남』, 제2권 제2호, 1919.

곽재근, "고 김상준 목사를 추모함," 『활천』, 1933년 12월호.

권태억, "1920, 30년대 일제의 동화정책론," 『한국사론』 53, 서울대학교 국사학과,

2007.

김권정, "1920-30년대 한국 교회의 사회복음 수용과 사회윤리에 관한 연구," 『기독교 사회윤리』 제16집.

김권정, "기독교 세력의 신간회 참여와 활동," 한국민족운동사 연구25, 2000.

_____, 『韓民族獨立運動史資料集 1』 1권 "105人事件公判始末書 Ⅰ" 해제.

김명구, "왜 감리교인가?," 기독교타임즈, 2005년 3월 10일자.

_____, "한민당과 기독교," 서울신학대학교 현대기독교역사연구소 엮음, 『해방공간과 기독교 Ⅰ』 서울:도서출판 선인, 2017.

김명섭, "대한제국의 역사적 종점에 관한 재고찰," 『한국정치외교사 논총』 32, 2011. 2, 한국정치외교사학회.

김명식, "김익두의 미망(迷妄)을 논(論)하고 기독교도의 각성(覺醒)을 촉(促)하노라," 『신생활』, 6호,

김석수, 『1930년 이전 한국 장로교회 복음주의신학 연구—미국 북장로교 한국 선교중심으로』(서울장신대학교 박사학위논문, 2015.

김승태, '105인 사건'과 선교사의 대응" 『한국 기독교의 역사』 제36호, 2012년 3월,

_____, "부록:신사문제 관계 재판기록," 『한국 기독교와 신사참배 문제』, 서울:한국기독교역사연구소, 1991.

김영달, "星湖 李瀷의 哲學과 爲民思想研究," 『국사 연구』 광주:조선대학교국사연구소, 1979.

김응순, "社會問題와 基督敎會," 『청년』, 1927년 3월호.

김인서, "金益斗牧師 小傳(四), 『信仰生活』 1941년 2월호, 서울: 신앙생활사, 1958.

_____, "靈溪先生小傳," 『神學指南』 1932년 3월.

_____, "영계선생을 애모함," 『신앙생활』, 1936년 1월, 『김인서 저작전집』 2, 서울:신망애사, 1976.

김정식, "信仰의 動機," 『聖書朝鮮』 100號, 1937년 5월.

김창원, "근대 開城의 지리적 배치와 開城商人의 탄생," 「국제어문」 제64집, 2015
　　　년 3월 31일.

김창제, "民衆의 宗敎," 『청년』, 1926년 2월호.

김태준, "이수정, 동포의 영혼의 구제를 위한 염원," 『한림 일본학』 2권, 1997.

김활란, "「예루살렘대회와 今後 기독교," 『청년』 1928년 11월호.

남정우, "러시아 제국 시대 국가와 교회의 관계성 그리고 선교에 대한 연구," 『선
　　　교와 신학』 Vol.23, 2009.

노치준, "한말의 근대화와 기독교," 『역사비평』, 제29호, 1994.

대한유학생회 논설, "국가의 주동력," 「대한유학생회학보」 제2호.

독립운동사편찬위원회, "한국의 정세" 1, 『독립운동사자료집』 제4집-3·1운동사
　　　자료집.

리은승, "교회긔, 평양 오졀략," 『신학월보』, 1907년 2월.

묵봉, "반종교운동과 이에 대한기독교회의 태도를 회고하는 나의 소견" 『청년』
　　　1927년 1월호.

문혜진, "1930-1945년 신궁대마(神宮大麻)의 배포와 가정제사," 『한국문화인류
　　　학』, 2015년 7월호.

민경배, "이용도와 최태용," 변종호 편, 『이용도목사관계문헌집』, 서울:장안문화
　　　사, 1993.

박명수, "성결운동과 한국교회의 초기 대부흥," 『한국 기독교와 역사』, 2001,

박성진, "한말-일제하 사회진화론 연구," 한국정신문화원 한국학대학원 박사논
　　　문, 1998.

박영신, "기독교와 사회발전," 『기독교 사상』 28, 1984년 5월호.

박용규, "평양대부흥운동과 산정현교회(1901-1910), 『신학지남』 74, 2007.

박종현, "韓國敎會의 信仰 內燃과 그 外延 構造의 相關 關係 硏究: 1903-1910年
　　　復興運動과 日帝末 韓國敎會 抵抗을 中心으로," 연세대학교 박사논문,
　　　1999.

박찬식, 『한말 천주교회와 향촌사회-敎案의 사례 분석을 중심으로』, 서강대학교 박사논문, 1995.

박학전, "복음을 들고 나가자, 싸우자," 『농촌통신』 제4호, 1935년 6월 1일자.

박현명, "성결교회는 왜 해산되었는가," 『活泉』, 1946년 제229호.

박형우 외, "19세기 말 미국 북장로회의 한국 선교 추진 과정에 대한 연구," 『東方學志』 제157집.

배민수, "基督敎農村運動의 今後," 『農村通信』 제7호, 1935년 9월 1일자.

백낙준, "한국교회의 핍박-특히 寺內總督暗殺未遂陰謀의 陰謀에 대하여-," 『神學論壇』, 제7집, 1912.

백능, "東亞日報社長 宋鎭禹氏 面影," 『彗星』, 1931년 3월.

변창욱, "초기 내한 장로교감리교 선교사간 초교파 협력의 이중적 성격-연합과 협력 vs. 경쟁과 갈등," 『선교와 신학』 제14집, 2004년 12월.

서경조, "徐景祚의 傳道와 松川敎會 設立歷史," 『신학지남』, 제7권 4집, 1925년 10월호, 통권 28호.

송진우, "전민족의 균등한 발전," 『革進』 創刊號, 1946년 1월.

송창근, "오늘 조선교회의 사명," 『神學指南』 15, 1933년 11월.

"신사문제에 대한 통첩," 『朝鮮監理會報』, 1936년 4월 10일자.

신복룡, "한국 공산주의자의 발생 계기," 『한국정치학회보』 34집 4호, 한국정치학회, 2000.

신연재, "동아시아 3국의 사회진화론 수용에 관한 연구," 서울대학교 대학원 박사논문, 1991.

신우철, "중국의 제헌운동이 상해 임시정부 헌법 제정에 미친 영향," 『법사학 연구』 29호, 한국법사학회, 2004,

신효승, "1871년 미군의 강화도 침공과 전황 분석," 『역사와 경계』 93, 2014년 12월호.

신흥우, "反基督敎運動에 對하야(續)," 『청년』, 1925년 12월호.

_____, "우리의 활로," 『청년』 제7권 8호, 1927.

_____, "조선일보 사설을 읽고," 『청년』 1926년 2월호.

_____, "今後의 活動," 『청년』 1922년 4월호.

안경록, "반기독교운동에 대하여," 『개벽』 1925년 11월호.

안유림, 『일제하 기독교 통제법령과 조선기독교』, 이화여자대학교 박사논문, 2012.

양주삼, "조선남북감리교회 통합에 관하여," 『朝鮮南監理教會30年記念報』, 조선 남감리회전도국, 1932.

양현혜, "근대 일본의 천황제 국가 체제와 기독교," 『한국기독교와 역사』 1998년 9월호.

오영섭, "東農 金嘉鎭의 開化思想과 開化活動," 『韓國思想史學 제20輯』, 2003.

_____, "이승만 일기의 현황과 이승만의 해외활동," 『이승만 일기 발간기념 국제 학술대회 자료집』, 대한민국역사박물관, 이승만 연구원 공동 개최.

_____, "이승만의 위임통치 청원논쟁," 연세대학교 이승만 연구원 제1차 학술자 료집.

우광, "현대의 조선과 종교(二장)," 『學之光』 1921년 6월호.

유경상, "社會主義者 예수," 『청년』 1923년 7, 8월호.

유미나, "일본의 조선신민화정책과 유림 동원의 실태," 『일본학』 31권, 2010년 11 월호, 동국대학교 일본학연구소.

유성준, "밋음의 動機와 由來," 『基督申報』 1928년 7월 4일.

유재천, "일제하 한국 신문의 공산주의 수용에 관한 연구," 『동아 연구』 제9집.

유지윤, "이승만과 프레데릭 B. 해리스를 통해 본 한미관계," 서울신학대학교 현 대기독교역사연구소, 2017년 신진연구자 원고.

윤경로, "百五人事件의 一研究-기소자 122인의 인물 분석을 중심으로-," 『漢城 史學』 제1집.

윤덕영, "신간회 창립과 합법적 정치운동론," 『한국민족운동사연구』 65, 한국민족운동사학회, 2010.

윤종일, "1920년대 민족협동전선 연구," 경희대학교 대학원 박사논문, 1991.

이강, "朝鮮靑年運動의 史的 考察 (中)," 『現代評論』1권 9호.

이광수, "耶蘇敎의 朝鮮에 준 恩惠," 『靑春』9, 1917년 7월.

이균영, "김철수 연구," 『역사비평』Vol.3, 1989.

이눌서, "근대신학주의는 배도하는 일," 『신학지남』, 14-6, 1927.

이대위, "민주주의 노동정책," 『東光』41, 1947. 8.

_____, "民衆化할 今日과 理想的生活의 實現," 『청년』, 1924년 3호.

_____, "社會主義와 基督敎思想," 『청년』, 1923년 5월호.

_____, "社會主義와 基督敎의 歸着点 이 엇더한가?"(一), 『청년』, 1923년 9월호.

_____, "社會革命의 예수," 『청년』, 1928년 6월호.

이덕주, "3·1운동에 대한 신앙운동사적 이해," 『기독교 사상』, 1990, 3월.

_____, "이승만의 기독교 신앙과 국가건설론," 『한국 기독교와 역사』제30호, 2009년 3월.

이돈화, "최근 조선에서 기(起)하는 각종의 신현상," 『開闢』창간호, 1920년 6월.

이만열, "기독교와 삼일운동(1)," 『현상과 인식』제3권 1호, 1979년 4월호.

_____, "초기 매서인의 역할과 문서선교 100년," 『기독교 사상』34, 서울:대한기독교서회, 1990년 6월.

이상규, "J. H. Davies- The First Australian Presbyterian Missionary in Korea," 『고려신학보』20집, 1991년 3월호.

이상재, "余의 經驗과 見地로브터 新任宣敎師諸君의게 告," 『신학세계』제8권 6호.

이성삼, "105人 事件과 新民會," 『대전여자대학 논문집』, 1975.

이성전, "미국 북장로회 해외선교본부의 동아시아 인식과 105인 사건," 『한국기독교와 역사』36, 2012년 3월.

이승만, "교회경략," 『신학월보』, 1903년 11월호.

_____, "대한 교우들의 힘쓸 일," 『신학월보』, 1904년 8월호.

_____, "예수교가 대한 장취(장래)의 긔초," 『신학월보』, 1903년 8월호.

_____, "옥중전도," 『신학월보』 3권 5호, 1903년 5월.

이용덕, "조선총독부 편찬 국어 교과서에 나타난 천황제의 의미," 『일본학지』 제11 집, 일본연구학회.

이준식, "일제침략기 기독교 지식인의 대외인식과 반기독교운동," 『역사와 현실』 10호, 1993. 12월

이호철, "개화기 한국경제의 구조와 전개," 한국농업경제학회, 『농업경제 연구』 Vol.23, 1982

이황직, "근대 한국의 윤리적 개인주의 사상과 문학에 관한 연구," 연세대학교대 학원 박사논문, 2000.

장규식, "일제하 기독교 민족운동의 정치경제사상," 연세대학교 대학원 박사논문, 2000.

장덕수, "意志의 躍動," 『學之光』 5, 1915년 5월호.

장병길, "朝鮮總督府의 宗敎政策," 『정신문화연구』, 한국학중앙연구원, 1985년 6 월호.

전명혁, "1920년대 코민테른의 민족통일 전선과 서울파 사회주의 그룹," 『한국사 학보』, 고려사학회, 2001.

전복희, "사회진화론의 19세기말부터 20세기 초까지의 한국에서의 기능," 『한국 정치학회보』 27집 1호, 1993.

전복희, "사회진화론의 19세기말부터 20세기초까지의 한국에서의 기능," 『한국정 치학회보』 27집 1호, 1993.

정관, "구한말 애국계몽단체의 활동과 성격," 『대구사학』 20, 21집, 1982.

정낙근, "개화지식인의 대외관의 이론적 기초," 『한국 정치학 회보』, 한국정치학 회, 1993.

정인과, "예루살렘大會에 參席하고(3)," 『기독신보』 1928년 6월 20일자.

정혜선, "1920년대 일본사회주의 운동과 평화공간—일본공산당과 사노 마나부의

활동을 중심으로," (사)아시아문화학술원, 『인문사회』 21 7권 5호, 2016년 10월.

"정동회당에서 부흥회로 모힘," 『神學月報』 1904년 제4권 11호.

조광, "한국근대문화의 실학적 기초," 『한국사학』 1. 정문연, 1980.

조민형, "농촌사회의 疲弊와 구제책(9)," 『기독신보』 1931년 3월 18일자.

조영렬, "일제하 개신교선교사 연구(1905-1920, 미국선교지도부의 정치적동향을 중심으로), 건국대학교 박사논문, 1992.

조항래, "일본에 있어서의 독립운동—2·8학생독립운동을 중심으로," 『한국민족운동사연구논총』, 대구:영남대학교출판부, 1988.

조항래, "黃遵憲의 朝鮮策略에 對한 檢討," 『한국근현대사논문선집』 1, 서울:삼귀문화사, 1999.

_____, "황준헌의 조선책략에 대한 검토," 『한국근현대사논문선집』 1, 삼귀문화사, 1999.

존 캅, "웨슬리 신학의 4대 원리," 『은총과 책임』, 심광섭 역, 서울:기독교대한감리회 홍보출판국, 1997.

주진오. "19세기 후반 개화 개혁론의 구조와 전개", 연세대학교대학원 박사논문, 1995.

차종순, "호남과 서북지역 기독교 특성 비교 연구," 『한국교회사학회지』 제15집, 2004.

채정민, "敎農運動의 可否," 『신앙생활』 1936년 7월호.

_____, "敎農運動의 可否," 『신앙생활』, 1936년 7월호.

최린, "二百萬圓의 綜合大學," 『삼천리』, 1930년, 4월호.

최선웅, 『장덕수의 사회적 자유주의 사상과 정치활동』, 고려대학교 박사논문, 2013.

최양호, "開化期의 敎育理念과 歷史敎育 目標意識," 『사총』, 고려대학교사학회, 1976.

최영철, "러일전쟁과 일본의 대한제국 영토주권침탈," 『독도 연구』 18, 2015년 6월호, 영남대학교 독도연구소.

최재건, "1920년대 개신교 선교사들의 교육정책 전환," 『역사신학논총』 卷 15, 2008, 한국복음주의.

『한국기독교와 역사』 제15호, 2001년 8월.

한규무, "상동청년회에 대한 연구," 『歷史學報』 126, 1990.

_____, "이동휘와 기독교사회주의," 『일제하 한국기독교와 사회주의』, 한국기독교역사연구소, 1922.

_____, "일제하 한국 개신교회의 농촌운동 연구", 서강대학교대학원 박사논문, 1995.

한서영, "이승만의 미국 유학 시기(1904-1910) 강연활동에 관한 연구," 미발표 논문.

한정열, "한국 최초의 오순절 선교사 마리 럼시(Mary C. Rumcy)," 한국교회사학연구원 엮음, 『내한선교사 연구』, 서울:대한기독교서회, 2011.

허동현, "1881년 朝士視察團의 明治 日本 政治制度 理解," 『한국사 연구』, 한국사연구회, 1994.

_____, "1881년 朝鮮朝士視察團에 관한 一研究," 『한국사 연구』, 한국사연구회, 1987.

_____, "1881년 朝鮮 朝士 日本視察團에 관한 一研究," 『韓國史研究』 52, 1986.

홍병선, "농촌운동과 기독교청년회," 『동광』, 1931년 4월호.

황재범, "한국 장로교회의 성서문자주의 - 그 기원과 초기 발전과정," 『종교연구』 제71집, 한국종교학회, 2013.

고서 및 고문서(1945년 이전)

京地檢秘第1253號, 地檢秘第1253號.

고전번역원, 『星湖僿說』 제11권.

고전번역원, 李圭景, 五洲衍文長箋散稿, 經史篇 3-釋典類 3 斥邪敎辨證說.

고전번역원, 『다산시문집』 제15권.

『高宗時代史』.

『高宗實錄』.

『敎會歷史人物誌』, 京城, 活動書海, 1923.

『舊韓國外交文書』.

國友尙謙, 『百五人事件資料集』, "不逞事件ニ依ツテ觀タル朝鮮人," 高麗書林, 影印
　　　本, 1986.

『國朝寶鑑』, 英祖, 三十四年 戊寅條(1758).

金允植, 『續陰晴史』 光武 5년(1905년) 3월 18일자.

同文彙考』 原編, "洋舶精形, 국사편찬위원회 편 제3책.

박규수, 『瓛集』 卷 六, 辭特加正憲疏.

朴殷植, 『韓國獨立運動之血史』.

『星湖僿說類選』 卷三 下, 君臣門一年兩秋.

『承政院日記』.

이항로, "雅言," 卷12, 洋禍 16長, 『文集』 下.

이헌영, "農業統計表," 1932.

_____, "聞見錄," 『日集略』.

_____, "復命入侍時," 『日集略』.

_____, 『施政 年譜』, 1921.

_____, 『施政二十五年史』, 朝鮮總督府, 1935.

_____, 『齋藤實文書』.

_____, 『朝鮮に於ける宗敎及享祀一覽』, 朝鮮總督府, 1928.

『日本外交文書』.

『日韓キリスト關係史資料』.

『정조실록』.

『朝鮮耶蘇教聯合公議會 第九會 會錄』, 京城: 朝鮮耶蘇教聯合公議會, 1932.

『조선왕조실록』.

朝鮮總督府 警務局, "興業俱樂部の檢擧狀況," 『最近に於ける朝鮮治安狀況』,
　　　　1938.

朝鮮總督府 官房總務局, 『朝鮮總督府 朝鮮 保護及 併合』, 朝鮮總督府 官房總務局,
　　　　1918.

朝鮮總督府 農林局, 1938.

朝鮮總督府 學務局 宗務課, 『朝鮮の 統治と 基督教』, 朝鮮總督府, 1933.

朝鮮總督府, 『朝鮮の統治と基督教』, 京城: 朝鮮總督府, 1921.

『駐韓日本公使館記錄』, 1905년.

『七一雜報』.

『統監府文書』.

編, 『最近にける 朝鮮 治安狀況: 1933-1938年』, 東京 : 嚴南堂書店, 1966.

『平安監營啓錄』.

『헌종실록』.

신문 및 회의록

New York Times.

The Outlook.

『개벽』, 1920-1926, 1934-1935.

『京城新聞』, 1899. 1권 6호, (국회도서관) 마이크로 필름 No. 4440.

『경성일보』.

『경향신문』.

『官報』.

「그리스도신문」, 1897. 4.-1907. 12.

『기독교대한감리회 총회회의록 I』, 기독교 대한감리회, 2005.

「기독교보」, 1936. 1.-1938. 7.

「基督敎新聞」,

「基督申報」, 1915. 12.-1937. 7.

『畿湖興學會』, 1908.

『농민생활』, 1934. 7.-1942. 2.

「농촌청년」, 1929. 8.-1931. 1.

「대한그리스도인회보」,

「大韓每日申報」, 1904. 8.-1910. 8.

대한예수교장로회 합동측, 「총회록」, 제48회, 1963.

대한예수교장로회, 「독노회록」, 제1회, 1907.

「대한유학생회 학보」,

『大韓自强會月報』,

「독립신문」(상해판),

『獨立新聞』, 1896. 4.-1898. 12.

『獨立新聞』, 1919. 8.-1925. 11.

『讀書新聞』,

「東光」, 1926-1932.

「東亞日報」,

「매일신보」,

「每日申報」, 1910. 8.-1940. 8.

『別乾坤』, 1926-1933.

「報知新聞」,

『福音新報』,

『삼천리』, 1929. 6.-1942. 7.

『西北學會 月報』, 1908-1910.

『西友』, 1906-1908.

「時事新報」

『新生命』, 1923. 7.-1925. 4.

『新生活』, 1922.

『신성』, 1924-1926.

『신앙생활』

「新人」

『新青年』, 1927.

「神學世界」

『신학월보』, 1900. 12.-1910.

조선예수교장로회「총회록」

「朝鮮日報」, 1920. 3.-.

『조선총독부 관보』

『朝野新聞』

「朝日新聞」

「종교교육」

「종교시보」, 1932-1936.

「죠션크리스도인 회보」

『中央青年會報』

『진생』, 1925-1929.

『青年』, 1920-1940.

『太極學報』, 1906-1908.

「漢城新報」, 1904.

「漢城周報」, 1883-1888.

『혜성』, 1931-1932.

「황성신문」, 1898. 9.-1910. 9.

『皇城新聞』.

기타 사료, 일기

『윤치호 일기』.

"양주삼 반민족행위특별조사위원회 자료 피의자 조서."

일본 단행본

山縣五十雄, 『朝鮮陰謀事件』, セウルプレッス社, 1912.

小松綠, 朝鮮に於ける敎育と宗敎』, 朝鮮彙報, 1916.

友邦協會, 『齋藤總督の文化政治』, 1970.

伊藤博文著, 宮澤俊義校註『憲法義解』, 東京: 岩波文庫版, 1982.

村上重良, 『國家神道』, 東京:岩波書店, 1980.

坪江汕三, 『朝鮮獨立運動史』, 東京:勞新聞社, 1959.

幣原坦, 『朝鮮敎育論』, 東京:六盟館, 1919.

荒畑寒村, 寒村自傳』, 東京:築摩書房, 1965.

일본 논문

"同志會及興業俱樂部の眞相," 『思想彙報』16, 1938.

梶村秀樹姜德相編, 『現代史資料』29, 朝鮮(5), 東京:みすず書房, 1972.

山口公一, 『植民地期朝鮮における神社政策と朝鮮社』, 一橋大大院博士位論文,
　　　2006년.

小崎弘道, "日本 民族と基督敎," 『新人』第11卷10號, 1910. 10.

一又正雄, "日本の際法を築いた人," 『際問題新書』 37, 日本際問題究所, 1973.

中村雄二郎, "加藤弘之の 制度觀と 自然觀," 『近代日本 にをおける制度と 思想』, 東京:未來社, 1967.

영문 단행본

A. Dudley Ward, *The Social Creed of The Methodist Churcha Living Documnet, Revised Edition*, New York:Abingdon Press, 1965.

A. W. Douthwaite, *Notes on Corea*, Shanghai:Shanghai Mercury Office, 1884.

Alexander Williamson, *Journeys in North China, Manchuria, and Eastern Mongolia; with SomeAccount of Corea.* Vol. II, London:Smith, Elder & Co., 1870.

Andrew Walls, "*The Eighteenth−Century Protestant Missionary Awakening in Its European Context,*" in *Christian Missionand the Enlightenment ed. Brian Stanley* ,Grand Rapids:Eerdmans Publishing Company, 2001.

Arthur J. Brown, *One Hundred Years: AHistory of Foreing Missionary Work of thePresbyterian Church in the U.S.A with Some Account of Countries, People and the Politics and Problems of Modern Missions*, New York F. H. Revell, 1936.

_____, *The Korean Conspiracy Case*, New York:n.p., 1912.

_____, The Mastery of the Far East: *The Story of Korea's Trans formation and Japan's Rise to Supremacyin the Orient*, New York:Charles Scribner's Sons, 1921.

Arthur J. Brown, *The Why and How of Foreign Missions*, New York:Domestic and Foreign Missionary Society of the Protestant Episcopal Church in the U.S.A., 1911.

C. A. Clark, *Korean Church and Nevius Methods*, New York:Fleming H. Revell Co., 1928.

_____, *The Korean Church and the Nevius Method*, New York:Fleming H. Revell. 1930.

_____, *The Nevius Plan for Mission Work, Illustrated in Korea*, Seoul:Christian Literature Society of Korea, 1937.

C. Darby Fulton, *Star in the East*, Rechmond, Virginia:Presbyterian Committee of Publication, 1938.

C. F. Bernheisel, *Forty One Years in Korea*, Bernheisel, 1942.

C. H. Hoeard, *History of the YMCA in North America*, New York:Association Press, 1951.

Carlton Waldo Kendall, *The Truth About Korea*, San Francisco:The Korean National Association, 1919.

Daniel L. Gifford, *Every Day Life in Korea*, Chicago:Student Missionary Campaign Library, 1898.

Duck Soo Chang, *British Methods of Industrial Peace*, New York:Columbia University Press, 1936.

E. A. McCully and E. J. O. Fraser, *Our Share in Korea—Supplementary to The Land of the Dawn by James Dale Van Buskirk*.

E. A. McCully, *A Corn of Wheat, or the Life of Rev. W. J. McKenzie of Korea*, Toronto:The Westminster Co., 1903.

E. S. Brunner, Rural Korea, *A Preliminary Survey of Economic Social and Religious Conditions*, New York:International Missionary Council, 1927.

Ellen C. Parsons, *Fifteen Years in the Korea Mission*, Publisher New York:Board of Foreign Missions of the Presbyterian Church in the U.S.A. 1900.

F. A. Hamilton, *The Basis of Millennial Faith*, Grand Rapids:Eerdmans, 1952.

F. A. McKenzie, *The tragedy of Korea*, Seoul:Reprinted by Yonsei University Press, 1969.

_____, *The Tragedy of Korea*, London:Hodder and Stouhgton, 1904.

G. H. Jones, *Education in Korea: A Supreme opportunity for the Christian Church*, New York:Korea Quarter—Centennial Commission Board of Foreign Mission of the Methodist Episcopal Church, 1910.

_____, *Korea, The Land, People, and Customs*, New York:Eaton and Mains, 1907.

_____, *The Korean Revival*, New York:The Board of Foreign Missions of the Methodist Episcopal Church, 1910.

G. W. Gilmore, *Korea from Its Capital*, Presbyterian Board of Publication and Sabbath—School Work, 1892.

George Godwin, *The Great Revivalists*, Boston:The Beacon Press, 1950.

George M. Marsden, *Fundamentalism and American Culture: The Shaping ofthe Twentieth Century Evagelicalism 1870—1925*, New York:Oxford University, 1980.

_____, *Understanding Fundamentalism and Evangelicalism*, Grand Rapids:Eerdmans, 1991.

George M. McCune, *Korea Today*, Cambridge:Harvard University, 1950.

George T. B. Davis, *Korea for Christ*, New York:Fleming H. Revell Co., 1910.

George Thompson Brown, *Mission to Korea*, Seoul:The Presbyterian Church of Korea, Department of Education, 1984.

Goforth, *When the Spirit's Fire Swept Korea*.

H. G. Underwood, *The Call of Korea*, Fleming H. London:Revell Company, 1908.

H. H. Underwood, *Modern Education in Korea*, New York:International Press,

1926.

Harry A. Rhodes, *History of the Korea Mission Presbyterian Church U.S.A. Vol. I, 1884-1934*, Seoul:The Presbyterian Church of Korea Department of Education, 1934.

Henry Chung, *The Case of Korea*, New York:Fleming H. Revell Co., 1921.

Herbert Welch, *As I Recall My Century*, Nashville:Abingdon Press, 1962.

Homer B. Hulbert, *The Passing of Korea*, New York:Doubleday, Page & Company, 1906.

Isabella Bird Bishop, *Korea and Her Neighbours*, New York:Fleming H. Revell Co., 1897.

J. O. P. Bland, *China Japan and Korea*, New York:Charles Scribner's Sons Inc., 1921.

J. S. Gale, *Koreain Transition*, New York:Young People's Missionary Movement of the United States and Canada, 1909.

_____, *Korean Sketches*, Edinburgh:Oliphant Anderson & Ferrior, 1898.

_____, *The Christian Movement in Korea, The christian Movement*, 1922.

James E. Adams, *Presentationof Difficulties Which Have Arisen in the Chosen Mission of the Presbyterian Church inthe USA, 1920*, brochure privately printed by Dr. Adams.

James Earnest Fisher, *Democracy and Mission Education in Korea*, Teachers College Columbia University, 1928.

John Ross, *History of Corea: Ancient and Modern with Description of Mannersand Customs, Language and Geography: Maps andIllustrations*, London:Paisley: J. and R. Parlane, 1879.

Joseph B. Hingeley, *Journal of the twenty-fifth delegated General Conference of the Methodist Episcopal Church*, New York:Eaton & Mains, Cincinnati: Jennings & Grahan, 1908.

K. L. Butterfield, *TheRural Mission of the Churdh in Eastern Asia*, New York:International Missionary Council, 1931.

Kendall, Carlton Waldo, *The Truth About Korea*.

Kenneth Scott Latourett, *A History of the Expansion of Christianity*, New York:Harper & Row, Pub, 1944.

L. George Paik, *The Foreign Missionary*.

L. H. Underwood, *Fifteen Years Among theTop−Knots or Life in Korea*, Boston, New York, Chicago:American Tract Society, 1904.

Lillias H. Underwood, *Underwood of Korea*, Fleming H. Revell Company, 1918.

Llen Degray Clark, *Avison of Korea−the life of Oliver R. Avison*, Yonsei University Press, 1978.

Macquarrie, John, ed. *A dictionary of Christian Ethics*, London:SCM Press, 1967.

Mark A. Noll, *The Princeton Theology*, Grand Rapids:Baker, 1983.

Michael A. Barnhart, *Japan Prepares for Total War: The Search for Economic Security, 1919−1941*, Ithaca:Cornell University Press, 1988.

N. C. Whittemore, *Fifty Years of Comity and Co−operation in Korea, The Fiftieth Anniversary Papers*, 1934.

Oliver R. Avison, *Memories of Life in Korea*, Manuscript, 1940.

Otto Kuusinen, "On The Korean Communist Movement(1931), *"Documents of Korean Communism DAE−SOOK, SUH*, New Jersey:Princeton University Press, 1970.

P. L. Gillett, *A Report*, Colorado, Springs, 1900−1901.

Paul Westphal and Paul William Thomas, *The Days of Our Pilgrimage: The Story of the pilgrim Holiness Church*, Marion:The Wesley Press, 1976.

Percival Lowell, *Chosun: The Land of the Morning Calm*, Boston:Ticknor and Co.,

1888.

R. A. Hardie, "Korea Mission—General Work," *Southern Methodism in Korea: Thirtieth Anniversary*, ed., J. S. Ryan, Seoul:Methodist Episcopal Church, South, Korea, 1929.

Samuel H. Moffett, *Korea's Fight for Freedom*, Fleming H. Revell company, 1920.

_____, *The Chirstians of Korea*, New York's Friendship Press, 1962.

The Rural Program of the YMCAs in Korea, Published by the National Council of the Korea YMCAs, 1932.

Thomas A. Askew, "A Response to David Wells," A Time to Speak: *The Evangelical—Jewish Encounter*, ed. Rudin and Wilson, Grand Rapids:Eerdmans, 1987.

Tyler Dennett, *Roosevelt and the Russo—Japanese War*, Garden City, 1925.

W. A. Nobel, *Minutes and Reportsof Korea Annual Conference of the MethodistEpiscopal Church*, 1913—1916.

W. N. Blair and B. Hunt, *The Korean Pentecost and The Suffering Which Followed*, Pennsylvania, The Banner of Truth Trust, 1977.

Walter Rauschenbusch, *A Theology for the Social Gospel*, New York:The MacMillan Company, 1917.

William E. Griffis, *Corea, The Hermit Nation*, Charles Scribner's Sons, 1882.

William N. Blair, *Chansung's Confession*, Topeka, Kansas: H. M. Ives and Sons, 1959.

Woodrow Wilson, *The Papers of Woodrow Wilson*, Princeton, N.J.:Princeton University Press, 1966.

World Missionary Conference, *Carrying the gospel to all the non—Christian World*, New York:Fleming H. Revell Company, 1910.

Xenia Joukoff Eudin and Robert C. North, *Soviet Russia and the East 1920-1927:*

A Documentany Survey, Standford University, 1957.

외국 보고서, 일기, 편지, 기고문, 영문정기 간행물

A Stastical Table of YMCA in Korea," 1925.

Allen's Diary.

American Historical Review.

Annual Report of the Board Foreign Missions of the Methodist Episcopal Church.

Annual Report of the Board of Foreign Missions, 1939, N.Y..

Annual Report of the Korean Religious Book and Tract Society, 1915—1916.

Annual Report of the Missionary Society of the Methodist Episcopal Chruch.

Annual Report of the National Bible Society of Scotland.

Annual Report to the Board of Foreign Mission of the Presbyterian Church, North.

Appenzeller's Address, "Presbyterian and Methodist Missions in Korea," Paper Read at th Missionary Conference of Seoul, March n.d.23, 1888.

B. P. Barnhart's *Annual Report*, 1919, 1935, 1936.

B. P. Barnhart's Letter to E. R. Liebert(N.Y.), 1939.4.25.

C. C. Vinton, letter to F. F. Ellinwood, Apr. 10, 1891.

D. Willard Lyon's Notes of a Conference on YMCA Rural Work in Korea, 1926.

D. W. L. Lyon's Letter to F. S. Brockman, 1935. 6. 22.

Extracts from Tranining in Rural Leadership in Korea".

F. S. Brockman's Letter to J. R. Mott, 1903. 5. 13.

Foreign Missionary, 1884—1885.

Frank F. Ellinwood, Letter to Cadwallader C. Vinton, Oct. 12, 1893.

Frank F. Ellinwood, Letter to John L. Nevius, May 21, 1883, p.286, Frank F. Ellinwood to Hunter Corbett, August 14, 1883.

Frank F. Ellinwood, Letter to Shantung and Peking Station, January 4, 1884.

G. A. Gregg, "A Sketch of the Industrial Work of theSeoul YMCA(1906−1913)."

G. A. Gregg's *Annual Report* for 1911, 1914, 1915, 1916, 1917, 1918, 1919.

G. H. Jones' letter to A. B. Leonard, Aug. 9, 1910.

G. W. Avison, *Annual Report*, Kwangju, Korea, 1928.5.

"General Situation of YMCA' of Korea," 1928. 5.

H. A. Wilbur's Annual Report, 1933−1934.

Henry Loomis' Letter to Dr. Gilmasn.

International Review of Missions, 1928−1938년.

J. H. Wells's letter to Brown, Jan, 16, 1907.

January 22, 1902, C. F. Bernheisels Journal C. F. Bernheisel, Forty One Years in
    Korea, Bernheisel, 1942.

Korea Mission Field, 1905−1941.

Korea Methodist, 1904−1905.

Minutes and Reports of Korea Annual Conference of the Methodist Episcopal Church.

*Minutes of the Annual Session of the Korea Mission Conference of the Methodist Episco-
    pal Church.*

*Minutes of the Annual Meeting of the Korea Mission of the Methodist Episcopal
    Church, South.*

Minutes of the Korea Annual Conference of the Methodist Episcopal Church.

Missionary Report of the United Presbyterian Church for 1885−1886.

*Official Journal Minutes of the Korea Annual Conference of the Methodist Episcopal
    Church.*

Official Minutes of Korea Mission Conference of Methodist Episcopal Church, 1907.

Official Minutes of Korea Mission of the Methodist Episcopal Church.

Official Minutes and Reports of the Annual Session of Korea Mission Conference of the

Methodist Episcopal Church.

P. L. Gillett's *Annual Report* for 1902, 1905, 1906, 1907, 1912.

P. L. Gillett's Letter to T. Sammons, 1907. 8. 29.

Presbyterian Church in Canada, *Minutes of Foreign Mission Committee No. 27,* Halifax, 1896.

Presbyterian Historical Society, Philadelphia, A. J. Brown Secretaries File.

Quarto Centennial Papers Read Before the Korean Mission of the Presbyterian Church in the U. S. A. at Annual Meeting, Pyung Yang, Korea: Korea Mission of PCUSA.

"Reconstruction Rural Korea".

Report of C.I.C. to the XIVth World's Conference, 1898.

Report of the Quarter—Centennial Celebration of the Northern Presbyterian Mission, 1909.

Report on the Mission in Korea of the Presbyterian Board of Foreign Missions, by Robert E. Speer, Secretary, The Board of Foreign Missions of the Presbyterian Church in the U.S.A., 1897.

Rural Reconstruction Work in Korea," 1935.

S. A. Moffett to Dr. Ellin wood, "Report of Church Session," Feb, 1891.

Samuel A. Moffett, "Evangelistic Work," *Quarto Centennial Papers Read Before the Korean Mission of the Prebyterian Church in the U.S.A. at Annual Meeting.*

"Survey of the YMCA and the YWCA of Korea," 1930. 7.

Telegram Received From Tokyo, 1919년 3월 7일자, Secretary of State, Washington D.C..

The Atlantic Monthly.

The Christian Century, 1952.

The Church at Home and Abroad, 1892.

The Ecumenical Review.

The Foreign Missionary, 1886.

The Gospel in All Lands.

The Independence Movement in Korea, The Japan Chronicle, 1919.

The Independent.

The International Review of Missions, 1903–1905.

The International Review of Missions, 1940.

The Korea Record, 1909–1940.

The Korea Repository, 1892–1896.

The Korea Review, 1901–1906.

The Methodist Review of Missions.

The Korea Magazine, 1917–1919.

The Missionary Review of the World, 1888–1939.

United Presbyterian Missionary Record, China, J. Ross, 1875,5.

W. A. Noble's Report, *Minutes of Annual Meeting of the Korea Mission of the Methodist Episcopal Church*, 1899.

W. L. Swallen's letter to Brown, Jan. 18, 1907.

Wilbur, H. A., *Annual Report*, 1933–1934.

Within the Gate.